个人信息保护法

理解与适用

程 啸 

The Interpretation of Personal Information Protection Law of the People's Republic of China

中国法制出版社
CHINA LEGAL PUBLISHING HOUSE

序 言

个人信息保护法是以保护个人信息权益、规范个人信息处理活动、促进个人信息的合理利用为目的的法律，其规定的主要内容就是个人信息处理应当遵循的基本原则和具体规则，个人在个人信息处理活动中的权利、个人信息处理者的义务与法律责任以及监管机关的职责等。个人信息古已有之，传统的民法、行政法和刑法也都进行了相应的调整，如民法中的人格权、侵权制度保护个人的姓名权、肖像权、名誉权和隐私权等人格权益。只是进入现代社会后，随着网络信息科技的突飞猛进，对个人信息的大规模与自动化处理导致了处理者与个人之间的信息、技术能力等方面的不对等，才产生了专门规范个人信息处理活动的个人信息保护法或个人数据保护法。

进入 21 世纪后，我国经济社会高速发展，尤其是在“十三五”期间，数字中国的建设取得了巨大的成就，不论是信息基础设施的建设规模还是信息技术的创新能力，都在全球居于领先地位。根据国家互联网信息办公室发布的《数字中国发展报告（2020 年）》的统计，2020 年，我国数字经济核心产业增加值占 GDP 比重达到 7. 8%。数字产业化规模持续增长，软件业务收入从 2016 年的 4. 9 万亿元增长至 2020 年的 8. 16 万亿元，计算机、通信和其他电子设备制造业主营业务收入由 2016 年的 10 万亿元增长至 2019 年的 11 万亿元。大数据产业规模从 2016 年的 0. 34 万亿元增长至 2020 年的 1 万亿元有余。我国电子商务交易额由 2015 年的 21. 8 万亿元增长到 2020 年的 37. 2 万亿元。信息消费蓬勃发展，2015 年至 2020 年，我国信息消费规模由 3. 4 万亿元增长到 5. 8 万亿元。数字中国的发展与建设离不开法治的保障，制定个人信息保护法，是有效地保护个人信息权益、规范个人信息处理活动、促进个人信息的合理利用的必然需求，是维护网络空间良好生态的现实需要，也是促进数字经济健康发展的重要举措。

2021 年 8 月 20 日，第十三届全国人大常委会第三十次会议审议通过了《中华人民共和国个人信息保护法》（以下简称《个人信息保护法》），它是我国第一部个人信息保护方面的专门法律。《个人信息保护法》的颁行将极大地加强我国个人信息保护的法制保障，从而在个人信息保护方面形成更加完备的制度、提供更有力的法律保障；它以严密的制度、严格的标准、严厉的责任规范个人信息处理活动，规定了完备的个人在个人信息处理活动中的权利，全方位落实各类组织、个人等个人信息处理者的义务与责任，有力地维护了网络空间良好生态，满足人民日益增长的美好生活需要；《个人信息保护法》科学地协调个人信息权益保护与个人信息合理利用的关系，建立了权责明确、保护有效、利用规范的个人信息处理规则，从而在保障个人信息权益的基础上，促进了包括个人信息在内的数据信息的自由安全的流动与合理有效的利用，推动了数字经济的健康发展。

我国《个人信息保护法》的起草始于2018年，但其立法基础奠定于十年前即2012年《全国人民代表大会常务委员会关于加强网络信息保护的决定》，此后，我国陆续颁布了《网络安全法》（2016年）、《电子商务法》（2018年）以及《民法典》（2020年）等重要法律，其中对个人信息保护制度也有相应的规定。这些法律以及国务院和国务院各部委颁布的个人信息保护的法规规章，为我国《个人信息保护法》的起草和颁行打下了扎实的基础。此外，我国《个人信息保护法》也在立足国情的基础上，充分吸收借鉴了欧盟、美国、德国、日本、韩国等国家的数据保护或个人信息保护立法的科学合理之处。可以预见，随着《个人信息保护法》的颁布，我国个人信息保护法律体系已经初步建立并将在今后不断发展完善。

笔者关注个人信息保护与数据权利体系始于2015年民法典编纂工作，其中因为人格权编涉及对隐私权和个人信息保护关系的处理问题，故此开始研究相关的问题，此后又进一步对于个人数据权利体系、个人信息权益的性质、个人信息的合理使用、侵害个人信息的侵权责任等问题陆续展开了研究。

2018年我国《个人信息保护法》起草工作启动以来，受全国人大常委会法制工作委员会经济法室的邀请，笔者有幸全程参加了该法的起草论证工作，有机会深入了解立法中面临的各种问题与争议，并得以向该领域的专家学者请教学习。值我国《个人信息保护法》颁布并将于2021年11月1日施行之际，笔者不揣鄙陋，根据近年来对个人信息保护法的研究与认识，结合参与《个人信息保护法》起草论证中的一些心得体会，撰写了这本《个人信息保护法理解与适用》，希望通过正确地阐释每一个法律条文的规范目的、立法理由、疑点与难点及相关争议等，从而有利于准确地贯彻适用《个人信息保护法》，并推动理论界与实务界对个人信息保护法的研究。

撰写本书时，笔者就不少问题向全国人大常委会法制工作委员会经济法室杨合庆副主任、高飞处长和林一英副处长请教，受益匪浅。与清华大学法学院博士后王苑博士、中国人民大学法学院博士后阮神裕博士的持续讨论，也极具启发。在此，一并表示衷心感谢！

个人信息保护法涉及领域广泛，艰深复杂，多年研习所得，不过沧海一粟！故此，本书的错漏谬误，在所难免，尚祈读者不吝赐教！

本书是笔者主持的国家社科基金重点项目《网络环境下民事权利的侵权法保护研究》（项目编号：18AFX016）的阶段性成果。

程 啸

2021 年 9 月 1 日于清华园

缩略语表

全　称	简　称
《中华人民共和国个人信息保护法》	《个人信息保护法》
《中华人民共和国民法典》	《民法典》
《中华人民共和国数据安全法》	《数据安全法》
《中华人民共和国网络安全法》	《网络安全法》
《中华人民共和国电子商务法》	《电子商务法》
《中华人民共和国消费者权益保护法》	《消费者权益保护法》
《中华人民共和国未成年人保护法》	《未成年人保护法》
《中华人民共和国治安管理处罚法》	《治安管理处罚法》
《中华人民共和国民事诉讼法》	《民事诉讼法》
《中华人民共和国行政诉讼法》	《行政诉讼法》
《中华人民共和国刑事诉讼法》	《刑事诉讼法》
《中华人民共和国国家赔偿法》	《国家赔偿法》
《中华人民共和国国家情报法》	《国家情报法》
《中华人民共和国国家安全法》	《国家安全法》
《中华人民共和国反间谍法》	《反间谍法》
《中华人民共和国刑法》	《刑法》
《中华人民共和国档案法》	《档案法》
《中华人民共和国统计法》	《统计法》
《中华人民共和国个人信息保护法草案（一审稿）》	《草案一审稿》
《中华人民共和国个人信息保护法草案（二审稿）》	《草案二审稿》
《中华人民共和国个人信息保护法草案（三审稿）》	《草案三审稿》

目 录

Contents

第一章 总 则

◆ 本章概述

本章为《个人信息保护法》的第1章，名为“总则”，主要是对个人信息保护法的立法目的、适用范围、个人信息处理应遵循的基本原则等具有一般性和共通性的内容的规定。具体而言，本章规定的内容包括：（1）立法目的（第1条）；（2）个人信息受法律保护及不得侵害个人信息权益的规定（第2条）；（3）空间适用范围（第3条）；（4）个人信息以及个人信息处理的含义（第4条）；（5）个人信息处理活动中应遵循的各项基本原则（第5—10条）；（6）国家建立健全个人信息保护制度（第11条）；（7）国家积极参与个人信息保护国际规则的制定及在该领域的国际交流与合作（第12条）。

第一条 【立法目的】

为了保护个人信息权益，规范个人信息处理活动，促进个人信息合理利用，根据宪法，制定本法。

◆ 条文要旨

本条规定的是个人信息保护法的立法目的。

◆ 理解与适用

一、立法背景

（一）世界各国和地区的个人信息保护法的发展

随着网络信息技术的高速发展，现代社会已进入信息社会、网络时代，个人信息保护越来越受到世界各国或地区的高度重视。为了更好地保护个人数据或个人信息，各个国家或地区陆续颁布了数据保护法、个人信息保护法或数据隐私法等法律。自 1970 年德国黑森州颁布全世界第一部《数据保护法》（Datenschutzgesetz）以来，截至 2020 年 12 月，在这 50 年的时间内，全世界 232 个国家或地区中，共有 145 个国家或地区颁布了数据保护法、个人信息保护法或数据隐私保护方面的法律，占比为 63%。仅在 2019 年至 2020 年这一年内，颁布了数据隐私法的国家或地区的数量就从 132 个增加到 145 个，增长了 10%。①

世界各国或地区数据保护与个人信息保护立法情况统计表②

地区	国家数	已颁布数据保护法的国家数	比例
北美	3	3	100%
欧盟	27	27	100%
澳洲	2	2	100%
其他欧洲地区	30	27	90%
中亚	6	5	83%
中东	14	8	57%
拉丁美洲	22	12	55%
非洲	58	32	55%
亚洲	28	15	54%
加勒比地区	29	14	48%
太平洋岛屿	13	0	0%
总计	232	145	63%

① Graham Greenleaf, Global data privacy laws 2021: Despite Covid delays, 145 laws show GDPR dominance, (2021) 169 Privacy Laws & Business International Report, P. 1.

② Graham Greenleaf, Global data privacy laws 2021: Despite Covid delays, 145 laws show GDPR dominance, (2021) 169 Privacy Laws & Business International Report, P. 3.

在目前各国或地区已经颁布的个人信息保护立法中，影响最大的一部法律就是2018年5月25日起施行的欧盟《一般数据保护条例》（GDPR），该条例除导言部分的173个条文外，正文部分共分11章、99条，分别对适用范围、定义、数据处理的基本原则、数据主体的权利、数据控制者和处理者的义务与责任、跨境数据传输、独立监管机构、法律责任和处罚措施等作出了非常详细的规定。我国在起草《个人信息保护法》时，也充分吸收借鉴了《一般数据保护条例》中一些优秀的立法成果和经验。

（二）我国个人信息保护法的发展

我国早期对个人信息收集、利用和保护加以规范的法律是《刑法》。2005年第十届全国人大常委会第十四次会议通过的《刑法修正案（五）》增设了“窃取、收买、非法提供信用卡信息罪”（第177条之一第2款），这是我国法律上第一个关于侵害公民个人信息犯罪的法律规定。① 2009年第十一届全国人大常委会第七次会议审议通过的《刑法修正案（七）》在《刑法》中新增第253条之一，首次将窃取或以其他方式非法获取公民个人信息、出售或非法提供公民个人信息的行为情节严重的规定为犯罪行为，从而纳入刑事打击的范围。② 2015年通过的《刑法修正案（九）》对《刑法》第253条之一作了修改，明确规定：“违反国家有关规定，向他人出售或者提供公民个人信息，情节严重的，处三年以下有期徒刑或者拘役，并处或者单处罚金；情节特别严重的，处三年以上七年以下有期徒刑，并处罚金。违反国家有关规定，将在履行职责或者提供服务过程中获得的公民个人信息，出售或者提供给他人的，依照前款的规定从重处罚。窃取或者以其他方法非法获取公民个人信息的，依照第一款的规定处罚。单位犯前三款罪的，对单位判处罚金，并对其直接负责的主管人员和其他直接责任人员，依照各该款的规定处罚。”

2012年颁布的《全国人民代表大会常务委员会关于加强网络信息保护的决定》首次对网络服务提供者和其他企业事业单位、国家机关及其工作人员在收

① 喻海松：《网络犯罪二十讲》，法律出版社2018年版，第203页。

② 2015年第十二届全国人大常委会第十六次会议通过的《刑法修正案（九）》第253条之一作了进一步完善，对向他人出售或者提供公民个人信息，情节严重的予以刑事制裁，并取消了原来对获取或非法出售个人信息的主体范围的限制。

集、使用、保管公民个人电子信息中应当遵循的原则、承担的义务及法律责任作出了较为具体的规定。该决定明确规定，任何组织和个人不得窃取或者以其他非法方式获取公民个人电子信息，不得出售或者非法向他人提供公民个人电子信息。网络服务提供者和其他企业事业单位在业务活动中收集、使用公民个人电子信息，应当遵循合法、正当、必要的原则，明示收集、使用信息的目的、方式和范围，并经被收集者同意，不得违反法律、法规的规定和双方的约定收集、使用信息。此外，该决定还要求："网络服务提供者和其他企业事业单位及其工作人员对在业务活动中收集的公民个人电子信息必须严格保密，不得泄露、篡改、毁损，不得出售或者非法向他人提供。""网络服务提供者和其他企业事业单位应当采取技术措施和其他必要措施，确保信息安全，防止在业务活动中收集的公民个人电子信息泄露、毁损、丢失。在发生或者可能发生信息泄露、毁损、丢失的情况时，应当立即采取补救措施。"

2017 年 6 月 1 日起施行的《网络安全法》第 4 章"网络信息安全"对个人信息的收集、存储、保管和使用进行了更全面细致的规范。该法第 41 条明确规定，网络运营者收集、使用个人信息，应当遵循合法、正当、必要的原则，公开收集、使用规则，明示收集、使用信息的目的、方式和范围，并经被收集者同意。网络运营者不得收集与其提供的服务无关的个人信息，不得违反法律、行政法规的规定和双方的约定收集、使用个人信息，并应当依照法律、行政法规的规定和与用户的约定，处理其保存的个人信息。第 42 条明确规定，网络运营者不得泄露、篡改、毁损其收集的个人信息；未经被收集者同意，不得向他人提供个人信息。但是，经过处理无法识别特定个人且不能复原的除外。网络运营者应当采取技术措施和其他必要措施，确保其收集的个人信息安全，防止信息泄露、毁损、丢失。在发生或者可能发生个人信息泄露、毁损、丢失的情况时，应当立即采取补救措施，按照规定及时告知用户并向有关主管部门报告。此外，该法第 43 条还规定了个人发现网络运营者违反法律、行政法规的规定或者双方的约定收集、使用其个人信息的，有权要求网络运营者删除其个人信息；发现网络运营者收集、存储的其个人信息有错误的，有权要求网络运营者予以更正。网络运营者应当采取措施予以删除或者更正。同时，该法第 76 条第 5 项还对个人信息进行了界定，即"个人信息，是指以电子或者其他方式记录的能够单独或者与其他信息结合识别自然人个人身份的各种信息，包括但不限于自然人的姓名、出生日期、身份证件号码、个人生物识别信息、住址、电话号码等”。

2013 年第十二届全国人大常委会第五次会议修订《消费者权益保护法》时，在原第 14 条中新增了消费者“享有个人信息依法得到保护的权利”，并在第 50 条就侵害该权利的民事责任作出了规定，这是我国法律首次从民事权利的角度对个人信息作出的规定。① 2017 年 10 月 1 日起施行的《民法总则》第 111 条规定：“自然人的个人信息受法律保护。任何组织和个人需要获取他人个人信息的，应当依法取得并确保信息安全，不得非法收集、使用、加工、传输他人个人信息，不得非法买卖、提供或者公开他人个人信息。”② 此外，《民法总则》第 127 条还规定：“法律对数据、网络虚拟财产的保护有规定的，依照其规定。”尽管就《民法总则》第 111 条是否规定了自然人个人信息权存在争议，但该条毕竟“从民事基本法的高度赋予了自然人个人信息保护的权利（权益），为个人信息保护在民法分则进一步细化规定提供了基础”③，因此，具有十分重要的意义。

2018 年颁布的《电子商务法》也就电子商务经营活动中的个人信息保护问题作出了规定。例如，针对随着大数据技术发展而出现的针对用户进行数据画像、精准营销的行为，为了更好地保护消费者的知情权和选择权，该法第 18 条第 1 款规定：“电子商务经营者根据消费者的兴趣爱好、消费习惯等特征向其提供商品或者服务的搜索结果的，应当同时向该消费者提供不针对其个人特征的选项，尊重和平等保护消费者合法权益。”

2020 年 5 月 28 日第十三届全国人民代表大会第三次会议通过了《民法典》。《民法总则》第 111 条被作为《民法典》第 111 条完全保留下来，不仅如此，《民

---

① 《消费者权益保护法》中增加个人信息保护的规定，就是为了更好地保护消费者的个人信息。参见李适时（第十二届全国人大常委会法制工作委员会主任）：《关于〈中华人民共和国消费者权益保护法修正案（草案）〉的说明》，2013 年 4 月 23 日在第十二届全国人民代表大会常务委员会第二次会议上。

② 我国个人信息泄露以及非法数据交易现象极为严重，尤其是“徐某玉因信息泄露而被骗学费引发急病发作死亡”以及“清华大学教师被电信诈骗 1700 多万元”这两则因个人信息被泄露而给受害人造成重大损失的案件，在社会上产生了很大的影响，进而推动了《民法总则》第 111 条关于个人信息保护规定的出台。参见杨立新：《个人信息：法益抑或民事权利——对〈民法总则〉第 111 条规定的“个人信息”之解读》，载《法学论坛》2018 年第 1 期。

③ 张新宝：《〈民法总则〉个人信息保护条文研究》，载《中外法学》2019 年第 1 期。

法典》人格权编对个人信息保护作出了更详细的规定。一方面，在《民法典》人格权编的第6章“隐私权与个人信息保护”中，立法者使用六个条文（第1034条至1039条）对个人信息的概念和类型，个人信息保护与隐私权的关系，处理个人信息应当遵循的原则和符合的条件，自然人对其个人信息享有的查阅、抄录和复制的权利以及更正和删除的权利，侵害个人信息的免责事由，信息处理者的义务等，作了较为详细的规定；另一方面，《民法典》人格权编第1章“一般规定”和第5章“名誉权和荣誉权”中还就个人信息的合理使用（第999条），信用信息的处理的准用规则作出了规定（第1030条）。①

2020年10月17日第十三届全国人民代表大会常务委员会第二十二次会议修订的《未成年人保护法》专门增加了第5章“网络保护”，其中有两条就未成年人的个人信息保护作出了规定，即第72条规定，信息处理者通过网络处理未成年人个人信息的，应当遵循合法、正当和必要的原则。处理不满十四周岁未成年人个人信息的，应当征得未成年人的父母或者其他监护人同意，但法律、行政法规另有规定的除外。未成年人、父母或者其他监护人要求信息处理者更正、删除未成年人个人信息的，信息处理者应当及时采取措施予以更正、删除，但法律、行政法规另有规定的除外。第73条规定，网络服务提供者发现未成年人通过网络发布私密信息的，应当及时提示，并采取必要的保护措施。

（三）我国颁布《个人信息保护法》的意义

尽管我国《民法典》《刑法》《网络安全法》《电子商务法》等诸多法律分别从个人信息权益民法保护、侵害个人信息犯罪行为的刑事责任等角度对个人信息保护作出了相应的规定，但是，我国还需要颁布专门的《个人信息保护法》对个人信息进行全方位的、详尽的规范。这是因为，一方面，《个人信息保护法》是保护个人信息的专门性的法律，也是综合性的法律，它既不是作为《民法典》特别法的民事单行法，也不是单纯的行政管理法，而是针对个人信息保护的特点，综合运用强制性规范、禁止性法规以及行政责任、民事责任等多种法律责任对个

① 《民法典》的物权编和侵权责任编中也有涉及个人信息保护的规定，如《民法典》第219条规定：“利害关系人不得公开、非法使用权利人的不动产登记资料。”第1226条规定：“医疗机构及其医务人员应当对患者的隐私和个人信息保密。泄露患者的隐私和个人信息，或者未经患者同意公开其病历资料的，应当承担侵权责任。”

人信息处理活动进行全方位规范的法律。另一方面，《个人信息保护法》是个人信息保护领域的基本法律，它是全面系统地保护个人信息权益与调整规范个人信息处理活动的法律，具体而言，其内容包括：其一，个人信息处理活动应当遵循的基本原则；其二，个人信息处理的规则以及个人信息跨境转移相关规则；其三，个人在个人信息处理中享有的权利以及信息处理者所负有的义务的规定；其四，个人信息保护机构即履行保护职责的部门及其应履行的职责；其五，违法处理个人信息的法律责任等。

2021 年 8 月 20 日，第十三届全国人大常委会第三十次会议审议通过了《个人信息保护法》，它是我国第一部个人信息保护方面的专门法律。《个人信息保护法》的颁行将极大地加强我国个人信息保护的法制保障，从而在个人信息保护方面形成更加完备的制度、提供更有力的法律保障；《个人信息保护法》以严密的制度、严格的标准、严厉的责任规范个人信息处理活动，规定了完备的个人在个人信息处理活动中的权利，全方位落实各类组织、个人等个人信息处理者的义务与责任，有力地维护了网络空间良好生态，满足人民日益增长的美好生活需要；《个人信息保护法》科学地协调个人信息权益保护与个人信息合理利用的关系，建立了权责明确、保护有效、利用规范的个人信息处理规则，从而在保障个人信息权益的基础上，促进了包括个人信息在内的数据信息的自由安全的流动与合理有效的利用，推动了数字经济的健康发展。

二、立法目的

我国法律的一个典型特点就是在第一条开宗明义地对该法的立法目的作出规定，本法也不例外。明确立法目的，既有利于对该部法律中的规则和制度进行更深入透彻的理解，从而准确地适用相应的法律规范，也依据该立法目的制定相应的法规规章，从而贯彻落实法律的规定，还能够使法院在处理个人信息权益纠纷案件时依据该立法目的正确解释法律并在发现法律的漏洞时利用目的解释的方式填补该漏洞。在我国《个人信息保护法》的起草过程中，关于本法的立法目的有一个认识上的变化过程。《个人信息保护法草案（征求意见稿）》第 1 条曾规定：“为了规范个人信息处理活动，保护个人信息权益，保障个人信息依法有序自由流动，促进个人信息合理利用，制定本法。”《草案一审稿》则将之修改为“为了保护个人信息权益，规范个人信息处理活动，保障个人信息依法有序自由流动，促进个人信息合理利用，制定本法。”这就凸显了“保护个人信息权益”这一立法目的在我国《个人信息保护法》的立法目的中占据更重要的地位。此后，《草案二审稿》将《草案一审稿》中的“保障个人信息依法有序自由流动”的表述予以删除，这是因为，个人信息的有序自由流动就是为合理利用个人信息。依据《个人信息保护法》第1条，我国《个人信息保护法》有以下三大立法目的。

（一）保护个人信息权益

根据中国互联网络信息中心（CNNIC）发布的《第48次中国互联网络发展状况统计报告》，截至2021年6月，我国网民规模达10.11亿人，较2020年12月增长2175万人，互联网普及率达71.6%。互联网网站数量为422万个，国内市场上监测到的App（移动互联网应用）数量为302万个。① 我国社会已经进入网络社会和信息时代，个人信息的收集、使用、存储等处理行为容易、普遍，极为广泛。虽然随着《网络安全法》《电子商务法》以及《民法典》等法律的陆续颁行，近年来我国个人信息保护的力度不断加大，但是，现实中一些组织或个人为了商业利益甚至牟取非法利益，随意收集、违法获取、过度使用、非法买卖个人信息的现象仍然十分严重，利用个人信息侵扰广大人民群众的生活安宁、损害人民群众的人身财产权益等违法犯罪问题依旧非常突出。如何有效地保护个人信息权益，已成为广大人民群众和社会各界最关心也是最直接、最现实的问题之一。第十三届全国人民代表大会组成以来，全国人大代表共有340人次提出39件相关议案、建议，全国政协委员共提出相关提案32件。党中央高度重视网络空间法治建设，对个人信息保护立法工作作出部署。习近平总书记多次强调，要坚持网络安全为人民、网络安全靠人民，保障个人信息安全，维护公民在网络空间的合法权益，对加强个人信息保护工作提出明确要求。②

所谓个人信息，就是指以电子或者其他方式记录的与已识别或者可识别的自然人有关的各种信息，包括但不限于自然人的姓名、出生日期、身份证件号码、生物识别信息、住址、电话号码、电子邮箱、健康信息、行踪信息等。任何信息

① 中国互联网络信息中心：《第48次中国互联网络发展状况统计报告》（2021年6月），载微信公众号“网络传播杂志”，2021年8月27日。

② 全国人大常委会法制工作委员会副主任刘俊臣：《关于〈中华人民共和国个人信息保护法（草案）〉的说明》，2020年10月13日在第十三届全国人民代表大会常务委员会第二十二次会议上。

如果不是与已识别或者可识别的自然人有关的信息，就不属于个人信息。对这些信息的处理也不适用《个人信息保护法》《民法典》《网络安全法》等法律关于个人信息保护的规定。只有与已识别或者可识别的自然人有关的信息，才属于个人信息，才需要通过个人信息保护制度加以规范。这是因为，只有对个人信息进行的处理活动如收集、存储、加工、使用、传输、提供、公开等，才会对自然人的人格尊严、人身自由等基本权利以及人身权益、财产权益造成危险或者损害。

大数据时代的个人信息处理方式发生了革命性变化。信息处理能力的突飞猛进，不仅使得海量的个人信息可以被政府机关、企事业单位等各种主体无时无刻、无所不在地加以收集、存储、加工，并且会以人们想不到的各种方法予以使用、传输、提供或公开。围绕着个人信息的各种处理行为也因此产生了侵害自然人的人格尊严、妨害人格自由以及损害人身财产权益的各种风险，并时常造成现实的损害后果。这些风险至少包括以下几类：其一，因个人信息被非法收集、买卖或使用而使加害人有机会对自然人既有的生命权、健康权、名誉权、隐私权等人格权益以及债权、物权、股权等财产权益实施侵害；其二，基于被合法收集的个人信息形成的大数据，通过算法等技术进行社会分选、歧视性对待，进而损害人格尊严的危险；其三，通过大数据和人工智能技术进行人格画像，将原本属于主体的自然人降格为客体并加以操控，损害人格自由等。① 由此可见，围绕着个人信息所展开的是一个自然人需要通过对其个人信息的控制与保护来防止遭受人格歧视、人身财产权益免于危险或损害的利益需求，与处理者希望获取和利用个人信息达至各种目的（提高行政效率，追求商业利润等）的利益需求之间的斗争关系。

---

① 德国学者Winfried基于对国际法、欧盟法和德国法的分析，归纳了10种法律应当规范的数据处理的风险类型：（1）使个人更容易遭受犯罪侵害；（2）对公众形象的羞辱和损害；（3）造成选择性目标损害（歧视与羞辱）；（4）信息永久性：信息的永久存储以及获得和检索的可能能够不断重建个体行为，从而减少集体社交遗忘的机会；（5）去情境化的风险；（6）信息产生阶段的风险：自动从各种来源获得新知识的可能性产生了新的危险，例如使用数据分析方法所获得的个人信息；（7）信息的不准确，即非结构化的数据源、不受控制和不透明的处理程序和数据伪造产生的数据质量差的风险，而数据质量差又会引起不同的风险；（8）把人仅仅当作物体来对待：特别是通过完全自动化的个人决定将产生把人降格为物体的危险；（9）他律，即对个人行为的操纵既可以在微观上对人类的行为自由产生消极的影响，也可以在宏观上对政治进程产生消极的影响；（10）对合理的保密期望的落实感到失望。See Veil & Winfried, The GDPR: The Emperor's New Clothes – On the Structural Shortcomings of Both the Old and the New Data Protection Law (December 21, 2018). Vgl. Neue Zeitschrift für Verwaltungsrecht 10/2018: 686 – 696, at SSRN: https://ssrn.com/abstract=3305056 (Last visited on July 6, 2019).

我国制定《个人信息保护法》正是及时回应广大人民群众的呼声和期待，落实党中央部署的必然要求。本法首要的立法目的就是要保护广大人民群众的个人信息权益。个人信息保护法，顾名思义，就是保护个人信息的法律，也就是保护个人信息权益的专门法律。个人信息权益是自然人针对个人信息享有的受到法律保护的权益。保护个人信息权益是我国《个人信息保护法》的重要立法目的，该法第 1 条就明确规定，为了保护个人信息权益，规范个人信息处理活动，促进个人信息合理利用，根据宪法，制定本法。第 2 条再次明确“自然人的个人信息受法律保护，任何组织、个人不得侵害自然人的个人信息权益”。为了实现对个人信息权益的全面的、充分的保护，《个人信息保护法》作出了如下系统全面、科学细致的规定。

1. 确立了个人信息处理活动应当遵循的基本原则，包括合法、正当、必要、诚信、目的限制、最小必要、质量、责任等原则。这些原则的根本目的就是要规范个人信息处理者的处理活动，保护个人信息权益。例如，依据第 6 条所确立的目的限制原则，处理个人信息应当具有明确、合理的目的，并应当与处理目的直接相关，采取对个人权益影响最小的方式。收集个人信息，应当限于实现处理目的的最小范围，不得过度收集个人信息。无论什么样的个人信息，处理者出于何种处理目的，以何种方式实施个人信息处理活动，都应当遵循这些基本原则。不仅如此，调整规范个人信息处理活动的法规规章，也不能违反这些基本原则。

2. 详细规定告知同意规则，明确了个人信息处理者处理个人信息前，必须以显著方式、清晰易懂的语言真实、准确、完整地向个人告知法律规定的事项，除非法律、行政法规规定应当保密或者不需要告知，或者告知将妨碍国家机关履行法定职责。如果个人信息处理者是基于个人同意而处理个人信息的，那么个人的同意必须是个人在充分知情的前提下自愿、明确地作出，个人信息处理者不得以个人不同意处理其个人信息或者撤回同意为由，拒绝提供产品或者服务。

3. 对于社会普遍关注的“大数据杀熟”“人脸识别”等问题，明确要求个人信息处理者保证自动化决策的透明度和结果公平、公正，不得对个人在交易价格等交易条件上实行不合理的差别待遇。如果通过自动化决策方式作出对个人权益有重大影响的决定，个人有权要求个人信息处理者予以说明，并有权拒绝个人信息处理者仅通过自动化决策的方式作出决定。在公共场所安装图像采集、个人身份识别设备，应当为维护公共安全所必需，遵守国家有关规定，并设置显著的提示标识。所收集的个人图像、身份识别信息只能用于维护公共安全的目的，不得用于其他目的，除非取得个人单独同意。

4. 界定了敏感个人信息并给予非常严格的保护。敏感个人信息，即一旦泄露或者非法使用，就容易导致自然人的人格尊严受到侵害或者人身、财产安全受到危害的个人信息，包括生物识别、宗教信仰、特定身份、医疗健康、金融账户、行踪轨迹等信息，以及不满十四周岁未成年人的个人信息。依据《个人信息保护法》的规定，只有在具有特定的目的和充分的必要性，并采取严格保护措施的情形下，个人信息处理者方可处理敏感个人信息。同时，处理敏感个人信息应当取得个人的单独同意，处理不满十四周岁未成年人个人信息的，应当取得未成年人的父母或者其他监护人的同意。

5. 专章规定了个人在个人信息处理活动中的权利。个人在个人信息处理活动中的权利属于手段性权利或救济性权利，规定这些权利的目的就是保护自然人的个人信息权益。《个人信息保护法》在《网络安全法》《民法典》的规定的基础上，立足于我国个人信息保护实践的要求，吸收借鉴比较法上的优秀成果，对个人在个人信息处理活动中的权利作出了系统全面的规定，规定了个人在个人信息处理活动中享有对个人信息处理的知情权与决定权、查阅复制权、可携带权、更正补充权、删除权、解释说明权等。此外，为了维护死者的近亲属的合法、正当利益，《个人信息保护法》还规定，自然人死亡的，其近亲属为了自身的合法、正当利益，可以对死者的相关个人信息行使本章规定的查阅、复制、更正、删除等权利；死者生前另有安排的除外。

6. 对个人信息处理者的义务作出了集中、详细的规定，构建了完整的义务体系。这些义务包括：个人信息处理者采取措施确保个人信息处理活动合法并保护个人信息安全的义务；按照规定指定个人信息保护负责人的义务；定期进行合规审计的义务；对于高风险个人信息处理活动进行个人信息保护影响评估并对处理情况进行记录的义务；在发生或可能发生个人信息泄露等安全事件时立即采取补救措施并通知监管机构和个人的义务；提供重要互联网平台服务、用户数量巨大、业务类型复杂的个人信息处理者负有的“守门人义务”。

7. 对于违法处理个人信息或者没有履行法律规定的个人信息保护义务的行为

规定了严格的行政处罚，如对于违法行为情节严重的，没收违法所得，并处5000万元以下或者上一年度营业额5%以下罚款，并可以责令暂停相关业务或者停业整顿、通报有关主管部门吊销相关业务许可或者吊销营业执照等。对直接负责的主管人员和其他直接责任人员处10万元以上100万元以下罚款，并可以决定禁止其在一定期限内担任相关企业的董事、监事、高级管理人员和个人信息保护负责人。再如，对于违反《个人信息保护法》规定的违法行为的，明确了依照有关法律、行政法规的规定记入信用档案，并予以公示。

8. 规定了科学合理的民事责任制度以及民事公益诉讼。依据《个人信息保护法》的规定，处理个人信息侵害个人信息权益造成损害，个人信息处理者不能证明自己没有过错的，应当承担损害赔偿等侵权责任。侵害个人信息权益造成损害的损害赔偿责任按照个人因此受到的损失或者个人信息处理者因此获得的利益确定；个人因此受到的损失和个人信息处理者因此获得的利益难以确定的，根据实际情况确定赔偿数额。在个人信息处理者违反《个人信息保护法》规定处理个人信息，侵害众多个人的权益时，人民检察院、法律规定的消费者组织和由国家网信部门确定的组织可以依法向人民法院提起诉讼。

（二）规范个人信息处理活动

所谓个人信息处理，就是指个人信息的收集、存储、使用、加工、传输、提供、公开、删除等活动（《个人信息保护法》第4条第2款）。首先，《个人信息保护法》需要对个人信息处理行为进行全方位、动态性的规范，也就是说，无论是利用网络信息科技自动化处理个人信息，还是手工等非自动化处理个人信息；无论是个人信息的收集、存储，还是使用、加工抑或传输、提供、公开以及跨境提供；无论是出于生产经营等营利目的，还是出于行政管理、公共服务目的而进行个人信息处理，均应纳入《个人信息保护法》的调整范围。有观点认为，《个人信息保护法》不应调整所有的个人信息处理行为，而仅限于以识别分析为目的对个人信息的收集、控制、分享、分析和应用行为，因为只有这些行为才会对信息主体的权益有显著的影响，至于一般的个人信息使用行为留给其他法律或行业准则或社会习惯规范加以调整。① 本书认为，该观点是不妥当的。个人信息处理行为的类型多种多样，从收集、存储，到使用、加工，再到传输、公开、共享

① 高富平：《个人信息处理：我国个人信息保护法的规范对象》，载《法商研究》2021年第2期。

等，这每一个环节都存在侵害自然人民事权益的风险，不能任意切割。例如，大量的个人信息尤其是敏感的个人信息被泄露或被非法买卖，无须利用高科技技术进行所谓的分析识别，也足以被违法犯罪分子用来实施诈骗、抢劫、杀人等犯罪活动。个人信息处理中的风险是多重的、难以预测的，不限于以识别分析为目的的处理行为。况且，个人信息处理本身具有易变性和发展性，现在不以识别分析为目的的处理行为不等于将来就不会进行识别分析，更不等于不会对个人信息权益产生危险。随着科技的发展，各种对个人信息的新型处理方法会不断产生，其中的风险往往难以预见，因此，将《个人信息保护法》调整的个人信息处理行为限定于以识别分析为目的的行为显然过于狭窄。

其次，《个人信息保护法》需要从内外两方面使用强行性规范来构建个人信息处理规则。从外部来说，《个人信息保护法》在区分不同的个人信息处理行为、不同种类的个人信息以及不同的个人信息处理者的基础上，明确处理者在各类个人信息处理行为中所负的义务（如告知、取得同意、安全保护、报告、监管等义务），同时，以法律责任保障其履行。特别是个人信息保护执法机关应当采取动态监督执法确保义务的履行和法律责任的落实，对于违反义务的信息处理者依法采取罚款、给予处分、记入信用档案、停业整顿、吊销许可、吊销营业执照等处罚措施，严重的追究刑事责任。从内部来说，《个人信息保护法》强制性要求信息处理者建立健全相应的管理制度和操作规程，对个人信息进行分类管理并采取加密等安全技术措施，制定个人信息安全事件的应急预案，公布个人信息保护负责人的联系方式等。同时，强化大型的网络平台对于利用其提供的网络服务处理个人信息的处理者进行相应的监管义务。

最后，《个人信息保护法》不仅调整公司企业等普通民事主体出于经营目的处理个人信息的行为，也调整国家机关基于公权力和履行公共管理职能处理个人信息的活动。随着信息社会的到来，数字经济的发展需要对个人信息进行合理利用，数字社会和数字政府的建设也需要对个人信息进行合理利用。个人信息等数据在提升和优化国家治理能力，提高政府行政服务和管理水平，提高决策的科学性和服务效率等方方面面，将发挥越来越重要的作用。我国《国民经济和社会发展第十四个五年规划和 2035 年远景目标纲要》明确提出要“迎接数字时代，激活数据要素潜能，推进网络强国建设，加快建设数字经济、数字社会、数字政府，以数字化转型整体驱动生产方式、生活方式和治理方式变革”。作为调整平等主体的自然人、法人和非法人组织之间的人身及财产关系的民法，无法对于国家机关处理个人信息的活动进行全方位的规范，这就要求《个人信息保护法》对此加以调整。国家机关即便是履行法定职责处理个人信息时，也应当严格依照法律、行政法规规定的权限和程序进行，受到包括《个人信息保护法》在内的法律的规范。唯其如此，方能更好地实现个人信息上的多元利益关系的协调。故此，《民法典》第1039条规定：“国家机关、承担行政职能的法定机构及其工作人员对于履行职责过程中知悉的自然人的隐私和个人信息，应当予以保密，不得泄露或者向他人非法提供。”本法也在第2章“个人信息处理规则”中专节对国家机关处理个人信息作出了特别规定。

（三）促进个人信息合理利用

现代信息社会中，如果法律偏执一隅，过度保护个人信息权益，阻碍或妨害了个人信息的合理使用，也是不可取的。因为，这样将影响网络信息科技的发展和数字经济的繁荣，最终损害国家利益、公共利益以及社会的整体福利，对于个人也是不利的。几乎所有国家或地区在保护个人信息的法律规范中，都要关注民事权益保护与合理自由维护这一对价值的协调，既尊重和保护自然人的人格尊严等基本人权，也充分维护公共利益，保护言论与信息自由、商业活动的正常进行。例如，欧盟《一般数据保护条例》在导言部分明确了自然人在个人数据处理方面获得保护是一项基本权利，受到欧盟《基本权利宪章》第8条第1款和欧盟《运行条约》第16条第1款的保护。但同时又明确指出：“本条例致力于实现自由、安全、公平和经济联盟，致力于经济和社会进步，加强并聚集内部市场的经济，实现个人的幸福”，“保护个人数据的权利不是一项绝对权利，必须考虑其在社会中的作用并应当根据比例性原则与其他基本权利保持平衡。本条例尊重所有基本权利，并奉行欧盟《运行条约》基于欧盟《基本权利宪章》承认的自由和原则，尤其是在以下方面：个人和家庭生活、家庭和通信、个人数据保护、思想自由、意识和宗教、言论和信息自由、商业活动自由、获得有效救济和公正审判的权利、文化、宗教和语言多样性”。日本于2015年大幅度修订的《个人资料保护法》第1条就明确了“本法的立法目的在于，在高度信息通信社会的深化所带来的对个人信息的利用显著扩大的背景下，通过对个人信息之正当处理的基本理念、由政府制定基本方针及采取其他保护个人信息的措施等基本事项作出规定，明确国家和地方公共团体的职责等，并对个人信息处理者应遵守的义务等作出规定，从而重视个人信息的正当且有效利用在促进新兴产业的创造、实现充满活力的经济社会和富足的国民生活上的作用以及其他个人信息的作用，保护个人的权利或利益”。再如，2018 年巴西《通用数据保护法》第 2 条规定：“个人数据保护的规则建立在如下基础上：I. 尊重隐私；II. 知情并自由决定；III. 言论、信息、交流和意见的自由；IV. 亲密言行、荣誉和声誉的不可侵犯；V. 经济技术的开发与创新；VI. 自由倡议、自由竞争和消费者保护；和 VII. 人权、自由发展人格、尊严和自然人行使公民身份。”我国台湾地区“个人资料保护法”第 1 条也指出，该法的立法目的在于“规范个人资料之搜集、处理及利用，以避免人格权受侵害，并促进个人数据之合理利用”。

在我国，党的十九大报告提出了建设网络强国、数字中国、智慧社会的任务要求。按照这一要求，应当统筹个人信息保护与利用，通过立法建立权责明确、保护有效、利用规范的制度规则，在保障个人信息权益的基础上，促进信息数据依法合理有效利用，推动数字经济持续健康发展。① 我国《个人信息保护法》不仅以保护个人信息权益为目的，也高度关注个人信息的合理利用，尤其是注意个人信息权益与信息自由、言论自由以及商业活动之间关系的协调，“合理平衡保护个人信息与维护公共利益之间的关系”②。换言之，无论是《个人信息保护法》，还是《民法典》《网络安全法》等法律，都不仅是对自然人的个人信息权益的保护，也是对信息自由、言论自由和商业活动自由的保护。③ 例如，《个人信息保护法》第 13 条除了在第 1 款第 1 项明确规定处理个人信息需要告知并取得

---

① 全国人大常委会法制工作委员会副主任刘俊臣：《关于〈中华人民共和国个人信息保护法（草案）〉的说明》，2020 年 10 月 13 日在第十三届全国人民代表大会常务委员会第二十二次会议上。

② 全国人民代表大会常务委员会副委员长王晨：《关于〈中华人民共和国民法典（草案）〉的说明》，2020 年 5 月 22 日在第十三届全国人民代表大会第三次会议上，载中国人大网，http://www.npc.gov.cn/npc/c30834/202005/50c0b507ad32464aba87c2ea65bea00d.shtml，最后访问时间：2020 年 5 月 29 日。

③ 平衡自然人权益的保护与个人信息或个人数据的合理利用是我国公法学界与私法学界的共识。相关论文可参见蔡培如、王锡锌：《论个人信息保护中的人格保护与经济激励机制》，载《比较法研究》2020 年第 1 期；周汉华：《探索激励相容的个人数据治理之道——中国个人信息保护法的立法方向》，载《法学研究》2018 年第 2 期；王利明：《论个人信息权的法律保护——以个人信息权与隐私权的界分为中心》，载《现代法学》2013 年第 4 期。

个人同意这一基本规则外，还在同条第 1 款第 2 项至第 7 项列举了不需要取得个人同意而合法处理个人信息的其他情形：为履行个人作为一方当事人的合同所必需的；为履行法定职责或者法定义务所必需的；为应对突发公共卫生事件或者在紧急情况下为保护自然人的生命健康和财产安全所必需；依法在合理的范围内处理已经公开的个人信息等。再如，《个人信息保护法》第 35 条规定，国家机关为履行法定职责处理个人信息，应当依照本法规定履行告知义务，但是法律、行政法规规定应当保密或者告知将妨碍国家机关履行法定职责的除外。

三、我国的个人信息保护法律体系

《个人信息保护法》的颁布意味着我国个人信息保护的法律体系已经建成。在个人信息保护领域中，我国已经建成了一个由法律、行政法规、司法解释、部门规章以及相关文件和标准组成的有机体系。

（一）法律

在法律层面上，我国个人信息保护的最基本也最重要的法律规范就是《宪法》。我国《宪法》第 33 条第 3 款规定："国家尊重和保障人权。"第 38 条规定："中华人民共和国公民的人格尊严不受侵犯。禁止用任何方法对公民进行侮辱、诽谤和诬告陷害。"第 40 条规定："中华人民共和国公民的通信自由和通信秘密受法律的保护。除因国家安全或者追查刑事犯罪的需要，由公安机关或者检察机关依照法律规定的程序对通信进行检查外，任何组织或者个人不得以任何理由侵犯公民的通信自由和通信秘密。"这些规定是个人信息保护的基本法律依据。现代网络信息社会中，如果不能建立科学合理的个人信息保护法律制度，充分保护个人信息权益，就无法尊重和保障人权，维护人格尊严，保护公民的通信自由和通信秘密。正因如此，在《个人信息保护法》审议过程中，"有的常委委员和社会公众、专家提出，我国宪法规定，国家尊重和保障人权；公民的人格尊严不受侵犯；公民的通信自由和通信秘密受法律保护。制定实施本法对于保障公民的人格尊严和其他权益具有重要意义，建议在草案二次审议稿第一条中增加规定'根据宪法'制定本法。宪法和法律委员会经研究，赞同上述意见，建议予以采纳"①。

---

① 《全国人民代表大会宪法和法律委员会关于〈中华人民共和国个人信息保护法（草案）〉审议结果的报告》。

我国《个人信息保护法》第1条在“制定本法”前增加**“根据宪法”**，不仅充分体现了《宪法》的最高法律效力，更强调了《宪法》是《个人信息保护法》的立法根据，《个人信息保护法》的规定必须体现《宪法》尊重和保障人格权、保护人格尊严的精神，落实《宪法》的要求，不得违背《宪法》。

除了《宪法》和《个人信息保护法》之外，我国个人信息保护重要的法律还包括《民法典》《数据安全法》《网络安全法》《电子商务法》《消费者权益保护法》《未成年人保护法》《刑法》《全国人民代表大会常务委员会关于加强网络信息保护的决定》《全国人民代表大会常务委员会关于维护互联网安全的决定》等。

（二）法规

法规层面上，与个人信息保护相关的行政法规主要包括：《互联网信息服务管理办法》《计算机信息系统安全保护条例》《征信业管理条例》《关键信息基础设施安全保护条例》等。地方性法规中关于个人信息保护的规定相对较少，主要是一些地方颁布的社会信用条例和数据条例，如《广东省社会信用条例》《天津市社会信用条例》《河南省社会信用条例》《深圳经济特区数据条例》等。

（三）司法解释

司法解释主要包括《最高人民法院关于审理使用人脸识别技术处理个人信息相关民事案件适用法律若干问题的规定》《最高人民法院关于审理利用信息网络侵害人身权益民事纠纷案件适用法律若干问题的规定》《最高人民法院、最高人民检察院关于办理侵犯公民个人信息刑事案件适用法律若干问题的解释》《最高人民法院、最高人民检察院关于办理非法利用信息网络、帮助信息网络犯罪活动等刑事案件适用法律若干问题的解释》等。2021年7月27日颁布的《最高人民法院关于审理使用人脸识别技术处理个人信息相关民事案件适用法律若干问题的规定》是我国首部对使用人脸识别技术处理个人信息相关民事案件的审理作出全面系统规范的司法解释。该司法解释的颁布对于充分保护当事人合法权益，科学规范个人信息处理活动，积极促进数字经济健康发展，具有极为重要的作用。

（四）规章

个人信息保护方面的部门规章主要是由工业和信息化部、国家互联网信息办公室、公安部等国家部委颁布的，主要包括：《儿童个人信息网络保护规定》《电信和互联网用户个人信息保护规定》《规范互联网信息服务市场秩序若干规定》《互联网新闻信息服务新技术新应用安全评估管理规定》《汽车数据安全管理若干规定（试行）》等。涉及个人信息保护的地方政府规章相对较少，主要有《北京市公共安全图像信息系统管理办法》《陕西省公共安全图像信息系统管理办法》等。

（五）规范性文件

个人信息保护的规范性文件包括：《常见类型移动互联网应用程序必要个人信息范围规定》《App违法违规收集使用个人信息行为认定方法》《工业和信息化部关于加强电信和互联网行业网络安全工作的指导意见》《互联网个人信息安全保护指南》《网络音视频信息服务管理规定》等。

（六）标准

这些标准主要是由国家市场监督管理总局、工业和信息化部、公安部、中国人民银行等部委发布的国家标准和行业标准，尤以推荐性国家标准（GB/T）居多。这些标准近年来不断增加，其中比较重要的如《信息安全技术 公共及商用服务信息系统个人信息保护指南》《信息安全技术 个人信息安全规范》《信息安全技术 移动智能终端个人信息保护技术要求》《信息安全技术 个人信息去标识化指南》《网络安全标准实践指南—移动互联网应用程序（App）收集使用个人信息自评估指南》《网络安全实践指南—移动互联网应用基本业务功能必要信息规范》《网络安全标准实践指南—移动互联网应用程序（App）个人信息保护常见问题及处置指南》《网络安全标准实践指南—移动互联网应用程序（App）系统权限申请使用指南》《网络安全标准实践指南—移动互联网应用程序（App）使用软件开发工具包（SDK）安全指引》《移动终端权限申请目的说明实施指南》《个人金融信息保护技术规范》《电信和互联网服务用户个人信息保护定义及分类》等。

◆ 疑点与难点

《个人信息保护法》与《民法典》的关系问题

关于《个人信息保护法》与《民法典》关系问题的讨论，主要集中在如何看待《民法典》中关于个人信息保护的规定与《个人信息保护法》的相关规定的关系。我国《民法典》在多处对个人信息保护作出了规定：首先，在总则编第5章“民事权利”中，《民法典》第111条规定：“自然人的个人信息受法律保护。任何组织或者个人需要获取他人个人信息的，应当依法取得并确保信息安全，不得非法收集、使用、加工、传输他人个人信息，不得非法买卖、提供或者公开他人个人信息。”其次，《民法典》人格权编第6章“隐私权和个人信息保护”中采用六个条文（第1034—1039条）对个人信息的含义、处理的含义、私密信息与非私密信息的法律适用、个人信息的合理使用、个人信息权益的内容、信息处理者的义务以及国家机关处理个人信息时的保密义务等作出了详细规定。此外，《民法典》人格权编第5章“名誉权和荣誉权”中，就个人信用信息的保护还有一条专门的规定，即第1030条规定：“民事主体与征信机构等信用信息处理者之间的关系，适用本编有关个人信息保护的规定和其他法律、行政法规的有关规定。”最后，《民法典》物权编就不动产登记资料的保密和不得非法使用作出了规定（第219条）；合同编就当事人订立合同知悉的其他应当保密的信息不得泄露或不正当使用以及因泄露或不正当使用的赔偿责任作出了规定（第501条）；侵权责任编中规定了医疗机构及其医务人员应当对患者的隐私和个人信息负有保密义务，泄露或公开患者的隐私和个人信息或病历资料的，应当承担侵权责任（第1226条）。

既然《民法典》中对个人信息保护作出了上述规定，而《个人信息保护法》又是个人信息保护领域中最重要、最基本的一部法律，那么它们之间究竟是何种关系呢？对此，有不同的看法。第一种观点认为，就个人信息保护而言，《民法典》属于基本法，具有普通法的地位，其约束的义务主体“信息处理者”涵盖了所有的信息处理机构和个人，具有一般性。《个人信息保护法》作为全面规制个人信息处理的单行法，则具有特别法的属性，对《民法典》作出了大量的补充和例外性规定。二者之间的关系类似于《民法典》与《消费者权益保护法》的关系。①

---

① 石佳友：《个人信息保护法与民法典如何衔接协调》，载《人民论坛》2021年1月中期。王泽鉴教授也认为，个人信息保护法保护的个人信息上的人格权，故此属于民法的特别法。参见王泽鉴：《人格权：法释义学、比较法、案例研究》，台湾作者印行2012年版，第252页。

第二种观点认为，《个人信息保护法》是保护个人信息的基本立法，任务是明确个人信息保护的基本原则和制度，明确实体规范与程序规范，然后再由相关单行立法根据不同行业领域的特点制定相应的规定，构成个人信息保护的完备法律体系。《个人信息保护法》的义务主体、调整范围、执行机制等均明显不同于民法典，不能将个人信息保护法视为民法特别法。只有违反《个人信息保护法》的行为造成权利人民事权益损害的，《民法典》才从民事责任追究方面进行衔接。尽管《个人信息保护法》与《民法典》存在一定的交叉，但两者的性质和任务存在根本不同，前者旨在保护新型权利的公法，后者旨在确立民事基本制度的私法，在法律体系中分别发挥不同的作用。①

第三种观点认为，在个人信息的保护上，《个人信息保护法》旨在防范对人格和财产的抽象加害危险，构成人格利益和财产利益的前置保护性规范。个人信息保护法与民法尤其是侵权法对人格权的保护不相排斥，而是互相结合，二者遵行的是不同的评价机制：违反个人信息保护规则的行为未必侵害人格权，是否侵害人格权是一个需要结合个案具体情形，对冲突利益进行衡量后才能得出结论的问题；遵守个人信息保护法的个人信息处理行为也并不当然无害于他人的人格权。在人格保护上，违反个人信息保护规则的行为，未必构成对人格权的侵害，是否构成人格权侵害，仍必须根据人格权保护的一般规则进行判断；在财产保护上，个人信息保护法中的损害赔偿责任条款应解释为“违反保护他人法律的侵权行为”性质的请求权规范，属于特殊侵权责任规范，优先于民法中的一般侵权行为规则而适用；个人信息保护法中规定的信息主体的信息查询权，错误信息更正权、封存权和删除权等积极请求权，与旨在回复绝对权之完满状态的妨害排除请求权和妨害防止请求权在功能上互相补充，在适用上并非互相排斥，可由当事人同时主张。②

第四种观点认为，《个人信息保护法》是一部管制色彩与自治色彩交相辉映的法律，兼顾自治和管制的平衡，既不给予个人绝对的私人自治权（个人信息自决权），也并非完全采取行政法的路径成为一部行政管理法。因此，《个人信息保

① 周汉华：《个人信息保护的法律定位》，载《法商研究》2020 年第 3 期。

② 杨芳：《个人信息保护法保护客体之辨——兼论个人信息保护法和民法适用上之关系》，载《比较法研究》2017 年第 5 期。

护法》中的民事规范应当作为民法的特别法来看待。但是，由于《个人信息保护法》并未区分公私主体的信息处理者，公权力机关处理个人信息的规范，明显不属于平等主体之间的规范。故此，《个人信息保护法》是一部综合性的法律，信息处理关系包含了公法调整和私法调整两个部分。①

应当说，上述观点都各有一定的道理。就自然人的个人信息权益的性质而言，虽然包含的范围比较广，不限于民事权益，还包括人格尊严和人身自由等宪法上的基本权利，但主要集中在民事权益尤其是人格权益。故此，不能将个人信息权益界定为公法权利或公法上的权利。《民法典》作为权利法、保护法，规范的核心就是民事权益，当然应当对个人信息权益作出规定并加以调整，正因如此，《民法典》总则编第 5 章在列举我国的民事权益体系时，才明确地对个人信息保护作出规定，同时，《民法典》又在人格权编中进行了更加具体细致的规定。《个人信息保护法》以保护自然人的个人信息权益作为首要立法目的，该法第 1 章“总则”以及第 4 章“个人在个人信息处理活动中的权利”中都详细地规定了自然人的个人信息权益的内容与类型。从个人信息权益的角度来说，《民法典》对个人信息保护法的规定与《个人信息保护法》的立法目的是相同的。同时，《民法典》中的很多规范也当然适用于个人信息保护，如关于侵害个人信息权益的民事责任，隐私权的保护与个人信息保护、监护人制度等。

当然，《民法典》与《个人信息保护法》也存在明显的区别：首先，侧重点不同。《民法典》是从民事权益的保护尤其是从侵害个人信息权益的侵权责任的角度对个人信息保护作出规定的。但是，《个人信息保护法》是通过对个人信息处理进行全方位、动态性、强制性的规范，以明确个人信息处理的规则，确立个人在个人信息处理中的权利，规定个人信息处理者的义务以及履行个人信息保护职责的部门，从而对个人信息权益作出更全面、更系统的保护，同时该法所规定的法律责任既有民事责任，也有行政责任。

其次，调整的对象不同。《民法典》调整的是“平等主体的自然人、法人和非法人组织之间的人身关系和财产关系”（第 2 条），但是，作为《个人信息

---

① 王苑：《个人信息保护在民法中的表达——兼论民法与个人信息保护法之关系》，载《华东政法大学学报》2021 年第 2 期。

保护法》调整的个人信息的处理，不限于平等主体之间，还包括国家机关以及法律、法规授权的具有公共事务管理职能的组织为了履行法定职责而处理个人信息的情形，此时，二者显然不是平等主体之间的关系，而是命令与服从的关系。不仅如此，在个人信息跨境转移的情形下，还涉及国家主权等国际法上的问题。故此，就个人信息处理规则而言，《个人信息保护法》有其独特的调整对象与调整方法。

最后，侵害个人信息权益的法律责任不同。《民法典》规定的侵害个人信息权益的法律责任就是民事责任，主要是侵权责任。具体而言，此种侵权责任的承担应当适用《民法典》第1165条第1款规定的过错责任原则，即要求加害行为、权益被侵害、损害以及过错等要件。但是，在《个人信息保护法》中，侵害个人在个人信息处理活动的权利并不当然都会产生民事责任，而是可能产生行政法律责任，如履行个人信息保护职责的部门对处理者进行处罚，例如，违反《个人信息保护法》第44条的规定，侵害个人对其个人信息的处理享有的知情权的行为可能表现为没有履行该法第18条规定的告知义务。如果该侵害知情权的行为造成个人的隐私权、名誉权等被侵害，则会产生侵权责任，否则单纯的侵害知情权的行为，可能只是引发《个人信息保护法》第66条的行政法律责任。此外，即便是侵害个人信息权益的侵权责任，《个人信息保护法》第69条的规定相对于《民法典》的规定也是特别法，应当优先适用。

总之，《个人信息保护法》是一部对个人信息保护进行全面规范的兼具公法与私法性质的综合性法律，其与《民法典》相辅相成，共同发挥保护个人信息权益，实现个人信息合理利用的目的。

◆ 相关规定

《宪法》第37条、第38条；《民法典》第109条、第990条；《数据安全法》第1条、第7条

第二条 【个人信息受法律保护】

自然人的个人信息受法律保护，任何组织、个人不得侵害自然人的个人信息权益。

条文要旨

本条是对个人信息受法律保护以及不得侵害个人信息权益的规定。

理解与适用

一、个人信息受法律保护

《个人信息保护法》第2条前半句宣示了**自然人的个人信息受法律保护**的基本原则。所谓自然人的个人信息受法律保护，不仅意味着《个人信息保护法》对个人信息予以保护，还包括其他的相关法律如《民法典》《数据安全法》《刑法》《消费者权益保护法》《未成年人保护法》等法律对自然人的个人信息加以保护。我国立法机关高度重视对自然人的个人信息的保护，不断丰富和完善个人信息保护的相关法律规定。早在2012年颁布的《全国人民代表大会常务委员会关于加强网络信息保护的决定》中，开篇第1条就明确规定："国家保护能够识别公民个人身份和涉及公民个人隐私的电子信息。任何组织和个人不得窃取或者以其他非法方式获取公民个人电子信息，不得出售或者非法向他人提供公民个人电子信息。"2013年第十二届全国人大常委会第五次会议修订《消费者权益保护法》时，不少意见就提出，实践中经营者泄露、非法买卖消费者个人信息的现象十分突出，严重侵害了消费者的隐私，影响消费者生活安宁，希望法律对此作出规定。[①] 故此，立法机关经研究后，在《消费者权益保护法》第14条中新增了消费者**"享有个人信息依法得到保护的权利"**。此后，鉴于实践中曾出现"徐某玉因信息泄露而被骗学费引发急病死亡"以及"清华大学教师被电信诈骗1700多万元"等多起引起社会广泛关注的个人信息泄露事件，在起草《民法总则》时，有

① 李适时主编：《中华人民共和国消费者权益保护法释义（最新修正版）》，法律出版社2013年版，第52页。

些常委委员、部门、法学教学研究机构和社会公众建议进一步强调对个人信息的保护，故此，2017 年通过的《民法总则》第 111 条第 1 句明确规定："自然人的个人信息受法律保护。"在我国《民法典》编纂时，《民法总则》这一规定被完整纳入《民法典》中，作为《民法典》总则编的第 111 条。

在前述法律规定的基础上，为了更好地贯彻落实《宪法》关于保护公民的人格尊严以及党的十九大报告保护人民群众的人身权、财产权和人格权的要求，我国《个人信息保护法》在第 2 条前半句再次明确宣示了"自然人的个人信息受法律保护"这一基本原则和理念，具有重要意义。

二、个人信息权益的性质

（一）权利说与利益说

关于个人信息权益的性质，在我国理论界与实务界一直存在很大的争议。理论界一直存在很大的争议，[①] 有民事权利说与合法利益说（民事利益说）两种不同的看法。民事权利说认为，自然人对个人信息享有的是民事权利，即个人信息权。[②] 关于个人信息权的性质，多数人认为是一种新型的人格权，即个人信息权或个人信息自决权，它是指自然人对其个人信息享有支配和自主决定的权利，其内容包括个人对信息被收集、利用等的知情权，以及自己使用或授权他人使用等。[③] 该权利是不同于隐私权、名誉权等的一种新型人格权。民事利益说认为，自然人对个人信息享有的只是受法律保护的利益，而非民事权利。一则我国《民法总则》第 111 条都没有使用"个人信息权"的表述，这意味着立法机关没有将个人信息作为一项具体的人格权利，[④] 这也"为未来个人信息如何在利益上兼顾财产化以及与数据经济的发展的关系配合预留了一定的解释空间"[⑤]。二则《民

① 张新宝：《〈民法总则〉个人信息保护条文研究》，载《中外法学》2019 年第 1 期。

② 杨立新：《个人信息：法益抑或民事权利——对〈民法总则〉第 111 条规定的"个人信息"之解读》，载《法学论坛》2018 年第 1 期。

③ 王利明：《论个人信息权的法律保护——以个人信息权与隐私权的界分为中心》，载《现代法学》2013 年第 4 期。也有个别学者认为，个人信息权属于财产权，即是自然人对其个人信息的商业价值进行支配的一种新型财产权，参见刘德良：《个人信息的财产权保护》，载《法学研究》2007 年第 3 期。还有人认为，个人信息完全可以通过扩张隐私权的方式予以保护，没有必要确立个人信息权这一新型的人格权，参见徐明：《大数据时代的隐私危机及其侵权法应对》，载《中国法学》2017 年第 1 期。

④ 参见王利明主编：《中华人民共和国民法总则详解》（上），中国法制出版社 2017 年版，第 465 页。

⑤ 龙卫球、刘保玉：《中华人民共和国民法总则释义与适用指导》，中国法制出版社 2017 年版，第 404 页。

法总则》第 111 条采取了行为规制模式而非权利化模式来保护个人信息，即通过对他人行为加以控制的角度来构建利益空间，维护利益享有者的利益。①

在我国《民法典》编纂过程中，也有学者不断呼吁《民法典》中应当明确规定“个人信息权”,② 而不应当仅使用“个人信息保护”这样的表述。然而，最高立法机关无论是在《民法典》的总则编还是人格权编中都没有使用“个人信息权”的表述。虽然《民法典》人格权编在规定具体人格权的各章（即第2—6 章）中，几乎都是以“某某权”作为章名，如第 2 章“生命权、身体权和健康权”，第 3 章“姓名权和名称权”，第 4 章“肖像权”，第 5 章“名誉权和荣誉权”。然而，唯独在第 6 章使用的是“隐私权和个人信息保护”的表述。之所以立法机关最终没有采取个人信息权的表述，根本原因还在于：对于是否规定“个人信息权”的问题，存在很大的争议。部分理论界和实务界的人士和有关部门担心将自然人对个人信息的权益直接确定为“个人信息权”，会导致自然人对其个人信息享有过于绝对的支配权和控制权，以致影响信息自由流动，不利于网络信息社会和数字经济的发展。③ 这种争议使得立法机关在是否规定个人信息权的问题上决定采取比较稳健的态度。

应当说，即便将自然人对其个人信息的权益规定为个人信息权，并不就会出现上述人士和部门所担忧的现象。因为无论是从个人信息本身的性质还是比较法上看，还没有一个国家会将个人信息权混同于所有权、生命权等绝对权利，认为自然人对于其个人信息享有独占的、排他的支配权。任何国家或地区在对自然人的个人信息进行保护时，都必须权衡多种利益，其中既包括自然人的人格尊严等基本人权，也包括言论和信息的自由、网络信息科技的发展、商业活动的发展、公共利益和国家利益的维护等。这些都是不言自明的道理。例如，欧盟《一般数据保护条例》虽然在序言中开篇就明确了自然人在个人数据处理方面获得保护是

---

① 参见叶金强：《〈民法总则〉“民事权利章”的得与失》，载《中外法学》2017 年第 3 期。

② 著名法学家王利明教授在多个场合和论文中都呼吁应当规定个人信息权。参见王利明：《论个人信息权的法律保护——以个人信息权与隐私权的界分为中心》，载《现代法学》2013 年第 4 期。

③ 例如，有观点认为，承认个人信息的民法保护就等于在民法上将自然人对个人信息的权利界定为绝对权和支配权，而这会产生很大的弊端，会造成信息无法自由地流动，将每个人变成一座孤岛而无法进行正常的社会交往。参见丁晓东：《个人信息私法保护的困境与出路》，载《法学研究》2018 年第 6 期。

一项基本权利，是受到欧盟《基本权利宪章》第 8 条第 1 款和欧盟《运行条约》第 16 条第 1 款的保护的。但紧接着它就指出“本条例致力于实现自由、安全、公平和经济联盟，致力于经济和社会进步，加强并聚集内部市场的经济，实现个人的幸福”，“保护个人数据的权利不是一项绝对权利，必须考虑其在社会中的作用并应当根据比例性原则与其他基本权利保持平衡。本条例尊重所有基本权利，并奉行欧盟《运行条约》基于欧盟《基本权利宪章》承认的自由和原则，尤其是在以下方面：个人和家庭生活、家庭和通信、个人数据保护、思想自由、意识和宗教、言论和信息自由、商业活动自由、获得有效救济和公正审判的权利、文化、宗教和语言多样性”。再如，日本《个人资料保护法》第 1 条就规定：“本法的立法目的在于，在高度信息通信社会的深化所带来的对个人信息的利用显著扩大的背景下，通过对个人信息之正当处理的基本理念、由政府制定基本方针及采取其他保护个人信息的措施等基本事项作出规定，明确国家和地方公共团体的职责等，并对个人信息处理业者应遵守的义务等作出规定，从而重视个人信息的正当且有效利用在促进新兴产业的创造、实现充满活力的经济社会和富足的国民生活上的作用以及其他个人信息的作用，保护个人的权利或利益。”

同样，我国《民法典》在规定个人信息保护问题时，也始终关注多种利益的协调，否则在《民法典》中也不会对个人信息的合理使用、侵害个人信息的免责事由等作出规定。事实上，自然人对个人信息享有的权益的名称如何并不重要，重要的是对于该权益的性质、内容和保护方式加以明确，而正是后者决定了这种权益究竟是权利还是利益，如果是权利，究竟是效力多强的权利。因此，从这个角度上，立法者在《民法典》中回避关于个人信息权益的争议而采取“个人信息保护”的表述，不失为明智之举。令人高兴的是《个人信息保护法》明确采取了“个人信息权益”的表述，该法不仅在第 1 条明确了首要的立法目的是保护个人信息权益，更是在第 2 条规定了任何组织、个人不得侵害个人信息权益，同时还在第 4 章规定了个人在个人信息处理活动中的权利，用来对个人信息权益加以保护即作为个人信息权益的救济权。《个人信息保护法》第 4 章规定的权利包括：个人对个人信息处理享有的知情权与决定权、查阅复制权、可携带权、补充更正权、删除权、解释说明权，此外，还规定了死者近亲属在一定条件下可以行使针对死者的相关个人信息的权利。

（二）个人信息权益属于民事权益

《个人信息保护法》第2条后半句明确规定了自然人的个人信息权益不受侵害。自然人的个人信息权益，是指自然人就其个人信息享有的民事权益。我国《民法典》总则编第5章对民事权益作出了全面详尽的列举，该章虽名为“民事权利”，实际上既规定了民事权利也规定了民事利益，是对民事主体所有的民事权益的规定。该章以第109条对一般人格权即“人身自由、人格尊严”的规定开始，逐一列举了自然人、法人和非法人组织享有的人格权益、身份权利、物权、债权、知识产权、继承权、股权和其他投资性权利，其他民事权利和利益，直至数据、网络虚拟财产等新型的财产。《民法典》总则编第5章关于个人信息保护的规定是第111条。该条被放在“生命权、身体权、健康权、姓名权、肖像权、名誉权、荣誉权、隐私权、婚姻自主权”等具体人格权的规定（第110条）之后，“自然人因婚姻家庭关系等产生的人身权利”（第112条）之前。这一立法位置的安排已充分说明，自然人对个人信息享有的权益属于民事权益。否则，立法者不可能在作为民商事领域基本法的《民法典》中作出规定，更不会在总则编的“民事权利”章中加以规定。自然人的个人信息权益之所以是民事权益是由个人信息的特性与保护个人信息的根本目的所决定的。

1. 个人信息的特性决定了自然人对其个人信息享有的是民事权益而非公权利。个人信息是自然人的个人信息，而不包括法人、非法人组织等其他民事主体的信息。依据《个人信息保护法》第4条第1款的规定，个人信息是以电子或者其他方式记录的与已识别或者可识别的自然人有关的各种信息，不包括匿名化处理后的信息。具体而言，个人信息包括自然人的姓名、出生日期、身份证件号码、生物识别信息、住址、电话号码、电子邮箱、健康信息、行踪信息等。如果某些信息与已识别或可识别的自然人完全无关，如气象信息、地理信息等，这些信息就不属于个人信息。对这些信息的处理，不适用《个人信息保护法》等法律关于个人信息保护的规定。例如，收集这些信息，无须告知并取得特定自然人的同意；再如，处理者向他人提供匿名化信息即“经过加工无法识别特定个人且不能复原的”信息，无须经过被收集者的同意。之所以如此，根本原因就在于只有与已识别或可识别的自然人有关的信息被处理，即被处理者进行了收集、存储、加工、使用、传输、提供、公开、删除等活动的时候，才直接关涉到自然人的人格尊严和人身财产权益。

在大数据时代，个人信息的处理方式发生了革命性的变化。信息处理能力的突飞猛进，不仅使得海量的个人信息可以被包括政府机关、企事业单位等各种主体无时无刻、无所不在地加以收集、存储、加工，并且会以人们想不到的各种方法予以使用、传输、提供或公开。这些围绕着个人信息进行的处理行为由此也产生了侵害自然人人格尊严、妨害人格自由以及损害人身财产权益的各种风险，并时常造成现实的损害后果。这些风险至少包括以下几类：其一，因个人信息被非法收集、买卖或使用而使加害人有机会对自然人既有的生命权、健康权、名誉权、隐私权等人格权以及债权、物权等财产权利实施侵害；其二，基于被合法收集的个人信息形成的大数据，通过算法等技术进行社会分选、歧视性对待，进而损害人格尊严的危险；其三，通过大数据和人工智能技术进行人格画像，将原本属于主体的自然人降格为客体并加以操控，损害人格自由等。因此，围绕着个人信息所展开的是一个自然人需要通过对其个人信息的控制来防止遭受人身财产权益的危险或避免损害的利益需求，与其他主体希望获取和利用个人信息达至各种目的（提高行政效率、追求商业利润等）的利益需求之间的斗争关系。德国学者克里普（Klippel）认为，个人信息保护法的保护客体是如下四种利益：其一，知悉个人信息被处理的利益；其二，个人信息正确和完整的利益；其三，个人信息处理须符合特定目的的利益；其四，隐私利益。① 本书认为，从作为个人信息主体的自然人这一方来说，其主要的利益是一种防御性利益，即自然人针对个人信息享有的防止因个人信息被非法处理而致人身财产权益遭受侵害甚至人格尊严与人格自由受到侵害或损害的利益。② 这种利益属于法律上有保护之必要的合法利益且属于私人利益而非国家利益和社会利益，故此，立法上应当将之确认为民事权益。

2. 个人信息保护与利用关系属于平等主体之间的民事关系。在个人信息的保护与利用关系中，存在两方当事人。一方是作为个人信息主体的自然人，另一方是个人信息的处理者。总体上而言，处理者可以被分为两类：一类是行政机关、

---

① 杨芳：《个人信息保护法保护客体之辨——兼论个人信息保护法和民法适用上之关系》，载《比较法研究》2017 年第 5 期。

② 参见程啸：《论大数据时代的个人数据权利》，载《中国社会科学》2018 年第 3 期；程啸：《民法典编纂视野下的个人信息保护》，载《中国法学》2019 年第 4 期。

司法机关等国家机关，其依据法律的规定为履行职责的需要而收集、存储、加工、使用、传输、提供或公开个人信息，最终目的是服务于国家利益、社会公共利益等。例如，公安机关进行户籍管理而收集处理自然人的姓名、身份证号码、家庭住址、联系方式等个人信息；再如，国家安全机关为了维护国家安全，侦查和制止敌对势力的间谍活动时，依据《国家安全法》《反间谍法》等法律的规定，采取技术侦查手段，进行监听或监控，收集相关的个人信息。另一类是非国家机关的其他民事主体，如各种网络企业、事业单位、社会团体等。于网络企业而言，它们处理个人信息的根本目的就在于营利，追求经济利益，如通过收集用户的个人信息进行精准的广告投送，赚取广告费或者更多更好地销售产品、提供服务，从而实现企业的利润最大化。这两类不同的主体处理个人信息的活动存在明显的差别，如二者的处理目的不同，前者是履行法定职责，维护公共利益，而后者是为了私人利益，尤其是经济利益。再如，合法性基础不同，国家机关处理个人信息活动的基础主要就是法律的规定以及当事人的同意；非国家机关处理个人信息合法性的基础则比较多元化，既包括当事人同意也包括法律的规定，还包括为了维护公共利益、维护民事主体的合法权益、对已经合法公开的个人信息进行利用，等等。故此，在有些国家或地区的个人信息保护立法中，要么排除对公务机关处理个人信息的适用（如日本《个人信息保护法》），要么区分公务机关和非公务机关分别规定其处理个人信息的活动（如我国台湾地区“个人资料保护法”）。尽管国家机关和非国家机关对个人信息的处理存在上述区别，但是，并不因此就导致在个人信息权益的保护问题上，自然人与处理者之间的关系有所不同。无论是作为机关法人的国家机关，还是作为营利法人、非营利法人或者非法人组织的企业、事业单位、社会团体等非国家机关，均负有不得侵害自然人民事权益的义务。任何类型的个人信息处理者只要实施了侵害自然人个人信息权益的行为，都要依法承担停止侵害、排除妨碍、赔偿损失等法律责任。作为民事权益的自然人个人信息权益，可以对抗来自权利主体之外的任何组织或个人的侵害和损害。依据我国《民法典》的规定，当自然人的个人信息权益遭受侵害时，自然人可以依法采取正当防卫、紧急避险和自助行为等自力救济措施，也有权通过投诉、起诉获得国家机关的公力救济。有学者以民事权利只能对抗平等的民事主体而无法对抗公权力机关，公权力机关一般对于民事权利不会提供预先的保护措施为由，来论证自然人的个人信息权益不是民事权益而是公法上的权利。① 对此，笔者难以苟同。在私权利保护的问题上，不存在公权力机关比非公权力机关处于更优越地位，否则就完全违背了法治国家的原则。公权力机关侵害私权利，私权利主体同样可以要求其承担法律责任。我国《行政诉讼法》第 12 条明确规定了公民、法人或者其他组织认为行政机关侵犯其人身权、财产权等合法权益时可以提起行政诉讼。《国家赔偿法》则规定了国家机关和国家机关工作人员行使职权，有《国家赔偿法》规定的侵犯公民、法人和其他组织合法权益的情形，造成损害的，受害人有依照《国家赔偿法》取得国家赔偿的权利。如果国家机关和国家机关工作人员实施的是《国家赔偿法》之外的侵害公民、法人和其他组织合法权益的侵权行为或违约行为的，则受害人有权依据《民法典》的规定要求其承担侵权责任等民事责任。国家机关存在的根本目的就是要通过依法履行职责，预防和制止各种侵权和违法犯罪行为，保护广大民事主体的人身财产权益。就个人信息保护而言，无论是国家部门颁布相关法律法规和规章，还是实施相关的行政行为，很重要的目的就是要保护自然人的合法权益，防止个人信息泄露、非法买卖等违法行为的发生。故此，公权力机关一般对于民事权利不会提供预先的保护的观点，难以成立。

3. 我国之所以颁布《个人信息保护法》，是为了更好地维护自然人的个人信息权益，这种个人信息保护单独立法的模式并未改变自然人对个人信息享有民事权益的事实。由于个人信息保护问题备受关注，各国或地区对于个人信息保护都是采取单独立法的方式，如欧盟《一般数据保护条例》，德国《联邦数据保护法》，美国《隐私法》《公平信用报告法》《电子通信隐私法》《儿童在线隐私保护法》，日本《个人信息保护法》，韩国《个人信息保护法》《信息通信网利用促进及信息保护法》及《信用信息的利用及保护法》，我国台湾地区“个人资料保护法”等。② 如前所述，截止到 2020 年 12 月，全世界 232 个国家或地区中，有 145 个颁布了专门的数据保护法或个人信息保护法。然而，通过专门的个人信息保护法来规范个人信息保护，是因为个人信息保护本身就是复杂的涉及民法、行

① 参见周汉华：《个人信息保护的法律定位》，载《法商研究》2020 年第 3 期。

② 对于主要国家或地区个人信息保护立法和执法情况的详细介绍，可参见王融：《大数据时代：数据保护与流动规则》，人民邮电出版社 2017 年版，第 35 页以下；李爱君、苏桂梅主编：《国际数据保护规则要览》，法律出版社 2018 年版。

政法、刑法以及国际法等不同法律部门的问题。在个人信息保护的专门立法中既有法律的强制性调整规范（如对告知同意规则、保护个人信息安全义务的规定等）以及相应主管机关的行政管理措施，也要尊重当事人的意思自治，允许自然人与信息处理者之间进行相应的约定；既有行政责任和刑事责任，也有民事责任。正如因为消费者权益保护受到高度重视，包括我国在内的许多国家单独制定《消费者权益保护法》用以保护消费者权益，这一立法模式并不改变消费者享有的生命权、健康权、身体权和财产权仍然是民事权益那样，不能因为个人信息保护采取了单独立法模式，就认为自然人的个人信息权益不是民事权益，而是单独的一种权益或者公法上的权益。专门立法还是分散立法只是立法方式的选择，不会影响所保护的权益本身的性质。在我国《民法典》确认了自然人的个人信息权益属于民事权益之后，《个人信息保护法》等单行法律应当依据《民法典》的规定，对个人信息权益的保护以及个人信息合理使用等各种问题作出更具体详细的规定。

（三）个人信息权益属于人格权益

我国民事权益分为两大类：人身权益与财产权益。其中人身权益又可分为人格权益和身份权益。人格权益包括人格权利与人格利益，身份权益包括身份权利与身份利益。财产权益分为财产权利和财产利益。当然，有些权益兼具人身性质和财产性质，如著作权、专利权及股权等。我国《民法典》总则编第5章“民事权利”遵循从人身权益到财产权的排列顺序，对所有的民事权益进行了列举并留出了未来新型民事权益产生的空间。《民法典》虽然没有规定个人信息权，但明确了自然人对其个人信息享有的是人格权益，而非财产权益。

1. 个人信息权益保护的是自然人的人格利益。我国民法学界主流观点认为，个人信息涉及自然人的人格尊严和人格自由。因此，无论将自然人对其个人信息界定为权利还是利益，都不影响法律将其确定为自然人的人格权益。主要理由在于：个人信息是能够识别特定自然人的信息，这种可识别性就体现了人格特征。①因此，个人信息与自然人的人格利益息息相关。无论是基因数据等隐私信息，还是姓名、cookies（计算机用户存储在本地的信息）等一般信息，均与人格形成与

① 参见王利明：《论个人信息权在人格权法中的地位》，载《苏州大学学报》2012年第6期。

发展有关，皆为人格要素，均构成个人整体人格之一部。[①] 个人信息“既是自然人参与社会交往的载体，也是个人人格表现和人格发展的工具”，因此，“信息主体对个人信息流转范围和流转方式的掌握，和个人人格的发展密切联系，这也是在现实社会中保护个人信息相关权益的价值基础”[②]。法律对自然人个人信息予以保护，本质上是保护其人格利益，包括人的尊严和自由。[③]

笔者赞同上述理由。我国《民法典》明确规定了作为一般人格权的人格尊严和人身自由，在《民法典》第110条和第990条第1款列举的人格权中虽然没有规定个人信息权，但是，《民法典》第990条第2款明确规定：“除前款规定的人格权外，自然人享有基于人身自由、人格尊严产生的其他人格权益。”因此，可以将自然人的个人信息权益归入自然人基于人身自由、人格尊严产生的其他人格权益当中。我国《民法典》规定的具体人格权益可以分为两大类：一类是所谓物质性人格权益，即自然人对于具有人的身体属性的生命、身体、健康等拥有的人格权益，如生命权、身体权、健康权等。另一类则是民事主体针对精神性人格要素如姓名、肖像、名誉、荣誉、隐私等享有的人格权益，如姓名权、名称权、肖像权、名誉权、隐私权等。自然人对其个人信息享有的民事权益属于上述人格权益中的精神性人格权益。

在将个人信息权益确定为人格权益这一点上，我国与德国等欧洲的大陆法系国家既有相同之处，也有明显的区别。相同之处在于，都认为保护自然人个人信息的根本目的在于维护人的尊严和自由。区别在于，欧盟国家倾向于从人权或基本权利的角度来看个人信息权利，而我国则是为了贯彻《宪法》关于保护公民的人格尊严的精神从民法的角度赋予了自然人对其个人信息享有的具体人格权益。[④]

---

① 齐爱民：《论个人信息的法律属性与构成要素》，载《情报理论与实践》2009年第10期。

② 王利明主编：《中华人民共和国民法总则详解》（上册），中国法制出版社2017年版，第456页。

③ 参见张新宝：《〈民法总则〉个人信息保护条文研究》，载《中外法学》2019年第1期；刘金瑞：《个人信息与权利配置——个人信息自决权的反思和出路》，法律出版社2017年版，第109页以下。

④ 在我国法学界，就人格权究竟是宪法权利还是民法上的权利存在争议，主流的观点对二者均予以认可，同时加以区分。相关争议，可参见尹田：《论人格权的本质——兼评我国民法草案关于人格权的规定》，载《法学研究》2003年第4期；王利明：《人格权法研究（第三版）》，中国人民大学出版社2018年版，第18－20页；马俊驹：《人格和人格权理论讲稿》，法律出版社2009年版，第89－96页；刘凯湘：《人格权的宪法意义与民法表述》，载《社会科学战线》2012年第2期；林来梵、骆正言：《宪法上的人格权》，载《法学家》2008年第5期；张善斌：《民法人格权和宪法人格权的独立与互动》，载《法学评论》2016年第6期；王锴：《论宪法上的一般人格权及其对民法的影响》，载《中国法学》2017年第3期。

哈佛大学法学院教授艾伦·德肖维茨曾言："权利来自于人类经验，特别是不正义的经验。我们从历史的错误中学到，为了避免重蹈过去的不正义，以权利为基础的体系以及某些基本权利至关重要。"① 欧洲经历了两次世界大战，尤其是第二次世界大战中法西斯大规模屠杀犹太人的惨痛教训使得欧洲国家始终高度重视人格尊严与人格自由等基本人权的保护。② 在这些国家看来，法律上保护自然人的个人数据，目的就是保护基本人权和自由，关涉到人性的尊严与人格的自由发展。倘若自然人不能自主地决定个人数据能否被他人收集、储存并利用，无权禁止他人在违背自己意志的情形下获得并利用个人数据，则个人之人格自由发展与人格尊严就无从谈起。因此，自然人的个人数据权利属于基本人权，个人数据保护被视为具有宪法意义，相对于经济利益要优先保护。③ 1995 年 10 月 24 日欧洲议会和欧盟理事会在向各成员国作出的《关于涉及个人数据处理的个人保护以及此类数据自由流动的第 95/46/EC 号指令》（以下简称《个人数据保护指令》）开篇就指出，"鉴于数据处理制度是服务于人类的；无论自然人的国籍和住所，必须尊重他们的基本权利和自由，特别是隐私权"，"不仅要求个人数据能在成员国之间自由流动，而且应当保护个人的基本权利"。2000 年欧盟《基本权利宪章》第 8 条"个人数据保护"更是明确规定，人人均有权享有个人数据的保护，个人数据只能基于特定目的，基于当事人同意或者其他法律依据而被公正地处理，个人有权了解和修正其被收集的个人数据。2018 年 5 月 25 日起施行的欧盟《一般数据保护条例》在导言部分第 1 条再次指出："自然人在个人数据处理方面获得保护是一项基本权利。"

2. 我国法上的人格权保护一元化模式涵盖了精神利益与财产利益。我国有些学者认为，个人信息上承载的自然人的利益是多元的，既包括自然人的人格利益，也包括经济利益或财产利益，因此，对于自然人对个人信息的人格利益，应当通过人格权给予保护，财产利益则通过财产权保护。若同时体现人格利益和财

① ［美］艾伦·德肖维茨：《你的权利从哪里来?》，黄煜文译，北京大学出版社 2014 年版，第 8 页。

② James Q. Whitman，The Two Western Cultures of Privacy：Dignity Versus Liberty，The Yale Law Journal，Vol. 113：1165.

③ 郭瑜：《个人数据保护法研究》，北京大学出版社 2012 年版，第 49 页。

产利益，就给予人格权和财产权的双重保护。① 笔者不赞同该观点。因为我国法上的人格权历来就不是单纯保护自然人对人格权客体的精神利益，也保护自然人就人格权客体享有的经济利益。比较法上关于人格权主体的经济利益如何保护有两种模式：一是德国的一元模式，即通过扩张人格权的保护对象，逐步肯定人格权的经济价值，从而通过人格权同时实现对权利人的精神利益和经济利益的保护。② 二是美国的二元模式，即采取隐私权与公开权两种方式分别保护人格权中的精神利益与经济利益。隐私权作为一种精神性权利，主要保护的是自然人的精神利益，即个人的独处和私生活安宁，该权利不得转让、继承，且主要具有消极防御功能。公开权则主要包括肖像、命名、声音等人要素上的经济利益，该权利可以转让、继承。

我国有些学者主张对于人格权中的精神利益与经济利益采取二元模式的保护模式。他们认为，一元模式难以解决人格权中的精神利益与经济利益保护方式的差异，也不符合人格权的内在逻辑体系（如精神利益存在于所有的人格权，而经济利益只有少数人格权涉及），因此采取二元模式分别加以保护，更有针对性，也能更好地协调人格尊严与个人行为自由的关系。持二元模式的学者中，有的主张在人格权、财产权之外设立商事人格权来涵盖姓名权、肖像权、商誉权、信用权、商号权等具有经济利益的人格权；③ 有的主张借鉴美国法的经验创设一种新型的无形财产权即商品化权或形象权，从而实现对人格权中各种经济利益的保护。④ 还有的认为，姓名、名称等人格要素的商品化权益属于一种独立的民事利益，而非人格权，我国通过民法保护姓名权，通过《商标法》《反不正当竞争法》等特别法保护姓名（包括笔名、艺名、译名等）的商品化权益，已经形成了二元保护的立法格局。⑤

① 刘德良：《个人信息的财产权保护》，载《法学研究》2007 年第 3 期；刘金瑞：《个人信息与权利配置——个人信息自决权的反思和出路》，法律出版社 2017 年版，第 256 页。

② 王泽鉴：《人格权法：法释义学、比较法、案例研究》，台湾作者印行 2012 年版，第 344 页。

③ 程合红：《商事人格权论——人格权的经济利益内涵及其实现与保护》，中国人民大学出版社 2002 年版，第 51 页。

④ 郑成思：《商品化权刍议》，载《中华商标》1996 年第 2 期；吴汉东：《形象的商品化与商品化的形象权》，载《法学》2004 年第 10 期；吴汉东：《无形财产权基本问题研究（第三版）》，中国人民大学出版社 2013 年版。

⑤ 孔祥俊：《姓名权与姓名的商品化权益及其保护》，载《法学》2018 年第 3 期。

大多数学者认为，所谓人格权的商品化利用并非创设一种新的权利（如公开权、形象权或商品化权），人格权的商品化利用只能理解为某些人格权的权能特别是利用的权能发生了扩张，而不是生成了其他独立的权利，否则就会产生这些新的权利与原有的人格权无法区分的问题。① 因此，我国仍然应当坚持一元保护模式，即通过人格权来实现对自然人等民事主体的精神利益与经济利益的保护。②

我国民事立法和司法实践始终坚持的是人格权一元保护模式，即通过人格权制度同时实现对精神利益和经济利益的保护。对此，我国《民法典》有非常明确的规定，具体体现在：其一，《民法典》不仅允许人格权主体自己行使人格权而实现人格要素的商业化利用，如以自己的姓名作为公司名称或者注册为商标，也明确允许权利人通过许可他人使用的方式对人格要素进行利用。《民法典》第 993 条规定："民事主体可以将自己的姓名、名称、肖像等许可他人使用，但是依照法律规定或者根据其性质不得许可的除外。"虽然该条仅列了"姓名、名称、肖像"三项，但因其规定于《民法典》人格权编第 1 章"一般规定"中，属于在法律没有相反规定的情况下普遍适用于所有人格权益的共通性规定。加之，该条列举之后使用了"等"字兜底，故此，从解释论上，只要不属于"依照法律规定或者根据其性质不得许可的除外"情形，自然人当然可以将其个人信息许可他人使用。不仅如此，我国《民法典》第 1035 条和第 1036 条还从正反两方面非常明确地肯定了自然人有权同意（或许可）处理者处理自己的个人信息。依据《民法典》第 1035 条第 1 款第 1 项的规定，处理自然人的个人信息，必须"征得该自然人或者其监护人同意，但是法律、行政法规另有规定的除外"。这就说明，自然人或者其监护人的同意是个人信息处理行为合法性的基础。同时，依据《民法典》第 1036 条第 1 项的规定，如果行为人处理个人信息的行为属于"在该自然人或者其监护人同意的范围内合理实施的行为"，那么行为人不承担民事责任，这就意味着自然人或者其监护人的同意阻却了处理者处理个人信息行为的非法性。其二，《民法典》第 1183 条第 1 款明确规定，侵害自然人的人身权益造成严

① 参见王利明：《人格权法研究（第三版）》，中国人民大学出版社 2018 年版，第 223 页。

② 姚辉：《关于人格权商业化利用的若干问题》，载《法学论坛》2011 年第 6 期；王叶刚：《人格权中经济价值法律保护模式探讨》，载《比较法研究》2014 年第 1 期。

重精神损害的，被侵权人有权请求精神损害赔偿。这是对人格权中自然人的精神利益的保护。同时，《民法典》第1182条规定，侵害他人人身权益造成财产损失的，按照被侵权人因此受到的损失或者侵权人因此获得的利益赔偿；被侵权人因此受到的损失以及侵权人因此获得的利益难以确定，被侵权人和侵权人就赔偿数额协商不一致，向人民法院提起诉讼的，由人民法院根据实际情况确定赔偿数额。显然，这一规定所要保护的就是人格权中的经济利益。故此，在我国，只要明确自然人针对其个人信息享有的是人格权益即可同时保护自然人针对个人信息享有的精神利益和经济利益，无须叠床架屋地分别针对个人信息的人格利益和经济利益分别设立单独的人格权和财产权。

（四）个人信息权益属于独立于隐私权的新型人格权益

自然人个人信息保护中非常重要也是争议特别大的一个问题就是个人信息保护与隐私权的关系，这也是我国《民法典》编纂过程中反复讨论的问题。对此，一种观点认为，应当通过隐私权来保护个人信息，如借鉴美国法上的信息隐私的概念来实现对个人信息的保护。[①] 另一种观点认为，个人信息不同于隐私，传统的隐私权已不足以保护公民的合法权益，法律需要从隐私权保护转向个人信息权益的保护。[②] 笔者认为，隐私权与个人信息保护具有很密切的联系，但是二者存在明显的区别，不能相互取代。

1. 我国法上的隐私权不同于美国法上的隐私权。作为诞生隐私权概念的国家，自1890年沃伦（Samuel D. Warren）与布兰代斯（Louis D. Brandeis）在《哈佛法律评论》上发表的《隐私权》（the Right to Privacy）一文，[③] 首次提出隐私权概念以来，美国的隐私权经历100多年的发展，已经成为包括侵权法上的隐私权与宪法上的隐私权在内的庞大体系。美国著名侵权法学家William Prosser教授在1960年发表于《加利福尼亚法律评论》的一篇论文《隐私》（Privacy）中，将侵害隐私权的行为分为四类：（1）侵入原告隐居或独处之处或侵入其私人事务（Intru-

---

① 徐明：《大数据时代的隐私危机及其侵权法应对》，载《中国法学》2017年第1期；丁晓东：《个人信息私法保护的困境与出路》，载《法学研究》2018年第6期。

② 王利明：《论个人信息权的法律保护——以个人信息权与隐私权的界分为中心》，载《现代法学》2013年第4期；张新宝：《从隐私到个人信息：利益再衡量的理论与制度安排》，载《中国法学》2015年第3期。

③ ［美］路易斯·D. 布兰代斯等：《隐私权》，宦盛奎译，北京大学出版社2014年版。

sion upon the plaintiff's seclusion or solitude, or into his private affairs)；(2) 公开披露原告的令人难堪的私密信息（Public disclosure of embarrassing private facts about the plaintiff)；(3) 进行使原告被公众误解的宣传（Publicity which places the plaintiff in a false light in the public eye)；(4) 为被告之利益而盗用原告的姓名或肖像（Appropriation, for the defendant's advantage, of the plaintiff's name or likeness)。① Prosser 教授的这一观点确立了美国侵权法上隐私权的基本体系框架。美国侵权法上隐私权的保护范围包括："为达成商业目的窃用他人姓名和肖像，毁损他人名誉，跟踪监视，给他人造成精神损害以及诸多的政府行为。"② 美国宪法上没有规定隐私权，但是自 1965 年的"Griswold v. Connecticut"案首次确立宪法上的隐私权以来，美国联邦最高法院通过一系列判决不断扩大宪法隐私权的保护范围。③ 尤其是在 1977 年的"Whalen v. Roe"案中，美国联邦最高法院认可了宪法上的信息隐私权（Informational Privacy)。该案判决是美国第一个承认了宪法上的隐私权包括信息隐私和自决隐私两个部分的最高法院判决。此后，美国各州和联邦通过了一系列成文法对信息隐私加以保护，联邦层面重要的立法如 1968 年《综合犯罪控制与街道安全法》对使用电子设备窃听行为作出了规范，1971 年《公平信用报告法》规定了信用报告中的隐私保护，1973 年《犯罪控制法》对刑事审判记录中的隐私信息加以规范，1974 年《隐私法》和 1980 年《财务隐私权法》规范了联邦政府的电子记录与财政机构中的银行记录，1980 年《隐私权保护法》确立了执法机构使用报纸和其他媒体的记录和信息的标准，1994 年《驾驶员隐私保护法》对州交通部门使用和披露个人车辆记录作出了限制，1999 年《儿童在线隐私保护法》则是第一部对利用网络处理儿童（十三岁以下）个人信息的行为加以规范的联邦法律。总之，如王泽鉴教授所言，"隐私权发源于美国，经过一百余年的变迁，建构了以侵权行为法上隐私权、宪法上隐私权及特别法律的保障机制，并为因应社会经济的需要，尤其是资讯隐私权的保护而不断地发展演变"。④

---

① See William L. Prosser, Privacy, 48 Cal. L. Rev. 383, 1960.

② [美] 阿丽塔·L. 艾伦、理查德·C. 托克音顿：《美国隐私法：学说、判例与立法》，冯建妹、石宏等译，中国民主法制出版社 2004 年版，第 7 页。

③ 王泽鉴：《人格权法：法释义学、比较法、案例研究》，台湾作者印行 2012 年版，第 217 页以下。

④ 王泽鉴：《人格权法：法释义学、比较法、案例研究》，台湾作者印行 2012 年版，第 225 页。

然而，我国的隐私权不同于美国法上的隐私权。二者的区别在于：其一，我国的隐私权并不是宪法上的权利，不存在美国那样宪法上的隐私权。我国的隐私权始终被看作一种民事权利。从立法到司法实践，我国对于隐私权的保护经历了一个从最初放在名誉权中加以保护，到作为人格利益进行有限制的保护，再到民事立法上明确规定为具体人格权的发展历程。① 无论如何，我国法都没有将隐私权作为宪法权利。其二，由于我国自《民法通则》始，对于人格权采取的就是具体列举的做法，无论是《民法通则》中规定的生命健康权、姓名权、名称权、名誉权、荣誉权、肖像权，还是我国《民法典》规定的包括隐私权在内的类型更多的具体人格权，隐私权都只是和其他具体人格权并列的一类民事权利，其保护的只是隐私这种自然人的具体人格利益，即“自然人的私人生活安宁和不愿为他人知晓的私密空间、私密活动、私密信息”（《民法典》第1032条第2款）。至于生命、身体、健康、姓名、名称、肖像、声音、名誉、商业信用等人格利益，分别由生命权、身体权、健康权、姓名权、名称权、肖像权、名誉权等具体人格权加以保护。然而，美国法上的隐私权所保护的范围极为广泛，几乎可以将所有的人格利益纳入其中，相当于我国法上的人格权。在这种模式下，“个人信息被置于隐私的范畴而加以保护。这种立法与美国法上隐私权概念的开放性有关，即美国法采纳的是大隐私权的概念，其包括大陆法中的名誉权、肖像权、姓名权等具体人格权的内容，承担了一般人格权的功能，因此，在隐私中包含个人信息也是逻辑上的必然”②。由此可见，主张借鉴美国法上的信息隐私权理论，通过信息隐私来保护个人信息的观点，忽视了我国法与美国法的隐私权的根本差异，不符合我国既有的人格权体系。

2. 我国法上的个人信息权益与隐私权既有联系，也有区别。正是由于我国法上隐私权的内涵与外延的限定性，故此，在我国法上，隐私权和个人信息权益保护的客体虽然存在重叠却并不重合。客体的重叠使得隐私权与个人信息权益的确存在密切的联系，二者在适用规则上有共同之处。依据《民法典》第1032条第2款的规定，隐私是指自然人的私人生活安宁和不愿为他人知晓的私密空间、私密

---

① 参见程啸：《侵权责任法（第二版）》，法律出版社2015年版，第165－166页。

② 王利明：《论个人信息权的法律保护——以个人信息权与隐私权的界分为中心》，载《现代法学》2013年第4期。

活动、私密信息。自然人的个人信息，是指以电子或者其他方式记录的能够单独或者与其他信息结合识别特定自然人的各种信息（《民法典》第1034条第2款）。显然，私人生活安宁，住宅、宾馆等私密空间这些隐私与个人信息存在明显的区别。私密活动如果没有被信息化，如通过录制、拍摄而加以固定，与个人信息也完全不同。在隐私中与个人信息联系最密切的就是私密信息，其既涉及隐私权保护，也涉及个人信息保护。我国现行法一般都将个人信息分为两类：其一，隐私信息，即涉及个人隐私的信息（或电子信息），即私密信息；其二，其他个人信息，即不涉及隐私的个人信息。例如，《全国人民代表大会常务委员会关于加强网络信息保护的决定》第1条第1款规定："国家保护能够识别公民个人身份和涉及公民个人隐私的电子信息。"《公共图书馆法》第43条规定："公共图书馆应当妥善保护读者的个人信息、借阅信息以及其他可能涉及读者隐私的信息，不得出售或者以其他方式非法向他人提供。"所谓隐私的信息即私密信息，凡是自然人不愿意为他人知晓的信息，无论是婚姻信息、财产信息、健康信息、家庭住址、病历资料、犯罪记录、个人人生经历、嗜好、日记、私人信件以及其他个人不愿公开的信息等，都可以纳入私密信息。例如，《民法典》第1226条规定："医疗机构及其医务人员应当对患者的隐私和个人信息保密。泄露患者的隐私和个人信息，或者未经患者同意公开其病历资料的，应当承担侵权责任。"《传染病防治法》第12条第1款第2句规定："疾病预防控制机构、医疗机构不得泄露涉及个人隐私的有关信息、资料。"

私密信息与非私密信息的区别在于：前者是自然人不愿意为他人知晓的且与公共利益无关的信息。之所以自然人不愿意为他人知晓这些信息，就是因为如果这些信息被他人知晓了，会使得其私生活安宁受到侵害或者私生活受到干扰，而此种利益就是隐私权保护的自然人的人格利益。私密信息的具体内容如何，在所不问。其并非一定都是高尚的、道德所允许的，也包括那些道德谴责的、为人所不齿的内容。毕竟，法律上没有规定人们负有"不得自甘堕落"的义务。因此，即便是不道德的、为人不齿的信息，也属于私密信息，例如，丈夫违背夫妻忠诚义务而搞婚外情的信息，属于私密信息，受到隐私权的保护。他人不得窃取或公开。否则，构成侵害隐私权。① 虽然非私密的个人信息也属于个人信息，可并非

① "王某诉张某奕名誉权、隐私权纠纷案"，北京市朝阳区人民法院（2008）朝民初字第10930号民事判决书。

自然人不愿意为他人知晓的信息，甚至这些个人信息必须为他人所知，才能使得自然人更好地参与社会交往活动。例如，姓名属于个人信息，但姓名是自然人的标识，是区别自然人的一种语言标识。通过姓名，自然人得以在与其周围的人的关系中维护其人格，并将自己与他人在社会交往中加以区分，从而作为一个独特的个体存在，获得自我认同，实现人格尊严。① 如果姓名不为他人所知，自然人就无法正当地进行社会交往。另外，在很多时候，自然人将其个人信息加以主动公开，如将自己的联系电话、电子邮箱放在个人主页上或作为微信的名称等。这种情形下，原本属于私密信息的个人信息也就成为公开的个人信息。由此可见，私密信息既可以受到隐私权的保护，也可以适用个人信息保护的规则。所以，《民法典》第 1034 条第 3 款规定："个人信息中的私密信息，适用有关隐私权的规定；没有规定的，适用有关个人信息保护的规定。"

◆ 疑点与难点

一、隐私权与个人信息权益的区别

《民法典》人格权编第 6 章"隐私权与个人信息保护"将隐私权与个人信息保护规定在一起，如前所述，隐私权与个人信息权益存在密切的联系，同时，作为我国《民法典》所确认的两个不同的人格权益，它们也存在明显的差异，具体表现在以下几方面：

1. 权利性质不同

隐私权作为一项人格权，性质上属于绝对权和支配权，具有对世效力，因此任何组织或个人都必须尊重隐私权，不得对之加以侵害或妨碍。但是，我国《民法典》并未将个人信息权益确认为绝对权和支配权，因为对个人信息的保护必须协调自然人权益的保护与信息自由和合理使用之间的关系。故此，对于隐私权，并没有如同个人信息那样规定合理使用的规则。《民法典》第 999 条规定，"为公共利益实施新闻报道、舆论监督等行为"可以合理使用个人信息，同时，第 1036 条也专门规定了侵害个人信息的免责事由。这些规定在隐私权部分都不存在。当

---

① 因此，不使用他人姓名而是用数字、编号来代替，是对人格尊严的侵害，如纳粹的集中营中使用编号来称呼被关押的犹太人。

然，这并不是说隐私权就不能因为维护公共利益而依据法律的规定受到限制，但可以肯定的是，不存在对隐私的合理使用的问题。

2. 侵害行为的类型不同

侵害隐私权行为的类型很多，《民法典》第 1033 条以“列举加概括”的方式规定了六种类型，未经权利人明确同意而处理私密信息的行为只是侵害隐私权的行为中的一类。而且，未经同意而处理他人的私密信息这一侵害隐私权行为的主体可以是自然人，也可以是法人或非法人组织，无论侵害隐私权的行为是自动化处理还是非自动化处理，无论是发生在企业的商业活动还是政府机关履行职责的公务活动，抑或在家庭社交活动中，都可以适用。但是，个人信息权益的保护主要适用于个人信息处理活动，规范的是处理者从事个人信息的收集、存储、使用、加工、传输、提供、公开等活动。至于纯粹的私人或家庭活动中对个人信息的处理活动，如家人朋友之间进行的通信联络、保存联系方式或者社交活动的个人信息的提供等，不适用个人信息保护的规定。欧盟《一般数据保护条例》明确排除了这种情形的适用，依据该条例导言部分的第 18 条，“本条例不适用于自然人在不涉及任何职业或商业的纯个人或家庭活动中对个人数据的处理活动。个人或家庭活动可以包括通信、保存地址，或者社交活动以及在类似活动背景下进行的线上活动。但本条例适用于为上述个人日常活动提供个人数据处理方法的控制者或处理者”。从立法目的上来说，个人信息或个人数据保护立法就是针对现代网络信息科技发展而给个人信息或个人数据保护带来的挑战，因为在现代信息社会背景下，收集、使用、分享等处理个人信息或个人数据的能力与规模显著提高，从而给自然人的人格自由与人格尊严乃至各种人身财产安全带来了巨大的风险，故此才需要专门的立法加以规制。至于那些纯粹私人活动或家庭社交活动中个人信息的收集、使用、分享等行为，并不需要通过个人信息保护立法加以调整，如果涉及侵害隐私权、姓名权、肖像权等人格权的行为，完全可以交由《民法典》的人格权编和侵权责任编规范。故此，在个人信息保护法或个人数据保护法中排除对私人或家庭社交活动中个人信息的处理，当然是正确的。对此，我国《个人信息保护法》第 72 条第 1 款已有明确的规定。

3. 许可使用上的不同

隐私权人可以自行处分权利，如自行在网络上或向媒体公开其私密信息。但是，隐私本身原则上是不能许可他人使用或商业化利用的。《民法典》第 993 条规定，民事主体可以将自己的姓名、名称、肖像等许可他人使用，但是依照法律规定或者根据其性质不得许可的除外。该条之所以没有列出隐私是因为：隐私权侧重于消极防御的功能，即防止他人对包括私生活安宁、私密信息在内的隐私的侵害，① 其保护的是自然人对隐私不受他人侵害的利益。因此，隐私权的主要权能就是排除他人侵害的权能，即消极权能。对于隐私，原则上是不允许许可他人使用的。② 而且，允许隐私的商业化利用也可能违反公序良俗原则这一民法的基本原则。然而，对于个人信息尤其是非私密的个人信息，自然人完全可以许可他人使用，从而促进网络信息产业和数字经济的发展。故此，《民法典》第 1035 条规定，只要遵循合法、正当、必要原则，不得过度处理且符合相应的条件，就可以对个人信息加以使用或许可他人使用。

4. 私密信息和非私密信息的处理规则不同

在处理私密信息时，首先要适用的是《民法典》关于隐私权的规定，然后才能适用《民法典》关于个人信息保护的规定。依据《民法典》第 1033 条第 5 项，处理他人的私密信息要么是取得隐私权人的“明确同意”，要么是依据法律的规定，否则，任何组织或者个人实施的处理他人私密信息的行为都构成侵害隐私权。但是，对于处理非私密信息的个人信息，依据《民法典》第 1035 条，要么是依据法律、行政法规的规定，要么是得到该自然人或者其监护人的“同意”。由此可见，《民法典》对私密信息和非私密的个人信息处理规则上有三点区别：其一，在未经权利人同意的情形下，处理私密信息只能依据法律的规定，而处理非私密的个人信息可以依据法律和行政法规的规定。显然，对于隐私权的保护更为严密。其二，处理私密信息必须取得权利人的同意，而处理非私密的个人信息可以取得自然人或者其监护人的同意。也就是说，监护人也不能擅自同意他人处理被监护人的私密信息。其三，处理私密信息必须取得的是权利人的“明确同意”，而处理非私密的个人信息是取得自然人或者其监护人的同意。“明确同意”

---

① 王利明：《论个人信息权的法律保护——以个人信息权与隐私权的界分为中心》，载《现代法学》2013 年第 4 期。

② 有观点认为，隐私权人也具有积极的权能，如隐私隐瞒权、隐私处分权和信息自主权。其中隐私处分权包括隐私公开权和隐私许可权。隐私许可权意味着隐私权人可以授权他人使用自己的隐私。参见张红：《人格权各论》，高等教育出版社 2015 年版，第 522 页。

与“同意”的含义是不同的。所谓明确同意，一方面意味着自然人在被告知私密信息将被处理的前提下而作出的清晰、明确的允许处理的意思表示；另一方面应当是针对该私密信息被处理而单独作出的同意的意思表示。但是，所谓同意既不要求必须是单独的同意，也不要求仅针对被处理的特定个人信息作出的同意，而可以是概括性的同意（如通过应用软件的隐私政策取得对自然人对某些非私密的个人信息处理的同意）。

二、私密信息与非私密信息的区分

认定自然人的个人信息中哪些是私密信息，哪些不是私密信息，不能仅仅依据当事人是否愿意为他人知悉的标准，私密信息的范围也无法通过法律法规逐一列举加以规定，应当由法院从社会公众的一般认知和价值权衡的角度出发，逐一认定案涉个人信息是否属于私密信息。比较重要的考虑因素包括：社会公众对该信息作为私密信息的认知；该信息对于维护自然人的人身财产权益、人格尊严和人格自由的重要程度；该信息对于维护社会正常交往、信息自由的重要程度如何等。例如，在“黄某诉腾讯科技（深圳）有限公司等隐私权、个人信息权益网络侵权责任纠纷案”中，法院认为，在判断某类个人信息是否属于私密信息时应当考虑以下几点：其一，大数据时代，大量的个人生活轨迹有了数字化呈现，个人信息可能存在个人自主、社会交往、公共利益价值上的交融。如果把所有与公共事务无关的私人领域信息都纳入隐私范畴，给予绝对权保护，不利于正常的信息利用及流动，因此应对个人信息进行相对合理的层级划分。划入隐私的个人信息，应强调其“私密性”，进而与其他层级的个人信息在收集、存储、使用、加工、传输、提供、公开等方面形成相区别的授权同意规范、技术安全规范、信息处理规范等。对于其他信息，信息处理者可以依法进行利用，进而可以通过加强科技研发、资金投入，为广大用户提供丰富、高质、价格低廉的互联网产品，或更好地维护公共利益。其二，私密信息中的“私密性”虽然强调了信息主体的主观意愿，但该主观意愿不完全取决于隐私诉求者的个体意志，而应符合社会一般合理认知。社会一般合理认知，可能受到地域、文化传统、法律传统、习惯风俗、经济发展状况、社会普遍价值观等因素的影响。在数字时代，许多原来仅发生在物理空间内不易为他人所知的生活轨迹成为可被收集的信息，此类信息是否属于符合社会一般合理认知的私密信息成为当今时代特有的问题，并且可能随着科技、经济社会的发展而有所变化，甚至加速变化。其三，即使在相对统一的社会背景下，由于互联网产品的多元性和丰富性，用户的广泛性和差异性，不同用户就个人信息的期待也可能存在消极防御与积极利用的差异。①

◆ 相关规定

《全国人民代表大会常务委员会关于加强网络信息保护的决定》第 1 条；《网络安全法》第 40 条；《消费者权益保护法》第 14 条、第 50 条；《民法典》第 110 条

第三条 【空间适用范围】

在中华人民共和国境内处理自然人个人信息的活动，适用本法。

在中华人民共和国境外处理中华人民共和国境内自然人个人信息的活动，有下列情形之一的，也适用本法：

（一）以向境内自然人提供产品或者服务为目的；

（二）分析、评估境内自然人的行为；

（三）法律、行政法规规定的其他情形。

◆ 条文要旨

本条是对本法的空间适用范围的规定。

◆ 理解与适用

一、法律的空间适用范围与域外效力

法律的空间适用范围要解决的是一国法律在什么地域，对什么人适用的问题。法律的空间适用范围是一个国家的管辖权的体现。当今世界，国内法的空间适用范围问题不仅是单纯的一国主权范围内的事情，也受到国际法的制约，应当

① 北京互联网法院（2019）京 0491 民初 16142 号民事判决书。

尊重其他国家的主权。在国际法上，根据行使的依据不同，可以将国家立法管辖权分为四类，即属地管辖、属人管辖、保护管辖以及普遍管辖。① 所谓**属地管辖**，就是依据领土所行使的管辖权，即国内法对于发生在本国领土范围内的一切人、物和所发生的事件予以适用。**属人管辖**是依据国籍所行使的管辖权，即对于一国的公民，无论其在国内还是国外，该国的法律对其从事的相关行为都可以适用。**保护管辖**是指为了保护本国的安全和重大利益，对于外国人在该国领域外的侵害行为行使管辖的权力。**普遍管辖**以保护各国的共同利益为标准，认为凡是国际条约所规定的侵犯各国共同利益的违法犯罪行为，无论行为人的国籍与行为地的属性，缔约国或参加国只要发现该行为人在其领域内，其法律便可以行使管辖权。基于主权平等原则，原则上一个国家的国内法具有属地性，只能规范本国领域内发生的行为，这就是国内法的域内效力。与之对应的是国内法的域外效力，即一国权力机关针对本国领域外发生的行为在本国域内适用或执行国内法。② 应当说，属人管辖、保护管辖和普遍管辖都是对属地管辖原则的突破，体现了**国内法的域外效力**。在尊重主权、不干涉内政和国际礼让等原则的前提下，法律的域外效力也是得到承认的。

在我国法律中，《刑法》对于属地管辖、属人管辖、保护管辖以及普遍管辖都有相应的规定。《刑法》第 6 条规定："凡在中华人民共和国领域内犯罪的，除法律有特别规定的以外，都适用本法。凡在中华人民共和国船舶或者航空器内犯罪的，也适用本法。犯罪的行为或者结果有一项发生在中华人民共和国领域内的，就认为是在中华人民共和国领域内犯罪。"该条规定的就是属地管辖原则，也是最基本的原则。第 7 条规定："中华人民共和国公民在中华人民共和国领域外犯本法规定之罪的，适用本法，但是按本法规定的最高刑为三年以下有期徒刑的，可以不予追究。中华人民共和国国家工作人员和军人在中华人民共和国领域外犯本法规定之罪的，适用本法。"第 8 条规定："外国人在中华人民共和国领域外对中华人民共和国国家或者公民犯罪，而按本法规定的最低刑为三年以上有期徒刑的，可以适用本法，但是按照犯罪地的法律不受处罚的除外。"第 9 条规定：

---

① 程晓霞、余民才主编：《国际法（第六版）》，中国人民大学出版社 2021 年版，第 48 页以下。

② 霍政欣：《国内法的域外效力：美国机制、学理解构与中国路径》，载《政法论坛》2020 年第 2 期。

“对于中华人民共和国缔结或者参加的国际条约所规定的罪行，中华人民共和国在所承担条约义务的范围内行使刑事管辖权的，适用本法。”上述三条分别是对属人管辖、保护管辖和普遍管辖的规定，但是都可以看出是有相应的限制的。例如，就属人管辖而言，除了国家机关工作人员和军人犯罪以外，《刑法》原则上只是对我国公民在我国领域外实施的严重犯罪行使管辖权。① 保护管辖也同样只适用于外国人对我国和我国公民实施的严重犯罪且同时按照犯罪地的法律也应当受到处罚。

随着经济的全球化，现代世界各国各地区的交往联系越来越密切，货物、服务、资本等生产要素的全球流动日益频繁，尤其是在网络信息科技高速发展的今天，互联网的虚拟性、开放性和全球性打破了国家主权实体边界的物理限制，数据和个人信息通过网络科技可以在全世界范围内流动。例如，设在 A 国的公司可以通过网络收集 B 国自然人的个人信息，被收集的这些个人信息交由 C 国的公司加工，并与 D 国的公司进行共享。这样一来，就产生了作为一国国内法的数据保护法或个人信息保护法，对于在该国境外实施的个人信息处理行为能否适用以及如何适用的问题。

在个人信息和数据保护法的域外效力扩张方面，最典型的立法就是欧盟《一般数据保护条例》。该法虽然只是一部欧盟立法，但是其适用的空间范围却不限于欧盟的领土边界。考虑到全球经济中的跨国集团和跨境数据传输，故此，《一般数据保护条例》充分考虑了国际方面的因素。一方面，为了实现数据跨境传输中个人隐私的充分保护以及维护欧盟内部市场的公平竞争秩序；另一方面，为了防止出现“挑选法院”（forum shopping）的现象，即因为欧盟成员国内部的数据保护标准不同，导致跨国公司根据最低的国家数据保护标准（以及其他因素）来选择其经营地。② 故此，《一般数据保护条例》规定了非常广泛的空间适用范围。该条例第 3 条规定：“1. 本条例适用于在欧盟境内设有经营场所的控制者或处理者所开展的活动场景中的个人数据处理行为，无论该处理行为是否发生在欧盟境内。2. 本条例适用于虽然并未在欧盟境内设立经营场所的控制者或处理者对欧盟数据主体的个人数据处理，只要其处理行为涉及以下方面：（a）向欧盟境内的数

---

① 张明楷：《刑法学（第五版）》（上册），法律出版社 2016 年版，第 73 页。

② Paul Voigt & Axel von dem Bussche, The EU General Data Protection Regulation (GDPR): A Practical Guide, Springer, 2017, P. 22.

据主体提供商品或服务，无论该商品或服务是否需要数据主体支付对价；或（b）对上述数据主体发生在欧盟的行为进行监控的。3. 本条例适用于非在欧盟境内设立的控制者的个人数据处理活动，只要该控制者所在地的欧盟成员国的法律根据国际公法对其具有管辖权。”从这一规定可以看出，其极大地扩大了欧盟《一般数据保护条例》的适用范围。也就是说，通过**“经营场所原则”**（establishment principle）与**“目标指向”**（targeting）这两个标准，《一般数据保护条例》的域外效力得到了极大的扩张，具体阐述如下。

1.《一般数据保护条例》第3条第1款通过确立所谓的“经营场所原则”（establishment principle）将欧盟境外的个人数据的控制者和处理者纳入了条例的管辖范围，实现了“属地管辖权”的技术性扩张。[①] 依据该原则，只要数据的控制者或处理者在欧盟境内设有经营场所，且该经营场所从事的活动场景中只要有个人数据处理活动，那么无论个人数据的处理行为发生在何处，也无论个人数据的控制者或处理者是否属于欧盟成员国的公民、法人或非法人组织，均适用条例的规定。《一般数据保护条例》在导言部分第22条指出：“欧盟境内设立经营场所的控制者或处理者开展的活动场景中的任何个人数据处理行为，均应遵守本条例，无论该处理行为本身是否发生在欧盟境内。所谓经营场所是指通过稳定的安排而进行的有效和真实的活动。至于此种安排究竟是通过分支机构还是具有法律人格的子公司实现的，并非决定因素。”具体而言，判断的标准有二：

其一，经营场所（establishment）意味着**“通过稳定安排实现有效与真实的活动”**（the effective and real exercise of activity through stable arrangements）。所谓稳定安排并不取决于控制者或处理者在欧盟境内设立的机构或组织所采取的法律形式，也就是说，无论控制者或处理者在欧盟境内设立的是不具有法人资格的分支机构、代表处、办事处，还是具有法人资格的子公司，都不影响。即便控制者只是在欧盟成员国内拥有银行账户或邮政信箱，也可以构成一种稳定的安排。[②] 所谓的稳定程度，需要根据其经济活动的性质和所提供的服务来确定。即使在欧盟成员国的代表处中仅有一名员工，如果该代表处所提供的服务具有一定程度的

① 俞胜杰：《〈通用数据保护条例〉第3条（地域范围）评注——以域外管辖为中心》，载《时代法学》2020年第2期。

② ECJ, ruling of 1 October 2015, Weltimmo, C-230/14.

稳定性，那么也足以构成在欧盟境内设立的经营场所。①

其二，个人数据处理活动是在控制者或处理者在欧盟境内设立的经营场所所从事的活动的场景中进行的（in the context of the activities of the establishment）。至于该经营场所本身是否进行数据处理活动在所不问。也就是说，只要经营场所在经济上支持其母公司进行的数据处理活动即可，② 例如，通过搜索引擎来销售或者推广广告位，从而使得其服务有利可图，这就使得经营场所的经济活动与母公司的数据处理活动之间建立了联系。至于该数据处理活动是发生在欧盟境内还是境外，在所不问。

2.《一般数据保护条例》第3条第2款确立了“目标指向”（targeting）原则，③ 即只要个人数据处理指向了欧盟境内的数据主体，对其产生了影响，则无论数据控制者或处理者是否在欧盟境内设有经营场所，无论数据处理行为发生在何处，条例也要适用于该处理行为。目标指向原则意味着，即使某些数据控制者或处理者在欧盟境内没有建立经营场所，只要该数据处理行为对欧盟境内的数据主体产生了实际上的“效果”或“影响”，条例仍然适用。实际上就是以效果原则来正当性地扩张《一般数据保护条例》的域外效力。所谓效果原则是美国法院在反托拉斯案的裁判中发展起来的管辖原则，即国家对外国人在外国所做的，对本国商业产生影响的行为享有管辖权。由于该原则针对的是外国人，故此被认为是属地管辖原则的延伸，又由于它的目的是保护国家的重大利益，所以也与保护性管辖相似。④ 具体而言，《一般数据保护条例》第3条第2款的规定，将对欧盟境内的数据主体的影响限定为以下两种情形之一：

其一，向欧盟境内的数据主体提供商品或服务（Offering of Goods or Services

---

① Paul Voigt & Axel von dem Bussche, The EU General Data Protection Regulation (GDPR): A Practical Guide, Springer, 2017, P. 23.

② ECJ, ruling of 13 May 2014, Google Spain, C－131/12, rec. 55; Plath, in: Plath, Art. 3 (2016), rec. 9.

③ 有的学者称为“目标指向标准”或“目标意图标准”，参见孔庆江、于华溢：《数据立法域外适用现象及中国因应策略》，载《法学杂志》2020年第8期；俞胜杰：《〈通用数据保护条例〉第3条（地域范围）评注——以域外管辖为中心》，载《时代法学》2020年第2期；还有的学者称为“市场地原则”，参见金晶：《欧盟〈一般数据保护条例〉：演进、要点与疑义》，载《欧洲研究》2018年第4期。

④ 王虎华：《国际公法学》，北京大学出版社2015年版，第85页。

to Data Subjects in the EU），无论数据主体是否支付对价。判断控制者或处理者是否向欧盟境内的数据主体提供商品或服务时的主要参考因素包括：使用一个或多个欧盟成员国通用的语言；使用的是公认的货币（尤其是欧元）；提及来自欧洲的客户或用户；存在交付给一个或多个成员国的可能性；网站的域名指向一个或多个欧盟成员国。① 例如，某公司 H 位于澳大利亚，经营一家网店。该公司在国外并无子公司或分支机构，其网店也只有英文版。H 存储了客户的数据，其接受顾客以澳元和欧元付款，也可以向德国、法国和意大利交货。如果来自这些欧盟成员国的客户访问 H 公司的网站时，他们将被从域名“H. au”定向至“H. com/de”“H. com/fr”等。在这个例子中，根据欧洲客户登录 H 公司运营的网店时有独立的域名、可以用欧元支付以及该公司可以向某些欧盟成员国交付等因素就可以得出结论，H 公司目标指向了欧盟的顾客。因此，欧盟《一般数据保护条例》适用于 H 公司的个人数据处理行为。②

其二，对欧盟境内的数据主体发生在欧盟的行为进行监控，即**监控欧盟消费者的行为**（Monitoring of EU Customers’ Behaviour）。《一般数据保护条例》在导言部分第 24 条提出了认定监控的标准，即“为了判断上述处理活动是否可以被认定为是对数据主体在欧盟境内发生行为的监控，需要确定自然人是否在互联网上被跟踪记录，或者潜在地后续使用个人数据处理技术，包括对自然人进行数据画像特别是做出自动化决策，或者对其个人偏好、行为或态度做出分析或预测”。简单来说，任何形式的网络追踪（web tracking）都将被视为监控，如借助 cookies 或社交媒体插件。网络跟踪工具允许网络服务体用这些分析用户的行为，例如，通过测量网站被访问的时间、频率或方式（如通过搜索引擎或在线广告）。通常，分析工具会在网站用户的计算机上存储一个包含唯一标识的 cookie。该工具将在用户每次访问网站时使用该标识来识别浏览器，并随后分析其行为。分析可以通过各种不同的形式和不同的工具进行。即使没有 cookie，用户的浏览器也可能允许网络服务提供者识别用户并监控他们的行为。因为在访问网站时，每个浏览器

① Paul Voigt & Axel von dem Bussche, The EU General Data Protection Regulation（GDPR）: A Practical Guide, Springer, 2017, P. 26.

② Paul Voigt & Axel von dem Bussche, The EU General Data Protection Regulation（GDPR）: A Practical Guide, Springer, 2017, P. 27.

都不可避免地会向网络服务提供者传送许多数据，以便能够优化相应网站的显示，例如，浏览器的类型和版本、操作系统、安装的插件（如闪存插件）、语言、标题和 cookie 设置，所使用的显示器分辨率和时区等。① 这些数据允许提供商生成唯一的浏览器指纹（browser fingerprint），在结合 IP 地址（网络地址）等附加信息后就能够在用户再次访问该网站时识别该用户。

欧盟《一般数据保护条例》第 3 条对其域外效力的扩张对许多国家的数据保护和个人信息保护立法产生了影响，不少国家或地区纷纷加以借鉴。例如，2018 年巴西《通用数据保护法》第 3 条规定："不论法律实体总部所在国或数据所在国是在何处，本法适用于自然人或者受公法或私法管辖的法律实体所进行的任何数据处理操作，但需要符合下列条件：I. 处理操作是在巴西境内进行；II. 以提供货物或服务为目的的处理活动，或者处理位于巴西境内的个人数据；III. 所处理的个人数据在巴西境内收集。第 1 款在巴西境内收集的数据视为数据主体被收集数据时处于巴西境内。第 2 款本法第 4 条 IV 项规定的数据处理活动系本条 I 项规定之例外情形。"再如，日本《个人信息保护法》第 75 条规定："对于在向国内的某人提供商品或服务的环节中获取了以该人为本人的个人信息的个人信息处理业者在国外处理该个人信息或者用该个人信息制作而成的匿名加工信息的情形，第十五条、第十六条、第十八条（第二款除外）、第十九条至第二十五条、第二十七条至第三十六条、第四十一条、第四十二条第一款、第四十三条及后一条的规定也适用。"

二、我国个人信息保护法的空间适用范围

我国《个人信息保护法》起草中，就如何确立该法的空间适用范围存在不同的看法。有观点主张采取属地管辖权、保护管辖权与普遍管辖权相结合的方式规定个人信息保护法的空间适用范围。例如，张新宝教授和葛鑫起草的《个人信息保护法草案专家建议稿》第 2 条第 1 款规定："在中华人民共和国境内处理个人信息，以及对个人信息处理行为的监督管理，适用本法。"这是对属地管辖权的规定。第 2 款规定："在中华人民共和国境外处理中华人民共和国公民的个人信息，应遵守本法。"这是对保护管辖权的规定。第 3 款规定："中华人民共和国缔

---

① Alich/Voigt，CR 2012，344，345.

结或者参加的国际条约中规定的个人信息保护事项，中华人民共和国在所承担条约义务的范围内行使管辖权的，适用本法。”这是对普遍管辖权的规定。[①] 然而，这种观点存在的问题是，一方面，过度扩张了个人信息保护法的域外效力。不做限制地采取保护管辖，对于在我国境外处理我国公民（无论其是否在我国境内）个人信息的行为都适用我国《个人信息保护法》的话，势必使得我国《个人信息保护法》的域外效力被极大扩张，不仅实践中根本无法做到，也不符合尊重主权和国际礼让原则。另一方面，如果我国《个人信息保护法》仅仅适用于在我国境外处理我国公民个人信息的行为，即便是针对我国境内的非我国公民的自然人的处理行为也不能适用，显然范围又过于狭窄了。

在我国，基于对主权原则的尊重，对域外管辖总体上持一种比较排斥的态度，尽量避免我国司法的过度管辖给他国主权造成影响。[②] 但是，考虑到互联网的开发性与全球性以及数据信息流动性的特点，为了充分保护我国境内自然人的个人信息权益，也有必要赋予我国《个人信息保护法》必要的域外效力。[③] 此外，《数据安全法》第2条已经明确规定：“在中华人民共和国境内开展数据处理活动及其安全监管，适用本法。在中华人民共和国境外开展数据处理活动，损害中华人民共和国国家安全、公共利益或者公民、组织合法权益的，依法追究法律责任。”故此，《个人信息保护法》在《数据安全法》第2条的基础上，借鉴国外立法的优秀成果，在本条对于空间适用范围作出了规定。

（一）以属地管辖为原则

属地管辖意味着，一个主权国家的法律当然适用于该国主权所及的领土范围内的需要调整的活动，对此没有疑问。我国以往的许多法律在规定该法的地域范围时，往往都表述为“中华人民共和国境内的某某活动，适用本法”。例如，《电子商务法》第2条第1款规定：“中华人民共和国境内的电子商务活动，适用本

---

① 张新宝、葛鑫：《个人信息保护法（专家建议稿）及立法理由书》，中国人民大学出版社2021年版，第4页以下。

② 诚如学者所言，这种态度与我国在近代曾作为西方列强“治外法权”的受害国，从而对于域外管辖制度有比较负面的历史记忆密切相关。参见石佳友：《我国证券法的域外效力研究》，载《法律科学》2014年第5期。

③ 全国人大常委会法制工作委员副主任刘俊臣：《关于〈中华人民共和国个人信息保护法（草案）的说明〉》，2020年10月13日在第十三届全国人民代表大会常务委员会第二十二次会议上。

法。”再如，《网络安全法》第 2 条规定：“在中华人民共和国境内建设、运营、维护和使用网络，以及网络安全的监督管理，适用本法。”所谓中华人民共和国境内，就是指在中华人民共和国领域范围内。《个人信息保护法》调整的对象就是处理自然人的个人信息的活动。本条第 1 款规定：“在中华人民共和国境内处理自然人个人信息的活动，适用本法。”这就意味着：

1. 任何组织或者个人，只要是在我国境内进行处理自然人的个人信息的活动，都适用本法，无论处理者是组织还是个人，无论是法人组织还是非法人组织，无论是我国的还是外国的组织，无论是我国的个人还是外国的个人。依据《民法典》的规定，法人是具有民事权利能力和民事行为能力，依法独立享有民事权利和承担民事义务的组织（第 57 条）。法人可以分为营利法人、非营利法人以及特别法人。营利法人是指以取得利润并分配给股东等出资人为目的成立的法人，包括有限责任公司、股份有限公司和其他企业法人等（第 76 条）。非营利法人是指为公益目的或者其他非营利目的成立，不向出资人、设立人或者会员分配所取得利润的法人，包括事业单位、社会团体、基金会、社会服务机构等（第 87 条）。特别法人包括机关法人、农村集体经济组织法人、城镇农村的合作经济组织法人、基层群众性自治组织法人（第 96 条）。至于非法人组织，依据《民法典》第 102 条，是指不具有法人资格，但是能够依法以自己的名义从事民事活动的组织，包括个人独资企业、合伙企业、不具有法人资格的专业服务机构等。依据法人或非法人组织是否依据我国法律成立，可以将之分为中国法人、中国非法人组织与外国法人、外国非法人组织。例如，我国《公司法》第 191 条规定：“本法所称外国公司是指依照外国法律在中国境外设立的公司。”外国公司在我国境内设立分支机构必须向中国主管机关提出申请，并提交其公司章程、所属国的公司登记证书等有关文件，经批准后，向公司登记机关依法办理登记，领取营业执照。无论是外国公司、外国公司在我国设立的分支机构、外国企业常驻代表机构、外国常驻新闻机构等，还是外国政府组织或国际组织依据我国政府签订或参加条约和公约等在我国设立的机构，只要它们在我国境内处理自然人的个人信息，就要适用我国《个人信息保护法》的规定。例如，A 国驻华大使馆在接受各种签证时收集申请人的个人信息，联合国儿童基金会驻华代表机构在官网上进行募捐活动时，收集募捐者的个人信息等，都属于在我国境内处理自然人的个人信息的活动。

2. 只要是在我国境内处理自然人的个人信息的活动，都适用《个人信息保护法》的规定。依据《个人信息保护法》第 4 条第 2 款的规定，个人信息的处理包括个人信息的收集、储存、使用、加工、传输、提供、公开、删除等。当然这种列举是不完全的，还包括其他很多没有列举的个人信息处理活动。这些活动都适用本法的规定。

（二）辅以必要的保护性管辖

为了充分保护我国境内自然人的个人信息权益，《个人信息保护法》第 3 条第 2 款借鉴了欧盟《一般数据保护条例》的目标原则或指向原则，即对于特定的一些在我国境外处理我国境内自然人个人信息的活动，也适用本法的规定。这些处理行为包括以下三类：

1. 以向境内自然人提供产品或者服务为目的

所谓“以向境内自然人提供产品或者服务为目的”，是指在我国境外处理我国境内自然人的个人信息的目的是向该自然人出售各种产品或者提供相应的服务，至于该产品或者服务的提供是有偿的还是无偿的，在所不问。所谓我国境内的自然人，不限于我国公民，还包括在我国境内停留的外国人、无国籍人等。在判断境外的个人信息处理行为是否属于以向我国境内自然人提供产品或者服务为目的，可以参考的因素包括：是否使用中文或我国其他民族的语言文字；为该产品或服务支付对价的货币是否为人民币或者采取的电子支付方式是否为我国境内常用的支付方式，如可以使用支付宝、微信或者我国的银行信用卡等进行支付；是否可以向我国以快递等方式交付相应的产品或者以网络传输方式提供相应的服务；网站的域名是否指向我国等。

2. 分析、评估境内自然人的行为

所谓分析、评估境内自然人的行为，其内涵与欧盟《一般数据保护条例》第 3 条中的监控是相同的，即通过各种网络方式对我国境内自然人的行为进行分析和评估，包括对自然人进行数据画像特别是作出自动化决策，或者对其个人偏好、行为或态度作出分析或预测。《个人信息保护法》第 73 条第 2 项规定，自动化决策，是指通过计算机程序自动分析、评估个人的行为习惯、兴趣爱好或者经济、健康、信用状况等，并进行决策的活动。

3. 法律、行政法规规定的其他情形

为了避免列举不全面，《个人信息保护法》第3条第2款第3项将法律、行政法规规定的其他情形作为兜底条款。

◆ 相关规定

《刑法》第6条至第9条；《数据安全法》第2条

第四条 【个人信息与个人信息处理的含义】

个人信息是以电子或者其他方式记录的与已识别或者可识别的自然人有关的各种信息，不包括匿名化处理后的信息。

个人信息的处理包括个人信息的收集、存储、使用、加工、传输、提供、公开、删除等。

◆ 条文要旨

本条是对个人信息以及个人信息的处理的界定。

◆ 理解与适用

一、个人信息的含义

（一）比较法上的界定

个人信息是个人信息保护法律制度中最核心的概念。从比较法上来看，各国的数据保护法与个人信息保护法对于个人数据或个人信息都有相应的界定。欧盟《一般数据保护条例》第4条第1款规定："'个人数据'是指与一个已识别或可识别的自然人（'数据主体'）相关的任何信息。一个可识别的自然人是指能够被直接或间接地加以识别的人，尤其是通过参考诸如姓名、身份证号码、位置数据、在线身份识别码这类标识，或者通过特定于该自然人的一个或多个身体、生理、遗传、心理、经济、文化或社会身份等要素。"2017年德国《联邦数据保护法》第46条第1项规定："个人数据指与已识别或可识别的自然人（数据主体）

有关的任何信息；可识别的自然人是可以直接或间接识别的自然人，尤其是通过参考如姓名、识别号、位置数据、在线标识符或与该人的身体、审理、遗传、心理、经济、文化或社会身份有关的一个或多个因素等识别特征。”2018 年巴西《通用数据保护法》第 5 条第 1 款规定：“个人数据：与已识别或可识别的自然人有关的信息。”2017 年日本《个人信息保护法》第 2 条第 1 款和第 2 款规定：“1. 本法所称的‘个人信息’是指，属于下列各项规定的情形之一的、有关生存着的个人的信息：（1）通过该信息中所含有的姓名、出生年月日及其他记述等［文字、图画或电磁记录（指以电磁方式——指电子方式、磁气方式及其他人类无法感知的方式。后一款第二项相同——制作的记录。第十八条第二款相同）中所记载或记录的或者使用声音、动作或其他方法所表示的所有事项（个人识别符号除外。以下相同）］能够识别特定个人（包括很容易与其他信息相对照，并能够以此来识别特定个人的信息）；（2）含有个人识别符号。2. 本法所称的‘个人识别符号’是指，属于下列各项规定的情形之一的，由法令规定的文字、号码、记号及其他符号：（1）为了将特定个人身体的某一部分特征用于电子计算机而将其变换为文字、号码、记号及其他符号，并且能够识别该特定个人；（2）利用提供给个人的服务或购买出售给个人的商品时被分配或发行给个人的卡片及其他材料中所记载的或者以电磁方式记录的文字、号码、记号及其他符号，并且由于为区分不同利用者、购买者或接受发行者而进行了分配或者记载或记录，因而能够识别特定利用者、购买者或接受发行者。”韩国《个人信息保护法》第 2 条第 1 款规定：“1. ‘个人信息’是指存活个人的相关信息。满足以下任意一项的，可以认定为个人信息：（1）通过姓名、居民身份证号码及影像等可以对个人进行识别的信息。（2）虽然仅凭该信息无法识别特定个人，但很容易将该信息与其他信息结合起来识别个人。这种情况下是否容易结合，应合理考虑获取其他信息的可能性，如所需的时间、费用、技术等。（3）将本款第一项、第二项通过本条 1－2 之规定进行化名处理，若没有其他信息的使用与结合，无法识别个人的信息（以下称为化名信息）；1－2. ‘化名处理’是指通过删除或替代部分或全部个人信息等方法，若无其他附加信息就无法识别特定个人的处理方式。”我国台湾地区“个人资料保护法”没有使用“个人信息”或“个人数据”的概念，而是称之为“个人资料”，该法第 2 条第 1 项将个人资料界定为：“指自然人之姓名、出生年月日、国民身份证统一编号、护照号码、特征、指纹、婚姻、家庭、教育、职业、病历、医疗、基因、性生活、健康检查、犯罪前科、联络方式、财务情况、社会活动及其他得以直接或间接方式识别该个人之数据。”

（二）我国法律对个人信息的界定

在《个人信息保护法》颁布前，我国的法律和司法解释对于个人信息已有不少界定。《民法典》第 1034 条第 2 款规定：“个人信息是以电子或者其他方式记录的能够单独或者与其他信息结合识别特定自然人的各种信息，包括自然人的姓名、出生日期、身份证件号码、生物识别信息、住址、电话号码、电子邮箱、健康信息、行踪信息等。”《网络安全法》第 76 条第 5 项规定：“个人信息，是指以电子或者其他方式记录的能够单独或者与其他信息结合识别自然人个人身份的各种信息，包括但不限于自然人的姓名、出生日期、身份证件号码、个人生物识别信息、住址、电话号码等。”《最高人民法院、最高人民检察院关于办理侵犯公民个人信息刑事案件适用法律若干问题的解释》第 1 条规定：“刑法第二百五十三条之一规定的‘公民个人信息’，是指以电子或者其他方式记录的能够单独或者与其他信息结合识别特定自然人身份或者反映特定自然人活动情况的各种信息，包括姓名、身份证件号码、通信通讯联系方式、住址、账号密码、财产状况、行踪轨迹等。”《最高人民法院关于人民法院在互联网公布裁判文书的规定》第 10 条第 1 款第 1 项规定，人民法院在互联网公布裁判文书时，应当删除“自然人的家庭住址、通讯方式、身份证号码、银行账号、健康状况、车牌号码、动产或不动产权属证书编号等个人信息”。此外，国家标准《信息安全技术 个人信息安全规范》（GB/T 35273—2020）第 3. 1 条将个人信息界定为：“以电子或者其他方式记录的能够单独或者与其他信息结合识别特定自然人身份或者反映特定自然人活动情况的各种信息。”该界定的注释 1 中列举了以下个人信息的具体种类——“包括姓名、出生日期、身份证件号码、个人生物识别信息、住址、通信通讯联系方式、通信记录和内容、账号密码、财产信息、征信信息、行踪轨迹、住宿信息、健康生理信息、交易信息等。”

《个人信息保护法》第 4 条第 1 款规定：“个人信息是以电子或者其他方式记录的与已识别或者可识别的自然人有关的各种信息，不包括匿名化处理后的信息。”从这一界定可以看出，首先，《个人信息保护法》没有如《民法典》《网络安全法》那样逐一列举个人信息的具体类型。其次，《个人信息保护法》本条第1款对个人信息的界定与《民法典》等法律的界定有所不同。《民法典》采取的是**“识别说”**，即能够单独或者与其他信息结合识别特定自然人作为确定该信息是否属于个人信息的标准。但是，《个人信息保护法》第4条第1款采取的却是**“相关说”**，即“与已识别或者可识别的自然人有关的各种信息”（any information relating to an identified or identifiable natural person）。这个标准也是欧盟《一般数据保护条例》采取的标准。

在我国理论界，就个人信息的界定究竟是采取识别说还是关联说，有不同的看法。①《个人信息保护法》的起草过程中，就个人信息的定义问题也存在争议。有观点认为，《个人信息保护法》对个人信息的界定应当与《民法典》保持一致，即采取识别说的标准。况且，关联说过于宽泛，将使得在实践中难以区分出个人信息这一类别，不论是对处理者还是监管机构都难以实施有针对性的保护与监管。本书认为，从文字表述来看，《民法典》与《个人信息保护法》对个人信息的定义确实不同，但实质差别不大，即无论是识别说还是关联说，所界定的个人信息的范围基本上是相同的。从识别说的角度来界定个人信息，只有可以直接或间接识别特定自然人的信息才是个人信息，这是从信息本身出发，看是否能够从中找到与特定自然人的关联性。然而，以关联说界定个人信息，则是从信息主体出发，认为只有与已识别或可识别的自然人相关的信息才是个人信息。那些与已识别或可识别的自然人无关的信息，本身也是无法直接或间接识别特定的自然人的，不属于个人信息。如果某个信息处理者A公司已经知道了特定的自然人张三，那么在这种情形下，对A公司而言，关于特定自然人张三的所有信息都是个人信息，而A公司处理张三的信息时都必须遵循《个人信息保护法》的要求。此时，没有必要再从张三的单个信息是否能够直接识别张三或与其他信息结合出来识别张三，来认定该等信息是否属于个人信息。因为，对于A公司而言，已经没有这个必要。例如，张三是A公司的员工，其工作证号码是A1998990126。由于该号码就是A公司分配给张三的，那么，对于A公司而言，该工作证号码就是张三的个人信息。但是，对于其他的组织或个人而言，由于它们并不知道此工作证

① 韩旭至：《个人信息的法律界定及类型化研究》，法律出版社2018年版，第31页以下。

号码是张三的。所以，依据关联说，A1998990126 就不是张三的个人信息。同时，从识别说来看，仅仅凭这样一组号码，也无法直接识别出张三，除非将该号码与其他信息结合能够识别出张三。

由此可见，个人信息定义中的关联说更强调的是个人信息的相对性，即有不少信息是否属于个人信息存在相对性的，是相对而言的，对于某些处理者来说可能是个人信息，但对另外一些处理者就不是个人信息。例如，在我国发生的“朱某诉百度公司案”中，就存在这个争议，即原告朱某利用百度搜索引擎搜索相关信息而形成的检索关键词记录是否属于个人信息。该问题的关键就在于原告朱某的网络关键词检索记录本身是否属于个人信息甚至隐私。对此，法院认为：“网络用户通过使用搜索引擎形成的检索关键词记录，虽然反映了网络用户的网络活动轨迹及上网偏好，具有隐私属性，但这种网络活动轨迹及上网偏好一旦与网络用户身份相分离，便无法确定具体的信息归属主体，不再属于个人信息范畴。经查，百度网讯公司个性化推荐服务收集和推送信息的终端是浏览器，没有定向识别使用该浏览器的网络用户身份。虽然朱某因长期固定使用同一浏览器，感觉自己的网络活动轨迹和上网偏好被百度网讯公司收集利用，但事实上百度网讯公司在提供个性化推荐服务中没有且无必要将搜索关键词记录和朱某的个人身份信息联系起来。因此，原审法院认定百度网讯公司收集和利用朱某的个人隐私进行商业活动侵犯了朱某隐私权，与事实不符。”① 也就是说，如果百度公司已经通过技术手段知道了或者可以知道是朱某在进行涉案的关键词检索，那么这些检索记录就属于朱某的个人信息，否则，如果根本不知道是谁进行的关键词检索记录，那么就该记录本身而言，不属于与已识别或可识别的自然人有关的信息，不是个人信息。同样，仅仅依据这个信息也无法识别特定的自然人。

（三）个人信息的要素

从《个人信息保护法》第 4 条第 1 款对个人信息的界定来看，个人信息具备以下三个要素：其一，自然人；其二，已识别或者可识别的自然人；其三，有关的各种信息。下面逐一阐述。

---

① “北京百度网讯科技有限公司与朱某隐私权纠纷案”，南京市中级人民法院（2014）宁民终字第 5028 号民事判决书。

1. 自然人

个人信息是指自然人的信息。所谓自然人，原则上是指活着的自然人，至于已经死亡的自然人即死者的个人信息保护的问题，应当适用《个人信息保护法》第49条的规定，即由其近亲属行使死者在个人信息处理中的权利。胎儿虽然没有出生，不属于民事主体，但是我国《民法典》第16条规定："涉及遗产继承、接受赠与等胎儿利益保护的，胎儿视为具有民事权利能力。但是，胎儿娩出时为死体的，其民事权利能力自始不存在。"故此，如果个人信息的保护涉及胎儿的利益，那么胎儿视为具有民事权利能力，其个人信息也受到法律保护。

从比较法来看，绝大多数的国家或地区都将个人信息限定于自然人的信息，而不包括法人等组织体的信息。例如，欧盟《一般数据保护条例》在导言部分的第14条就明确指出："本条例提供的有关个人数据处理的自然人权利保护应当适用于所有自然人，不论其国籍和居住地。本条例不包括涉及法人特别是作为法人而成立的企业的个人数据处理，包括法人的名称、形式以及法人的详细联系信息。"少数国家的立法认为，法人的有些信息也属于个人信息，例如，南非《个信息保护法》第1条将个人信息界定为"是指可识别的、现存的自然人以及可识别的、现有法人的信息"。再如，德国法原则上将法人的信息排除在个人信息之外，但也有例外，即在一人有限公司法人或者依据德国《民法典》（BGB）成立的民法上的公司，或依据德国《商法典》（HGB）成立的无限公司或两合公司等商法上的公司中，有关公司团体的相关资料有可能对个别成员造成影响，例如，有关公司团体的财务状况的信息就是这样的情况，这些信息也被作为个人信息。①

在我国，无论立法还是学说，历来都认为个人信息就是指自然人的信息。之所以如此，理由在于：首先，我国《民法典》第111条和《个人信息保护法》第2条明确宣布"自然人的个人信息受法律保护"。其次，"个人信息"一词中的"个人"本身指的就是自然人，不包括法人、非法人组织。这是因为，个人信息保护是为了维护自然人的人格尊严和人格自由，只有自然人才享有人格尊严和人

① Maria Christia Caldarola & Joachim Schrey：《大数据与法律实务指南》，赵彦清、黄俊凯译，台湾元照出版公司2020年版，第52页。

格自由，作为组织体的法人和非法人组织不存在需要保护的人格尊严和人格自由。最后，如果将《个人信息保护法》的适用范围扩张至法人等组织，会产生各种各样的问题，例如，当自然人本身也是个人独资企业的所有人，就很难将自然人的个人信息与个人独资企业的信息区分开。①

法人和非法人组织当然也存在相关的各种信息，如政府信息、企业信息、财务信息、经营信息、人员信息、技术信息等。但是这些信息中的有些信息本身依法就应当公开，例如，《政府信息公开条例》明确要求行政机关公开政府信息，应当坚持以公开为常态、不公开为例外，遵循公正、公平、合法、便民的原则。《证券法》第5章“信息披露”中明确要求，发行人及法律、行政法规和国务院证券监督管理机构规定的其他信息披露义务人，应当及时依法履行信息披露义务，包括：按照国务院证券监督管理机构和证券交易场所规定的内容和格式编制定期报告并按照规定报送和公告；发生可能对上市公司、股票在国务院批准的其他全国性证券交易场所交易的公司的股票交易价格产生较大影响的重大事件，投资者尚未得知时，公司应当立即将有关该重大事件的情况向国务院证券监督管理机构和证券交易场所报送临时报告，并予公告，说明事件的起因、目前的状态和可能产生的法律后果。再如，依据《慈善法》的规定，慈善组织、慈善信托的受托人应当依法履行信息公开义务。信息公开应当真实、完整、及时（第71条）。慈善组织应当向社会公开组织章程和决策、执行、监督机构成员信息以及国务院民政部门要求公开的其他信息。上述信息有重大变更的，慈善组织应当及时向社会公开。慈善组织应当每年向社会公开其年度工作报告和财务会计报告。具有公开募捐资格的慈善组织的财务会计报告须经审计（第72条）。依据《企业信息公示暂行条例》的规定，工商行政管理部门登记的企业从事生产经营活动过程中形成的信息以及政府部门在履行职责过程中产生的能够反映企业状况的信息依法应当公示。

至于不是依法必须公开的法人或非法人组织的信息，也有相应的法律制度加以保护。例如，营利法人的商业信息如果属于商业秘密的，可以受到《反不正当竞争法》的保护。我国《反不正当竞争法》第9条第4款规定：“本法所称的商

---

① ［德］Christopher Kuner：《欧洲数据保护法：公司遵守与管制（第二版）》，旷野等译，法律出版社2008年版，第83页。

业秘密，是指不为公众所知悉、具有商业价值并经权利人采取相应保密措施的技术信息、经营信息等商业信息。”再如，机关法人的信息如果属于依法需要保密的信息，则受到《保密法》等法律的保护。总之，法人和非法人组织等组织的任何信息都不属于个人信息，不适用《个人信息保护法》。

2. 已识别或者可识别的自然人

无论对个人信息如何界定或怎样列举，个人信息的核心特征就在于“可识别性”，即能够单独或者与其他信息相结合识别特定的自然人。因为，如果某些信息根本无法识别特定的自然人，那么对于这些信息的收集、存储、使用、共享等并不会对特定自然人的权益造成侵害或产生侵害的危险，也没有必要基于维护自然人的权益的考虑而通过个人信息保护制度对这些信息的处理加以规范。例如，完全是与自然人无关的纯粹的自然界的信息，如天气变化、潮汐情况、地质演变等物理信息；再如，通过采取匿名化技术处理后无法识别特定的自然人且不能复原的信息，如抽样调查统计数据中仅仅显示被调查的人数、地域分布、年龄、男女比例等信息，这些信息无法识别出具体的被调查人是谁，也不属于个人信息。

《个人信息保护法》第 4 条第 1 款中的“已识别”与“可识别”的区分不同于《民法典》第 1034 条第 2 款中的“单独识别”与“与其他信息结合识别（即间接识别)”的区分。直接识别与间接识别是从识别特定自然人的方式所进行的区分。所谓**直接识别**是指，某个信息本身就可以识别出特定的自然人。例如，在我国，最典型的可以直接识别出特定自然人的个人信息就是居民身份证件号码。我国《居民身份证法》第 3 条第 2 款规定：“公民身份号码是每个公民唯一的、终身不变的身份代码，由公安机关按照公民身份号码国家标准编制。”我国以往因为户籍管理中存在的问题，结果导致居民身份证号码的重号情况较为普遍，在 2009 年时全国曾有 171 万人的身份证号码重合，但是公安机关开展户口清理整顿工作以来，到 2017 年全国居民身份证重号人数已经减少为 8 人。① 故此，仅凭居民身份证号码这一信息即可识别出特定的自然人。再如，一个人的指纹这样的生物识别信息，作为自然人独一无二的个人信息，往往也属于可以单独识别出特定

① 《公安部：全国公民身份证号码重号人数由 171 万人减至 8 人》，https：//www. guancha. cn/minsheng/2017_ 04_ 27_ 405647. shtml。

自然人的信息。

间接识别就是指与其他信息结合后能够识别，即仅凭该信息本身尚无法识别出特定的自然人，但是只要将该信息与其他信息进行结合就可以识别出特定的自然人。例如，一个人的姓名绝不可能在一个国家或一个更小的行政区域（省市县）内直接识别出特定的自然人，毕竟重名的人可能非常多，所以，只有将姓名与出生日期、父母姓名、籍贯、性别等其他信息相互结合才能识别出特定的自然人。例如，仅仅凭借 cookie 收集的网页浏览痕迹信息是无法识别出究竟是谁浏览了相应的网页，但是只要将这些浏览痕迹与 IP 地址信息加以结合，就很容易识别出特定的自然人。例如，在“朱某与北京百度网讯科技有限公司隐私权纠纷案”中就涉及这一问题。① 原告通过被告的搜索引擎进行了一些关键词检索，而被告依据这些关键词检索向原告进行了定向广告推送，原告认为被告侵害了其隐私权。这种情形就涉及被告收集和处理的原告的关键词记录是否属于原告的个人信息。应当说，单纯的关键词检索记录是无法识别出特定自然人的，但是，如果和 IP 地址结合起来尤其是考虑到现在的 IP 地址多为静态 IP 地址，且原告是在自己家中的个人电脑上进行检索的，因此这些信息结合起来就很容易识别出特定自然人。再如，电话号码在有些国家或地区因为没有强制要求实名登记，故此，仅仅凭借手机号码无法识别出特定自然人，但是将其与姓名结合起来，就可以识别出特定自然人。在我国，由于法律法规规定电话号码必须实名登记，故此，电话号码这一信息本身就足以识别出特定的自然人。② 当然，直接识别与间接识别的区

---

① 南京市中级人民法院（2014）宁民终字第 5028 号民事判决书。对该案中间接识别问题的论述可参见李谦：《人格、隐私与数据：商业实践及其限度——兼评中国 Cookie 隐私权纠纷第一案》，载《中国法律评论》2017 年第 2 期。

② 《全国人民代表大会常务委员会关于加强网络信息保护的决定》第 6 条规定：“网络服务提供者为用户办理网站接入服务，办理固定电话、移动电话等入网手续，或者为用户提供信息发布服务，应当在与用户签订协议或者确认提供服务时，要求用户提供真实身份信息。”《网络安全法》第 24 条第 1 款规定：“网络运营者为用户办理网络接入、域名注册服务，办理固定电话、移动电话等入网手续，或者为用户提供信息发布、即时通讯等服务，在与用户签订协议或者确认提供服务时，应当要求用户提供真实身份信息。用户不提供真实身份信息的，网络运营者不得为其提供相关服务。”此外，工信部颁布的《电话用户真实身份信息登记规定》第 6 条规定：“电信业务经营者为用户办理入网手续时，应当要求用户出示有效证件、提供真实身份信息，用户应当予以配合。用户委托他人办理入网手续的，电信业务经营者应当要求受托人出示用户和受托人的有效证件，并提供用户和受托人的真实身份信息。”据工信部 2017 年发布的消息，2016 年工信部共组织 1.2 亿电话用户进行实名补登记，至此全部电话用户均实现实名登记。

分也是相对的，以前述姓名而言，虽然在一个国家或一个行政区域内无法直接识别特定的自然人，但是在一个小的群体（如某个学校的一个年级或某个大学的法学院）中，就足以直接识别特定的自然人了。甚至一些辅助性的信息，如“穿黑衣服的男子”这个信息，在一个等待红绿灯的路口的人群中也足以识别特定的自然人。①

所谓**已识别**（identified）与**可识别**（identifiable），是从特定自然人是否已经被识别进行的区分。已识别指的是特定的自然人已经被识别出来，而可识别是指识别出特定的自然人的可能性，至于究竟是通过直接识别还是间接识别而产生的此种可能性，在所不问。欧盟第29条工作组②认为：“一般来说，当一个自然人在一群人中被视为有别于该群体中的其他自然人时，便可以认为是‘已识别’。同理，当一个自然人的身份虽然没有被识别，但是识别其身份是可能的，那么该自然人就属于‘可识别’。”“识别身份通常是通过我们称之为‘标识符’（identifiers）的具体信息来实现的，该数据与具体个人之间存在专属和密切的联系，如该人的外貌，如身高、毛发颜色、服装等，或该人无法被直接察觉出的某项特质，如职业、能力、称谓等。”③ 欧盟《一般数据保护条例》第4条第1款规定：“一个可识别的自然人是指能够被直接或间接地加以识别的人，尤其是通过参考诸如姓名、身份证号码、位置数据、在线身份识别码这类标识，或者通过特定于该自然人的一个或多个身体、生理、遗传、心理、经济、文化或社会身份等要素。”至于如何判断自然人的身份是否可识别，《一般数据保护条例》导言部分的第26条指出：“需要考虑所有可能使用的手段，比如利用控制者或其他人来直接或间接地确认自然人身份。为判断所使用的手段是否可能用于识别自然人，需要考虑所有客观因素，包括对身份进行确认需要花费的金钱和时间，考虑现有处理技术以及科技发展。”由此可见，信息是否可以识别特定自然人本身并不是固定

---

① Article 29 Data Protection Working Party, Opinion 4/2007 On the Concept of Personal Data, 01248/07/EN WP 136, P. 13.

② 欧盟第29条工作组（Article 29 Data Protection Working Party）是根据1995年欧洲议会和欧盟理事会《关于涉及个人数据处理的个人保护以及此类数据自由流动的指令（95/46/EC）》第29条建立的由各欧盟成员国数据保护机关代表所组成的独立咨询机关。

③ Article 29 Data Protection Working Party, Opinion 4/2007 On the Concept of Personal Data, 01248/07/EN WP 136, P. 12.

不变的，不仅在不同的国家或地区是不同的，而且还会随着技术的发展及由此产生的识别成本、识别时间等因素的变化而发生改变，即以往无法识别特定自然人的信息可能在未来就具有可识别性。总之，无论是采取可识别说还是关联说，凡是那些无法单独识别或者与其他信息结合不能识别特定的自然人的信息或者与已识别或可识别的自然人无关的信息，都不属于个人信息。

3. 有关的各种信息

个人信息包括与已识别或者可识别的自然人有关的各种信息。第一，所谓**“有关的”**是指，当信息涉及一个人的身份、特征或行为，或被用于确定或影响该人的地位或评价方式的时候，该信息就是与已识别或可识别的自然人有关的信息。换言之，确定信息是否与自然人有关时，应当考虑该信息的内容、目的和效果，即该信息具有内容要素、目的要素或者结果要素。①

第二，从《个人信息保护法》第 4 条第 1 款采取的**“各种信息”**的表述可以看出，其范围非常广泛，不限于敏感的、私人的信息，还可能包括其他各种信息，无论这些信息是客观的信息，如自然人的基因信息、疾病信息，还是主观的信息，如对该人的看法或信用、工作表现的评价；无论该信息是个人的生活信息、经济信息，还是职业信息等各个方面。换言之，只要是涉及已识别或可识别的自然人的各种信息都属于个人信息，至于该等信息的内容如何，无关紧要。这些信息可能是自然人的工作条件与兴趣爱好、个人收入和税收的数据、护照的细节、指纹、摄像机记录的人物图像、考试试卷和考官对这些试卷的评论、电子通信数据，等等。② 例如，在我国司法实践中，曾发生关于车辆相关信息是否属于个人信息的案件。该案原告余某认为被告未经同意而处理其案涉车辆的行驶数据、维保数据等信息，构成对其个人信息权益的侵害。但是，法院认为，原告的案涉车辆的历史车况信息不属于原告的个人信息，理由在于：案涉历史车况信息无法单独或间接识别特定自然人。首先，从内容上看，案涉历史车况报告中的信息包括了车架号、车辆基本行驶数据、维保数据、碰撞数据、评分项目及具体评

① Article 29 Data Protection Working Party，Opinion 4/2007 On the Concept of Personal Data，01248/07/EN WP 136，P. 10 – 11.

② Christopher Kuner，Lee A. Bygrave&Christopher Docksey ed.，The EU General Data Protection Regulation (GDPR)：A Commentary，Oxford University Press，2020，P. 110.

分等，未出现自然人身份信息、行踪信息、通信通讯联系方式等能直接识别特定自然人的信息。其中，车架号显示在汽车车身外观，车架号仅为识别特定车辆的编码，无法识别到特定自然人。车辆基本行驶数据仅记录已行驶里程数，而维保数据和碰撞数据中也未显示车辆维修保养机构的位置信息和维修保养的具体日期，不能以此识别出自然人的行踪轨迹。故此，原告余某主张车况信息体现自然人维保行踪，理据不足，法院不予采纳。而基于前述数据形成的评分项目及具体评分，系被告通过自主算法解析生成的结论，无法与特定自然人进行关联。其次，从特征上看，案涉历史车况信息能综合反映所查车辆的日常损耗程度、未来发生故障可能性、未来使用寿命、损坏程度、安全系数等。原告余某认为案涉历史车况信息综合反映了其驾驶习惯、驾驶特征、消费能力、消费习惯等。但是，法院认为，余某作为车辆所有人，其对于自有车辆车况数据的敏感度更高，但从社会公众的一般认知来看，案涉历史车况信息仅能反映所查车辆的使用情况，其内容既不涉及具体个人，也不用于评价具体个人的行为或状态，无法关联到车辆所有人等特定自然人，故对于余某的上述主张，法院不予采纳。再次，从来源上看，根据法院查明的《补充协议》，由数据提供方及其关联方公司负责对汽车维修保养数据中涉及自然人隐私的敏感信息进行脱敏处理，并将脱敏后的信息发送给酷车易美公司用于商业用途，数据提供方及其关联公司向被告承诺其提供的所有汽车维修保养数据来源合法。证据显示，案涉历史车况报告所呈现的信息确与上述约定一致，未包括涉及自然人隐私的敏感信息，社会公众也无法通过应用软件查询车辆所有人的身份信息。同时，产生车况信息的主体，不一定是特定自然人。根据日常生活经验，多个自然人使用同一车辆的情况较为常见，如代驾司机、维修工勤人员、近亲朋友等。这种情况会进一步模糊特定自然人的行踪信息等细节，无法通过车况信息精准识别到车辆的实际使用人是否为原告余某本人。因此，案涉历史车况信息无法单独识别特定自然人。最后，案涉历史车况信息无法与其他信息结合识别特定自然人。法院认为，虽然实践中存在通过第三方信息与车况信息结合识别到特定自然人的可能性，但一般理性人在实现上述目的时会综合考虑行为成本，比如技术门槛、第三方数据来源、经济成本、还原时间等，综合上述因素后再进行结合识别成本较高。经查，被告与数据提供方采用脱敏化技术传输数据，数据提供方的主体与协议细节均为商业秘密，且不对外披露，降低了一般公众将车况信息与第三方信息结合重新识别特定自然人的可能性。因此，在车辆交易场景下，案涉车况信息与其他信息结合进行关联识别的可能性较低，不能以此认定为个人信息。①

本书认为，车况信息表面上看似乎只是与车辆这一有体物有关，而与特定的自然人无关，但是，由于车辆是属于某个人的，在本案中是属于原告余某的，因此，车况信息也完全有可能成为个人信息，因为车况信息中包含了车架号，车架号表面上看似乎仅为识别特定车辆的编码，无法识别到特定自然人。但由于车架号是唯一的，与唯一的车辆相对应，而车辆又与车主相联系，所以车架号信息就可能成为与车主相关的信息即个人信息。为了规范汽车数据处理中的个人信息保护，国家互联网信息办公室等部门联合颁布了《汽车数据安全管理若干规定（试行）》，该规定第3条规定，本规定所称汽车数据，包括汽车设计、生产、销售、使用、运维等过程中的涉及个人信息数据和重要数据。汽车数据处理，包括汽车数据的收集、存储、使用、加工、传输、提供、公开等。汽车数据处理者，是指开展汽车数据处理活动的组织，包括汽车制造商、零部件和软件供应商、经销商、维修机构以及出行服务企业等。个人信息，是指以电子或者其他方式记录的与已识别或者可识别的车主、驾驶人、乘车人、车外人员等有关的各种信息，不包括匿名化处理后的信息。敏感个人信息，是指一旦泄露或者非法使用，可能导致车主、驾驶人、乘车人、车外人员等受到歧视或者人身、财产安全受到严重危害的个人信息，包括车辆行踪轨迹、音频、视频、图像和生物识别特征等信息。

（四）匿名化处理后的信息不属于个人信息

依据《个人信息保护法》第4条第1款后半句，个人信息不包括“匿名化处理后的信息”。依据《个人信息保护法》第73条第4项，所谓**匿名化**（Anonymisation），是指个人信息经过处理无法识别特定自然人且不能复原的过程。由此可见，匿名化是一种修改个人信息的方法，其结果是使得信息与个人没有关联。匿名化处理后的信息必须是无法识别特定自然人并且不能复原。② 对个人信息进行

① “余某与北京酷车易美网络科技有限公司隐私权纠纷案”，广州互联网法院（2021）粤0192民初928号民事判决书。

② 我国《网络安全法》第42条第1款第2句规定“经过处理无法识别特定个人且不能复原的除外”，指的就是个人信息的匿名化。

匿名化处理，往往是在统计和科学研究中。匿名化的方法主要有两种：一是**随机化**（Randomization）。所谓随机化是指一系列改变数据准确性的技术，旨在消除数据和个体之间的紧密联系。如果数据已经足够不确定，那么它们就无法指向特定的个人。随机化本身不会减少每条记录的独特性，每条记录仍将来自单个的数据主体，但是随机化可以防止推理攻击（inference attacks），并且可以结合一般化技术来提供更强的隐私保证。① 二是泛化（Generalization），这是第二类匿名化技术，其方法包括通过修改相应的规模或数量级（如使用一个地区而非一个城市，一个月而非一周）来概括或稀释数据主体的属性。虽然泛化可以有效地防止挑出（single out），但它不能保证在所有的情况下都可以进行有效的匿名化，尤其是它需要具体和复杂的定量方法来防止连接与推断（prevent linkability and inference）。②

考虑到匿名化处理后的信息已经无法识别特定的自然人，故此，欧盟《一般数据保护条例》导言部分的第26条指出："数据保护原则不适用于匿名信息，即不适用于已识别的或可识别的自然人或者个人数据是匿名的并且不再能对所属自然人的身份进行确认的信息。所以，本条例不考虑对类似匿名信息的处理，包括基于数据统计或研究目的。"我国《个人信息保护法》第4条第1款也作出了相同的规定。此外，《汽车数据安全管理若干规定（试行）》第8条第2款还规定了一种必须进行匿名化处理的情形，即因保证行车安全需要，无法征得个人同意采集到车外个人信息且向车外提供的，应当进行匿名化处理，包括删除含有能够识别自然人的画面，或者对画面中的人脸信息等进行局部轮廓化处理等。

需要注意的是，个人信息或个人数据的匿名化只是相对的，在可获得的数据来源越来越丰富以及算法越来越强大的大数据时代，无法识别出个人的数据也存在重新具有可识别特定个人的可能。例如，将大量的匿名化数据重新整合在一起进行相关性分析，就完全有可能导致特定个人的身份信息被识别从而泄露隐私。美国学者Paul Ohm教授认为，随着大数据、云计算等新技术的兴起，传统的仅仅删除姓名和社保号码的匿名化技术已经失败了，技术专家可以通过再识别（Re－

① Art. 29 Data Protection Working Party, WP 216 (2014), P. 12.
② Art. 29 Data Protection Working Party, WP 216 (2014), P. 16.

identify）或者去匿名化（De-anonymize）的方法来实现个人身份的再识别。① 例如，2006 年 8 月，美国在线公布了大量旧的搜索查询数据供研究者分析，尽管整个数据库进行过精心的匿名化处理，但《纽约时报》的两名记者 Michael Barbaro 与 Tom Zeller 依然在几天内就通过对搜索记录综合分析后，识别出了该数据库中代号 4417749 的用户是来自佐治亚州利尔本的一位名叫赛尔亚·阿诺德的 62 岁寡妇。② 总之，匿名化不是绝对的，只是相对的，是在特定的时空和技术背景下来认定的。随着技术的发展和普及如云计算、量子计算机等，以及可能出现的其他附加信息的泄露，匿名化的信息被还原成为个人信息的可能性会逐渐发生变化。

二、个人信息处理的含义

（一）我国法律规定的演变

“个人信息处理”（processing of personal information）也称“个人数据处理”，该词来源于欧盟指令和相关立法。1995 年《个人数据保护指令》第 2 条第 2 款规定：“个人数据处理（简称处理），是指不管是否以自动方式对个人数据进行的任何操作，如收集、录制、组织、存储、改变或修改、检索、查阅、使用、通过传送使数据公开、传播或者使数据可被他人获取、排列或组合、冻结、删除或销毁。”欧盟《一般数据保护条例》总体上延续了这一规定，其第 4 条第 2 款规定：“‘处理’是指针对个人数据或个人数据集合的任何一个或一系列操作，如收集、记录、组织、建构、存储、修改、检索、咨询、使用、披露、传播或以其他方式利用、排列或组合、限制、删除或销毁，无论该等操作是否采用自动化方式。”③ 不少国家的个人信息保护法或个人数据保护法都接受了欧盟使用的“个人信息处理”这一概念，如日本《个人信息保护法》、菲律宾《数据隐私法》、南非《个人信息保护法》、韩国《个人信息保护法》等。

我国《民法典》之前的法律均未采取“个人信息处理”的概念。2012 年

---

① Paul Ohm，Broken Promises of Privacy，57 UCLA Law Review，1701（2010）.

② Paul Ohm，Broken Promises of Privacy，57 UCLA Law Review，1701（2010），at 1718.

③ DPD 与 GDPR 对于个人数据处理的定义基本相同，二者唯一的区别在于它们列举的“处理”的具体类型有些区别，GDPR 列举处理类型中增加了“建构”（structuring），同时用“限制”（restriction）取代了“冻结”（blocking），因为后者被认为是含混不清的概念。Christopher Kuner，Lee A. Bygrave & Christopher Docksey ed.，The EU General Data Protection Regulation（GDPR）：A Commentary，Oxford University Press，2020，P. 118.

《全国人民代表大会常务委员会关于加强网络信息保护的决定》采用的是“收集、使用”公民个人电子信息的表述，此后的《网络安全法》《电子商务法》也都延续了这一概念。① 在我国编纂《民法典》的过程中，就如何表述与个人信息相关的各种活动经历了一个变化的过程。2018 年 9 月《民法典各分编（草案）》与 2019 年 4 月《民法典人格权编草案（第二次审议稿）》采取的仍是“收集、使用”个人信息的表述。2019 年 8 月《民法典人格权编草案（第三次审议稿）》首次使用了“处理”一词，但将其与收集并列，即使用的是“收集、处理”个人信息的表述，该草案第 814 条第 2 款将“个人信息的处理”界定为“包括个人信息的使用、加工、传输、提供、公开等”。② 正式颁布的《民法典》不再区分“收集”与“处理”，而是使用“个人信息的处理”统称围绕着个人信息展开的各种行为、活动。《民法典》第 1035 条第 2 款规定：“个人信息的处理包括个人信息的收集、存储、使用、加工、传输、提供、公开等。”这一规定的理由在于：一方面，个人信息处理的内涵极为丰富，包括种类众多，收集当然也属于处理的一种方式，无须单列；另一方面，统一采取个人信息处理的表述很方便，也与国际上通行的做法基本保持一致。③《草案一审稿》第 4 条第 2 款规定：“个人信息的处理包括个人信息的收集、存储、使用、加工、传输、提供、公开等活动。”但是，《草案二审稿》就删除了《草案一审稿》第 4 条第 2 款中的“活动”一词，从而与《民法典》第 1035 条第 2 款完全一致。但是，最终颁布的《个人信息保护法》在列举出来的个人信息处理的类型中增加了“删除”这一处理活动。这是因为，我国《个人信息保护法》规定了个人在个人信息处理活动中的权利就包括请求处理者删除的权利，也明确了处理者在符合一定条件时负有主动删除个人信息的义务。故此，删除是非常重要、非常典型的个人信息处理活动，应当列举出来。

（二）个人信息处理行为的类型

虽然在《个人信息保护法》的审议过程中，一些委员、代表和专家提出应当

---

① 2012 年 11 月 5 日，国家质量监督检验检疫总局、国家标准化管理委员会发布的《信息安全技术 公共及商用服务信息系统个人信息保护指南》中出现了“个人信息处理”的概念，该指南将“个人信息处理”界定为：“处置个人信息的行为，包括收集、加工、转移、删除。”

② 石冠彬主编：《中华人民共和国民法典立法演进与新旧法对照》，法律出版社 2020 年版，第 387 页。

③ 黄薇主编：《中华人民共和国民法典人格权编解读》，中国法制出版社 2020 年版，第 218－219 页。

增加对个人信息处理活动的列举，如增加“记录”“删除”“检索”等。最终本条第2款只是增加了“删除”这一类处理活动，没有增加其他的类型。这主要是考虑到个人信息处理活动的类型很多，对于不是特别典型和重要的处理活动，可以用“等”字涵盖，无须一一列举。

我国《个人信息保护法》并未限定个人信息处理的具体方式，也就是说，并不需要考虑到个人信息处理的媒介和方式，无论是以自动方式（通过计算机以电子介质）处理个人信息，还是以其他方式（通过人工以纸介质）处理个人信息，都属于个人信息的处理。这一点上，我国个人信息处理的界定与欧盟《一般数据保护条例》是相同的。不过，需要注意的是，对于以人工处理个人信息而言，依据欧盟《一般数据保护条例》的规定，必须满足以下两个条件，才适用该条：（1）依据第2条第1款，个人数据必须包含（拟包含在）“档案系统”（filing system）当中；（2）依据第4条第6款，包含该数据的“档案系统”必须根据特定的标准，以功能化或地域化为基准，集中、分散或分布式存取个人数据的结构化集合。[①]《个人信息保护法》第4条第2款列举了以下八类典型的个人信息处理行为：

1. 收集（collection）

收集就是指个人信息处理者获取或取得自然人的个人信息的行为。[②] 收集个人信息的行为方式很多，既包括自然人主动提供其个人信息给处理者的情形，也包括处理者向自然人索取其个人信息的情形，如以纸质或电子形式要求自然人填写姓名、身份证号码、地址、电子邮箱、联系电话、家庭住址等，还包括在自然人上网或使用应用软件等互动过程中自动记录其个人信息的情形，如通过cookie技术记录网络用户的身份识别号码ID、密码、浏览过的网页、停留的时间、用户在Web站点购物的方式或用户访问该站点的次数等。再如，通过设置在汽车、家

---

① Christopher Kuner，Lee A. Bygrave & Christopher Docksey ed.，The EU General Data Protection Regulation（GDPR）：A Commentary，Oxford University Press，2020，P. 119.

② 《信息安全技术 个人信息安全规范》（GB/T 35273—2020）第3.5条将个人信息的收集界定为“获得对个人信息的控制权的行为”，该条注释指出：“包括由个人信息主体主动提供、通过与个人信息主体交互或记录个人信息主体行为等自动采集行为，以及通过共享、转让、搜集公开信息等间接获取个人信息等行为。如果产品或服务的提供者提供工具供个人信息主体使用，提供者不对个人信息进行访问的，则不属于本标准所称的收集。例如，离线导航软件在终端获取个人信息主体位置信息后，如果不回传至软件提供者，则不属于个人信息主体位置信息的收集。”

用电器上的传感器记录用户使用的次数、频率和地址位置信息等。

个人信息处理者可以直接从个人信息主体即个人处收集个人信息，也可以不从个人信息主体处收集个人信息，如从第三人处收集个人信息，通过网络检索等方式收集自然人自行公开或以其他合法方式公开的个人信息的情形等。这种不是直接从信息主体处收集个人信息的情形，被欧盟《一般数据保护条例》称为“并非从数据主体处获取个人数据”（personal data have not been obtained from the data subject）。在我国法上，并没有对收集个人信息作此区分，如果个人信息处理者不是直接从个人信息主体处收集个人信息，而是由其他的个人信息处理者提供个人信息给它，那么此时应当由提供方而非接收方来告知并取得个人的单独同意（《个人信息保护法》第23条）。这一点与欧盟《一般数据保护条例》的规定有所不同。

2. 存储（storage）

信息处理者对收集的个人信息需要进行存储，才能便于后续的加工、使用等其他处理行为。个人信息存储的方式很多，可能是以纸介质的形式进行存储，但在现代信息社会更多的是以电子方式存储在计算机或者云服务器当中。储存的时间可能是长期的，也可能是短期的；被存储的个人信息既包括被收集的原始的个人信息，也包括进行分析加工后的个人信息。

3. 使用（use）

个人信息的使用有广义和狭义之分。广义的个人信息的使用包含的范围很广，如《互联网个人信息安全保护指南》① 第3.6条就将此种广义上的个人信息的使用界定为：通过自动或非自动方式对个人信息进行操作，例如记录、组织、排列、存储、改编或变更、检索、咨询、披露、传播或以其他方式提供、调整或组合、限制、删除等。收集个人信息的主要目的就是使用个人信息。狭义的个人信息的使用不包括个人信息的存储、加工、传输、提供以及公开，而仅指个人信息处理者对个人信息进行的分析和利用。

基于不同的个人信息处理目的，个人信息处理者使用个人信息的方式也各不相同。对于作为营利法人的企业而言，基本上是出于商业目的而使用这些个人信

① 该指南由公安部网络安全保卫局、北京网络行业协会、公安部第三研究所于2019年4月10日发布。

息，例如，通过对收集的用户的交易信息（如订购的商品、下单的时间、支付的方式等）进行分析，了解该用户的购物偏好、支付能力、信用状况等，从而进行精准的广告推送，从而推销商品或服务。政府机关使用个人信息是为了履行法定职责，如疫情期间通过对自然人的行踪信息进行分析而追踪可能被病毒感染或者与感染者存在密切接触的人，以便进行疫情防控。

4. 加工（process）

加工是指个人信息处理者对所收集、存储的个人信息进行筛选、分类、排序、加密、标注、去标识化等活动。现代网络信息科技高速发展，对个人信息的加工规模和能力是以往所无法比拟的，这一点尤其体现在个人信息处理者对大量的非结构化个人数据进行标注、清洗、建模和计算等方面。

5. 传输（transmission）

传输是指处理者传送所收集的个人信息的行为，个人信息的传输可以是在处理者内部的各个部门或者不同的存储器之间进行，如将本地存储的个人信息数据上传到云存储中，也可以是因为委托他人处理信息而传送个人信息的行为或者将个人信息从境内传输到境外。它与处理者将个人信息提供给他人的情形不同。需要注意的是，个人信息的传输不同于**“个人信息的转移”**（transfer）。我国《个人信息保护法》没有在个人信息处理活动的类型中列举“转移”，而是分别使用了“传输”“提供”。只在一处使用了“转移”一词，即第22条规定的个人信息处理者因合并、分立等原因需要转移个人信息的。理论上个人信息的传输、提供，都会在客观上导致个人信息的转移，由此也会使得除了原有的个人信息处理者之外，其他人也可能获取了该个人信息。但是，由于传输、提供等情形下，各方的权利义务关系和法律责任有所不同，故此，我国《个人信息保护法》第21条至第23条区分了委托处理个人信息时个人信息处理者将个人信息提供给受托人处理的情形、因个人信息处理者合并或分立等原因导致个人信息的转移以及个人信息处理者向其他个人信息处理者提供个人信息三种不同的情形。何为个人信息的转移，判断并不容易。当个人信息存储在硬盘或者纸介质上，那么只要按照动产的交付规则即可判断个人信息是否转移。但是，在互联网时代，个人信息以数据的形式可以通过网络进行传输而为他人获取，故此，认定何为个人信息的转移就比较复杂了。比如，将个人信息在网页上公开而为他人所获取，是否构成个人信息的转移，值得研究。

6. 提供（provision）

提供是指处理者将个人信息提供给他人，即提供给处理者与信息主体之外的组织或个人。提供个人信息可以是在境内的不同的个人信息处理者之间，也可以是在境内与境外的个人信息处理者之间即个人信息的跨境提供。《个人信息保护法》第23条规定，个人信息处理者向其他个人信息处理者提供其处理的个人信息的，应当向个人告知接收方的名称或者姓名、联系方式、处理目的、处理方式和个人信息的种类，并取得个人的单独同意。接收方应当在上述处理目的、处理方式和个人信息的种类等范围内处理个人信息。接收方变更原先的处理目的、处理方式的，应当依照本法规定重新取得个人同意。该法第3章对个人信息跨境提供的规则作出了详细的规定。

7. 公开（public disclosure）

公开个人信息是指将个人信息公之于众，从而使得社会公众或不特定的人可以获取该信息。《信息安全技术 个人信息安全规范》（GB/T 35273—2020）第3.11条将之称为“公开披露”，并界定为“向社会或不特定人群发布信息的行为”。由于公开个人信息是一种对于信息主体的个人信息权益影响很大的信息处理方式，故此，我国法律对之作出了更为严格的规范。例如，《个人信息保护法》第25条规定：“个人信息处理者不得公开其处理的个人信息，取得个人单独同意的除外。”再如，依据《个人信息保护法》第55条第3项的规定，个人信息处理者公开个人信息的，应当在公开前进行个人信息保护影响评估，并对处理情况进行记录。

8. 删除（erase）

删除个人信息的根本目的就是要使得个人信息不可用，即处理者或者其他人不可能取得、读取与使用个人信息，故此只要通过某种措施使得个人信息无法或者除非花费巨额的成本否则不可能再被处理者或其他人取得、读取与使用即可。具体的删除方式是多种多样的，可以是物理上毁掉存储个人信息的硬盘，也可以是其他的技术手段。如果仅仅是无法在线访问或者删掉回收站，显然不构成删除，因为处理者可以很轻易地再次取得和使用该个人信息。《个人信息保护法》第47条明确规定了个人信息处理者应当主动删除个人信息的五类情形。同时，也明确了如果删除个人信息从技术上难以实现的，则个人信息处理者应当停止除存储和采取必要的安全保护措施之外的处理。

◆ 疑点与难点

一、数据与信息、个人数据与个人信息的关系

“数据”（data）和“信息”（information）经常被人们混用，但严格来说，二者确实有区别。数据侧重的是对信息的记录，而信息则是有意义的数据，是把数据放到一定背景下，对数字进行解释和赋予意义。这一点从我国《现代汉语词典（第七版）》中对数据和信息的定义即可看出。该词典将数据定义为：“进行各种统计、计算、科学研究或技术设计等所依据的数值。”将信息界定为：“1. 音信；消息。2. 信息论中指用符号传送的报道，报道的内容是接收符号者预先不知道的。”我国《数据安全法》对于数据的定义，突出了这一区分。该法第 3 条第 1 款规定：“本法所称数据，是指任何以电子或者其他方式对信息的记录。”事实上，在网络信息时代，数据主要的形式就是电子化或数字化的记录，即数据表现为存在于计算机及网络上流通的在二进制的基础上由 0 和 1 组合的比特形式。

就个人数据（personal data）和个人信息（personal information）的关系而言，二者的区分没有什么实质意义。因为无论是个人数据还是个人信息，都必须强调其意义，即信息是数据的内容，数据是信息的形式，无非侧重点不同。当我们使用个人信息的表述时，侧重的是内容，而并不在乎其是否通过数据加以呈现，而使用个人数据时，当然包括了个人信息的意思，但更侧重的是数据化。① 例如，数据库中所记载的个人信息和便于检索而整理成文件的个人信息可以成为个人数据。但是，为了向数据库输入数据而进行的书面申请，在申请书上填写的个人信息或者备忘笔记中记载的个人信息，一般不称为个人数据。②

但是，无论如何个人数据和个人信息是密切联系的。就个人数据而言，其之所以具有经济利益或者涉及人格利益，就是因为其包含个人信息。没有个人信息

---

① 有学者认为，立法使用个人数据的概念更为准确。参见郭瑜：《个人数据保护法研究》，北京大学出版社 2012 年版，第 127 – 128 页；谢永志：《个人数据保护法立法研究》，人民法院出版社 2013 年版，第 6 页。

② 日本学者对个人信息和个人数据的关系做了较为清晰的阐述，参见［日］松本恒雄、斋藤雅弘、町村泰贵主编：《电子商务法》，朴成姬译，北京大学出版社 2019 年版，第 170 – 172 页。

的数据不是个人数据，而只是以二进制代码表现出来的比特形式，对于收集与使用这些数据的人即处理者而言，没有意义，法律上也无须加以调整。这就如同作为所有权客体的动产和不动产当然是由各种化学元素组成的，但法律上绝不会讨论元素能否成为民事权利客体的问题，更不会认为某个特定的民事主体可以享有某一元素的所有权。需要讨论的只是该民事主体对由元素组成的特定动产或不动产上的民事权利。任何民事主体如果仅仅获取或复制二进制代码的数据而未能在“信息”的意义上加以呈现和利用，该行为既不会为获取者带来任何经济利益，也不会损害被复制者的经济利益或人格利益。只有数据被信息化呈现，关于数据归属的争议才会产生或者说资源的稀缺性才会出现，进而才有必要讨论数据应否被私人控制以及公共执法机构对该数据上的民事权利如何保护的问题。因此，讨论自然人对个人数据的民事权利，当然就是在讨论自然人对于数据形式呈现的个人信息的民事权利或者说包含了个人信息的数据的权利问题。无论是我国《民法典》《网络安全法》对个人信息的定义，还是欧盟《一般数据保护条例》等对个人数据的界定，基本上都是相同的。

二、大数据与个人信息的处理

大数据（big data）并非一种特定的技术，而是指特殊的数据处理方法。大数据这个概念最初是指需要处理的数据量非常大，已经超出了一般电脑处理数据时所能使用的内存量。今天人们所说的大数据，是指人们在大规模数据的基础上可以做到的事情，即可以通过对海量的数据进行处理来获取新知识，创造新价值。①因此，大数据可以界定为：将大量不同来源的信息结合起来并对之加以分析，使用更复杂的算法为决策提供信息的做法。大数据不仅依赖于用于收集和存储大量数据的技术能力的增强，还依赖于其分析、理解和利用数据的全部价值的能力（特别是使用分析应用程序）。信息时代的今天，海量的数据来源包括以下四类：一是传统信息系统产生的数据，如商务过程的数据；二是环境状态的数据，即由传感器产生的数据；② 三是社会行为的数据，即人类在社交媒体上进行交际而产

① ［英］维克托·迈尔-舍恩伯格、肯尼斯·库克耶：《大数据时代：生活、工作与思维的大变革》，盛杨燕、周涛译，浙江人民出版社2013年版，第9页。

② 普适计算意味着人类收集信息的能力越来越强，通过在人类生活的物理环境中广泛部署微小的计算设备即传感器及其技术的应用，人类有能力开始大规模记录物理世界的状态。

生的数据；四是物理实体数据，即数字化制造如3D打印而产生的数据。① 一方面，大数据可以提供更好和更明智的决策，例如，大数据可以为科学与医学研究提供更好的见解，增加人们对自身的了解，提高产品和服务的个性化特点，自动化的决策也极大地提高了决策的效率。另一方面，大数据也被用来理解、预测和塑造人们的行为，从而侵害隐私、人格尊严和其他个人权益。个人数据的处理缺乏透明度，掌握数据的主体与个人之间的信息不平衡进一步加剧，造成信息污染和数据独裁，加剧社会不公、歧视以及文化隔离和排斥等，都是大数据对于个人信息保护的挑战。②

为了解决大数据对个人信息保护产生的威胁，我国《个人信息保护法》第24条专门对利用个人信息进行自动化决策作出了规范，要求处理者必须保证决策的透明和结果的公平、公正，不得实行不合理的差别待遇。同时，对于完全通过自动化决策而作出对个人权益有重大影响的决定时，个人享有要求解释说明并予以拒绝的权利。

◆ 相关规定

《民法典》第1034条；《网络安全法》第76条；《数据安全法》第3条；《最高人民法院、最高人民检察院关于办理侵犯公民个人信息刑事案件适用法律若干问题的解释》第1条；《最高人民法院关于人民法院在互联网公布裁判文书的规定》第10条；《最高人民法院关于审理使用人脸识别技术处理个人信息相关民事案件适用法律若干问题的规定》第1条

第五条　【合法、正当、必要与诚信原则】

处理个人信息应当遵循合法、正当、必要和诚信原则，不得通过误导、欺诈、胁迫等方式处理个人信息。

---

① 涂子沛：《数据之巅：大数据革命、历史、现实与未来》，中信出版社2014年版，第281－282页。

② European Data Protection Supervisor, Opinion 7/2015, Meeting the challenges of big data: A call for transparency, user control, data protection by design and accountability, 19 November 2015, P. 8.

◆ 条文要旨

本条是对个人信息处理活动应当遵循的合法、正当、必要以及诚信原则的规定。

◆ 理解与适用

一、规定个人信息处理活动基本原则的意义

《个人信息保护法》是规范个人信息处理活动的法律，从作为信息主体的角度来说是个人信息保护法，而从处理者的角度来说就是个人信息处理规则法。因此，《个人信息保护法》的基本原则实际上就是个人信息处理活动应当遵循的基本原则。个人信息处理的主体复杂，既有作为民事主体的公司企业等法人、非法人组织以及自然人，也有国家机关以及法律、法规授权的具有公共事务职能的组织。各类主体从事个人信息处理活动的目的、地域也各不相同，既有网络公司等企业出于推销产品或服务等营利目的而从事的性质上属于平等主体之间的民事活动，也有国家机关等为了履行法定职责、法定义务而实施的各类行政管理活动；既有在我国境内实施的个人信息处理行为，也有个人信息的跨境提供。总之，除了《个人信息保护法》予以排除的情形（第72条第1款），这些主体实施的性质迥异的个人信息处理活动都为《个人信息保护法》所规范。

《个人信息保护法》专设“个人信息处理规则”（第2章）以及“个人信息跨境提供的规则”（第3章）这两章对个人信息处理活动作出详细的规范。尽管如此，由于个人信息处理活动的类型众多，涉及自然人的基本权利、人身财产权益的保护与信息合理利用的协调，不仅是国内法的问题，还涉及我国法律的域外效力。特别是随着科技的发展，实践中各种新型的个人信息处理活动层出不穷，即便是条文数量再多的立法也难以一一预见并加以调整。故此，有必要依据我国《宪法》保障人权的精神以及民法和行政法等部门法的基本原则及精神理念，明确《个人信息保护法》的基本原则，也就是个人信息处理活动应当遵循的基本原则，从而避免立法上挂一漏万，及时填补法律的空白，解释法律条款的精神实质，适应保障人权、推动网络信息科技发展、促进数字社会、数字政府以及数字经济的建设。

从比较法上来看，许多国家的个人数据或个人信息保护法都明确了个人信息

处理活动应当遵循的基本原则。例如，1980 年《经济合作与发展组织关于隐私保护和个人数据跨境流动的指导原则》详细列举了收集限制原则、数据质量原则、列明目的原则、使用限制原则、安全保护原则、公开原则、个人参与原则、责任原则等八项原则。欧盟《一般数据保护条例》第 5 条是对“与个人数据处理相关的原则”的规定，该条明确了合法、正当与透明原则，目的限制原则，数据最小化原则，准确原则，存储限制原则，完整与保密原则，责任原则。2017 年修订的德国《联邦数据保护法》第 47 条规定：“处理个人数据应当遵循下列原则：1. 合法公平地处理；2. 为了特定、明确且合法的目的而收集的并以不违反这些目的的方式进行处理；3. 就处理目的而言适当、相关且不过度；4. 准确且于必要时更新，考虑到处理目的，应采取一切合理步骤来确保不准确的个人数据被删除或更正；5. 以允许识别数据主体的形式所保存的时间不超过处理该数据之目的所必需的时间；6. 以确保个人数据适当安全的方式进行处理，包括使用适当的技术或组织措施来防止未经授权或非法处理以及防止意外丢失，破坏或损坏。”该条确立了个人数据处理应当遵循以下几项基本原则（Datenverarbeitungsgrundsätze），即“合法与依据诚信处理的原则”（Rechtmäßigkeit und Verarbeitung nach Treu und Glauben）、“目的限制原则”（Zweckbindung）、“数据最小化与比例原则”（Datenminimierung und Verhältnismäßigkeit）、“正确性原则”（Richtigkeit）、“限制存储”（Speicherbegrenzung）以及“系统数据保护原则”（Systemdatenschutz）。德国学者认为，上述基本原则本身就存在于国家公法当中并一直得到运用，它们本质上是法治国的法律保留原则并且主要是比例原则的体现，构建了数据法的客观法秩序，规定这些原则的意义在于：一方面，它们明确了形成数据处理体系和数据处理操作实施的抽象目标；另一方面，它们可以作为解释具体法律规范的结构化原则、优化目标以及指南。①

在《个人信息保护法》出台之前，我国法律也对个人信息处理活动的基本原则作出了规定。《全国人民代表大会常务委员会关于加强网络信息保护的决定》第 2 条规定：“网络服务提供者和其他企业事业单位在业务活动中收集、使用公民个人电子信息，应当遵循合法、正当、必要的原则，明示收集、使用信息的目

① Gola/Heckmann，Bundesdatenschutzgesetz，13. Auflage，Beck，2019，Rn. 2 – 3.

的、方式和范围，并经被收集者同意，不得违反法律、法规的规定和双方的约定收集、使用信息。网络服务提供者和其他企业事业单位收集、使用公民个人电子信息，应当公开其收集、使用规则。”该法实际上明确了四项个人信息处理的原则，即**合法原则、正当原则、必要原则**以及**公开原则**。《网络安全法》延续了这一规定，其第41条第1款规定：“网络运营者收集、使用个人信息，应当遵循合法、正当、必要的原则，公开收集、使用规则，明示收集、使用信息的目的、方式和范围，并经被收集者同意。”我国《民法典》第1035条第1款第1句明确了合法、正当与必要这三项原则，即“处理个人信息的，应当遵循合法、正当、必要原则，不得过度处理”。

在《个人信息保护法》的起草过程中，立法机关认为，应当在《民法典》《网络安全法》等法律规定的基础上，进一步充实完善个人信息处理的基本原则。《个人信息保护法》第5条至第10条对个人信息处理活动应当遵循的基本原则作出了规定，分别明确了合法原则、正当原则、必要原则、诚信原则、目的限制原则、公开透明原则、质量原则、安全原则等基本原则。

二、合法原则

合法原则（Der Rechtmäßigkeitsgrundsatz），是指个人信息处理者在对个人信息进行收集、存储、加工、使用、提供、公开等处理活动时，应当严格遵循法律的规定，采取合法的方式，不得违法处理个人信息。之所以如此，是因为对于个人信息的任何处理活动，客观上都是对自然人的个人信息权益的干扰或破坏，故此必须有法律的依据或正当化事由。否则，该等处理行为就是对个人信息权益的侵害，属于非法行为。所谓“**合法**”方式中“法”的范围比较广泛，不仅包括全国人大及其常委会制定的法律，也包括行政法规、地方性法规、司法解释、部门规章、地方政府规章、强制性标准等。[①] 具体而言，合法原则体现在以下几个方面：

1. 只有符合法律、行政法规规定的情形时，个人信息处理者才能处理个人信息。该处理行为才是合法的，对于这些情形的全面列举在我国《个人信息保护

---

① 欧盟《一般数据保护条例》第5条第1款（a）项也确立了合法原则。欧盟第29条工作组（Article 29 Data Protection Working Party）认为，所谓合法中的“法”应当作最广义的解释，包括各种形式的成文法和普通法、初级立法和次级立法、市政法令、先例、宪法原则、基本权利、其他法律原则以及判例，因为这些“法律”将由主管法院解释和考虑。See，Art. 29 Data Protection Working Party，WP 203（2013），P. 20.

法》的第13条，该条列举了七种情形，如取得个人的同意，为订立或者履行个人作为一方当事人的合同所必需，为履行法定职责或者法定义务所必需等。只有符合其中的某一种情形，处理行为才是合法的，否则就是非法行为。

2. 个人信息处理者处理个人信息的目的是合法的（即追求合法的利益），不能侵害自然人的人格尊严和人身财产权益，也不能损害社会公共利益或国家利益。对此，我国《个人信息保护法》在第10条进行了具体的规定。

3. 即便是在告知并取得有效的个人同意等合法处理个人信息的情形中，处理者也必须采取合法的方式（符合比例原则的方式）开展具体的处理活动，确保个人信息处理活动符合法律、行政法规的规定。一方面，个人信息处理者应当根据个人信息的处理目的、处理方式、个人信息的种类以及对个人权益的影响、可能存在的安全风险等，采取措施确保个人信息处理活动符合法律、行政法规的规定。另一方面，任何组织、个人不得非法收集、使用、加工、传输他人的个人信息，不得非法买卖、提供或者公开他人的个人信息，不得从事危害国家安全、公共利益的个人信息处理活动。

三、正当原则

正当原则，也称公正原则，是指处理个人信息的行为必须是正当的，处理者不应当通过不公正的方法，如通过欺骗或者在信息主体完全不知情的情况下处理其个人信息。① 正当（fairness）是世界各国个人信息保护立法中所确立的一项基本原则。欧盟《一般数据保护条例》第5条第1款（a）项规定，应当“以合法、公正、透明的方式处理”个人数据。日本《个人信息保护法》第3条规定：“在尊重个人人格的理念下，个人信息应被慎重对待，鉴于此，应当实现个人信息之正当处理。”第17条第1款规定：“个人信息处理业者不得以虚假及其他不正当手段获取个人信息。”韩国《个人信息保护法》第3条第1款规定：“个人信息处理者应当明确处理个人信息的目的，并限于其目的之必要范围内合法、正当地收集最低限度的个人信息。”

依据我国《个人信息保护法》第5条，处理个人信息应当遵循正当原则，同

① Christopher Kuner, Lee A. Bygrave & Christopher Docksey ed., The EU General Data Protection Regulation (GDPR): A Commentary, Oxford University Press, 2020, P. 314.

时，禁止处理者通过误导、欺诈、胁迫等方式处理个人信息，因为这些方法都是不公正、不正当的（也是违反诚信原则的）。实践中，不少应用软件运营者就是通过误导、欺诈等不公正的方式来收集用户的个人信息，例如，在非服务所必需或无合理场景的情形下，以所谓积分、奖励、优惠等方式欺骗误导用户提供身份证号码以及个人生物特征等个人信息。① 有些应用软件还通过胁迫的方式来收集用户的个人信息，例如，一些网贷平台要求用户申请贷款时除提供自己的个人信息外还必须提供亲朋好友的身份证号码、手机号码等个人信息，否则就不发放贷款，一旦用户贷款偿还上出现逾期，则不断骚扰其亲朋好友。这些对个人信息的处理行为都违反了正当的原则，属于违法行为。个人信息处理者通过欺诈、胁迫等方式取得个人的同意而处理个人信息的，该处理活动依然是违法的，不得以取得了自然人的同意作为抗辩。对此，《最高人民法院关于审理使用人脸识别技术处理个人信息相关民事案件适用法律若干问题的规定》第 4 条有明确的规定："有下列情形之一，信息处理者以已征得自然人或者其监护人同意为由抗辩的，人民法院不予支持：（一）信息处理者要求自然人同意处理其人脸信息才提供产品或者服务的，但是处理人脸信息属于提供产品或者服务所必需的除外；（二）信息处理者以与其他授权捆绑等方式要求自然人同意处理其人脸信息的；（三）强迫或者变相强迫自然人同意处理其人脸信息的其他情形。"

四、必要原则

必要原则是指处理个人信息的活动都应当是对于实现个人信息处理目的而言是必要的，凡是不必要的个人信息处理活动都不应当开展。必要原则是比例原则在《个人信息保护法》中的体现。**比例原则**（der Grundsatz der Verhältnismäβigkeit）是一项非常重要的法律原则，在公法和私法领域都适用。比例原则有广义和狭义之分，狭义的比例原则主要适用于负担行政行为以及所有的行政领域，而广义的比例原则产生于法治国家原则，不仅约束行政，也约束立法，同时被适用于一般性确定基本权利的界限，"即作为个人自由请求权和限制自由的公共利益之间的权衡要求适用"②。在行政法领域，比例原则包含三项要求：其一，必要性原则，即

---

① 参见《工业和信息化部关于开展纵深推进 APP 侵害用户权益专项整治行动的通知》（工信部信管函〔2020〕164 号）。

② ［德］哈特穆特·毛雷尔：《行政法学总论》，高家伟译，法律出版社 2000 年版，第 238－239 页。

行政机关拟实施行政行为特别是实施对行政相对人的权利不利的行政行为时，只有认定该行为对达到相应的行政目的是必要的时候，才能实施；其二，适当性原则，即行政机关在实施行政行为前必须进行利益衡量，只有确认该行为对于实现相应的行政目的是适当的且可能取得的利益大于可能损害的利益时，才能实施；其三，最小损害原则，即行政机关必须在多种方案中选择对行政相对人权益损害最小的方案实施。① 在民法中，比例原则意味着“只有在以下情形当中，个人自由及其私法自治才能受到干预，即对于维护更高的利益而言这是必要的，且此种干预既适于实现预期的目标，也是实现该目的的最缓和的方式”②。

个人信息或个人数据处理的必要原则也是世界各国个人信息或个人数据保护立法所坚持的一项基本原则。例如，欧盟《一般数据保护条例》导言部分第 39 条指出：“个人数据应当充分、相关并且仅限于其处理目的所需的必要数据。这尤其要求确保对个人数据的存储期限的必要限制。只有在处理目的不能通过其他方式合理实现的情况下，才能进行个人数据处理。为确保个人数据的保存时间不超过必要时间，应由控制者制定时间限制以进行删除或定期审查。”该条例第 5 条第 1 款将必要原则概括为“充分、相关，以及以个人数据处理目的之必要为限度进行处理”，“准确、必要、及时：以个人数据处理目的为限，应采取一切合理步骤确保不准确的个人数据被及时地处理、删除或修正”。再如，巴西《通用数据保护法》第 6 条第 3 款规定，个人数据处理活动应当遵循必要性原则，即“将处理限制在实现其目的所需的最低限度，涵盖与数据处理目的相关的、成比例的和非过量的数据”。

在我国，《个人信息保护法》颁布前，《网络安全法》《民法典》等法律对于必要原则就作出了相应的规定。《网络安全法》第 41 条第 1 款规定，网络运营者收集、使用个人信息，应当遵循合法、正当、必要的原则。《民法典》第 1035 条第 1 款规定，处理个人信息的，应当遵循合法、正当、必要原则，不得过度处

---

① 姜明安主编：《行政法与行政诉讼法（第七版）》，北京大学出版社、高等教育出版社 2019 年版，第 77 页。

② Larenz/Wolf, Allgemeiner Teil des Bügerlichen Rechts, 9Aufl., Beck, 2004, §1, Rn. 4. 我国学者对民法中比例原则的详细讨论，参见郑晓剑：《比例原则在民法上的适用及展开》，载《中国法学》2016 年第 2 期。

理。但是，这些法律都没有对必要原则的具体要求加以明确。① 从《个人信息保护法》的规定来看，必要原则主要体现在以下三方面：首先，收集个人信息应当遵循必要的原则，限制在实现处理目的所需要的最小范围，不得过度收集个人信息（第6条第2款）。② 其次，处理敏感的个人信息应当具有充分的必要性，否则不得处理（第28条第2款）。最后，个人信息保存期限应当为实现处理目的所必要的最短时间，除非法律、行政法规另有规定（第19条）。

五、诚信原则

诚信原则，也称诚实信用原则（Treu und Glauben），它不仅是私法领域的最高原则之一，也是公法领域的基本原则。诚实信用原则要求秉持诚实、恪守承诺，以及当事人应当真实真诚，如实披露相关信息，不坑蒙拐骗，不欺诈他人，同时严格承诺，讲求信用。③

在个人信息的处理活动中，处理者也应当遵循诚信原则。对此，一些国家或地区的法律有明确的规定。④ 例如，巴西《通用数据保护法》第6条规定，个人数据处理活动应遵循诚信和相应的原则。再如，我国台湾地区“个人资料保护法”第5条规定：“个人资料之搜集、处理或利用，应尊重当事人之权益，依诚实及信用方

---

① 例如，《信息安全技术 个人信息安全规范》（GB/T 35273—2020）第4条将必要原则称为“最小必要”原则，并界定为“只处理满足个人信息主体授权同意的目的所需的最少个人信息类型和数量。目的达成后，应及时删除个人信息”。此外，该标准第5.2条认为，基于收集个人信息的最小必要这一原则，对个人信息控制者应提出如下要求：（1）收集的个人信息的类型应与实现产品或服务的业务功能有直接关联，直接关联是指没有上述个人信息的参与，产品或服务的功能无法实现；（2）自动采集个人信息的频率应是实现产品或服务的业务功能所必需的最低频率；（3）间接获取个人信息的数量应是实现产品或服务的业务功能所必需的最少数量。

② 《App违法违规收集使用个人信息行为认定方法》第4条规定，以下行为可被认定为“违反必要原则，收集与其提供的服务无关的个人信息”：（1）收集的个人信息类型或打开的可收集个人信息权限与现有业务功能无关；（2）因用户不同意收集非必要个人信息或打开非必要权限，拒绝提供业务功能；（3）App新增业务功能申请收集的个人信息超出用户原有同意范围，若用户不同意，则拒绝提供原有业务功能，新增业务功能取代原有业务功能的除外；（4）收集个人信息的频度等超出业务功能实际需要；（5）仅以改善服务质量、提升用户体验、定向推送信息、研发新产品等为由，强制要求用户同意收集个人信息；（6）要求用户一次性同意打开多个可收集个人信息的权限，用户不同意则无法使用。

③ 王利明、杨立新、王轶、程啸：《民法学（第六版）》（上册），法律出版社2020年版，第43页。

④ 德国学者认为，在个人信息保护法中的诚信原则的含义不同于德国《民法典》第242条的诚信原则，处理个人信息时遵循诚信原则应当被解释为一种“关照义务”（Rücksichtnahmepflicht），其部分内容可以被解释为GDPR中的透明原则，即处理者不得秘密处理信息主体的个人信息。Gola/Heckmann，Bundesdatenschutzgesetz，13. Aufl. 2019，Beck，Rn. 14.

法为之，不得逾越特定目的之必要范围，并应与搜集之目的具有正当合理之关联。”

在我国法律中，诚信原则是非常重要的一项原则，被许多法律加以规定。《民法典》第7条规定：“民事主体从事民事活动，应当遵循诚信原则，秉持诚实，恪守承诺。”这就是说，在从事民事活动时，民事主体应当讲诚信、守信用，以善意的方式行使权利、履行义务，不诈不欺，言行一致，信守诺言。[①] 除了《民法典》之外，还有不少法律都明确规定了诚信原则，如《反不正当竞争法》第2条第1款规定：“经营者在生产经营活动中，应当遵循自愿、平等、公平、诚信的原则，遵守法律和商业道德。”《电子商务法》第5条规定：“电子商务经营者从事经营活动，应当遵循自愿、平等、公平、诚信的原则，遵守法律和商业道德，公平参与市场竞争，履行消费者权益保护、环境保护、知识产权保护、网络安全与个人信息保护等方面的义务，承担产品和服务质量责任，接受政府和社会的监督。”《消费者权益保护法》第4条规定：“经营者与消费者进行交易，应当遵循自愿、平等、公平、诚实信用的原则。”

我国《个人信息保护法》第5条明确将诚实信用原则作为个人信息处理活动应当遵循的一项基本原则，这就是说，处理者在从事个人信息处理活动时，应当始终秉持诚实、恪守承诺，不通过任何欺诈、误导、胁迫等方式处理个人信息，在取得个人同意或符合法律、行政法规规定的其他情形而可以处理个人信息时，也应当讲求诚信，严格按照法律规定和约定处理信息，不从事任何违反处理目的和处理方式的处理活动。

◆ 疑点与难点

民法与个人信息保护法上的胁迫

在民法上，胁迫是指以给自然人及其亲友的生命、身体、健康、名誉、荣誉、隐私、财产等造成损害或者以给法人、非法人组织的名誉、荣誉、财产等造成损害为要挟，迫使其作出不真实的意思表示。但是，在个人信息处理中，无须达到如此高的程度才能认定。也就是说，如果个人不同意处理其个人信息或者撤回其对个人信息处理的同意的，处理者就会遭到不利后果，那么就可以认定为强

---

① 黄薇主编：《中华人民共和国民法典总则编解读》，中国法制出版社2020年版，第20页。

迫或变相强迫。并且，在是否通过胁迫方式处理个人信息发生争议时，个人信息处理者对此负有举证责任，即处理者应当证明个人是可以自愿地选择是否同意，并可在不损害其利益的情况下撤回同意。

◆ 相关规定

《全国人民代表大会常务委员会关于加强网络信息保护的决定》第 2 条；《网络安全法》第 41 条；《民法典》第 1035 条

第六条 【目的限制原则】

处理个人信息应当具有明确、合理的目的，并应当与处理目的直接相关，采取对个人权益影响最小的方式。

收集个人信息，应当限于实现处理目的的最小范围，不得过度收集个人信息。

◆ 条文要旨

本条是对目的限制原则的规定。

◆ 理解与适用

一、目的限制原则的概念

所谓目的限制原则（the principle of purpose limitation/ Zweckbindungsgrundsatz），也称目的拘束原则，是《个人信息保护法》中最基本的一项原则，其贯穿于个人信息处理活动，任何类型的个人信息处理者实施的任何类型的处理活动，都必须受到这一原则的拘束。由于目的限制原则是数据保护的基石和大多数其他基本要求的先决条件，故此，理论界也将目的限制原则称为个人信息保护法上的**"帝王条款"**。①

① 李惠宗：《个人资料保护法上的帝王条款——目的拘束原则》，载《法令月刊》第 64 卷第 1 期。

许多国家或地区的个人信息或数据保护立法都确立了目的限制原则，例如，欧盟《一般数据保护条例》第5条第1款（b）项规定：“为特定、明确、合法的目的收集个人数据，且随后不得以与该目的相违背的方式进行处理；第89条第1款中为实现公共利益存档目的、科学研究或历史研究、统计目的而进行的进一步数据处理不视为与最初目的相违背。”再如，日本《个人信息保护法》第15条规定：“个人信息处理业者在处理个人信息时，应当尽可能地将利用该个人信息的目的（以下称为‘利用目的’）特定。个人信息处理业者若要变更利用目的，则不得超出足以合理地认为与变更前的利用目的具有关联性之范围。”第16条第1款、第2款规定：“个人信息处理业者不得未事先取得本人的同意，而超出达到依照前一条的规定所特定的利用目所必要的范围，处理个人信息。个人信息处理业者在因合并或其他事由而从其他个人信息处理业者处承受业务并取得个人信息后，不得未事先取得本人的同意，而超出达到业务承受前该个人信息的利用目的所必要的范围，处理个人信息。”韩国《个人信息保护法》第3条第1—3款规定：“个人信息处理者应当明确处理个人信息的目的，并限于其目的之必要范围内合法、正当地收集最低限度的个人信息。个人信息处理者应当在处理个人信息目的之必要范围内适当地处理个人信息，不能将其用于目的之外的其他用途。个人信息处理者应在个人信息处理目的之必要范围内，保障个人信息的准确性、完整性和最新性。”再如，我国台湾地区“个人信息保护法”第5条规定：“个人资料之搜集、处理或利用，应尊重当事人之权益，依诚实及信用方法为之，不得逾越特定目的之必要范围，并应与搜集之目的具有正当合理之关联。”从上述规定可以看出，目的限制原则主要包含两个维度：一是**目的特定维度**（the purpose specification dimension），即必须是出于特定、明确、合法的目的而收集个人数据，否则不得收集或进行其他的处理活动；二是**兼容使用维度**（the compatible use dimension），即被收集的数据必须以符合特定目的的方式进行处理，即对数据的处理与特定的、明确的、合法的目的存在合理的联系，没有超越处理的目的。

在《个人信息保护法》颁布前，我国《网络安全法》《民法典》等法律没有规定目的限制原则，① 在这些法律明确规定的合法、正当和必要等三项原则中，

① 有的国家标准曾规定了“目的明确原则”，如《信息安全技术 公共及商用服务信息系统个人信息保护指南》（GB/Z 28828—2012）规定了目的明确原则，并将之界定为：“处理个人信息具有特定、明确、合理的目的，不扩大使用范围，不在个人信息主体不知情的情况下改变处理个人信息的目的。”

必要原则可以认为是目的限制原则的具体体现。因为，所谓必要与否，只能是就个人信息处理目的而言是否必要加以判断的。我国《个人信息保护法》第6条对目的限制原则作出了详细的规定，从这一规定可以看出我国法上的目的限制原则更加丰富，包含了三个层次：一是**目的特定**，即处理个人信息应当具有明确、合理的目的；二是**直接相关**，即处理个人信息的活动必须与处理目的直接相关；三是**采取对个人权益影响最小的方式**。此外，《个人信息保护法》第6条第2款还专门对收集个人信息这一处理活动中应当限于实现处理目的的最小范围作了规定。

二、目的限制原则的意义

之所以《个人信息保护法》要以目的限制原则作为最基本的原则之一，而且该原则具有举足轻重的地位，根本原因在于以下两个方面：

一方面，目的限制原则有利于更好地保护个人信息权益。对于个人信息的处理，无非就是两种情形：要么基于个人同意而处理个人信息，要么依据法律、行政法规的规定处理个人信息。在基于个人同意而处理个人信息的情形中，处理者在处理个人信息之前必须告知其个人信息被处理的自然人并取得同意。如果不告知明确的目的，而是模糊的、笼统的，那么个人就不可能作出真正的自愿的同意。也就是说，处理者所取得的信息主体的同意也是无效的。同样，在取得个人同意后进行的个人信息处理活动，不能超越自然人同意的处理目的的范围，如果超越了这一范围，就等于自然人没有同意，此种处理活动也是非法的，构成对个人信息权益的侵害。在依据法律、行政法规的规定，无须个人同意即可实施的个人信息处理活动中，虽然处理者不需要告知并取得个人的同意就可以处理个人信息，但是法律、行政法规之所以赋予个人信息处理者这样的“特权”，目的在于维护更高位阶的利益，即出于正当的目的，如履行法定职责或法定义务，维护社会公共利益或国家利益或维护自然人的生命财产安全等。因此，个人信息处理活动必须受到该目的的限制，不能超越该目的限制的范围甚至完全背道而驰。否则，这种个人信息处理活动也是非法的，构成对个人信息权益的侵害。不仅如此，无论个人信息的处理是否基于个人同意，如果处理者不告知明确的处理目的，也会导致个人无法针对处理者主张相应的权利，例如，在处理目的已经实现、无法实现或为实现处理目的而不再必要的情形下，个人信息处理者应当删除个人信息，如果没有删除，个人可以要求处理者删除个人信息（《个人信息保护法》第47条第1款第1项)。由此可见，目的限制原则对于保护个人权益是非常重要的。

另一方面，目的限制原则也有效协调了个人权益的保护和网络科技创新、数字经济发展之间的关系。目的限制原则要求个人信息处理者在开始处理活动之前，就必须确定个人信息处理的目的，即个人信息处理必须具有明确、合理、合法的目的。这就使得个人信息处理者可以据此发现其即将开展的个人信息处理活动对于个人权益可能产生的各种影响，从而提前采取相关措施，将对个人权益的影响降到最小，为个人提供预防性的保护，这对于个人权益的保护而言显然是极为有利的。就个人信息处理者而言，确定了明确、合理的处理目的后，就使得处理者可预先发现个人信息处理中的风险，并且由于目的限制原则要求处理者将个人信息的处理限定在该目的范围内，不得过度收集个人信息，这就意味着个人信息处理所造成的风险始终被限制在初始目的的范围内，目的同一性要求后续的处理活动中不能创造出与原来的风险不同性质的风险或者增加原来的风险。这样一来，目的限制原则不仅保护了个人的自主权，也为个人信息的处理者提供了足够的空间，使得其能够根据具体情况的特殊性，通过变更处理目的重新取得个人同意抑或维持原有的处理目的等方式找到最佳解决方案。故此，目的限制原则通过提供客观上的法律尺度，使得处理者能及时评估各种处理活动的风险，有利于创新活动的开展。①

三、目的限制原则的具体要求

（一）明确、合理的目的

《个人信息保护法》第6条第1款规定，处理个人信息应当具有明确、合理的目的。这就是说，在处理个人信息之前就必须有明确、合理的处理目的，因为依据《个人信息保护法》第17条的规定，个人信息处理者在处理个人信息前，应当告知的事项就包括处理目的。因此，在收集个人信息前，就必须有明确、合理的目的，否则就无法告知个人信息将要被收集的个人。

---

① Maximilian von Grafenstein, The Principle of Purpose Limitation in Data Protection Laws, Nomos, 2018, P. 649 - 653.

1. 明确的目的

所谓**明确的目的**意味着：首先，个人信息处理者应当使用清晰的、明确的言辞表达出其处理的目的，即目的必须是清晰地、明确地被表达出来的，而不能是秘密的、隐匿的或者含混不清的；其次，明确的目的还意味着处理者的处理目的是有限定范围的，不能是毫无限制、漫无目标的。即便使用了清晰的言语，但是表达了非常广泛的处理目的，此种处理目的也是不明确的。例如，网络企业在告知个人时宣称“本公司有权将所收集的个人信息用于任何本公司业务发展所需之合法用途”，显然此类表述中的处理目的就是不明确的。个人信息的处理活动对个人权益产生的危险越大，则对于处理目的的明确性与合理性的要求就越高。例如，对于敏感信息的处理，《个人信息保护法》第28条第2款就明确要求必须具有特定的目的。

之所以要求处理目的必须明确，理由在于：只有处理目的是明确的，才能确定处理活动是否符合法律、行政法规的规定，处理者才能据此采取相应的个人信息保护措施。例如，我国《个人信息保护法》第51条就明确规定，个人信息处理者应当根据个人信息的处理目的等，采取相应的措施确保个人信息处理活动符合法律、行政法规的规定，并防止未经授权的访问以及个人信息的泄露等。此外，明确的目的也有利于实现公开透明原则以及责任原则，尊重个人对其个人信息的处理所享有的知情权、决定权，使个人信息处理者为其处理行为负责。

2. 合理的目的

个人信息处理的目的不仅仅应当是明确的，还必须是**合理的**。合理的目的首先应当是合法的目的，如果处理个人信息是为了履行法定的职责或者告知并取得个人的同意，则该处理就具有合法的目的。① 也就是说，如果符合《个人信息保护法》第13条第1款所列举的情形而处理个人信息的，当然处理目的是合法的。不过，合法性只是对处理目的的基本要求，因为合法目的并非都是合理的目的。处理的目的合理与否，应当在考虑个案的具体因素的基础上，权衡处理者与信息主体等各方的权益和自由，最好实现个人信息权益的保护与个人信息的合理利用

---

① Gola/Heckmann/Braun，13. Aufl. 2019，BDSG § 47 Rn. 17.

之间的利益协调与平衡。① 当然，目的的合理性也会随着时间的推移而变化，这取决于科学技术的发展以及社会和文化态度的变化。②

（二）个人信息处理活动必须与处理目的直接相关

目的限制原则要求，处理者只能对个人信息实施符合初始目的的相应的处理活动，不得从事与处理目的无关的个人信息处理。对此，欧盟《一般数据保护条例》提出了所谓**“数据兼容处理”**（compatible processing of data）的概念，也就是说，数据的控制者可以对数据执行被认为与收集数据时的目的即初始目的相互兼容的所有操作。③ 该条例第 6 条第 4 款还提出了以下判断标准，即“当处理活动并非为了个人数据被收集时的目的，并且未基于数据主体的同意，亦非基于在民主社会构成一个必要且适当的措施来保障本条例第 23 条第（1）款所述之目标的欧盟或成员国法律，控制者应当为了查明为其他目的进行的处理是否与个人数据被收集时的目的相一致而考虑，特别是：（a）任何在个人数据被收集时的目的和预期进一步处理的目的之间的联系；（b）个人数据被收集时的情形，尤其是关于数据主体和控制者之间的关系；（c）个人数据的性质，特别是依据本条例第 9 条被处理的特殊类型的个人数据，或者是依据本条例第 10 条与刑事定罪和罪行有关的个人数据；（d）预计进一步处理给数据主体可能造成的后果；（e）适当的可能包括加密或匿名化的保障措施的存在”。我国台湾地区“个人信息保护法”第 5 条则要求个人资料的处理应当与“收集之目的具有正当合理的关联”。理论界认为，所谓具有正当合理的关联是指个人资料的收集、处理或利用应当与收集的目的有正当合理的联系，不得与其他目的做不当的连接，即不当连接禁止原则，例如通讯录的制作和利用应当符合比例原则与具有正当合理的关联。④

我国《个人信息保护法》第 6 条第 1 款要求个人信息处理的活动“应当与处理目的直接相关”。之所以如此，是因为：首先，处理目的在整个处理活动中占据核心的位置，它决定了个人信息处理者的很多行为是否合法，如收集的个人信息是否为必要信息、收集信息的范围是否属于最小范围，储存个人信息的期限的

① Explanatory Report Convention 108 2018，P. 8.

② Article 29 Working Party，Opinion 03/2013 on purpose limitation，WP 203，Adopted on 2 April 2013，P. 19.

③ Christopher Kuner，Lee A. Bygrave & Christopher Docksey ed.，The EU General Data Protection Regulation（GDPR）：A Commentary，Oxford University Press，2020，P. 315.

④ 林洲富：《个人资料保护法之理论与实务》，台湾元照出版公司 2019 年版，第 27 页。

长短，这些都必须通过处理目的来判断。其次，将个人信息处理活动限定在与处理目的直接相关的范围之内，有利于保护个人权益，防止遭受不测之损害或危险。无论个人信息处理是否基于个人同意，原则上处理者在处理个人信息前均应当告知个人处理信息的目的和处理方式，除非法律、行政法规规定应当保密或者不需要告知（《个人信息保护法》第18条）。因此，个人通过了解个人信息处理目的可以预见个人信息处理活动可能给其造成的风险，同样处理者也可以据此控制处理活动中的风险并预先作出安排。如果可以超出处理目的而进行各种处理活动，那么由此带来的风险无论是对处理者而言，还是对个人而言，都是不可预测的。

问题是，如何判断处理活动是“**与处理目的直接相关**”的呢？首先要明确的一点是《个人信息保护法》中“与处理目的直接相关”中的“处理目的”是指个人信息处理者在处理个人信息前，以符合法律规定的方式告知个人的“处理目的”。例如，A公司在收集个人信息时，通过所谓的个人信息处理规则等方式告知的处理目的。“直接相关”意味着处理者所开展的一系列个人信息处理行为都应当是在该处理目的之内的，具有密切的关联性。例如，张三在A公司的网上商城订购新鲜牛奶，A公司每周送一箱到张三家中，为此张三提供了银行账号和家庭住址、联系方式等个人信息。此后，A公司每周处理一次张三的这些信息，显然都是与处理目的——向张三销售并配送牛奶——直接相关的。但是，如果A公司为了推销本公司的其他产品（包括相关的奶制品或其他品牌的牛奶）而利用张三的个人信息进行广告推送，那么这一处理活动就与处理目的并不直接相关。在判断是否“直接相关”上，应当采取非常严格的标准，即考察处理者后续实施的处理行为的目的是否被告知个人的处理目的所包含，或者虽然不包含，但是合理的人认为二者之间是密切联系的。

（三）采取对个人权益影响最小的方式

所谓“个人权益”就是指因个人信息处理活动可能影响到的自然人的各种权益，包括宪法上的基本权利如人格尊严和人身自由，也包括《民法典》规定的自然人的人身财产权益，以及《消费者权益保护法》《未成年人保护法》《妇女权益保障法》《残疾人保障法》《老年人权益保障法》等规定的各种权益。个人处理者处理个人信息的活动，不可避免地会对个人的权益造成各种影响，基于个人的同意或者法律基于其他政策考虑而允许个人信息处理活动的开展，但是就个人信息处理者而言，在有多种处理方式可供选择时，应当选择其中既能够实现个人信息处理目的，同时对个人权益的影响又是最小的方式，这也是比例原则中“最小损害原则”的要求。换言之，处理者应尽可能减少所处理的个人信息的处理以及对个人信息的使用次数，以避免对个人信息权益造成不利的影响。需要注意的是，所谓必要性的要求取决于处理行为对个人权益的影响的大小，对于个人权益影响越大的行为，必要性的要求就越高。例如，我国《个人信息保护法》第 28 条第 2 款规定，对于敏感个人信息的处理，要求处理者必须具有“充分的必要性”。

四、个人信息最小化原则

《个人信息保护法》本条第 2 款规定的是**个人信息最小化原则**，也称数据最小化原则（Grundsatz der Datenminimierung）。依据该原则，个人信息处理者对个人信息的处理必须限于实现处理目的所必要的最小范围，不得过度收集个人信息。个人信息最小化原则既是必要原则的体现，也可以说是目的限制原则在个人信息收集环节的体现。一方面，个人信息的收集应当以必要为原则，不必要的个人信息的收集对于个人权益存在危险，对于处理者来说也不是好事（个人信息泄露的风险增加）；另一方面，是否必要要从处理目的能否实现的角度加以判断，只要收集的个人信息对于实现处理目的而言已经足够了，就不应当再收集了。凡是超过该范围而收集的个人信息，都不属于必要的个人信息。个人信息最小化原则对于保护个人信息权益而言，非常重要。因为，个人信息的非法处理往往是从过度收集个人信息开始的，过度收集来的个人信息又进一步面临被非法买卖或泄露的风险。故此，有必要在个人信息处理中明确这一原则。

所谓“**实现处理目的的最小范围**”，是指如果没有某些个人信息，则处理目的完全无法实现或者主要的、核心的目的无法实现。例如，App 的运营者处理个人信息是为了提供某种产品或某种服务，那么，只有缺少就无法实现提供该产品或服务的功能的个人信息，才是必须收集的个人信息，这些信息的范围就是实现处理目的的最小范围。但是，实践中许多个人信息处理者都具有尽可能多地收集个人信息的冲动与渴望，故此，存在大量的过度收集个人信息的情形。依据国家网信办秘书局等单位颁布的《App 违法违规收集使用个人信息行为认定方法》，以下行为可被认定为“违反必要原则，收集与其提供的服务无关的个人信息”：（1）收集的个人信息类型或打开的可收集个人信息权限与现有业务功能无关；（2）因用户不同意收集非必要个人信息或打开非必要权限，拒绝提供业务功能；（3）App 新增业务功能申请收集的个人信息超出用户原有同意范围，若用户不同意，则拒绝提供原有业务功能，新增业务功能取代原有业务功能的除外；（4）收集个人信息的频度等超出业务功能实际需要；（5）仅以改善服务质量、提升用户体验、定向推送信息、研发新产品等为由，强制要求用户同意收集个人信息；（6）要求用户一次性同意打开多个可收集个人信息的权限，用户不同意则无法使用。国家网信办秘书局等单位颁布的《常见类型移动互联网应用程序必要个人信息范围规定》① 第 3 条规定：“本规定所称必要个人信息，是指保障 App 基本功能服务正常运行所必需的个人信息，缺少该信息 App 即无法实现基本功能服务。具体是指消费侧用户个人信息，不包括服务供给侧用户个人信息。”该规定第 5 条针对最常见类型的 39 种 App 的基本功能以及为实现该基本功能所需的必要的个人信息的范围逐一作出了列举。例如，地图导航类的基本功能服务为“定位和导航”，必要个人信息为位置信息、出发地、到达地；网络约车类的基本功能服务为“网络预约出租汽车服务、巡游出租汽车电召服务”，必要个人信息包括：（1）注册用户移动电话号码；（2）乘车人出发地、到达地、位置信息、行踪轨迹；（3）支付时间、支付金额、支付渠道等支付信息（网络预约出租汽车服务）。再如，即时通信类的基本功能服务为“提供文字、图片、语音、视频等网络即时通信服务”，必要个人信息包括：（1）注册用户移动电话号码；（2）账号信息：账号、即时通信联系人账号列表。

◆ 相关规定

《全国人民代表大会常务委员会关于加强网络信息保护的决定》第 2 条；《网络安全法》第 41 条；《民法典》第 1035 条

① 2021 年 3 月 12 日，国家互联网信息办公室秘书局、工业和信息化部办公厅、公安部办公厅、国家市场监督管理总局办公厅印发，国信办秘字〔2021〕14 号。

第七条　【公开透明原则】

处理个人信息应当遵循公开、透明原则，公开个人信息处理规则，明示处理的目的、方式和范围。

◆ 条文要旨

本条是对公开透明原则的规定。

◆ 理解与适用

一、公开透明原则的意义

公开透明原则（The transparency principle），是指处理个人信息时应当采取公开、透明的方式，公开个人信息处理的规则，向信息主体明示个人信息处理的目的、处理的方式和处理的范围。自然人对其个人信息的处理享有知情权和决定权（《个人信息保护法》第44条），如果个人信息处理者不以公开、透明的方式处理个人信息，而是采取隐秘的、暗箱操作的方式，那么该处理行为就侵害了自然人对其个人信息享有的知情权和决定权，损害了个人信息权益，这种处理行为是非法的处理行为。欧盟《一般数据保护条例》导言部分第39条指出，透明原则"特别涉及数据主体关于控制者身份的信息和处理目的以及进一步处理的信息，以确保对有关自然人的公正和透明的处理以及获得有关其被正在处理的数据的个人确认和通信的权利。应该让自然人了解与处理个人数据有关的风险、规则、保障和权利，以及如何行使与处理有关的权利。特别是，处理个人数据的具体目的应清晰且合法，并在收集个人数据时予以明确"。包括欧盟《一般数据保护条例》在内的许多国家或地区的数据保护和个人信息保护法都要求处理者必须遵循透明的原则。例如，早在1980年《经济合作与发展组织关于隐私保护和个人数据跨疆界流动的指导原则》中就提出了公开原则，该指导原则指出："公开原则可能被视为个人参与原则的先决条件，后一原则要生效，获得关于个人数据的收集、储存或利用的信息在实践上必须是可能的。在自愿的基础上从数据控制者处获得的常规信息，涉及个人数据处理活动的描述的官方登记者的出版活动和公共机构的登记，是一些（虽然不是全部）可能实现此种原则的方法。”再如，2018 年美国加利福尼亚州的《消费者隐私法案》（CCPA）在第 2 节立法目的中指出：“人们期许隐私和其信息的更多控制。加利福尼亚消费者应当能够就其个人信息行使控制权，并且期待防止个人信息滥用的保护措施。企业可能在尊重消费者隐私的同时，就其企业活动提供高水平的透明度。”依据 2018 年巴西《通用数据保护法》第 6 条第 6 款的规定，个人数据处理应当遵循透明原则，即“保证数据主体能够就数据处理和相应的处理代理人获得清晰、准确和易得的信息，且遵守商业和企业机密”。我国《个人信息保护法》第 7 条对个人信息处理中应当准许公开透明的原则作出了具体规定。

二、公开透明原则的体现

公开透明原则体现在以下两个方面：一方面，就个人而言，公开透明原则赋予了个人对其个人信息享有知情权，据此产生了其有权向个人信息处理者查阅、复制其个人信息的权利，《个人信息保护法》第 44 条、第 45 条对之作出了规定。另一方面，基于公开透明原则，个人信息处理者应当履行以下义务：

第一，个人信息处理者在处理个人信息时，应当通过清晰易懂的语言向个人告知相应的事项，从而确保个人是在充分知情的前提下，自愿、明确地作出同意的，除非是法律、行政法规规定应当保密或者不需要告知的情形。《个人信息保护法》第 14 条第 1 款第 1 句规定，基于个人同意处理个人信息的，该同意应当由个人在充分知情的前提下自愿、明确作出。第 17 条规定，个人信息处理者在处理个人信息前，应当以显著方式、清晰易懂的语言真实、准确、完整地向个人告知下列事项：（1）个人信息处理者的名称或者姓名和联系方式。（2）个人信息的处理目的、处理方式，处理的个人信息种类、保存期限。（3）个人行使本法规定权利的方式和程序。（4）法律、行政法规规定应当告知的其他事项。前款规定事项发生变更的，应当将变更部分告知个人。个人信息处理者通过制定个人信息处理规则的方式告知第 1 款规定事项的，处理规则应当公开，并且便于查阅和保存。这两条规定就是基于公开透明原则的要求。此外，在个人无法或难以理解个人信息处理规则时，依据《个人信息保护法》第 48 条，个人还有权要求个人信息处理者对其个人信息处理规则进行解释说明。

第二，当个人信息处理者因合并、分立、解散、被宣告破产等原因需要转移个人信息或者向其他个人信息处理者提供其处理的个人信息时，应当向个人告知接收方的名称或者姓名和联系方式、处理目的、处理方式和个人信息的种类等事项。《个人信息保护法》第 22 条和第 23 条分别对此作出了明确的规定。

第三，在利用个人信息进行自动化决策时，处理者应当保证决策的透明度和结果公平、公正。通过自动化决策作出对个人权益有重大影响的决定的，个人有权要求个人信息处理者予以说明，并有权拒绝个人信息处理者仅通过自动化决策的方式作出决定（《个人信息保护法》第 24 条）。

第四，依据《个人信息保护法》第 26 条，在公共场所安装图像采集、个人身份识别设备，应当为维护公共安全所必需，遵守国家有关规定，并设置显著的提示标识，从而保障个人对其个人信息的知情权。

第五，个人信息处理者在处理敏感个人信息时，不仅要依法告知《个人信息保护法》第 17 条第 1 款规定的事项，还应当向个人告知处理敏感个人信息的必要性以及对个人权益的影响。

第六，发生或者可能发生个人信息泄露、篡改、丢失的，个人信息处理者采取措施无法有效避免信息泄露、篡改、丢失造成危害的，应当通知履行个人信息保护职责的部门和个人。虽然采取措施能够有效避免信息泄露、篡改、丢失造成危害，但是履行个人信息保护职责的部门认为可能对个人造成损害的，有权要求个人信息处理者通知个人（《个人信息保护法》第 57 条）。

◆ 相关规定

《民法典》第 1035 条

> **第八条　【质量原则】**
>
> 处理个人信息应当保证个人信息的质量，避免因个人信息不准确、不完整对个人权益造成不利影响。

◆ 条文要旨

本条是关于质量原则的规定。

◆ 理解与适用

一、质量原则的含义

质量原则，也称数据质量原则或准确性原则（Accuracy principle/Der Grundsatz der Richtigkeit）。它是指个人信息处理者应当保证其所处理的个人信息的质量，避免因为个人信息的不准确、不完整对个人权益造成不利影响。之所以有这一原则，是因为在个人信息处理中，如果被处理的个人信息是不准确的或不完整的，就很容易因此对信息主体的个人权益造成不利影响甚至损害。个人信息可以重建自然人的某种状态或某种特性，而由于此种状态或特性的重建会产生相应的法律效果，所以信息或数据必须是完整的、准确的。① 例如，当征信机构所收集的个人信息是不准确的，存在错误或遗漏，就很可能导致从征信机构获取该信息的信息使用者据此不给予信息主体发放贷款或者拒绝与其从事相应的交易；再如，政府部门在作出针对个人的行政许可或审批事项时，如果相关的个人信息是不准确的或不完整的，就会导致个人无法取得相应的许可或审批。故此，个人信息处理活动应当遵循质量原则，是各国数据保护法或个人信息保护法中的一项重要原则。例如，欧盟《一般数据保护条例》第5条第1款（d）项规定，个人数据应当“准确、必要、及时；以个人数据处理目的为限，应采取一切合理步骤确保不准确的个人数据被及时地处理、删除或修正”。再如，日本《个人信息保护法》第19条规定：“个人信息处理业者应当尽力在达到利用目的所必要的范围内，将个人数据保持在准确且最新的内容，同时在丧失利用之必要后，立即彻底清除该个人数据。”

《个人信息保护法》颁布前，我国一些法律和法规也要求信息处理者所处理的信息必须是准确的，在发现错误或缺漏时，应当及时采取措施。《民法典》第1037条第1款规定：“自然人可以依法向信息处理者查阅或者复制其个人信息；发现信息有错误的，有权提出异议并请求及时采取更正等必要措施。”《征信业管理条例》第23条第1款规定：“征信机构应当采取合理措施，保障其提供信息的准确性。”第25条第1款规定：“信息主体认为征信机构采集、保存、提供的信息存在错误、遗漏的，有权向征信机构或者信息提供者提出异议，要求更正。”

---

① Paal/Pauly，DSGVO，Art. 5（2017），rec. 39.

二、质量原则的具体要求

1. 处理者应当积极采取各种技术措施和组织措施来检查所处理的信息的质量，确保信息的准确和完整，从而最大限度地减少错误的风险，避免因个人信息不准确、不完整对个人权益造成不利影响。例如，依据《征信业管理条例》第16条的规定，征信机构对个人不良信息的保存期限，自不良行为或者事件终止之日起为5年；超过5年的，应当予以删除。故此，作为信息处理者的征信机构应当确保在5年期限届满后，立即将该个人不良信息删除，从而确保信息的准确。① 再如，当处理者发现个人信息已因时过境迁而不准确或不完整，但又无法予以更正或补充的，那么应当停止对该个人信息的处理。

2. 当自然人发现被处理的自己的个人信息不准确或不完整的，其有权要求个人信息处理者进行更正、补充。《个人信息保护法》第46条规定："个人发现其个人信息不准确或者不完整的，有权请求个人信息处理者更正、补充。个人请求更正、补充其个人信息的，个人信息处理者应当对其个人信息予以核实，并及时更正、补充。"这就是说，个人信息处理者应当加以核实后才能进行更正、补充，否则就无法确定个人信息是否不准确或不完整，而且即便确定了不准确或不完整，也不能确定用来补充或更正的信息的真实性或准确性，反而可能导致原本准确完整的个人信息因为更正、补充而变得不准确或不完整。

◆ 疑点与难点

个人信息不准确或不完整的民事责任问题

如果个人信息处理者处理的个人信息不准确或不完整，因此给作为信息主体的自然人造成损害的，处理者是否必须承担民事赔偿责任？本书认为，个人信息处理者应当遵循质量原则，保证被处理的个人信息的质量，避免因个人信息不准确、不完整对个人权益造成不利影响。然而，质量原则并不意味着处理者承担的是**绝对责任或担保责任**，即只要个人信息不准确或不完整对个人造成不利影响或损害的，就要承担民事责任。就民事赔偿责任而言，《个人信息保护法》第69条

---

① "肖某与中国农业银行股份有限公司安远县支行名誉权纠纷案"，赣州市中级人民法院（2016）赣07民终930号民事判决书。

第 1 款确立了侵害个人信息权益的侵权赔偿责任适用的是过错推定责任，即个人信息处理者只有不能证明自己没有过错的，才应当承担赔偿责任。故此，如果个人信息之所以不准确或不完整，并非因处理者的过错所致，而是完全因为客观情况发生变化等所致的，则个人信息处理者没有过错，就不需要承担赔偿责任。但是，如果个人已经向处理者指出了其个人信息存在错误或缺漏，但处理者拒不理会，不予更正或补充，处理者才存在过错。或者说，因为处理者没有采取相应的技术措施，导致处理的个人信息被他人篡改而致错误的，显然个人信息处理者存在过错。因此给个人造成损害的，处理者当然要承担赔偿责任。总之，无论个人信息的不完整或不准确是否与处理者有关，个人都有补充更正权，即要求处理者对不准确或不完整的信息进行更正或补充，处理者必须履行此种法律上规定的义务。

◆ 相关规定

《网络安全法》第 43 条；《民法典》第 1037 条；《居民身份证法》第 11 条；《征信业管理条例》第 25 条

第九条 【责任原则与安全原则】

个人信息处理者应当对其个人信息处理活动负责，并采取必要措施保障所处理的个人信息的安全。

◆ 条文要旨

本条是对个人信息处理中的责任原则与安全原则的规定。

◆ 理解与适用

一、责任原则

（一）责任原则的意义

个人信息处理活动应当遵循**责任原则**（Accountability principle），即个人信息处理活动应当采取**问责制**，处理者是个人信息处理活动的首要责任主体，应当对其个人信息处理活动负责。一方面，个人信息处理者决定了个人信息和个人信息处理活动，其对处理活动具有控制力，基于控制力理论，处理者当然要为处理活动负责。另一方面，依据报偿原则，利益之所在，风险之所归。“如果一项法律允许一个人——或者是为了经济上的需要，或者是为了他自己的利益——使用物件、雇用职员或者开办企业等具有潜在危险的情形，他不仅应当享有由此带来的利益，而且也应当承担由此危险对他人造成任何损害的赔偿责任：获得利益者承担损失。”① 个人信息处理者为了自己的利益而从事处理活动，自然人也应当为此负责。从比较法上来看，欧盟《一般数据保护条例》首次明确了数据控制者的可问责性，即责任原则，该条例第 5 条第 2 款规定：“控制者应该负责，并能够证明符合第 1 款。”该款将确保处理活动符合《一般数据保护条例》要求的责任以及相应的证明责任施加给控制者。《一般数据保护条例》所确立的责任原则包含两个要素：一是数据控制者要为确保处理活动的合规性（即符合《一般数据保护条例》的规定）而负责（responsibility）；二是数据控制者具有向监管机构证明此种合规性的**能力**（abiliity）。②《一般数据保护条例》中的责任原则是具有可执行性的，对于违反规定的控制者，依据该条例第 83 条的规定，可以处以 1000 万欧元的罚款，如果控制者是企业，最高罚款应为上一财务年度全球总营业额的 2%，以金额较高者为准。

（二）责任原则的要求

我国《个人信息保护法》借鉴了欧盟《一般数据保护条例》的规定，在第 9 条也确立了责任原则，该条前半句明确规定：“个人信息处理者应当对其个人信息处理活动负责。”我国《个人信息保护法》依据责任原则对个人信息处理者提出了如下要求：

1. 个人信息处理者应当考虑到处理的目的、处理的方式和处理的范围，以及处理活动给自然人的权益带来不同程度的风险，采取适当的措施确保个人信息处理活动的合法性。《个人信息保护法》第 51 条规定，个人信息处理者应当根据个

① ［德］克里斯蒂安·冯·巴尔：《欧洲比较侵权行为法》（上卷），张新宝译，法律出版社 2004 年版，第 10 页。

② Paul Voigt & Axel von dem Bussche, The EU General Data Protection Regulation (GDPR): A Practical Guide, Springer, 2017, P. 31.

人信息的处理目的、处理方式、个人信息的种类以及对个人权益的影响、可能存在的安全风险等，采取相应的措施确保个人信息处理活动符合法律、行政法规的规定，并防止未经授权的访问以及个人信息泄露、篡改、丢失。

2. 个人信息处理者应当依法指定个人信息保护负责人对个人信息处理活动以及相应的保护措施等进行监督。依据《个人信息保护法》第 52 条第 1 款，处理个人信息达到国家网信部门规定数量的个人信息处理者应当指定个人信息保护负责人，负责对个人信息处理活动以及采取的保护措施等进行监督。

3. 个人信息处理者应当定期进行合规审计。《个人信息保护法》第 54 条规定，个人信息处理者应当定期对其个人信息处理活动遵守法律、行政法规的情况进行合规审计。

4. 个人信息处理者要为其违法处理个人信息的行为承担相应的法律责任。对于违反法律规定处理个人信息的行政处罚，《个人信息保护法》第 66 条规定，违反本法规定处理个人信息，或者处理个人信息未履行本法规定的个人信息保护义务的，由履行个人信息保护职责的部门责令改正，给予警告，没收违法所得，对违法处理个人信息的应用程序，责令暂停或者终止提供服务；拒不改正的，并处 100 万元以下罚款；对直接负责的主管人员和其他直接责任人员处 1 万元以上 10 万元以下罚款。有前款规定的违法行为，情节严重的，由省级以上履行个人信息保护职责的部门责令改正，没收违法所得，并处 5000 万元以下或者上一年度营业额 5% 以下罚款，并可以责令暂停相关业务或者停业整顿、通报有关主管部门吊销相关业务许可或者吊销营业执照；对直接负责的主管人员和其他直接责任人员处 10 万元以上 100 万元以下罚款，并可以决定禁止其在一定期限内担任相关企业的董事、监事、高级管理人员和个人信息保护负责人。处理个人信息侵害个人信息权益造成损害的，依据《个人信息保护法》第 69 条，除非个人信息处理者能够证明自己没有过错，否则要承担损害赔偿等侵权责任。

二、安全原则

（一）我国法的规定

个人信息处理中的安全原则，也被称为**保密原则**，即个人信息处理者应当采取必要措施保障所处理的个人信息的安全，防止出现个人信息的泄露、篡改、丢失。之所以要保护个人信息，就是因为个人信息是能够识别特定自然人的信息，该信息一旦被非法处理（如发生泄露、篡改或丢失）会对特定自然人的人格尊严以及人身财产权益造成损害，个人信息处理中必须确保信息的安全，防止出现个人信息未经授权或非法处理以及意外丢失、破坏或损坏。欧盟《一般数据保护条例》第5条第1款（f）项要求，个人数据应当“以确保个人数据适度安全的方式处理，包括使用适当的技术性或组织性措施来对抗未经授权、非法的处理、意外遗失、灭失或损毁的保护措施”。

《个人信息保护法》颁布前，我国一些法律就明确规定了个人信息处理者负有保障信息安全的义务。2012年颁布的《全国人民代表大会常务委员会关于加强网络信息保护的决定》第4条规定：“网络服务提供者和其他企业事业单位应当采取技术措施和其他必要措施，确保信息安全，防止在业务活动中收集的公民个人电子信息泄露、毁损、丢失。在发生或者可能发生信息泄露、毁损、丢失的情况时，应当立即采取补救措施。”此后，《网络安全法》第42条第2款规定：“网络运营者应当采取技术措施和其他必要措施，确保其收集的个人信息安全，防止信息泄露、毁损、丢失。在发生或者可能发生个人信息泄露、毁损、丢失的情况时，应当立即采取补救措施，按照规定及时告知用户并向有关主管部门报告。”《民法典》第1038条第2款规定：“信息处理者应当采取技术措施和其他必要措施，确保其收集、存储的个人信息安全，防止信息泄露、篡改、丢失；发生或者可能发生个人信息泄露、篡改、丢失的，应当及时采取补救措施，按照规定告知自然人并向有关主管部门报告。”

（二）安全原则的要求

《个人信息保护法》第9条要求个人信息处理者采取必要措施保障所处理的个人信息的安全。该法第51条则明确列举了个人信息处理者为保护个人信息安全，防止泄露、篡改、丢失而需要采取的具体措施：（1）制定内部管理制度和操作规程；（2）对个人信息实行分类管理；（3）采取相应的加密、去标识化等安全技术措施；（4）合理确定个人信息处理的操作权限，并定期对从业人员进行安全教育和培训；（5）制定并组织实施个人信息安全事件应急预案；（6）法律、行政法规规定的其他措施。此外，《个人信息保护法》第57条还规定，发生或者可能发生个人信息泄露、篡改、丢失的，个人信息处理者应当立即采取补救措施，并通知履行个人信息保护职责的部门和个人。

◆ 相关规定

《全国人民代表大会常务委员会关于加强网络信息保护的决定》第4条；《网络安全法》第42条；《民法典》第1038条

> **第十条 【禁止非法的个人信息处理活动】**
> 任何组织、个人不得非法收集、使用、加工、传输他人个人信息，不得非法买卖、提供或者公开他人个人信息；不得从事危害国家安全、公共利益的个人信息处理活动。

◆ 条文要旨

本条是禁止各类非法的个人信息处理活动的规定。

◆ 理解与适用

一、合法原则的体现

个人信息处理活动应当遵循合法的原则（《个人信息保护法》第5条），任何组织或者个人不得违反法律、行政法规的规定处理个人信息。此外，《民法典》第111条第2句还规定："任何组织或者个人需要获取他人个人信息的，应当依法取得并确保信息安全，不得非法收集、使用、加工、传输他人个人信息，不得非法买卖、提供或者公开他人个人信息。"《网络安全法》第44条规定："任何个人和组织不得窃取或者以其他非法方式获取个人信息，不得非法出售或者非法向他人提供个人信息。"《个人信息保护法》第10条是根据上述法律的规定，通过列举各类非法的个人信息处理活动，从反面再次明确了个人信息处理应当遵循合法原则，禁止任何组织、个人从事任何非法的个人信息处理活动。

二、非法处理个人信息行为的类型

《个人信息保护法》第10条列举了三大类非法处理个人信息的行为：其一，非法收集、使用、加工、传输他人个人信息；其二，非法买卖、提供、公开他人个人信息；其三，从事危害国家安全、公共利益的个人信息处理活动。具体阐述如下：

（一）非法收集、使用、加工、传输他人个人信息

所谓非法收集、使用、加工、传输他人个人信息，是指违反《个人信息保护法》《网络安全法》《民法典》等法律、行政法规、部门规章有关个人信息保护的规定，收集、使用、加工、传输自然人的个人信息的行为。非法收集个人信息最典型的就是未经告知同意或没有法律、行政法规规定的事由而收集个人信息、过度收集个人信息等；非法使用个人信息最典型的包括违反约定或法律规定的处理目的、处理方式而使用个人信息；单独的非法加工个人信息的情形较为少见。非法传输个人信息主要是在个人信息跨境提供时，即违反法律、行政法规的规定将个人信息提供给境外的组织或个人。

（二）非法买卖、提供、公开他人个人信息

所谓非法买卖、提供、公开他人个人信息，是指违反《个人信息保护法》《网络安全法》《民法典》等法律、行政法规、部门规章有关个人信息保护的规定，买卖、提供、公开自然人的个人信息的行为。理论上，买卖个人信息就是提供个人信息，而公开他人的个人信息也属于提供个人信息。① 不过，考虑到司法实践中非法买卖个人信息的违法犯罪行为最为典型和普遍，故此，我国《刑法》第 253 条之一第 1 款就将“向他人出售或者提供公民个人信息”并列加以规定。

（三）从事危害国家安全、公共利益的个人信息处理活动

个人信息处理活动不仅涉及对自然人的个人信息权益和人身财产权益等的保护，也涉及国家安全和公共利益的维护。国家安全有狭义、广义之分。狭义的国家安全仅仅是指军事安全，但是广义的国家安全既包括军事安全，也包括经济安全、文化安全和环境安全等。我国《国家安全法》采取了广义的国家安全，其第 2 条将国家安全界定为“国家政权、主权、统一和领土完整、人民福祉、经济社会可持续发展和国家其他重大利益相对处于没有危险和不受内外威胁的状态，以及保障持续安全状态的能力”。《国家安全法》列举的国家安全类型包括军事安

---

① 依据《最高人民法院、最高人民检察院关于办理侵犯公民个人信息刑事案件适用法律若干问题的解释》第 3 条，向特定人提供公民个人信息，以及通过信息网络或者其他途径发布公民个人信息的，应当认定为《刑法》第 253 条之一规定的“提供公民个人信息”。

全、重大经济利益安全、金融安全、能源安全、粮食安全、意识形态安全、重大技术和工程的安全、网络与信息安全等。所谓公共利益，也称社会公共利益，是指全体社会成员的共同利益和社会的整体利益，是不特定多数人的利益。社会利益不同于国家利益，它主要侧重于社会这一既与国家紧密联系又独立于国家的自治共同体本身需要的安全利益、经济利益、文化利益和道德利益。①

个人信息处理者从事的个人信息处理活动，无论是作为平等主体的自然人、法人、非法人组织之间的民事活动，还是国家机关为履行法定职责而从事的行政行为，均不得危害国家安全和公共利益。对于危害国家安全和公共利益的个人信息处理活动，《个人信息保护法》等法律有明确的禁止性规范。例如，《个人信息保护法》第 40 条对关键信息基础设施运营者和处理个人信息达到国家网信部门规定数量的个人信息处理者应当将在我国境内收集和产生的个人信息存储在境内的规定，就是为了维护国家安全。但是，法律也无法逐一列举所有的危害国家安全和公共利益的个人信息处理活动的类型，故此，《个人信息保护法》第 10 条再次明确“不得从事危害国家安全、公共利益的个人信息处理活动”。我国《数据安全法》第 8 条也明确规定：“开展数据处理活动，应当遵守法律、法规，尊重社会公德和伦理，遵守商业道德和职业道德，诚实守信，履行数据安全保护义务，承担社会责任，不得危害国家安全、公共利益，不得损害个人、组织的合法权益。”

◆ 相关规定

《全国人民代表大会常务委员会关于加强网络信息保护的决定》第 2 条；《民法典》第 111 条、第 1035 条；《网络安全法》第 41 条、第 44 条；《数据安全法》第 8 条

① 我国学者将社会利益界定为六种类型，即（1）公共秩序的和平与安全；（2）经济秩序的健康、安全及效率化；（3）社会资源与机会的合理保存与利用；（4）社会弱者利益（如市场竞争社会中的消费者利益、劳动者利益等等）的保障；（5）公共道德的维护；（6）人类朝文明方向发展的条件（如公共教育、卫生事业的发展）等。参见孙笑侠：《论法律与社会利益——对市场经济中公平问题的另一种思考》，载《中国法学》1995 年第 4 期。

第十一条 【建立健全个人信息保护制度】

国家建立健全个人信息保护制度，预防和惩治侵害个人信息权益的行为，加强个人信息保护宣传教育，推动形成政府、企业、相关社会组织、公众共同参与个人信息保护的良好环境。

◆ 条文要旨

本条是对国家建立健全个人信息保护制度以及加强个人信息保护宣传教育的规定。

◆ 理解与适用

依据本条，首先，国家要建立健全个人信息保护制度。个人信息保护制度应当全方位、多层次、多角度。不仅包括国家通过各种立法活动来建立健全个人信息保护法律法规体系，也包括国家通过执法、司法活动，来加强对个人信息的保护，从而有效地预防和惩治侵害个人信息权益的行为。随着我国《民法典》《个人信息保护法》《数据安全法》《网络安全法》等法律的颁行，应当说我国个人信息保护的基本法律体系已经建立，但是，更具体的、可操作的规定还需要相关联、相配套的法规规章以及司法解释。故此，必须继续加强个人信息保护法律法规体系制度的建设工作。徒法不足以自行。有法可依只是第一步，更重要的是有法必依、执法必严。要有效地保护个人信息，还需要履行个人信息保护职责的有关部门严格执法，司法机关依法裁判案件，打击各种侵害个人信息的违法犯罪活动。

其次，国家要加强个人信息保护宣传教育，推动形成政府、企业、相关社会组织、公众共同参与个人信息保护的良好环境。个人信息保护与每个人息息相关，需要全社会的所有组织和个人的积极参与。习近平总书记指出，国家网络安全工作要坚持网络安全为人民、网络安全靠人民，保障个人信息安全，维护公民在网络空间的合法权益。要坚持网络安全教育、技术、产业融合发展，形成人才培养、技术创新、产业发展的良性生态。要坚持促进发展和依法管理相统一，既大力培育人工智能、物联网、下一代通信网络等新技术新应用，又积极利用法律法规和标准规范引导新技术应用。要坚持安全可控和开放创新并重，立足于开放环境维护网络安全，加强国际交流合作，提升广大人民群众在网络空间的获得感、幸福感、安全感。① 因此，一方面，要更好地宣传个人信息保护，使得广大自然人树立保护个人信息的意识，积极维护个人信息权益，与那些侵害自己个人信息的违法犯罪行为作斗争；另一方面，要使得政府、企业、相关社会组织充分认识到保护个人信息，严格依法依规从事个人信息处理活动的重要性，养成自觉遵守、尊重和保护个人信息权益的意识。最终能够形成政府、企业、相关社会组织、公众共同参与个人信息保护的良好环境。

◆ 相关规定

《数据安全法》第 9 条

第十二条 【个人信息保护的国际交流与合作】

国家积极参与个人信息保护国际规则的制定，促进个人信息保护方面的国际交流与合作，推动与其他国家、地区、国际组织之间的个人信息保护规则、标准等互认。

◆ 条文要旨

本条是对国家积极参与个人信息保护国际规则的制定以及个人信息保护的国际交流与合作的规定。

◆ 理解与适用

进入 21 世纪后，世界经济一体化的程度日渐加深，尤其是随着网络信息科技的高速发展，互联网的虚拟性、开放性和全球性打破了国家主权实体边界的物理限制，数据和个人信息通过网络科技可以在全世界范围内流动。因此，个人信息保护已经不是单纯的一国国内法的问题，而是与全世界各个国家地区的人民、

① 彭波、张璁、倪弋：《迈出建设网络强国的坚实步伐——习近平总书记关于网络安全和信息化工作重要论述综述》，载《人民日报》2019 年 10 月 19 日。

各国国家安全和国家利益息息相关。虽然围绕着个人信息和数据保护，在国际层面上始终存在复杂的利益冲突和国家之间的斗争。但是，也有共识与合作。2015年12月16日，习近平总书记在第二届世界互联网大会开幕式上发表的主旨演讲中提出了共同构建网络空间命运共同体的“五点主张”，即加快全球网络基础设施建设，促进互联互通；打造网上文化交流共享平台，促进交流互鉴；推动网络经济创新发展，促进共同繁荣；保障网络安全，促进有序发展；构建互联网治理体系，促进公平正义。2018年11月7日，习近平总书记在致第五届世界互联网大会的贺信中指出：“世界各国虽然国情不同、互联网发展阶段不同、面临的现实挑战不同，但推动数字经济发展的愿望相同、应对网络安全挑战的利益相同、加强网络空间治理的需求相同。各国应该深化务实合作，以共进为动力、以共赢为目标，走出一条互信共治之路，让网络空间命运共同体更具生机活力。”

依据《个人信息保护法》第12条，首先，国家积极参与个人信息保护国际规则的制定。目前尚无全球性的个人信息保护规则，多是区域性规则、公约以及国家之间的协议，如欧盟《一般数据保护条例》。在个人信息保护的公约方面，影响最大的就是1981年欧洲理事会（Council of Europe）发布的《关于个人数据自动化处理的个人保护公约》（Convention for the Protection of Individuals with regard to Automatic Processing of Personal Data）。由于该公约在欧洲理事会《欧洲条约集》（European Treaty Series）中编号108，故此，其也被简称为“108号公约”（Convention 108）。该公约经数次修订后，除了向欧洲理事会成员国和欧盟开放外，也面向非欧洲国家以及国际组织开放签署。截至2019年3月，公约的缔约方有中欧洲理事会成员国26个（英国、德国、法国、俄罗斯、瑞典、芬兰、挪威、荷兰、比利时、西班牙、葡萄牙、意大利、爱尔兰、匈牙利、冰岛等主要欧洲国家），有非欧洲理事会成员国1个（即乌拉圭）。我国应当积极参与个人信息保护国际规则的制定，掌握规则制定的话语权，成为国际规则的参与者与主导者，从而更好地维护自身利益。其次，促进个人信息保护方面的国际交流与合作，推动与其他国家、地区、国际组织之间的个人信息保护规则、标准等的互认。例如，在个人信息跨境流动方面，以工业互联网、车联网等重点领域为突破口，积极寻求与重要的贸易伙伴通过双边、多边协议建立个人信息与数据跨境流动认证等信任机制。

◆ 相关规定

《数据安全法》第11条

第二章　个人信息处理规则

◆ 本章概述

在进入网络信息时代之前，自然人的姓名、身份证号码、电话号码、家庭住址、肖像、声音、指纹、财产信息、病历资料等个人信息就已存在，并被政府、企业等主体所处理。民法、刑法等法律已经对自然人的这些个人信息给予了相应的保护。例如，通过姓名权、肖像权、隐私权等来保护自然人的姓名、肖像和隐私等个人信息不被他人非法使用、公开或以其他方式加以侵害。但是，在进入网络信息时代之后，基于以下原因，有必要通过专门的《个人信息保护法》对个人信息处理活动予以规范，从而明确个人信息处理的规则。

1. 个人信息类型和范围的发展变化。现代网络信息社会之前，个人信息的类型相对较少且产生渠道有限。但是，随着网络信息等科学技术的高速发展，个人信息的范围越来越广，种类也越来越多。一方面，现代科技的发展产生了以往没有的新类型的个人信息，如电子邮箱、通信记录、网络交易信息、上网浏览痕迹、网络社交媒体留言、行踪轨迹、脸部特征信息等。此前，这些信息要么根本不存在，要么无法被收集和存储，现在，这些个人信息每天大量地产生并且很容易地被各种智能设备加以收集和保存。另一方面，除了传统的能够直接识别特定自然人的信息（如姓名、身份证号码、家庭地址、电话号码等）之外，现代信息社会中还出现了大量本身不足以识别特定自然人但与其他信息结合后就能识别出特定自然人的信息，如爱好、习惯、兴趣、性别、年龄、职业等。在这种情况下，仅仅依靠民法的隐私权、肖像权、姓名权等人格权制度，既难以充分保护自然人的人格尊严与人格自由，也无法预防由于个人信息的处理而对自然人人身财产权益产生的风险。故此，迫切需要基于现代网络信息科技的特点由《个人信息保护法》对个人信息处理进行全面的规范。

2. 个人信息处理行为的发展变化。进入网络信息社会前，个人信息的处理方法较为简单，主要表现为收集的手段单一，分析与传播的能力较弱。这种情形下，人格权及侵权法规范可以满足个人信息保护的需要。例如，未经同意公开或披露自然人的私密信息（如病历资料等）的，构成对隐私权或名誉权的侵害；未经许可将他人的姓名、肖像等用于商业目的的行为，属于侵害姓名权、肖像权的侵权行为。但是，随着科技尤其是大数据与人工智能的发展，个人信息的处理方式发生了巨大的变化。一方面，个人信息处理行为的类型越来越多，现代网络信息技术已将现代社会生活高度数字化，cookie 技术和各种传感器可以自动地收集与存储个人信息。个人信息被大规模、自动化地收集和存储变得越来越普遍，几乎无处不在、无时不在。另一方面，对个人信息的使用具有人们难以想象的无限可能性，只要新技术不断发展，就会产生各种前所未有的使用方法，这也导致了处理者不仅不愿意删除已经收集并存储的个人信息，① 还渴求获取更多的个人信息。大数据与人工智能技术的发展使得对海量数据的分析与使用变得非常简单，个人信息被滥用的可能性极大地增加。例如，各种网络平台通过分析和利用海量的个人信息，对目标群体做人格画像，实施精准营销，甚至行为操纵，严重危害自然人的人格尊严，妨害人格的自由发展。欧盟《一般数据保护条例》的“导言部分”明确指出：“个人数据处理可能给自然人权利和自由带来不同程度的风险，这些处理可能带来客观的、物质的或者非物质的损害，尤其是：当处理可能导致歧视、身份盗窃或者欺诈、财产损失、名誉损害、个人数据丧失专业保密性、匿名化的未授权的撤销，或者其他显著的经济或者社会危害；当数据主体可能被剥夺权利和自由或者丧失对其个人数据的控制权；当个人数据的处理反映了种族、政治观点、哲学或宗教信仰、工会会员，以及基因数据的处理、与健康、性生活、刑事定罪或者抗辩，或相关安全措施的数据处理；当对个人进行精准评价，特别是对自然人的工作表现、经济状况、健康状况、个人偏好、兴趣、信誉、行为习惯、位置或行踪相关的分析和预测，而使用数据画像的；弱小的自然人的个人数据，尤其是儿童个人数据处理；处理活动涉及大范围的个人数据，并且影响大量的数据主体。”

---

① 删除这些个人信息的成本远远大于收集、存储的成本。参见［美］迈克尔·费蒂克、戴维·C. 汤普森：《信誉经济》，王臻译，中信出版集团 2016 年版，第 35 页。

3. 个人信息处理主体日渐复杂。现代网络信息社会中的信息处理主体越来越复杂，个人信息处理活动也不限于单纯的作为平等主体的自然人、法人和非法人组织之间。由于个人信息的处理无论是对企业的经营活动还是政府的管理行为，都具有越来越重要的作用，因此处理个人信息的主体日渐增多，它们都具有处理个人信息的强烈渴求。虽然信息处理者与作为信息主体的自然人的法律地位是平等的，但双方在信息、技术、经济等方面的地位实际上完全不对等。面对强大的网络企业和国家机关实施个人信息处理行为时，个人难以依赖意思自治以及侵权责任的规则来维护自己的权益。例如，民法中的人格权制度虽然发展出了停止侵害、排除妨碍、消除危险等人格权请求权，但行使这些请求权是以人格权主体能够及时发现侵害人格权的行为为前提的。现代网络信息社会中，收集、使用个人信息的处理行为日益普遍，成为生产生活的重要组成部分，不可或缺。个人信息被谁处理及被如何处理，难以为信息主体所知悉或真正了解。从效率上说，势单力薄的个人对大量收集、存储和利用个人信息的大公司或政府机关以起诉的方式来保护个人信息很不现实。无论是人格权请求权还是侵权损害赔偿请求权，均难以满足全方位保护个人信息权益的需要。有必要通过专门的个人信息保护立法，对个人信息处理行为进行全方位的规范，以做到未雨绸缪，防患于未然。事实上，从《个人信息保护法》的发展源流来看，《个人信息保护法》制定之初，其主要立法宗旨就是要解决计算机处理个人信息所带来的巨大风险问题，处理好技术进步与个人权利保护之间的关系。①

4. 个人信息承载多种需要协调的利益。现代信息社会中个人信息上呈现出多元化的利益格局，既有自然人对其个人信息加以掌控，以免人格尊严以及人身财产权益受到侵害或遭受损害的需要，也有营利法人通过处理个人信息推销商品或服务的营业自由的诉求，还包括保障言论自由，实现舆论监督，以及国家机关利用个人信息提升社会治理与行政管理能力、维护市场竞争秩序、保护消费者权益、维护公共安全、国家安全等公共利益和国家利益的需要。这种多元化的利益

① Otto Mallmann, Computer and Civil Liberties: The Situation in the Federal Republic of Germany, in United States Senate Committee on Government Operations, Privacy and Protection of Personal Information in Europe, United States Government Printing Office, 1975, P. 90 – 91. 转引自王苑：《个人信息保护在民法中的表达——兼论民法与个人信息保护法之关系》，载《华东政法大学学报》2021 年第 2 期。

格局是民法、刑法、行政法、国际法等传统的法律部门单独无法完成的，故此，需要专门的《个人信息保护法》对个人信息处理行为加以规范，从而科学地协调这些多元化的利益。

正是基于上述原因，有必要制定专门的《个人信息保护法》，对个人信息处理加以更详细、具体的规范。欧盟《一般数据保护条例》专设第2章“原则”，对与个人数据处理相关的原则、处理的合法性、同意的要件、特殊类型的个人数据处理等作出了详细的规定（第5—11条）。此种立法模式对不少国家的个人信息保护立法产生了重要的影响。[①] 我国《个人信息保护法》也采纳了该立法模式。从本章的章名“个人信息处理规则”可知，本章是对个人信息处理规则的集中规定，全章共分三节，分别是第1节“一般规定”、第2节“敏感个人信息的处理规则”以及第3节“国家机关处理个人信息的特别规定”，共采取了25个条文（占整部法律条文总量的三分之一）对个人信息处理规则作出了详尽的规定。本书认为，《个人信息保护法》第2章对个人信息处理规则作出系统、详细、全面的规定，具有以下重要意义：

首先，《个人信息保护法》需要对个人信息处理行为进行全方位、动态性的规范，无论是利用网络信息科技自动化处理个人信息，还是手工等非自动化处理个人信息；无论是个人信息的收集、存储，还是使用、加工抑或传输、提供、公开以及跨境提供；无论是出于生产经营等营利目的，还是出于行政管理、公共服务的目的而进行个人信息处理，均应纳入《个人信息保护法》的调整范围。有观点认为，《个人信息保护法》不应调整所有的个人信息处理行为，而仅限于以识别分析为目的对个人信息的收集、控制、分享、分析和应用行为，因为只有这些行为会对信息主体的权益有显著的影响，至于一般的个人信息适用行为留给其他法律或行业准则或社会习惯规范加以调整。[②] 笔者不赞同此种观点。个人信息处理行为的类型多种多样，从收集、存储，到使用、加工，再到传输、公开、共享等，每一个环节都存在侵害自然人民事权益的风险，不能任意切割。例如，大量的个人信息尤其是敏感的个人信息被泄露或被非法买卖，无须利用高科技进行分

---

① 参见张继红、姚约茜主编：《“一带一路”沿线国家数据保护与网络安全法律指南》，知识产权出版社2021年版，第1页以下。

② 高富平：《个人信息处理：我国个人信息保护法的规范对象》，载《法商研究》2021年第2期。

析识别，也足以被违法犯罪分子用来实施诈骗、抢劫、杀人等犯罪活动。个人信息处理中的风险是多重的、难以预测的，不限于以识别分析为目的的处理行为。况且，个人信息处理本身具有易变性和发展性，现在不以识别分析为目的的处理行为不等于将来就不会进行识别分析，更不等于不会对个人信息权益产生危险。因此，将《个人信息保护法》调整的个人信息处理行为限定于以识别分析为目的的行为显然过于狭窄。

其次，《个人信息保护法》需要从内外两个方面以强行性规范来构建个人信息处理规则。从外部来说，《个人信息保护法》在区分不同的个人信息处理行为、不同种类的个人信息以及不同的个人信息处理者的基础上，明确处理者在各类个人信息处理行为中所负的义务（如告知、取得同意、安全保护、报告、监管等义务），同时，以法律责任保障其履行。特别是个人信息保护执法机关应当采取动态监督执法确保义务的履行和法律责任的落实，对于违反义务的信息处理者依法采取罚款、给予处分、记入信用档案、停业整顿、吊销许可、吊销营业执照等处罚措施，严重的将追究刑事责任。从内部来说，《个人信息保护法》强制性要求信息处理者建立健全相应的管理制度和操作规程，对个人信息进行分类管理并采取加密等安全技术措施，制订个人信息安全事件的应急预案，公布个人信息保护负责人的联系方式等。同时，强化大型的网络平台对于利用其提供的网络服务处理个人信息的处理者进行相应的监管义务。

最后，《个人信息保护法》不仅调整公司企业等普通民事主体出于经营目的处理个人信息的行为，也调整国家机关基于公权力和履行公共管理职能处理个人信息的活动。随着信息社会的到来，数字经济的发展需要对个人信息进行合理利用，数字社会和数字政府的建设也需要对个人信息进行合理利用。个人信息等数据在提升和优化国家治理能力、提高政府行政服务和管理水平、提高决策的科学性和服务效率等方方面面，将发挥越来越重要的作用。作为调整平等主体的自然人、法人和非法人组织之间的人身财产关系的民法，无法对国家机关处理个人信息的活动进行全方位的规范，这就要求《个人信息保护法》加以调整。国家机关即便是在履行法定职责处理个人信息时，也应当严格依照法律、行政法规规定的权限和程序进行，受包括《个人信息保护法》在内的法律的规范。唯其如此，方能更好地实现个人信息上的多元利益关系的协调。故此，《民法典》第1039条规定："国家机关、承担行政职能的法定机构及其工作人员对于履行职责过程中知悉的自然人的隐私和个人信息，应当予以保密，不得泄露或者向他人非法提供。"《个人信息保护法》也在本章专节对国家机关处理个人信息作出了规定。

第一节　一般规定

第十三条　【个人信息处理的合法性根据】

符合下列情形之一的，个人信息处理者方可处理个人信息：

（一）取得个人的同意；

（二）为订立、履行个人作为一方当事人的合同所必需，或者按照依法制定的劳动规章制度和依法签订的集体合同实施人力资源管理所必需；

（三）为履行法定职责或者法定义务所必需；

（四）为应对突发公共卫生事件，或者紧急情况下为保护自然人的生命健康和财产安全所必需；

（五）为公共利益实施新闻报道、舆论监督等行为，在合理的范围内处理个人信息；

（六）依照本法规定在合理的范围内处理个人自行公开或者其他已经合法公开的个人信息；

（七）法律、行政法规规定的其他情形。

依照本法其他有关规定，处理个人信息应当取得个人同意，但是有前款第二项至第七项规定情形的，不需取得个人同意。

◆ 条文要旨

本条是对个人信息处理的合法性根据的规定。

◆ 理解与适用

一、个人信息处理的合法性根据

个人信息的处理活动，从客观上来说，就是对自然人的个人信息权益的侵入或影响，因此，如果没有合法的根据或者合法的理由（Legal Justifications for Data Processing），那么，该处理活动就是侵害个人信息权益的行为，属于不法行为。正因如此，《民法典》第111条第2句中才明确规定“任何组织或者个人需要获取他人个人信息的，应当依法取得并确保信息安全”。《网络安全法》第44条则从反面规定：“任何个人和组织不得窃取或者以其他非法方式获取个人信息，不得非法出售或者非法向他人提供个人信息。”《民法典》第111条中的**“依法取得”**，就是指具备合法理由而取得个人信息。《网络安全法》第44条中的**“非法方式获取”**，就是指欠缺合法理由而取得个人信息；**“非法出售”**或**“非法向他人提供”**，就是指欠缺合法理由将取得的个人信息出售或提供给他人。

总的来说，个人信息处理的合法理由就是两大类：一是告知并取得个人的同意，这种情形下的个人信息处理活动就是“基于个人同意处理个人信息的”活动，处理行为的合法性来自信息主体即个人的有效同意；二是法定理由，即在具备法律、行政法规规定的情形或理由的时候，处理者无须取得个人的同意即可实施个人信息处理活动，该处理活动就是合法的。从比较法上来看，对于告知并取得个人的同意后可以处理个人信息或个人数据即**“基于同意的处理”**（Processing Based on Consent），各国都是普遍认可的，没有什么争议。但是，究竟在哪些情形下个人信息处理者无须取得个人同意就能处理个人信息或个人数据，即**“基于法定许可的处理”**（Processing Based on a Legal Permission）的情形有哪些，则有很大的不同。例如，欧盟《一般数据保护条例》第6条规定了五类无须同意即可处理个人数据的情形，分别是：（1）为了履行数据主体作为一方当事人的合同或在订立合同时为实施数据主体要求的行为所必需的数据处理；（2）为履行数据控制者的法定义务所必要的数据处理；（3）为保护数据主体或另一自然人的重大利益所必要的数据处理；（4）为履行涉及公共利益的职责或实施已经授予数据控制者的职务权限所必要的数据处理；（5）数据控制者或第三方为追求合法利益目的而进行的必要数据处理，但当该利益与要求对个人数据进行保护的数据主体的基本权利和自由相冲突时，尤其是当该数据主体为儿童时，则不得进行数据处理。巴西《通用数据保护法》第 7 条规定："个人数据只能在以下情况下被处理：I. 经数据主体同意；II. 控制者为遵守法律或监管义务；III. 根据本法第四章的规定，公共行政部门处理和共享使用为履行法律法规所要求的，或者基于合同、协议或者类似文件所必需的数据；IV. 研究机构为开展研究，并尽可能确保对个人数据进行匿名化；V. 应数据主体的要求，当履行以该数据主体为一方当事人的协议或者与该协议相关的初步程序为必需时；VI. 为定期行使司法、行政或仲裁程序中的权利（最后一点是根据 1996 年 9 月 23 日第 9307 号法律（巴西《仲裁法》）作出的规定）；VII. 为保护数据主体或第三方的生命或人身安全；VIII. 为保护健康，按医护人员或医疗机构执行的程序；IX. 为满足控制者或第三方合法利益所必需的，但根据数据主体普适性的基本权利和自由要求保护个人数据的情况除外；X. 为了保护信用，包括所适用的法律中关于信用的规定。"再如，韩国《个人信息保护法》第 15 条第 1 款规定："有下列情形的，个人信息处理者可以收集个人信息，并在其收集目的范围内使用：1. 经过信息主体的同意的情形；2. 法律上有特别的规定或者为了遵守法律上的义务而不可避免的情形；3. 公共机关为执行法令等规定的所管业务而不可避免的情形；4. 为了与信息主体签订、履行合同所必要且不可避免的情形；5. 信息主体或法定代理人处于不能作出意思表示的状态，或者由于住所不明等原因无法征得事先同意，且明确被认定为因信息主体或者第三人的生命、身体、财产的紧迫利益所必要的情形；6. 为实现个人信息处理者的正当利益所必要，且明确优先于信息主体的权利的情形。在此情况下，仅限于与个人信息处理者的正当利益有相当的关联性，且不超过合理范围的情形。"①

《个人信息保护法》颁布之前，我国《民法典》第 1035 条第 1 项规定，处理个人信息的，应当征得该自然人或者其监护人同意，但是法律、行政法规另有规定的除外。所谓法律、行政法规另有规定的除外情形，就是法定许可的情形。《民法典》中规定了三类具体的情形：其一，依据《民法典》第 999 条，为公共利益实施新闻报道、舆论监督等行为的，可以合理使用民事主体的个人信息；其

① 2021 年韩国修订《个人信息保护法》的草案准备在该款中增加一项作为第 7 项，即"出现紧急且必要的诸如公共卫生等涉及公共安全与安宁的情况，需要临时处理个人信息的情形"。

二，依据《民法典》第1036条第2项，合理处理该自然人自行公开的或者其他已经合法公开的信息，但是该自然人明确拒绝或者处理该信息侵害其重大利益的除外；其三，依据《民法典》第1036条第3项，为维护公共利益或者该自然人合法权益，合理实施的其他行为。

在《个人信息保护法》的制定过程中，围绕第13条究竟应当规定哪些法定理由，存在很大的争议。有些人尤其是企业的代表总是希望尽可能将无须个人同意处理个人信息的法定理由规定得越多越好。例如，为了历史、文化和科学研究，为了处理者自己的或者第三人的合法、正当的利益等，都应当规定为不需要取得个人的同意就可以处理个人信息的情形。在持这些观点的人士看来，个人信息处理的合法性基础越广泛，越有利于个人信息的合理利用，促进网络科技与数字经济的发展，更好地实现公共利益。另外一些人则认为，对于除个人同意外的法定情形不能规定得太宽，否则很容易被滥用，毕竟《个人信息保护法》是以保护个人信息权益为中心的，我国当前的主要问题不是个人信息没有被合理使用的问题，而是个人信息权益没有得到有效的保护，个人信息的非法买卖、泄露等侵害个人信息权益的现象十分严重。

立法机关经过反复权衡，最终于《个人信息保护法》第13条第1款第2项至第7项规定了六类无须取得个人同意即可处理个人信息的情形，分别是：（1）为订立、履行个人作为一方当事人的合同所必需，或者按照依法制定的劳动规章制度和依法签订的集体合同实施人力资源管理所必需；（2）为履行法定职责或者法定义务所必需；（3）为应对突发公共卫生事件，或者紧急情况下为保护自然人的生命健康和财产安全所必需；（4）为公共利益实施新闻报道、舆论监督等行为，在合理的范围内处理个人信息；（5）依照本法规定在合理的范围内处理个人自行公开或者其他已经合法公开的个人信息；（6）法律、行政法规规定的其他情形。本书认为，这一规定是非常科学合理的，它充分考虑了我国的国情，兼顾现实与未来的发展，与《民法典》等现行法律规定保持了一致，还吸收借鉴了比较法上的优秀成果，值得高度肯定！

二、告知同意规则

（一）含义

告知同意规则，也称“知情同意规则”，是指任何组织或个人在处理个人信息时都应当告知信息主体即其个人信息被处理的自然人，并在取得同意后，方可从事相应的个人信息处理活动，否则该等处理行为即属违法，除非法律、行政法规另有规定。[①] 告知同意规则包含了告知规则与同意规则，二者紧密联系，不可分割。没有告知，自然人无法就其个人信息被处理作出同意与否的表示；即便告知了，但没有充分、清晰地告知，自然人作出的同意也并非真实有效的同意。反之，虽然充分、清晰地告知，却未取得自然人的同意，对个人信息的处理也是非法的，侵害了个人信息权益。

告知同意对于保护个人信息权益非常重要，故此，该规则在《个人信息保护法》中属于基本规则。个人信息是与已识别或可识别的自然人有关的各种信息，因此，个人信息与自然人的人格尊严和人格自由等权益密切相关。为了保护人格尊严和人格自由这一最高位阶的法益，自然人对其个人信息享有受到法律保护的民事权益。我国《个人信息保护法》《民法典》承认了自然人的个人信息权益，赋予了自然人对其个人信息享有作为民事权益的人格权益。[②] 这就意味着其他人需要尊重该权益，不得加以侵害。同样，承认自然人的个人信息权益就意味着对他人行为自由的限制，即任何组织或个人没有得到自然人的同意而处理其个人信息的行为均属于侵害个人信息权益的不法行为，具有非法性。在现代网络信息社会中，个人信息处理的规范上并不存在有的学者提出的如下假设——“个人信息是可以自由使用的，除非个人信息上存在明确可识别的个人权益，否则就不能赋予信息主体干预他人使用的自由”[③]。在一般的人际社会交往中，个人信息的使用主要受社交礼仪的调整，[④] 也受隐私权、名誉权等民法人格权制度的规范。在这个意义上，只要个人信息的使用不侵害自然人的隐私权等人格权，的确是可以自由使用的。例如，A 请朋友 B 告诉他 C 的电话号码或电子邮箱，B 将 C 的这些个人信息告知 A，无须经过 C 的同意。当然，出于社交礼仪，B 最好先征求一下 C 的意见。不过，即便没有征求意见就告知，B 的行为也不构成侵权行为。但是，进入个人信息处理领域，个人信息绝不能任由他人使用，而应当确立自然人对其

① 王利明、程啸、朱虎：《中华人民共和国民法典人格权编释义》，中国法制出版社 2020 年版，第 419 页。

② 程啸：《论我国民法典中个人信息权益的性质》，载《政治与法律》2020 年第 8 期。

③ 高富平：《个人信息处理：我国个人信息保护法的规范对象》，载《法商研究》2021 年第 2 期。

④ See Robert Post, The social foundation of privacy: community and self in the common law tort, California Law Review, 1989, Vol. 77, P. 965.

个人信息的控制权。因为个人信息存在特定自然人的受法律保护的民事权益，对个人信息的处理行为（无论是营利目的还是行政管理目的等）会产生侵害自然人的人格尊严和人身财产等民事权益的风险。个人信息不是什么任由他人使用的公共物品，那种以维护公共利益与公共安全并促进个人数据的流动共享为由，否定自然人对其个人信息的权利，甚至将个人信息作为公共物品完全交由公法规制的观点，[①] 漠视了个人信息上承载的民事权益，只会导致大量以维护公共利益之名而行侵害私权利之实的恶行，最终的结果是既无法维护公共利益，又无法保护民事权益。私权保护与公法规制之间不是非此即彼的关系，而是应当通过两者共同构建个人信息保护的制度基石。

（二）发展演进

告知同意的规则最早为1970年德国黑森州的《数据保护法》所确认。目前，它已经成为绝大多数国家和地区的数据保护法或个人信息保护法中的一项基本规则。1973年美国政府成立的"自动化个人数据系统咨询委员会"（Advisory Committee on Automated Personal Data System）在当年7月发布了《记录、计算机与公民权利》（Records, Computers and the Rights of Citizens）的报告。该报告建议，针对所有的自动化个人数据系统制定联邦"公平信息实践准则"（Code of Fair Information Practice），该准则共有五项，其中的两项分别是："必须确保个人知晓其被收集的信息是什么以及该信息被如何使用"（There must be a way for an individual to find out what information about him is in a record and how it is used.）；"必须确保个人能够阻止未经其同意将基于某一目的所获取的信息用于其他的目的，或未经其同意该其信息提供给他人用于其他目的"（There must be a way for an individual to prevent information about him that was obtained for one purpose from being used or made available for other purposes without his consent.）。[②] 1974年美国的《隐私权法》（The Privacy Act）明确采取了告知同意规则，该法明确规定：任何机关不得以任何方式向任何个人或者其他机关提供其档案系统中的任何材料，除非有该档案内容相关者的书面申请或者事前的书面同意为根据，但有该法规定的12项例

① 吴伟光：《大数据技术下个人数据信息私权保护论批判》，载《政治与法律》2016年第7期。

② Records, Computers and the Rights of Citizens, Report of the Secretary's Advisory Committee on Automated Personal Data Systems, July, 1973. 该报告全文载 https://epic.org/privacy/hew1973report/#preface。

外情形的除外。1980 年《经济合作与发展组织关于隐私保护和个人数据跨疆界流动的指导原则》第 10 条规定："如果不是依据第 9 条载明的目的，个人数据不应当被披露和公开使用，除非：（a）经过数据主体的同意；或者（b）经过法律的授权。"1995 年《个人数据保护指令》第 7 条规定："各成员国应当规定，只有在下列条件下才可以对数据进行处理：（a）数据主体明确表示同意；或（b）处理对于履行数据主体作为当事人的合同是必要的，或者为了根据数据主体提出的要求从而在合同生效前采取某些措施；或（c）处理对于管理者履行其合法义务是必要的；或（d）处理对于保护数据主体的重要利益是必要的；或（e）处理对于为了公共利益或管理者以及向其公开数据的第三方在行使官方授权中所执行的任务是必要的；或（f）处理对于管理者或第三方或其他向其公开数据的当事人的合法利益是必要的，除非第 1 条第 1 款所保护的数据主体的基本权利和自由的利益优先于这些利益。"2018 年，欧盟《一般数据保护条例》在导言部分第 32 条指出："处理个人数据之前应征得数据主体的同意，通过清楚明确的行为自愿表明同意对其个人数据进行处理，例如通过书面陈述（包括电子形式）或者口头声明。同意方式可以包括在浏览网页时在方框里打上钩，对信息社会服务进行技术设置或者其他陈述或行为以清楚表示接受对其个人数据的处理。因此，默示、预选方框或者不作为不构成同意。同意范围应当包括所有基于同一目的或同一类目的而进行的数据处理活动。当数据处理活动存在多种目的时，每项目的都应当征得同意。如果数据主体是基于电子形式的请求而做出的同意，请求应清晰、简洁且不影响所提供服务的使用。"

《个人信息保护法》颁布前，我国在法律上就已经明确采取了告知同意规则。《全国人民代表大会常务委员会关于加强网络信息保护的决定》第 2 条规定，网络服务提供者和其他企业事业单位在业务活动中收集、使用公民个人电子信息，应当遵循合法、正当、必要的原则，明示收集、使用信息的目的、方式和范围，并经被收集者同意。《网络安全法》第 41 条第 1 款规定："网络运营者收集、使用个人信息，应当遵循合法、正当、必要的原则，公开收集、使用规则，明示收集、使用信息的目的、方式和范围，并经被收集者同意。"《民法典》第 1035 条第 1 款更是明确规定："处理个人信息的，应当遵循合法、正当、必要原则，不得过度处理，并符合下列条件：（一）征得该自然人或者其监护人同意，但是法律、行政法规另有规定的除外；（二）公开处理信息的规则；（三）明示处理信息的目的、方式和范围；（四）不违反法律、行政法规的规定和双方的约定。”

（三）《个人信息保护法》以告知同意为核心构建个人信息处理规则

首先，《个人信息保护法》第 13 条将“取得个人的同意”作为个人信息处理者可处理个人信息的第一类情形，这就明确了个人信息处理中的告知同意规则，同时还确立了告知同意在个人信息处理规则中的核心地位。①《个人信息保护法》分别对告知义务的履行和内容、同意的有效要件、同意的类型以及同意的撤回等作出了详细的规定。

其次，《个人信息保护法》第 13 条第 1 款将“取得个人的同意”与“为履行法定职责或者法定义务所必需”等七大类可以合法处理个人信息的情形并列加以规定。这样一来，就大大拓宽了个人信息处理的合法性基础或根据的范围。

最后，《个人信息保护法》第 13 条第 2 款规定：“依照本法其他有关规定，处理个人信息应当取得个人同意，但有前款第二项至第七项规定情形的，不需取得个人同意。”这就是说，依据《个人信息保护法》的其他有关规定，如第 22 条、第 23 条、第 25 条、第 26 条、第 29 条、第 31 条、第 39 条等，这些条目所列举的个人信息处理活动都应当取得个人同意。但是，如果在这些个人信息处理活动中，也存在《个人信息保护法》第 13 条第 1 款第 2—7 项规定的情形的，是不需要取得个人同意的。如此一来，则明确了告知同意规则与法律、行政法规规定的其他情形之间的适用关系。

（四）告知同意规则的重要意义

原则上，任何人都不得侵害他人的民事权益，但民事主体可以对自己的权益进行合法的处分，既包括自行处分，也包括在不违反法律强制性规定和公序良俗原则的前提下同意他人对自己民事权益的处分。告知同意规则充分体现了尊重和保护民事权益的精神和意思自治原则。作为个人信息处理行为的基本规范，告知

---

① 全国人大常委会法制工作委员副主任刘俊臣在第十三届全国人大常委会第二十二次会议上作的《关于〈中华人民共和国个人信息保护法（草案）〉的说明》指出：“确立以‘告知—同意’为核心的个人信息处理一系列规则，要求处理个人信息应当在事先充分告知的前提下取得个人同意，并且个人有权撤回同意；重要事项发生变更的应当重新取得个人同意；不得以个人不同意为由拒绝提供产品或者服务。考虑到经济社会生活的复杂性和个人信息处理的不同情况，草案还对基于个人同意以外合法处理个人信息的情形作了规定。”

同意规则对个人信息处理行为进行了限定，它是判断个人信息处理行为合法与否的基本规则（除非法律另有规定），在个人信息处理规则的构建中发挥了重要的作用，具体阐述如下。

1. 告知同意规则是判断个人信息处理行为合法与否的基本标准，凡是没有遵守该规则的处理行为，原则上都是非法的，除非法律、行政法规另有规定（《民法典》第 1035 条第 1 款第 1 项）。这就意味着：首先，个人信息处理者对其处理行为合法与否具有更明确的预期，即知道在处理个人信息时应当怎么做才使得处理行为是合法的；对于信息主体即自然人而言，由于被告知了个人信息将被处理，在知情权得到充分尊重的基础上享有了同意或拒绝的权利。故此，告知同意这种标准化的模式无论是对于用户还是信息处理者而言均为成本最小化的解决方式，双方减少了因不信任而产生的交易成本，能直接进入个人信息权益行使最为核心的地带：同意及同意的撤回，甚至删除权。[①] 其次，对于个人信息保护执法机构来说，告知同意规则为其查处违法的个人信息处理行为提供了明确的标准。凡是没有遵循该规则且没有法律、行政法规例外规定的个人信息处理行为就是违法行为，就可以查处。最后，在个人信息权益民事纠纷案件的裁判中，告知同意规则是法院认定处理者应否承担侵权责任的重要标准。只要没有遵循告知同意规则而进行处理，当然就是侵害他人个人信息权益的不法行为，至少应当承担停止侵害、排除妨碍、消除危险等侵权责任；如果因此造成损害并符合其他损害赔偿请求权的构成要件的，还要承担损害赔偿责任。尽管告知同意规则的实践操作没有让用户真正了解个人信息处理的目的、方式或范围等，但该规则的存在至少使得用户知悉自己的个人信息正在被哪个信息处理者所处理并且自己曾经同意处理。这样一来，知情同意规则不仅建立了处理行为的合法性基础，也不影响下文将要提及的即便经过同意的处理行为也可能构成违法行为的法律评价。无论信息处理者在告知同意规则中使用如何复杂冗长甚至含混的表述，也无论个人信息被处理的自然人是否实际阅读或理解了告知的内容，只要因此发生纠纷，行政机构在执行或法院裁判案件时，首先要审查的就是处理者是否依法履行了告知同意规则。只要没有履行该规则，就是非法处理行为，应当承担法律责任。如果处理者

① 万方：《个人信息处理中的“同意”与“同意撤回”》，载《中国法学》2021 年第 1 期。

履行了告知同意规则，就不存在非法处理个人信息的行为，自然人原则上也不得对该合法处理行为进行阻碍。因此，告知同意规则在具体落实中存在的一些问题，如处理者的告知含混不清、琐屑烦琐，自然人缺乏真正的意思自由等，[①] 都不称其为问题。实践中暴露出来的这些问题不仅没有削弱告知同意规则在个人信息处理中的重要意义，反而彰显了该规则的重要性，否则那些违法处理个人信息的处理者也不会想尽办法来规避告知同意规则。

2. 告知同意规则只是解决个人信息处理行为合法与否的问题，而非意味着发生侵害个人信息权益的违法行为时，处理者可以据此免于承担任何法律责任，更不能以告知同意规则的履行来排除其他个人信息保护规则的适用。首先，即便处理者充分适当地履行了告知同意规则，也只是使得处理行为本身不具有非法性而已，即存在违法阻却事由，可能无须承担行政责任或刑事责任。[②] 但是，在处理的过程中，因为不合理的处理行为如处理者的故意或过失等造成自然人的人身财产权益受到侵害的，依然要承担民事责任。我国《民法典》第 1036 条第 1 项就是要表明，即便是在自然人或其监护人同意的范围内实施的个人信息处理行为也必须是合理的，如果不合理，依然要承担民事责任。[③] 也就是说，合法的个人信息处理行为应当遵循比例原则。其次，告知同意规则并非一劳永逸的规则，而只是针对依法告知并取得同意的特定处理者的特定个人信息处理行为而言。这就是说，并非告知并取得同意后，处理者就可以随意地、无限制地处理个人信息，处理者仍然应当严格遵循法律规定和当事人约定的相应的义务。对此，《个人信息保护法》有明确的规定，例如，处理目的、处理方式等发生变更的，处理者应当将变更的部分告知个人（第 17 条第 1 款、第 2 款）。最后，告知同意规则应当符合个人信息处理中的基本原则，包括必要原则、正当原则、合法原则、诚信原则、目的限制原则等（《个人信息保护法》第 5—10 条），并且告知同意规则也不能免除个人信息处理者负有确保个人信息处理活动符合法律、行政法规规定的义

---

① 任龙龙：《论同意不是个人信息处理的正当性基础》，载《政治与法律》2016 年第 1 期；方禹：《个人信息保护中的“用户同意”规则：问题与解决》，载《网络信息法学研究》2018 年第 1 期。

② 例如，依据《最高人民法院、最高人民检察院关于办理侵犯公民个人信息刑事案件适用法律若干问题的解释》第 2 条规定，违反法律、行政法规、部门规章有关公民个人信息保护的规定的，应当认定为《刑法》第 253 条之一规定的“违反国家有关规定”。

③ 黄薇主编：《中华人民共和国民法典人格权编解读》，中国法制出版社 2020 年版，第 220 页。

务以及保护个人信息安全的义务。毫无疑问，基于个人同意处理个人信息时，处理者当然也负有不得泄露或者篡改个人信息的义务，应当采取措施以确保其收集、存储的个人信息安全，防止信息泄露、篡改、丢失并在发生或者可能发生个人信息泄露、篡改、丢失时及时采取补救措施，按照规定告知自然人并向有关主管部门报告（《个人信息保护法》第51条、第57条；《民法典》第1038条）。同样，告知同意规则也不能排除信息主体针对处理者享有的权利，如查阅或者复制其个人信息的权利，发现信息有错误的有权提出异议并请求及时采取更正等必要措施的权利等。即便处理者在告知时通过格式条款排除了自然人的这些权利并取得了自然人的同意，这些格式条款也是无效的（《民法典》第497条）。

3. 告知同意规则涉及自然人的个人信息权益，该权益属于人格权益，故此，告知同意规则的适用需要受到相应的限制。一方面，人格权益具有专属性，《民法典》第992条明确规定："人格权不得放弃、转让或者继承。"第993条规定："民事主体可以将自己的姓名、名称、肖像等许可他人使用，但是依照法律规定或者根据其性质不得许可的除外。"因此，任何组织或个人都不能通过告知同意规则而一次性取得对他人的个人信息的无限制、永久的处理权限，自然人本身也不能放弃、转让其个人信息权益。《最高人民法院关于审理使用人脸识别技术处理个人信息相关民事案件适用法律若干问题的规定》第11条规定："信息处理者采用格式条款与自然人订立合同，要求自然人授予其无期限限制、不可撤销、可任意转授权等处理人脸信息的权利，该自然人依据民法典第四百九十七条请求确认格式条款无效的，人民法院依法予以支持。"另一方面，告知同意规则不得违背公序良俗原则，不得抵触更高位阶的权益，否则即便遵循了告知同意规则，处理行为也是违法的。《民法典》第8条规定："民事主体从事民事活动，不得违反法律，不得违背公序良俗。"通信自由和通信秘密作为《宪法》保护的高位阶的权利，不应该受到告知同意的限制。①

（五）证明责任

个人信息处理者是否告知并取得个人的同意，应由其负证明责任，即处理者必须证明在处理个人信息之前已经依法告知并取得了个人的同意，如果处理者不

① 张新宝：《个人信息收集：告知同意原则适用的限制》，载《比较法研究》2019年第6期。

能证明，就认为其个人信息处理行为并未取得个人的同意。此时，除非属于无须取得个人同意的情形，否则该处理活动就是非法的。对此，欧盟《一般数据保护条例》第7条第1款有明确的规定，即“如果处理是基于同意，控制者应能证明数据主体已经同意处理其个人数据”。《一般数据保护条例》并未对获得同意的形式有具体的要求，故此这一点非常重要。我国《个人信息保护法》没有规定处理者对于已经取得个人同意负有证明责任，但也应当作相同的理解。同时，《个人信息保护法》对于不同类型的处理活动中的处理者所取得的个人同意还有形式上的特别要求，如公开个人信息的，必须取得个人的单独同意（第25条），再如，处理敏感个人信息应当取得个人的单独同意，法律、行政法规规定处理敏感个人信息要求书面同意的，从其规定（第29条）。故此，在《个人信息保护法》等法律、行政法规对同意的形式作出了特殊规定的情形下，处理者不仅要证明已经取得了个人的同意，而且该同意的形式还必须符合法定的要求，如属于单独的同意或者书面的同意。

三、法定许可

（一）概述

告知并取得个人的同意并非个人信息处理活动的唯一合法性基础。为了维护他人的合法权益、公共利益或者国家利益，在特定的情形下，法律允许处理者无须取得个人同意就实施个人信息处理行为。这些情形是法律对于个人信息权益的限制，它使得客观上属于“侵害”个人信息权益的处理行为，不被评价为不法行为，法律上不认为它是对法律秩序的破坏。事实上，不少民事权益都存在法律上的合理限制，例如，我国《著作权法》第2章第4节“权利的限制”就规定了著作权的合理使用与法定许可，依据第24条的规定，在该条第1款所列举的13种情形下使用作品，可以不经著作权人许可，不向其支付报酬，但应当指明作者姓名或者名称、作品名称，并且不得影响该作品的正常使用，也不得不合理地损害著作权人的合法权益。再如，《民法典》第1020条规定，合理实施下列行为的，可以不经肖像权人同意：（1）为个人学习、艺术欣赏、课堂教学或者科学研究，在必要范围内使用肖像权人已经公开的肖像；（2）为实施新闻报道，不可避免地制作、使用、公开肖像权人的肖像；（3）为依法履行职责，国家机关在必要范围内制作、使用、公开肖像权人的肖像；（4）为展示特定公共环境，不可避免地制作、使用、公开肖像权人的肖像；（5）为维护公共利益或者肖像权人合法权益，制作、使用、公开肖像权人的肖像的其他行为。

总的来说，法律上是否对于某种民事权益进行限制以及何种程度的限制，取决于权益性质、权益位阶、价值权衡、是否符合比例原则等因素。例如，对于生命权、身体权、健康权，不存在什么合理限制的问题，因为这三类权利是自然人最基本也是最重要的权利，位阶最高，没有什么其他的权益或利益的考虑能够压倒这三类权利。故此，《民法典》第 998 条规定："认定行为人承担侵害除生命权、身体权和健康权外的人格权的民事责任，应当考虑行为人和受害人的职业、影响范围、过错程度，以及行为的目的、方式、后果等因素。"这就是说，在认定侵害生命权、身体权和健康权的民事责任时，不能适用所谓的动态系统论。

个人信息权益受保护的程度显然不可能如同生命权、身体权和健康权那样高，而对个人信息的利用又是现代社会不可或缺的，否则网络科技和数字经济就无法发展，社会治理与国家治理能力也无法提升。故此，对于个人信息权益的限制比较多。考虑到我国的国情，同时吸收借鉴比较法的优秀成果，我国《个人信息保护法》第 13 条第 1 款第 2 项至第 7 项规定了六类无须取得个人同意即可处理个人信息的情形。需要研究的是，这六类不需要取得个人同意即可处理个人信息的情形与需要取得个人同意的情形之间是什么样的适用关系。换言之，如果个人信息处理者完全可以依据《个人信息保护法》第 13 条第 1 款第 2 项以"履行个人作为一方当事人的合同所必需"为由，不取得个人同意即可处理个人信息时，其能否也按照告知同意规则，告知个人后并取得个人的同意，然后再处理个人信息。也就是说，个人信息处理者能否在已经符合可以不需要取得个人同意即可处理个人信息的条件时，仍然去取得个人同意？从理论上说，个人信息处理者这样去做当然是不违法的，也是无可指责的。但是，这种做法会产生一个问题，就是当个人撤回同意或者同意的效力存在问题时，个人信息处理者是否还能以存在其他合法性基础为由而继续处理个人信息，包括不删除个人信息？对此，欧盟第 29 条工作组在《对第 2016/679 号条例下同意的解释指南》中认为，如果控制者选择将其任何处理活动都依赖于同意这一基础，那么其必须做好尊重该选择的准备，且应在数据主体撤回同意时即停止相应部分的数据处理。在外表明数据处理将依据同意进行，而实际上还依据其他法律基础，这对数据主体是根本不公平的。换句话说，控制者不能从同意转换到其他法律基础。例如，在同意有效性遇到问题的情况下，不允许追溯利用合法利益基础来证明处理的合理性。由于要求控制者披露在收集个人数据时所依据的法律基础，其必须在收集之前就决定所适用的法律基础。本书赞同上述观点，即个人信息处理者只能在取得同意或者具备某一法定情形之间进行选择，不能采取双保险的做法。

（二）为订立或者履行个人作为一方当事人的合同所必需

依据《个人信息保护法》第 13 条第 1 款第 2 项和第 2 款的规定，为订立或者履行个人作为一方当事人的合同所必需时，个人信息处理者不需要取得个人同意即可处理个人信息。所谓**为订立或履行个人作为一方当事人的合同所必需**，是指当个人作为一方当事人与作为另一方当事人的处理者正在订立合同或者履行已经成立的合同时，处理者只有处理该个人的某些个人信息才能与之缔结或履行合同。这种例外情形仅适用于处理者与个人作为平等的民事主体之间订立或履行合同的场合，即处理者向个人提供产品或者服务而与个人之间订立或履行合同。依据《民法典》第 464 条第 1 款，合同是指“民事主体之间设立、变更、终止民事法律关系的协议”①。例如，A 公司经营一家网店销售食品，顾客 B 浏览该网站后想向 A 公司购买某些食品。此时，A 公司为了向 B 交货，就必须收集 B 的收货地址、姓名和必要的联系方式。如果采取通过银行转账或信用卡支付的方式，那么 A 公司就需要处理顾客 B 的银行账户或信用卡信息。当然，如果采取的是货到付款方式，则 A 公司无须处理此等信息。

对于哪些个人信息的处理属于**为订立或履行**合同所必需，应当在合同订立或履行前就基于全部的具体情形加以分析评估，具体而言，一方面，应当符合比例原则，也就是说，需要考虑是否存在可以比处理个人信息的侵入性更小的

---

① 目前，我国《行政诉讼法》等法律和司法解释上还有所谓的行政协议，即行政机关为了实现行政管理或者公共服务目标，与公民、法人或者其他组织协商订立的具有行政法上权利义务内容的协议，如：政府特许经营协议；土地、房屋等征收征用补偿协议；矿业权等国有自然资源使用权出让协议；政府投资的保障性住房的租赁、买卖等协议；某些政府与社会资本合作协议等（《最高人民法院关于审理行政协议案件若干问题的规定》第 2 条）。行政协议兼具行政性与协议性，既有行政行为的属性，又采取了合同的方式，故此，行政协议中是否存在订立或履行该协议所必需的个人信息的情形，需要具体判断，如果从平等主体的角度而言，存在这种需要，则可以适用本项规定，否则可以依据《个人信息保护法》第 13 条第 1 款第 3 项关于履行法定职责所必需的规定。

方式。[①] 如有此种方式，就不满足《个人信息保护法》第 13 条第 1 款第 2 项的要求。另一方面，要从处理者与信息主体等双方当事人的角度来考虑合同的目的，即对于实现合同的目的而言，信息的处理是否属于必不可少的。处理个人信息的主体依据本项而处理个人信息的，处理者负担证明责任，其必须证明如果有关个人信息的特定处理活动不能在不取得个人同意的情形下就进行，那么个人作为一方当事人的该等合同就无法订立或者予以履行。当然，依据《个人信息保护法》第 13 条第 1 款第 2 项，处理者虽然可以不取得个人的同意就从事处理特定的个人信息的处理行为，但是，处理者在个人信息处理中应当负有相应的义务。对此，不仅《个人信息保护法》有明确的规定，《民法典》等其他法律也有规定。例如，《民法典》第 509 条第 2 款规定："当事人应当遵循诚信原则，根据合同的性质、目的和交易习惯履行通知、协助、保密等义务。"第 558 条规定："债权债务终止后，当事人应当遵循诚信等原则，根据交易习惯履行通知、协助、保密、旧物回收等义务。"这两条中规定的"保密"义务，就保护了对个人信息的保密义务。

（三）按照依法制定的劳动规章制度和依法签订的集体合同实施人力资源管理所必需

《草案一审稿》和《草案二审稿》都没有这一情形。在《个人信息保护法》起草过程中，就是否应当规定为了人力资源管理所必需的情形，存在争论。一种观点认为，人力资源管理涉及的内容非常广泛，所谓人力资源管理所必需的范围可能无法限制，不利于个人信息的保护。事实上，所谓人力资源管理所必需的个人信息处理活动完全可以通过告知同意规则以及其他法定事由分别解决。例如，在招聘时处理应聘者的个人信息可以以告知并取得个人的同意作为合法根据；对于准备签订劳动合同或已经签订了劳动合同的员工，处理个人信息的合法性根据可以是"为订立、履行个人作为一方当事人的合同所必需"。此外，依据《劳动合同法》《社会保险法》《工伤保险条例》等法律行政法规的规定，雇主即用人单位有法定义务为员工办理社会保险，此时处理个人信息完全可以用履行法定义

---

① Christopher Kuner, Lee A. Bygrave & Christopher Docksey ed., The EU General Data Protection Regulation (GDPR): A Commentary, Oxford University Press, P. 331.

务作为根据。由此可见，完全没有必要规定“人力资源管理所必需”作为处理个人信息的合法性根据。

另一种观点认为，应当增加“人力资源管理所必需”这一合法性根据，这也属于单位为了自身合法利益而无须取得同意的情形。单位尤其是公司企业处理员工的个人信息的情形越来越普遍，所涉及的场景非常多，并不是依靠取得个人同意、履行合同所必需和履行法定义务就可以解决的。从招聘新员工时处理应聘者的简历，到员工入职后办理社保、支付薪水、提供福利、绩效考评、业务培训，工作场所使用信息和通信监控技术，工作中使用单位车辆和各种记录仪，单位向第三人披露员工信息，公司集团内部员工信息的转移甚至是跨国提供等，都是个人信息的处理。① 如果每一个个人信息的处理行为都要逐一取得同意，那么人力资源管理活动就无法正常进行。单位与员工之间的关系本来就是不对等的，在单位取得员工同意时，员工几乎不可能自愿地同意或拒绝、撤回同意。而且，仅仅是履行合同所必需和履行法定义务也不足以解决问题，故此，应当明确单位可以基于人力资源管理这种合法利益所必需而处理员工的个人信息。

在《个人信息保护法》起草过程中，有的常委委员和企业、专家提出，现实中有关企业、单位在人力资源管理工作中需要处理个人信息，建议在草案中将此类情况作为允许收集和处理个人信息的情形。宪法和法律委员会经研究，建议采纳上述意见。故此，《草案三审稿》第 13 条第 1 款第 2 项规定了“人力资源管理所必需”可以处理个人信息。但是，在讨论的过程中，不少人认为，人力资源管理所必需的范围还是过于宽泛，应当加以限制。最终颁布的《个人信息保护法》第 13 条第 1 款第 2 项增加了一个限制，即“按照依法制定的劳动规章制度和依法签订的集体合同实施人力资源管理所必需”。

从《个人信息保护法》这一规定可知，首先，处理个人信息必须是实施人力资源管理所必需。其次，也不是所有出于人力资源管理工作的需要都意味着可以不取得个人的同意就处理个人信息，只有在“按照依法制定的劳动规章制度和依

---

① 欧盟第 29 条工作组在《第 2/2017 号关于工作中数据处理的意见》中归纳了单位处理员工个人数据的九种具体场景，包括：招聘过程中的处理操作、就业筛选中产生的处理操作、工作场所使用信息和通信监控技术（ICT）产生的处理操作、工作场所外使用 ICT 监控技术产生的处理操作、与时间和出勤有关的处理操作、使用视频监控系统的处理操作、涉及员工车辆使用的处理操作、涉及向第三方披露员工数据的处理、涉及人力资源和其他员工数据的国际转移的处理操作。

法签订的集体合同”而实施的人力资源管理中必须处理个人信息的情形中，才可以不取得个人同意而处理个人信息。这样就排除了企业依据自身制定的不合理的劳动规章制度而以实施人力资源管理所必需为由处理职工的个人信息，也防止了企业随意扩大解释人力资源管理的范围任意处理员工的个人信息。所谓劳动规章制度，依据《劳动法》第4条和《劳动合同法》第4条规定，用人单位应当依法建立和完善劳动规章制度，保障劳动者享有劳动权利、履行劳动义务。用人单位在制定、修改或者决定有关劳动报酬、工作时间、休息休假、劳动安全卫生、保险福利、职工培训、劳动纪律以及劳动定额管理等直接涉及劳动者切身利益的规章制度或者重大事项时，应当经职工代表大会或者全体职工讨论，提出方案和意见，与工会或者职工代表平等协商确定。在规章制度和重大事项决定实施过程中，工会或者职工认为不适当的，有权向用人单位提出，通过协商予以修改完善。用人单位应当将直接涉及劳动者切身利益的规章制度和重大事项决定公示，或者告知劳动者。

所谓集体合同，是指工会或职工代表代表全体职工与用人单位之间根据法律、法规的规定，就劳动报酬、工作时间、休息休假、劳动安全卫生、保险福利等事项，在平等协商一致的基础上签订的协议。《劳动法》第33条规定，企业职工一方与企业可以就劳动报酬、工作时间、休息休假、劳动安全卫生、保险福利等事项，签订集体合同。集体合同草案应当提交职工代表大会或者全体职工讨论通过。集体合同由工会代表职工与企业签订；没有建立工会的企业，由职工推举的代表与企业签订。《劳动合同法》第51条规定，企业职工一方与用人单位通过平等协商，可以就劳动报酬、工作时间、休息休假、劳动安全卫生、保险福利等事项订立集体合同。集体合同草案应当提交职工代表大会或者全体职工讨论通过。集体合同由工会代表企业职工一方与用人单位订立；尚未建立工会的用人单位，由上级工会指导劳动者推举的代表与用人单位订立。

（四）为履行法定职责或者法定义务所必需

从比较法上来看，各国各地区的数据保护法和个人信息保护法都将履行法定职责和法定义务作为不适用告知同意规则的典型情形。例如，欧盟《一般数据保护条例》第6条第1款（c）项和（e）项就分别规定了“处理是控制者履行法律义务之必要”以及“处理是为了执行公共利益领域的任务或行使控制者既定的公务职权之必要”这两种不适用告知同意规则的情形。再如，韩国《个人信息保护法》第 15 条第 1 款第 2 项、第 3 项规定，“法律上有特别的规定或者为了遵守法律上的义务而不可避免的情形”以及“公共机关为执行法令等规定的所管业务而不可避免的情形”，个人信息处理者可以收集个人信息，并在其收集目的范围内使用。我国《个人信息保护法》第 13 条第 1 款第 3 项明确规定，为履行法定职责或者法定义务所必需的，个人信息处理者可以不取得个人同意而进行个人信息的处理，具体阐述如下。

1. 履行法定职责所必需

所谓法定职责包括法定职权和法定责任，是指立法机关、行政机关以及司法机关等公权力机关依据法律法规的规定而享有的职权以及必须履行的义务。履行法定职责是依法治国原则的体现，即一方面，公权力机关的职权来自法律法规的授权，不得任意扩张其职权，否则就是超越职权范围的违法行为；另一方面，公权力机关依法行使职权是其法定的责任，不依法履行职责也属于违法行为，应当承担法律责任。《中共中央关于全面推进依法治国若干重大问题的决定》指出：“依法全面履行政府职能。完善行政组织和行政程序法律制度，推进机构、职能、权限、程序、责任法定化。行政机关要坚持法定职责必须为、法无授权不可为，勇于负责、敢于担当，坚决纠正不作为、乱作为，坚决克服懒政、怠政，坚决惩处失职、渎职。行政机关不得法外设定权力，没有法律法规依据不得作出减损公民、法人和其他组织合法权益或者增加其义务的决定。推行政府权力清单制度，坚决消除权力设租寻租空间。”

为确保公权力机关能够履行法定职责，《个人信息保护法》第 13 条第 1 款第 3 项规定，为履行法定职责所必需的，不需要取得个人同意。例如，《道路交通安全法》第 19 条规定，驾驶机动车，应当依法取得机动车驾驶证。申请机动车驾驶证，应当符合国务院公安部门规定的驾驶许可条件；经考试合格后，由公安机关交通管理部门发给相应类别的机动车驾驶证。故此，自然人在向公安机关交通管理部门申请机动车驾驶证时，必须提供相应的个人信息，公安机关交通管理部门可以无须取得个人的同意。再如，《刑事诉讼法》第 132 条第 1 款规定：“为了确定被害人、犯罪嫌疑人的某些特征、伤害情况或者生理状态，可以对人身进行检查，可以提取指纹信息，采集血液、尿液等生物样本。”显然，这种情形下，公安机关或检察机关为侦查犯罪而强制收集的个人生物识别信息等，就属于履行法定职责，无须取得个人同意。

需要注意的是：首先，法定职责中的“法”是广义的法，既包括全国人大及其常委会颁布的法律，也包括行政法规、地方性法规、部门规章和地方政府规章等规范性法律文件。其次，国家机关等为履行法定职责而处理个人信息时，只有为履行法定职责所必需的，才可以不需要取得个人同意。这就是说，并非只要国家机关为履行法定职责而处理个人信息的，就一定是不需要取得个人同意的情形，只有为履行法定职责所必需即不处理个人信息就无法履行法定职责的情形，才可以不取得个人的同意。最后，国家机关履行法定职责而处理个人信息并非一定都伴随着具体的行政行为。以行政机关为例，其有时是在作出行政许可、审批、申报、征税、处罚等具体的行政行为时处理个人信息，有时则是专门以收集信息为目的而进行活动。例如，国家统计机关依据《统计法》《全国经济普查条例》《全国人口普查条例》等法律法规的规定进行统计调查对个人信息的处理，就并不伴随具体的针对特定个人的行政行为。但是，统计机构是在履行法定职责，故此，依据《统计法》等法律法规的规定，国家机关、企业事业单位和其他组织以及个体工商户和个人等统计调查对象，必须依法真实、准确、完整、及时地提供统计调查所需的资料，不得提供不真实或者不完整的统计资料，不得迟报、拒报统计资料。

2. 履行法定义务所必需

法定义务是指信息处理者依据法律法规的规定而负有的义务。法定义务不同于法定职责，法定职责仅指公权力机关即国家机关以及法律法规授权的具有管理公共事务职能的组织，而法定义务限于普通的民事主体即自然人、法人和非法人组织。我国法律中规定了很多法定义务，例如，我国《社会保险法》《劳动合同法》《劳动法》《工伤保险条例》等法律法规要求，职工应当参加工伤保险，由用人单位缴纳工伤保险费，职工不缴纳工伤保险费。故此，用人单位在为职工投保工伤保险时，就必须收集职工的相关个人信息，否则就无法履行该义务。再如，依据我国《反洗钱法》的规定，金融机构负有反洗钱的法定义务，该义务就包括必须从事某些个人信息处理行为。例如，依据《反洗钱法》第 16 条的规定，金融机构应当按照规定建立客户身份识别制度。金融机构在与客户建立业务关系或者为客户提供规定金额以上的现金汇款、现钞兑换、票据兑付等一次性金融服务时，应当要求客户出示真实有效的身份证件或者其他身份证明文件，进行核对并登记。客户由他人代理办理业务的，金融机构应当同时对代理人和被代理人的身份证件或者其他身份证明文件进行核对并登记。与客户建立人身保险、信托等业务关系，合同的受益人不是客户本人的，金融机构还应当对受益人的身份证件或者其他身份证明文件进行核对并登记。金融机构不得为身份不明的客户提供服务或者与其进行交易，不得为客户开立匿名账户或者假名账户。金融机构对先前获得的客户身份资料的真实性、有效性或者完整性有疑问的，应当重新识别客户身份。任何单位和个人在与金融机构建立业务关系或者要求金融机构为其提供一次性金融服务时，都应当提供真实有效的身份证件或者其他身份证明文件。当然，金融机构在履行反洗钱的法定义务中获取的个人信息，其负有保密的义务，不得泄露，非依法律规定，不得向任何单位和个人提供（《反洗钱法》第5条第1款）。再如，《网络安全法》第21条规定，国家实行网络安全等级保护制度。网络运营者应当按照网络安全等级保护制度的要求，履行下列安全保护义务，保障网络免受干扰、破坏或者未经授权的访问，防止网络数据泄露或者被窃取、篡改：（1）制定内部安全管理制度和操作规程，确定网络安全负责人，落实网络安全保护责任；（2）采取防范计算机病毒和网络攻击、网络侵入等危害网络安全行为的技术措施；（3）采取监测、记录网络运行状态、网络安全事件的技术措施，并按照规定留存相关的网络日志不少于六个月；（4）采取数据分类、重要数据备份和加密等措施；（5）法律、行政法规规定的其他义务。因此，当作为网络运营者的个人信息处理者出于防范计算机病毒和网络攻击而采取相应技术措施的必要，处理个人信息的，也可以认为属于为履行法定义务所必需。

（五）为应对突发公共卫生事件所必需

所谓突发公共卫生事件，是指突然发生，造成或者可能造成社会公众健康严重损害的重大传染病疫情、群体性不明原因疾病、重大食物和职业中毒以及其他严重影响公众健康的事件。突发公共卫生事件属于突发事件的一类。依据《突发事件应对法》第3条，突发事件是指突然发生，造成或者可能造成严重社会危害，需要采取应急处置措施予以应对的自然灾害、事故灾难、公共卫生事件和社会安全事件。依据《传染病防治法》《突发事件应对法》《突发公共卫生事件应急条例》的规定，在发生突发公共卫生事件时，为了防控疫情，保护广大人民群众的生命财产安全，政府将依法采取相应的应急处置措施，包括：组织营救和救治受害人员，疏散、撤离并妥善安置受到威胁的人员以及采取其他救助措施；迅速控制危险源，标明危险区域，封锁危险场所，划定警戒区，实行交通管制以及其他控制措施；立即抢修被损坏的交通、通信、供水、排水、供电、供气、供热等公共设施，向受到危害的人员提供避难场所和生活必需品，实施医疗救护和卫生防疫以及其他保障措施；禁止或者限制使用有关设备、设施，关闭或者限制使用有关场所，中止人员密集的活动或者可能导致危害扩大的生产经营活动以及采取其他保护措施；采取防止发生次生、衍生事件的必要措施等。在现代信息社会，借助大数据分析手段，位置信息、行动轨迹等个人信息在疫情预测预警、人员流动监控、物资调配分发等方面发挥了重要作用。这一点在最近两年我国的新冠肺炎疫情防控中得到了鲜明的体现。故此，为了更好地应对突发公共卫生事件，《个人信息保护法》第 13 条第 1 款第 4 项明确了，为应对突发公共卫生事件所必需时，可以不取得个人同意而处理个人信息。当然，虽然不需要取得个人的同意，但是相关部门对于处理的个人信息必须依法采取保密措施，保护相关人员的隐私权和个人信息权益，从而实现保护合法权益与疫情防控、维护公共利益之间的协调。

（六）紧急情况下为保护自然人的生命健康和财产安全所必需

依据《民法典》第 1036 条第 3 项，为了维护作为个人信息主体的**“该自然人合法权益”**，可以不经过自然人或其监护人的同意而合理实施个人信息的处理行为，行为人不承担民事责任。所谓维护该自然人的合法权益，是指为了维护作为个人信息主体的自然人的人身财产权益。例如，甲突发疾病而生命垂危，急需在掌握其既往病史等个人信息的基础上进行对应的抢救治疗，而又无法取得其本人或近亲属的同意。此时，为了挽救甲的生命，可以实施个人信息的处理行为。比较法上许多国家或地区的个人信息保护立法中也有相同的规定，例如，欧盟《一般数据保护条例》第 23 条第 1 款（i）项规定，为了“对数据主体或其他人的权利与自由的保护”，根据数据控制者或处理者应遵守的欧盟或成员国的法律规定，可以通过立法措施限制该条例第 12 条至第 22 条，第 34 条及第 5 条的权利与义务的范围，只要该限制符合该条例第 12 条至第 22 条规定的权利和义务，且实质符合基本权利和自由的本质，且是民主社会应采取的必要的适当的措施。《一般数据保护条例》导言部分第46条指出："当关乎数据主体或其他自然人至关重要的生命利益时，个人数据处理也应该被认为是合法的。基于其他自然人的切身利益而处理个人数据，原则上应仅在处理不能基于另一法律基础的情况下进行。某些类型的处理可能满足重要的公共利益和数据主体的切身利益，例如当处理是用于人道主义目的所必需的，包括监测传染病及其传播或紧急人道主义情况下，特别是在自然和人为灾害的情况下。"再如，日本《个人信息保护法》第17条第2款第2项以及第23条第1款第3项规定，"为保护人的生命、身体或财产而有必要，却又难以取得本人同意的情形"，个人信息处理业者可以未事先取得本人的同意而获取自然人的个人数据或者将其个人数据提供给第三人。

事实上，不仅为了维护个人信息或个人数据主体自身的合法权益，可以实施对个人信息的合理使用，就是为了维护自然人之外的其他民事主体的合法权益，也可以针对该自然人的个人信息实施合理使用行为。例如，我国台湾地区"个人资料保护法"第16条第1款第4项和第20条第1款第4项规定，"为防止他人权益之重大危害"，公务机关或非公务机关对个人资料之利用，可以在于搜集之特定目的必要范围之外利用个人资料。我国《民法典》第1036条第3项仅规定了维护作为个人信息权益主体的"该自然人"合法权益，没有规定维护其他民事主体合法权益时的合理使用。这并不意味着我国《民法典》对此存在缺漏。因为如果是为了维护其他民事主体的合法权益而需要合理使用个人信息，那么该等情形属于紧急避险，完全可以适用《民法典》第182条，而无须重复规定。

为了明确此种情形，《个人信息保护法》第13条第1款第4项后半句作出了规定。依据该句之规定，只要是在紧急情况下为了保护自然人的生命健康和财产安全所必需的，就可以不需要取得个人同意，处理者即可实施个人信息处理行为。相比于《民法典》第1036条第3项，本句规定的特点在于：一方面，明确了维护的法益是自然人的生命健康和财产安全。自然人的生命健康和财产安全是对于自然人而言更重要的利益，故此，在位阶上，对这些利益的保护应当优先于对个人信息的保护。另一方面，由于本句规定并未限定被保护的自然人，故此，无论是保护作为信息主体的自然人的生命健康和财产安全，还是保护其他自然人的生命健康和财产安全，都可以无须取得个人同意而实施个人信息处理行为。

（七）为公共利益实施新闻报道、舆论监督等行为，在合理的范围内处理个人信息

依据《民法典》第999条，为公共利益实施新闻报道、舆论监督等行为的，可以合理使用自然人的个人信息，使用不合理侵害民事主体人格权的，应当依法承担民事责任。《个人信息保护法》第13条第1款第5项规定："为公共利益实施新闻报道、舆论监督等行为，在合理的范围内处理个人信息"的，不需要取得个人同意。这两项虽然都明确了对个人信息的合理使用，但它们的侧重点不同。《民法典》强调的是此种对个人信息的使用行为不构成对自然人的个人信息权益的侵害，《个人信息保护法》则强调的是无须取得个人的同意。至于处理是否合理，是否构成对个人信息权益的侵权行为，则依据《民法典》的规定处理。

关于《个人信息保护法》第13条第1款第5项，应当注意以下几点：首先，必须是新闻报道、舆论监督等行为。所谓新闻报道就是指对新近发生的事实进行的报道。在我国，能够进行新闻报道的是依法设立的新闻单位，如报纸出版单位、新闻性期刊出版单位、通讯社、广播电台、电视台、广播电视台、新闻网站、网络广播电视台等。舆论监督是从功能或作用意义上使用的概念，简单地说，就是通过形成公众言论而对于公共事务、热点事件等与公共利益、国家利益相关的事情予以监督并加以评论的活动。以往，舆论监督一般就是指新闻单位所做的新闻报道中的批评性报道。然而，在社交媒体时代，不仅仅是新闻单位，自媒体（We Media）上普通用户的言论集合也可以形成舆论监督。一般的社会大众也很容易通过网络（如微信、微博、脸书、推特、博客、个人网站）等途径向外发布、分享某些事实与观点，评论公共事务，从而发挥舆论监督功能。

其次，为了公共利益。也就是说，即便是新闻报道、舆论监督也必须是为了公共利益。我国《民法典》《个人信息保护法》之所以专门规定，为公共利益实施新闻报道、舆论监督等行为可以合理使用个人信息，可以不经个人同意而处理个人信息，就是因为在为公共利益而实施的新闻报道、舆论监督中不可避免地要涉及特定的自然人，会使用自然人的姓名、性别、家庭住址等一些个人信息，如果使用这些个人信息都要逐一告知并征得自然人的同意，在自然人不同意的情况下就不能使用，新闻报道就无法正常进行。尤其是为了维护公共利益的舆论监督，本来就是要揭露各种不道德的、违法和犯罪的人与事情，打击邪恶，监督公

权力，维护社会正义，这是自由与法治的社会所不可或缺的。故此，更有必要合理使用自然人的个人信息。总之，为公共利益而实施新闻报道、舆论监督的行为，对于维护广大民事主体的合法权益、保护表达自由，具有不可替代的重要作用，至于与公共利益无关，完全是娱乐性的新闻报道或者仅仅是涉及个人的不道德或违法行为的舆论监督，不能适用本项规定，如果处理者未经同意而处理他人的个人信息，就构成侵权。①

最后，在合理的范围内处理个人信息。所谓**"合理的范围"**体现了比例原则。对个人信息的合理使用，属于自然人的个人信息权益的限制，应当符合比例原则的要求。所谓合理的范围，就是指无论是收集、加工、使用还是提供、公开等各种个人信息处理活动，都应当是在服务于法律规定合理使用所希望达到的目的，没有超过该目的范围，同时，所使用的手段和方式也没有超过为实现该目的而可以采取的最缓和的方式。如果不是在合理的范围内处理个人信息，侵害民事主体合法权益的，应当依法承担责任。

（八）在合理范围内处理个人自行公开或者其他已经合法公开的个人信息

对于已经合法公开的个人信息，无论是自然人自行公开的还是其他已经合法公开的个人信息，原则上是可以无须告知并取得自然人的同意即进行合理处理的，因为这有利于促进信息的流动与合理利用，对于网络信息社会和数字经济的发展是有利的。例如，在一起案件中，原告的相关民事纠纷被法院依法判决，其涉案姓名、性别及其相关民事纠纷等信息客观上作为已公开裁判文书的组成部分，而被合法公开，该等个人信息也不属于私密信息，而属于已经合法公开的个人信息，被告可以合理使用。法院认为，"对于裁判文书的公开和再利用，必须要在保护个人信息等人格权益的前提下，有效协调合理利用个人信息、促进司法公开、促进数据流通和使用等多重目的，作出具有一定开放性、合乎人格利益保护趋势和数字经济产业发展趋势的判断。在本案中，涉案裁判文书公开及再度利用的公共利益与个人信息利益之间的衡量，符合上述目的和要求，故梁某冰以汇法正信公司未经同意使用其个人信息为由，主张汇法正信公司侵害其个人信息权

① 我国《民法典》第999条中"为公共利益"的限制是在第十三届全国人大第三次会议审议民法典草案时加上的，此前的草案并无此规定。

益的主张”①，法院不予支持。

《民法典》第1036条第2项规定，合理处理该自然人自行公开的或者其他已经合法公开的信息的，行为人不承担民事责任，除非该自然人明确拒绝或者处理该信息侵害其重大利益。② 这就是说，对于已经合法公开的个人信息，行为人原则上可以无须告知该自然人，也无须取得其同意，就可以进行处理，只要这种处理是合理的并且该自然人没有明确拒绝或者处理该信息没有侵害其重大利益。申言之，一方面，即便是已经合法公开的个人信息依然受到《个人信息保护法》的保护，自然人对这些个人信息并不因其公开而失去控制的权利，其有权拒绝他人对这些信息进行处理。另一方面，由于个人信息的保护对于维护自然人的人格尊严和人格自由具有很重要的意义，所以即便是已经合法公开的个人信息，也不得任意进行处理，如果处理该信息将侵害自然人的重大利益的，也要承担民事责任。所谓“侵害自然人重大利益”的情形是指该处理将有害于自然人的生命、身体、自由、财产或其他重大利益。

在我国《个人信息保护法》的起草过程中，《草案一审稿》并没有在第13条单列对已合法公开的个人信息的合理处理行为，到了《草案二审稿》时才增加了本项规定。这一修改是正确的，一则可以使得本法与《民法典》保持一致，二则也与比较法上立法例相一致。例如，欧盟《一般数据保护条例》第9条第2款规定，在处理被数据主体明显公开的个人数据时，不适用本条第1款禁止处理的规定。但是，如果该自然人明确拒绝对已合法公开的个人信息的处理或者处理该信息侵害其重大利益的除外。日本《个人信息保护法》第17条第2款第5项规定，当“该需注意的个人信息已经被本人、国家机关、地方公共团体、第七十六条第一款各项规定的主体及《个人信息保护委员会规则》规定的其他主体公开的情形”，则个人信息处理业者可以无须事先取得本人的同意。

关于《个人信息保护法》第13条第1款第6项的适用，需要注意以下几点：首先，个人信息处理者处理的必须是已经合法公开的个人信息。一方面，该个人

① “梁某冰与北京汇法正信科技有限公司网络侵权责任纠纷案”，北京市第四中级人民法院（2021）京04民终71号民事判决书。

② 该规定来自《最高人民法院关于审理利用信息网络侵害人身权益民事纠纷案件适用法律若干问题的规定》原第12条（该条已被废止）。

信息必须是客观上已经公开的个人信息。所谓公开，是指信息主体向不特定的人公开，即不特定的人都可以通过合法的途径而获取该信息。例如，接受记者的采访中公开自己的个人信息，他人皆可通过网络搜索而合法获得。但是，如果信息主体只是在很小的亲友圈子内公开，如在微信的朋友圈中公开，那么无论该朋友圈中的人数是数人还是数百人，由于只有特定的人才可以获得该个人信息，只能认为信息主体是向该朋友圈中的特定人公开，而不能认为其已经公开个人信息。另一方面，已经公开的个人信息必须是自然人自行公开的或者其他已经合法公开的信息，也就是说，如果他人通过实施侵权行为甚至犯罪行为而非法披露或公开的个人信息，也不属于已经公开的个人信息，不能适用本条规定。

其次，即便是对于已经公开的个人信息进行处理，也必须是在合理的范围内，即遵循正当、必要、限制等原则。如果使用不合理，依然会构成对自然人的个人信息权益的侵害行为。这是因为，由于个人信息的保护对于维护自然人的人格尊严和人格自由具有很重要的意义，所以即便是已经合法公开的个人信息，也不得任意进行处理。所谓合理与否，必须考虑两个方面：一是处理的目的是否合理；二是处理的方式是否合理，即如果有侵害性更小的处理方式时，就不能采取侵害性更大的处理方式。

最后，即便是合理处理已经公开的个人信息，但如果该自然人明确拒绝或者处理该信息侵害其重大利益的，除非取得该自然人的同意，否则也不得进行处理。《民法典》第1036条第2项规定："合理处理该自然人自行公开的或者其他已经合法公开的信息，但是该自然人明确拒绝或者处理该信息侵害其重大利益的除外。"《个人信息保护法》则从被公开的个人信息的用途以及是否对个人有重大影响的角度进行了限制。该法第27条最后一句规定："个人信息处理者处理已公开的个人信息，对个人权益有重大影响的，应当依照本法规定取得个人同意。"

（九）法律、行政法规规定的其他情形

这属于兜底性规定。例如，肖像既受到肖像权的保护，也因属于个人信息（敏感的个人信息）而适用《个人信息保护法》。我国《民法典》第1020条对肖像的合理使用作出了规定，即合理实施下列行为的，可以不经肖像权人同意：(1) 为个人学习、艺术欣赏、课堂教学或者科学研究，在必要范围内使用肖像权人已经公开的肖像；(2) 为实施新闻报道，不可避免地制作、使用、公开肖像权人的肖像；(3) 为依法履行职责，国家机关在必要范围内制作、使用、公开肖像权人的肖像；(4) 为展示特定公共环境，不可避免地制作、使用、公开肖像权人的肖像；(5) 为维护公共利益或者肖像权人合法权益，制作、使用、公开肖像权人的肖像的其他行为。上述情形有些与《个人信息保护法》第13条的规定是重合或交叉的，如第2、3、5种情形，但是，第1、4种情形则是《个人信息保护法》第13条所没有规定的。

◆ 疑点与难点

一、为订立个人作为一方当事人的合同所必需时是否可以无须取得个人同意

《个人信息保护法》第13条第1款第2项关于为订立、履行个人作为一方当事人的合同所必需，可以无须取得个人同意的规定，借鉴了欧盟《一般数据保护条例》的规定，该条例第6条第1款（b）项规定“处理是数据主体作为合同主体履行合同之必要，或者处理是因数据主体在签订合同前的请求而采取的必要措施”时，该处理是合法的，也就是说，即便没有告知并取得数据主体的同意也是合法的处理行为。《一般数据保护条例》这一规定来自1995年10月24日《个人数据保护指令》第7条，未作任何改变。《一般数据保护条例》作此规定的理由在于：如果对于合同一方当事人（数据主体）的数据的处理，对于该合同的另一方当事人（数据控制者）履行该合同是必要的，那么后者对该数据的处理就是有法律基础的。因为数据控制者作为合同的当事人，根据一般的法律原则负有履行其合同义务的法定义务，因此为履行合同义务而处理数据的合法性也可以理解为“法定义务”甚至“控制者的合法利益”的特殊情况，这一规定能够大大地简化欧盟《一般数据保护条例》列举合法处理情形的清单。① 但是，我国《个人信息保护法》第13条第1款第2项与欧盟《一般数据保护条例》上述规定的不同之处在于，其不论是为了履行个人作为一方当事人的合同所必需的，还是为了订立个人作为一方当事人的合同所必需的，都可以不适用告知同意规则，不需要取得个人同意。在立法的过程中，是否应当如此规定，曾有争议。

---

① Christopher Kuner, Lee A. Bygrave & Christopher Docksey ed., The EU General Data Protection Regulation (GDPR): A Commentary, Oxford University Press, 2020, P. 330.

一种观点认为，将合同还没有成立仅仅是缔约磋商或者初步接触的情形也作为不适用告知同意规则的情形，是不合适的。① 首先，合同合法成立前，处理者既不负有法定的也不负有约定的履行合同的义务，故此，其不存在可以排除适用告知同意规则而处理个人信息的确定的正当利益。其次，合同订立阶段即前合同关系的范围很广泛，既包括个人仅仅是出于兴趣而询问价格，了解相关商品或服务信息的阶段，也包括双方进入实质性的缔约磋商阶段，在这些阶段中，自然人当然可以主动向处理者提供个人信息或请求处理者处理自己的个人信息，从而顺利缔结合同并在将来履行合同。当然，自然人在订立合同的阶段也完全可以不提供个人信息，如果因此导致合同无法成立也是其自负责任而已，不应当允许处理者有权不经告知同意即可处理个人信息。例如，张三走进 A 商场，该商场未经其同意即通过其手机信号而收集其位置信息，并推送广告。如果仅仅将自然人走入商场就视为订立合同的意思表示，那么 A 商场收集张三的地理位置的信息就成为合法的处理行为，这显然是错误的。正因如此，欧盟《一般数据保护条例》第 6 条第 1 款（b）项并不包括为订立合同而必须处理个人信息的情形。条例的起草者认为，合同订立前的各个阶段很多，差别很大，当事人“前合同关系”是非常模糊的，不能认为在订立合同阶段就可以回避告知同意规则。② 为更好地保护数据主体的权益，一方面，欧盟《一般数据保护条例》在第 1 款（b）项中增加了一种情形，即“处理是因数据主体在签订合同前的请求而采取的必要措施”，如果不是数据主体的请求，那么仅仅在前合同关系中，还不能认为处理者有权不经告知同意即可处理信息主体的个人信息；另一方面，如果在前合同阶段，但是确实是为了数据主体的利益，处理者要么取得数据主体的同意，要么在符合欧盟《一般数据保护条例》第 6 条第 1 款（f）项的规定——“处理是控制者或者第三方为了追求合法利益之必要，但此利益与被要求保护个人数据的数据主体的利益或基本权利自由相冲突的除外，尤其是数据主体为儿童的情形下”——时，也可以不经数据主体的同意。

另一种观点认为，虽然大多数时候合同所必需都是为履行个人作为一方当事

① 参见程啸：《论我国个人信息保护法中的个人信息处理规则》，载《清华法学》2021 年第 3 期。

② Christopher Kuner, Lee A. Bygrave & Christopher Docksey ed., The EU General Data Protection Regulation (GDPR): A Commentary, Oxford University Press, 2020, P. 330.

人的合同所必需，但是，也不排除有些情况下，当事人之间没有订立合同，而是为了订立合同也必须要取得个人信息。例如，用户张某希望与A公司订立合同，但是在此之前他需要下载A公司运营的App，而此时他与A公司之间离成立合同还很远，但是为了下载并安装该App，张某需要提供一些个人信息。如果在这种情况下也需要取得个人同意，那么就必须由处理者先履行告知义务，然后再取得个人同意。这样显然是难以做到的，也不利于网络信息科技和数字经济的发展。

考虑到订立和履行合同的场景确实非常多，为订立个人作为一方当事人的合同所必需的情形也客观存在，故此《个人信息保护法》第13条将此种情形也作为无须取得个人同意的情形。

二、为履行法定职责或法定义务所必需之间的差别

虽然在为了履行法定职责或者法定义务所必需的情形下，处理者都不需要取得个人同意即可处理个人信息，而且《个人信息保护法》第13条第1款第3项也将二者并列加以规定，但必须注意的是，实践中不同的组织或个人履行法定职责或法定义务的情形很复杂，目的也各不相同，而这些行为在无须取得个人同意的强制性程度上是存在差别的。例如，公安机关或检察机关为了侦查犯罪而必须取得个人信息，这种强制处理个人信息的强度就非常高，因为这涉及维护国家秩序和公共利益，不存在商量或选择的余地。故此，在国外的立法中往往将这种情形排除在个人信息保护法的适用范围之外。例如，欧盟《一般数据保护条例》第2条第2款（d）项规定，"有权机关以预防、调查、侦查或起诉刑事犯罪，或执行刑事处罚为目的，包括保障并预防公共安全受到威胁"而进行的数据处理活动，不适用本条例。然而，社会保险经办机构作为依据法律授权而具有管理社会保险事务职能的组织（《社会保险法》第8条），其在履行法定职责时也有权处理个人信息，对此，《社会保险法》第74条第1款规定："社会保险经办机构通过业务经办、统计、调查获取社会保险工作所需的数据，有关单位和个人应当及时、如实提供。"但是，社会保险经办机构强制处理个人信息的必要性就没有那么高，即便个人不同意或拒绝提供，社会保险经办机构显然也不可能采取强制手段。故此，《个人信息保护法》第35条规定，国家机关为履行法定职责处理个人信息，应当依照本法规定向个人告知并取得其同意，但告知、取得同意将妨碍国家机关履行法定职责的除外。

三、紧急情况下为保护自然人的生命健康和财产安全所必需与其他合法理由的差异

由于判断是否属于紧急情况下为保护自然人的生命健康和财产安全所必需，具有不确定性，而《个人信息保护法》第13条第1款其他各项规定的不适用告知同意规则的情形相对比较确定，故此，在能够适用其他例外情形，如为履行法定义务或应对突发公共卫生事件，或者法律、行政法规有明确规定的其他情形时，就不能适用《个人信息保护法》第13条第1款第4项的规定。这一点也得到了欧盟《一般数据保护条例》的认可。该条例导言部分第46条指出："基于其他自然人的切身利益而处理个人数据，原则上应仅在处理不能基于另一法律基础的情况下进行。"例如，《民法典》第1005条规定："自然人的生命权、身体权、健康权受到侵害或者处于其他危难情形的，负有法定救助义务的组织或者个人应当及时施救。"这个法定救助义务就是法定义务。而我国现行法律中明确规定了法定救助义务的单位或个人包括：（1）人民警察，《人民警察法》第21条第1款规定："人民警察遇到公民人身、财产安全受到侵犯或者处于其他危难情形，应当立即救助……"《反家庭暴力法》第15条规定："公安机关接到家庭暴力报案后应当及时出警，制止家庭暴力，按照有关规定调查取证，协助受害人就医、鉴定伤情。无民事行为能力人、限制民事行为能力人因家庭暴力身体受到严重伤害、面临人身安全威胁或者处于无人照料等危险状态的，公安机关应当通知并协助民政部门将其安置到临时庇护场所、救助管理机构或者福利机构。"（2）人民武装警察，《人民武装警察法》第28条规定："人民武装警察遇有公民的人身财产安全受到侵犯或者处于其他危难情形，应当及时救助。"（3）消防队，《消防法》第44条第4款规定："消防队接到火警，必须立即赶赴火灾现场，救助遇险人员，排除险情，扑灭火灾。"（4）旅游经营者、当地政府和相关机构，《旅游法》第81条规定："突发事件或者旅游安全事故发生后，旅游经营者应当立即采取必要的救助和处置措施，依法履行报告义务，并对旅游者作出妥善安排。"第82条规定："旅游者在人身、财产安全遇有危险时，有权请求旅游经营者、当地政府和相关机构进行及时救助。中国出境旅游者在境外陷于困境时，有权请求我国驻当地机构在其职责范围内给予协助和保护。旅游者接受相关组织或者机构的救助后，应当支付应由个人承担的费用。"（5）红十字会，《红十字会法》第11条第

1 项明确规定，红十字会的职责之一就是“在战争、武装冲突和自然灾害、事故灾难、公共卫生事件等突发事件中，对伤病人员和其他受害者提供紧急救援和人道救助”。（6）海难事故中附近的船舶、设施以及主管机关，《海上交通安全法》第 75 条规定：“船舶、海上设施、航空器收到求救信号或者发现有人遭遇生命危险的，在不严重危及自身安全的情况下，应当尽力救助遇难人员。”第 76 条规定：“海上搜救中心接到险情报告后，应当立即进行核实，及时组织、协调、指挥政府有关部门、专业搜救队伍、社会有关单位等各方力量参加搜救，并指定现场指挥。参加搜救的船舶、海上设施、航空器及人员应当服从现场指挥，及时报告搜救动态和搜救结果。搜救行动的中止、恢复、终止决定由海上搜救中心作出。未经海上搜救中心同意，参加搜救的船舶、海上设施、航空器及人员不得擅自退出搜救行动……”（7）医师、护士及医疗机构，《执业医师法》第 24 条规定：“对急危患者，医师应当采取紧急措施进行诊治；不得拒绝急救处置。”《医疗机构管理条例》第 31 条规定：“医疗机构对危重病人应当立即抢救。对限于设备或者技术条件不能诊治的病人，应当及时转诊。”《护士条例》第 17 条第 1 款规定：“护士在执业活动中，发现患者病情危急，应当立即通知医师；在紧急情况下为抢救垂危患者生命，应当先行实施必要的紧急救护。”故此，上述负有法定救助义务的主体，为了履行该义务而必须处理个人信息的，应当适用《个人信息保护法》第 13 条第 1 款第 3 项的规定，而不适用第 4 项之规定。

四、是否应当规定处理者可以为了自身或第三人的合法利益而处理个人信息

在《个人信息保护法》起草过程中，有观点认为，应当借鉴欧盟《一般数据保护条例》的规定，将个人信息处理者的合法利益也作为可以无须取得个人同意而合法处理个人信息的情形之一。从现实来看，处理者为了自身或第三人的合法利益处理个人信息的典型情形包括：维护网络安全、数据安全、防范欺诈等。但是，立法机关没有接受这一意见，这主要是考虑到：维护网络安全和数据安全可以纳入履行法定义务所必需，我国《网络安全法》《数据安全法》等对网络安全等级保护和数据安全保护义务的规定就是法定义务；所谓防范欺诈等制止犯罪行为的情形，要么属于紧急情况下为保护自然人的财产安全所必需的，要么属于维护自身合法权益（可以适用正当防卫或紧急避险的规定）。故此，《个人信息保护法》没有必要再规定处理者为了自身或第三人的合法利益而处理个人信息无须取

得个人同意。此外，从欧盟《一般数据保护条例》第6条第1款第6项的规定来看，它也并不是简单地规定数据控制者或第三方为追求合法利益目的就可以进行数据处理，而是规定，一方面，能够进行的是必要的数据处理，另一方面，控制者或第三人的利益与要求不能与对个人数据进行保护的数据主体的基本权利和自由相冲突，尤其是当该数据主体为儿童时，如果存在这种冲突，也是不能进行数据处理的。如果我国《个人信息保护法》只是简单地规定，处理者为了自身或第三人的合法利益而处理个人信息就可以无须取得个人同意，那么在实践中就很容易被扩大解释，出现滥用，不利于保护人格尊严等基本权利和个人的民事权益。

◆ 相关规定

《全国人民代表大会常务委员会关于加强网络信息保护的决定》第2条；《网络安全法》第21条、第41条；《民法典》第998条、第999条、第1020条、第1035条、第1036条；《刑事诉讼法》第132条；《反洗钱法》第16条；《突发事件应对法》第3条

第十四条 【同意的要件与方式】

基于个人同意处理个人信息的，该同意应当由个人在充分知情的前提下自愿、明确作出。法律、行政法规规定处理个人信息应当取得个人单独同意或者书面同意的，从其规定。

个人信息的处理目的、处理方式和处理的个人信息种类发生变更的，应当重新取得个人同意。

◆ 条文要旨

本条是对同意的有效要件与同意的方式的规定。

◆ 理解与适用

一、同意的含义

个人对其个人信息的处理享有知情权、决定权，有权限制或者拒绝他人对其

个人信息进行处理，除非法律、行政法规另有规定（《个人信息保护法》第 44 条）。个人信息处理中的告知同意规则正是为了尊重和保护个人对其个人信息处理的知情权和决定权而产生的规则。它要求个人信息处理者只有在告知并取得其信息被处理的个人的同意后，才能对该自然人的个人信息进行相应的处理活动，否则该处理行为就是非法行为，构成对个人信息权益的侵害。① 取得信息主体即个人的**同意**（Consent）是个人信息处理行为具有合法性的重要根据。此种在取得个人同意后才能实施的个人信息处理，被称为**"基于个人同意处理个人信息"**。

对于个人信息保护法上的"同意"的含义，一些国家和地区的立法作出了规定。欧盟《一般数据保护条例》第 4 条第 11 款将"数据主体的同意"（consent of the data subject）界定为："数据主体依其个人意愿自由、明确、知情且清晰地通过陈述或积极行为，就与其相关的个人数据的处理作出的同意。"（consent of the data subject means any freely given，specific，informed and unambiguous indication of the data subject's wishes by which he or she，by a statement or by a clear affirmative action，signifies agreement to the processing of personal data relating to him or her.）② 2018 年巴西《通用数据保护法》第 5 条第 12 款规定，同意是指"数据主体同意为特定目的处理其个人数据自由、知情和明确的声明"。我国台湾地区"个人资料保护法"第 7 条第 1 款、第 2 款规定："第十五条第二款及第十九条第一项第五款所称同意，指当事人经搜集者告知本法所定应告知事项后，所为允许之意思表示。第十六条第七款、第二十条第一项第六款所称同意，指当事人经搜集者明确告知特定目的外之其他利用目的、范围及同意与否对其权益之影响后，单独所为之意思表示。"

同意是具有统一的法律性质，还是在不同的部门法中性质各有不同，存在很

① 《最高人民法院关于审理使用人脸识别技术处理个人信息相关民事案件适用法律若干问题的规定》第 2 条第 3 项规定，基于个人同意处理人脸信息的，未征得自然人或者其监护人的单独同意，或者未按照法律、行政法规的规定征得自然人或者其监护人的书面同意的，人民法院应当认定属于侵害自然人人格权益的行为。

② 该定义与 1995 年 10 月 24 日欧洲议会《关于涉及个人数据处理的个人保护以及此类数据自由流动的第 95/46/EC 号指令》（DPD）中的定义是一致的，指令第 2 条（h）项将数据主体的同意界定为"数据主体自由作出的特定与知情的指示，表示其同意对于与其相关的数据进行处理"。

大的争议。[①] 就个人信息保护法中个人同意的性质，学说上也存在不同的看法，主要有以下两种观点：

一是**双重属性说**，此说认为，同意具有双重属性，一方面它是侵权法上阻却违法的事由，另一方面它又是法律行为。[②] 换言之，在合同领域与在侵权领域中，同意有不同的含义。在侵权领域中，“同意”作为侵权法上的免责事由可归入“受害人同意”的范畴，在构成要件上包括必须有明确具体的内容、受害人须具有同意能力、同意必须真实自愿、加害人必须尽到充分的告知说明义务；在合同领域中，同意可能成为相关合同给付内容的一部分，因此当事人须具备相应的行为能力。[③] 持双重属性说的学者，主要是从个人信息既存在消极防御的问题，也存在积极利用的问题角度出发来认识同意的性质，即从消极防御的角度说，同意就是违法阻却事由，而从积极利用的层面看，同意就是个人在授权他人商业利用个人信息。

二是**单一属性说**，此说又可分为权益处分说、意思表示说。持权益处分说的学者认为，“同意”是一种对于个人信息权益的处分，但是，这种处分不能脱离商品或服务合同的语境而单独存在，只能被视为个人信息主体为了获得相应的商品或服务而必须作出的权利处分。[④] 持意思表示说的学者认为，同意本身是自然人作出的意思表示，《民法典》总则编关于意思表示的规定完全可以适用于自然人就个人信息处理所作出的同意。故此，自然人因欺诈、胁迫或重大误解而作出的意思表示，是可以撤销的意思表示。[⑤] 《草案一审稿》曾采取意思表示说，该草案第 14 条第 1 款第 1 句规定：“处理个人信息的同意，应当由个人在充分知情的前提下，自愿、明确作出意思表示。”不过，在《草案二审稿》中该条被修改为“处理个人信息的同意，应当由个人在充分知情的前提下自愿、明确作出”。其中，删除了“意思表示”一词，这表明立法机关放弃了意思表示说。最终颁布

---

① See Michael Funke, Dogmatik und Voraussetzungen der datenschutzrechtlichen Einwilligung im Zivilrecht: Unter besonderer Berücksichtigung der Datenschutz – Grundverordnung, Nomos, 2017. S. 38 – 85.

② 刘召成：《人格商业化利用权的教义学构造》，载《清华法学》2014 年第 3 期。

③ 陆青：《个人信息保护中“同意”规则的规范构造》，载《武汉大学学报（哲学社会科学版）》2019 年第 5 期。

④ 万方：《个人信息处理中的“同意”与“同意撤回”》，载《中国法学》2021 年第 1 期。

⑤ 王利明、程啸：《中国民法典释评·人格权编》，中国人民大学出版社 2020 年版，第 457 页；陈甦、谢鸿飞主编：《民法典评注·人格权编》，中国法制出版社 2020 年版，第 379 页。

的《个人信息保护法》也没有再将同意界定为“意思表示”。

本书认为，在个人信息保护法中，信息主体就其个人信息被处理而作出的同意（Einwilligung）在性质上属于**违法阻却事由（免责事由）**，而非意思表示。所谓违法阻却事由，是在区分违法性与过错的立法例中采取的概念。例如，德国法认为，违法阻却事由是指对暂时认定的违法性的反驳，即法律所认可的针对假定违法性的一种特殊例外。① 德国法上的违法阻却事由包括正当防卫、紧急避险、自助行为、维护正当利益、同意等。我国《民法典》没有明确区分违法性与过错，学说上通常不使用“违法阻却事由”的概念，而是用免责事由来包含违法阻却事由。我国《民法典》中的免责事由包括：不可抗力（第180条）、正当防卫（第181条）、紧急避险（第182条）、自愿实施紧急救助行为（第184条）、受害人故意（第1174条）、第三人行为（第1175条）、自甘冒险（第1176条）、自助行为（第1177条）以及同意（第1219条、第1036条）。但是，这些免责事由中有些是通过排除加害行为与权益被侵害之间的因果关系以致侵权责任不成立，有些则是排除行为的违法性（或过错）而使得行为人无须承担侵权责任。前者如受害人故意、第三人行为等，后者如同意、自助行为、紧急避险、正当防卫。

就个人信息处理中信息主体的同意而言，其为个人信息处理行为提供了合法根据，排除了该行为的非法性，从而使得处理行为具有合法基础，不构成对个人信息权益的侵害行为。具体而言，个人的同意所引发的私法上的法律效果为：② 取得个人同意的个人信息处理行为，只要处理者不超出自然人同意的范围（包括自然人所同意的处理主体、处理目的、处理方式和处理的个人信息种类等），原则上该行为就不构成侵权行为。自然人享有个人信息权益，意味着其他组织或个人需要尊重该权益而不得侵犯它，同样，承认自然人的个人信息权益就必然导致对他人行为自由的限制。处理者对自然人的个人信息进行收集、存储、使用、加工、传输、提供、公开、删除等行为，客观上就构成对自然人的个人信息权益的侵入或干扰，破坏了法秩序，具有（暂时认定的）非法性。要排除这种非法性，就必须具备**法律上的正当性（Legal Justifications）**。在个人信息保护法上，此种正

---

① ［德］埃尔温·多伊奇、汉斯-于尔根·阿伦斯：《德国侵权法——侵权行为、损害赔偿及痛苦抚慰金（第五版）》，叶名怡、温大军译，中国人民大学出版社2016年版，第44页。

② 个人同意的公法上的效果即处理行为不构成行政违法行为，不会遭受有关行政机关的行政处罚。

当性要么来自个人的同意，要么来自法律、行政法规的规定即法定的许可（legal permission），二者构成了全部个人信息处理的法律基础。① 作为个人信息权益的所有者的个人，可以对自己的权益进行合法的处分，其可以自行处分，也可以同意他人对自己的民事权益作出处分。因此，在得到民事权益所有者的同意后，被同意者实施的客观上侵害他人民事权益的行为，对于同意者而言，不构成侵害。同时，法律、行政法规也可以基于促进个人信息的合理利用、维护公共利益、国家利益等理由而特别规定，某些情形下不需要取得个人的同意就可以处理其个人信息。《民法典》第 1035 条第 1 款第 1 项规定，处理个人信息必须“征得该自然人或者其监护人同意，但是法律、行政法规另有规定的除外”。所谓法律、行政法规另有规定的除外，包括《个人信息保护法》第 13 条第 1 款第 2—7 项列举的六大类无须取得个人同意的情形。

二、同意的要件

对个人信息的处理影响了自然人的个人信息权益，属于非常重大的事情，为了更好地保护自然人，应当明确个人同意的有效要件，即在满足哪些条件之后，个人对其个人信息的处理所作的同意才是有效的，才能发生阻却处理行为违法性的法律效果。比较法上不少国家或地区的立法对此都有规定。例如，依据欧盟《一般数据保护条例》第 4 条第 11 款，有效的同意必须具备四个要件：（1）自由地作出（freely given）；（2）具体的（specific）；（3）被告知的（informed）；（4）明确的（unambiguous）。这一标准被人们认为提高了有效同意的门槛，欧盟的数据保护机构也倾向于严格地解释这四项标准。② 依据德国《联邦数据保护法》第 51 条的规定，同意只有在数据主体自由作出决定时有效，而评估是否属于自由决定，必须考虑给予同意的情况。同时，应当告知数据主体处理的逾期目的，如有必要在个别情况下或数据主体提出要求时，还要将拒绝同意的后果告知数据主体。再如，巴西《通用数据保护法》第 8 条规定：“本法第七条第 I 项所规定的同意，应当以书面方式或者其他能够证明数据主体表现意愿的方式提供。（1）如果同意

① Paul Voigt & Axel von dem Bussche, The EU General Data Protection Regulation (GDPR): A Practical Guide, Springer, 2017, P. 92.

② Christopher Kuner, Lee A. Bygrave & Christopher Docksey ed., The EU General Data Protection Regulation (GDPR): A Commentary, Oxford University Press, 2020, P. 181.

是以书面形式提供的，它应区分于其他合同条款，并单独、重点显示。（2）控制者有责任证明已依照本法取得同意。（3）如果同意有瑕疵，禁止处理个人数据。（4）同意应为了特定目的而作出。为处理个人数据获取的一般授权应为无效。（5）只要不做出根据本法第 18 条第 VI 项规定的删除请求，同意可以通过便捷和免费的流程，随时被数据主体明确表示撤回，这是对基于先前同意而做处理的矫正。（6）如果本法第 9 条第 I、II、III 或者 V 项所涉及的信息发生变更，数据控制者应当通知数据主体，尤其应告知其所变更的内容。在这种情况下，数据主体的同意是必须的，如果数据主体不同意该等变更，其可以撤回同意。”

《个人信息保护法》第 14 条第 1 款第 1 句对同意的一般有效要件作出了规定：“基于个人同意处理个人信息的，该同意应当由个人在充分知情的前提下自愿、明确作出。”从这一规定可知，有效的同意应当具备三项要件：（1）充分知情；（2）自愿；（3）明确。此外，依据第 14 条第 1 款第 2 句，如果法律、行政法规规定处理个人信息应当取得个人单独同意或者书面同意的，从其规定。也就是说，法律、行政法规规定的单独同意或者书面同意属于特殊的有效要件。本部分仅讨论同意的一般有效要件，单独同意或者书面同意放在同意的类型中加以讨论。

（一）作出同意的个人应当具有同意能力

在个人信息处理中，只有当作出同意的自然人具有同意能力（capacity to consent/ Einwilligungsfähigkeit）时作出的同意方属有效。[①] 同意能力不同于行为能力。在法律行为制度中，为了维护交易安全从而要求从事法律行为的当事人必须具备行为能力，无民事行为能力人必须由其法定代理人代理实施民事法律行为，其单独实施的民事法律行为属于无效的民事法律行为（《民法典》第 20 条、第 21 条；第 144 条）；限制民事行为能力人实施民事法律行为要由其法定代理人代理或者经其法定代理人同意、追认，未经同意或追认的法律行为无效或者相对人可以撤销，但是，限制民事行为能力人可以独立实施纯获利益的民事法律行为或者与其年龄、智力、精神健康状况相适应的民事法律行为（《民法典》第 19 条、第 22

① 例如，《美国侵权行为法重述（第二次）》第 892A 条第 2 款规定，有效的同意，是指有同意能力的人或经授权代理作出同意的人所作出的同意，且该同意是就特定行为而作出的或就实质上相同的行为而作出的。

条；第 145 条）。《民法典》第 17 条与第 18 条规定，十八周岁以上的自然人为成年人，不满十八周岁的自然人为未成年人。成年人为完全民事行为能力人，可以独立实施民事法律行为。十六周岁以上的未成年人，以自己的劳动收入为主要生活来源的，视为完全民事行为能力人。第 19 条至第 22 条规定，不满八周岁的未成年人以及不能辨认自己行为的成年人为无民事行为能力人；八周岁以上的未成年人以及不能完全辨认自己行为的成年人为限制民事行为能力人。

由于自然人的同意是其对自己权益的处分，不能完全适用民法中关于行为能力的规定。作出同意的个人是否具有同意能力，关键在于能否认识到行为的后果，即有无识别能力，而这需要根据案件的具体情形予以个别的判断。① 也就是说，限制行为能力人或者无民事行为能力人并不一定就没有同意能力。例如，小学生 A 可以同意 B 将其书本扔掉，但是对于器官切除手术，则无行为能力人与限制行为能力不具有同意能力，必须经过法定代理人的允许。同意能力是一个人对其决定的性质、程度以及可能产生的后果的理解能力。儿童、醉汉、神志不清的人、精神病人或者低智能者作出的同意一般是无效的。他们的同意只能由其监护人作出。② 例如，在英国，依据 1969 年《家庭改革法》第 8 条，年满十六岁的未成年人可以就对其进行的医疗行为作出同意。而依据一些英国法院的判例，低于该年龄的未成年人只要能够充分了解医疗行为的后果，也能作出同意。如果未成年人就医疗行为已作出同意但是其监护人反对时，则该同意依然有效。③

从我国《未成年人保护法》及《个人信息保护法》的规定来看，个人信息处理者处理不满十四周岁未成年人个人信息的，应当取得未成年人的父母或者其他监护人的同意。故此，可以肯定的一点是：十四周岁以下的未成年人在个人信息处理中不具有同意的能力，其作出的同意是无效的。至于十四周岁以上的未成年人，以及因疾病等原因而不能辨认或不能完全辨认自己行为的成年人，一旦就是否具有同意能力发生争执时，法院需要根据个人信息的处理目的、处理方式、处理的个人信息的种类、可能对个人权益产生的不利益后果等多种因素加以具体的认定。

---

① Soergel – Siebert，§823，1988，Rn. 196f.

② Vincent R. Johnson，Mastering Torts，Carolina Academic Press，1995，P. 40.

③ W. V. H. Rogers，Winfield and Jolowicz on Tort，14th. ed.，Sweet & Maxwell，1994，P. 725.

（二）同意是个人在充分知情的前提下作出的

任何有效的同意都应当在同意者充分知情的前提下作出。如果不知情，那么这种同意就不是真实的，是无效的。由于个人信息处理活动中，处理者与个人之间的信息是不对称的，因此，同意规则必须与告知规则密切联系，即要求处理者必须充分告知，从而确保个人是在充分知情的前提下作出同意的，否则，处理者不告知或告知不充分，而个人在完全不知情或不充分知情的情况下所作出的同意就是无效的。简言之，个人信息处理者为处理个人信息而取得个人同意之前，应当履行告知义务，为个人提供相应的知识。例如，要告知个人，处理其个人信息的主体是谁，处理的目的是什么，处理的方式与范围如何等相关知识。这一要求也是个人信息处理中的透明原则的要求。

透明原则（The transparency principle），也称公开透明原则。它是指处理个人信息时应当采取公开、透明的方式，公开个人信息处理的规则，向信息主体明示个人信息处理的目的、处理的方式和处理的范围。之所以要确立这一原则，是因为自然人对其个人信息的处理享有知情权和决定权。如果个人信息处理者不以公开、透明的方式处理个人信息，而是采取隐秘的、暗箱操作的方式，那么，即便个人表示了同意，其同意也不是真实的同意，此种处理行为也属于非法处理行为。欧盟《一般数据保护条例》在导言部分第 39 条对此有一个比较清晰的说明——“透明性原则要求任何有关这些个人数据处理的信息和通信都应可轻松获取且容易理解，并且使用通俗易懂的语言。这一原则特别涉及数据主体关于控制者身份的信息和处理目的以及进一步处理的信息，以确保对有关自然人的公正和透明的处理以及获得有关其正在被处理的数据的个人确认和通信的权利。应该让自然人了解与处理个人数据有关的风险、规则、保障和权利，以及如何行使与处理有关的权利。特别是，处理个人数据的具体目的应清晰且合法，并在收集个人数据时予以明确”。包括欧盟《一般数据保护条例》在内的许多国家或地区的数据保护和个人信息保护法都要求处理者必须遵循透明的原则。例如，早在 1980 年《经济合作与发展组织关于隐私保护和个人数据跨疆界流动的指导原则》中就提出了公开原则，并认为“公开原则可能被视为个人参与原则的先决条件，后一原则要生效，获得关于个人数据的收集、储存或利用的信息在实践上必须是可能的。在自愿的基础上从数据控制者处获得的常规信息，涉及个人数据处理的活动的描述的官方登记者的出版活动和公共机构的登记，是一些（虽然不是全部）可能实现此种原则的方法”。再如，2018 年美国加利福尼亚州《消费者隐私法案》（CCPA）在第 2 节立法目的中明确指出：“人们期许隐私和其信息的更多控制。加利福尼亚消费者应当能够就其个人信息行使控制权，并且期待防治个人信息滥用的保护措施。企业可能在尊重消费者隐私的同时，就其企业活动提供高水平的透明度。”依据 2018 年巴西《通用数据保护法》第 6 条第 6 款的规定，个人数据处理应当遵循透明原则，即“保证数据主体能够就数据处理和相应的处理代理人获得清晰、准确和易得的信息，且遵守商业和企业机密”。

在我国，《全国人民代表大会常务委员会关于加强网络信息保护的决定》第 2 条规定：“网络服务提供者和其他企业事业单位在业务活动中收集、使用公民个人电子信息，应当遵循合法、正当、必要的原则，明示收集、使用信息的目的、方式和范围……”《网络安全法》第 41 条第 1 款规定：“网络运营者收集、使用个人信息，应当遵循合法、正当、必要的原则，公开收集、使用规则，明示收集、使用信息的目的、方式和范围，并经被收集者同意。”《民法典》第 1035 条也要求个人信息处理者应当“公开处理信息的规则”“明示处理信息的目的、方式和范围”。《个人信息保护法》第 7 条规定：“处理个人信息应当遵循公开、透明原则，公开个人信息处理规则，明示处理的目的、方式和范围。”

为了确保个人是在充分知情的前提下作出同意的，《个人信息保护法》第 17 条对于个人信息处理者在处理个人信息前应当先向个人告知的事项以及告知方式等作出了细致的规定。本书认为，处理者只有在处理个人信息之前，根据《个人信息保护法》第 17 条第 1 款的规定按照相应的方式告知了相应的事项，才能认为个人处于充分知情的前提下。① 需要注意的是，所谓“在充分知情的前提下”，只是要求个人信息处理者在取得个人同意前，应当按照法律、行政法规的要求确保个人为作出有效同意而需要知道的东西，全部处于可以获取的状态。至于作出同意的个人事实上会不会去了解处理者通过个人信息处理规则或者隐私政策等方

① 欧盟第 29 条工作组在 2017 年通过的《对第 2016/679 号条例下同意的解释指南》中认为，获得有效同意至少需要以下信息：（1）控制者的身份；（2）需寻求同意的每个处理操作的目的；（3）将收集和使用什么（类型的）数据；（4）存在用户撤回同意的权利；（5）根据 GDPR 第 22 条第 2 款（c）项使用数据进行自动决策的相关信息；（6）由于缺乏充分性决定和 GDPR 第 46 条所述的适当保障措施，可能存在的数据转移风险。

式所告知的事项，则取决于个人。

（三）同意是自愿、明确作出

1. 同意是自愿作出的

同意必须是自愿的（voluntary），如果个人是在受到威胁、欺诈或胁迫的情况下而作出同意的，那么这种同意就不是个人在有真正的选择权的情形下作出的，是不真实的、不自愿的。法律上不应当使得个人承受这种不自愿的同意所产生的后果，故此，这种同意无效。① 法律上之所以要确保个人的同意必须是自愿，根本原因在于现代网络信息时代中个人信息处理者与个人之间的关系属于**持续性的信息不平等关系**。② “特别是当控制者是公权力一方且基于特定情形下予以考虑的所有条件认为同意不可能是自愿作出的，该同意并不能成为该特定情形个人数据处理的有效法律依据。”③ 网络信息科技引发的处理者与个人之间的不对等关系表现在以下几个方面：其一，现代网络信息科技的发展，使得个人信息以前所未有的数量和种类被产生，个人常常不知道自己产生了什么样的个人信息。其二，现代信息网络社会使得社会生活被高度数字化，个人信息处理成为现代生产生活所必需的活动，个人缺乏拒绝或阻止个人信息被处理的能力，否则就要为此付出各种各样或大或小的代价。个人信息处理者留给个人的选项只有留下或离开。其三，算法和算力的提升使得个人信息处理的目的和方式具有无限可能性，加之算法的专业性与不透明性，就会使得个人信息处理可能对个人权益产生何种危险或损害，常常是个人难以了解的。

正因如此，为了避免个人作出同意时受到强迫或陷入其他丧失选择自由的状态，我国《个人信息保护法》第 14 条明确规定，在基于个人同意处理个人信息时，个人作出的同意必须是自愿的。这就是说，个人信息处理者通过欺诈、胁迫或者误导等方式取得的个人的同意是无效的。《最高人民法院关于审理使用人脸

① 《美国侵权行为法重述（第二次）》第 892B 条第 2 款规定：“如果一人就他人行为的同意，是因有关侵犯其利益的本质或者该他人行为预料的伤害程度产生重大的错误且该错误为该他人所知悉，或因他人的虚假陈述而被诱使作出的，该同意就未曾预料的侵害或伤害不产生效力。”

② 相关讨论参见杨芳：《我国个人信息保护法适用范围之思考——隐私权救济困境下的个人信息保护法》，载《社会科学家》2016 年第 10 期；丁晓东：《个人信息权利的反思与重塑》，载《中外法学》2020 年第 2 期。

③ 参见欧盟《一般数据保护条例》导言部分第 43 条。

识别技术处理个人信息相关民事案件适用法律若干问题的规定》第4条就规定："有下列情形之一，信息处理者以已征得自然人或者其监护人同意为由抗辩的，人民法院不予支持：（一）信息处理者要求自然人同意处理其人脸信息才提供产品或者服务的，但是处理人脸信息属于提供产品或者服务所必需的除外；（二）信息处理者以与其他授权捆绑等方式要求自然人同意处理其人脸信息的；（三）强迫或者变相强迫自然人同意处理其人脸信息的其他情形。"

2. 同意是明确作出的

所谓同意是明确的，要求个人是以清晰、明白而非含糊的、模棱两可的方式表示同意。只要同意是以明确的方式作出的即可，至于是通过纸质、电子形式等书面方式，还是通过口头方式作出的，无关紧要。例如，欧盟《一般数据保护条例》导言部分第32条就指出："处理个人数据之前应征得数据主体的同意，通过清楚明确的行为自愿表明同意对其个人数据进行处理，例如，通过书面陈述（包括电子形式）或者口头声明。同意方式可以包括在浏览网页时在方框里打上钩，对信息社会服务进行技术设置或者其他陈述或行为以清楚表示接受对其个人数据的处理。因此，默示、预选方框或者不作为不构成同意。同意范围应当包括所有基于同一目的或者同一类目的而进行的数据处理活动。当数据处理活动存在多种目的时，每项目的都应当征得同意。如果数据主体是基于电子形式的请求而作出的同意，请求应清晰、简洁且不影响所提供服务的使用。"再如，德国《联邦数据保护法》第51条第2款规定，如果数据主体的同意是在同时涉及其他事项的书面声明中作出的，则对于同意的请求应以与其他事项明显区分的方式加以提出，且该请求应当是易于理解的且所使用的文字应当清晰明了。

在我国，除《个人信息保护法》要求同意是明确的外，《民法典》也有两处使用"明确同意"的表述。一是《民法典》第1033条第5项规定，除法律另有规定或者权利人明确同意外，任何组织或者个人不得处理他人的私密信息。二是《民法典》第1219条规定，医务人员在诊疗活动中应当向患者说明病情和医疗措施。需要实施手术、特殊检查、特殊治疗的，医务人员应当及时向患者具体说明医疗风险、替代医疗方案等情况，并取得其明确同意；不能或不宜向患者说明的，应当向患者的近亲属说明，并取得其明确同意。从立法本意来看，《民法典》要求明确同意，也为了强调权利人必须是清晰地、毫不含糊地作出同意，至于同意的方式究竟是哪一种，并不重要。①

三、同意的类型

理论上说，同意可以是**明示的**（expressly），也可以是**默示的**（implied）。特殊情形下才可以是沉默。因为我国《民法典》第140条第2款规定：“沉默只有在有法律规定、当事人约定或者符合当事人之间的交易习惯时，才可以视为意思表示。”但是，由于《个人信息保护法》第14条第1款第1句已经明确规定，个人对于其个人信息被处理而作出的同意必须是在充分知情的前提下自愿、明确作出的。故此，同意必须是明示的，而默示、预选方框或者不作为都不构成同意。②

所以明示的同意，是指个人通过言语、文字等积极的行为即作为来作出对处理者实施的个人信息处理行为的同意。此种积极的行为，包括网络上关于是否同意处理其个人信息的对话框中的“同意”选项，也包括打电话给处理者口头告知同意其处理个人信息，以及通过填写电子表格、发送电子邮件或者上传包含个人电子签名的文档等来表示同意。不过，由于个人信息处理者负有举证证明取得个人同意的义务，故此，采取纸质或者电子方式的同意更为稳妥。

（一）单独同意

“单独同意”是《个人信息保护法》新创的一个概念，此前我国的法律中都没有规定。依据《个人信息保护法》第14条第1款第2句的规定，在法律、行政法规规定处理个人信息应当取得个人单独同意或者书面同意的，从其规定。也就是说，除了要求同意必须基于个人在充分知情的前提下自愿、明确作出，法律、行政法规还可以提出特别的要求即单独同意或书面同意。依据《个人信息保护法》的规定，需要取得单独同意的个人信息处理活动主要就是五类：其一，处理者向其他处理者提供个人信息（第23条）；其二，处理者公开个人信息（第25条）；其三，将在公共场所安装图像采集、个人身份识别设备所收集的个人图像、身份识别信息用于维护公共安全之外的其他目的（第26条）；其四，处理敏感个人信息（第29条）；其五，向我国境外提供个人信息（第39条）。

显然，从单独同意适用的上述五类情形可以看出，这些情形都是会对个人权

---

① 黄薇主编：《中华人民共和国民法典侵权责任编解读》，中国法制出版社2020年版，第205页。

② 《App违法违规收集使用个人信息行为认定方法》第3条第4款明确将以默认选择同意隐私政策等非明示方式征求用户同意的行为，认定为“未经用户同意收集使用个人信息”。

益产生很重大影响的情形，故此，需要通过非常鲜明的、突出的方式来警示个人，使个人认真且慎重地权衡利弊得失后作出同意与否的决定。因此，单独同意的要求本质上就是法律强制地要求个人信息处理者将个人针对某类处理活动作出的同意与对其他的处理活动作出的同意加以区分，凸显出来。这就意味着，个人信息处理者在取得个人同意的时候，既不能将需要取得同意的个人信息处理活动的内容与其他信息混在一起，也不能将处理目的、处理方式和个人信息种类等不同的个人信息处理活动混在一起概括取得个人的同意。处理者必须就法律所规定的特定类型的个人信息处理活动专门地取得个人的同意。以往的实践中，许多网络公司将各种内容混在一起，放在所谓的隐私政策或服务条款中,① 其中既有个人信息处理活动的内容，也有合同权利义务的约定、警示提示甚至宣传吹嘘自己服务的内容等，长篇大论，个人只需要点击最后一个同意即可。这种同意至少就需要单独同意的个人信息处理活动而言，是无效的同意。至于将需要单独同意的个人信息（如敏感的个人信息）和不需要取得单独同意的个人信息都混在一起，概括地、一揽子地取得个人的同意的做法，在《个人信息保护法》施行后也是不可行的。

（二）书面同意

所谓书面同意，是指个人应当以书面的形式作出同意。依据《民法典》第469条，书面形式是合同书、信件、电报、电传、传真等可以有形地表现所载内容的形式。以电子数据交换、电子邮件等方式能够有形地表现所载内容，并可以随时调取查用的数据电文，视为书面形式。书面形式既有助于发挥警示的作用，使当事人三思而后行，也有助于保存证据，避免和解决纠纷。在个人信息处理中，书面同意提高了对处理者的要求，其意味着，个人的同意不仅应当是个人在充分知情的前提下自愿、明确地作出的，还必须采取书面形式，而处理者负有举证证明存在该书面同意的义务。如果处理者不能证明取得了个人的书面同意，即便可以证明取得了同意，该处理活动也是非法的、无效的。

欧盟《一般数据保护条例》没有要求同意必须是书面的，这是因为该条例不能破坏成员国各自民法对于同意的形式的规定。《个人信息保护法》颁布前，我

① 所谓“隐私政策”（privacy policy）是指公布在网站上说明该网站如何处理个人信息的一种政策。

国的一些行政法规就已经对个人信息处理活动需要取得书面同意作出了规定。《征信业管理条例》第 18 条第 1 款规定："向征信机构查询个人信息的，应当取得信息主体本人的书面同意并约定用途。但是，法律规定可以不经同意查询的除外。"第 29 条第 2 款规定："从事信贷业务的机构向金融信用信息基础数据库或者其他主体提供信贷信息，应当事先取得信息主体的书面同意，并适用本条例关于信息提供者的规定。"

《个人信息保护法》并没有要求同意必须是书面形式，而只是规定法律、行政法规要求采取书面形式的，从其规定。不过，由于《个人信息保护法》第 14 条第 1 款已经要求同意必须是明确作出的，这就意味着个人信息处理活动中，处理者为了证明已经取得个人明确、自愿的同意，基本上都会对个人的同意采取书面形式，否则难以证明这一点。

四、重新取得同意

依据《个人信息保护法》第 14 条第 2 款，个人信息的处理目的、处理方式和处理的个人信息种类发生变更的，应当重新取得个人同意。之所以如此，是因为这三个事项在个人信息处理中至关重要，对于个人信息权益的影响最大。首先，个人信息的处理目的是指个人信息处理者为什么要处理个人信息，想要实现何种目的。由于处理目的直接决定了处理方式和处理的个人信息的种类，基于目的限制原则，个人信息的处理也必须与处理目的直接相关。故此，处理目的至关重要，《个人信息保护法》要求处理个人信息应当具有明确、合理的目的，同时处理的目的应当向个人加以明示。故此，变更处理目的就意味着处理方法和处理的个人信息的种类等都可能发生变化，即便它们不会变化，新的处理目的是否明确、合理，对个人信息权益将产生何种影响也是未知的，必须告知个人并重新取得同意，否则不得按照变更后的处理目的实施处理行为。

其次，处理方式就是指个人信息处理者以何种方法处理个人信息，如收集的方法、使用的方法以及存储的方法等。在处理目的不发生变化的情况下，虽然处理方式的变化仍然受制于处理目的，但是仍不可能避免导致对个人权益的影响方式发生改变。由于个人此前的同意只是针对变更前的处理方式作出的，其同意承受的是变更前的处理方式对个人权益的影响，故此，处理方式的变更需要告知并重新取得个人的同意。

最后，处理的个人信息的种类不同，对于个人权益的影响不同，法律上的要求也不同，处理者应当告知并重新取得同意。例如，A公司原来处理的个人信息都是非敏感的个人信息，现在要增加一项敏感的个人信息如行踪轨迹信息，这种情形下，当然要告知个人并重新取得同意，而且依据《个人信息保护法》的规定，处理敏感个人信息的还必须取得个人的单独同意。

总之，《个人信息保护法》第14条第2款明确了三类个人信息处理活动中的事项的变更必须重新取得同意，该规定贯彻了目的限制、公开透明等个人信息处理的基本原则，有利于充分保护个人信息权益。至于其他的个人信息处理者告知个人的事项，在发生变更时，也要告知个人（《个人信息保护法》第17条第2款），但不需要重新取得个人同意。

◆ 疑点与难点

一、同意的明确与具体的关系

欧盟《一般数据保护条例》第4条第11款还要求数据主体作出的同意是“具体的”（Specific），该要求的目的旨在确保数据主体在一定程度上的用户控制度和透明度。欧盟第29条工作组在《对第2016/679号条例下同意的解释指南》中认为，要满足数据的同意是“具体的”这一要求，数据控制者必须做到以下几点：（1）将使用目的具体化，防止功能擅改；（2）细化请求同意的颗粒度；（3）明确将与获得数据处理活动同意相关的信息与其他事项的信息分开。

我国《个人信息保护法》第14条没有明确要求个人作出的同意必须是具体的，但从该法的其他规定来看，也可以认为是有此要求的：一方面，《个人信息保护法》第6条要求处理个人信息的目的必须是明确、合理的。“目的的明确”就意味着目的应当是清晰的、具体的，否则难以明确。在基于个人同意处理个人信息中，目的的明确也对应着“同意的明确”。另一方面，《个人信息保护法》第17条要求处理者在处理个人信息前应当以“显著方式”“清晰易懂的语言”“真实、准确、完整地”向个人告知规定的事项。这就使得需要取得同意的个人信息处理事项与其他事项的信息相互区分，而第17条第1款对需要告知事项的列举，也起到了细化请求同意的颗粒度的作用。例如，当处理者是出于多个处理目的而处理个人信息的，那么依据第17条第1款第2项，每一个处理目的都应当告知个人，并取得个人的同意（同意的方式既可以是针对每一个处理目的作出一个同意，也可以是就列明的全部处理目的作出一个同意）。

二、单独同意与书面同意的关系

从《个人信息保护法》第 14 条第 1 款第 2 句的规定可知，单独同意、书面同意肯定是比一般的同意更高的要求。从该法第 29 条来看，书面同意的要求应当又要比单独同意的要求更高。因为处理敏感的个人信息本身就要求取得个人的单独同意，而第 29 条还规定，法律、行政法规规定处理敏感的个人信息应当取得书面同意的，从其规定。这就是说，法律、行政法规会要求某些敏感个人信息的处理必须取得个人的**“书面的单独同意”**。从这个角度来说，所谓“书面的单独同意”应当是指纸面的同意书，即必须取得个人亲笔签名的针对某类敏感个人信息的处理表示同意的纸质同意书。

三、同意的期限问题

个人信息处理者取得个人同意，该同意持续多长时间，例如，个人究竟是可以同意处理者在一年内抑或十年内处理其个人信息，对此《个人信息保护法》没有规定，事实上也没有必要规定。一方面，《个人信息保护法》第 15 条明确规定了，基于个人同意处理个人信息的，个人有权撤回其同意。也就是说，无论同意的持续期间是一年还是十年，对个人而言没有约束力，个人有权随时撤回其同意。处理者对该同意的期限也不会产生法律上给予保护的信赖。① 不仅如此，处理者以格式条款的方式来取得无期限限制或不可撤回的同意的，该条款也属于无效条款。对此，《最高人民法院关于审理使用人脸识别技术处理个人信息相关民事案件适用法律若干问题的规定》第 11 条有明确的规定：“信息处理者采用格式条款与自然人订立合同，要求自然人授予其无期限限制、不可撤销、可任意转授权等处理人脸信息的权利，该自然人依据民法典第四百九十七条请求确认格式条款无效的，人民法院依法予以支持。”

---

① 欧盟《一般数据保护条例》对于同意持续多长时间也没有具体规定。欧盟第 29 条工作组在《对第 2016/679 号条例下同意的解释指南》中指出：同意持续多长时间将取决于同意的背景、最初同意的范围和数据主体的预期。如果处理操作发生了很大变化或发展，则原始同意不再有效。在这种情况下则需要获得新的同意。最好的做法是，应当在适当的间隔时间更新同意，通过再次向数据主体提供所有信息，有助于确保数据主体充分了解其数据的使用方式以及如何行使权利。

◆ 相关规定

《民法典》第 140 条、第 469 条、第 1033 条；《征信业管理条例》第 18 条、第 29 条；《最高人民法院关于审理使用人脸识别技术处理个人信息相关民事案件适用法律若干问题的规定》第 2 条、第 4 条、第 11 条

第十五条 【同意的撤回】

基于个人同意处理个人信息的，个人有权撤回其同意。个人信息处理者应当提供便捷的撤回同意的方式。

个人撤回同意，不影响撤回前基于个人同意已进行的个人信息处理活动的效力。

◆ 条文要旨

本条是对同意的撤回的规定。

◆ 理解与适用

一、个人可以撤回同意的理由

在个人信息处理中，告知同意规则是一项最基本的规则，依据《个人信息保护法》第 13 条的规定，个人信息处理行为的合法性基础有两类，一是取得个人的同意，二是法律、行政法规的规定。之所以《个人信息保护法》第 15 条允许个人有权撤回同意（right to withdraw consent/Widerrufsrecht），具体理由在于：个人的同意体现了自然人处分个人信息权益的自由，性质上属于违法阻却事由，即针对客观上属于侵入或妨碍个人信息权益的处理行为发挥正当化的效力，使之成为合法行为。个人信息上承载了法律给予保护的自然人享有的非常广泛的权益，既包括宪法上的人格尊严、人身自由等基本权利，也包括人身权益、财产权益等民事权益。如果一旦个人作出了同意，就不能撤回或者很难撤回，那么个人的同

意就不可能是真正的同意，其对个人信息的处理就没有真正的自主决定权，① 如此一来，是无法充分维护人格尊严和人身自由的。故此，法律上应当允许个人随时撤回其同意，任何禁止或限制个人撤回同意的格式条款或单方声明等都是无效的。

从比较法上来看，各国的法律也都明确允许信息主体或数据主体撤回其同意。例如，欧盟《一般数据保护条例》第 7 条第 3 款规定："数据主体有权随时撤回其同意。同意的撤回不应影响在撤回前基于同意做出的数据处理的合法性。在做出同意前，数据主体应被告知上述权利。撤回同意应与做出同意同样容易。"德国《联邦数据保护法》第 51 条第 3 款规定："数据主体有权随时撤回其同意，撤回同意不得影响撤回前同意处理的合法性。在作出同意前应当将此事告知数据主体。"再如，巴西《通用数据保护法》第 8 条第 5 款规定："只要不作出根据本法第 18 条第 VI 项规定的删除请求，同意可以通过便捷和免费的流程，随时被数据主体明确表示撤回，这是对基于先前同意而做处理的矫正。"

二、个人有权撤回同意

1. 个人有权随时撤回其同意，也就是说，个人撤回同意是无条件的，只要个人想撤回，就可以撤回，既不需要法律上规定的理由，更无须向处理者说明理由。不仅如此，法律上不存在对个人撤回同意的权利的其他限制，例如，撤回权不存在适用《民法典》规定的除斥期间的问题。② 同样，处理者也不能通过格式条款或其他任何方式与个人约定撤回权行使的期间等而限制或剥夺个人的撤回权。如果存在这些条款或约定，均属无效。③ 在个人信息处理的任何阶段，个人均可以撤回同意，也就是说，不仅仅是在个人信息被收集的阶段，也包括加工、存储、使用、提供、公开等各个此前个人同意的处理方式的阶段，个人均可以撤回同意。

2. 个人撤回同意只适用于基于个人同意处理个人信息的情形，至于并非基于

---

① 德国学者认为，撤回同意权保证了数据主体对其个人数据享有的"稳定的高权"（eine ständige Hoheit），维护数据主体的个人信息自决权。Gola/Heckmann，Bundesdatenschutzgesetz，13. Auflage 2019，Rn. 41.

② 万方：《个人信息处理中的"同意"与"同意撤回"》，载《中国法学》2021 年第 1 期。

③ 《最高人民法院关于审理使用人脸识别技术处理个人信息相关民事案件适用法律若干问题的规定》第 11 条。

个人同意处理个人信息的情形，即依据法律、行政法规的规定无须取得个人同意即可处理个人信息的场合，个人并未作出同意，自然也就不存在撤回同意。

3. 个人信息处理者应当提供便捷的撤回同意的方式。首先，个人信息处理者应当向个人提供撤回同意的途径和方法。如果处理者不提供这种途径，就是剥夺个人撤回同意的权利。这种情形下应当认为，处理者基于个人同意的处理行为是违法行为，也就是说，即便是在取得个人同意后而收集个人信息并进行相应处理活动的，但是由于没有提供撤回同意的方式和途径，所以该处理活动从一开始就是非法的。① 其次，撤回同意的方式应当是便捷的。便捷与否当然是相对的，这里就是相对于同意而言的。欧盟《一般数据保护条例》第7条第3款的表述比较明确，即“撤回同意应与作出同意同样容易”（It shall be as easy to withdraw as to give consent）。我国《个人信息保护法》第15条第1款第2句使用的是**“便捷的撤回同意的方式”**，本书认为，对此应当理解为：个人信息处理者提供给个人的撤回同意的方式至少要和作出同意一样便捷，当然，也可以更便捷。这就是说，如果个人作出同意仅仅是通过点击鼠标、滑动或单击键盘即可完成，那么要撤回同意也应当同样轻松或者更轻松，不能让个人必须在花费不适当或不合理的努力（如为了撤回同意而必须跳转诸多界面或完成一系列复杂的手续）后才能完成。此外，个人信息处理者也不能因为个人要撤回同意而收取费用或者降低甚至取消产品或服务的提供，如果这样，就构成个人信息处理者对个人的胁迫，违反了《个人信息保护法》的规定。

三、处理者有义务告知个人有权撤回同意

欧盟《一般数据保护条例》、德国《联邦数据保护法》等法律要求，数据控制者在取得个人同意前，必须告知个人有随时撤回同意的权利。如果数据控制者不履行这一告知义务，那么依据《一般数据保护条例》的规定，可以对数据控制者处以最高数额为2000万欧元或者上一财政年度全球营业总额4%的罚款。我国《个人信息保护法》第15条没有明确规定处理者在取得同意前必须告知个人有权随时撤回同意。但是，由于随时撤回同意也是《个人信息保护法》规定的个人的

---

① 《App违法违规收集使用个人信息行为认定方法》第3条第8款将未向用户提供撤回同意收集个人信息的途径、方式，认定为“未经用户同意收集使用个人信息”。

权利。故此，也应当纳入《个人信息保护法》第 17 条第 1 款第 3 项规定必须告知个人的“个人行使本法规定的权利的方式和程序”当中。

四、撤回同意的法律效果

个人撤回同意将产生何种法律效果，比较法上有所不同。欧盟《一般数据保护条例》主要规定的效果是，其一，撤回同意不应影响在撤回前基于同意作出的数据处理的合法性（第 7 条第 3 款）；其二，如果数据主体是根据该条例第 6 条第 1 款（a）项或第 9 条第 2 款（a）项撤回同意，那么只有在欠缺其他有关数据处理的法律依据的情况下，控制者才必须删除数据，否则并非必须删除数据［第 17 条第 1 款（b）项］。

从我国《个人信息保护法》的规定来看，撤回同意的法律效果有以下三项：

1. 只有在基于个人同意处理个人信息的时候，才存在个人有权撤回同意的问题，至于处理者本来就不是基于个人同意而处理个人信息的，不存在个人撤回同意的问题。故此，就基于个人同意而进行的个人信息处理活动而言，自个人撤回同意之时起，该处理活动就丧失了合法性基础，那么除非处理者不得再处理个人信息，处理者必须停止与撤回同意相关的个人信息处理活动。例如，甲公司作为个人信息处理者就三个不同处理目的（A、B、C）的处理行为，取得了乙的同意，现在乙撤回了针对处理目的 A 的处理行为的同意，则甲公司应当立即停止该处理行为，至于处理目的为 B、C 的处理活动还可以继续进行。倘若乙撤回了针对这三个处理目的的处理行为的同意，显然甲就必须停止全部的这三类处理活动。否则其处理行为就是非法行为，构成对个人信息权益的加害行为。

2. 删除个人信息。《个人信息保护法》第 47 条第 1 款第 3 项规定，如果个人撤回同意，则个人信息处理者应当主动删除个人信息；个人信息处理者未删除的，个人有权请求删除。这一规定是为了更好地实现个人撤回同意的目的。因为个人撤回同意的真正目的是停止处理者对其个人信息的处理。如果个人信息不被删除，由于信息的不对称，个人很难知悉处理者是否真的停止了对其个人信息的处理。

3. 个人撤回同意不具有溯及力。也就是说，个人撤回同意不影响撤回前基于个人同意已经进行的个人信息处理活动的效力，只要这些处理活动本身并不存在其他违法之处。所谓不影响效力，是指不影响这些个人信息处理活动仍被认为是基于个人同意而进行的处理活动，个人不得以其撤回同意为由要求处理者承担侵害个人信息权益的民事责任，依法履行个人信息保护职责的机关也不得以个人已经撤回同意为由，认定撤回前基于个人同意已经进行的个人信息处理活动是违法的，进而追究处理者的行政责任或刑事责任。当然，撤回同意只是不影响**“基于个人同意已进行的个人信息处理活动的效力”**，倘若处理活动尚未进行或者处理活动原本就不是基于个人同意而是为履行法定职责或其他法律、行政法规规定的情形，自然不存在影响效力的问题。之所以撤回同意不影响此前处理活动的效力，目的不是要保护个人信息处理者对个人的某种信赖，因为不存在这样的信赖。但是，在允许个人可以随时撤回同意的情形下，由于处理者必须随时做好个人会撤回同意的准备，所以为了实现个人信息权益的维护与个人信息的合理使用之间的利益平衡，法律上必须作出这样的规定，这也是基于诚信原则与公平原则的要求。

◆ 疑点与难点

一、撤回同意与意思表示的撤回、撤销

如果不能正确认识个人同意的性质，将其理解为意思表示，就会出现将撤回同意理解为撤销同意，甚至产生要求个人承担赔偿责任的错误认识。例如，有观点认为，同意撤回是指个人信息主体基于“告知同意”原则，对自己已经作出的“同意信息处理者对其个人信息进行处理”的授权予以取消的意思表示。但从理论上看，撤回须在意思表示未生效之前到达相对人，其产生的效力是使得早先作出的意思表示不发生效力；而撤销系在意思表示到达相对人并生效之后作出的取消前一意思表示的行为。因此，《个人信息保护法》所指的“同意的撤回”虽名为撤回，实质含义则为意思表示的撤销。① 再如，有的观点认为，当同意并不直接涉及合同交易领域时，可随时撤回同意，该行为仅仅是对他人行为违法性的排除；当“同意”涉及具体的合同交易领域时，则应当比照适用典型合同中的任意撤销权规则，对个人信息主体的“同意撤回权”作出一定限制，当其因撤回给信息处理者造成损失时，应当承担损害赔偿责任。② 本书认为，同意并非意思表示，

---

① 万方：《个人信息处理中的“同意”与“同意撤回”》，载《中国法学》2021年第1期。

② 陆青：《个人信息保护中“同意”规则的规范构造》，载《武汉大学学报（哲学社会科学版）》2019年第5期。

故此不适用《民法典》关于意思表示的撤回以及撤销的规则。我国《民法典》对意思表示的规定中，之所以区分撤回和撤销并确立不同的规则，主要是考虑到交易相对人的信赖保护，而个人信息处理中个人的同意不涉及对处理者的信赖保护，处理者对于个人是否同意以及是否撤回同意不存在需要法律保护的信赖。因此，也不存在个人撤回同意后，需要向处理者承担损害赔偿责任的问题。

二、撤回同意与反对权

个人撤回同意与所谓的反对权（right to object）不同。欧盟《一般数据保护条例》第21条规定了个人在个人信息处理中的反对权，依据该条，数据主体有权在特定情况下随时反对依据该条例第6条第1款（e）项或（f）项规定对其个人数据进行的处理，包括根据这些条款进行的数据画像。除非控制者能够证明其合法利益高于数据主体的利益、权利和自由，或者法定请求权的确立、行使和抗辩有强有力的法律依据。如果是为直接营销目的处理个人数据的，数据主体有权随时反对因为该商业目的处理其个人数据，包括与直接营销有关的数据画像。当数据主体反对因直接营销目的处理数据的，个人数据不得再因该目的被处理。个人撤回同意所针对的是基于个人同意而进行的个人信息处理活动，也就是说此等个人信息处理活动的合法性基础在于个人的同意。但是，欧盟法上的反对权所针对的是非基于个人同意而进行的个人信息处理活动，即依据《一般数据保护条例》第6条第1款（e）项和（f）项规定的理由而进行的个人信息处理。① 此外，反对权的行使必须符合一定的条件，也就是说，如果控制者能够存在继续处理数据的令人信服的理由，那么个人不能行使反对权。但是，撤回同意是无条件的，不需要提供理由。我国《个人信息保护法》上没有规定反对权，但也同样规定个人信息处理的合法基础分为两类：一是基于个人同意而进行的个人信息处理；二是基于法定许可而进行的个人信息处理。显然，只有对基于个人同意而进行的个人信息处理活动，个人才有权撤回其同意，并通过此种撤回来阻止个人信息处理者继续进行处理。但是，对于那些不是基于个人同意的个人信息处理活动而言，个人当然不存在撤回同意的可能，也没有所谓的反对权。

---

① 这两项规定的情形分别是："（e）处理是为了执行公共利益领域的任务或行使控制者既定的公务职权之必要；（f）处理是控制者或者第三方为了追求合法利益之必要，但此利益与被要求保护个人数据的数据主体的利益或基本权利自由相冲突的除外，尤其是数据主体为儿童的情形下。"

三、撤回同意与删除权

撤回同意与个人行使删除权不同。所谓删除权，是个人在个人信息处理中享有的一项权利。《民法典》第1037条第2款规定，自然人发现信息处理者违反法律、行政法规的规定或者双方的约定处理其个人信息的，有权请求信息处理者及时删除。《网络安全法》第43条规定，个人发现网络运营者违反法律、行政法规的规定或者双方的约定收集、使用其个人信息的，有权要求网络运营者删除其个人信息。《个人信息保护法》第47条第1款列举了处理者主动删除和个人请求处理者删除个人信息的五种情形，其中包括个人撤回同意。但是，删除个人信息的情形则不限于撤回同意，还包括其他的情形如处理目的已经实现、无法实现，或者处理者是在非法处理个人信息等。也就是说，处理者可能是完全没有取得个人的同意，也没有其他合法基础而处理个人信息。此时，个人显然是不需要通过撤回同意来阻止处理者处理个人信息的，而只需要通过行使删除权要求个人信息处理者予以删除。不仅如此，在非法处理个人信息而侵害个人信息权益造成损害的时候，个人还有权要求处理者承担民事责任。但是，在撤回同意的情形下，个人撤回同意并不影响撤回前基于个人同意已进行的个人信息处理活动的效力，故此，个人不能在撤回同意后，要求处理者就此前的处理行为承担民事责任（除非该行为本身就是违法的）。

◆ 相关规定

《最高人民法院关于审理使用人脸识别技术处理个人信息相关民事案件适用法律若干问题的规定》第11条

第十六条 【不得因撤回同意而拒绝提供产品或服务】

个人信息处理者不得以个人不同意处理其个人信息或者撤回同意为由，拒绝提供产品或者服务；处理个人信息属于提供产品或者服务所必需的除外。

◆ 条文要旨

本条是对不得因撤回同意而拒绝提供产品或服务的规定。

◆ 理解与适用

一、规范目的

现代社会，人们每天以各种方式被他人收集、存储、加工、使用自己的个信息。信息网络科技的高速发展与普及已使得社会的生产生活被高度数字化、信息化。每个人既无时无刻不在生产个人信息，也需要每天利用个人处理者提供的信息产品或服务。大数据时代使得人们自愿地或被迫地将传统社会中不受他人侵扰的独处空间和仅由个人作为秘密而掌握的信息交出来，个人信息不断被收集、存储、整理、转让、分析和利用。因此，面对各种类型的个人信息处理者，个人实际上很难有能力拒绝或阻止个人信息被收集。即便有这个能力，也意味着为此要付出牺牲生活便利甚至被排除在现代社会生活之外或者为此担负付费的代价。在绝大多数时候，个人信息处理者常常只给消费者两个选择项：留下或离开。即个人要么同意其个人信息被处理，就能留下来，使用数据产品或服务，使生活更加方便快捷；要么拒绝，就无法使用产品或服务，只能选择离开。这样一来，个人信息处理中的告知同意规则实际上就被架空了，个人已经丧失了同意的自由，更谈不上对个人信息处理的决定权，根本无法真正地去限制或拒绝他人对其个人信息的处理。

在这种情形下，我们不应当随波逐流，因为告知同意规则陷入了困境，就放弃该规则或对之加以改造等。恰恰相反，为了确保个人信息处理中告知同意规则能够真正得到遵守和落实，就必须防止出现各种以给个人权益造成不利影响甚至“损害”为要挟，从而强迫或变相强迫处理取得个人同意的行为。故此，《个人信息保护法》第 5 条规定：“处理个人信息应当遵循合法、正当、必要和诚信原则，不得通过误导、欺诈、胁迫等方式处理个人信息。”第 16 条更是明确规定，个人信息处理者不得以个人不同意处理其个人信息或者撤回同意为由，拒绝提供产品或者服务，处理个人信息属于提供产品或者服务所必需的除外。这就是说，如果个人信息处理者是基于同意而处理个人信息的，那么除非个人信息处理是提供产品或者服务所必需的，否则，不能因为个人不同意处理其个人信息而拒绝提供产品或者服务，也不能因为个人撤回了此前作出的对个人信息处理的同意，而拒绝提供产品或者服务。例如，《中国人民银行金融消费者权益保护实施办法》第 30

条规定："银行、支付机构收集消费者金融信息用于营销、用户体验改进或者市场调查的，应当以适当方式供金融消费者自主选择是否同意银行、支付机构将其金融信息用于上述目的；金融消费者不同意的，银行、支付机构不得因此拒绝提供金融产品或者服务。银行、支付机构向金融消费者发送金融营销信息的，应当向其提供拒绝继续接收金融营销信息的方式。"第 29 条第 2 款规定："金融消费者不能或者拒绝提供必要信息，致使银行、支付机构无法履行反洗钱义务的，银行、支付机构可以根据《中华人民共和国反洗钱法》的相关规定对其金融活动采取限制性措施；确有必要时，银行、支付机构可以依法拒绝提供金融产品或者服务。"

二、处理个人信息属于提供产品或者服务所必需的含义

所谓"处理个人信息属于提供产品或者服务所必需的"，是指对于产品或服务的提供而言，如果不处理个人信息就无法实现。具体而言：首先，处理个人信息的目的是提供产品或者服务，如果处理个人信息是出于其他的目的，如为了处理者进一步完善其产品的性能或提升其服务的品质，则不属于为了提供产品或者服务。

其次，即便是出于提供产品或者服务的处理目的，那么个人信息的处理也必须限于实现该目的的最小范围。一方面，"必要"就意味着处理个人信息是提供产品或者服务的必要条件，缺之不可。另一方面，即便个人信息处理是提供产品或者服务的必要条件，依据《个人信息保护法》第 6 条第 2 款的规定，收集个人信息应当限于实现处理目的的最小范围，不得过度收集个人信息。《常见类型移动互联网应用程序必要个人信息范围规定》第 3 条规定："本规定所称必要个人信息，是指保障 App 基本功能服务正常运行所必需的个人信息，缺少该信息 App 即无法实现基本功能服务。具体是指消费侧用户个人信息，不包括服务供给侧用户个人信息。"该规定针对日常生活中常见的 39 类 App 分别界定了其基本功能，然后据此确定了哪些个人信息是保障这些基本功能服务正常运行所必需的、最小范围的个人信息。例如，对于实用工具类 App，其基本功能服务为"日历、天气、词典翻译、计算器、遥控器、手电筒、指南针、时钟闹钟、文件传输、文件管理、壁纸铃声、截图录屏、录音、文档处理、智能家居助手、星座性格测试"等，无须个人信息即可使用基本功能服务。故此，不能以用户不同意处理其个人信息为由而拒绝提供该基本功能服务。

需要注意的是，《个人信息保护法》第 16 条只是规定个人信息处理者不能以个人不同意处理其个人信息或者撤回同意为由，拒绝提供产品或者服务，没有规定也不得以此为由而降低服务的质量或者给个人造成不便。对于后一种情形，依据《个人信息保护法》第 5 条，也是不允许的。

◆ 疑点与难点

一、《个人信息保护法》第 16 条与第 13 条第 1 款第 2 项的关系

关于《个人信息保护法》第 16 条规定的“处理个人信息属于提供产品或者服务所必需的”情形，与第 13 条第 1 款第 2 项规定的“为订立、履行个人作为一方当事人的合同所必需”的关系问题，二者的联系在于：处理个人信息属于提供产品或者服务所必需的情形与为履行个人作为一方当事人的合同所必需的情形存在重叠之处。例如，自然人 A 使用 B 公司的网络平台购物，B 公司为了履行买卖合同，就必须取得 A 的联系方式等个人信息。此种情形下，既可以说 B 处理 A 的个人信息是提供产品或服务所必需的情形，也可以说是履行个人作为一方当事人的合同所必需的。故此，在这种情形下，B 可以在取得 A 的同意后处理其个人信息，如果 A 不同意，那么 B 有两个选择：其一，其依据第 16 条规定，有权拒绝提供服务或产品；其二，其依据第 13 条第 1 款第 2 项以及第 2 款的规定，无须取得个人的同意而处理其个人信息。二者的区别在于：第 16 条只是适用于基于个人同意而进行的个人信息处理活动，其规范的情形既包括个人不同意处理其个人信息，也包括同意后撤回同意的情形。然而，依据第 13 条第 2 款的规定，如果处理个人信息是为订立或者履行个人作为一方当事人的合同所必需的，则处理者不需要取得个人的同意。此时，也就不存在个人撤回同意的问题。

二、处理者对个人的胁迫的认定与举证责任

实践中，不少网络企业进行所谓“捆绑授权”，即某一产品或服务除基本功能外，还提供其他的一些业务功能且该等业务功能的实现需要处理个人信息。此时，该产品或服务的提供者要么将基本功能与其他的业务功能加以捆绑，进而强制取得个人的同意；要么通过将各项业务功能加以捆绑的方式而取得个人的一次性同意，无论个人是否申请或使用其中的某项业务功能，只要个人不同意处理其

个人信息的，则任何一项业务功能都无法使用。这种捆绑授权的方式在互联网应用程序即 App 中很常见，其典型表现如要求用户一次性同意打开多个可收集个人信息权限，用户不同意则无法安装或使用；在用户明确拒绝权限后频繁申请开启通讯录、位置、麦克风、摄像头等与当前业务功能无关的权限来骚扰用户；App 新增业务功能申请收集的个人信息超出用户原有同意范围，若用户不同意，则拒绝提供原有业务功能。① 显然，这种捆绑授权实质上就是个人信息处理者因为个人不同意处理者处理其个人信息而拒绝提供产品或者服务，违反了本条的规定，属于违法行为。《最高人民法院关于审理使用人脸识别技术处理个人信息相关民事案件适用法律若干问题的规定》第 4 条规定：“有下列情形之一，信息处理者以已征得自然人或者其监护人同意为由抗辩的，人民法院不予支持：（一）信息处理者要求自然人同意处理其人脸信息才提供产品或者服务的，但是处理人脸信息属于提供产品或者服务所必需的除外；（二）信息处理者以与其他授权捆绑等方式要求自然人同意处理其人脸信息的；（三）强迫或者变相强迫自然人同意处理其人脸信息的其他情形。”此外，《信息安全技术 个人信息安全规范》（GB/T 35273—2020）第 5.3 条规定：“当产品或服务提供多项需要收集个人信息的业务功能时，个人信息控制者不应违背个人信息主体的自主意愿，强迫个人信息主体接受产品或服务所提供的业务功能及相应的个人信息收集请求……”具体而言，个人信息处理者应做到：（1）不应通过捆绑产品或服务各项业务功能的方式，要求个人信息主体一次性接受并授权同意其未申请或使用的业务功能收集个人信息的请求。（2）应把个人信息主体自主作出的肯定性动作，如主动点击、勾选、填写等，作为产品或服务的特定业务功能的开启条件。个人信息控制者应仅在个人信息主体开启该项业务功能后，开始收集个人信息。（3）关闭或退出业务功能的途径或方式应与个人信息主体选择使用业务功能的途径或方式同样方便。个人信息主体选择关闭或退出特定业务功能后，个人信息控制者应停止该业务功能的个人信息收集活动。（4）个人信息主体不授权同意使用、关闭或退出特定业务功能的，不应频繁征求个人信息主体的授权同意。（5）个人信息主体不授权同

① 参见全国信息安全标准化技术委员会秘书处：《网络安全标准实践指南—移动互联网应用程序（App）个人信息保护常见问题及处置指南》（信安秘字〔2020〕58 号）第 2.4.1 条。

意使用、关闭或退出特定业务功能的，不应暂停个人信息主体自主选择使用的其他业务功能，或降低其他业务功能的服务质量。(6) 不得仅以改善服务质量、提升使用体验、研发新产品、增强安全性等为由，强制要求个人信息主体同意收集个人信息。

◆ 相关规定

《中国人民银行金融消费者权益保护实施办法》第 29 条、第 30 条；《常见类型移动互联网应用程序必要个人信息范围规定》第 3 条、第 4 条、第 5 条

第十七条 【告知的内容与方式】

个人信息处理者在处理个人信息前，应当以显著方式、清晰易懂的语言真实、准确、完整地向个人告知下列事项：

（一）个人信息处理者的名称或者姓名和联系方式；

（二）个人信息的处理目的、处理方式，处理的个人信息种类、保存期限；

（三）个人行使本法规定权利的方式和程序；

（四）法律、行政法规规定应当告知的其他事项。

前款规定事项发生变更的，应当将变更部分告知个人。

个人信息处理者通过制定个人信息处理规则的方式告知第一款规定事项的，处理规则应当公开，并且便于查阅和保存。

◆ 条文要旨

本条是对处理者告知义务的具体规定，包括告知的内容、告知方式等。

◆ 理解与适用

一、规范目的

告知同意规则由告知个人与取得个人同意两部分组成。要确保个人的同意是

在充分知情的前提下自愿、明确地作出的，就必须对处理者向个人告知的内容与告知的方式等提出相应的要求。否则，个人的同意不可能是自愿和明确的，个人信息的处理也不可能是公开透明的。这一点在比较法上也非常明确。例如，欧盟《一般数据保护条例》第13条与第14条分别对于控制者从数据主体处和并非从数据主体处收集个人数据时应向数据主体提供的信息作了详细规定。又如，韩国《个人信息保护法》第15条第2款规定："信息处理者获得第一款第一项规定的同意时，需要将下列事项告知信息主体。下列各项中任意一项有变更时，也应当告知信息主体并获得同意：1. 个人信息收集、利用的目的；2. 拟收集个人信息的项目；3. 保有和利用个人信息的期间；4. 享有拒绝同意的权利之事实，以及若拒绝同意产生不利益时，其不利益的内容。"再如，2018年美国《加利福尼亚州消费者隐私权法案》第1798.100条规定，消费者有权要求收集消费者个人信息的企业向其披露企业收集的个人信息的类别和具体要素；收集消费者个人信息的企业应当在收集时或者收集前告知消费者所收集个人信息的类别以及个人信息的使用目的。在未向消费者提供符合本节要求的告知情况下，企业不得收集其他类别的个人信息，或者将所收集个人信息用于其他目的。

为了保障个人对其个人信息的处理的知情权和决定权，使得个人能够在充分知情的前提下自愿、明确地作出同意，法律上将公开透明作为个人信息处理的基本原则，《个人信息保护法》第7条规定："处理个人信息应当遵循公开、透明原则，公开个人信息处理规则，明示处理的目的、方式和范围。"同时，法律上具体确定了处理者的告知义务。《民法典》第1035条规定，处理个人信息的，应当遵循合法、正当、必要原则，不得过度处理，并符合下列条件：（1）征得该自然人或者其监护人同意，但是法律、行政法规另有规定的除外；（2）公开处理信息的规则；（3）明示处理信息的目的、方式和范围；（4）不违反法律、行政法规的规定和双方的约定。《网络安全法》第41条第1款规定："网络运营者收集、使用个人信息，应当遵循合法、正当、必要的原则，公开收集、使用规则，明示收集、使用信息的目的、方式和范围，并经被收集者同意。"《个人信息保护法》第17条第1款在上述法律规定的基础上，对于处理者告知的时间、告知方式和告知内容等问题作出了更详细、具体的规定。

二、告知的时间

个人信息处理者必须是在**“处理个人信息前”**向其个人信息被处理的个人进行告知，而不能在已经实施了个人信息处理行为后再告知个人，这是《个人信息保护法》第17条第1款对告知时间的要求。例如，A网络公司要收集个人信息，那么在收集前就应当履行告知义务，向个人进行告知并取得同意。如果已经收集了个人信息然后告知的，A公司的行为已经是非法收集个人信息。在个人信息处理者将《个人信息保护法》第17条第1款规定的事项告知给个人后，这些事项发生变更的，则应当将变更部分告知个人。这里需要区分变更的究竟是哪些事项，如果变更的是**个人信息的处理目的、处理方式、处理的个人信息种类**，那么，依据《个人信息保护法》第14条第2款的规定，处理者要重新取得个人同意。故此，在这三个事项发生变更的情形下，只有将变更的部分告知个人并重新取得个人的同意后，处理者才能按照变更后的处理目的、处理方式、处理的个人信息种类来处理个人信息。至于其他不需要重新取得同意的事项发生变更的，只要将变更部分告知个人即可。

三、告知的方式

网络信息社会中个人信息的保护之所以困难，就是因为处理者与个人在信息技术能力上的完全不对等。个人信息处理者尤其是各类网络运营者掌握足够的专业技术知识和充分的信息，但是个人信息主体则处于弱势地位，缺乏相关的专业技术能力，更没有足够的信息。这种情况下，为了尽可能矫正这种不对等的局面，法律必须对个人信息处理者向个人告知的方式作出强制性的要求。欧盟《一般数据保护条例》第12条第1款要求数据控制者应当采取适当措施，“使用清晰明了的语言，以简洁、透明、易懂和易于获取的形式”（in a concise，transparent，intelligible and easily accessible form，using clear and plain language）将需要告知数据主体的事项（如第13条、第14条，第15—22条等规定的）向数据主体进行告知。巴西《通用数据保护法》第9条和第10条规定，数据控制者应当以清晰、充分和明显的方式将法律规定应当提供给数据主体的信息加以提供，如果提供给数据主体的信息包含误导性或者不良内容或者事先没有以透明、清晰、明确的形式予以呈现的，则同意无效。我国《个人信息保护法》第17条第1款明确要求个人信息处理者“应当以显著方式、清晰易懂的语言真实、准确、完整地”向个人告知相关事项。

（一）显著方式、清晰易懂的语言

由于个人信息处理具有很强的技术性，十分专业，个人对此知之甚少，因此导致个人与处理者之间的信息不对称。如果处理者通过一大堆专业术语或者含糊其词的表述来告知相关事项，那么个人难以理解此种个人信息处理对自己的权益有何利弊，存在何种风险，无法作出自愿、明确的同意。《个人信息保护法》第7条规定："处理个人信息应当遵循公开、透明原则，公开个人信息处理规则，明示处理的目的、方式和范围。"据此，第17条第1款规定，处理者在履行告知义务的时候，应当"以显著方式、清晰易懂的语言"向个人进行告知。

所谓**显著方式**，是指个人信息处理者应当以个人容易辨识且易于获取的方式了解到处理者告知的内容，而不能将其隐藏在一大堆包含各种内容的所谓的"隐私政策"当中，或者以极小、难以辨识的字体等其他不显著的方式，让个人无法容易辨识或获取处理者所告知的内容。这种所谓的告知，实际就是欺诈或误导个人。实践中，不少个人信息处理者为了满足法律的要求，规避法律风险，往往采取"捆绑式"的方式列出内容冗长烦琐的隐私政策条款，给用户阅读带来极大的困难。① 有研究表明，用户仅阅读一年中所使用的网络服务的隐私政策就需要花费224个小时，同时还要考虑到用户的教育背景不一，对于各个条款的理解能力有所偏差所带来的现实性困境。② 有鉴于此，《个人信息保护法》第17条第1款要求，处理者必须以显著方式进行告知。

所谓**清晰易懂的语言**，意味着处理者应当以普通的而非专业人士才能理解的语言表述来进行告知，从而使得任何不具备个人信息处理方面的专业知识的个人都能知道处理者所告知的内容。实践中，为规避法律责任，一些个人信息处理者往往倾向于使用极其抽象含混或者晦涩难懂、冗长烦琐，夹杂大量专业术语的语言来描述个人信息的处理目的和处理方式，例如，"改善服务质量""提升用户体验""研发新产品""增强安全性"等。这种语言表述显然违反了本条"清晰易

---

① 《App违法违规收集使用个人信息行为认定方法》规定，在App首次运行时未通过弹窗等明显方式提示用户阅读隐私政策等收集使用规则；隐私政策等收集使用规则难以访问，如进入App主界面后，需多于4次点击等操作才能访问到；隐私政策等收集使用规则难以阅读，如文字过小过密、颜色过淡、模糊不清，或未提供简体中文版等，都可以被认定为"未公开收集使用规则"。

② 范为：《大数据时代个人信息保护的路径重构》，载《环球法律评论》2016年第5期。

懂的语言”的要求。

（二）真实、准确、完整地告知

《草案二审稿》第 17 条规定中只是要求处理者以“显著方式、清晰易懂的语言”告知，正式颁布的《个人信息保护法》在第 17 条中增加了“真实、准确、完整”的告知要求。这是因为，合法、正当、必要和诚信原则是个人信息处理活动应当遵循的基本原则，个人信息处理者不得通过误导、欺诈、胁迫等方式处理个人信息。误导、欺诈的典型体现就是处理者没有真实、准确、完整地将法律、行政法规规定应当告知的事项告知个人。故此，应当要求处理者必须是真实、准确、完整地告知。所谓真实，意味着处理者不能虚构事实，欺骗个人，将虚假的事实告诉个人，如明明是出于 A 处理目的而处理信息，却说是出于 B 处理目的；准确，要求处理者不能将含混不清的信息告知个人，信息必须是正确的，不能有偏差或者令人误读误解；完整，即不能隐瞒一些信息，不告诉全部的信息，如只是告诉个人处理个人信息对其有何种好处，却不说其中的风险等。

四、通过制定个人信息处理规则的方式告知

个人信息处理者履行告知义务的方式可分为以下两类：一是**逐一告知**，即个人信息的处理者在处理个人信息前，以一对一的方式向每一个其个人信息被处理的自然人进行告知，并逐一取得自然人的同意。此种方式在以人工的或非自动化的方式处理个人信息时使用较多，如在当事人申请不动产登记时，其向登记机构提交登记申请书，申请相应的不动产登记，不动产登记机构应当在登记申请书中向申请人告知处理该申请人的个人信息的目的、方式和范围等内容，进而取得申请人的同意。再如，当个人信息处理者与某一自然人磋商订立合同时而收集该自然人的个人信息，也可能进行一对一的告知并取得同意。

二是**统一告知**。所谓统一告知，主要是指个人信息的处理者通过提前拟定好的统一的、反复使用的个人信息处理规则来告知个人信息被处理的自然人，进而取得同意。这种方式是在自动化处理个人信息即网络进行个人信息的处理时使用，如用户在下载安装网络公司的各种应用软件时，网络公司通过所谓“隐私政策”来明确个人信息处理规则，就个人信息处理的目的、方式和范围等内容向个人进行告知。这种方式适用于一对多的情形，即某个特定的个人信息处理者面向不特定的个人而处理个人信息。其优点是高效快捷。

当个人信息处理者以制定个人信息处理规则来告知自然人，那么依据《民法典》第1035条和《个人信息保护法》第17条第3款的规定，个人信息处理规则应当公开，并且便于查阅和保存。否则，应当认为个人信息处理者没有履行告知的义务。尤其是实践中个人信息处理规则以电子信息的方式存在的情况下，如果自然人无法方便地查阅和保存这些规则，就容易出现个人没有完全阅读完毕这些个人信息处理规则就必须作出同意的情形，或者出现处理者私自变更规则，以致双方就个人信息的处理发生纠纷时，个人无法提供相应的证据。例如，《App违法违规收集使用个人信息行为认定方法》第1条规定，以下行为可被认定为“未公开收集使用规则”：（1）在App中没有隐私政策，或者隐私政策中没有收集使用个人信息规则；（2）在App首次运行时未通过弹窗等明显方式提示用户阅读隐私政策等收集使用规则；（3）隐私政策等收集使用规则难以访问，如进入App主界面后，需多于4次点击等操作才能访问到；（4）隐私政策等收集使用规则难以阅读，如文字过小过密、颜色过淡、模糊不清，或未提供简体中文版等。此外，本书认为，如果处理者没有证明其个人信息处理规则是公开的并且便于查阅和保存的，那么在处理者与个人就处理规则是否公开等问题发生争议时，应当认为个人信息处理者没有履行告知义务。如果个人所保存的处理者的个人信息处理规则与处理者提供的规则不一致，应当以个人提供的规则为准，除非处理者能够证明个人提供的规则是不真实的。

五、应当告知的事项

告知义务的内容，是指处理者应当向个人信息被处理的个人告知哪些事项。就如何规定告知事项，比较法上有所不同。欧盟《一般数据保护条例》第13条和第14条区分了控制者从数据主体处收集个人数据和非从数据主体处收集个人信息这两种情形，分别对应告知的信息作出了规定。日本《个人信息保护法》则是在区分不同类型的个人信息处理活动的基础上分别规定了处理者应当告知的事项，如获取个人信息时应当告知的事项、向第三人提供信息时应当告知的事项等。

在我国法上，就处理者应当向个人告知哪些事项，《民法典》第1035条以及《网络安全法》第41条第1款只是规定了“处理信息的目的、方式和范围”等内容，没有作出更具体的规定。一些规章和标准作了较为详细的规定。例如，国家互联网信息办公室颁布的《儿童个人信息网络保护规定》中对网络运营者收集儿童个人信息时应当告知的事项作出了较为详细的列举，依据该规定第 10 条第 1 款，网络运营者征得同意时，应当同时提供拒绝选项，并明确告知以下事项：（1）收集、存储、使用、转移、披露儿童个人信息的目的、方式和范围；（2）儿童个人信息存储的地点、期限和到期后的处理方式；（3）儿童个人信息的安全保障措施；（4）拒绝的后果；（5）投诉、举报的渠道和方式；（6）更正、删除儿童个人信息的途径和方法；（7）其他应当告知的事项。再如，《信息安全技术 个人信息安全规范》（GB/T 35273—2020）第 5.4 条规定，收集个人信息，应向个人信息主体告知收集、使用个人信息的目的、方式和范围等规则。

《个人信息保护法》对于告知事项采取了“**一般规定＋特殊规定**”的立法模式。所谓一般规定，就是该法第 17 条第 1 款规定的事项。这些事项是任何个人信息处理者在处理个人信息前都应当向个人告知的事项，属于共同事项或一般事项。所谓特殊规定，就是针对一些特殊的个人信息处理行为，专门规定应当告知的一些事项，例如，《个人信息保护法》第 23 条规定的向其他处理者提供个人信息时应当告知的事项，第 30 条规定的处理敏感个人信息前应当告知的事项，第 39 条规定的向境外提供个人信息时应当告知的事项。

依据《个人信息保护法》第 17 条第 1 款的规定，一般告知事项包括以下事项：

1. 个人信息处理者的名称或者姓名和联系方式

现代网络信息科技的发展，使得个人信息处理活动成为生产生活中的常态，不仅处理主体多种多样，且处理行为隐秘、专业而复杂。如果处理者不向个人告知处理者的名称或者姓名以及联系方式，个人信息究竟是否被处理以及被何人处理了，个人往往难以知悉，更谈不上依法行使个人信息权益的可能。故此，处理者必须向个人告知个人信息处理者的名称或者姓名和联系方式。

2. 个人信息的处理目的、处理方式

个人信息处理的目的，是指处理者究竟是出于什么目的而处理个人信息。之所以要求必须告知处理目的，是因为处理目的在个人信息处理中非常重要。首先，目的限制原则是个人信息处理中的基本原则，《个人信息保护法》第 6 条规定，处理个人信息应当具有明确、合理的目的，并应当与处理目的直接相关，采取对个人权益影响最小的方式。收集个人信息，应当限于实现处理目的的最小范围，不得过度收集个人信息。故此，只有明确了处理目的，个人才能自由地决定是否就特定的处理目的的处理行为给予同意。当处理者有多个处理目的时，为了确保个人作出的同意是明确的，不能将这些处理目的进行合并而一次性取得授权，必须分别就具体的处理目的分别取得个人的同意。其次，在个人同意后，个人以及履行个人信息保护职责的机关才能据此判断处理者处理个人信息是否与处理目的直接相关，收集的个人信息是否限于实现处理目的的最小范围，有无超出处理目的的处理行为。再次，处理目的是认定处理者以及共同处理者的重要标准。一方面，《个人信息保护法》第 73 条第 1 项规定，只有那些在个人信息处理活动中自主决定处理目的和处理方式的组织或个人才是个人信息处理者。[①] 另一方面，只有共同决定个人信息处理目的和处理方式的个人或组织才是共同处理者，其在共同处理个人信息时，如果侵害个人信息权益的，应当承担连带责任（《个人信息保护法》第 20 条）。最后，处理目的也决定了对敏感的个人信息能否进行处理。只有在具有特定的目的和充分的必要性，并采取严格保护措施的情形下，个人信息处理者才可以处理敏感的个人信息（《个人信息保护法》第 28 条第 2 款）。

个人信息的处理方式主要是指处理者对个人信息采取何种处理方法，《个人信息保护法》第 4 条第 2 款规定，个人信息的处理包括个人信息的收集、存储、使用、加工、传输、提供、公开、删除等。不同的处理方式对于个人权益的影响不同，如只是收集和使用，但不存储，那么个人信息被泄露或被非法窃取的可能性就比较低。再如，公开个人信息这一个人信息处理活动，对于个人权益影响最大，处理者必须取得个人的单独同意，除非法律、行政法规另有规定。此外，即便都是收集、加工和使用个人信息，收集、加工和使用的具体方法不同，对于个人权益的影响也有很大的差别。所以，处理方式属于必须告知个人的事项。

---

① 当然，在欧盟，处理目的还是区分数据控制者与数据处理者的重要标准。《一般数据保护条例》第 4 条“定义”第 7 款、第 8 款分别将“控制者”界定为“能单独或联合决定个人数据的处理目的和方式的自然人、法人、公共机构、代理机构或其他组织。其中个人数据处理的目的和方式由欧盟或其成员国的法律予以规定，控制者或控制者资格的具体标准可以由欧盟或其成员国的法律予以规定”。将“处理者”界定为“为控制者处理个人数据的自然人、法人、公共机构、代理机构或其他组织”。在信息处理者究竟是基于何种目的而对个人信息进行处理。

3. 处理的个人信息种类、保存期限

个人信息的种类很多，包括但不限于自然人的姓名、出生日期、身份证件号码、生物识别信息、住址、电话号码、电子邮箱、健康信息、行踪信息等。个人信息可以分为敏感个人信息与非敏感个人信息，不同的个人信息对于个人信息权益的影响不同。敏感个人信息的处理对于个人信息权益的危险就很大，因为此类信息一旦泄露或者被非法使用，就有可能导致人格尊严受到侵害或者人身、财产安全受到严重危害。所以，个人信息的种类属于必须告知的事项。处理者在向个人告知处理的个人信息种类时，应当遵循公开透明的原则，不能过于笼统。例如，不能简单告知所处理的个人信息是“健康信息”或“与健康有关的信息”，这个范围太广泛了，可能涵盖了无数的信息，处理者必须明确具体的信息种类，如“心率”“血压”或“怀孕年龄”，这取决于处理行为及处理其目的。①

个人信息的保存期限很重要，保存期限越长，出现泄露或非法使用的可能性就越大，对个人信息权益的不利影响就越大。故此，《个人信息保护法》第 19 条规定，除法律、行政法规另有规定外，个人信息的保存期限应当为实现处理目的所必要的最短时间。此外，个人信息的保存期间已经届满的，除非法律、行政法规另有规定，否则个人信息处理者应当主动删除个人信息，没有删除的，个人也有权请求删除。故此，个人信息处理者应当将个人信息的保存期限告知个人。

4. 个人行使本法规定权利的方式和程序

我国《民法典》和《网络安全法》赋予了自然人针对其被处理的个人信息享有查询复制权，发现错误时的更正权以及要求删除个人信息的权利。《个人信息保护法》第 17 条第 1 款第 3 项规定的是“个人行使本法规定权利的方式和程序”，也就是说，个人信息处理者只需要向个人告知个人行使《个人信息保护法》规定的权利的方式和程序，至于《民法典》《网络安全法》等其他法律规定的个人针对个人信息的权利如何行使等，本身也为《个人信息保护法》的规定所涵盖。

所谓“本法规定权利”是指《个人信息保护法》规定的个人享有的各种权

---

① Christopher Kuner, Lee A. Bygrave & Christopher Docksey ed., The EU General Data Protection Regulation (GDPR): A Commentary, Oxford University Press, 2020, P. 444.

利，不仅包括该法第4章“个人在个人信息处理活动中的权利”中详细列举的各种权利，还包括该法规定的其他权利。例如，《个人信息保护法》第15条规定，基于个人同意处理个人信息的，个人有权撤回其同意。该权利可称为“撤回同意的权利”，其并非规定在第4章而是在第2章，但也是个人的权利。故此，个人信息处理者应当将个人可以在作出同意后有权随时撤回同意告知个人，并且告知撤回同意的方式。

5. 法律、行政法规规定应当告知的其他事项

这是兜底性规定，一方面，使得第17条与《个人信息保护法》其他关于特殊告知事项的规定相衔接；另一方面，也为将来相关法律和行政法规对应当告知事项的规定留下空间。

◆ 疑点与难点

隐私政策与个人信息处理规则的关系

所谓**“隐私政策”**（privacy policy），是指网络运营者公布在网站上说明该网站如何处理个人信息的一种政策。这个概念来自英美国家，因为这些国家尤其是美国将隐私的概念扩张得很大，以至于将隐私权、个人信息权益等许多人格权全部涵盖进去，故此，隐私政策就被作为一种处理个人信息包括隐私的政策的说明。**个人信息处理规则**，是指个人信息处理者自行制定的旨在向个人告知自己将如何处理个人信息，包括处理个人信息的目的、处理方式、保存期限、个人权利的行使程序、出现个人信息泄露后如何处理等内容。因此，隐私政策与个人信息处理规则之间可能完全相同，是一回事，也可能隐私政策包含了全部的或部分的个人信息处理规则以及其他内容。实践中，使用隐私政策还是个人信息处理规则，只是一个名称的选择问题，无关紧要。

◆ 相关规定

《民法典》第1035条；《网络安全法》第41条；《儿童个人信息网络保护规定》第10条；《App违法违规收集使用个人信息行为认定方法》第1条、第2条

第十八条 【不向个人告知的情形】

个人信息处理者处理个人信息，有法律、行政法规规定应当保密或者不需要告知的情形的，可以不向个人告知前条第一款规定的事项。

紧急情况下为保护自然人的生命健康和财产安全无法及时向个人告知的，个人信息处理者应当在紧急情况消除后及时告知。

◆ 条文要旨

本条是对个人信息处理者不告知个人以及无法及时告知个人的规定。

◆ 理解与适用

一、规范目的

告知规则与同意规则具有紧密的关系，即凡是需要取得个人同意的个人信息处理活动即基于个人同意的处理活动，处理者都需要履行向个人的告知义务，只有在取得个人同意后，才能实施个人信息处理活动，否则该处理活动就是非法的。对此，不存在疑问。然而，个人信息处理活动的合法性根据并不仅是个人的同意，还有所谓法定许可，即法律、行政法规所规定的情形。为了既能保护个人信息权益，又能实现个人信息的合理利用，并维护公共利益、国家利益，法律和行政法规有必要规定无须取得个人同意的一些情形。《个人信息保护法》第 13 条第 1 款第 2 项至第 7 项对此作出了详细的规定。

显然，同意规则在上述法律、行政法规规定的情形中是不适用的。然而，不需要取得个人的同意，不等于不需要告知个人。换言之，即便个人信息处理者是依据法律、行政法规的规定而无须取得个人同意即可处理个人信息，也并不等于其可以不告知个人，不履行告知义务。例如，处理者为了订立或者履行个人作为一方当事人的合同而必须处理个人信息时，依据《个人信息保护法》第 13 条第 1 款第 2 项以及第 2 款的规定，可以不需要取得个人的同意。但是，处理者仍然必须履行告知义务，即在处理个人信息前，向个人告知相应的事项。再如，依据

《反洗钱法》的规定，金融机构负有反洗钱义务，这是一种法定义务。故此，该法第16条规定，金融机构应当按照规定建立客户身份识别制度。金融机构在与客户建立业务关系或者为客户提供规定金额以上的现金汇款、现钞兑换、票据兑付等一次性金融服务时，应当要求客户出示真实有效的身份证件或者其他身份证明文件，进行核对并登记。由于金融机构是为了履行反洗钱这一法定义务而处理客户的个人信息，故此，该处理行为不需要取得个人的同意，但是，金融机构仍然必须履行告知义务，使作为客户的个人知道自己的个人信息被以何种方式为实现何种处理目的而处理。

之所以在无须个人同意的个人信息处理活动中，原则上也必须适用告知规则，使处理者负有告知义务，根本原因在于要贯彻落实公开透明原则，保护个人对其个人信息处理的知情权。个人信息本身无须法律保护，法律保护的只是个人信息上承载的自然人的人格尊严、人身自由等《宪法》上的基本权利以及人身财产权益等民事权益。《个人信息保护法》的根本目的就在于通过对个人信息处理行为的规范，防止因非法的个人信息处理行为而给信息主体即个人的人格尊严、人身自由等《宪法》上的基本权利以及人身权益、财产权益造成危害。大数据时代，个人信息被收集、储存、转让和使用已经成为每个自然人被嵌入其中的社会生活常态，无法改变。然而，无论是数据企业、政府部门还是其他主体，它们出于不同的目的而实施个人信息处理行为，极有可能会给个人带来各种前所未有的危险。例如，基于收集的个人信息而形成的大数据，通过算法等技术进行社会分选、歧视性对待，进而损害人格尊严的危险；再如，通过大数据和人工智能技术进行人格画像，将作为民事主体的自然人降格为客体并加以操控，进而损害人格自由等。① 为了消除上述各种新的危险，法律上必须承认自然人对个人信息具有一种防御性的利益，并给予保护。如此才可能为信息社会的每个自然人筑起一道坚实的法律保护屏障，使之免于遭受上述危险现实化后所带来的损害。所以，《个人信息保护法》需要赋予个人对个人信息处理的知情权，使其知道为实现何种处理目的，哪些个人信息被以何种处理方式加以处理。为此，公开透明原则

---

① Veil & Winfried, The GDPR: The Emperor's New Clothes – On the Structural Shortcomings of Both the Old and the New Data Protection Law (December 21, 2018). Vgl. Neue Zeitschrift für Verwaltungsrecht 10/2018: 686 – 696, at SSRN: https: //ssrn. com/abstract = 3305056 (Last visited on July 6, 2019).

(The transparency principle) 成为个人信息处理的一项基本原则。[①] 我国《个人信息保护法》第 7 条规定:“处理个人信息应当遵循公开、透明原则,公开个人信息处理规则,明示处理的目的、方式和范围。”

由此可见,虽然基于公共利益等诸多考量,法律和行政法规规定了不需要取得个人同意即可处理个人信息的情形,但是,基于公开透明原则和保障个人对个人信息处理的知情权的要求,不能认为无须个人同意就等于无须向个人告知。无论是基于个人同意处理个人信息,还是依据法律、行政法规的规定处理个人信息,原则上,个人信息处理者都必须履行告知义务,即向个人告知《个人信息保护法》第 17 条第 1 款规定的事项。

二、免于告知的情形

与同意规则一样,告知规则也有不适用的情形,即在特定的情形下,处理者不负有告知的义务,但是,在个人信息处理中,免除告知义务的情形和无须同意的情形是存在差别的,前者也明显少于后者。因为个人信息处理中如果以取得个人同意作为处理行为合法的唯一根据,会极大损害个人信息的合理利用,所以法律上必须协调个人信息权益保护与个人信息的合理利用,明确各种不需要同意的具体情形。由于需要考虑的利益众多,如公共利益、法定职责、国家利益、自然人的生命健康和财产安全,所以,《个人信息保护法》等法律和行政法规上规定的不需要同意的情形就会比较多。但是,告知义务则有所不同,告知义务的履行既有利于维护个人的知情权,也不会构成对处理者实施个人信息处理活动的法律障碍。故此,法律上对免于告知的情形应当作更加严格的限制,否则就会使得个人信息的处理变得不公平和不透明,这样会产生极大的危害。此外,法律上也不应当允许处理者与个人约定免除告知义务或者通过格式条款来排除告知义务,这种做法是无效的。

比较法上对处理者免除告知义务的情形有不同的规定。有些国家或地区是在区分处理者究竟是直接从个人处收集个人信息还是非直接从个人处收集个人信息的基础上,分别对处理者免除告知义务的情形作出规定。例如,欧盟《一般数据

① 比较法的介绍,参见个人信息保护课题组:《个人信息保护国际比较研究(第二版)》,中国金融出版社 2021 年版,第 27 页以下。

保护条例》第13条和第14条分别对控制者从数据主体处收集个人数据和并非从数据主体处收集个人数据，分别对控制者应当提供的信息以及免于提供信息的问题作出了规定。依据第13条第4款，如果控制者是直接从数据主体处收集个人数据的，那么只有当数据主体已经获得了该条第1款至第3款列举的信息时，才免除控制者提供信息给数据主体的义务即告知义务。但是，当控制者并非从数据主体处获取个人数据的，那么依据《一般数据保护条例》第14条第5款的规定，该条第1款至第4款的规定在以下情形不适用：（1）数据主体已经获得上述信息。（2）上述信息的提供是不可能的或者是需要付出不适当的工作量，尤其是根据本条例第89条第1款的条件和保障，处理出于公共利益、科学、历史研究或数据统计目的；或者本条第1款所述的义务有可能导致处理目标无法实现或严重影响处理目标的实现。在此情况下，控制者应当采取适当的措施（包括采取公开信息的措施）保护数据主体的权利和自由以及合法利益。（3）控制者应当根据欧盟或成员国法律所规定的获取或者披露个人信息的规定，采取合适的措施保护数据主体的合法利益。（4）根据数据主体应遵守的包括保密法在内的欧盟或成员国法律规定的专业保密制度，个人数据必须保密。再如，我国台湾地区“个人资料保护法”依据处理者是直接向个人搜集个人资料抑或搜集非由当事人提供之个人资料而对告知义务的免除作出了不同的规定。依据该法第8条，在公务机关或非公务机关依该法第15条或第19条的规定向当事人搜集个人资料时，如果有下列情形之一的，可以免于告知义务：（1）依法律规定得免告知。（2）个人资料之搜集系公务机关执行法定职务或非公务机关履行法定义务所必要。（3）告知将妨害公务机关执行法定职务。（4）告知将妨害公共利益。（5）当事人明知应告知之内容。（6）个人资料之搜集非基于营利之目的，且对当事人显无不利之影响。依据该法第9条，如果公务机关或非公务机关依该法第15条或第19条规定搜集非由当事人提供之个人资料，有下列情形之一的，可以免除告知义务：（1）该法第8条第2款所列的各种情形之一。（2）当事人自行公开或其他已合法公开之个人资料。（3）不能向当事人或其法定代理人为告知。（4）基于公共利益为统计或学术研究之目的而有必要，且该资料须经提供者处理后或搜集者依其揭露方式，无从识别特定当事人者为限。（5）大众传播业者基于新闻报道之公益目的而搜集个人资料。

本书认为，区分个人信息的来源而相应地规定告知义务免除的情形有一定的合理性。因为，在处理者直接面向信息主体收集信息时，与从信息主体之外的其他来源取得个人信息时，告知义务的意义不同。直接从信息主体处收集信息，告知义务的履行能够有效地保障个人是在充分知情的前提下自愿作出同意，该义务之履行对于贯彻落实个人信息处理中的公开透明原则等具有重要意义。故此，免于告知义务的情形应当作非常严格的限制，只有当个人已经知道了告知的内容或者告知义务会损害公共利益或者妨害法定职责的履行时，才能免除告知义务。但是，如果处理者是从其他来源取得信息时，由于处理者并非直接面向个人，其有可能是从已经公开的信息中获取的个人信息，也有可能是从其他处理者那里取得个人信息。此时，如果提供个人信息给处理者的处理者已经告知个人并取得了同意，则接受者无须再行告知。如果处理者获取的是合法公开的个人信息，也无须告知并取得同意，因为对于合法公开的信息是可以合理利用的，要求处理者告知个人也没有实际意义。

我国《个人信息保护法》没有采取上述模式来分别规定处理者免除告知义务的情形。该法第 18 条第 1 款规定："个人信息处理者处理个人信息，有法律、行政法规规定应当保密或者不需要告知的情形的，可以不向个人告知前条第一款规定的事项。"第 35 条规定："国家机关为履行法定职责处理个人信息，应当依照本法规定履行告知义务；有本法第十八条第一款规定的情形，或者告知将妨碍国家机关履行法定职责的除外。"这就是说，免除告知义务的情形可以分为三类：其一，法律、行政法规规定应当保密的情形；其二，不需要告知的情形；其三，告知将妨碍国家机关履行法定职责。这三类情形下，虽然处理者都免除告知义务，但是性质上存在差别。第一种情形是法律、行政法规规定了保密的义务，故此，无论处理者是否属于国家机关，都依法负有保密义务，不仅不能告知个人，并且如果告知个人还违反了法定的保密义务，属于违法行为，应当承担法律责任。第二种情形下，所谓不需要告知的情形，只是免除了处理者的告知义务，至于处理者还是决定告知个人的，也没问题。第三种情形则仅适用于国家机关以及法律、法规授权的具有管理公共事务职能的组织为履行法定职责而处理个人信息的情形，必须是告知将妨碍法定职责的履行才可以免除告知义务。

（一）法律、行政法规规定应当保密的情形

所谓法律、行政法规规定应当保密的情形，是指基于侦查犯罪、反恐怖主义等维护公共安全、国家安全等社会公共利益和国家利益的考虑，而由法律、行政法规规定的处理者的保密义务。《保守国家秘密法》第9条规定：“下列涉及国家安全和利益的事项，泄露后可能损害国家在政治、经济、国防、外交等领域的安全和利益的，应当确定为国家秘密：（一）国家事务重大决策中的秘密事项；（二）国防建设和武装力量活动中的秘密事项；（三）外交和外事活动中的秘密事项以及对外承担保密义务的秘密事项；（四）国民经济和社会发展中的秘密事项；（五）科学技术中的秘密事项；（六）维护国家安全活动和追查刑事犯罪中的秘密事项；（七）经国家保密行政管理部门确定的其他秘密事项。政党的秘密事项中符合前款规定的，属于国家秘密。”例如，公安机关、国家安全机关或国家情报工作机构依据《反恐怖主义法》第45条、《反间谍法》第12条、《国家情报法》第15条等规定，公安机关依据《刑事诉讼法》第150条的规定，经过严格的批准手续，可以采取技术侦查措施时处理个人信息的，不仅无须经过其信息被处理的个人的同意，并且基于保密义务的规定，更不能告知个人。

（二）不需要告知的情形

《个人信息保护法》没有具体的或典型的不需要告知的情形。本书认为，所谓不需要告知的情形，至少应当包括以下几类情形：（1）作为信息主体的个人已经知悉了告知的内容，此时无须处理者告知。例如，在处理者A向处理者B提供其处理的个人信息时，根据《个人信息保护法》第23条的规定，A应当向个人告知B的身份、联系方式、处理目的、处理方式和个人信息的种类，并取得个人的单独同意。在这种情形下，由于A已经履行了告知义务，个人已经知道了告知的内容，B就无须再行告知了。（2）处理已经合法公开的个人信息。《民法典》第1036条第2项规定，合理处理该自然人自行公开的或者其他已经合法公开的信息，行为人不承担民事责任。这意味着，在处理合法公开的个人信息时，处理者不需要取得个人的同意。此时，应当认为也不需要告知个人。因为如果要求对已经合法公开的个人信息也逐一告知并取得同意，不仅成本极为巨大，难以实现，也不利于个人信息合理利用，妨碍数字经济的发展。

（三）告知将妨碍国家机关履行法定职责

这一情形主要是指虽然法律、行政法规没有规定国家机关的保密义务，但是如果处理个人信息前告知个人，就会使得国家机关无法履行法定职责。例如，依据《税收征收管理法》第 54 条的规定，税务机关有权检查纳税人的账簿、记账凭证、报表和有关资料，检查扣缴义务人代扣代缴、代收代缴税款账簿、记账凭证和有关资料。这种情形下，不仅处理个人的信息无须取得同意，也不需要告知，否则可能出现个人突击转移、篡改甚至销毁账簿、记账凭证、报表和有关资料，导致税务机关无法履行税收征收管理的法定职责。为了防止随意以告知将“妨碍国家机关履行法定职责”为由，不履行告知义务，未来我国法律法规还是有必要对妨碍国家机关履行法定职责的情形予以明确。

三、无法告知的情形

《个人信息保护法》第 13 条第 1 款第 4 项规定，紧急情况下为保护自然人的生命健康和财产安全所必需时，无须取得个人的同意。但是，这种情形并不意味着个人信息处理者就可以不告知个人。同时，考虑到既然是紧急情况，那么就有必要及时向个人进行告知，故此，依据《个人信息保护法》第 18 条第 2 款，紧急情况下为保护自然人的生命健康和财产安全无法及时向个人告知的，个人信息处理者应当在紧急情况消除后及时告知。具体而言，首先，被保护的自然人可能是个人信息被处理的个人，也可能是其他的自然人。其次，必须是紧急情况下为保护自然人的生命健康和财产安全所必需的，例如，八岁的痴呆儿童 A 离家出走，被 B 公安机关的民警找到，找到时 A 被严重冻伤，情况危急，B 公安机关将 A 送到医院后，急需联系到其家人。此时，公安机关将儿童的相貌等个人信息在电视台和网络上公开，以寻找其家人。最后，紧急情况后还是应当及时告知，从而维护个人对其个人信息处理享有的知情权。

◆ 相关规定

《民法典》第 1036 条；《保守国家秘密法》第 9 条；《反恐怖主义法》第 45 条；《反间谍法》第 12 条；《国家情报法》第 15 条；《刑事诉讼法》第 150 条

第十九条 【个人信息的保存期限】

除法律、行政法规另有规定外，个人信息的保存期限应当为实现处理目的所必要的最短时间。

◆ 条文要旨

本条是对个人信息保存期限的规定。

◆ 理解与适用

一、规范目的

本条是关于个人信息保存期限的规定，也是目的限制原则在个人信息处理活动中的具体要求。依据目的限制原则，对个人信息的处理应当与处理目的直接相关，采取对个人权益影响最小的方式（《个人信息保护法》第6条第1款）。这就意味着，对个人信息的保存期限也应当限制在为实现处理目的所必要的最短的时间内，除非法律、行政法规另有规定，否则保存期限不能超出实现处理目的所必须的时间范围，更不能无限期保存，因为这样会对个人信息权益造成难以预测以及难以控制的危害后果。一旦超过保存期限，原则上就应当删除该个人信息。例如，欧盟《一般数据保护条例》第5条第1款（e）项规定："以可识别数据主体身份的形式存储的数据的存储时间不能长于实现个人数据处理目的所必须的时间。"我国《个人信息保护法》第19条也明确规定："……个人信息的保存期限应当为实现处理目的所必要的最短时间。"

二、个人信息的保存期限应当为实现处理目的所必要的最短时间

所谓个人信息的保存期限应当为实现处理目的所必要的最短时间，意味着：一方面，个人信息处理者无论是通过与个人约定个人信息的保存期限，还是通过公示个人信息处理规则的方式来向个人告知个人信息的保存期限，该期限都必须是为实现处理目的所必要的最短时间。一旦保存期限届满，就必须主动删除。未删除的，个人有权请求删除。个人信息处理者通过格式条款约定过长的或者无期限的保存期限的，该约定无效，仍然应当按照是否属于实现处理目的所必要的最

短时间来确定个人信息的保存期限。另一方面，如果个人信息处理者没有与个人约定个人信息的保存期限，或者在个人信息处理规则中也没有确定该保存期限，双方发生争议而提起诉讼或者向履行个人信息保护职责的部门投诉的，此时，法院或个人信息保护机构有权依据实现不同的处理目的的要求来确立最短的时间。

如何确定保存期限是为实现处理目的所必要的最短时间，需要考虑的是处理目的，也就是说不同的处理目的所要求的个人信息的保存期限是不同的，有些处理目的是短时间内即可实现的，如为了履行合同或紧急情况下为保护自然人的生命健康而处理个人信息的，显然随着合同履行完毕和紧急情况的消失，处理目的就实现了，不应当再保存个人信息，除非处理者再次取得个人的同意而保存这些个人信息。

三、法律、行政法规对个人信息保存期限的规定

法律、行政法规基于维护民事权益，保护公共利益、国家安全等目的，对于个人信息保存期限会作出强制性的规定，就法律规定的保存期限而言，如《证券法》第 137 条规定："证券公司应当建立客户信息查询制度，确保客户能够查询其账户信息、委托记录、交易记录以及其他与接受服务或者购买产品有关的重要信息。证券公司应当妥善保存客户开户资料、委托记录、交易记录和与内部管理、业务经营有关的各项信息，任何人不得隐匿、伪造、篡改或者毁损。上述信息的保存期限不得少于二十年。"《电子签名法》第 24 条规定："电子认证服务提供者应当妥善保存与认证相关的信息，信息保存期限至少为电子签名认证证书失效后五年。"《精神卫生法》第 47 条规定："医疗机构及其医务人员应当在病历资料中如实记录精神障碍患者的病情、治疗措施、用药情况、实施约束、隔离措施等内容，并如实告知患者或者其监护人。患者及其监护人可以查阅、复制病历资料；但是，患者查阅、复制病历资料可能对其治疗产生不利影响的除外。病历资料保存期限不得少于三十年。"

我国行政法规也规定了一些个人信息的保存期限，例如，《征信业管理条例》第 16 条第 1 款规定："征信机构对个人不良信息的保存期限，自不良行为或者事件终止之日起为 5 年；超过 5 年的，应当予以删除。"《不动产登记暂行条例》第 13 条第 1 款第 1 句规定："不动产登记簿由不动产登记机构永久保存。"

此外，一些部门规章对于个人信息的保存期限也有规定，例如《网络交易监督管理办法》第 20 条第 2 款规定："网络直播服务提供者对网络交易活动的直播视频保存时间自直播结束之日起不少于三年。"《道路旅客运输及客运站管理规定》第 67 条第 2 款规定："实行实名制管理的客运班线开展定制客运的，班车客运经营者和网络平台应当落实实名制管理相关要求。网络平台应当采取安全保护措施，妥善保存采集的个人信息和生成的业务数据，保存期限应当不少于 3 年，并不得用于定制客运以外的业务。"

◆ 相关规定

《证券法》第 137 条；《电子签名法》第 24 条；《精神卫生法》第 47 条；《征信业管理条例》第 16 条；《不动产登记暂行条例》第 13 条；《网络交易监督管理办法》第 20 条；《道路旅客运输及客运站管理规定》第 67 条

第二十条 【共同处理个人信息及侵权连带赔偿责任】

两个以上的个人信息处理者共同决定个人信息的处理目的和处理方式的，应当约定各自的权利和义务。但是，该约定不影响个人向其中任何一个个人信息处理者要求行使本法规定的权利。

个人信息处理者共同处理个人信息，侵害个人信息权益造成损害的，应当依法承担连带责任。

◆ 条文要旨

本条是对共同处理个人信息及侵权连带赔偿责任的规定。

◆ 理解与适用

一、共同处理者的含义

（一）以共同决定处理目的和处理方式作为判断标准

《个人信息保护法》第 20 条是对共同处理个人信息的规范。该条第 1 款第 1 句规定："两个以上的个人信息处理者共同决定个人信息的处理目的和处理方式的，应当约定各自的权利和义务。”由此可知，判断是否属于共同处理者的根本标准就是：**共同决定个人信息的处理目的和处理方式**。之所以如此，是因为虽然在个人信息处理中有很多事情需要决定，如处理目的、处理方式、处理的个人信息的种类、个人信息的保存期限等，但是，其中最重要的事项是两个，即个人信息的处理目的和处理方式，它们在个人信息处理中具有决定性意义。一方面，只有在个人信息处理活动中自主决定处理目的、处理方式的组织、个人，才是个人信息处理者，否则，虽然客观上在处理个人信息，但其只属于受委托处理个人信息的组织或个人。另一方面，个人信息的处理目的、处理方式属于处理者处理个人信息前必须告知个人的事项，无论该处理活动本身是否需要个人的同意。并且，基于个人同意处理个人信息的，如果个人信息的处理目的或处理方式发生变更的，个人信息处理者还应当重新取得个人的同意。故此，就共同处理者而言，只有共同决定处理目的和处理方式的组织或个人才是共同处理者。

我国《个人信息保护法》的上述规定借鉴了欧盟《一般数据保护条例》中“联合控制者（joint controllers）”的认定标准。在欧盟立法中，当多个主体共同决定个人数据的处理目的和手段时，这些主体被称为“联合控制者”处理个人信息。欧盟《一般数据保护条例》第 26 条规定：“1. 当由多个控制者共同决定处理的目的和方式时，这些控制者为联合控制者。应以明确的方式确定联合控制者各自的责任，以遵守本条例规定的义务，特别是通过联合控制者之间的安排确定关于数据主体行使权利以及控制者们根据本条例第 13 条和第 14 条的规定履行提供信息的义务，除非联合控制者各自的责任由他们应遵守的欧盟或成员国法律规定。在上述安排中可为数据主体指定一个联系点。2. 第 1 款所述的安排应充分反映联合控制者各自的角色及联合控制者与数据主体的对应关系。该安排的要点应告知数据主体。3. 无论是否涉及第 1 款所述的安排条款，数据主体都可以针对每个控制者主张本条例规定的权利。”

欧盟《一般数据保护条例》之所以对联合控制者作出规定，主要目的就是确保数据主体（自然人）不会因多个主体处理其个人信息而处于不利的地位。① 故此，依据《一般数据保护条例》第 26 条，一方面，联合控制者需要以明确的方

① Dovas，ZD 2016，512，514.

式确定联合控制者各自的责任，以遵守该条例所规定的义务；另一方面，无论联合控制者之间如何约定，都不影响数据主体的权利，数据主体可以针对每个控制者行使《一般数据保护条例》规定的权利。联合控制者中“联合”（joint）一词，依其文义可以被解释为“一起”（together with）或“并非单独”（not alone），联合的活动也可以采取多种形式。① 联合控制者既可以平等地决定处理的目的并且共同地负责，也可以将处理的流程进行分割从而各自负责处理中的相应部分（如集团公司的各个子公司之间）。联合控制者的关系可能非常紧密（如共享同一个处理活动的全部处理目的和方式），也可能很松散（如只是共享部分的处理目的）。但是，无论如何，要成为联合控制者必须有共同决定处理的目的和手段（无论是全部的还是部分的共同决定）。仅仅是不同的主体在数据处理中单纯合作的事实并不能使它们成为联合控制者，因为在一组共同的操作中，如果没有共享处理的目的或手段的各方之间所进行的数据交换，就仅仅是独立的控制者之间的简单数据传输。②

（二）共同决定处理目的和处理方式的含义

所谓“共同决定处理目的和处理方式”，包含以下要求：

首先，存在多个信息处理者，即两个以上实施个人信息处理行为的主体。至于这些处理者是自然人、法人还是非法人组织，它们之间的关系是紧密的还是松散的，在所不问。例如，A 公司与其全资子公司 B 公司之间，显然是具有紧密联系的，它们可以成为共同处理人；完全没有任何股权控制关系的 C 公司与 D 公司之间，也可以成为共同处理人。

其次，共同决定个人信息的处理目的和处理方式，也就是说，多个处理者之间对于个人信息的处理目的和处理方式都是自主决定的，并且它们之间是存在意思表示的一致或者存在意思联络的。《个人信息保护法》第 20 条要求共同处理者之间应当约定各自的权利和义务，这种约定就体现了共同处理者对处理目的和处理方式达成意思表示的一致。例如，A 航空公司、B 旅行社、C 连锁酒店决定共

① Christopher Kuner，Lee A. Bygrave & Christopher Docksey ed.，The Eu General Data Protection Regulation (GDPR)：A Commentary，Oxford University Press，2020，P. 586.

② Paul Voigt & Axel von dem Bussche，The EU General Data Protection Regulation (GDPR)：A Practical Guide，Springer，2017，P. 34.

同成立一个D网络公司，协议中A、B、C三方约定，顾客通过D公司的网络平台订酒店、买机票抑或购买旅游产品，其个人信息被D公司收集后由A、B、C三家公司共同使用，并据此为各个公司向用户推送相关的广告。多个处理者之间可能没有通过约定来表明它们对处理目的和处理方式的共同决定，但是它们“明知且意欲协力导致预期结果的出现”（sie in bewussten und gewollten Zusammenwirken den angestrebten Erfolg herbeiführen）的①，即多个处理者对于处理目的和处理方式具有意思联络的，也属于共同决定处理目的和处理方式。例如，前述例中，A、B、C三方没有共同处理目的和处理方式的约定，但是D公司在运作中将所有客户的信息都分享给A、B、C三家股东，并为它们向客户推送相应的广告，对此这三家公司并未表示反对，相反指派专门人员与D公司的人员对接处理相关业务。需要注意的是，倘若多个处理者只是在一个共同或共用的个人数据集（或个人信息集合）中进行了处理活动，但是各方的处理目的并不相同，而是各自独立的，那么也不能认为它们具有共同的处理目的。共同处理者只要共同决定了处理目的和处理方式即可，至于它们在处理个人信息中各个阶段或环节具体如何分工，无关紧要。它们可能实施了完全相同的处理行为，如收集、存储、加工、使用等，也可能分工负责，各自负责其中的一部分。

最后，由于处理目的和处理方式是不可分割的，即处理目的决定了处理方式，不同的处理目的所要求的处理方式是不同的，反之，不同的处理方式也往往影响处理目的的实现。因此，共同处理者应当对处理目的和处理方式都是共同决定的。如果一个处理者决定处理目的，另一个处理者决定处理方式，那么他们之间就不是共同处理者。欧盟数据保护委员会（EDPB）认为：“共同控制权存在的首要标准是两个或多个实体共同参与决定处理操作的目的和方式（joint participation of two or more entities in the determination of the purposes and means of a processing operation）。更具体地说，共同参与需要，一方面决定目的，另一方面决定方式。如果这些元素中的每一个都是由所有相关实体共同决定的，那么它们应该被视为相关处理的共同控制者。”②

---

① BGH NJW 1972，40. Vgl. PWW/Schaub，2Aufl.，2007，§830，Rn. 4.

② EDPB，Guidelines 07/2020 on the concepts of controller and processor in the GDPR，Adopted on 02 September 2020，P. 17.

二、共同处理者侵害个人信息权益的民事责任

多个处理者在共同处理个人信息时，如果侵害个人信息权益造成损害的，此时，这些处理者如何向被侵权人承担民事责任呢？从欧盟立法来看，为了确保“数据主体得到充分且有效的赔偿”（full and effective compensation of the data subject），欧盟《一般数据保护条例》规定了所谓“连带与个别的责任”（Joint and several liability）。

具体而言，首先，就数据主体的损害而言，多个控制者与处理者应当承担的是连带赔偿责任，即数据主体有权请求任何一个依法应当承担赔偿责任的控制者或处理者赔偿全部损害。对此，《一般数据保护条例》第82条第2款规定：“参与处理的任何控制者应为违反本条例的数据处理导致的损害负责。任何处理者，仅在其未遵守本条例对于处理者义务的特别规定或采取超出控制者的合法指令或与控制者的指令相反的处理行为时，应为数据处理导致的损害负责。”同条第4款规定：“当多个控制者或处理者参与同一处理，或者控制者与处理者参与同一处理，且根据第2款和第3款规定须对处理导致的损害负责，为确保数据主体得到有效赔偿，每一控制者或处理者都应对全部损害负责。”控制者与处理者承担连带责任的情形包括：（1）多个控制者向受害人承担连带赔偿责任；（2）多个处理者向受害人承担连带赔偿责任；（3）一个控制者与一个处理者向受害人承担连带赔偿责任；（4）多个控制者与多个处理者向受害人承担连带赔偿责任。① 不过，控制者与处理者承担责任的要件不同，控制者要为任何违反《一般数据保护条例》的数据处理行为所导致的损害负责。但是，处理者只有在没有遵守该条例对于处理者义务的特别规定或采取超出控制者的合法指令或与控制者的指令相反的处理行为时，才需要就数据处理导致的损害负责。当然，这种区分也并不能证明区分控制者和处理者是合理的，因为即便是一个完全意义上的数据控制者（不仅决定处理目的和处理方式，也具体实施处理行为），也需要根据其从事的处理行为的各个环节来认定其民事责任。②

其次，无论是多个控制者、多个处理者还是控制者与处理者之间的连带责

---

① Sanjay Sharma, Data Privacy and GDPR Handbook, John Wiley & Sons, Inc., 2020, P. 272.

② 此处论述是在与熊丙万教授的讨论中得到的启发，在此致谢！

任，都可以相互进行分摊和追偿。《一般数据保护条例》第 82 条第 5 款规定："若控制者或处理者根据第 4 款规定对损害支付了全部赔偿，控制者或处理者有权根据第 2 款规定的条件，从其他参与了同一处理的控制者或处理者索要回他们应对损害承担的责任相应的赔偿。"例如，A 公司是一家为律师事务所提供相关诉讼文件数据管理服务的公司，该公司与 B 公司进行合作，由 B 公司提供某些数据处理服务。现在 C 律师事务所发现它的某个案件的数据被泄露，因此 C 可以要求 A 和 B 承担连带责任，如果 B 在向 C 承担全额赔偿责任后，发现是由于 A 公司的技术人员被贿赂而泄露了该数据，那么 B 可以向 A 进行全额追偿。

我国《个人信息保护法》《民法典》等法律没有区分控制者与处理者，《个人信息保护法》第 20 条第 2 款对于共同处理者侵害个人信息权益的连带责任作出了规定，具体阐述如下：

（一）侵害个人信息权益只有造成损害才可能发生连带责任

虽然对于个人信息权益的性质与含义，学界存在不同的理解，有的学者认为个人信息权属于公法上的权利①，有的学者认为，个人信息受保护权属于基本权利，是国家履行其保护义务的价值基础与宪法依据，而非民法上的权利。② 但是，无论是从《民法典》的规定来看，还是从民事责任的角度来看，作为损害赔偿责任保护对象的个人信息权益在性质上都应当属于人格权益。③ 依据《民法典》第 179 条以及第 1165 条至第 1167 条的规定，侵害他人民事权益应当承担的侵权责任承担方式是多种多样的，既包括停止侵害、排除妨碍、消除危险，也包括赔偿损失、赔礼道歉、恢复名誉、消除影响等。但是，所谓连带责任即连带债务，则仅指连带赔偿责任，至于停止侵害、排除妨碍、消除危险等绝对权请求权的侵权责任承担方式是无法连带承担的。在这一点上，欧盟《一般数据保护条例》第 82 条规定得非常清楚，该条第 2 款和第 4 款始终提及的是控制者和处理者要对"损害负责"（shall be liable for the damage）。所谓"损害"（damages），依据该条第 1 款包括了"有形损害和无形损害"（material or non – material damage），即《民法典》上的财产损失和精神损害。故此，无论是《草案一审稿》还是《草案二审稿》，它们的第 21 条第 2 款均规定"侵害个人信息权益"，就要求承担连带责任，

① 周汉华：《个人信息保护的法律定位》，载《法商研究》2020 年第 3 期。

② 王锡锌：《个人信息国家保护义务及展开》，载《中国法学》2021 年第 1 期。

③ 程啸：《论我国民法典中个人信息权益的性质》，载《政治与法律》2020 年第 8 期。

显然是不妥当的。立法机关最终接受了合理化意见，增加了造成损害的要求，故此，《个人信息保护法》第 20 条第 2 款规定，“个人信息处理者共同处理个人信息，侵害个人信息权益造成损害的，应当依法承担连带责任”。

（二）依法承担连带责任还是应当承担连带责任

《草案一审稿》第 21 条第 2 款规定：“个人信息处理者共同处理个人信息，侵害个人信息权益的，依法承担连带责任。”《草案二审稿》第 21 条第 2 款将之修改为：“个人信息处理者共同处理个人信息，侵害个人信息权益的，应当承担连带责任。”然而，《个人信息保护法》第 20 条第 2 款又重新回到了《草案一审稿》的规定，采取了“应当依法承担连带责任”的规定。本书认为，《个人信息保护法》这一规定值得商榷。

“应当承担连带责任”与“依法承担连带责任”虽然只有两字之差，但是意义完全不同。如果是“依法承担连带责任”，就意味着《个人信息保护法》第 20 条第 2 句的规定本身并非独立的请求权基础，个人信息权益被侵害的自然人不能依据该款要求共同处理者承担连带责任，而只能依据相关法律的规定，即《民法典》关于多数人侵权责任的规定请求共同处理者承担连带责任。我国《民法典》第 1168 条至第 1171 条对多数人侵权的连带责任作出了规定，包括共同加害行为（第 1168 条）、教唆帮助行为（第 1169 条）、共同危险行为（第 1170 条）以及无意思联络的数人侵权（第 1171 条）。就构成共同加害行为的共同处理个人信息的侵权行为而言，实践中常见的一种情形就是非法买卖个人信息（个人数据），即信息的处理者以买卖或者其他方式非法向第三人提供个人信息，进而给自然人造成损害。非法买卖个人信息是我国法律所严厉禁止的行为，该行为对于自然人的人身财产权益的危害极大，也为各种诈骗等违法犯罪活动提供了极大的便利。我国《刑法》第 253 条之一规定：“违反国家有关规定，向他人出售或者提供公民个人信息，情节严重的，处三年以下有期徒刑或者拘役，并处或者单处罚金；情节特别严重的，处三年以上七年以下有期徒刑，并处罚金。违反国家有关规定，将在履行职责或者提供服务过程中获得的公民个人信息，出售或者提供给他人的，依照前款的规定从重处罚。窃取或者以其他方法非法获取公民个人信息的，依照第一款的规定处罚。单位犯前三款罪的，对单位判处罚金，并对其直接负责的主管人员和其他直接责任人员，依照各该款的规定处罚。”在非法买卖个人信息的情形下，无论是出卖人还是买受人都是故意的，二者属于共同故意实施侵权行为，故此依据《民法典》第1168条，构成共同加害行为，应当承担连带责任。如果个人信息处理者的共同处理行为构成教唆帮助侵权行为，《民法典》第1169条第1款规定："教唆、帮助他人实施侵权行为的，应当与行为人承担连带责任。"

然而，上述两类分别构成共同加害行为、教唆帮助行为的情形，虽然也可以被纳入共同处理个人信息的情形，但仅仅这两种情形并未涵盖共同处理个人信息的全部情形。因为在上述两类情形中，数个处理者一开始就是要追求侵害自然人个人信息权益的目的而共同实施非法处理个人信息的违法行为。然而，共同处理个人信息而侵害个人信息权益的情形，可能并非都是如此，有可能出现的情形是：多个处理者虽然共同决定了个人信息的处理目的和处理方式，并且都依法取得了个人的同意，且处理目的和处理方式也都不存在违法的情形，即共同处理者并非一开始就追求侵害个人信息权益的非法目的。但是，他们在共同处理活动的过程中都超越了告知个人的处理目的与处理方式，增加了新的处理目的和方式，或者在处理中都没有尽到个人信息安全保护义务以致个人信息被他人窃取或篡改，从而侵害了个人信息权益并造成了损害。具体而言，包含以下三种情形：

1. 作为共同处理者的两个以上个人信息处理主体均违反了法定义务或约定，如A航空公司、B订票网站这两家公司共同处理个人信息，由于他们都违反了《民法典》第1038条第2款、《网络安全法》第42条第2款的规定，未采取技术措施和其他必要措施确保其收集、存储的个人信息安全，以致个人信息被泄露了，但是，现在不清楚究竟是哪一个个人信息处理者的行为实际给信息主体造成了损害。① 这种情形下，无论是否能够查明是共同处理者中的哪一个实际泄露了个人信息，都可以适用《民法典》第1170条规定的共同危险行为②，共同处理者要向遭受损害的自然人承担连带赔偿责任，但是，如果某个处理者能够证明并非其处理行为实际造成的损害，则可以免责。

2. 作为共同处理者的两个以上个人信息处理主体均违反了法定义务或约定，

---

① 最典型的案例就是"庞某鹏与北京趣拿信息技术有限公司等隐私权纠纷"，北京市第一中级人民法院（2017）京01民终509号民事判决书。

② 《德国联邦数据保护法》（BDSG）第83条第3项规定："在个人信息的自动化处理场合，如果无法查明数个参与处理的控制者中谁造成了损害，则每一控制者或者权利行使者均负有责任。"理论上对多个信息主体适用共同危险行为的探讨，可参见阮神裕：《民法典视角下个人信息的侵权法保护——以事实不确定性及其解决为中心》，载《法学家》2020年第4期。

以致发生个人信息泄露，并且每个行为都足以造成信息主体的同一损害，或者某些行为足以造成信息主体的全部的同一损害，某些只能造成信息主体的部分的同一损害。如果是前一种情形即所有的处理者的行为均足以造成信息主体的同一损害，那么可以依据《民法典》第1171条规定，令这些处理者承担连带责任。但如果是后一种情形，依据《民法典》第1172条，这些处理者只是承担按份责任，即能够确定责任大小的，各自承担相应的责任；难以确定责任大小的，平均承担责任。

3. 两个以上个人信息处理主体虽然是共同处理个人信息，但是只有其中的一个或多个而非全部的处理主体违反了法定义务或约定，侵害了自然人的个人信息权益，那么依据《民法典》第1168条以下关于多数人侵权责任的规定，没有实施侵害自然人个人信息权益的处理者不需要承担赔偿责任，更不需要与其他违法处理者承担连带责任。

如果不是将《草案一审稿》第21条第2款作为一个引致性规范，指向适用《民法典》第1168条至第1171条，而是作为一个独立的请求权基础，即如《草案二审稿》那样，直接规定“应当承担连带责任”。那么，在我国《个人信息保护法》中就确立了一个新的、更严格的连带责任形式。上述两种对连带责任的不同规定的差别在以下几点：首先，在共同危险的情形下，只要处理者是共同处理个人信息，就应当排除《民法典》第1170条的适用，即处理者不能通过证明自己的处理行为不会造成损害作为免除承担连带责任的事由。其次，在共同处理个人信息的各方处理者既没有共同故意，也没有实施教唆帮助的前提下，即便处理者共同处理个人信息中侵害信息主体的个人信息权益的侵权行为是分别实施的，并且每个处理行为单独均不足以造成信息主体同一损害时，它们也需要承担连带责任而非按份责任。最后，当共同处理者中的一人或多人违反约定超越共同决定的处理目的或采取不符合共同决定的处理方式处理个人信息而侵害个人信息权益时，即便其他的处理者并没有违反法定或约定义务实施侵害个人信息权益的行为，也要向信息主体承担连带责任。

应当说，从保护个人信息权益的角度来说，确立一个新的连带责任形式当然对自然人更有利，但是，也会产生其他处理者对自己没有实施的行为或自己无法控制的其他处理者的侵权行为承担责任，以致责任过重的问题。对此，本书认为，首先，既然处理者无论是基于业务发展的需要，还是出于其他因素而自主地决定与他人共同处理个人信息的，那么他们在就共同处理达成合意或者存在意思联络的情形下，理应预见该风险并愿意承担，故此，不能认为责任过重。其次，共同处理者应当就共同处理个人信息中的权利义务进行约定，尽管这种约定不会影响个人向他们中的任何一个要求行使个人信息权益，但是这种约定完全可以解决内部责任的分担和追偿的问题，故此，在有约定的情形下，没有实施侵权行为的处理者在承担赔偿责任后可以向实施了侵权行为的处理者进行追偿。

三、共同处理者内部约定的法律效力

共同处理者对共同处理个人信息中相互之间的权利义务的约定，属于内部的约定，具有相对性，不能对个人产生不利影响。《个人信息保护法》第 20 条第 1 款第 2 句明确规定，共同处理者的约定不影响个人向其中任何一个个人信息处理者要求行使本法规定的权利。所谓本法规定的权利，主要是指《个人信息保护法》第 4 章“个人在个人信息处理活动中的权利”以及其他的权利。例如，个人有权撤回其同意，这种撤回同意的权利可以向任何一个个人信息处理者行使，一旦行使后，其他共同处理者就不得再处理个人信息了，但是它们此前已经进行的处理活动的效力不受影响。此外，在民法上，共同处理者也不得以内部的约定对抗个人请求其承担侵害个人信息权益的侵权赔偿责任。

◆ 疑点与难点

共同处理者内部的分摊与追偿

对于共同处理者在向个人信息权益侵害的受害人承担赔偿责任后，内部能否追偿以及如何追偿，《个人信息保护法》未作规定，事实上也无须规定。因为此时当然要适用《民法典》关于连带赔偿责任的追偿与分摊的规定。侵权的连带赔偿责任属于法定之债（非合同之债），其内部的分摊和追偿，首先适用《民法典》第 178 条第 2 款的规定：“连带责任人的责任份额根据各自责任大小确定；难以确定责任大小的，平均承担责任。实际承担责任超过自己责任份额的连带责任人，有权向其他连带责任人追偿。”此外，《民法典》第 468 条规定：“非因合同产生的债权债务关系，适用有关该债权债务关系的法律规定；没有规定的，适用

本编通则的有关规定，但是根据其性质不能适用的除外。”故此，《民法典》第519条关于连带债务的分摊、追偿以及第520条关于连带债务中发生绝对效力、有限制的绝对效力的事项的规定也可以相应予以适用。

◆ 相关规定

《民法典》第178条、第468条、第519条、第520条、第1168—1172条

第二十一条 【委托处理个人信息】

个人信息处理者委托处理个人信息的，应当与受托人约定委托处理的目的、期限、处理方式、个人信息的种类、保护措施以及双方的权利和义务等，并对受托人的个人信息处理活动进行监督。

受托人应当按照约定处理个人信息，不得超出约定的处理目的、处理方式等处理个人信息；委托合同不生效、无效、被撤销或者终止的，受托人应当将个人信息返还个人信息处理者或者予以删除，不得保留。

未经个人信息处理者同意，受托人不得转委托他人处理个人信息。

◆ 条文要旨

本条是对委托处理个人信息的规定。

◆ 理解与适用

一、规范目的

所谓个人信息处理者委托处理个人信息，是指个人信息处理者将处理个人信息的事务委托给其他的组织或个人，双方成立**委托合同关系**，一方是委托人，另一方是受托人，由受托人为委托人处理个人信息。委托人可以特别委托受托人对某一种类的个人信息实施某种处理活动（如仅仅是存储或加工），也可以委托受

托人对某些种类的个人信息实施多种处理活动（如既存储，也加工、分析等）。例如，A 公司是一家数据营销分析类公司，受 B 公司委托，对于 B 公司 CRM 系统中的客户数据进行相应分析，并提供咨询报告。① 此种情形中，B 公司属于委托人，而 A 公司属于受托人，其受 B 公司的委托而为其提供个人信息（个人数据）的处理服务。

在委托处理个人信息中，受托人只是受委托人的委托而处理个人信息，个人信息的处理目的与处理方式都是由委托人自主决定的，受托人只是依据委托合同的约定，按照委托人决定的处理目的、处理方式对个人信息进行处理。故此，受托人虽然客观上在实施处理个人信息的活动，但其并非《个人信息保护法》中的“个人信息处理者”。换言之，我国法律虽然没有如同欧盟立法那样区分数据控制者与数据处理者，但是，在个人信息的委托处理中，作为个人信息处理者的委托人就相当于数据控制者，受托人则相当于数据处理者。为此，《个人信息保护法》专门在第 59 条对接受委托处理个人信息的受托人的义务作出规定，以示与作为个人信息处理者的委托人的区别。

为了更好地保护个人信息权益，针对个人信息的委托处理，《个人信息保护法》第 21 条作出了规定。首先，明确了个人信息处理者在委托他人处理个人信息时必须约定的事项，即委托处理个人信息的合同中的必要条款；其次，明确了委托人负有监督义务，即委托方负有对受托方的个人信息处理活动进行监督的义务；再次，规定受托方不得违反委托合同的约定、超出约定的处理目的和处理方式实施处理行为以及不得擅自将处理个人信息的事务转委托给他人；最后，针对委托合同不生效、无效、被撤销或者终止的情况，特别规定了受托方负有返还个人信息或删除个人信息的义务。

二、处理个人信息的委托合同

（一）处理者应当与受托方订立委托合同

委托合同属于有名合同，它是指委托人和受托人约定，由受托人处理委托人

① 至于云服务中，云服务提供商是否属于受托人，而受托处理个人信息，需要根据云服务的不同类型分别加以确定。例如，究竟是基础设施即服务（IaaS），平台即服务（Paas）抑或软件即服务（Saas）。云服务的类型参见［英］克里斯托弗·米勒德：《云计算法律》，陈媛媛译，法律出版社 2019 年版，第 8 页以下。

事务的合同（《民法典》第919条）。《民法典》合同编第23章对委托合同作出了详细的规定。由于委托合同中受托人处理的事务各不相同，故此，双方具体的权利义务关系也千差万别。《民法典》作为调整民事关系的基本法律，不可能对委托合同中当事人应当约定的各种事项作出规定，而只是就委托合同中委托人和受托人的主要权利义务作出了规定，如委托人的主要义务包括支付费用的义务（《民法典》第921条）、支付报酬的义务（《民法典》第928条）、赔偿受托人损失的义务（《民法典》第930条）；受托人的主要义务包括依委托人的指示处理委托事务的义务（《民法典》第922条）、亲自处理委托事务的义务（《民法典》第923条）、报告义务（《民法典》第924条）、财产转交义务（《民法典》第927条）等。①

依据《个人信息保护法》第21条第1款，个人信息处理者委托处理个人信息的，应当与受托人约定委托处理的目的、期限、处理方式、个人信息的种类、保护措施以及双方的权利和义务等。这就是说，委托人和受托人之间应当订立委托合同，这是强制性规定。该款对于此种为处理个人信息而订立的委托合同的独特的条款作出了明确。

（二）委托合同的形式

合同法以合同自由为基本原则（《民法典》第5条），当事人享有缔结合同的自由、选择相对人的自由、决定合同内容的自由、选择合同形式的自由、选择补救方式的自由等。② 故此，《民法典》第135条规定："民事法律行为可以采用书面形式、口头形式或者其他形式；法律、行政法规规定或者当事人约定采用特定形式的，应当采用特定形式。"个人信息处理者委托他人处理个人信息而订立的委托合同，属于民事法律行为，自然适用《民法典》第135条关于民事法律行为的规定。《个人信息保护法》并未对委托处理个人信息的合同的形式作出特别规定。比较法上，欧盟《一般数据保护条例》第28条第9项规定，无论是控制者指示、授权还是雇用处理者处理个人数据，双方的合同或其他法律文件应当采取书面形式，包括电子形式。

---

① 详见王利明、杨立新、王轶、程啸：《民法学（第六版）》（下册），法律出版社2020年版，第839－841页。

② 王利明：《合同法研究（第三版）》（第一卷），中国人民大学出版社2018年版，第172－175页。

（三）委托合同的内容

基于合同自由原则，合同的内容原则上应当由当事人约定，故此，即便是对于各类有名合同，《民法典》合同编也没有逐一规定每类合同中当事人必须约定哪些内容，而只是在第470条规定："合同的内容由当事人约定，一般包括下列条款：（一）当事人的姓名或者名称和住所；（二）标的；（三）数量；（四）质量；（五）价款或者报酬；（六）履行期限、地点和方式；（七）违约责任；（八）解决争议的方法。当事人可以参照各类合同的示范文本订立合同。"这一规定中列举的条款并非所有类型的合同都必须具备的条款。因为社会生活中的交易类型千差万别，合同的性质和内容也各不相同，法律上不可能要求任何合同都必须具备上述条款。因此，应当根据不同的合同来确定哪些条款是必要条款或必备条款。

在欧盟，依据《一般数据保护条例》第28条的规定，控制者委托他人处理个人数据时，在合同中必须约定的事项，首先包括以下几项，即处理的主旨和期限、处理性质和目的、个人数据的类别、数据主体的类型，以及控制者的权利和义务。其次还必须包括对处理者不同的义务的具体内容，主要有：（1）仅基于控制者的书面指示处理个人数据，包括将个人数据向第三国或国际组织的传输，除非处理者应遵守的欧盟或成员国法律要求其进行个人数据处理；在这种情况下，处理者在处理之前应将相关法律要求告知控制者，除非因重大公共利益的理由法律禁止告知。（2）确保经授权处理个人数据的人已承诺保密或已承担适当的法定保密义务。（3）采取根据本条例第32条规定所需的所有措施。（4）遵守第2款和第4款所述的雇用其他处理者的条件。（5）考虑到处理的性质，在可能的范围内通过适当的技术性和组织性措施协助控制者，使得控制者为回应第3章规定的数据主体行使权利的请求而履行义务。（6）考虑到处理的性质和处理者可获得的信息，协助控制者以确保其遵守本条例第32条至第36条规定的义务。（7）根据控制者的选择，在提供处理相关服务后，需要删除或向该控制者返还所有个人数据，删除现有副本，除非欧盟或成员国法律要求存储个人数据。（8）向控制者提供对于证明遵守本条款规定的义务有必要的所有信息，并允许和配合由控制者或控制者授权的另一审计师进行的审计，包括检查。此外，依据欧盟《一般数据保护条例》第28条第7款和第8款的规定，欧盟委员会可根据该条例第93条第2款规定的检查程序，为第28条第3款和第4款所述的事项制定标准合同条款，监管机关可以根据该条例第63条规定的一致性机制，采用为第28条第3款和第4款所述事项制定的标准合同条款。2021年6月，欧盟委员会制定了两个标准合同条款（standard contractual clauses），一个适用于控制者与处理者之间（between controllers and processors），另一个适用于向欧盟以外的国家或地区转移个人数据（the transfer of personal data to third countries）。①

我国《个人信息保护法》第21条第1款规定也对委托人与受托人应当约定的内容作出了规定，即双方应当约定“委托处理的目的、期限、处理方式、个人信息的种类、保护措施以及双方的权利和义务等”。从这一规定来看，立法者是将“委托处理的目的、期限、处理方式、个人信息的种类、保护措施”与“双方的权利义务”分开表述的。这是因为：前者涉及个人信息权益的保护，这些约定既是委托方与受托方对“委托事务”的具体约定，也是法律规定的义务，故此，它们属于个人信息处理者委托他人处理个人信息所成立的委托合同中必须具备的条款。例如，《儿童个人信息网络保护规定》第16条第2款规定了受托方负有以下义务：（1）按照法律、行政法规的规定和网络运营者的要求处理儿童个人信息；（2）协助网络运营者回应儿童监护人提出的申请；（3）采取措施保障信息安全，并在发生儿童个人信息泄露安全事件时，及时向网络运营者反馈；（4）委托关系解除时及时删除儿童个人信息；（5）不得转委托；（6）其他依法应当履行的儿童个人信息保护义务。显然，《儿童个人信息网络保护规定》规定的这些受托人的义务都是法律规定的义务，即便当事人不约定也是存在的，必须履行。但是，《个人信息保护法》第21条第1款单独列出的“双方的权利和义务”，则更多的是委托人与受托人之间的民事权利义务关系的约定具体如何约定应当基于意思自治的原则，只要不违反法律、行政法规的强制性规定和公序良俗原则，就是有效的，法律没有必要逐一列举。当然，未来我国有关主管机关也可以考虑针对委托处理个人信息等情形，制定示范合同文本供当事人参照。

① https://ec.europa.eu/info/law/law-topic/data-protection/publications/standard-contractual-clauses-controllers-and-processors_en.

三、委托人与受托人的义务

（一）委托人的监督义务

《个人信息保护法》第 21 条第 1 款规定，委托人应当对受托人的个人信息处理活动进行监督。这就是说，委托人不能仅和受托方作出约定了事，还必须履行监督的义务。《数据安全法》第 40 条第 1 句也规定："国家机关委托他人建设、维护电子政务系统，存储、加工政务数据，应当经过严格的批准程序，并应当监督受托方履行相应的数据安全保护义务。"对于委托方的监督义务的具体内容，《个人信息保护法》《数据安全法》未作规定，需要将来通过相应的法律法规或规章加以细化。① 从比较法来看，一些国家或地区的法律中对委托处理个人信息时委托方的监督义务有相应的规定。例如，日本《个人信息保护法》第 22 条规定："个人信息处理业者委托他人实施全部或部分个人数据的处理业务的，应当对被委托人采取必要且适当的监督，以保障对被委托处理的个人数据进行安全管理。"我国台湾地区"个人资料保护法施行细则"第 8 条规定："委托他人搜集、处理或利用个人资料时，委托机关应对受托者为适当之监督。前项监督至少应包含下列事项：一、预定搜集、处理或利用个人资料之范围、类别、特定目的及其期间。二、受托者就第十二条第二项采取之措施。三、有复委托者，其约定之受托者。四、受托者或其受雇人违反本法、其他个人资料保护法律或其法规命令时，应向委托机关通知之事项及实行之补救措施。五、委托机关如对受托者有保留指示者，其保留指示之事项。六、委托关系终止或解除时，个人资料载体之返还，及受托者履行委托契约以储存方式而持有之个人资料之删除。第一项之监督，委托机关应定期确认受托者执行之状况，并将确认结果记录之。受托者仅得于委托机关指示之范围内，搜集、处理或利用个人资料。受托者认委托机关之指示有违反本法、其他个人资料保护法律或其法规命令者，应立即通知委托机关。"

① 《电信和互联网用户个人信息保护规定》第 11 条规定："电信业务经营者、互联网信息服务提供者委托他人代理市场销售和技术服务等直接面向用户的服务性工作，涉及收集、使用用户个人信息的，应当对代理人的用户个人信息保护工作进行监督和管理，不得委托不符合本规定有关用户个人信息保护要求的代理人代办相关服务。"

（二）受托人不得违反约定处理个人信息

我国《民法典》第922条规定，受托人应当按照委托人的指示处理委托事务。需要变更委托人指示的，应当经委托人同意。《个人信息保护法》第21条第2款第1句规定，受托方应当按照约定处理个人信息，不得超出约定的处理目的、处理方式等处理个人信息。《数据安全法》第40条第2句规定："受托方应当依照法律、法规的规定和合同约定履行数据安全保护义务，不得擅自留存、使用、泄露或者向他人提供政务数据。"如果受托人没有按照约定处理个人信息，如违反委托合同约定的处理目的处理个人信息，或者采取约定之外的处理方式处理个人信息的，那么受托人的这一处理行为属于非法处理个人信息的行为，应当依法承担行政责任乃至刑事责任。如果侵害个人信息权益造成损害的，还需要依法承担民事责任。同时，由于受托人违反委托合同的约定，也构成对委托人的违约行为，所以需要向委托人承担违约责任。

（三）未经个人信息处理者的同意不得转委托

委托合同是基于委托人对受托人的信赖而委托受托人处理事项所产生的民事法律关系。受托人负有亲自处理委托事务的义务，而不得任意转委托他人。《民法典》第923条规定："受托人应当亲自处理委托事务。经委托人同意，受托人可以转委托。转委托经同意或者追认的，委托人可以就委托事务直接指示转委托的第三人，受托人仅就第三人的选任及其对第三人的指示承担责任。转委托未经同意或者追认的，受托人应当对转委托的第三人的行为承担责任；但是，在紧急情况下受托人为了维护委托人的利益需要转委托第三人的除外。"在个人信息的委托处理中，原则上受托人不能在没有得到委托人的同意的情形下转委托，因为这种做法一则违背委托人的意志，有损委托人的合法权益；二则不利于保护个人信息权益，增加了个人信息被泄露或被非法使用的风险。例如，欧盟《一般数据保护条例》第28条明确规定，在没有事先获得数据控制者的特别或一般书面授权（written authorisation）时，数据处理者不得选任另一个数据处理者。即便是获得了一般的书面授权，数据处理者也应当告知数据控制者任何有关增加或替换其他数据处理者的预期变动，以给数据控制者拒绝上述变动的机会。同样，我国《个人信息保护法》第21条第3款也明确规定，未经个人信息处理者同意，受托方不得转委托他人处理个人信息。有疑问的是，如果存在紧急情况，受托人能否依据《民法典》第923条的规定，为了维护作为委托人的个人信息处理者的利益而转委托给第三人？本书认为，只要这种转委托并不损害个人的权益，显然是可以的。

四、返还或删除个人信息的义务

《民法典》第157条规定，民事法律行为无效、被撤销或者确定不发生效力后，行为人因该行为取得的财产，应当予以返还；不能返还或者没有必要返还的，应当折价补偿。有过错的一方应当赔偿对方由此所受到的损失；各方都有过错的，应当各自承担相应的责任。法律另有规定的，依照其规定。为了有效地保护个人信息权益，《个人信息保护法》第21条第2款规定，委托合同不生效、无效、被撤销或者终止的，受托方应当将个人信息返还个人信息处理者或者予以删除，不得保留。《草案一审稿》第22条第2款曾规定："受托方应当按照约定处理个人信息，不得超出约定的处理目的、处理方式等处理个人信息，并应当在合同履行完毕或者委托关系解除后，将个人信息返还个人信息处理者或者予以删除。"在审议过程中，有的意见认为，委托方不仅是在合同履行完毕或委托关系解除后，应当返还个人信息或者删除，而且在其他原因导致委托合同终止或者委托合同没有成立或者无效、被撤销时，也存在返还个人信息或删除的问题。此外，不仅要求受托方返还或删除个人信息，还应当确保受托方没有留存个人信息，这样才能更好地保护个人信息权益。故此，《个人信息保护法》第21条第2款进行了修改完善。

值得研究的是，究竟什么情况下应当返还个人信息，什么情况下应当删除个人信息？本书认为，原则上受托方应当返还个人信息给委托方，只有无法返还的时候，才应当删除个人信息。当然，委托方与受托方也可以在委托合同中对此作出明确的约定。但是，无论是返还还是删除，受托方都不得留存个人信息。

◆ 疑点与难点

一、委托处理个人信息未订立合同

如果委托处理个人信息时，委托人与受托人在订立的委托合同中没有约定《个人信息保护法》第21条第1款所述的内容，或者根本就没有签订委托合同对相关事项进行约定，这种情况下，一则即便不约定，也不影响受托人履行法律、行政法规规定的保护个人信息安全的义务，对此，《个人信息保护法》第59条有相应的规定；二则委托处理个人信息而不作相应的约定，此种行为构成违法行为，依据《个人信息保护法》第66条，履行个人信息保护职责的部门可以依法对双方进行处罚。

二、委托处理个人信息中受托人给委托人造成损失的赔偿责任

在委托他人处理个人信息时，委托人和受托人具有委托合同关系。如果因为受托人在处理个人信息时的过错而造成委托人损失的，委托人就该损失能否向受托人要求赔偿，应当适用《民法典》第929条的规定，即“有偿的委托合同，因受托人的过错造成委托人损失的，委托人可以请求赔偿损失。无偿的委托合同，因受托人的故意或者重大过失造成委托人损失的，委托人可以请求赔偿损失。受托人超越权限造成委托人损失的，应当赔偿损失”。例如，受托人违反委托合同的约定，超出约定的处理目的处理个人信息的，就属于受托人超越权限，其应当就由此给委托人造成的损失承担赔偿责任，无论主观上有无过错，也无论委托合同是有偿的还是无偿的。至于其他情形中受托人给委托人造成损失的，委托人是否有权要求受托人赔偿取决于委托合同是有偿还是无偿的。如果是有偿的，则受托人仅在有过错时需要承担赔偿责任；如果是无偿的，受托人只有因故意或者重大过失造成委托人损失时，才需要承担赔偿责任。

三、受托人侵害个人信息权益的民事赔偿责任

委托处理个人信息时，受托人因处理行为侵害个人信息权益的，受托人需要承担侵权责任。问题是，委托人是否需要承担侵权责任？本书认为，由于委托人和受托人之间仅仅是委托合同关系，受托人并非委托人的雇员或工作人员，并不受委托人的控制，所以，由此产生的侵权责任属于**定作人责任**。《民法典》第1193条规定：“承揽人在完成工作过程中造成第三人损害或者自己损害的，定作人不承担侵权责任。但是，定作人对定作、指示或者选任有过错的，应当承担相应的责任。”具体到委托处理个人信息，所谓定作人就是委托人，承揽人就是受托人。只有当定作人就个人信息处理存在定作、指示、选任的过错的，才需要承担相应的责任。当然，委托人和受托人存在共同故意时，如委托人将非法收集的个人信息委托给受托人处理，而受托人对此也是明知的，双方存在共同故意，那么就属于《民法典》第1168条规定的共同侵权行为，它们应当就由此给被侵权人造成的损害承担连带赔偿责任。

◆ 相关规定

《民法典》第919—936条；《数据安全法》第40条；《电信和互联网用户个人信息保护规定》第11条；《儿童个人信息网络保护规定》第16条

第二十二条　【因合并、分立等原因转移个人信息】

个人信息处理者因合并、分立、解散、被宣告破产等原因需要转移个人信息的，应当向个人告知接收方的名称或者姓名和联系方式。接收方应当继续履行个人信息处理者的义务。接收方变更原先的处理目的、处理方式的，应当依照本法规定重新取得个人同意。

◆ 条文要旨

本条是对个人信息处理者因合并、分立等原因而转移个人信息时各方义务的规定。

◆ 理解与适用

一、规范目的

个人信息处理者常常是法人或者非法人组织，而法人或者非法人组织就会发生合并、分立、解散或被宣告破产等情形。此时，个人信息处理者所处理的个人信息就会发生转移。例如，A公司与B公司进行吸收合并，成立C公司，在A公司与B公司均消灭的情形下，原来A公司与B公司所处理的个人信息就被转移给了C公司。此时，无论原先的个人信息处理者是基于个人同意处理个人信息，还是依据法律的规定处理个人信息，由于个人信息处理者已经发生了变化，故此，都应当履行向个人告知的义务，除非存在《个人信息保护法》规定的免除告知义务的情形。但是，由于这种因合并、分立、解散、被宣告破产等原因导致的个人信息转移并非因为个人信息处理者因自己的意愿将个人信息提供给其他的处理者，而且接收方并未变更处理目的、处理方式，仍然继续履行个人信息处理者的义务，故此，此种个人信息的转移不需要取得个人同意。只要处理者向个人告知接收方的名称或者姓名以及联系方式，以便于个人向接收方行使权利即可。但是，如果接收方要变更原先的处理目的、处理方式的，那么就必须重新取得个人的同意。为了明确上述问题，《个人信息保护法》第22条作出了规定。

二、转移个人信息的法定情形

《个人信息保护法》第22条适用于因合并、分离等法定原因需要转移个人信息的情形，也就是说，本条规定的导致个人信息转移的情形限于个人信息处理者的**法律主体地位发生变化**而导致个人信息转移的情形。因此，如果个人信息处理者的法律主体地位没有变化，只是委托其他主体处理个人信息的，那么就属于委托处理个人信息的情形（《个人信息保护法》第21条）；如果个人信息处理者向其他处理者提供个人信息的（《个人信息保护法》第23条），虽然客观上也是个人信息发生了转移，也都存在至少两个主体，一个是提供方，另一个是接收方，但产生的原因不同，本条规定的是合并、分立、解散等法律规定的原因导致的个人信息处理者的主体法律地位的变化。

《草案二审稿》只是规定了合并、分立等原因需要转移个人信息，在该法起草过程中，包括笔者在内的不少学者建议将解散、被宣告破产这两种典型情形也列举出来，从而更好地明确本条的适用范围。立法机关接受了该意见，故此，本条列举了四种典型的需要转移个人信息的情形。

（一）因合并而需要转移个人信息

所谓合并，就是法人或者非法人组织的合并。《民法典》第67条第1款规定："法人合并的，其权利和义务由合并后的法人享有和承担。"第108条规定："非法人组织除适用本章规定外，参照适用本编第三章第一节的有关规定。"因此，非法人组织合并的，其权利义务也由合并后的非法人组织享有和承担。最常见的法人合并的情形就是作为营利法人的公司的合并。《公司法》第172条规定："公司合并可以采取吸收合并或者新设合并。一个公司吸收其他公司为吸收合并，被吸收的公司解散。两个以上公司合并设立一个新的公司为新设合并，合并各方解散。"例如，A公司与B公司进行吸收合并，A公司吸收B公司，被吸收的B

公司解散，此时B公司的债权债务依据《公司法》第174条由合并后依然存续的A公司承继。B公司此前基于同意而收集的个人信息也转移给A公司。再如，甲公司与乙公司进行新设合并，设立一个新的公司丙公司，甲、乙两公司均解散，这就是新设合并，甲、乙两公司收集的个人信息转移给丙公司。

（二）因分立而需要转移个人信息

《民法典》第67条第2款规定："法人分立的，其权利和义务由分立后的法人享有连带债权，承担连带债务，但是债权人和债务人另有约定的除外。"《公司法》第176条规定："公司分立前的债务由分立后的公司承担连带责任。但是，公司在分立前与债权人就债务清偿达成的书面协议另有约定的除外。"但是，《民法典》和《公司法》均未就分立的具体类型作出规定，学说上一般将分立分为以下两种情形：一是单纯分立，即一个法人或非法人组织分成两个以上的法人或非法人组织，具体包括存续分立与解散分立，前者是指一个法人或非法人组织分立成两个以上的法人或非法人组织，原来的法人或非法人组织依然存续。后者是指一个法人或非法人组织分立成两个以上的法人或非法人组织，原来的法人或非法人组织消灭。① 显然，在存续分立的情形下，由于原来的法人或者非法人组织依然存续，因此，并不一定需要转移个人信息，但是在解散分立的时候，就需要转移个人信息。二是分立合并，即法人或非法人组织因分立而与一个或多个现存的法人或非法人组织进行合并的情形。具体又可以分为，吸收分立合并与新设分立合并，以公司法人为例，前者是指公司将其部分营业分割出去作为出资并入其他既存的公司，所分割的营业被其他既存的公司所吸收；后者是指公司将其部分营业分割出去而与其他既存的公司的全部或部分的营业共同作为出资新设一个公司。② 显然这两种分立合并的情形下，都可能会出现需要转移个人信息的问题。

（三）因被宣告破产而需要转移个人信息

在法人被宣告破产的情形下，其原来处理的个人信息如何处理，需要视情况而定。多数时候，法人尤其是企业法人被宣告破产，意味着该法人将停止提供产

---

① 施天涛：《公司法论（第四版）》，法律出版社2018年版，第547页。

② 施天涛：《公司法论（第四版）》，法律出版社2018年版，第547－548页。

品或者服务，或者其处理目的已经难以实现。在这种情况下，依据《个人信息保护法》第47条，个人信息处理者应当主动删除个人信息，如果不删除的，个人有权请求删除。但是，也可能出现的情况是，法人虽然破产，其收集的个人信息以及法人的资产被作为破产财产，依据《企业破产法》规定的破产清算程序进行变价和分配，在这种情形下，就会出现个人信息被转移的问题。在破产清算程序中处置包含个人信息在内的破产人的数据财产时，需要考虑个人信息的接收方是否能够继续履行个人信息处理者的义务，例如，美国破产法实践中发展出的“合格购买者”的标准，要求转让人和受让人属于同一行业或者相似的营业范围，受让人同意按照个人信息原来的使用目的进行使用，受让人同意遵循破产的债务人的隐私政策等。①

（四）因解散而需要转移个人信息

《民法典》第69条规定了法人解散的五类情形：（1）法人章程规定的存续期间届满或者法人章程规定的其他解散事由出现；（2）法人的权力机构决议解散；（3）因法人合并或者分立需要解散；（4）法人依法被吊销营业执照、登记证书，被责令关闭或者被撤销；（5）法律规定的其他情形。在上述情形中，除合并或分立而需要解散之外，其他的法人解散的情形中是否需要转移个人信息也要视不同情况而定。如法人章程规定的存续期间届满或者法人的权力机构决议解散等，可能意味着该法人已经停止提供产品或者服务，所以，依据《个人信息保护法》第47条需要删除个人信息。至于法人因为被吊销营业执照等而被责令关闭或被撤销的，有可能是因为法人违法处理个人信息，从而被履行个人信息保护职责的部门依据《个人信息保护法》第66条第2款的规定处以吊销营业执照的行政处罚。这种情况下，依据《个人信息保护法》第47条，应当删除个人信息，而不是转移个人信息。但是，有些法人如机关法人被撤销的，依据《民法典》第98条的规定，该机关法人的民事权利和义务由继任的机关法人享有和承担；没有继任的机关法人的，由作出撤销决定的机关法人享有和承担。故此，也需要转移个人信息。

① 郭东阳：《破产法视野下个人信息转让的同意规则研究》，载《东北大学学报（社会科学版）》2020年第5期。

三、告知义务的履行

依据《个人信息保护法》第22条，个人信息处理者因为合并、分立、解散、被宣告破产等原因需要转移个人信息的，应当向个人告知接收方的名称或者姓名和联系方式。由此可见，告知义务由个人信息处理者来履行，当然也可以由个人信息处理者与接收方来共同履行。不过，仅仅是接收方履行该告知义务，并不妥当，因为个人不能确认接收方是否真的属于接收方，即个人对于个人信息转移的事实是否发生以及何人属于接收方会存在疑问。所以，仅仅是接收方的告知不能表明履行了告知义务。

四、接收方的义务

依据《个人信息保护法》第22条，接收方应当继续履行个人信息处理者的义务。接收方变更原先的处理目的、处理方式的，应当依照本法规定重新取得个人同意。这就是说，首先，原来的个人信息处理者无论是依据法律规定还是依据合同约定而负有的个人信息处理者的义务，接收方都应当继续履行，否则应当承担法律责任。其次，接收方应当按照原来的处理目的、处理方式处理信息，不得变更。如果需要变更的，那么除非法律规定不需要取得同意，否则必须重新取得个人同意。而这种取得同意的前提当然是向个人履行告知义务。

◆ 相关规定

《民法典》第67—69条、第108条；《公司法》第172条

第二十三条　【向其他个人信息处理者提供个人信息】

个人信息处理者向其他个人信息处理者提供其处理的个人信息的，应当向个人告知接收方的名称或者姓名、联系方式、处理目的、处理方式和个人信息的种类，并取得个人的单独同意。接收方应当在上述处理目的、处理方式和个人信息的种类等范围内处理个人信息。接收方变更原先的处理目的、处理方式的，应当依照本法规定重新取得个人同意。

◆ 条文要旨

本条是对个人信息处理者向其他个人信息处理者提供个人信息的规定。

◆ 理解与适用

一、概述

(一) 提供个人信息的含义

个人信息具有的无形性、非竞争性等特点，使得不同的处理者在不同的空间可以同时或分别使用个人信息，彼此之间并不发生妨碍。因此，提供个人信息尤其是个人信息的共享是个人信息再利用的方式，有利于防止个人信息的垄断，实现个人信息的合理利用，推动网络信息科技和数字经济的发展。然而，个人信息被处理者提供给其他的处理者后，会导致信息主体即个人在初次授权（即原个人信息处理者履行告知义务并取得个人的同意）之后，丧失对个人信息处理活动的知情权和决定权，故此，法律上有必要对提供个人信息的情形加以规范，《个人信息保护法》第 23 条规定的就是个人信息处理者向其他的个人信息处理者提供个人信息的情形。

所谓提供个人信息，是指个人信息处理者将其处理的个人信息提供给其他的个人信息处理者，并由接收方对个人信息进行处理。其具有以下几项特征：

首先，提供个人信息本身就属于个人信息处理活动的一种类型。《个人信息保护法》第 4 条第 2 款列举的典型的个人信息的处理包括个人信息的收集、存储、使用、加工、传输、提供、公开、删除等。

其次，提供个人信息的活动发生在两个以上个人信息处理者之间，无论是提供方还是接收方，都是个人信息处理者，即在个人信息处理活动中自主决定处理目的、处理方式的组织或者个人。这也是提供个人信息与共同处理个人信息、委托处理个人信息的重要区别。对于共同处理个人信息而言，处理目的和处理方式是由两个以上的个人信息处理者所共同决定的。在委托处理个人信息中，受托人不属于个人信息处理者，其并不自主决定个人信息的处理目的和处理方式，而是按照委托人所决定的处理目的和处理方式来处理个人信息，故此，不能超出约定的处理目的、处理方式等处理个人信息（《个人信息保护法》第 21 条第 2 款第 1

句)。《草案二审稿》第 24 条曾使用“个人信息处理者向他人提供”的表述，考虑到“他人”的含义过于广泛，既包括并非个人信息处理者的受托人，也包括其他个人信息处理者，这样的表述使得提供个人信息与委托处理个人信息无法区分。故此，《个人信息保护法》第 23 条明确使用了“个人信息处理者向其他个人信息处理者提供”的表述。这就是说，提供个人信息是发生在至少两个个人信息处理者之间的，不同于委托处理个人信息。

再次，提供个人信息中的提供方是个人信息处理者，其将自己处理的个人信息提供给其他的处理者。这就是说，提供方所提供的个人信息本身就应当是合法处理的个人信息，而不能是非法处理的个人信息。至于提供个人信息的个人信息处理者是通过告知并取得个人同意还是依据法律、行政法规的规定合法处理个人信息，无关紧要。如果个人信息处理者未经个人同意而收集个人信息或者通过窃取、非法买卖等违法方法取得个人信息，那么其向他人提供这些个人信息就属于非法提供个人信息。由于提供方本身就是非法处理个人信息的违法者，故此，它不可能通过向个人告知并取得个人的单独同意就能够合法地向其他个人信息处理者提供个人信息。

最后，提供方将其处理的个人信息提供给接收方之后，接收方是按照自己的处理目的和处理方式处理接收到的个人信息，而提供方可能继续按照自己的处理目的、处理方式处理个人信息，也可能不再处理个人信息。据此，有观点将提供个人信息分为两类：一是个人信息的共享，二是个人信息的转移。例如，《信息安全技术 个人信息安全规范》(GB/T 35273—2020) 将个人信息共享界定为“个人信息控制者向其他控制者提供个人信息，且双方分别对个人信息拥有独立控制权的过程”，将个人信息的转让则界定为“将个人信息控制权由一个控制者向另一个控制者转移的过程”。实际上，由于个人信息本身是不断产生变化的，所以单纯地转移个人信息给他人，之后自己就不再处理个人信息的情形很少，更多的是共享个人信息。

(二) 提供个人信息的类型

根据接收个人信息的个人信息处理者是我国境内的还是境外的，可以将提供个人信息分为两类：一是**个人信息境内提供**，二是**个人信息跨境提供**。前者是指，我国境内的个人信息处理者之间提供个人信息，而后者是指我国境内的个人信息处理者向我国境外的接收方提供个人信息。由于个人信息的跨境提供涉及个人权益的保护以及维护公共利益、国家利益与国家安全等，故此，法律上对于个人信息的跨境提供有更加严格的规范。《个人信息保护法》专门设立第 3 章“个人信息跨境提供的规则”对于个人信息跨境提供加以规范。至于个人信息在我国境内提供，主要涉及的就是个人权益的保护，因此，《个人信息保护法》第 23 条作出了相应的规定。

（三）提供个人信息与非法买卖个人信息

提供个人信息不同于非法买卖个人信息。买卖个人信息也属于提供个人信息的一种典型情形，无非属于有偿提供个人信息，即提供者将其处理的个人信息提供给接收方，接收方向提供方支付价金。由于买卖个人信息非常典型，故此，立法上常常将其从提供个人信息中独立出来加以规定，如《网络安全法》第 44 条、《刑法》第 253 条之一、《民法典》第 111 条。

对于买卖个人信息的态度，我国法律经历了一个变化的过程。2012 年《全国人民代表大会常务委员会关于加强网络信息保护的决定》第 1 条第 2 款规定：“任何组织和个人不得窃取或者以其他非法方式获取公民个人电子信息，不得出售或者非法向他人提供公民个人电子信息。”这一规定显然非常严格，它禁止任何出售公民个人电子信息的行为。显然，这种规定是不符合网络信息社会发展和数据交易的需要的。故此，2017 年施行的《网络安全法》改变了这种规定，该法第 44 条规定：“任何个人和组织不得窃取或者以其他非法方式获取个人信息，不得非法出售或者非法向他人提供个人信息。”《民法典》第 111 条也明确规定：“……不得非法买卖、提供或者公开他人个人信息。”《网络安全法》《民法典》分别在“出售”“买卖”个人信息前，增加“非法”一词加以限定，就表明只有非法出售个人信息的行为才是法律所禁止的，属于违法行为乃至犯罪行为。合法出售或者合法买卖个人信息，是可以的。区分出售个人信息是合法还是非法的标准，就是《网络安全法》第 42 条第 1 款与《民法典》第 1038 条第 1 款后半句。前者规定：“……未经被收集者同意，不得向他人提供个人信息。但是，经过处理无法识别特定个人且不能复原的除外。”后者规定：“未经自然人同意，不得向他人非法提供其个人信息，但是经过加工无法识别特定个人且不能复原的除外。”也就是说，没有经过个人信息被收集的个人的同意而向他人提供个人信息的，就是非法提供个人信息，如果是有偿的，则属于非法买卖个人信息。正因如此，《个人信息保护法》第23条才明确规定，个人信息处理者向其他个人信息处理者提供其处理的个人信息的，要取得个人的单独同意。是否取得个人的单独同意，决定了提供个人信息的行为是否属于非法出售、非法提供个人信息的违法甚至犯罪行为。

二、提供个人信息的具体场景

个人信息处理者向其他的个人信息处理者提供个人信息的场景有两大类：

一是商业领域中的提供个人信息，主要是个人信息处理者之间基于商业利益的考虑而提供个人信息的情形，具体场景包括授权登录、广告推送、网络购物、贷款审核、求职招聘、房屋租售、相亲交友等。[①] 例如，App运营者通过在客户端嵌入的第三方代码、插件，接入第三方应用等方式向第三方提供个人信息，或者在个人信息被传输至App的后台服务器后再提供给第三方。在商业领域中，个人信息处理者之所以愿意将自己处理的个人信息提供给其他个人信息处理者，原因可能是多种多样的。例如，个人信息处理者都属于同一企业集团内部的子公司，基于集团公司商业战略的考虑而互相提供个人信息。再如，个人信息处理者之间相互签订协议，提供方向接收方提供其处理的个人信息并据此获得相应的商业利益。

二是公共管理领域中的个人信息共享，主要就是政府各个部门为了实现加强行政管理，提高行政效率，便民利民等目的而实行的包括个人信息在内的政府数据的共享。为了更好地提供公共服务，遵循便民利民原则，实现“信息多跑路，群众少跑腿”，打破信息孤岛，党中央和国务院大力推进“互联网+政务”，希望能够通过电子政务的建设，将各部门的数据连通，实现共享。我国不少法律、行政法规对于信息共享作出了规定。《数据安全法》第22条第1句规定：“国家建立集中统一、高效权威的数据安全风险评估、报告、信息共享、监测预警机制。”《契税法》第13条第1款规定：“税务机关应当与相关部门建立契税涉税信息共享和工作配合机制。自然资源、住房城乡建设、民政、公安等相关部门应当及时向税务机关提供与转移土地、房屋权属有关的信息，协助税务机关加强契税征收管理。”《不动产登记暂行条例》第24条规定：“不动产登记有关信息与住房城乡

---

① 袁真富、娄积圜：《论个人信息共享问题的法律治理模式》，载《情报理论与实践》2021年第1期。

建设、农业、林业、海洋等部门审批信息、交易信息等应当实时互通共享。不动产登记机构能够通过实时互通共享取得的信息，不得要求不动产登记申请人重复提交。”第 25 条规定：“国土资源、公安、民政、财政、税务、工商、金融、审计、统计等部门应当加强不动产登记有关信息互通共享。”此外，国务院还专门颁布了《政务信息资源共享管理暂行办法》。该办法第 2 条规定，政务信息资源，是指政务部门（即政府部门及法律法规授权具有行政职能的事业单位和社会组织）在履行职责过程中制作或获取的，以一定形式记录、保存的文件、资料、图表和数据等各类信息资源，包括政务部门直接或者通过第三方依法采集的、依法授权管理的和因履行职责需要依托政务信息系统形成的信息资源等。依据该办法第 5 条，政务信息资源“以共享为原则，不共享为例外。各政务部门形成的政务信息资源原则上应予共享，涉及国家秘密和安全的，按相关法律法规执行”；“需求导向，无偿使用。因履行职责需要使用共享信息的部门（以下简称使用部门）提出明确的共享需求和信息使用用途，共享信息的产生和提供部门（以下统称提供部门）应及时响应并无偿提供共享服务”。显然，政府信息共享时如果涉及对个人信息的共享，实际上就属于个人信息的处理者将收集的个人信息提供给他人的情形。

三、告知并取得单独同意

（一）提供方应当履行告知义务

个人信息的提供属于个人信息处理活动的一种。基于个人信息处理中的公开透明原则的要求，处理个人信息应当公开、透明，保障个人对其个人信息的处理享有知情权。故此，将个人信息提供给其他个人信息处理者前，提供方必须履行告知义务，除非法律、行政法规规定应当保密或者不需要告知的情形，或者告知将妨碍国家机关履行法定职责（《个人信息保护法》第 18 条第 1 款、第 35 条）。如果不告知个人，则个人无法就个人信息处理者向其他处理者提供个人信息的行为作出自愿、明确的同意。

故此，依据《个人信息保护法》第 23 条第 1 句的规定，提供者应当向个人告知以下事项：其一，接收方的名称或者姓名、联系方式。告知这一事项，使得个人能够向接收方行使其在个人信息处理中的权利。故此，接收方的名称或者姓名必须清晰明了，而不能模糊笼统。例如，A 公司告知个人，本公司收集的个人信息将共享给本公司的关联企业。显然，A 公司的关联企业究竟有哪些，个人并不知道，A 公司并没有告知个人接收个人信息的接收方是谁，其未履行告知义务。其二，处理目的、处理方式。这个处理目的和处理方式是指接收方处理个人信息的处理目的和处理方式，而非提供方的处理目的和处理方式。其三，个人信息的种类。个人信息提供者处理的个人信息可能是多种多样的，但提供给其他个人信息处理者的个人信息可能是其中的某一类或某几类。由于《个人信息保护法》第 23 条第 1 句是对提供个人信息时提供方的告知义务的特别规定，故此，该句所规定的告知内容优先于第 17 条第 1 款规定的告知内容而适用。当然，提供者履行告知的方式仍然应当适用第 17 条第 1 款的规定，即提供者向他人提供其处理的个人信息前，应当以显著方式、清晰易懂的语言真实、准确、完整地向个人告知相应的事项。

（二）提供方应当取得个人的单独同意

无论个人信息处理者是基于个人同意还是依据法律、行政法规的规定而处理个人信息的，要将自己处理的个人信息提供给其他个人信息处理者，就必须告知个人并取得个人的单独同意，除非法律、行政法规规定不需取得个人同意，如存在《个人信息保护法》第 13 条第 2 项至第 7 项规定的情形。

首先，之所以要取得个人的同意，是因为提供个人信息是一种个人信息处理活动，因此该处理活动必须具备合法性基础，要么取得个人的同意，要么符合法律、行政法规规定的情形即法定许可。个人信息处理者并不能因为此前的个人信息处理活动如收集、存储、加工等已经取得了个人同意，就可以认为自己能够不经个人同意将个人信息提供给他人。如果不取得个人的同意，就向他人提供个人信息，那么该行为就是非法买卖个人信息或非法提供个人信息的行为，其后果非常严重，不仅是提供个人信息的处理者，还包括接受个人信息的接收方，其行为都会构成违法行为，要承担民事责任、行政责任乃至刑事责任。

其次，之所以要取得个人的单独同意，就是提供个人信息对个人权益的影响非常大，处理个人信息的主体增多、提供过程中的风险等因素都会导致个人信息被泄露、窃取、篡改或丢失，甚至很多时候受害的个人连违法行为人究竟是谁都搞不清楚。故此，立法机关希望通过单独同意的要求，来促使个人高度重视并认真对待提供个人信息这一处理活动，不要轻易作出决定。或许有人会说，个人其实难以评估个人信息的提供对自己的个人信息权益有何不利影响，所以单独同意的意义不大。本书认为，单独同意不仅是对个人的提示，毫无疑问也是对提供者的严格要求，如果其没有取得单独同意，即便是取得了同意，其处理行为也是违法的。故此，通过要求取得个人的单独同意这一要求，《个人信息保护法》实际上也对提供个人信息的行为作出了严格的规范。至于提供个人信息的风险评估问题，《个人信息保护法》第55条规定，向其他个人信息处理者提供个人信息的，个人信息处理者应当事前进行个人信息保护影响评估，并对处理情况进行记录。

最后，个人信息处理者可以在还没有向其他个人信息处理者提供个人信息前，就告知并取得个人的单独同意，也可以在需要提供个人信息时，再就此处理行为向个人告知并取得个人的单独同意。《个人信息保护法》要求向其他个人信息处理者提供个人信息的提供方告知个人并取得个人的单独同意，这与欧盟等国外立法规定从非个人信息主体处取得个人信息的数据控制者向信息主体进行告知并取得同意有所不同。

四、接收方的义务

依据《个人信息保护法》第23条第2句的规定，接收方应当在上述处理目的、处理方式和个人信息的种类等范围内处理个人信息。这就是说，在提供方向个人告知接收方的名称或者姓名、联系方式、处理目的、处理方式和个人信息的种类并取得个人的单独同意之后，个人信息的接收方就应当在已经取得个人单独同意的处理目的、处理方式以及个人信息的种类的范围内处理个人信息，否则其处理行为属于非法处理行为。

如果接收方变更已经取得了个人的单独同意的处理目的、处理方式即“原先的处理目的、处理方式”的，此时，应当由接收方依照《个人信息保护法》的规定重新取得个人同意。

◆ 疑点与难点

“三重授权原则”与提供个人信息

“三重授权原则”也称“三重同意原则”，它是北京知识产权法院在其判决的“北京淘友天下技术有限公司等与北京微梦创科网络技术有限公司不正当竞争纠纷上诉案”中，针对第三方应用通过开放应用程序接口（open application programming interface）获取用户信息时提出的一个规则。[①] 所谓“三重授权”，分别是“用户授权”“平台授权”“用户授权”，具体而言，该规则是指互联网企业在Open API合作开发时，应事先取得用户的同意再收集、利用相关信息，第三方应用基于Open API合作模式利用用户信息时，除应取得网络平台提供方同意外还应再次取得用户同意。[②] 显然，“三重授权原则”解决的是个人信息的提供，即个人信息处理者通过开放API将其处理的个人信息提供给其他个人信息处理者。

本书认为，“三重同意原则”只是对合法的个人信息提供的典型描述而已，也就是说，在基于个人同意处理个人信息中，典型的个人信息提供确实存在三重同意。例如，A处理者在取得张某的个人同意（第一重同意，即第一重授权）后收集、存储并使用张某的个人信息，此后A处理者又同意（第二重同意，即第二重授权）将张某的个人信息提供给B处理者，并且在提供前告知张某并取得了张某的单独同意（第三重同意，即第三重授权）。不过，由于个人信息处理者的合法性基础并非只有同意，故此，三重同意可能一重都不需要，也可能只需要两重。就前例而言，A处理者在为了履行合同的必要或履行法定义务等的情形下，无须张某的同意即处理个人信息，同样，B处理者是为了履行法定职责而依法强制要求A处理者提供张某的个人信息，B既不需要A的同意，也不需要张某的同意。由此可见，即便是个人信息的提供，也不能说三重同意就是一个普适规则，如果要将该规则上升为企业间数据转让和交易的基本规则，显然是错误的。[③]

◆ 相关规定

《网络安全法》第42条第1款、第44条；《民法典》第111条、第1038条第1款；《儿童个人信息网络保护规定》第17条

---

① 北京知识产权法院（2016）京73民终588号民事判决书。

② 张玲玲、田芬：《涉及用户数据信息商业利用的竞争行为是否属于正当的司法判断——评上诉人淘友技术公司、淘友科技公司与被上诉人微梦公司不正当竞争纠纷案》，载《中国知识产权报》2017年4月19日，第8版。

③ 相关论述参见徐伟：《企业数据获取“三重授权原则”反思及类型化构建》，载《交大法学》2019年第4期。

第二十四条 【利用个人信息进行自动化决策】

个人信息处理者利用个人信息进行自动化决策，应当保证决策的透明度和结果公平、公正，不得对个人在交易价格等交易条件上实行不合理的差别待遇。

通过自动化决策方式向个人进行信息推送、商业营销，应当同时提供不针对其个人特征的选项，或者向个人提供便捷的拒绝方式。

通过自动化决策方式作出对个人权益有重大影响的决定，个人有权要求个人信息处理者予以说明，并有权拒绝个人信息处理者仅通过自动化决策的方式作出决定。

◆ 条文要旨

本条是对利用个人信息进行自动化决策的规定。

◆ 理解与适用

一、规范目的

所谓**自动化决策**（Automated Decision-Making），简单地说，就是在没有任何人工参与的情况下，通过计算机系统来作出相应的决策。《个人信息保护法》第73条将自动化决策界定为“通过计算机程序自动分析、评估个人的行为习惯、兴趣爱好或者经济、健康、信用状况等，并进行决策的活动”。自动化决策是建立在大数据、机器学习、人工智能和算法等基础之上的，其通过大数据技术对海量的用户进行持续追踪和信息采集，然后遵循特定的规则处理所收集的个人信息，对用户进行数字画像和相应的决策。① 自动化决策的高效性和一致性，使得其应

① “数据画像”（profiling），是指利用个人信息来评估与自然人有关的特定方面，特别是针对与自然人的工作表现、经济状况、健康状况、个人偏好、兴趣、信誉、行为习惯、位置或行踪相关的分析和预测。

用范围越来越广，既包括商品销售、医疗保健、教育、金融服务等商业领域，也包括治安管理、犯罪预防、疫情防控等公共治理领域。例如，购物中的个性化推荐、精准广告推送，信用贷款评估，保险评估，网络招聘等。然而，自动化决策也带来了很多的问题，尤其是对隐私和个人信息保护造成了很大的挑战。一方面，从决策程序上来看，自动化决策存在决策责任人缺失，受自动化决策影响的个人没有质疑、反对或参与决策的机会，失去了正当程序的保障，算法的透明度不足，不合法或不公平的歧视性输入变量以及非人性化的决策过程等弊端，备受诟病。① 另一方面，从决策的结果来看，自动化决策对个体偏好的预测与迎合，将威胁个人隐私和自由，损害公民个体的自主性，操控人们生活，使人们受困于“信息茧房”（information cocoons）。② 由于算法本质上是以数学方法或计算机代码表达的意见，包括其设计、目的、成功标准和数据使用等都是设计者、开发者的主观选择，因此，很可能将设计者、开发者的各种偏见嵌入算法，加之数据的有效性和准确性也影响算法决策和预测的准确性，因此，算法会制造偏见、歧视并且会将过去的偏见或歧视予以固化并加以放大，甚至形成一个“自我实现的歧视性反馈循环”③，产生持续的、严重的歧视与偏见等不公正的结果。④

故此，法律上有必要对自动化决策加以规范，从而矫正或消除上述弊端，更好地保护个人权益免受自动化决策的危害。对于究竟应当如何消除自动化决策的弊端，理论界有不同的看法。

一种观点认为，自动化决策的弊端在于黑箱操作，即不透明性，故此应当从透明化入手来解决问题，即自动化决策需要更高的透明度，如公开运算的数据以及公开用于自动化决策的计算系统的源代码。但是，有的学者认为，仅仅是公开

---

① 详见［英］凯伦·杨、马丁·洛奇编：《驯服算法：数字歧视与算法规制》，林少伟、唐林垚译，上海人民出版社2020年版，第24－30页；另参见［美］弗吉尼亚·尤班克斯：《自动不平等：高科技如何锁定、管制和惩罚穷人》，李明倩译，商务印书馆2021年版。

② 所谓信息茧房，是指人们关注的信息领域会习惯性地被自己的兴趣所引导，从而将自己的生活桎梏于像蚕茧一般的“茧房”中的现象。

③ 腾讯研究院、中国信通院互联网法律研究中心、腾讯AI Lab、腾讯开放平台：《人工智能》，中国人民大学出版社2017年版，第244－245页。

④ 相关论述很多，可参见［美］凯西·奥尼尔：《算法霸权：数字杀伤性武器的威胁》，马青玲译，中信出版集团2018年版；［瑞典］大卫·萨普特：《被算法操控的生活》，易文波译，湖南科学技术出版社2020年版；［英］凯伦·杨、马丁·洛奇编：《驯服算法：数字歧视与算法规制》，林少伟、唐林垚译，上海人民出版社2020年版，第30－32页。

数据和源代码还不行，因为这些东西过于专业，即便公开，用户也无法或难以理解，故此，必须是以数据主体或终端用户能够理解的方式公开即算法应当具有可解释性。[①] 不过，这种观点也受到批评。首先，算法的公开或可解释性难以实行，因为算法黑箱并不是由于刻意保持不透明造成的，而是由算法的专业技术性所致。[②] 源代码只能让审查者了解到极少的内容，因为这些源代码只披露了其所使用的机器学习手段，而不公开数据所驱动的具体决策规则。[③] 此外，要求所有算法都必须满足可解释性的要求也是一项不可能的任务。[④] 其次，算法往往涉及相关的知识产权、商业秘密和个人隐私，故此公开算法会侵犯知识产权、商业秘密和隐私权。例如，在提供信贷时，要求自动化决策全部透明公开是不可取的，因为这会对消费者数据、商家专有信息或商业秘密造成侵害。在有些情况下一旦公开算法，还会为违法犯罪分子的违法犯罪提供机会。例如，在决定哪些纳税申报表需要审计或者哪些旅客需要在机场进行二级安全审查时，必须在一定程度上刻意遮蔽决策流程，从而防止不法分子进行税务欺诈或恐怖分子借机规避安全审查系统。[⑤]

另一种观点认为，应当通过赋予信息主体即个人拒绝完全基于自动化决策而作出对其产生法律效力或不利影响的决定的权利。因为唯其如此，方能矫正或消除自动化决策对个人造成的不利影响。这种观点的典型代表就是欧盟的个人数据保护立法。1995 年欧洲议会以及欧盟理事会发布的《个人数据保护指令》第 15 条第 1 款规定："各成员国应当赋予个人不受某些决定约束的权利，因为此类决定会产生与其有关的法律效力，或者对其产生重大影响，且作出此类决定的唯一依据是旨在对与其有关的某些个人方面如工作业绩、信用度、可靠度、行为表现等进行评估的自动化数据处理。"这一规定的主要目的就是要保护数据主体参与

---

① 张凌寒：《商业自动化决策算法解释权的功能定位与实现路径》，载《苏州大学学报（哲学社会科学版）》2020 年第 2 期。

② 沈伟伟：《算法透明原则的迷思——算法规制理论的批判》，载《环球法律评论》2019 年第 6 期。

③ ［美］约叔华·A. 克鲁尔、乔安娜·休伊、索伦·巴洛卡斯、爱德华·W. 菲尔顿、乔尔·R. 瑞登伯格、大卫·G. 罗宾逊、哈兰·余：《可问责的算法》，沈伟伟、薛迪译，载《地方立法研究》2019 年第 4 期。

④ 丁晓东：《论算法的法律规制》，载《中国社会科学》2020 年第 12 期。

⑤ ［美］约叔华·A. 克鲁尔、乔安娜·休伊、索伦·巴洛卡斯、爱德华·W. 菲尔顿、乔尔·R. 瑞登伯格、大卫·G. 罗宾逊、哈兰·余：《可问责的算法》，沈伟伟、薛迪译，载《地方立法研究》2019 年第 4 期。

对其而言重要的决策过程中的利益，如果一味认可自动化决策的效力，就会放弃人类作为决策者所应当承担的责任。① 毕竟，任何决策方式本质上都是为人服务的，而不能成为操控人、贬损人的尊严的手段。在 1995 年《个人数据保护指令》的基础上，欧盟《一般数据保护条例》也对自动化决策作出了规定，其第 22 条第 1 款规定："数据主体有权不受制于一项仅仅基于包括数字画像在内的自动处理而作出的对其产生法律效力或相类似的重大影响的决定。"反对个人赋权说的学者认为，通过赋予个人不受自动化决策约束的权利也难以解决自动化决策的弊端。因为在面对算法黑箱时，个体很难知晓其个人数据是否被处理，其个人数据何时被处理，被哪个数据处理者处理，因此也就无法行使反对包括数据画像在内的自动化决策的权利。②

我国《个人信息保护法》第 24 条综合采取了算法透明化与个人赋权两种观点，对利用个人信息进行自动化决策作出了相应的调整。首先，要求个人信息处理者利用个人信息进行自动化决策时，必须保证决策的透明度和结果的公平和公正，尤其是不得对个人在交易价格等交易条件上实行不合理的差别待遇。其次，要求个人信息处理者通过自动化决策方式进行信息推送、商业营销时，应当同时提供不针对其个人特征的选项，或者向个人提供拒绝的方式。最后，赋予个人要求处理者予以说明的权利和拒绝权，即通过自动化决策方式作出对个人权益有重大影响的决定的，个人有权要求个人信息处理者予以说明，并有权拒绝个人信息处理者仅通过自动化决策的方式作出决定。

二、个人信息处理者负有保证决策的透明度和结果公平、公正的义务

1. 依据《个人信息保护法》第 24 条第 1 款，利用个人信息进行自动化决策，应当保证决策的透明度和结果公平、公正，不得对个人在交易价格等交易条件上实行不合理的差别待遇。公开、透明原则是《个人信息保护法》的基本原则。《个人信息保护法》第 7 条规定："处理个人信息应当遵循公开、透明原则，公开个人信息处理规则，明示处理的目的、方式和范围。"个人信息处理者利用个人信息进行自动化决策，当然属于个人信息的处理活动，应当遵循公开、透明原则的要

---

① Christopher Kuner, Lee A. Bygrave & Christopher Docksey ed., The EU General Data Protection Regulation (GDPR): A Commentary, Oxford University Press, 2020, P. 526.

② 丁晓东：《论算法的法律规制》，载《中国社会科学》2020 年第 12 期。

求。利用个人信息进行自动化决策，就是个人信息处理者通过计算机程序即算法来自动分析、评估个人信息并进行决策，其中最大的问题就是算法的不透明。因此，《个人信息保护法》要求个人信息处理者应当保证决策的透明度。同时，也就明确了自动化决策的可追责性，将责任主体直接确定为利用个人信息进行自动化决策的处理者。问责原则是《个人信息保护法》的基本原则，个人信息处理者应当对其个人信息处理活动负责。利用个人信息进行自动化决策也是个人信息处理者实施的处理活动，其应当对该处理活动的后果负责，不能将责任推诿给算法或计算机系统，因为算法就是处理者开发设计的或者采用的，基于自己责任原则，其应当为自动化决策后果的不透明或不公平合理而给他人民事权益造成的侵害或损害后果负责。

2. 利用个人信息进行自动化决策的个人信息处理者不仅应当保证决策的透明度，还要保证结果的公平与公正，不得对个人在交易价格等交易条件上实行不合理的差别待遇。所谓保证结果的公平、公正，就是指利用个人信息进行自动化决策对其个人信息被处理的个人所产生的事实上和法律上的影响结果应当是公平和公正的，不能有不合理的差别待遇。也就是说，对个人在交易价格等交易条件上的不合理的差别待遇就是结果的不公正和不公平。例如，通过算法发现那些不怎么比较物品价格的消费者后，在给该消费者提供的交易价格上明显高于那些反复比较的消费者，这就是非常不合理的差别待遇。“针对社会各方面对用户画像、算法推荐等新技术新应用高度关注，对相关产品和服务中存在的信息骚扰、大数据杀熟等问题反映强烈，一些常委会组成人员和地方、部门、社会公众建议，进一步完善个人信息处理规则，特别是对应用程序（APP）过度收集个人信息、大数据杀熟以及非法买卖、泄露个人信息等作出有针对性规范”①，《个人信息保护法》第 24 条第 1 款明确规定，利用个人信息进行自动化决策的，“不得对个人在交易价格等交易条件上实行不合理的差别待遇”。自动化决策本身就具有更加个性化的特点，针对不同的个人，推荐不同的产品或者服务并设置不同的交易条件无可厚非，这也是商业活动精细化、个性化的体现。但是，如果相同的产品、服务，针对不同的个人在交易条件上实行不合理的差别对待，那么这种行为就是法

① 《全国人民代表大会宪法和法律委员会关于〈中华人民共和国个人信息保护法（草案）〉审议结果的报告》。

律所禁止的。因为，个人信息处理者利用个人信息进行自动化决策，对个人在交易价格等交易条件上实行不合理的差别待遇的行为侵害了消费者的公平交易权。《消费者权益保护法》第 10 条规定：“消费者享有公平交易的权利。消费者在购买商品或者接受服务时，有权获得质量保障、价格合理、计量正确等公平交易条件，有权拒绝经营者的强制交易行为。”此外，《在线旅游经营服务管理暂行规定》第 15 条也规定：“在线旅游经营者不得滥用大数据分析等技术手段，基于旅游者消费记录、旅游偏好等设置不公平的交易条件，侵犯旅游者合法权益。”

3. 对于如何确保个人信息处理者履行保证决策的透明度和公平、公正的义务，《个人信息保护法》没有作出进一步的规定。理论上说，无非就是两种方式：一是赋予受自动化决策影响的个人权利，使其有权审查对其利益产生影响的自动化决策的过程，即要求个人信息处理者提供关于自动化决策的标准和程序所涉及的数据；二是在发生争议时，由履行个人信息保护职责的部门进行审查核实。例如，巴西《通用数据保护法》第 20 条规定：“数据主体有权要求由自然人审查仅基于影响其利益的个人数据的自动处理所作出的决策，包括旨在确定其个人、职业、消费者或信用档案，或性格方面的决策。控制者应在被要求时，提供关于自动化决策标准和程序所涉的明确和充分的数据，并遵守商业和工业机密。在遵守商业和工业保密的情况下，若未提供本条第 1 款所述数据，国家机关可以进行审计，以核实个人数据自动处理中是否存在歧视。”实践中，由于存在高度的专业性和技术性，个人并不具有能力审查自动化决策标准和程序，而且，个人审查也会存在泄露商业秘密或侵害知识产权的风险，且个人仅仅是主观臆断地认为决策不透明或结果不公平合理，就要求个人信息处理者提供相关数据并加以审查，也会极大增加处理者的成本。故此，这种做法不具有太大的可行性。故此，我国《个人信息保护法》第 24 条第 3 款规定，只有通过自动化决策方式作出对个人权益有重大影响的决定，个人才有权要求个人信息处理者予以说明，并有权拒绝个人信息处理者仅通过自动化决策的方式作出决定。这样一来，所谓保证决策的透明度和结果公平公正，只能依赖履行个人信息保护职责的部门的监管。换言之，要求个人信息处理者进行自动化决策应当保证决策的透明度，实质上就是规定履行个人信息保护职责的机构应当采取相应的监督管理措施来确保自动化决策的透明度和结果的公平合理，个人在对于自动化决策的透明与公平合理存在疑问时，有权向监管机关进行投诉举报，唯其如此，方能防止算法黑箱给个人造成的歧视等不利后果。

三、个人信息处理者通过自动化决策方式进行信息推送、商业营销

依据《个人信息保护法》第24条第2款，通过自动化决策方式向个人进行信息推送、商业营销，应当同时提供不针对其个人特征的选项，或者向个人提供便捷的拒绝方式。所谓通过自动化决策方式进行信息推送、商业营销，就是指个人信息处理者通过收集作为用户的自然人的个人信息，针对用户的经济状况、健康状况、个人偏好、兴趣、信誉、行为习惯、位置或行踪等进行分析和预测，从而针对特定用户的个人特征而推送相关信息或者推销商品、服务。例如，某网上商城A通过收集分析用户B的网络浏览记录等个人信息，预测B有可能想购买一款手机，从而向其推送各种手机促销、打折等信息。再如，针对甲喜欢看军事类新闻，乙网站不断将各种军事类新闻推送给甲。

通过自动化决策进行信息推送、商业营销，有利有弊。其利在于：可以有效地节约信息搜寻成本，更好地满足不同自然人的个性化需求；弊在于：容易产生欺诈行为和价格歧视，形成信息茧房、回音室效应①，甚至会对自然人人身财产安全造成严重危害。② 故此，2018年颁布的《电子商务法》对此种行为作出了规范，该法第18条第1款规定："电子商务经营者根据消费者的兴趣爱好、消费习惯等特征向其提供商品或者服务的搜索结果的，应当同时向该消费者提供不针对其个人特征的选项，尊重和平等保护消费者合法权益。"第40条规定："电子商务平台经营者应当根据商品或者服务的价格、销量、信用等以多种方式向消费者显示商品或者服务的搜索结果；对于竞价排名的商品或者服务，应当显著标明'广告'。"这些规定的目的在于防止商家利用大数据技术通过自动化推荐侵害消费者的

---

① 凯斯·桑斯坦教授（Cass R. Sunstein）认为，回音室催生了危害深远的政策方针，与可能使集思广益的能力急剧降低，同时也还会产生网络极化现象，社交媒体就成为极化的温床，对民主和社会安宁构成潜在的威胁。参见［美］凯斯·桑斯坦：《标签：社交媒体时代的众声喧哗》，陈颀、孙竞超译，中国民主法制出版社2021年版，第82－99页。

② 例如，在2016年我国发生的"魏则西事件"中，罹患"滑膜肉瘤"症的大学生魏则西，因四处求医不得，通过百度的推广搜索到武警北京总队第二医院，该院一位李姓医生推荐早已被淘汰的所谓"生物免疫疗法"治疗魏则西，使其花费20余万元，最后受害人魏则西在花费大量的金钱和时间后，于2016年4月12日去世。该事件中，提供搜索引擎服务的百度公司扮演了极不光彩的角色，正是该公司采取的为牟利而罔顾人民群众人身财产安全的竞价排名方式起到了帮凶的作用。

知情权和选择权，尤其是考虑到许多电商平台采取的竞价排名服务，以广告商支付价格的多少来决定向消费者进行推荐的优先顺序，对消费者的人身财产权益的保护极为不利。因此，有必要通过要求电子商务经营者必须同时向消费者提供不针对其个人特征的选项来尊重和平等保护消费者的合法权益。[①] 此外，国家互联网信息办公室颁布的《网络信息内容生态治理规定》第 12 条也规定："网络信息内容服务平台采用个性化算法推荐技术推送信息的，应当设置符合本规定第十条、第十一条规定要求的推荐模型，建立健全人工干预和用户自主选择机制。"

《个人信息保护法》第 24 条第 2 款在《电子商务法》第 18 条第 1 款的基础上作出了全面的规范，从而充分全面地保护个人信息权益。依据这一规定，任何个人信息处理者只要通过自动化决策方式进行商业营销、信息推送，就应当同时提供不针对其个人特征的选项，或者向个人提供拒绝的方式。这是因为，如果说在非商业领域采取自动化决策具有更大的合理性和必要性的话，那么为了商业营销或信息推送而采取自动化决策，只是为了使得个人信息处理者的经济利益最大化，这种情形下的自动化决策并不是对经营者和消费者双方都具有必要性。从经营者的角度来说，针对消费者个人特征而通过自动化决策进行的个性化推送和营销使得自己提供的产品或服务更具有竞争优势，当然是必要的。但是，对于消费者而言，可能并不希望自己的个人特征被经营者牢牢掌握，以至于被限定或干扰了选择。当然，实践中个人信息处理者如何同时提供不针对个人特征的选项或提供便捷的拒绝方式，还需要进一步研究。

四、个人要求处理者说明并拒绝自动化决策的权利

《个人信息保护法》第 24 条第 3 款规定："通过自动化决策方式作出对个人权益有重大影响的决定，个人有权要求个人信息处理者予以说明，并有权拒绝个人信息处理者仅通过自动化决策的方式作出决定。"该款规定了个人针对自动化决策有要求处理者予以说明的权利和拒绝权。所谓**要求说明的权利**，即个人在处理者通过自动化决策方式而作出对个人权益有重大影响的决定时，有要求个人信息处理者予以说明的权利。如果处理者不予说明，个人有权向履行个人信息保护职责的部门进行投诉和举报。要求说明的权利在一定程度上矫正了自动化决策中

---

① 电子商务法起草组：《中华人民共和国电子商务法解读》，中国法制出版社 2019 年版，第 104 页。

正当程序保障的缺失，保障个人对自动化决策的知情权和参与权。尽管在决策中的人的参与也会有不利的地方，如参与决策的个人会受到自身观念甚至偏见的影响，人的大脑不如算法那么精密，但是，人对决策的参与，使得决策有可能建立在人际关系的基础之上，带有人的道德观念和人类天性中的怜悯与同情，这是对受该决定影响的自然人的人格尊严的最基本尊重。要始终牢记：人是目的，不是手段。人的权利和自由、人的命运不能交由机器或算法决定。

所谓有拒绝个人信息处理者仅通过自动化决策的方式作出决定的权利，不同于《个人信息保护法》第16条规定的个人撤回同意的权利。因为后者不需要任何条件，可以随意行使，而且仅适用于基于同意的个人信息处理。但是，《个人信息保护法》第24条第3款规定的拒绝权不限于基于同意的个人信息处理，只要是个人信息处理者**仅通过自动化决策方式作出决定**的，都可能适用。具体来说，该权利的行使必须满足以下两项要件。

（一）必须是仅通过自动化决策方式作出的决定

所谓仅通过自动化决策方式作出的决定意味着，没有任何个人参与其中对于决定的内容进行过任何的评估。换言之，只要是在作出决定的过程中没有任何个人拥有决策权（no human has any decision-making power），对决定的内容不能产生影响，那么无论个人在决策过程中是否以其他方式参与其中，如扫描电子文档后上传或对计算机的决定进行最终的验证等，都依然属于仅通过自动化决策方式作出的决定。① 在这一要求上，我国《个人信息保护法》第24条第3款的规定与欧盟《一般数据保护条例》第22条第1款的要求是相同的。

所谓“决定”，含义非常广泛，既包括作为普通民事主体的个人信息处理者如公司、企业等针对个人作出的决定，如银行通过自动化决策作出了拒绝发放贷款给某人的决定，或者某公司在电子招聘中自动化筛选应聘者的简历后作出不予录用的决定；也包括国家机关在行政管理等活动中通过自动化决策方式作出的给予或不给予行政许可或审批决定等。但是，该决定必须是仅通过自动化决策方式针对个人作出的。至于自动化决策中处理的个人信息是否属于决定所针对的个人

---

① Paul Voigt & Axel von dem Bussche, The EU General Data Protection Regulation（GDPR）: A Practical Guide, Springer, 2017, P. 181.

的个人信息或者是否使用了非个人信息，在所不问。

（二）对个人权益有重大影响

首先，对个人权益有重大影响的决定中的**"个人权益"**包含范围非常广泛，是指与个人有关的任何权益，既包括个人的民事权益如人身权益、财产权益，也包括宪法上的人格尊严、人格自由、通信秘密等基本权利，还包括《消费者权益保护法》《妇女权益保障法》《未成年人保护法》《残疾人保障法》《老年人权益保障法》等其他法律中规定的个人享有的各种权益。例如，《消费者权益保护法》中规定了消费者的知情权，即知悉其购买、使用的商品或者接受的服务的真实情况的权利（第8条）；选择权，即自主选择商品或者服务的权利的消费者权益（第9条）；公平交易权，即公平交易的权利（第10条）；享有人格尊严、民族风俗习惯得到尊重的权利，享有个人信息依法得到保护的权利（第14条）等。

其次，必须是对个人权益有重大影响的决定。欧盟《一般数据保护条例》第22条第1款明确将这种对个人权益的重大影响表述为**"对数据主体产生法律效力或对其造成类似的重大影响"**（the decision has legal effects or similarly significant effects）。欧盟第29条工作组认为，所谓具有法律效力的影响是指影响某人的合法权利，比如与其他人交往的自由，选举中投票的自由，或者采取法律行动的自由。法律影响可能也会影响个人的合法状态或他们在合同下的权利。比如这种影响包括关于个人的自动化决策会导致取消合同；法律所保障的特定社会福利的取得或失去，比如丧失儿童福利或住房福利、保险公司拒绝支付医疗费保险赔偿金，被拒绝入境或公民身份被否等。至于其他类似的重大影响，是指虽然自动化决策程序对个人的合法权利并未产生影响，但是产生了相等的或类似的重大影响，如显著影响到有关个人的情况、行为或选择；对数据主体产生长期或永久的影响；极端情况下，导致个人被排斥或被歧视等。[①] 本书认为，我国《个人信息保护法》第24条第3款中的重大影响也可以参考欧盟上述观点加以理解，具体包括两种情形：一是该决定改变了个人的法律上的权利、义务和责任关系；如拒绝订立合同或者撤销合同等。二是该决定使得个人的经济地位、社会地位等状况

---

① Guidelines on Automated Individual Decision-making and Profiling for the Purposes of Regulation 2016/679 (wp251rev. 01).

发生了改变。此种改变是否属于重大影响，需要根据个案情况加以考虑。所谓重大的影响可能是有利的、积极的影响，也可能是不利的、消极的影响。

个人认为通过自动化决策方式作出的决定对其权益有重大影响的，应当负有举证责任。《草案一审稿》第25条第1款第2句曾规定："个人认为自动化决策对其权益造成重大影响的，有权要求个人信息处理者予以说明，并有权拒绝个人信息处理者仅通过自动化决策的方式作出决定。"这一规定的问题在于，仅仅是个人认为自动化决策对其权益造成重大影响，就有权要求说明并加以拒绝，过于主观，容易增加企业的负担。故此，《个人信息保护法》第24条第3款规定："通过自动化决策方式作出对个人权益有重大影响的决定，个人有权要求个人信息处理者予以说明，并有权拒绝个人信息处理者仅通过自动化决策的方式作出决定。"这就是说，个人不能仅仅主观上认为自动化决策作出的决定对其权益有重大影响，而必须举证加以证明。也就是说，个人应当提出初步的证据证明对其个人权益有重大影响。例如，若该决定会影响其获取社会保险金、影响其成功应聘某项工作、导致其遭受他人的歧视和不公对待等，则属于对个人权益有重大影响。

◆ 疑点与难点

如何认定差别待遇是否合理?

"大数据杀熟"是一种非常通俗的说法，实际上利用个人信息进行自动化决策的不公平、不公正的后果可能是不利于"熟客"，也可能是不利于"生客"。也就是说，杀熟与杀生是并存的。然而，借助大数据技术而进行商业推销等活动不可能千人一面，要做到满足所有用户或消费者的个性化需求，交易条件等方面的设置就不可能完全相同，必定存在一些差别，如对于能够一次性付款的用户可以设置更好的折扣，为吸引新的顾客对于其有买"一百返五十"的奖励活动等。因此，不能说只要个人信息处理者利用个人信息进行自动化决策，只要每个消费者在购买相同的产品或接受相同的服务时的价格存在差异，就是大数据杀熟，就是算法歧视。这种说法是片面的、不科学的。依据《个人信息保护法》第24条第1款的规定，只有个人信息处理者利用个人信息进行自动化决策，并且对个人在交易价格等交易条件上实行了**不合理的差别待遇**，才是违法行为，才属于算法歧视，是法律所禁止的。判断合理与否时，必须要以两个相同条件的个人在交易价格等交易条件上是否存在差别待遇、差别待遇是否是个人信息处理者主动追求的、被实行差别待遇的个人是否知道该差别待遇的存在、导致该差别待遇的因素是否合理（即合理的人在进行此种交易时是否会考虑该等因素）等。在具体的判断标准上，可以参考《国务院反垄断委员会关于平台经济领域的反垄断指南》（国反垄发〔2021〕1 号）第 17 条的规定。该条对于差别待遇、差别待遇是否有正当理由等作出了较为详细的规定。

首先，依据该条第 1 款，具有市场支配地位的平台经济领域经营者，可能滥用市场支配地位，无正当理由对交易条件相同的交易相对人实施差别待遇，排除、限制市场竞争。分析是否构成差别待遇，可以考虑以下因素：（1）基于大数据和算法，根据交易相对人的支付能力、消费偏好、使用习惯等，实行差异性交易价格或者其他交易条件；（2）实行差异性标准、规则、算法；（3）实行差异性付款条件和交易方式。条件相同是指交易相对人之间在交易安全、交易成本、信用状况、所处交易环节、交易持续时间等方面不存在实质性影响交易的差别。平台在交易中获取的交易相对人的隐私信息、交易历史、个体偏好、消费习惯等方面存在的差异不影响认定交易相对人条件相同。

其次，该条第 3 款列举了平台经济领域经营者实施差别待遇行为可能具有的四项正当理由：（1）根据交易相对人实际需求且符合正当的交易习惯和行业惯例，实行不同交易条件；（2）针对新用户在合理期限内开展的优惠活动；（3）基于平台公平、合理、无歧视的规则实施的随机性交易；（4）能够证明行为具有正当性的其他理由。

◆ 相关规定

《消费者权益保护法》第 10 条；《电子商务法》第 18 条；《在线旅游经营服务管理暂行规定》第 15 条；《国务院反垄断委员会关于平台经济领域的反垄断指南》第 17 条

第二十五条　【没有取得个人单独同意就不得公开个人信息】

个人信息处理者不得公开其处理的个人信息，取得个人单独同意的除外。

◆ 条文要旨

本条是对个人信息处理者没有取得个人单独同意就不得公开个人信息的规定。

◆ 理解与适用

一、规范目的

依据《民法典》第1035条第2款和《个人信息保护法》第4条第2款，公开个人信息也是个人信息处理行为的一类，或者说是一种个人信息的处理方式。公开个人信息对于个人信息权益的影响是非常大的，可能给个人的人格尊严、人身自由等宪法基本权利或者隐私权、名誉权等民事权益造成非常严重的危害。因此，《个人信息保护法》第25条对于公开个人信息这种处理方式专门作出规定，即明确个人信息处理者负有不得公开其处理的个人信息的义务，除非取得个人的单独同意。此外，如果法律、行政法规规定必须公开个人信息的，如为了应对突发公共卫生事件，寻找某位疑似病毒感染者的，可以不取得个人单独同意而公开其个人信息。但是，如果公开个人信息会构成对个人的隐私权的侵害的，那么依据《民法典》第1033条，必须有法律的规定，即便是行政法规也不得规定。

二、个人信息公开的含义

个人信息的公开，是指个人信息处理者将其处理的个人信息通过信息网络等方式向不特定的人公开，即使个人信息处于不特定人都可以获取的状态。个人信息的公开不同于个人信息的提供，我国法律将这两种行为并列，如《民法典》第111条规定“不得非法买卖、提供或者公开他人个人信息”。公开个人信息是向不特定的人提供，而提供个人信息是特定的个人信息处理者之间提供。不过，《刑法》第253条之一中的“提供公民个人信息”则被司法解释理解为：既包括特定人之间的提供个人信息，也包括公开个人信息。例如，《最高人民法院、最高人民检察院关于办理侵犯公民个人信息刑事案件适用法律若干问题的解释》第3条第1款规定，向特定人提供公民个人信息，以及通过信息网络或者其他途径发布公民个人信息的，应当认定为《刑法》第253条之一规定的“提供公民个人信息”。①

三、公开个人信息应取得个人的单独同意

1. 依据本条之规定，个人信息处理者要公开其处理的个人信息，必须取得个人的单独同意，否则不得公开。取得个人的单独同意，是指处理者无论是基于个人同意抑或法律规定的理由（无须个人同意）而处理个人信息，其处理个人信息的方式中如果包含了“公开”这一处理方式，必须就个人信息的公开这一处理行为单独取得个人的同意，而不能将其包含在全部的处理方式中一次性或概括地取得个人的同意。例如，A电视台制作节目时，收集并存储了嘉宾的姓名、通信地址等个人信息，就收集、存储这些处理行为当然需要取得嘉宾的同意，但是，如果要在电视上公开嘉宾的姓名、工作单位等个人信息的，还必须单独就此种公开行为取得嘉宾的同意。倘若个人信息处理者基于个人同意的处理行为中本来没有公开这一处理方式，但是此后要增加此种处理方式，那么也必须取得个人的单独同意。

2. 如果个人信息涉及多个个人，则必须逐一取得每个个人的单独同意，有一个个人不同意的，则不得公开该个人信息。如果被公开的信息是十四周岁以下的未成年人的信息，那么所谓取得个人的单独同意是指取得该未成年人的父母或者其他监护人的单独同意。《个人信息保护法》第31条第1款规定，个人信息处理者处理不满十四周岁未成年人个人信息的，应当取得未成年人的父母或者其他监护人的同意。《儿童个人信息网络保护规定》第18条规定，网络运营者不得披露儿童个人信息，但法律、行政法规规定应当披露或者根据与儿童监护人的约定可以披露的除外。

3. 个人就其个人信息被公开而向处理者作出的同意中限定公开的范围的，处理者只能在该范围内公开，如果超越这一范围而未取得个人的单独同意，其处理

① 作此规定的理由参见喻海松：《网络犯罪二十讲》，法律出版社2018年版，第217页。

行为属于非法处理行为。

四、无须取得个人单独同意而公开个人信息

《个人信息保护法》第 13 条第 1 款第 2 项至第 7 项以及第 2 款规定了无须取得个人同意就可以进行个人信息处理的情形。公开个人信息属于个人信息处理行为的一类，故此，当然适用该条之规定。《草案一审稿》第 26 条曾规定："个人信息处理者不得公开其处理的个人信息；取得个人单独同意或者法律、行政法规另有规定的除外。"但是，正式颁布的《个人信息保护法》第 25 条删除了"法律、行政法规另有规定的除外"，这是因为，《个人信息保护法》第 13 条第 2 款规定，依照本法其他有关规定，处理个人信息应当取得个人同意，但是有前款第 2 项至第 7 项规定情形的，不需要取得个人同意。

◆ 疑点与难点

一、政府信息公开与个人信息公开

政府信息，是指行政机关在履行行政管理职能过程中制作或者获取的，以一定形式记录、保存的信息（《政府信息公开条例》第 2 条）。詹姆斯·麦迪逊曾言："一个大众政府若没有获取大众信息或没有获取大众信息的渠道，不过是一场闹剧或悲剧的序幕，也许两者皆是。知识永远胜过无知，希望自治者必须用知识的力量武装自己。"① 阳光是最好的防腐剂，要保证人民的知情权，使人民能够监督政府，就必须实现政府信息公开。《政府信息公开条例》第 1 条将立法目的明确为"保障公民、法人和其他组织依法获取政府信息，提高政府工作的透明度，建设法治政府，充分发挥政府信息对人民群众生产、生活和经济社会活动的服务作用"。依据《政府信息公开条例》，行政机关公开政府信息，应当坚持以公开为常态、不公开为例外，遵循公正、公平、合法、便民的原则。除了该条例第 14—16 条规定的政府信息外，政府信息应当公开。该条例第 15 条规定："涉及商业秘密、个人隐私等公开会对第三方合法权益造成损害的政府信息，行政机关不得公开。但是，第三方同意公开或者行政机关认为不公开会对公共利益造成重大

---

① ［美］迈克尔·舒德森：《知情权的兴起：美国政治与透明文化（1945—1975）》，郑一卉译，北京大学出版社 2018 年版，第 20 页。

影响的，予以公开。”由此可见，原则上对于涉及个人隐私的政府信息，公开会损害他人的合法权益，故此不得公开，但是第三方同意公开或行政机关认为不公开会对公共利益造成重大影响的，即便该政府信息涉及个人隐私或个人信息，也应当公开。这实际上就是基于公共利益的考虑而对自然人的隐私权和个人信息权益所作出的限制。此外，依据《最高人民法院关于审理政府信息公开行政案件若干问题的规定》第5条第2款的规定，因公共利益决定公开涉及商业秘密、个人隐私政府信息的，被告应当对认定公共利益以及不公开可能对公共利益造成重大影响的理由进行举证和说明。

例如，在一起案件中，原告依据《政府信息公开条例》要求被告房管局公开经适房、廉租房的分配信息并公开所有享受该住房住户的审查资料信息（包括户籍、家庭人均收入和家庭人均居住面积等），被告以这些信息涉及他人隐私为由拒绝公开。一审法院支持被告的观点认为，原告要求公开的政府信息包含享受保障性住房人的户籍、家庭人均收入、家庭人均住房面积等内容，此类信息涉及公民的个人隐私，不应予以公开，判决驳回原告的诉讼请求。二审法院则认为，虽然申请人申报的户籍、家庭人均收入、家庭人均住房面积等情况属于个人隐私，但这些信息属于申请人能否享受保障性住房的基本条件。只要申请经适房就必须向主管部门提供符合相应条件的个人信息，以接受审核。“当涉及公众利益的知情权和监督权与保障性住房申请人一定范围内的个人隐私相冲突时，应首先考量保障性住房的公共属性，使获得这一公共资源的公民让渡部分个人信息，既符合比例原则，又利于社会的监督和住房保障制度的良性发展。”因此，被告房管局以涉及个人隐私为由拒绝公开是违法的，二审判决被告自判决生效之日起15个工作日内对申请人的信息公开申请重新作出书面答复。①

再如，在“方某来与广州市白云区教育局案”中，被上诉人方某来是加拿达中英文幼儿园的家长，加拿达中英文幼儿园是本辖区一家民办幼儿园。上诉人广州市白云区教育局系加拿达中英文幼儿园的教育主管部门。2014年4月29日，被上诉人以书面形式向上诉人广州市白云区教育局提交《白云区教育局依申请公

---

① 详见“杨某权诉山东省肥城市房产管理局案”，2014年9月13日最高人民法院公布全国法院政府信息公开十大案例之一。

开政府信息申请表》和《政府信息公开申请书》，申请公开：2010学年、2011学年、2012学年、2013学年加拿达中英文幼儿园所有外籍教师在中国居住资格、任职资格资料和身体健康检查材料。同年5月13日，上诉人作出云教信复〔2014〕38号《政府信息公开申请不予受理告知书》，其中载明“你们要求公开的政府信息，是广东省人民政府外事办公室和广东省外国专家局的职权范围。我局不予受理你们上述政府信息公开的申请，建议你们向广东省人民政府外事办公室和广东省外国专家局提出申请”。被上诉人对上诉人政府信息公开申请不予受理行为不服，诉至原审法院。一审法院认为：关于被上诉人申请公开的外籍教师身体健康检查材料，因涉及个人隐私，属于不予公开的范围，被上诉人此项诉讼请求原审法院不予支持。二审法院认为：外籍教师身体健康检查材料关系到幼儿园全体学生的健康安全，若以涉及个人隐私为由不予公开，将给幼儿园学生、家长的利益造成重大影响；故上诉人应该公开加拿达中英文幼儿园聘请的外籍教师健康状况证明，原审法院认为外籍教师身体健康检查材料属于不予公开的范围属适用法律错误，应予以纠正。①

二、非法公开个人信息的法律责任

如果处理者在没有取得个人单独同意就公开其个人信息，则此种行为属于非法个人信息处理行为。首先，从民法上说，当公开的个人信息属于私密行为时，公开的行为侵害个人的隐私权，此外，还可能因此而侵害名誉权或者其他民事权益，故此，公开者依法应当承担民事责任（侵权责任或违约责任）。其次，从行政法角度来看，此种未经个人单独同意即公开个人信息的行为属于违法行为，依据《个人信息保护法》第66条的规定，应由履行个人信息保护职责的部门对其进行相应的行政处罚。最后，非法公开个人信息的行为情节严重的，构成侵犯公民个人信息罪，应当依据《刑法》第253条之一承担相应的刑事责任。②

① 参见方某来与广州市白云区教育局其他二审行政判决书，（2014）穗中法行终字第1703号，转引自董妍：《政府信息公开中个人信息的保护》，载《上海政法学院学报》2018年第3期。

② 《最高人民法院、最高人民检察院关于办理侵犯公民个人信息刑事案件适用法律若干问题的解释》第3条规定，向特定人提供公民个人信息，以及通过信息网络或者其他途径发布公民个人信息的，应当认定为《刑法》第253条之一规定的“提供公民个人信息”。

◆ 相关规定

《民法典》第 1033 条；《政府信息公开条例》第 14—16 条；《儿童个人信息网络保护规定》第 18 条；《最高人民法院关于审理利用信息网络侵害人身权益民事纠纷案件适用法律若干问题的规定》第 12 条；《最高人民法院关于审理政府信息公开行政案件若干问题的规定》第 5 条

第二十六条　【公共场所收集个人信息】

在公共场所安装图像采集、个人身份识别设备，应当为维护公共安全所必需，遵守国家有关规定，并设置显著的提示标识。所收集的个人图像、身份识别信息只能用于维护公共安全的目的，不得用于其他目的；取得个人单独同意的除外。

◆ 条文要旨

本条是在公共场所安装图像采集、个人身份识别设备处理个人信息的规定。

◆ 理解与适用

一、规范目的

现代网络信息技术尤其是大数据和人工智能技术高速发展，通过在公共场所安装图像采集和个人身份识别设备，可以随时对自然人的脸部特征、指纹信息等生物识别信息以及行踪轨迹等其他个人信息进行处理。其中，最典型也最常见的就是**人脸识别技术**（facial recognition）的运用。人脸识别技术被广泛运用于很多场景，其主要的应用领域就是安全应用、医疗保健、产品服务营销三大领域，同一应用场景可能同时涉及上述领域。例如，公安机关利用天网系统从人流中识别出正在被网上追逃的犯罪分子；再如，机场、火车站、银行对乘客或用户的身份进行验证等。

所谓人脸识别，是指“自动处理包含个人面部的数字图像，以便对这些个人进行识别、认证/验证或分类”。[1] 人脸识别技术属于允许自动识别和匹配人的脸部的生物特征识别系统，它通过为面部的图像创建“生物识别模板”来提取和进一步处理生物识别数据。人脸识别技术包含了一系列的技术[2]，其可以为实现不同的目的而执行不同的任务。总的来说，人脸识别的功能就是验证、识别与分类三种。所谓验证（Verification）功能，也称身份验证，属于“一对一的比对”（one-to-one comparison），即通过比较两个生物特征识别模板以确定两张图像上显示的人是否为同一个人。例如，在机场用于边境检查的自动边境控制门（ABC）上就采用了这种程序。一个人在通过前，扫描其护照上的图像以及现场对其拍摄形成的图像后，面部识别技术就可以比较这两张面部图像，如果两张图像显示同一个人的可能性高于某个阈值，则身份验证完成。在通过人脸识别技术进行验证的情形下，需要预先存在某个个人的脸部生物特征，但不需要将其存储在中央数据库中，而是可以存储在护照、身份证的芯片或者用于识别的机器设备的内存当中。所谓识别（Identification）功能，也称个体识别，属于“一对多的比对”（one-to-many comparison），在个体识别的情况下，该功能的实现是通过将一个人的面部图像模板与存储在数据库中的许多其他模板进行比较，以确定他或她的图像是否存储在那里。面部识别技术为每次比较返回一个数值以表明两张图像指向同一个人的可能性。所谓分类（Categorisation）功能，也称“匹配一般特征”（matching general characteristics），是指除了验证和识别外，面部识别技术还用于提取有关个人特征的信息。故此，分类也被称为“面部分析”。通常，可以从面

---

① Article 29 Data Protection Working Party (2012), Opinion 02/2012 on facial recognition in online and mobile services, 00727/12/EN, WP 192, Brussels, 22 March 2012, P. 2.

② 人脸识别的过程由许多分散的子过程所组成，大致包括：(1) 图像采集，即捕捉一个人的人脸并将脸部特征转换成数字形式（数字图像），如使用数码相机给一个人拍照，然后将其传输到网络上。(2) 人脸的检测，即检测数字图像中是否存在人脸并标记区域的过程。(3) 标准化，即检测到的面部区域的平滑变化，例如转换成标准尺寸、旋转或对齐颜色的分布。(4) 特征的提取，即从一个人的数字图像中分离并输出可重复和独特读数的过程。特征提取可以是整体的或基于特征的，也可以是这两种方法的结合。关键特征集可以存储在参考模板中以供稍后比较。(5) 记录，如果这是个人第一次遇到人脸识别系统，则图像和（或）参考模板将被存储下来，以供稍后比较。(6) 比对，测量一组特征（样本）与系统中先前记录的特征之间的相似性的过程。比对的主要目的是识别与认证/验证。(7) 分类，即从个人的图像中提取特征，以便将个人分为一个或几个大类（例如年龄、性别、衣服的颜色等）。实现分类功能的人脸识别系统就不需要有记录的程序。Article 29 Data Protection Working Party (2012), Opinion 02/2012 on facial recognition in online and mobile services, 00727/12/EN, WP 192, Brussels, 22 March 2012, P. 2.

部图像中预测的一般特征是性别、年龄和种族出身。分类这一功能意味着人脸识别技术并不是用于识别或匹配个体，而是仅用于识别个体的特征，当然，如果从一张个人的脸部图像上可以推断出几个特征，并可能与其他数据（如位置数据）相关联，事实上也是可以识别特定的自然人的。①

根据互联网统计公司 Statist 的统计，截至 2014 年年底，美国有约 4000 万个摄像头，平均每 8 人拥有一个，而英国有 580 万个摄像头，平均每 11 人拥有一个。有的专家根据公开的数据推算，在中国的天网中，官方拥有的摄像头应当在 1 亿左右，即每 14 个中国人拥有一个摄像头②，中国人平均每天要暴露在各种摄像头下超过 500 次。③ 在机场、车站、地铁站、公共道路等公共场所上设置摄像头等图像采集设备和个人身份识别设备，可以收集包括人脸信息、行踪信息等在内的海量的个人信息，并对之进行加工、使用等。倘若这些个人信息被用于维护公共安全这一正当的目的，自然可以有效地发挥维护社会治安，提高通行效率，保障人民群众人身财产安全等积极作用。④ 但是，如果滥用人脸识别技术非法处理个人信息，或者将在公共场所设置的图像采集和个人身份识别设备所采集个人信息加以滥用，就会对个人的人身财产权益，乃至公共安全等造成严重的威胁或损害。

首先，人的脸部信息或多或少是唯一的、不可或难以更改的，一旦人脸信息这一生物识别信息被泄露或者非法买卖，则可能对自然人的人身财产权益造成严重的损害。其次，人们通常无法避免在公共场所被捕获和监测到他们的人脸信息，甚至很多时候自己的人脸信息是否被收集以及被谁收集都无法知悉，即所谓无感式的人脸识别（也称非接触式系统）。因此，在公共场所安装人脸识别设备并利用该技术处理个人信息，很容易对自然人就个人信息处理的知情权和控制权

① FRA，Facial recognition technology：fundamental rights considerations in the context of law enforcement，https：//fra. europa. eu/en/publication/2019/facial – recognition – technology – fundamental – rights – considerations – context – law.

② 涂子沛：《数文明》，中信出版集团 2018 年版，第 52 页。

③ 杨智杰：《人脸识别十字路口：脸的恐慌》，载《中国新闻周刊》，http：//www. inewsweek. cn/life/2019 – 10 – 21/7329. shtml。

④ 例如，媒体报道在歌星张学友在全国各地举办的演唱会上，公安机关利用人脸识别技术先后抓获 60 多名在逃犯罪嫌疑人。《张学友演唱会成抓逃神地，60 多名逃犯落网，人脸识别多次立功》，https：//www. 163. com/tech/article/E3UNFQES00098IEO. html。

产生侵害。最后，公共场所是人们从事日常生产生活所不可缺少的场域，在公共场所利用人脸识别技术处理个人信息会对社会公众形成普遍监控，破坏社会选择，侵害人格尊严和人格自由，同时也会产生种族歧视和侵害隐私权等其他后果。① 故此，一些国家立法禁止在公共场所实施人脸识别技术。例如，2019 年 5 月美国的旧金山市通过一项立法，禁止该市所有单位使用人脸识别技术，包括警察局等政府部门。旧金山也成为全球首个推出人脸识别禁令的城市。② 此后不久，美国马萨诸塞州的萨默维尔市（Somerville）的议会也投票禁止当地警方和市政部门使用面部识别软件，成为继旧金山市之后美国第二个禁止该技术的城市。③ 2021 年 4 月 21 日欧盟发布的《制定人工智能统一规则（人工智能法）并修订某些欧盟立法法案的草案》将人脸识别技术列为禁止使用的人工智能技术，该草案第 5 条（d）项规定，为执法目的而在公共场所采取实时远程生物特征识别系统应予禁止，除非完全出于以下情形之一而非常有必要这样做：（1）有针对性地寻找犯罪的特定潜在受害者，包括失踪儿童；（2）防止对自然人的生命或人身安全产生确定的、重大的和迫在眉睫的威胁或者防止恐怖袭击；（3）发现、定位、识别或起诉某些犯罪行为人或犯罪嫌疑人。④

近年来，我国人脸识别被滥用的情形也时有发生。例如，一些商场、物业公司、房地产公司出于各种目的随意安装人脸识别设备采集并处理客户或业主的脸部信息；⑤ 有些高校在建设所谓“智慧校园”“智慧课堂”的过程中，随意引入人脸识别采集师生的个人信息，不仅在校门、图书馆等安装了新的人脸识别门禁，教室内也装有用于考勤的人脸识别系统，对师生进行监控。⑥ 2019 年，杭州

---

① 2019 年 11 月，法国数据保护机构发布的人脸识别报告指出：“以最先进的方式使用人脸识别技术显然会对公共场所的匿名性构成威胁。无论是以实体的形式或者数据的形式，公共场所都是人们行使众多个人和公共自由权利的地方。这种匿名性受到法律保护，没有任何法律规定个人在公共场所活动时必须出示身份或被动的被识别身份。”中文译本载 https：//mp. weixin. qq. com/s/vvHZoyC1eEEUHEvf－ODk1w。

② https：//tech. sina. com. cn/d/i/2019－05－16/doc－ihvhiqax9033023. shtml.

③ https：//zhuanlan. zhihu. com/p/71703962.

④ https：//eur－lex. europa. eu/legal－content/EN/TXT/PDF/？uri＝CELEX：52021PC0206&from＝EN.

⑤《“突然变成刷脸才能进小区”：物业有权强制采集人脸信息吗?》，https：//finance. sina. com. cn/tech/2020－10－01/doc－iivhvpwy9904818. shtml。

⑥ 宋亦闲、姜晨、张昊悦：《中国药科大学启用“人脸识别”黑科技 师生出行更便捷》，http：//news. cpu. edu. cn/d5/4b/c253a120139/page. htm。

市发生了被称为“人脸识别第一案”的案件，该案被告杭州野生动物世界有限公司发布通知称，变更以往采取的指纹识别的入园方式，要求收集持有动物园年卡的用户的人脸信息，否则就不能入园。原告郭某遂提起诉讼，请求法院确认被告发布的告示和通知中的强制采集指纹和人脸识别内容应依法确认无效，同时要求被告赔偿损失。① 一审法院认为，合同当事人在办卡时签订的是采用指纹识别方式入园的服务合同，被告收集原告及其妻子的人脸识别信息，超出了必要原则的要求，不具有正当性。尽管被告在涉指纹识别的“年卡办理流程”中规定流程包含“至年卡中心拍照”，但其并未告知原告与其妻子拍照即已完成对人脸信息的收集及其收集目的，故此，原告与其妻子同意拍照的行为，不应视为对被告通过拍照方式收集两人人脸识别信息的同意。一审法院支持了原告要求被告删除收集的其个人的人脸识别信息的请求。二审法院认为：生物识别信息作为敏感的个人信息，深度体现自然人的生理和行为特征，具备较强的人格属性，一旦被泄露或者非法使用，可能导致个人受到歧视或者人身、财产安全受到不测危害，更应谨慎处理和严格保护。被告杭州野生动物世界有限公司欲利用收集的照片扩大信息处理范围，超出事前收集目的，表明其存在侵害郭某面部特征信息之人格利益的可能与危险，应当删除郭某办卡时提交的包括照片在内的面部特征信息。

由于人脸识别技术被滥用而引发的个人信息和隐私权保护问题，备受社会各界关注。在我国《个人信息保护法》的起草过程中，不少代表、专家都认为，应当加强对公共场所安装图像采集和个人身份识别设备采集个人信息尤其是人脸识别技术的规范，从而有效地保护个人信息权益。有鉴于此，《个人信息保护法》第 26 条对此作出了规定。此外，依据《个人信息保护法》第 62 条第 2 项的规定，国家网信部门统筹有关部门依据本法推进的个人信息保护工作中也包括针对“人脸识别、人工智能等新技术、新应用，制定专门的个人信息保护规则、标准”。2021 年 7 月 27 日，最高人民法院颁布了《关于审理使用人脸识别技术处理个人信息相关民事案件适用法律若干问题的规定》，这是我国首部对使用人脸识别技术处理个人信息相关民事案件的审理作出全面系统规范的司法解释，对于充

① “郭某诉杭州野生动物世界有限公司服务合同纠纷案”，浙江省杭州市富阳区人民法院（2019）浙 0111 民初 6971 号民事判决书。

分保护当事人合法权益，科学规范个人信息处理活动，积极促进数字经济健康发展，具有极为重要的作用。

二、公共场所安装图像采集和个人身份识别设备的要求

《个人信息保护法》第 26 条第 1 句规定：“在公共场所安装图像采集、个人身份识别设备，应当为维护公共安全所必需，遵守国家有关规定，并设置显著的提示标识。”从这一规定可知，在公共场所安装图像采集、个人身份识别设备的，必须符合以下条件。

（一）为维护公共安全所必需

原则上，公共场所不能安装图像采集、个人身份识别设备。因为这种做法不仅是对社会公众的监控，而且处理了不特定多数自然人的脸部特征、指纹等生物识别信息。生物识别信息属于敏感个人信息。只有在具有特定的目的和充分的必要性，并采取严格保护措施的情形下，个人信息处理者方可处理敏感个人信息（《个人信息保护法》第 28 条第 2 款）。只有为了维护公共安全，才具有处理敏感个人信息的特定目的，这样做也才具有充分的必要性。换句话说，如果不在公共场所安装图像采集、个人身份识别设备就无法维护公共安全，难以预防和制止恐怖袭击、暴力违法犯罪活动，那么才能在公共场所安装图像采集、个人身份识别设备。例如，我国《反恐怖主义法》第 27 条第 2 款明确规定：“地方各级人民政府应当根据需要，组织、督促有关建设单位在主要道路、交通枢纽、城市公共区域的重点部位，配备、安装公共安全视频图像信息系统等防范恐怖袭击的技防、物防设备、设施。”再如，为了保护广大未成年人的人身安全，《国务院办公厅关于加强中小学幼儿园安全风险防控体系建设的意见》（国办发〔2017〕35 号）明确要求“完善学校安全技术防范系统，在校园主要区域要安装视频图像采集装置，有条件的要安装周界报警装置和一键报警系统，做到公共区域无死角”。

实践中，一些宾馆、商场、银行、车站、机场、体育场馆、娱乐场所等经营场所、公共场所的经营者或管理者以及物业服务企业或者其他建筑物管理人，并非为维护公共安全所必需，甚至只是以人脸识别作为业主或者物业使用人出入物业服务区域的验证方式。依据《最高人民法院关于审理使用人脸识别技术处理个人信息相关民事案件适用法律若干问题的规定》，经营者或管理者、物业服务企业等违反法律、行政法规的规定使用人脸识别技术进行人脸验证、辨识或者分析

的行为构成侵害自然人的人格权益（第2条第1项、第10条）。此外，在物业服务企业等以人脸识别作为业主或者物业使用人出入物业服务区域的唯一验证方式之时，不同意的业主或者物业使用人请求其提供其他合理验证方式的，人民法院依法予以支持。

（二）遵守国家有关规定

所谓国家有关规定的含义非常广泛，既包括法律、行政法规、地方性法规，也包括部门规章、地方政府规章等，但不包括某些行政机关自行制定的红头文件或内部规定。目前，就公共场所安装图像采集、个人身份识别设备，除了前述《反恐怖主义法》的规定，缺乏相应法律法规的规定。[①] 2015年5月6日，国家发展改革委、中央综治办、科技部、工业和信息化部、公安部、财政部、人力资源和社会保障部、住房城乡建设部、交通运输部发布的《关于加强公共安全视频监控建设联网应用工作的若干意见》明确提出：到2020年，基本实现“全域覆盖、全网共享、全时可用、全程可控”的公共安全视频监控建设联网应用，在加强治安防控、优化交通出行、服务城市管理、创新社会治理等方面取得显著成效。其中，重点公共区域视频监控覆盖率达到100%，新建、改建高清摄像机比例达到100%；重点行业、领域的重要部位视频监控覆盖率达到100%，逐步增加高清摄像机的新建、改建数量；重点公共区域视频监控联网率达到100%；重点行业、领域涉及公共区域的视频图像资源联网率达到100%；重点公共区域安装的视频监控摄像机完好率达到98%；重点行业、领域安装的涉及公共区域的视频监控摄像机完好率达到95%，实现视频图像信息的全天候应用。目前，我国主要是一些地方政府颁布的部门规章对于公共安全图像信息系统的管理作出了规定。例如，2007年北京市人民政府颁布的《北京市公共安全图像信息系统管理办法》、2011年陕西省人民政府颁布的《陕西省公共安全图像信息系统管理办法》等。依据这些地方政府规章，需要安装图像信息采集系统的地方主要包括：第一，党政机关、国家机关所在地，广播电台、电视台，电信、邮政、金融、服务单位，博物馆、档案馆、重点文物保护单位，危险物品生产、销售、存放场所等

① 目前，深圳市人大常委会正在起草这方面的地方性立法，即《深圳经济特区公共安全视频图像信息系统管理条例（草案）》，载http：//www.szrd.gov.cn/rdyw/fgcayjzj/content/post_685359.html。

重要单位；第二，宾馆、饭店、商场、医院、学校、幼儿园、文化娱乐场所，举办体育赛事的场馆、场地，住宅区、停车场等人员聚集的公共场所；第三，重点道路、路段和主要交通路口，地下通道、过街天桥，机场、火车站、地铁和城铁车站，公共电汽车的重要交通枢纽等；第四，城市供排水、电力、燃气、热力设施，城市河湖及其他重要水务工程等重要城市基础设施；第五，国家法律、法规规定的其他地点和区域。至于宾馆、宿舍等私密场所，并非公共场所，不涉及公共安全，不得安装图像视频采集系统，否则会构成对他人隐私权等人身权益、财产权益甚至宪法权利的侵害。例如，《陕西省公共安全图像信息系统管理办法》第 8 条规定：下列场所和区域禁止安装视频监控设备：（1）旅馆客房；（2）集体和个人宿舍；（3）公共浴室、更衣室、卫生间、哺乳室等；（4）金融、保险、证券场所中可能泄露客户个人信息的操作区域；（5）选举箱、投票点等可以观察到个人意愿表达情况的区域；（6）其他涉及个人隐私的场所和区域。

就公共安全图像信息系统的组织、建设、管理等，依据上述地方政府的规定，一般是由（省）市人民政府有关部门和区、县人民政府负责本行业、本系统、本地区公共安全图像信息系统建设的组织实施，并协助做好公共安全图像信息系统使用、维护等方面的监督管理工作。（省）市和区、县公安机关负责公共安全图像信息系统建设、使用、维护的日常监督管理工作。如果是单位按照国家有关规定自建公共安全图像信息系统的，则应当符合政府的统一规划和要求，不得采集本单位范围以外的公共区域的图像信息。但是，交通道路、广场等公共场所公共安全图像信息系统的建设只能由政府负责，其他任何单位和个人不得在该区域设置公共安全图像信息系统。

（三）设置显著的提示标识

为了维护公共安全，依据国家有关规定，可以在公共场所设置图像采集、个人身份识别设备，利用此等设备处理个人信息，无须取得个人同意，事实上也无法取得个人同意。但是，为了保障个人对个人信息处理的知情权，处理者必须履行告知义务，尤其是公共场所设置的监控探头等设备可以在个人毫无感知的情形下收集其脸部信息、行踪轨迹等敏感个人信息，因此，更有必要予以告知。故此《个人信息保护法》第 26 条要求设置显著的提示标识。这就是说，首先，提示标识应当显著，清晰醒目，很容易让个人在进入个人信息被处理的区域前看到这个提示。其次，在该提示标识中，应当以清晰易懂的语言告知个人，其个人信息被处理，如告知个人已经进入摄像监控区域，并且还应当告知个人信息处理者的身份和联系方式，个人行使个人信息权益的方式和程序等相关事项。

三、收集的个人信息只能用于特定目的

在公共场所安装图像采集、个人身份识别设备的目的只能是维护公共安全所必需，依据目的限制原则，个人信息处理者对因此收集来的个人信息的其他处理活动也不能违反该目的，即必须是与维护公共安全这一目的直接相关的，并且要采取对个人权益影响最小的方式（《个人信息保护法》第6条第1款）。故此，《个人信息保护法》第26条第2句规定，所收集的个人图像、身份识别信息只能用于**维护公共安全**的目的，不得用于其他目的；取得个人单独同意的除外。实践中，曾出现一些人擅自公开通过公共场所安装的图像采集设备而拍摄的视频，据此进行控告或举报，或者将非法获取的视频作为诉讼中的证据。无论出于何种目的，此种未经个人单独同意而公开或取得个人信息的行为显然是违法行为，应当承担侵害个人信息或隐私权的侵权责任。同时，泄露个人信息的处理者和其他单位也需要承担法律责任。例如，在一个案件中，傅某某与他人共同入住A宾馆。后傅某某的丈夫汪某某发现傅某某与他人关系暧昧后，前往该宾馆获取了傅某某与他人入住时的监控视频，并于2013年9月向法院提起离婚诉讼。傅某某认为，其丈夫从A宾馆获取其开房视频，侵害了其隐私权。法院认为，A宾馆作为特种行业经营者，不得删改、传播、非法使用视频监控录像资料，不得透露相关个人信息。在本案中，A宾馆掌握并控制傅某某入住时的相关视频资料，傅某某虽无直接证据证明A宾馆将视频资料交给其丈夫汪某某，但汪某某事实上获取了傅某某的相关视频，且视频并非通过翻拍取得，对此后果，A宾馆存在过错，依法应承担相应的法律责任。①

◆ 相关规定

《反恐怖主义法》第27条；《最高人民法院关于审理使用人脸识别技术处理

---

① “傅某某诉盐城市某酒店管理有限公司隐私权案”，江苏省盐城市中级人民法院（2016）苏09民终1159号民事判决书。

个人信息相关民事案件适用法律若干问题的规定》第1—13条；《关于加强公共安全视频监控建设联网应用工作的若干意见》

第二十七条 【处理已经公开的个人信息】

个人信息处理者可以在合理的范围内处理个人自行公开或者其他已经合法公开的个人信息；个人明确拒绝的除外。个人信息处理者处理已公开的个人信息，对个人权益有重大影响的，应当依照本法规定取得个人同意。

◆ 条文要旨

本条是对处理已经公开的个人信息的规定。

◆ 理解与适用

一、规范目的

对于已经合法公开的个人信息，无论是自然人自行公开的还是其他已经合法公开的个人信息，原则上是无须告知并取得自然人的同意即可以进行合理处理的，因为这有利于促进信息的流动与利用，推动网络信息科技与数字经济的发展。《民法典》第1036条第2项规定，合理处理该自然人自行公开的或者其他已经合法公开的信息的，行为人不承担民事责任，除非该自然人明确拒绝或者处理该信息侵害其重大利益。①《个人信息保护法》第13条第6项也规定，“依照本法规定在合理的范围内处理个人自行公开或者其他已经合法公开的个人信息”，不需取得个人同意。这就是说，对于已经合法公开的个人信息，行为人原则上无须告知该自然人，也无须取得其同意，就可以进行处理，只要这种处理是合理的并且该自然人没有明确拒绝或者处理该信息没有侵害其重大利益。申言之，一方面，即便是已经合法公开的个人信息依然受到《个人信息保护法》的保护，自然

① 该规定来自《最高人民法院关于审理利用信息网络侵害人身权益民事纠纷案件适用法律若干问题的规定》原第12条（该条已被废止）。

人对这些个人信息并不因其公开而完全失去控制的权利，其有权拒绝他人对这些信息进行处理。另一方面，由于个人信息的保护对于维护自然人的人格尊严和人格自由具有很重要的意义，所以即便是已经合法公开的个人信息，也不得任意进行处理，如果处理该信息将侵害自然人的重大利益的，也要承担民事责任。

二、公开的个人信息的含义与类型

公开的个人信息，是指已经处于明显公开（making public）状态的个人信息，如自然人在大众媒体上公开披露的个人信息。对于公开的个人信息，《民法典》第 1036 条第 2 项采取的表述是“该自然人自行公开的或者其他已经合法公开的信息”。这就是说，《民法典》中规定的“公开的个人信息”分为两类：自然人自行公开的个人信息与其他已经合法公开的信息。《个人信息保护法》起草过程中曾对于是否继续采取《民法典》这一表述方式，存在争议。有观点认为，考虑到实践中很难判断已经公开的个人信息究竟是合法公开的还是不合法公开的个人信息，如果《个人信息保护法》规定必须是合法公开的个人信息，那么容易导致个人要求个人信息处理者证明其处理的公开的个人信息属于合法公开的个人信息，但是个人信息处理者实际上是难以证明的。故此，《个人信息保护法》不应当采取《民法典》的表述。《草案二审稿》采取了这一观点，其第 13 条第 1 款第 5 项和第 28 条都只使用了“已公开的个人信息”的表述。不过，《个人信息保护法》最终还是和《民法典》保持了一致，使用了“个人自行公开或者其他已经合法公开的个人信息”的表述。事实上，如果自然人能够举证证明处理者所处理的所谓的公开个人信息是因他人泄露或非法公开的个人信息，显然，即便该个人信息客观上确实处于公开的状态，个人信息处理者也不得适用《个人信息保护法》第 27 条的规定而予以处理。故此，《个人信息保护法》与《民法典》保持一致是非常妥当的。

（一）自然人自行公开的个人信息

自然人是个人信息的主体，享有个人信息权益，其在不违反法律、行政法规的强制性规定和公序良俗的原则的情况下，当然可以自行公开其个人信息。所谓自行公开，是指自然人依据自己的意愿，通过自主行为而公开或披露个人信息，也就是说，自然人主观上认识到行为的后果并通过积极的行为而将其个人信息向外界披露。例如，某教授为了学术交流和联系的方便，将自己的办公室电话、电子邮箱和通信地址等信息在个人学术网页上加以公开，从而使得这些个人信息进入了公共领域，任何不特定的人均可以获得。这就是自行公开个人信息。如果一个人只是在小范围内（如一个只有十几人的聊天群）发布了一些个人信息，这并不意味其自行公开个人信息，他只是将个人信息向特定的一些人公开。如果有人将这些个人信息发布给其他人，其行为仍然构成对个人信息权益的侵害。

（二）其他已经合法公开的个人信息

其他已经合法公开的个人信息是指处理个人自行公开的个人信息之外的其他已经合法公开的个人信息，这就是说，首先该个人信息已经处于公开的状态，其次该个人信息是合法公开的。具体而言，合法公开的个人信息主要包括以下三类：

1. 依据行政机关的行政行为而强制公开的个人信息，即因政府机关履行法定职责时公开的个人信息。例如，《证券法》第78条规定："发行人及法律、行政法规和国务院证券监督管理机构规定的其他信息披露义务人，应当及时依法履行信息披露义务。信息披露义务人披露的信息，应当真实、准确、完整，简明清晰，通俗易懂，不得有虚假记载、误导性陈述或者重大遗漏。证券同时在境内境外公开发行、交易的，其信息披露义务人在境外披露的信息，应当在境内同时披露。"这就是证券市场的强制信息披露制度，依据这一规定，在披露的信息中就包括个人信息，如董事、监事、高级管理人员的任职情况、持股变动情况、年度报酬情况等。这就是依法强制公开的个人信息。再如，《政府信息公开条例》第15条规定："涉及商业秘密、个人隐私等公开会对第三方合法权益造成损害的政府信息，行政机关不得公开。但是，第三方同意公开或者行政机关认为不公开会对公共利益造成重大影响的，予以公开。"《企业信息公示暂行条例》规定，企业通过企业信用信息公示系统向市场监督管理部门报送上一年度年度报告，并向社会公示。企业的年度报告中涉及个人信息的内容如"企业为有限责任公司或者股份有限公司的，其股东或者发起人认缴和实缴的出资额、出资时间、出资方式等信息""有限责任公司股东股权转让等股权变更信息"等，虽然属于个人信息，但是依法应当作为企业的信用信息加以公开。

2. 依据司法行为而公开的个人信息，这主要是指人民法院依法公开裁判文书中涉及的个人信息。依据《最高人民法院关于人民法院在互联网公布裁判文书的规定》，人民法院作出的裁判文书除涉及国家秘密、未成年人犯罪等不应公开的情形外，都应当在互联网上公开。人民法院在互联网公布裁判文书时，应当删除“自然人的家庭住址、通讯方式、身份证号码、银行账号、健康状况、车牌号码、动产或不动产权属证书编号等个人信息”“家事、人格权益等纠纷中涉及个人隐私的信息”等信息，但是，有些个人信息仍然应当在裁判文书中保留。《最高人民法院关于人民法院在互联网公布裁判文书的规定》第11条第1项规定，人民法院在互联网公布裁判文书，“除根据本规定第八条进行隐名处理的以外，当事人及其法定代理人是自然人的，保留姓名、出生日期、性别、住所地所属县、区”。例如，在“梁某冰与北京汇法正信科技有限公司网络侵权责任纠纷案”中，原告以被告转载的法院裁判文书中包含其姓名、性别及相关民事纠纷等个人信息，构成对其个人信息权益的侵害为由提起诉讼。法院认为，裁判文书中包含的前述信息属于个人信息，但是，作为被告的“企业使用的裁判文书信息来源于权威司法机构的公开，而并非个人的授权。由于裁判文书承载个人信息，在同一信息载体上出现了利益主体的竞合，汇法正信公司企业在再度利用裁判文书等司法数据时，不可避免地会再现梁某冰的个人信息。如果经司法公开的数据，社会其他主体不得再度转载、利用，一方面将损害司法公开制度，损害公众因该制度所受保护的知情权、监督权等公共利益；另一方面将使得上述数据被司法机关独家垄断，与司法数据公有、共享的理念不符，故其他数据利用主体可对司法公开的数据，在一定条件下进行再度利用”。①

3. 个人信息处理者取得个人单独同意后所公开的其处理的个人信息。《个人信息保护法》第25条规定：“个人信息处理者不得公开其处理的个人信息，取得个人单独同意的除外。”例如，A单位在评选某荣誉时，就申报该荣誉的人是否愿意公开其个人信息而逐一取得同意后，将申报者的个人信息在评选网站上加以公开。

三、对公开的个人信息的处理规则

虽然对已公开的个人信息的处理不需要取得个人的同意，但是，处理者的处理行为必须是合理的（《民法典》第1036条第2项），同时，对已经公开的个人信息的处理必须遵守《个人信息保护法》所规定的合法、正当、必要、目的限制等原

---

① 北京市第四中级人民法院（2021）京04民终71号民事判决书。

则的要求。《个人信息保护法》第27条第1句规定，个人信息处理者可以在**“合理的范围内”**处理应公开的个人信息，问题是如何确定合理的范围。对此，《草案二审稿》第28条曾作出了较为详细的规定：“个人信息处理者处理已公开的个人信息，应当符合该个人信息被公开时的用途。超出与该用途相关的合理范围的，应当依照本法规定取得个人同意。个人信息被公开时的用途不明确的，个人信息处理者应当合理、谨慎地处理已公开的个人信息。利用已公开的个人信息从事对个人有重大影响的活动，应当依照本法规定取得个人同意。”不过，在草案审议中，有观点认为，这种规定和《民法典》第1036条第2项的规定不一致，[①] 故此，《个人信息保护法》第27条最后保持了和《民法典》第1036条第2项相同的规定。

本书认为，《草案二审稿》第28条恰恰解决了《民法典》第1036条第2项中“合理的范围内”的认定问题，具有重要的意义。虽然最终《个人信息保护法》没有采取这一条文，但是，今后在解释《民法典》第1036条第2项以及《个人信息保护法》第27条中的“合理的范围内”时，仍然可以借鉴《草案二审稿》第28条所提出的判断标准。

（一）个人信息公开时有明确用途的

个人信息处理者处理已公开的个人信息，应当符合该个人信息被公开时的用途。在个人信息有明确的用途时，这一用途就限定了任何个人信息处理者对公开的个人信息的处理目的和处理方式，即不得超越该明确的用途而处理个人信息，否则就是不合理的范围。如果要超越该用途处理公开的个人信息的，处理者必须重新取得个人的同意。

所谓个人信息被公开时的用途，是指合法公开个人信息的主体在公开时就明确限定了该等个人信息可做何用。这种明确的用途可能是公开者明示加以确定的，也可能是合理的人以该个人信息公开的方式等事实就可以确定其用途。具体而言，如果是个人自行公开的个人信息，那么作为信息主体的个人在公开信息时如果明示了公开的目的或者从公开时的具体因素可以判断出其公开的用途。例如，A教授在学院网站上的个人主页上，提及“欢迎同行进行学术交流、联系课

① 《全国人民代表大会宪法和法律委员会关于〈中华人民共和国个人信息保护法（草案）〉审议结果的报告》。

题合作事宜”，随后公开了其联系电话、电子邮箱等个人信息。应当认为，这就是明确的公开的用途。如果是个人信息处理者取得个人的单独同意而公开其处理的个人信息，那么在取得个人同意前，该处理者必须告知公开个人信息的用途即处理目的，故此，该处理目的就是个人信息被公开时的用途。

此外，依据行政行为或法院的裁判文书而公开个人信息，也有其相应的法律法规等规定所确定的用途。例如，最高人民法院的中国裁判文书网（https：//wenshu. court. gov. cn/）在所发布的裁判文书下方均有一段《公告》，内容为：“一、本裁判文书库公布的裁判文书由相关法院录入和审核，并依据法律与审判公开的原则予以公开。若有关当事人对相关信息内容有异议的，可向公布法院书面申请更正或者下镜。二、本裁判文书库提供的信息仅供查询人参考，内容以正式文本为准。非法使用裁判文书库信息给他人造成损害的，由非法使用人承担法律责任。三、本裁判文书库信息查询免费，严禁任何单位和个人利用本裁判文书库信息牟取非法利益。四、未经允许，任何商业性网站不得建立本裁判文书库的镜像（包括全部和局部镜像）。五、根据有关法律规定，相关法院依法定程序撤回在本网站公开的裁判文书的，其余网站有义务免费及时撤回相应文书。”应当说，这一《公告》明确了裁判文书包括因此而公开的个人信息的用途，即不得用于**牟取非法利益**。在一起侵害个人信息权益纠纷案件中，被告贝尔塔公司系启信宝网站（http：//www. qixin. com）的主办单位。该网站主要提供商业查询服务，公众通过该网站可以查询企业工商登记、涉讼裁判文书等信息。2017 年被告贝尔塔公司将中国裁判文书网上发布的（2013）闵民一（民）初字第 19030 号民事判决书、（2017）京 03 民终 13693 号民事判决书、（2017）京 0102 民初 11779 号民事裁定书三篇裁判文书和人民法院公告网上公开发布的（2017）京 0102 民初 22125 号案件一篇法院送达判决的公告文书，转载至启信宝网站，任何人均可在该网站上搜索、查询到上述文书。原告伊某系上述文书的案件当事人，上述法律文书分别记述了伊某涉及的四起纠纷情况。贝尔塔公司转载上述文书时，未获得中国裁判文书网和人民法院公告网主办单位的授权，亦未征询伊某的意见。伊某向法院起诉要求被告贝尔塔公司承担侵权责任，删除上述法律文书并赔偿损失、赔礼道歉。二审法院认为，被告转载裁判文书的行为并未侵害原告的个人信息权益，因为“涉案文书已在互联网上合法公开，贝尔塔公司基于公开的渠道收集后在其合法经营范围内向客户提供、公开相关法律文书，属于对已合法公开信息的合理使用。虽贝尔塔公司转载并再次公开裁判文书及公告文书具有吸引潜在客户加入其注册会员之意图，具有实质盈利的目的，但盈利并不等同于谋取非法利益，也不属《民法总则》第一百一十一条规定的非法使用、提供或公开他人个人信息的行为，故贝尔塔公司最初转载并公开之行为，应认定为并不构成侵权”。① 显然，法院在该案中主要审查了被告使用裁判文书的目的是否为谋取非法利益，因为裁判文书网公开时明确了不能用于谋取非法利益，故此，只要不是谋取非法利益，就没有违反个人信息公开时的用途，也就属于在合理的范围内处理个人信息。当然，如果某一天最高人民法院将裁判文书下方的《公告》中裁判文书的用途明确限定为“裁判文书公开，只能用于案例研究与法律监督，不得用于任何商业目的，不得谋取非法利益”。那么，这些商业查询公司就不能转载裁判文书网上的裁判文书，因为他们是为了商业目的而使用这些裁判文书，违反了裁判文书公开时的明确的用途，违反了《个人信息保护法》第 27 条和《民法典》第 1036 条第 2 项的“合理范围”。

（二）个人信息公开时的用途不明确的

如果个人信息被公开时的用途不明确的，那么个人信息处理者应当合理、谨慎地处理已公开的个人信息。所谓“合理、谨慎”地处理是基于个人信息处理中的正当原则和目的限制原则提出的要求，具体而言，一方面，个人信息处理者在处理已公开的个人信息时，应当具有明确、合理的目的，不能为了不合理甚至是非法的目的而处理。另一方面，谨慎地处理体现在处理者应当认真权衡个人信息权益保护与个人信息合理利用的关系，处理者应当在实现其合理的处理目的的最小范围内采取对个人权益影响最小的方式，不能进行与处理目的无关的个人信息处理。

（三）只要对个人权益有重大影响就必须取得个人同意

如果处理者利用已公开的个人信息从事对个人权益有重大影响的活动，无论该处理活动是否在合理的范围内，依据《民法典》第 1036 条第 2 项和《个人信息保护法》第 27 条第 2 句，都应当依照《个人信息保护法》的规定取得个人同意。这就是说，即便处理者处理已公开的个人信息符合该个人信息被公开时的用

---

① 江苏省苏州市中级人民法院（2019）苏 05 民终 4745 号民事判决书。

途或者在个人信息被公开时用途不明确的，处理者采取了合理谨慎的处理方式，处理者只要利用已公开的个人信息从事了对个人权益有重大影响的活动，都应当依照《个人信息保护法》的规定取得个人同意。具体而言：首先，所谓对个人权益有重大影响包括对个人的人身权益、财产权益，以及人格尊严、人格自由等合法权益存在重大的影响。这种影响可能是已经造成了损害，如导致人身伤亡或者名誉权、隐私权等被损害，也可能是存在侵害的危险等。其次，个人信息处理者应当依照《个人信息保护法》的规定取得个人同意。这就是说，一方面，如果依据《个人信息保护法》的规定，无论处理何种个人信息，都不需要取得个人同意的，自然处理已公开的个人信息也不需要取得同意。例如，依据《个人信息保护法》第 13 条第 1 款第 2—7 项的规定。另一方面，所谓依照本法取得个人同意意味着必须遵循《个人信息保护法》关于告知并取得个人同意的相关规则。

（四）只要个人明确拒绝的就不得处理

依据《民法典》第 1036 条第 2 项和《个人信息保护法》第 27 条第 1 句的规定，虽然处理已公开的个人信息无须取得个人的同意，但是，只要个人明确拒绝的，个人信息处理者就不得处理，即便此种处理是在合理的范围内。如果处理者在个人明确表示反对的情况下，仍然处理的，构成侵害个人信息权益，应当依法承担民事责任。

所谓个人明确拒绝，是指个人向个人信息处理者明确表示了不允许或禁止其处理自己已经合法公开的个人信息，这种拒绝的意思表示可以是通过个人信息处理者所建立的个人行使权利的机制而发出的，也可以是直接通过向法院提起诉讼要求删除相关个人信息而发出的。但是，必须指出的是，个人明确拒绝后处理者不得处理已公开的个人信息的情形，不适用于《个人信息保护法》第 13 条第 1 款第 2—7 项规定的情形，也就是说，处理者在处理已经合法公开的个人信息时是不需要取得个人的同意的，但是个人可以明确拒绝。如果处理者本来就不是基于个人同意而处理个人信息的，那么个人明确拒绝，也不会影响个人信息处理行为的合法性。

◆ 相关规定

《民法典》第 1036 条；《证券法》第 78 条；《政府信息公开条例》第 15 条；《最高人民法院关于人民法院在互联网公布裁判文书的规定》第 11 条

第二节 敏感个人信息的处理规则

第二十八条 【敏感个人信息的含义与处理的特别要求】

敏感个人信息是一旦泄露或者非法使用，容易导致自然人的人格尊严受到侵害或者人身、财产安全受到危害的个人信息，包括生物识别、宗教信仰、特定身份、医疗健康、金融账户、行踪轨迹等信息，以及不满十四周岁未成年人的个人信息。

只有在具有特定的目的和充分的必要性，并采取严格保护措施的情形下，个人信息处理者方可处理敏感个人信息。

◆ 条文要旨

本条是对敏感个人信息的界定以及处理敏感个人信息的特别要求。

◆ 理解与适用

一、敏感个人信息的含义

敏感个人信息（personal sensitive information），也被称为**“特殊的个人信息”**。何为敏感个人信息，比较法有不同的界定。欧洲理事会《关于个人数据自动化处理的个人保护公约》（即108号公约）第6条规定的特殊类型的个人数据即敏感个人信息包括：基因数据；与违法行为、刑事诉讼和定罪以及相关的安全措施有关的个人数据；唯一识别个人的生物特征数据；揭示与种族或族裔出身、政见、工会会员、宗教或其他信仰、健康或性生活有关信息的个人数据。欧盟《一般数据保护条例》第9条第1款规定的特殊类型的个人数据包括：揭示种族或者民族出身，政治观点、宗教或者哲学信仰，工会成员的个人数据，以及以唯一识别自然人为目的的基因数据、生物特征数据，健康数据，自然人的性生活或者性取向的数据。巴西《通用数据保护法》第5条将个人敏感数据规定为“关于种族或族裔、宗教信仰、政治观点、工会或宗教、哲学或政治组织成员身份的个人数据，与自然人有关的健康、基因或生物数据”。日本将敏感的个人信息称为“需注意的个人信息”，日本《个人信息保护法》第2条第3款规定：“本法所称的‘需注意的个人信息’是指，含有政令规定的、为避免发生针对本人的人种、信条、社会身份、病历、犯罪经历、因犯罪而被害的事实及其他方面的不当歧视、偏见以及其他不利益而需要在处理上予以特别注意的记述等之个人信息。”韩国《个人信息保护法》第23条将敏感的个人信息界定为“思想与信念，工会组织和政党的加入与退出，政治性见解，健康，性生活等相关的信息，以及除此之外可能会明显侵害信息主体私生活的由总统令规定的信息”。① 总的来看，国外的敏感个人信息或特殊类型个人数据主要是从该数据或信息一旦被非法处理容易危及或损害个人的基本权利和自由、人格尊严的角度来认定的。

我国《民法典》《网络安全法》等法律、行政法规虽然界定了个人信息的含义，但并未区分敏感与非敏感的个人信息，《征信业管理条例》第14条规定：“禁止征信机构采集个人的宗教信仰、基因、指纹、血型、疾病和病史信息以及法律、行政法规规定禁止采集的其他个人信息。”该条所列举的实际上就是敏感的个人信息。此外，一些部门规章和标准文件中明确区分了敏感的与非敏感的个人信息。例如，2012年11月5日国家质量监督检验检疫总局、国家标准化管理委员会发布的《信息安全技术 公共及商用服务信息系统个人信息保护指南》（GB/Z 28828—2012）第3.7条将敏感的个人信息界定为“一旦遭到泄露或修改，会对标识的个人信息主体造成不良影响的个人信息。各行业个人敏感信息的具体内容根据接受服务的个人信息主体意愿和各自业务特点确定。例如个人敏感信息可以包括身份证号码、手机号码、种族、政治观点、宗教信仰、基因、指纹等”。2020年修订的国家推荐性标准《信息安全技术个人信息安全规范》（GB/T 35273—2020）第3.2条将个人敏感信息界定为：“一旦泄露、非法提供或滥用可能危害人身和财产安全，极易导致个人名誉、身心健康受到损害或歧视性待遇等的个人信息”，具体包括：身份证件号码、个人生物识别信息、银行账户、通信记录和内容、财产信息、征信信息、行踪轨迹、住宿信息、健康生理信息、

---

① 类似的规定还有韩国《个人信息保护法》第23条、我国台湾地区“个人资料保护法”第6条等。

交易信息、14岁以下儿童的个人信息等。2021年3月15日国家市场监督管理总局颁布的《网络交易监督管理办法》第13条第2款规定:“网络交易经营者不得采用一次概括授权、默认授权、与其他授权捆绑、停止安装使用等方式,强迫或者变相强迫消费者同意收集、使用与经营活动无直接关系的信息。收集、使用个人生物特征、医疗健康、金融账户、个人行踪等敏感信息的,应当逐项取得消费者同意。”

我国《个人信息保护法》首次在法律上明确采取了敏感个人信息与非敏感个人信息的分类,第28条第1款将敏感个人信息界定为:“一旦泄露或者非法使用,容易导致自然人的人格尊严受到侵害或者人身、财产安全受到危害的个人信息,包括生物识别、宗教信仰、特定身份、医疗健康、金融账户、行踪轨迹等信息,以及不满十四周岁未成年人的个人信息。”从这一规定可以看出,我国《个人信息保护法》对敏感个人信息采取了概括加列举的定义方式。

(一)敏感个人信息的核心特征

《个人信息保护法》第28条第1款概括了敏感的个人信息中最核心的特点——**“敏感性”**,即“一旦泄露或者非法使用,容易导致自然人的人格尊严受到侵害或者人身、财产安全受到危害”。由此可见,敏感个人信息中的敏感就是指造成侵害或危害后果上的容易性。这种侵害或危害后果包括两类:一是人格尊严受到侵害。《宪法》第38条规定:“中华人民共和国公民的人格尊严不受侵犯。禁止用任何方法对公民进行侮辱、诽谤和诬告陷害。”《民法典》第109条规定:“自然人的人身自由、人格尊严受法律保护。”第990条第2款规定:“除前款规定的人格权外,自然人享有基于人身自由、人格尊严产生的其他人格权益。”敏感个人信息一旦泄露或非法使用容易导致自然人的人格尊严受到侵害,如泄露个人的种族、民族、政治观点、疾病等个人信息或者非法使用这些个人信息,就会使个人遭受歧视,受到不公正的对待,这就是对人格尊严的侵害。二是自然人的人身、财产安全受到危害,即自然人的生命权、身体权、健康权等人身权益或者自然人的财产权益等遭受了侵害或者有被侵害的风险,例如个人的行踪轨迹泄露,被犯罪分子知悉而导致受害人被杀害;泄露银行账户信息导致银行的资金被窃取等。从前述比较法上对敏感个人信息的界定来看,并没有将一旦被泄露或非法使用将对自然人的人身财产安全造成危害的信息作为敏感个人信息。但是,在我国广大人民群众的观念中，行踪轨迹和金融账户这些个人信息关涉个人的人身财产安全，当然属于敏感的个人信息。事实上，一直以来个人信息保护之所以备受我国社会的普遍关注，就是因为金融账户等个人信息泄露导致各种诈骗横行，给人民群众造成了巨大的财产损失。故此，我国《个人信息保护法》立足于我国国情拓宽了敏感个人信息的范围。

（二）典型的敏感个人信息

《个人信息保护法》第 28 条第 1 款列举了典型的敏感个人信息，包括生物识别、宗教信仰、特定身份、医疗健康、金融账户、行踪轨迹等信息，以及不满十四周岁未成年人的个人信息。

1. 生物识别信息

生物识别信息，也称“个人生物特征”“个人生物识别信息”。《民法典》第 1034 条第 2 款使用的是“生物识别信息”的表述，《网络安全法》第 76 条第 5 项称为“个人生物识别信息”，《反恐怖主义法》第 50 条称为“人体生物识别信息”。《个人信息保护法》采取了和《民法典》一致的表述，称为“生物识别信息”。所谓生物识别信息，是指关于自然人的身体、生理或行为特征的信息，① 包括人脸、指纹、声纹、掌纹、基因、虹膜、耳廓等信息。②

个人的生物特征信息是与特定的自然人唯一对应的，并且难以或无法改变的，数据化的个人生物特征可以被永久性的使用。生物识别信息既可以看作关于某个自然人的个人信息的内容，也可以看作一个信息与该自然人的关联，例如，张三的指纹这一生物识别信息既可以说是张三的指纹，也可以说与张三有关（如张三曾触摸过某物品而在其上留下了指纹）。因此，生物识别信息可以作为身份识别指标，用于识别特定的自然人。特别是随着人脸识别等生物识别技术的发展，个人生物特征这一信息可以很容易地获取并被用于验证、识别和分析特定的

① 欧盟《一般数据保护条例》称之为“生物识别数据”（biometric data），其第 9 条第 14 款将之界定为“通过对自然人的身体、生理或行为特征进行特定的技术处理得到的个人数据，构成了识别该自然人的独特标识，比如人脸图像或指纹识别数据”。第 29 条工作组将“生物数据”界定为：“生物特性、行为方面、生理特征、生活特征或可重复的行为，这些特征和/或行为对该个体来说是独特且可测量的，即使在实践中用技术测量它们的模式有一定程度的概率。”

② 《最高人民法院关于审理使用人脸识别技术处理个人信息相关民事案件适用法律若干问题的规定》第 1 条第 3 款规定，本规定所称人脸信息属于《民法典》第 1034 条规定的“生物识别信息”。

自然人，从而形成对个人的全面监控（边沁所谓的“圆形监狱”），侵害人格尊严、损害人格自由、隐私权，对个人的人身权益、财产权益造成损害。故此，个人生物特征属于敏感的个人信息。

2. 宗教信仰信息

知道这个世界如何运转，是一个科学问题，而了解这个世界为何存在却是一个信仰问题。人们在宗教信仰上存在很大的差异，世界上有各种各样的宗教，人们信仰这种或那种宗教，也有人不信仰任何宗教。例如，在美国，将近70%的人认为宗教在他们的生活中非常重要，有80%的成年人认可特定的宗教传统。超过50%的人自认为是基督教徒，25%的人自认为是天主教徒，大约1.5%的人自认为是犹太教徒。①

所谓宗教信仰信息，就是指一个人是否信仰宗教以及信仰何种宗教、信仰的程度等信息。宗教信仰信息属于敏感信息，对此类信息的泄露或非法使用容易引起宗教上的仇视、对个人的偏见和不公正的对待，尤其是在那些有着宗教不宽容历史的国家或地区。我国《宪法》第36条第1款、第2款明确规定，中华人民共和国公民有宗教信仰自由。作为一项基本权利，宗教信仰自由意味着，任何国家机关、社会团体和个人不得强制公民信仰宗教或者不信仰宗教，不得歧视信仰宗教的公民和不信仰宗教的公民。为了更好地维护宗教信仰自由，《个人信息保护法》明确将宗教信仰信息作为敏感的个人信息加以保护。

3. 特定身份信息

所谓特定身份信息的含义非常广泛，是指自然人基于生物或社会构建而产生的某种身份信息，最典型的特定身份信息包括：民族、种族、工会成员、政党成员、性别身份、犯罪分子身份等信息。当然，并非特定身份信息都属于敏感的个人信息，而需要分别加以考察。以民族和种族而言，应当认为属于敏感个人信息。所谓“民族”（ethnictiy）是指共享某一文化的传统的群体。种族（race）是指社会建构的某类人群，他们共同拥有被社会成员认为是重要的生物遗传特质，人们

① ［美］约翰·J. 麦休尼斯：《社会学经典入门》，风笑天等译，中国人民大学出版社2019年版，第365页。

可以根据肤色、面部特征、头发构造以及外形等身体特征来划分彼此的种族。①种族是基于生物特征而建构的，而民族是基于文化特征而建构的。种族和民族之所以作为敏感的个人信息，是因为现代社会中各种有形、无形的种族歧视、民族歧视及由此产生的制度性偏见与歧视仍然存在，至于种族隔离、种族灭绝等暴行也并未在世界范围内完全消除。② 故此，民族、种族这两类个人信息属于敏感的个人信息。我国法律禁止任何民族和种族方面的歧视，《宪法》第4条第1款规定："中华人民共和国各民族一律平等。国家保障各少数民族的合法的权利和利益，维护和发展各民族的平等团结互助和谐关系。禁止对任何民族的歧视和压迫，禁止破坏民族团结和制造民族分裂的行为。"为了有效地预防民族和种族歧视以及由此产生的仇恨犯罪，民族和种族应当作为特定身份信息纳入敏感个人信息，受到更严格的保护。

4. 医疗健康信息

所谓医疗健康信息，即个人的医疗信息与健康信息③，包括自然人罹患的各种疾病（如艾滋病、癌症、精神疾病）、身体健康状况、心理状况、家族病史、正在接受的医疗措施（如服用药物的名称和剂量等）、过敏史等信息。这些信息往往被各种医院、美容机构、医疗保险公司等组织所收集，表现为住院日志、医嘱单、检验报告、手术及麻醉记录、病理资料、护理记录等病历资料。随着大数

① ［美］约翰·J. 麦休尼斯：《社会学经典入门》，风笑天等译，中国人民大学出版社2019年版，第279页、第281页。

② 例如，自2020年新冠肺炎疫情暴发以来，美国社会频繁发生袭击亚裔人群的暴力事件。为此，美国国会不得不通过专门的《反新冠仇恨犯罪法》。2021年5月20日，美国总统拜登正式签署了该项旨在打击新冠肺炎疫情下反亚裔仇恨犯罪的法案，以遏制在新冠肺炎疫情期间出现的针对亚裔的仇恨犯罪和暴力激增的情况。拜登在法案签字仪式上表示，一年多来，太多亚裔美国人遭遇新冠肺炎疫情和仇恨的双重打击，生活在恐惧与担忧中。面对仇恨犯罪，沉默也是共谋。他呼吁民众团结起来，反对仇恨犯罪和种族主义。《拜登签署打击反亚裔仇恨犯罪法案》，载新华网，http://www.xinhuanet.com/world/2021-05/21/c_1127471875.htm。

③ 欧盟《一般数据保护条例》导言部分第35条认为，有关健康的个人数据应当包括所有与该数据主体健康状况有关的数据，包括反映个人以往的、现在的以及以后的身体或心理健康状况的数据信息。该等信息包括欧洲议会及委员会指令2011/24/EU中提到的在进行医保服务注册或提供服务时收集的个人数据；基于健康服务目的，分配给一个自然人用于识别其身份的编号、符号或特定信息；由于进行身体检查而获取的数据信息，包括从基因数据和生物样本中获得的数据信息；以及例如基于数据主体的疾病、残疾、疾病风险、用药史、临床治疗或者心理或生理状态等方面获取的数据信息，不论该信息的来源，例如通过医生或其他健康专家、医院、医疗设备或者体外诊断检查获取的数据。

据和人工智能技术的发展，医疗健康成为人工智能最热的投资领域，其主要的五个应用领域即医疗机器人、智能药物研发、智能诊疗、智能医学影响和智能健康管理，都涉及利用大数据对个人的医疗健康信息的处理活动。例如，在智能健康管理中的虚拟护士，就是通过收集病人的饮食习惯、锻炼周期、服药习惯等个人生活习惯信息，运用人工智能技术进行数据分析并评估病人的整体状态，协助规划日常生活。① 医疗健康信息涉及一个人的身心健康，此类信息一旦泄露或非法使用，极容易对个人的人格尊严和生命健康造成损害，故此，属于敏感的个人信息。此外，医疗健康也具有极强的私密性，属于私密信息，受到隐私权的保护。我国《民法典》就医疗机构对患者的医疗健康信息的保密义务作出了规定，即第1226条规定："医疗机构及其医务人员应当对患者的隐私和个人信息保密。泄露患者的隐私和个人信息，或者未经患者同意公开其病历资料的，应当承担侵权责任。"

5. 金融账户信息

金融账户信息，也称个人金融信息②，即个人在银行、证券公司等金融机构开设的账户相关信息，包括账户名、账号、支付密码、网银密码、存款的数额、股票等证券的数额、支付收款记录等。《中国人民银行金融消费者权益保护实施办法》第28条第1款对于消费者金融信息作出了界定，即"本办法所称消费者金融信息，是指银行、支付机构通过开展业务或者其他合法渠道处理的消费者信息，包括个人身份信息、财产信息、账户信息、信用信息、金融交易信息及其他与特定消费者购买、使用金融产品或者服务相关的信息"。金融账户信息与个人的金融资产密切相关，一旦发生泄露或被非法使用，很容易让个人遭受财产损失甚至人身伤亡，如账户资金被窃取，遭受诈骗甚至被绑架或杀害。

6. 行踪轨迹信息

行踪轨迹信息，也称"行踪信息"③，即以电子方式或其他方式记录的个人的出行信息，通俗地说，就是一个人以何种交通方式，在什么时间去过哪些地

---

① 腾讯研究院、中国信通院互联网法律研究中心、腾讯AI Lab、腾讯开放平台：《人工智能》，中国人民大学出版社2017年版，第103页。

② 对金融信息保护的专门论述参见张继红：《大数据时代金融信息的法律保护》，法律出版社2019年版。

③ 《民法典》第1034条第2款称为"行踪信息"；《最高人民法院、最高人民检察院关于办理侵犯公民个人信息刑事案件适用法律若干问题的解释》第1条称为"行踪轨迹"。

方，在哪里停留过多长时间等信息。个人行踪信息既包括自然人在特定时间的动态地理位置，也包括个人空间位置移动而形成的轨迹，也就是说，既包括实时的位置信息，也包括移动的轨迹。① 由于个人行踪包含实时位置信息和行动轨迹，故此，该信息不仅涉及一个人的隐私，也与个人人身安全密切相关，一旦被泄露或非法使用，就很容易发生侵害个人的隐私权、人格自由甚至出现犯罪分子据此实施杀人、诈骗等侵害人身财产安全的严重后果。由此可见，行踪轨迹信息属于敏感的个人信息。例如，在一个案件中，2017 年 1 月 5 日，被告人詹某锋电话接受詹某请求帮助其查询被害人赵某 1 个人信息，利用其在宁波市公安局鄞州分局邱隘派出所大厅值班之机，使用他人的数字证书，通过浙江综合信息平台查询赵某 1 的暂住地及相关信息，并用手机拍摄该信息图片后，以彩信方式发送给詹某。詹某获悉后，截取部分信息有偿提供给犯罪分子况某（已判决）。当晚，况某至赵某 1 的暂住处将赵某 1 杀害。② 该案中的受害人赵某 1 被杀，很重要的原因就是其住处的信息被詹某锋非法获取并泄露给况某。

7. 不满十四周岁未成年人的个人信息

所有不满十四周岁的未成年人的个人信息，都属于敏感的个人信息。《草案一审稿》《草案二审稿》都没有将不满十四周岁的未成年人的个人信息作为敏感的个人信息，只有国家推荐性标准《信息安全技术 个人信息安全规范》（GB/T 35273—2020）第 3.2 条将十四周岁以下儿童的个人信息作为敏感的个人信息。但是，在《个人信息保护法》起草过程中，有些常委会组成人员建议，将未成年人个人信息作为敏感个人信息予以严格保护。宪法和法律委员会经研究，建议明确将不满十四周岁未成年人的个人信息作为敏感个人信息，并要求个人信息处理者对此制定专门的个人信息处理规则。③ 故此，《个人信息保护法》将此类信息也作为敏感的个人信息。

8. 其他的敏感个人信息

在我国《个人信息保护法》起草中，不少人建议在敏感个人信息的范围中增

---

① 相关争论参见雷澜珺：《论侵犯公民个人信息罪中行踪轨迹信息的认定》，载《中国检察官》2020 年第 2 期。

② 浙江省宁波市镇海区人民法院（2017）浙 0211 刑初 482 号刑事判决书。

③ 《全国人民代表大会宪法和法律委员会关于〈中华人民共和国个人信息保护法（草案）〉审议结果的报告》。

加一些类型，如性生活信息、诉讼记录、犯罪前科信息、征信信息、家庭成员信息等。由于《个人信息保护法》显然无法逐一列举所有的敏感个人信息，故此《个人信息保护法》第 28 条第 1 款使用了“等信息”来兜底。此外，如前所述，有些敏感的个人信息如犯罪前科信息也可被解释到“特定身份信息”当中。依据《个人信息保护法》第 62 条第 2 项的授权，国家网信部门可以针对处理敏感个人信息制定专门的个人信息保护规则、标准，从而明确敏感个人信息的具体类型并随社会发展作相应的调整。

二、敏感个人信息的规范意义

我国《个人信息保护法》区分敏感个人信息与非敏感个人信息，并在此基础上确定相应的个人信息处理规则，具有重要的意义。

首先，有利于更好地保护自然人的合法权益。敏感个人信息与自然人的人格尊严、人格自由等基本权利和重大人身财产权益具有极为密切的联系，对这些个人信息的处理行为，无论合法还是非法都会对自然人的基本权利及人身财产安全产生重大风险甚至直接的损害。例如，自然人的基因、指纹、声纹、掌纹、脸部特征等生物识别信息“不可逆转地改变了身体和身份之间的关系，它们使得人体的特征变为‘机器可读’（machine - readable）并能够进一步予以永久性的使用”。① 掌握这些信息的主体就可以永久地识别特定自然人，其未来会挖空心思地想如何利用这些信息来谋取各种利益，这对个人的基本权利和人身财产权益可能造成何种危险将难以预测和控制。人类历史的经验教训一再证明，滥用敏感个人信息（如种族或宗教的信息）会极大地助长大规模侵犯人权的行为②，如种族歧视、宗教歧视甚至种族灭绝和屠杀。在法律上，对于更高价值位阶的法益应给予更高强度的保护。所以，对于与这些高位阶法益密切相关个人信息即敏感个人信息的处理也必须予以专门的、更加严格的规范。

其次，有利于协调个人信息的保护与利用的关系。个人信息的合理利用对于个人、社会和国家的发展都是有益的，在现代网络信息时代，完全禁止对个人信

---

① EDPS 2005, P. 19, cited in the Opinion of Advocate General Megozzi in Case C – 291/ 12, Schwarz (AG Opinion), para. 1.

② Christopher Kuner, Lee A. Bygrave & Christopher Docksey ed., The Eu General Data Protection Regulation (GDPR): A Commentary, Oxford University Press, 2020, P. 369.

息的利用显然是不可能的，例如，医学科学的进步就必须要使用个人医疗健康信息。因此，如何划定个人信息保护与合理使用的边界就成为问题的核心。敏感与非敏感的个人信息的区分有助于更科学地划定这一边界。对于敏感个人信息，在利益权衡上，法律的天平应当向保护自然人个人信息权益倾斜，因此，对于处理敏感个人信息要进行非常严格的规范，我国《个人信息保护法》不仅专门在第2章单列一节来规定敏感个人信息的处理规则，而且在个人信息处理者的义务中也对于处理敏感个人信息时，处理者必须进行个人信息保护影响评估，必须对处理情况进行记录，必须针对敏感个人信息采取更严格的保护措施等作出了详细的规定。

最后，区分并明确列举敏感个人信息，对于自然人、个人信息处理者以及履行个人信息保护职责的部门来说，都非常有必要。对自然人而言，这使其可以更充分意识到敏感个人信息的重要性，继而采取有效的自我保护行动（如更谨慎地行为以免泄露敏感信息、一旦发现违法行为及时举报等）；对个人信息处理者而言，在明确了哪些个人信息是敏感个人信息后，就能够降低履行个人信息保护义务的合规成本，提高对处理行为合法性的可预期性；对于履行个人信息保护职责的部门而言，可以集中执法资源对侵害敏感个人信息的违法行为进行精准有效的执法活动，提高执法效率。

三、处理敏感个人信息的要件

敏感个人信息的处理对于自然人而言意味着巨大的风险，但是也有可能带来巨大的好处，最典型的例子就是在医学研究中对个人健康信息的处理，有利于医学科学的发展，治愈更多的疾病，挽救病人的生命和恢复健康，从而使个人和社会受益。故此，在比较法上，并不存在绝对禁止处理敏感个人信息的规定。只不过立法模式上存在一些表述上的差异。例如，有些国家或地区采取的规定是，原则上禁止处理敏感个人信息，但列举若干例外允许处理的情形，如欧盟《一般数据保护条例》、韩国《个人信息保护法》以及我国台湾地区“个人资料保护法”。我国《个人信息保护法》没有这样规定，而是规定，无论敏感个人信息还是非敏感个人信息，个人信息处理者都可以进行处理；但是，为了强化对敏感个人信息的保护，对于敏感个人信息的处理规则作出了专门的规定。《个人信息保护法》第28条第2款规定，只有在具有特定的目的和充分的必要性，并采取严格保护措施的情形下，个人信息处理者方可处理敏感个人信息。这是对处理敏感个人信息应当具备的前提性要件的规定，并且无论处理者是在取得个人的单独同意后处理敏感个人信息，还是依据法律、行政法规的规定而无须个人的同意而处理敏感个人信息，《个人信息保护法》第 28 条第 2 款的规定均适用于个人信息处理者。

（一）具有特定的目的

如前所述，目的限制原则是个人信息处理应当遵循的基本原则之一。《个人信息保护法》第 6 条对该原则作出了明确的规定。目的限制原则要求处理个人信息应当具有明确、合理的目的，这是对处理任何个人信息提出的要求。但是，就处理敏感个人信息而言，仅仅是明确、合理的目的还不够，还必须是“特定的目的”。这就是说，敏感个人信息的处理目的不仅必须是明确清晰且合理的，该目的还必须是特定的。特定的目的意味着，对于不同类型的敏感个人信息，个人信息处理者的职业或者活动决定了其能否为某一目的而处理该敏感个人信息。处理目的特定与否应当与处理者提供服务或产品、处理者履行法定职责或法定义务，为应对突发公共卫生事件或者为维护公共利益等处理活动结合起来加以判断。例如，金融理财服务的提供者必须是为了特定的某一理财活动（如股票交易）才能处理金融账户这一类敏感信息；医疗服务提供者也仅仅是为了治疗患者的某一疾病而处理其医疗健康信息。

（二）充分的必要性

如果说对于非敏感的个人信息还需要协调个人信息权益的保护与个人信息的合理利用的关系，那么，对于敏感的个人信息的处理则非常侧重于对个人信息权益的保护。因此，目的限制原则在敏感个人信息处理中的作用不仅表现在将个人信息处理行为限定于“与处理目的直接相关”，更是体现在对于敏感个人信息的收集就必须“限于实现处理目的的最小范围”，具有充分的必要性。所谓充分的必要性，意味着收集敏感个人信息对于实现特定的处理目的是极为必要、不可或缺的。凡是不收集敏感的个人信息也可以实现特定的处理目的的，就不应当收集，更不应当开展此后的其他处理活动。例如，《汽车数据安全管理若干规定（试行）》第 9 条第 2 款规定：“汽车数据处理者具有增强行车安全的目的和充分的必要性，方可收集指纹、声纹、人脸、心律等生物识别特征信息。”再如，在消费者聘用家庭服务员（即按照家庭服务合同的约定提供家庭服务的人员）时，家庭服务员要进入家庭成员住所，提供烹饪、保洁、搬家、家庭教育、儿童看护以及孕产妇、婴幼儿、老人和病人的护理等与家庭成员密切接触的旨在满足家庭生活需求的服务。在这种情形下，如果消费者或其家庭成员患有传染病、精神病或其他重要疾病的，将会威胁家庭服务员的人身财产安全，故此，这种医疗健康信息虽然属于敏感的个人信息，向家庭服务机构和家庭服务员加以披露也具有充分的必要性，家庭服务机构作为个人信息处理者具有充分的必要性来处理该个人信息；反之，消费者也有权要求家庭服务机构如实提供家庭服务员的道德品行、教育状况、职业技能、相关工作经历、健康状况等个人信息，否则对于消费者及其家庭成员的人身财产安全将造成严重威胁或损害。当然，消费者此种为了个人或家庭事务而处理个人信息的活动，不适用《个人信息保护法》的规定。消费者知悉了这些个人信息，依据《民法典》的规定，就负有保密的义务。又如，宗教信仰属于敏感的个人信息，显然很多处理者完全没有收集这个信息的必要性，更谈不上充分必要性。只有宗教组织、党的组织才有必要处理此类个人信息。对敏感个人信息的处理是否具有充分必要性，在发生争议的时候，应当由处理者举证证明。

（三）采取严格的保护措施

由于敏感个人信息是一旦泄露或非法使用即容易给自然人的人格尊严和人身财产权益造成危害的信息，故此，对于敏感个人信息要采取严格的保护措施，这一要求再次体现了立法机关加强对敏感个人信息保护的决心。所谓严格的保护措施，主要体现在《个人信息保护法》第 5 章关于个人信息处理者的义务的规定当中，例如，依据《个人信息保护法》第 51 条，个人信息处理者应当将敏感个人信息与非敏感的个人信息进行分类管理，并采取相应的加密去标识化等安全技术措施，确定对敏感的个人信息处理的操作权限等各种措施，确保敏感的个人信息不会出现未经授权的访问或者泄露、篡改或丢失。再如，依据第 55 条、第 56 条的规定，在处理敏感个人信息之前，要进行个人信息保护影响评估，评估中就需要考虑到对敏感的个人信息的安全保护措施是否合法、有效并与风险程度相适应。

◆ 疑点与难点

一、私密信息与敏感个人信息的关系

敏感个人信息与私密信息之间存在交叉的关系。有些个人信息既是私密信息

也是敏感个人信息，如医疗健康；有些个人信息虽然是私密信息，却并不是敏感个人信息，如个人的嗜好、被他人性骚扰的个人信息；有些信息是敏感个人信息却未必是私密信息，如种族或民族、宗教信仰、政治主张、面貌特征等。在我国《个人信息保护法》的起草过程中，不少人提出，个人信息保护法草案中敏感与非敏感的个人信息的分类方法与《民法典》中私密与非私密信息的分类方法究竟是什么关系的疑问。[①] 本书认为，敏感信息与非敏感信息、私密信息与非私密信息的区分是《个人信息保护法》与《民法典》基于不同的规范目的对个人信息所做的两种不同的分类，二者均有其重要意义。具体阐述如下：

1. 敏感信息和非敏感信息是《个人信息保护法》从规范个人信息处理行为的角度进行的一种重要分类，并在该区分的基础上针对信息处理者提出了不同的处理规则上的要求，从而有针对性地提高处理者在处理敏感信息时的法定义务，更加充分保护个人信息权益。由于敏感信息对于维护自然人的人身财产安全与人格尊严极为重要，该等信息一旦泄露或被非法使用，势必会对自然人的人身财产权益造成严重的侵害或损害，故此，法律上对处理此类信息有非常严格的要求。但是，对于非敏感信息的处理，则没有如此严格的要求。正是由于敏感信息和非敏感信息是为了确定不同的个人信息处理规则而对个人信息作出的区分，故此，该分类仅适用于《个人信息保护法》所调整的个人信息处理行为，而不适用于自然人因个人或者家庭事务而处理个人信息的活动。

私密信息和非私密信息则是从民事权益保护的角度即为正确区分隐私权与个人信息权益的保护方法，由《民法典》对个人信息进行的分类。依据《民法典》第1034条第3款，私密信息和非私密信息的区分侧重点在于民事权益的类型与保护方法的差异，而非如敏感信息与非敏感信息那样基于对信息处理者处理个人信息的行为规范的不同所作的分类，两种划分的规范目的存在明显的区别。此外，私密信息和非私密信息的区分适用于所有的侵害个人信息的侵权纠纷，即无论是网络企业、国家机关处理个人信息中发生的侵权纠纷，还是自然人之间因个人或家庭事务而出现的侵害个人信息的侵权行为，区分私密信息与非私密信息都是必

① 石佳友：《个人信息保护法与民法典如何衔接协调》，载《人民论坛》2021年第2期；王洪亮：《民法典与信息社会——以个人信息为例》，载《政法论坛》2020年第4期。

要的。因为这涉及被告侵害的民事权益究竟是隐私权还是个人信息权益的认定。从《民法典》第1033条的规定来看，除了法律另有规定或者权利人明确同意，否则，任何处理他人私密信息的行为都构成对他人隐私权的侵害。但是，非私密信息的处理行为的合法性基础不仅包括取得信息主体（即个人）及其监护人的同意，还包括法律和行政法规另有规定的情形。《民法典》第1036条还专门规定了处理个人信息的三类免责事由。

2. 敏感与非敏感信息、私密与非私密信息的区分在侵权案件裁判中的作用不同。就人民法院审理侵害隐私权和个人信息权益的侵权案件而言，敏感与非敏感信息、私密与非私密信息这两种分类方法的意义体现在侵权责任构成要件的不同层次即侵害行为（即行为非法性）和侵害的民事权益类型。首先，在认定是否存在侵害个人信息的行为即判断个人信息处理行为非法性的阶段时，敏感信息与非敏感信息的区分是十分重要的。由于信息处理者对敏感信息和非敏感信息的处理规则和法定义务不同，故此，认定针对敏感信息和非敏感信息的处理行为的非法性时，法院所依据的法律规范也不同。当某个信息属于法律法规规章和国家标准规定的敏感信息时，法院就应当适用《个人信息保护法》中处理敏感信息的规范来确定处理者的义务，并据此判断信息处理行为是否非法，反之则不能适用此类专门针对敏感信息的规范。对于私密信息，由于其受到隐私权的保护，故此只要权利人没有明确同意并且没有法律的另外规定，即可认定处理私密信息行为的非法性，即采取所谓的结果不法说。但是，认定非私密信息的非法性，仍然需要适用《个人信息保护法》所规定的个人信息处理规则。其次，在确定行为非法性之后，需要认定非法的个人信息处理行为即侵害行为所侵害的民事权益的类型究竟是什么。在该层面上，确认个人信息究竟是私密信息还是非私密信息非常重要。因为这直接决定了侵害行为所侵害的客体究竟是隐私权还是个人信息权益。这种判断在法院审理的几乎所有的个人信息侵权纠纷中都会存在。① 侵害的民事权益不同，侵权责任的构成要件、侵权责任的承担方式等也有所不同。例如，对于私

① 相关案例参见“庞某鹏与北京趣拿信息技术有限公司等隐私权纠纷案”，北京市第一中级人民法院（2017）京01民终509号民事判决书；“凌某某诉北京微播视界科技有限公司隐私权、个人信息权益网络侵权责任纠纷案”，北京互联网法院（2019）京0491民初6694号民事判决书；“黄某诉腾讯科技（深圳）有限公司等隐私权、个人信息权益网络侵权责任纠纷案”，北京互联网法院（2019）京0491民初16142号民事判决书。

密信息，适用隐私权保护的规定，权利人有权行使人格权保护请求权，并可以向法院申请人格权禁令。[①] 但是，对于非私密信息，则不能如此。然而，哪些是私密信息，哪些是非私密信息，不可能如同敏感信息和非敏感信息那样，由法律法规规章或标准加以确定，必须从社会公众的一般认知和价值权衡的角度出发，逐一认定案涉个人信息是否属于私密信息。比较重要的考虑因素包括：社会公众对该信息作为私密信息的认知；该信息对于维护自然人的人身财产权益、人格尊严和人格自由的重要程度；该信息对于维护社会正常交往、信息自由的重要程度如何等。

二、个人没有被公开的犯罪记录是否属于敏感个人信息

在一些国家，个人没有被公开的犯罪记录被作为敏感个人信息来看待。例如，日本《个人信息保护法》将犯罪经历作为“需注意的个人信息”，就属于敏感的个人信息。不过，本书认为，犯罪经历是否属于敏感个人信息，不能一概而论。首先，所谓犯罪经历就是经法院依法审判所确认的犯罪事实。法院作出的裁判文书除非涉及国家秘密、未成年人犯罪等例外情形的，否则应当在互联网公布，因此犯罪经历属于已经被合法公开的个人信息。对于合法公开的个人信息的处理，《个人信息保护法》第 27 条已有规定，无须作为敏感的个人信息予以特殊的保护。其次，至于犯罪经历中比较特殊的一类，即未成年人的犯罪记录，我国《预防未成年人犯罪法》已经确立了封存制度，该法第 59 条规定：“未成年人的犯罪记录依法被封存的，公安机关、人民检察院、人民法院和司法行政部门不得向任何单位或者个人提供，但司法机关因办案需要或者有关单位根据国家有关规定进行查询的除外。依法进行查询的单位和个人应当对相关记录信息予以保密。未成年人接受专门矫治教育、专门教育的记录，以及被行政处罚、采取刑事强制措施和不起诉的记录，适用前款规定。”也就是说，封存制度比《个人信息保护法》对敏感的个人信息的保护程度更高。最后，为保护未成年人，预防利用职业便利实施的性侵未成年人违法犯罪，对于曾犯有性侵违法犯罪行为的人，依据 2020 年 8 月 20 日最高人民检察院、教育部和公安部联合发布的《关于建立教职

---

① 王利明、程啸、朱虎：《中华人民共和国民法典人格权编释义》，中国法制出版社 2020 年版，第 123 页。

员工准入查询性侵违法犯罪信息制度的意见》的规定，学校新招录教师、行政人员、勤杂人员、安保人员等在校园内工作的教职员工，在入职前应当进行性侵违法犯罪信息查询。公安部根据教育部提供的最终查询用户身份信息和查询业务类别，向教育部信息查询平台反馈被查询人是否有性侵违法犯罪信息。学校对拟聘用人员应当在入职前进行查询。对经查询发现有性侵违法犯罪信息的，教育行政部门或学校不得录用。在职教职员工经查询发现有性侵违法犯罪信息的，应当立即停止其工作，按照规定及时解除聘用合同。

◆ 相关规定

《宪法》第 36 条、第 38 条；《民法典》第 1034 条、第 1226 条；《未成年人保护法》第 72 条；《网络安全法》第 76 条；《反恐怖主义法》第 50 条；《征信业管理条例》第 14 条；《网络交易管理办法》第 13 条；《儿童个人信息网络保护规定》第 2 条；《中国人民银行金融消费者权益保护实施办法》第 28 条；《最高人民法院、最高人民检察院关于办理侵犯公民个人信息刑事案件适用法律若干问题的解释》第 1 条；《最高人民法院关于审理使用人脸识别技术处理个人信息相关民事案件适用法律若干问题的规定》第 1 条

第二十九条　【处理敏感个人信息应取得单独同意或书面同意】

处理敏感个人信息应当取得个人的单独同意；法律、行政法规规定处理敏感个人信息应当取得书面同意的，从其规定。

◆ 条文要旨

本条是对处理敏感个人信息时取得个人单独同意以及书面同意的规定。

◆ 理解与适用

一、处理敏感的个人信息应当取得单独同意

为了更好地保护敏感的个人信息，《个人信息保护法》第 29 条前半句要求，

处理敏感个人信息应当取得个人的单独同意。之所以作此要求，一方面，要通过单独的同意来发挥警示作用，使个人充分认识到自己的敏感的个人信息正在被处理，从而仔细考量并自主决定是否愿意他人对自己的敏感个人信息进行处理。另一方面，提高对个人信息处理者的义务要求，使其充分认识到处理敏感的个人信息时负有更严格的法律义务要求，从而更好地保护敏感个人信息。

处理敏感的个人信息应当取得个人的单独同意，当然是指那些基于个人同意处理敏感的个人信息的情形，至于依据法律、行政法规的规定无须个人同意即可处理个人信息的情形，则不适用。例如，《刑事诉讼法》第 132 条规定，为了确定被害人、犯罪嫌疑人的某些特征、伤害情况或者生理状态，可以对人身进行检查，可以提取指纹信息，采集血液、尿液等生物样本。犯罪嫌疑人如果拒绝检查，侦查人员认为必要的时候，可以强制检查。显然，这种情形下处理生物识别信息等敏感的个人信息是不需要取得个人的单独同意的。

所谓个人的单独同意，除了应当遵循《个人信息保护法》第 14 条第 1 款的规定，必须是在充分知情的前提下自愿、明确作出的，而且还必须专门就对敏感的个人信息的处理取得个人的同意。这就意味着，处理者不能将对敏感的个人信息的处理与非敏感的个人信息的处理混在一起，而一揽子取得个人的同意，必须要将敏感个人信息的处理与其他个人信息的处理区分开来，专门就敏感个人信息的处理告知并取得同意，这才属于所谓的单独同意。

二、法律行政法规规定取得个人书面同意的情形

《个人信息保护法》第 29 条规定，法律、行政法规规定处理敏感个人信息应当取得书面同意的，从其规定。这就是说，在法律、行政法规就敏感个人信息的处理应当取得书面同意作出规定时，应当适用该规定。例如，《征信业管理条例》第 14 条第 2 款规定："征信机构不得采集个人的收入、存款、有价证券、商业保险、不动产的信息和纳税数额信息。但是，征信机构明确告知信息主体提供该信息可能产生的不利后果，并取得其书面同意的除外。"既然处理敏感个人信息要取得个人的单独同意，而法律、行政法规规定应当取得书面同意，显然是比单独同意的要求更加严格，因此，法律、行政法规规定的书面同意属于**"书面的单独同意"**。也就是说，处理者必须取得个人亲笔签名的针对其敏感个人信息的处理表示同意的纸质同意书。

◆ 相关规定

《征信业管理条例》第 14 条

第三十条 【处理敏感个人信息的特别告知事项】

个人信息处理者处理敏感个人信息的，除本法第十七条第一款规定的事项外，还应当向个人告知处理敏感个人信息的必要性以及对个人权益的影响；依照本法规定可以不向个人告知的除外。

◆ 条文要旨

本条是对处理敏感个人信息的特别告知事项的规定。

◆ 理解与适用

处理敏感的个人信息时，处理者需要履行告知义务，除非依据《个人信息保护法》第 18 条和第 35 条的规定而免予告知。《个人信息保护法》对处理者的告知义务采取了“一般规定 + 特别规定”的模式，即第 17 条第 1 款对所有的告知义务中应当包括的事项作出了列举，本条则对处理敏感的个人信息这一特殊情形时需要特别告知的事项作出了专门规定。具体而言，依据本条需要特别告知的事项包括以下两个：

（一）处理敏感个人信息的必要性

依据《个人信息保护法》第 28 条第 2 款，只有在具有特定目的和充分的必要性，并采取严格保护措施的情形下，处理者才能处理敏感个人信息。问题是，必要性充分与否，应当由谁来决定。显然不能只是由处理者自己决定，否则处理者都会认为自己处理敏感个人信息是必要的。要求处理者将处理敏感个人信息的必要性（至少是处理者自己认为的必要性）告知个人，可以使个人有权对于此种处理活动的必要性有无以及充分与否作出判断。如果个人认为处理者处理其敏感个人信息根本没有必要或者必要性并不充分，那么其就可以不同意，处理者就不能处理敏感个人信息。如此一来，则很好地保障了个人对其个人信息的处理享有的知情权和决定权。

（二）对个人权益的影响

所谓对个人权益的影响中的**“个人权益”**是一个非常广泛的概念，是指个人享有的所有的法律上赋予的权益，既包括人格权、身份权、物权、债权、股权、知识产权等人身权益和财产权，也包括我国《未成年人保护法》《老年人权益保障法》《残疾人保障法》《妇女权益保障法》《消费者权益保护法》等法律规定的未成年人、老年人、残疾人、妇女、消费者等个人享有的权益，还包括《宪法》赋予个人的人格尊严和人身自由等基本权利。由于敏感个人信息本身就属于一旦泄露或者非法使用就容易导致自然人的人格尊严受到侵害或者人身、财产安全受到危害的个人信息，故此，个人信息处理者处理敏感个人信息的行为本身就会给个人权益造成各种影响，尤其是不利的影响。尽管依据目的限制原则的要求，个人信息处理者应当采取对个人权益影响最小的方式处理个人信息，但是，在处理敏感个人信息会对个人权益造成影响时，无论该影响是有利的还是不利的，造成影响的概率大抑或小，处理者都应当告知个人，尊重个人的知情权，贯彻公开透明的原则。

◆ 相关规定

《民法典》第128条；《未成年人保护法》第3条；《老年人权益保障法》第3条、第7条；《残疾人保障法》第3条；《妇女权益保障法》第2条；《消费者权益保护法》第5—14条

第三十一条 【处理儿童的个人信息】

个人信息处理者处理不满十四周岁未成年人个人信息的，应当取得未成年人的父母或者其他监护人的同意。

个人信息处理者处理不满十四周岁未成年人个人信息的，应当制定专门的个人信息处理规则。

条文要旨

本条是对处理儿童的个人信息的要求。

理解与适用

一、规范目的

《个人信息保护法》第31条第1款规定，个人信息处理者处理不满十四周岁未成年人个人信息的，应当取得未成年人的父母或者其他监护人的同意。告知同意规则是个人信息处理中的一项基本规则，除非有法律、行政法规的规定，否则，处理个人信息都必须取得个人的同意（《个人信息保护法》第13条）。但是，有效的个人同意以作出同意的个人具有**同意能力**（Einwilligungsfähigkeit）为要件，同意能力不同于民事行为能力，它是自然人对其决定的性质、程度以及可能产生的后果的理解能力。对于未成年人尤其是低于十四岁的未成年人，由于年龄太小，心智发育上不成熟，认识和理解能力都太低。他们既不太了解个人信息处理的相关风险与后果，也不清楚他们在个人信息处理方面享有的权利以及如何行使这些权利。因此，在《个人信息保护法》中要对他们给予特别的保护，即处理他们的个人信息必须取得他们的父母或者其他监护人的同意。这也是法律上**"最有利于未成年人原则"**的体现。联合国《儿童权利公约》第3条第1款规定："关于儿童的一切行动，不论是由公私社会福利机构、法院、行政当局或立法机构执行，均应以儿童的最大利益为一种首要考虑。"我国《未成年人保护法》第4条也规定："保护未成年人，应当坚持最有利于未成年人的原则。处理涉及未成年人事项，应当符合下列要求：（一）给予未成年人特殊、优先保护；（二）尊重未成年人人格尊严；（三）保护未成年人隐私权和个人信息；（四）适应未成年人身心健康发展的规律和特点；（五）听取未成年人的意见；（六）保护与教育相结合。"

从比较法上来看，各国或地区的个人信息保护或数据保护立法在个人信息处理的同意问题上，都充分贯彻了最有利于未成年人的原则。例如，欧盟《一般数据保护条例》第8条规定："1. 如适用本条例第6条第1款（a）项，关于直接向儿童提供信息社会服务的，对16周岁以上儿童的个人数据的处理为合法。儿童未满16周岁时，处理在征得监护人同意或授权的范围内合法。成员国可以通过法律对上述年龄进行调整，但不得低于13周岁。2. 考虑到现有技术，控制者应当做出合理努力证明在此种情况下已取得监护人同意或授权。3. 第1款不应影响成员国的一般合同法律，如与儿童有关的合同要件或效力。”再如，韩国《个人信息保护法》第22条第6款规定：“为处理未满14岁儿童的个人信息，个人信息处理者需获得本法规定的同意时，应当征得其法定代理人的同意。在此情形，为获得法定代理人的同意，可以不经法定代理人的同意，直接向儿童获取必要最小限度的信息。”①

二、十四岁以下未成年人的个人信息处理需要取得监护人同意

同意能力不同于民事行为能力，故此，不能简单地以民法上的无民事行为能力或限制民事行为能力作为确定同意能力的标准。究竟哪一年龄以下的未成年人的个人信息被处理时，需要取得该未成年人的监护人同意，比较法上有不同的规定。例如，在欧盟《一般数据保护条例》起草时对此曾有争论，2012年的方案规定为十三周岁以下，成员国中也有主张十四周岁、十五周岁或十六周岁的。最后，《一般数据保护条例》第8条将之确定为十六周岁以下，但是允许欧盟成员国可以通过法律对该年龄进行调整，不过，不得低于十三周岁。也就是说，十三周岁是最低的要求，不能再降低。欧盟《一般数据保护条例》设置十三岁作为下限的规定，主要是为了与1998年的美国《儿童网络隐私保护法》（Children's Online Privacy Protection Act）的规定保持一致，该法第1302节将儿童定义为“13岁以下的个人”。② 据统计，截止到2019年1月，比利时、丹麦、芬兰、英国、瑞典、拉脱维亚等国家将年龄设置为十三周岁；奥地利、意大利、西班牙等国设定为十四周岁；法国规定为十五周岁；德国、匈牙利、卢森堡等国规定为十六

---

① 韩国2021年《个人信息保护法》修正案拟删除该款，新增第22条之二对处理儿童个人信息的同意作出更详细的规定：“①个人信息处理者为了处理未满十四岁儿童的个人信息，依照本法需要获得同意时，应当获得其法定代理人的同意，并要确认法定代理人是否同意。在此情形下，为获得法定代理人的同意，可以不经法定代理人的同意，直接向儿童直接获取必要最小限度的信息。②个人信息处理者向不满十四周岁的儿童告知个人信息处理有关事项时，应当采用易于理解的方式和明确易懂的语言。③第一款规定的同意、确认同意之方法，和最小限度的信息内容以及第二款规定的告知方法等必要事项由总统令定。”此条文系由笔者的博士生李勇德同学从韩文翻译而来，在此致谢！

② Council Report GDPR 2014，P. 87 – 88.

周岁。①

在我国修订《未成年人保护法》时，也存在争议，立法机关对此问题进行研究后认为，考虑到“从目前我国未成年人使用网络的实际情况来看，年满十四周岁的未成年人已普遍具有了认知、判断网络风险的能力，而且我国部分法律已将十四周岁作为划分未成年人权利义务的重要年龄分界点。例如，《刑法》将承担刑事责任的最低年龄规定为十四周岁、女性性同意权的年龄也规定为十四周岁；《广告法》专门规定了针对不满十四周岁未成年人的广告相关要求”。② 故此，立法机关认为十四周岁是合适的标准。2020 年修订的《未成年人保护法》第 72 条第 1 款规定：“信息处理者通过网络处理未成年人个人信息的，应当遵循合法、正当和必要的原则。处理不满十四周岁未成年人个人信息的，应当征得未成年人的父母或者其他监护人同意，但法律、行政法规另有规定的除外。”此外，《儿童个人信息网络保护规定》第 2 条规定：“本规定所称儿童，是指不满十四周岁的未成年人。”第 9 条规定：“网络运营者收集、使用、转移、披露儿童个人信息的，应当以显著、清晰的方式告知儿童监护人，并应当征得儿童监护人的同意。”《个人信息保护法》第 31 条的规定与《未成年人保护法》保持一致。

三、个人信息处理者的义务

（一）取得未成年人的父母或者其他监护人的同意

我国《民法典》第 27 条规定，父母是未成年子女的监护人。只有在未成年人的父母已经死亡或者没有监护能力时，才由下列有监护能力的人按顺序担任监护人：（1）祖父母、外祖父母；（2）兄、姐；（3）其他愿意担任监护人的个人或者组织，但是须经未成年人住所地的居民委员会、村民委员会或者民政部门同意。故此，《个人信息保护法》第 31 条将父母与其他监护人相区分，依次规定。

既然在处理十四岁以下未成年人的个人信息时，处理者必须取得未成年人的父母或者其他监护人的同意，这是处理者的法定义务，那么处理者具有**双重验证**（dual verification）义务：第一，处理者必须验证个人信息被处理的自然人是十四岁以下的未成年人。如果处理者没有对此进行验证，则所取得的个人同意是无效

---

① 郭林茂主编：《中华人民共和国未成年人保护法释义》，法律出版社 2021 年版，第 223 页。

② 郭林茂主编：《中华人民共和国未成年人保护法释义》，法律出版社 2021 年版，第 223－224 页。

的，其处理行为也是非法的。第二，确定了其个人信息被处理的自然人是十四周岁以下的未成年人之后，应当验证代表该未成年人作出同意的人是其父母或者其他监护人。《个人信息保护法》第 31 条对此未有明确规定，但是，应当认为个人信息处理者负有这两项义务。① 并且，这两类验证义务的举证责任都要由处理者负担。至于证明到何种程度，才能达到要求，以致法律上认为处理者完成了上述双重验证义务，值得研究。

美国《儿童网络隐私保护法》要求网络的经营者必须从儿童的父母处获得一个可证实的同意，该法第 1302 节第 9 款规定，可证实的父母同意是指：“任何合理的努力（考虑可用技术），包括为收集、使用和披露通知所述的信息请求许可，以确保父母收到关于运营商收集、使用和披露个人信息行为的通知，并对收集、使用和披露个人信息，及在收集儿童信息前对该信息的后续使用进行授权。”网站的运营者应当采取包括普通邮件和电子邮件、电话确认等多重方式来确保父母得到了通知并给予了同意。2013 年美国修订了该法。修订后的《儿童网络隐私保护法》第 312. 5 条依然要求网站运营者必须取得“可证实的父母同意”，即考虑到可用的技术，运营者必须作出合理的努力来获得可证实的父母同意。任何获得可证实的父母同意的方法都必须考虑现有的技术，通过合理的计算来确保作出同意的人就是孩子的父母。同时，该条列举了六种满足“可证实的父母同意”的典型情形：（1）提供了家长签名签署并通过邮寄、传真或电子扫描件返回给运营者的同意书；（2）要求父母在进行涉及金钱交易时使用信用卡、借记卡或其他在线支付系统，向主要账户持有人提供每笔分散交易的通知；（3）让家长拨打配备给受过专业培训的人员的免费电话号码；（4）让家长通过视频会议的方式与训练有素的人员取得联系；（5）通过对照此类信息的数据库检查政府签发的身份证明形式来验证父母的身份，运营商完成此类验证后应立即从其记录中删除父母的身份；（6）在不披露儿童个人信息的前提下，运营商可以使用电子邮件和其他步骤来保证提供同意的人是父母。此类其他的步骤包括：在收到同意后，向家长发送

---

① 《未成年人保护法》第 76 条规定：“网络直播服务提供者不得为未满十六周岁的未成年人提供网络直播发布者账号注册服务；为年满十六周岁的未成年人提供网络直播发布者账号注册服务时，应当对其身份信息进行认证，并征得其父母或者其他监护人同意。”该条明确区分了网络直播服务提供者首先要对该未成年人的身份进行认证，然后要征得该未成年人的父母或者其他监护人的同意。

确认电子邮件，或从家长处获取邮寄地址或电话号码并通过信函或电话来确认家长的同意。使用此方法的运营商必须告知家长可以撤销对先前电子邮件所作出的任何同意。欧盟《一般数据保护条例》第 8 条第 2 款的要求是“考虑到现有技术，控制者应当做出合理努力证明在此种情况下已取得监护人同意或授权”。

欧盟第 29 条工作组建议采取比例的方法（proportionate approach），以确保符合条例第 8 条第 1 款以及第 5 条第 1 款的规定。比例的方法可关注获取有限数量的信息，如父母或者监护人的联系方法。至于在验证用户的年龄是否足以作出同意的方面以及在验证代表儿童作出同意的人是父母或监护人时，何种信息才是合理的，欧盟第 29 条工作组认为，这取决于处理活动中固有的风险和现有的技术情况，在低风险的情况下，通过电子邮件确认是监护人即可，但是在高风险的时候，就要求更多的证明。可信的第三方提供验证服务被第 29 条工作组认为是比较好的方法，可以减少控制者必须自行处理的个人数据的数量。第 29 条工作组举了一个例子加以说明，即如果一个在线游戏平台要确保未成年用户是在其父母或监护人的同意下订购服务，那么个人数据的控制者必须遵循以下步骤：第一步，要求用户说明他们是低于还是高于十六岁（或其他适用的足以作出在线同意的年龄）。第二步，如果用户声明其低于十六岁，则告知该儿童，必须父母或者监护人作出同意，此时需要其披露父母或监护人的邮箱。第三步，控制者通过该邮箱联系父母或监护人并取得同意以进行处理活动，同时要采取合理方式确认该成年人是该儿童的父母或监护人。第四步，如果有投诉发生，则该平台需要采取其他的措施来核实订购者的年龄。①

就处理者如何证明其已经履行前述两项验证义务的问题，本书认为，应当依据个人信息处理活动的风险，结合处理者能够采取的技术进行合理的判断。首先，应当区分个人信息处理者提供的产品或服务的类型，即该产品或服务是专门针对十四岁以下未成年人的，还是并不专门针对此类群体，既包括成年人也包括未成年人。如果是前者，则验证义务的要求将会很高，如果是后者，相对较低。其次，应当区分处理活动的不同类型，例如，对于公开或向他人提供自然人的个人信息，法律上要求非常严格，如必须取得单独同意，故此，在公开或向他人提

① WP29 2018，PP. 26 - 27.

供十四岁以下未成年人的个人信息时，对于处理者的验证义务的要求应当更加严格。再次，考虑我国的国情、处理者能够利用的科技等因素。例如，《网络安全法》第24条第1款明确规定："网络运营者为用户办理网络接入、域名注册服务，办理固定电话、移动电话等入网手续，或者为用户提供信息发布、即时通讯等服务，在与用户签订协议或者确认提供服务时，应当要求用户提供真实身份信息。用户不提供真实身份信息的，网络运营者不得为其提供相关服务。"因此，在手机号码采取实名制的情况下，如果某位十三周岁的未成年人A使用其父亲B的手机订购服务或产品的（如玩网络游戏、网约车等），此时不应要求处理者验证实际使用该手机的是A还是B。A在使用B的手机时同意被处理的个人信息，从法律上应当视作B就其个人信息被处理而作出的同意，而非A就其个人信息被处理作出的同意。最后，如果凭借技术无法识别个人信息究竟是儿童的还是非儿童的，则不应当适用儿童个人信息保护的规定，例如，《儿童个人信息网络保护规定》第28条规定："通过计算机信息系统自动留存处理信息且无法识别所留存处理的信息属于儿童个人信息的，依照其他有关规定执行。"

（二）制定专门的个人信息处理规则

个人信息处理规则，也往往被称为"隐私政策"（privacy policy），它是指个人信息处理者自行制定的旨在向个人告知自己将如何处理个人信息，包括处理个人信息的目的、处理方式、保存期限、个人权利的行使程序、出现个人信息泄露后如何处理等内容。《个人信息保护法》第31条第2款要求，个人信息处理者在处理不满十四周岁未成年人个人信息的，应当制定专门的个人信息处理规则。也就是说，至少要有两个个人信息处理规则，一个是专门针对处理不满十四周岁未成年人个人信息而制定的，仅适用于处理此等个人信息的情形；另一个则是可以普遍适用于所有的其他个人信息的处理规则。法律作此规定的理由在于：专门的个人信息处理规则有利于保护不满十四周岁的未成年人的个人信息，因为，一方面，这使得未成年人的父母和其他监护人不会发生混淆，明白自己的权利和行使权利的程序，了解处理者的义务，并在发生纠纷时容易确定处理者的责任。另一方面，处理者通过制定专门的个人信息处理规则也可使其牢记不满十四周岁的未成年人的个人信息与其他个人信息的区分，由此更加明确自己在处理儿童的个人信息时所负有的更重的义务和责任，以免发生侵害个人信息权益的行为。

◆ 疑点与难点

我国并未采取双重同意规则

依据《个人信息保护法》第31条第1款以及《未成年人保护法》第72条的规定，个人信息处理者处理不满十四周岁未成年人个人信息的，只是应当取得未成年人的父母或者其他监护人的同意。这就是说，我国法上并未采取所谓的“双重同意”的规则。在2020年修订《未成年人保护法》的过程中，该法修订草案一审稿曾采取了双重同意原则，即信息处理者处理未成年人的个人信息时，既需要取得未成年人的同意，也需要取得未成年人的父母或者其他监护人的同意。在审议该修订草案时，立法机关考虑到，双重同意原则难以实现保护个人信息与促进信息自由流动的平衡，可能会损害未成年人使用网络的权利，并且由于不满八岁的未成年人本身就是无民事行为能力人，客观上处理者也难以取得其同意。故此，修订草案二审稿确立了单同意的立法思路，即只需要取得父母或者其他监护人的同意即可。[①] 我国《个人信息保护法》第31条也延续了《未成年人保护法》的规定。

◆ 相关规定

《未成年人保护法》第72条；《儿童个人信息网络保护规定》第2条、第9条

第三十二条　【处理敏感个人信息的行政许可或其他限制】

法律、行政法规对处理敏感个人信息规定应当取得相关行政许可或者作出其他限制的，从其规定。

◆ 条文要旨

本条是对处理敏感个人信息需要取得行政许可或存在其他限制的规定。

① 郭林茂主编：《中华人民共和国未成年人保护法释义》，法律出版社2021年版，第223页。

◆ 理解与适用

处理敏感个人信息，不仅对于个人的人格尊严和人身财产安全会产生重大的影响，而且也会影响国家利益、公共利益。尤其敏感个人信息的处理过程中会涉及对人口健康数据、生物安全、人类遗传资源信息等重要信息的处理，对于我国的公众健康、国家安全和社会公共利益会产生重要的影响。故此，相关法律、行政法规对于此等处理活动会作出相应的规定，具体包括两类：

一是对有些处理活动要求必须取得许可或经过审批。例如，《生物安全法》第56条规定："从事下列活动，应当经国务院科学技术主管部门批准：（一）采集我国重要遗传家系、特定地区人类遗传资源或者采集国务院科学技术主管部门规定的种类、数量的人类遗传资源；（二）保藏我国人类遗传资源；（三）利用我国人类遗传资源开展国际科学研究合作；（四）将我国人类遗传资源材料运送、邮寄、携带出境。前款规定不包括以临床诊疗、采供血服务、查处违法犯罪、兴奋剂检测和殡葬等为目的采集、保藏人类遗传资源及开展的相关活动。为了取得相关药品和医疗器械在我国上市许可，在临床试验机构利用我国人类遗传资源开展国际合作临床试验、不涉及人类遗传资源出境的，不需要批准；但是，在开展临床试验前应当将拟使用的人类遗传资源种类、数量及用途向国务院科学技术主管部门备案。境外组织、个人及其设立或者实际控制的机构不得在我国境内采集、保藏我国人类遗传资源，不得向境外提供我国人类遗传资源。"再如，《人类遗传资源管理条例》第11条规定："采集我国重要遗传家系、特定地区人类遗传资源或者采集国务院科学技术行政部门规定种类、数量的人类遗传资源的，应当符合下列条件，并经国务院科学技术行政部门批准：（一）具有法人资格；（二）采集目的明确、合法；（三）采集方案合理；（四）通过伦理审查；（五）具有负责人类遗传资源管理的部门和管理制度；（六）具有与采集活动相适应的场所、设施、设备和人员。"

二是对敏感个人信息的处理加以限制或禁止。例如，征信业务是对企业、事业单位等组织的信用信息和个人的信用信息进行采集、整理、保存、加工，并向信息使用者提供的活动。我国《征信业管理条例》就明确禁止征信机构处理某些敏感的个人信息，该条例第14条规定："禁止征信机构采集个人的宗教信仰、基因、指纹、血型、疾病和病史信息以及法律、行政法规规定禁止采集的其他个人信息。征信机构不得采集个人的收入、存款、有价证券、商业保险、不动产的信息和纳税数额信息。但是，征信机构明确告知信息主体提供该信息可能产生的不利后果，并取得其书面同意的除外。”

有鉴于此，《个人信息保护法》第32条特别规定，法律、行政法规对处理敏感个人信息规定应当取得相关行政许可或者作出其他限制的，从其规定。

◆ 相关规定

《生物安全法》第56条；《人类遗传资源管理条例》第11条；《征信业管理条例》第14条

第三节 国家机关处理个人信息的特别规定

第三十三条 【国家机关处理个人信息的法律适用】

国家机关处理个人信息的活动，适用本法；本节有特别规定的，适用本节规定。

◆ 条文要旨

本条是对国家机关处理个人信息的法律适用的规定。

◆ 理解与适用

一、国家机关与非国家机关处理个人信息的立法模式

（一）比较法上的两种模式

对于国家机关处理个人信息的活动是否为《个人信息保护法》或《数据安全法》所调整，比较法上有以下两种立法模式：

1. 统一立法模式。该模式不区分国家机关与非国家机关的个人信息处理者，

统一适用《个人信息保护法》或《数据安全法》的规定。这方面最典型的就是德国、欧盟的个人信息保护立法。它们一直以来就不区分政府机关和私人部门而是对所有机构掌握的个人信息实行统一的规范。早在1977年德国《联邦数据保护法》中，就对公私领域的信息处理行为加以统一的规范，适用相同的原则。① 1995年欧盟《个人数据保护指令》也采取了这一立法模式，该指令中的个人数据的控制者和处理者包括自然人、法人、公共机关、机构或其他组织。欧盟《一般数据保护条例》延续了该模式，其第4条在界定数据的控制者与处理者时，规定“控制者”是能单独或联合决定个人数据的处理目的和方式的自然人、法人、公共机构、代理机构或其他组织；“处理者”是指为控制者处理个人数据的自然人、法人、公共机构、代理机构或其他组织。此外，韩国和我国台湾地区也采取了统一立法模式。

2. 分别立法模式。即分别针对非国家机关的和国家机关的个人信息处理活动制定不同的法律各自加以调整，这方面比较典型的代表就是美国和日本。美国联邦层面的个人信息保护立法主要规范的就是国家的个人信息处理活动，如1966年《信息自由法》、1974年《联邦隐私法》、1978年《金融隐私权法》等联邦立法，都是调整政府对个人信息的处理活动。至于民事领域的个人信息处理，美国联邦立法主要针对一些比较重要的、需要单独调整的个人信息处理活动相应地加以规范，如调整征信机构处理个人信用信息的《公平信用报告法》；旨在保护儿童信息的《儿童网上隐私保护法》、保护医疗信息的《电子通信隐私法》以及保护金融信息的《金融服务现代化法》等。② 日本《个人信息保护法》明确排除了国家机关、公共团体和行政法人的个人信息处理活动，该法第2条第4款规定：“本法所称的‘个人信息处理业者’是指，已经将个人信息数据库等供业务使用者。但是，属于下列情形者除外：（一）国家机关；（二）地方公共团体；（三）独立行政法人等［指《关于保护独立行政法人等所持有的个人信息的法律》（平成15年法律第59号）第二条第一款规定的独立行政法人等，以下相

① 对德国统一立法模式和学说争论的详细介绍，参见蒋舸：《个人信息保护法立法模式的选择——以德国经验为视角》，载《法律科学》2011年第2期。

② 对美国个人信息保护法律体系的中文介绍资料，参见个人信息保护课题组：《个人信息保护国际比较研究（第二版）》，中国金融出版社2021年版，第271－350页。

同]；(四) 地方独立行政法人 [指《地方独立行政法人法》(平成15年法律第118号) 第二条第一款规定的地方独立行政法人，以下相同]。”因此，日本《个人信息保护法》适用于私人之间的信息处理活动，至于行政机关进行个人信息处理活动，适用的是2003年5月30日颁布的《行政机关保有个人信息保护法》的规定，该法是由以往的《行政机关保有的电子计算机处理的个人信息保护法》发展而来的，其主要特点在于：(1) 保护的对象涉及电子计算机处理的信息以外的信息；(2) 在取得记载于书面的信息时，原则上对本人明示使用的目的；(3) 设置了公开的程序；(4) 不公开的事由更加广泛和详细；(5) 设置了第三者的利益保护规定；(6) 设置了修改信息的程序；(7) 承认停止使用信息的请求权；(8) 设置了对信息公开、个人信息保护审查会的询问等不服申诉程序。此外，日本针对独立的行政法人还制定了宗旨相同的《独立行政法人保有的个人信息保护法》。①

(二) 我国理论界的争论

在我国，就《个人信息保护法》的适用范围是否应当一律适用于所有的个人信息的处理者抑或是否区分国家机关和非国家机关分别作出规定，有两种观点。多数学者赞同统一立法模式，理由在于：首先，从个人信息保护的角度来看，不论是公共部门还是私营部门，只要掌握大量的个人信息就均存在滥用或侵犯个人权利的可能。因此，《个人信息保护法》必须同时适用于公共部门与私营部门，以加强对个人权利的保护。② 其次，个人信息保护领域的大部分的原则如合法、正当、必要、目的限制、安全、质量等，在公私领域同样适用，二者的共性大于差异性，③ 应当统一规定。最后，采取统一立法模式也可以为个人信息保护提供科学的行为规范和对损害提供充分的救济，在立法程序上也更加科学。④

不过，也有学者认为，我国应当借鉴日本的模式，分别对于公务机关和非公务机关的个人信息处理活动加以规范。因为，公务机关和非公务机关的个人信息

① [日] 中西又三：《日本行政法》，江利红译，北京大学出版社2020年版，第119－120页。

② 周汉华：《关于我国个人信息保护法的适用范围问题》，载《中国经济时报》2005年1月14日。

③ 蒋舸：《个人信息保护法立法模式的选择——以德国经验为视角》，载《法律科学》2011年第2期。

④ 齐爱民：《论个人信息保护法的统一立法模式》，载《重庆工商大学学报(社会科学版)》2009年第4期。

处理活动在行为的性质、目的和对个人威胁程度上存在重要区别，国家的信息收集能力和信息运用加害危险较之单个的非公务机构更大。因此，我国个人信息保护立法应对公务机关和非公务机关的个人信息收集、处理和利用行为规定严苛程度不同的规则，公务机构的个人信息保护义务应相对较严格，非公务机构的个人信息保护义务应相对较宽松，以兼顾私人领域的信息交流自由。日本在制定一部统一的《个人信息保护法》作为基本法之外，另制定专门针对政府和其他组织的个别立法，进行差别对待和个别调整的做法，其统一立法的形式则符合我国立法传统，也有利于弥补我国行业自律机制缺失的不足。①

（三）我国采取了统一立法模式

对于国家机关和非国家机关处理个人信息的规范，我国最终采取的是统一立法的模式，即不区分国家机关与非国家机关的个人信息处理行为分别立法，而是统一加以规范。在《个人信息保护法》颁布前，《网络安全法》《民法典》等法律就已经采取了统一立法模式。《网络安全法》对网络运营者的收集、使用个人信息的行为规范既包括国家机关也包括非国家机关，因为该法将网络运营者界定为“网络的所有者、管理者和网络服务提供者”，既包括国家机关也包括非国家机关。《民法典》人格权编在规定个人信息保护时就专门有一条对国家机关的个人信息处理行为加以规范，即第1039条规定：“国家机关、承担行政职能的法定机构及其工作人员对于履行职责过程中知悉的自然人的隐私和个人信息，应当予以保密，不得泄露或者向他人非法提供。”本来，《民法典》是调整平等主体的自然人、法人和非法人组织之间的人身财产关系的，而国家机关等在履行法定职责时处理个人信息的活动并非平等主体之间的人身财产关系，不应当由《民法典》加以规定。但是，考虑到“国家机关、承担行政职能的法定机构及其工作人员在履行职责过程中掌握了大量个人的隐私和个人信息，且多数为敏感重要的个人信息，一旦被泄露，将对个人造成严重损害，后果也将极为严重，所以这个问题对于个人信息的保护极为重要”，② 因此，《民法典》专门增加了这一规定。

---

① 杨芳：《我国个人信息保护立法模式思考》，载《云南大学学报（法学版）》2016年第4期。

② 黄薇主编：《中华人民共和国民法典人格权编解读》，中国法制出版社2020年版，第230－231页。

我国《个人信息保护法》继续采取了统一立法模式，即处理者不限于非国家机关，也包括国家机关等组织，即任何组织或个人只要从事了个人信息的收集、存储、加工、使用等活动，就适用《个人信息保护法》。故此，《个人信息保护法》第 33 条前半句明确规定“国家机关处理个人信息的活动，适用本法”。这就非常明确了《个人信息保护法》采取的是统一立法模式，无论是国家机关还是非国家机关，只要从事个人信息处理活动，都适用《个人信息保护法》的规定。但是，考虑到国家机关与非国家机关个人信息处理行为的差异性，又在《个人信息保护法》第 2 章“个人信息处理规则”中专设第 3 节“国家机关处理个人信息的特别规定”加以规范。

二、国家机关处理个人信息活动的法律适用

依据《个人信息保护法》第 33 条，国家机关处理个人信息的活动当然要适用本法的规定，但是，本节即第 2 章第 3 节“国家机关处理个人信息的特别规定”有特别规定的，应当首先适用本节的规定。如果本节没有规定的，自然适用《个人信息保护法》的其他规定。为什么第 33 条第 2 句要如此规定呢？原因在于：国家机关处理个人信息的活动与非国家机关的企业、公司或个人等处理个人信息有所不同。具体表现在以下几方面：

1. 个人信息处理中当事人的法律地位不同。非国家机关的个人信息处理者与个人之间是平等的民事主体，双方之间的个人信息处理关系属于民事关系，由此产生的损害赔偿责任也属于民事责任即侵权责任。但是，国家机关与个人在个人信息处理中是不平等的关系，双方往往是命令与服从、管理与被管理的关系。国家机关侵害个人信息权益并造成损害的，如果是在行政许可、审批、征税、处罚等具体行政行为中发生的，侵害特定个人的个人信息权益的，受害人可以提起行政诉讼，要求确认相关的信息处理行为违法，进而依据《国家赔偿法》的有关规定，要求行政机关承担行政赔偿责任或要求其他国家机关承担国家赔偿责任。但是，如果与具体的行政行为无关的，属于抽象行政行为，如行政法规、规章或者行政机关制定、发布的具有普遍约束力的决定、命令涉及侵害个人信息权益的，则不能提起行政诉讼，只能依法请求进行备案审查。

2. 个人信息的处理目的不同。国家机关尤其是行政机关处理个人信息的活动不是为了营利目的，而是为了履行法定职责，旨在将个人信息用于进行个别性行政活动或制定行政活动的一般性方针、行政法律活动。这些活动的最终目的在于维护社会秩序、公共利益和国家利益所需。但是，非国家机关尤其是公司企业等营利法人处理个人信息是为了推销产品或服务，根本目的在于营利。

3. 是否取得个人同意的不同。基于前述处理目的上的差异，依据个人信息保护以及其他的法律的规定，在绝大多数时候国家机关处理个人信息的行为都不需要取得个人的同意。例如，《个人信息保护法》第 13 条第 1 款第 3 项“为履行法定职责”、第 4 项“为应对突发公共卫生事件，或者紧急情况下为保护自然人的生命健康和财产安全所必需”、第 7 项“法律、行政法规规定的其他情形”等，不需要取得个人同意，这些情形基本上只是适用于国家机关处理个人信息的活动。但是，对于非国家机关处理个人信息的活动，原则上都必须取得个人的同意，只有为了订立或履行合同和实施人力资源管理所必需、合理使用已公开的个人信息、履行法定义务以及紧急情况下为了维护自然人的生命健康和财产安全所必需等情况，才可以不取得个人的同意。

4. 是否需要告知的不同。无论处理个人信息是否基于个人同意，原则上处理者都必须履行告知义务，除非法律、行政法规规定应当保密或者存在不需要告知的情形。但是，为了确保国家机关履行法定职责，《个人信息保护法》第 35 条在第 18 条第 1 款的基础上增加了一类免予告知的情形，即如果告知将妨碍国家机关履行法定职责。该免予告知的情形仅仅适用于国家机关为履行法定职责而处理个人信息。

正因如此，虽然我国《个人信息保护法》采取了统一立法模式，对国家机关和非国家机关的个人信息处理行为统一加以调整，但也必须注意到国家机关处理个人信息的独特之处，从而在第 3 章第 3 节专门就国家机关处理个人信息作出了特别的规定。

◆ 疑点与难点

处理个人信息的国家机关的不同类型

我国《个人信息保护法》是对所有类型的国家机关处理个人信息的活动的规范。国家机关可以分为行政机关、司法机关和立法机关。行政机关行使的各种职能与个人、组织具有最为密切、广泛的联系，无论是社会秩序的管理、税收征缴、征集兵役、行政许可、颁发证照、管理商标和广告，还是规定产品质量标准、规定存贷款利率、环境监测等，都与个人、组织的权益息息相关。故此，行政机关为履行法定职责而处理个人信息的情形最为常见。[①] 至于司法机关如法院、检察院等主要是在民事诉讼、行政诉讼等诉讼活动中与个人、组织发生联系，而立法机关履行法定职责的行为往往不直接与个人、组织发生联系。所以，立法机关、司法机关为履行法定职责而处理个人信息的情形与行政机关相比较少。

◆ 相关规定

《民法典》第 1039 条

第三十四条 【国家机关为履行法定职责处理个人信息】

国家机关为履行法定职责处理个人信息，应当依照法律、行政法规规定的权限、程序进行，不得超出履行法定职责所必需的范围和限度。

◆ 条文要旨

本条是对国家机关因履行法定职责处理个人信息的规定。

◆ 理解与适用

一、规范目的

党的十八届四中全会通过的《中共中央关于全面推进依法治国若干重大问题的决定》明确指出，法律的生命力在于实施，法律的权威也在于实施。各级政府必须坚持在党的领导下、在法治轨道上开展工作，加快建设职能科学、权责法定、执法严明、公开公正、廉洁高效、守法诚信的法治政府。依法全面履行政

① 姜明安主编：《行政法与行政诉讼法（第七版）》，北京大学出版社、高等教育出版社 2019 年版，第 97 页。

府职能，推进机构、职能、权限、程序、责任法定化。故此，《个人信息保护法》第34条明确规定，国家机关为履行法定职责而处理个人信息，也必须严格依照法律、行政法规规定的权限、程序进行，不得超出履行法定职责所必需的范围和限度。否则，国家机关的个人信息处理活动就是违法行为，应当依法追究相关责任人员的责任。此外，《数据安全法》第38条规定："国家机关为履行法定职责的需要收集、使用数据，应当在其履行法定职责的范围内依照法律、行政法规规定的条件和程序进行；对在履行职责中知悉的个人隐私、个人信息、商业秘密、保密商务信息等数据应当依法予以保密，不得泄露或者非法向他人提供。"

二、国家机关应当严格依法处理个人信息

依据《个人信息保护法》第34条，国家机关为履行法定职责而处理个人信息，应当依照法律、行政法规规定的权限和程序进行，不得超出履行法定职责所必需的范围和限度。具体阐述如下：

（一）法律、行政法规规定的权限

任何国家机关必须在法律、行政法规规定的权限范围内活动，如果超越权限范围，则属于违法行为。故此，国家机关为履行法定职责而实施的个人信息处理活动也必须在法律、行政法规规定的权限范围内。只有当法律、行政法规规定了某一国家机关享有相应的权限，其才能在该权限的范围内处理个人信息。例如，国家机关对网络安全负有监督管理的职责，为履行该职责，国家机关会处理个人信息，但是，并非所有的国家机关都有此种权限。依据《网络安全法》第8条第1款，国家网信部门负责统筹协调网络安全工作和相关监督管理工作。国务院电信主管部门、公安部门和其他有关机关依照本法和有关法律、行政法规的规定，在各自职责范围内负责网络安全保护和监督管理工作。具体而言，根据国务院确定的职责，工业和信息化部作为电信行业的主管部门，主要承担互联网行业管理、信息通信领域网络与信息安全保障体系建设以及网络安全防护、应急管理和处理等职责；公安部主要承担计算机信息系统安全、计算机病毒等防治管理、网络违法犯罪案件的查处等职责。① 这就意味着，工业和信息化部、公安部不能超

① 杨合庆主编：《中华人民共和国网络安全法解读》，中国法制出版社2017年版，第22页。

出其网络安全监督管理的权限分工而实施个人信息处理活动。再如，依据《刑事诉讼法》《监察法》的规定，只有公安机关、人民检察院、国家安全机关、监察机关、监狱、军队保卫部门、中国海警局属于侦查机关，就其各自负责的刑事案件享有侦查的权限，可以依法采取相应的侦查措施。依据《刑事诉讼法》第132条第1款，为了确定被害人、犯罪嫌疑人的某些特征、伤害情况或者生理状态，可以对其人身进行检查，可以提取指纹信息，采集血液、尿液等生物样本。如果不是侦查机关或者虽然属于侦查机关但并没有对某类刑事案件的侦查权限，则不能实施上述收集个人信息的侦查措施。

（二）法律、行政法规规定的程序

即便国家机关是在法律、行政法规规定的权限内实施个人信息处理活动，也必须严格依照法律、行政法规规定的程序，否则属于违法行为。例如，依据《刑事诉讼法》第150条至第152条的规定，公安机关在立案后，对于危害国家安全犯罪、恐怖活动犯罪、黑社会性质的组织犯罪、重大毒品犯罪或者其他严重危害社会的犯罪案件，根据侦查犯罪的需要，经过严格的批准手续，可以采取技术侦查措施。人民检察院在立案后，对于利用职权实施的严重侵犯公民人身权利的重大犯罪案件，根据侦查犯罪的需要，经过严格的批准手续，可以采取技术侦查措施，按照规定交有关机关执行。追捕被通缉或者批准、决定逮捕的在逃的犯罪嫌疑人、被告人，经过批准，可以采取追捕所必需的技术侦查措施。批准决定应当根据侦查犯罪的需要，确定采取技术侦查措施的种类和适用对象。批准决定自签发之日起三个月以内有效。对于不需要继续采取技术侦查措施的，应当及时解除；对于复杂、疑难案件，期限届满仍有必要继续采取技术侦查措施的，经过批准，有效期可以延长，每次不得超过三个月。采取技术侦查措施，必须严格按照批准的措施种类、适用对象和期限执行。侦查人员对采取技术侦查措施过程中知悉的国家秘密、商业秘密和个人隐私，应当保密；对采取技术侦查措施获取的与案件无关的材料，必须及时销毁。采取技术侦查措施获取的材料，只能用于对犯罪的侦查、起诉和审判，不得用于其他用途。再如，税务机关进行税务检查时，有权查询从事生产、经营的纳税人、扣缴义务人在银行或者其他金融机构的存款账户。但是，依据《税收征收管理法》第54条的规定：税务机关经县以上税务局（分局）局长批准，凭全国统一格式的检查存款账户许可证明，查询从事生产、经营的纳税人、扣缴义务人在银行或者其他金融机构的存款账户。税务机关在调查税收违法案件时，经设区的市、自治州以上税务局（分局）局长批准，可以查询案件涉嫌人员的储蓄存款。税务机关查询所获得的资料，不得用于税收以外的用途。此外，该法第 59 条还规定，税务机关派出的人员进行税务检查时，应当出示税务检查证和税务检查通知书，并有责任为被检查人保守秘密；未出示税务检查证和税务检查通知书的，被检查人有权拒绝检查。

（三）不得超出履行法定职责所必需的范围和限度

国家机关为履行法定职责而处理个人信息的，除依照法律、行政法规规定的权限、程序进行，还要求其不得超出履行法定职责所必需的范围和限度。所谓不得超出履行法定职责所必需的范围和限度，既是依法行政的要求，也是个人信息保护法中目的限制原则的体现。《个人信息保护法》第 6 条所确立的目的限制原则要求，处理个人信息应当与处理目的直接相关，收集个人信息应当限于实现处理目的的最小范围。具体而言，不得超出履行法定职责所必需的范围和限度意味着：首先，即便依照法律、行政法规的规定，国家机关享有相应的处理个人信息的权限，也不得任意以抽象的履行法定职责为由而处理个人信息，其只能在具体的履行法定职责的活动中处理个人信息。其次，国家机关在具体的履行法定职责的活动中处理个人信息的，处理目的、处理方式等个人信息处理事项应当与该具体的履行法定职责的目的直接相关，不能超出此次履行法定职责的活动所必需的范围和限度。例如，依据《刑事诉讼法》第 144 条第 1 款的规定，人民检察院、公安机关根据侦查犯罪的需要，可以依照规定查询犯罪嫌疑人的存款、汇款、债券、股票、基金份额等财产。这就是说，人民检察院或公安机关在侦查犯罪时，不得超出范围去查询并非犯罪嫌疑人的存款、汇款、债券等财产信息。

◆ 相关规定

《数据安全法》第 38 条

第三十五条 【国家机关的告知义务】

国家机关为履行法定职责处理个人信息，应当依照本法规定履行告知义务；有本法第十八条第一款规定的情形，或者告知将妨碍国家机关履行法定职责的除外。

◆ 条文要旨

本条是对国家机关处理个人信息应当履行告知义务以及特殊情形下免予告知的规定。

◆ 理解与适用

一、国家机关为履行法定职责处理个人信息应当履行告知义务

国家机关处理个人信息是为履行法定职责所必需时，依据《个人信息保护法》第13条第1款第3项以及第2款的规定，国家机关无须取得个人同意即可处理个人信息。如果不是履行法定职责所必需，那么国家机关要处理个人信息的，同样应当取得个人同意，否则其处理行为属于非法处理行为，应当承担法律责任。例如，张三要向申请办理个体工商户营业执照，那么其必须提供相关的个人信息，张三不同意提供，此时市场监督管理部门可以依法不予受理张三的申请，但不能强制处理其个人信息，因为这不是履行法定职责所必需的。

然而，无论国家机关处理个人信息是否需要取得个人的同意，其负有的告知义务都是不能随意免除的。也就是说，即便是为了履行法定职责所必需而不取得个人同意即可处理个人信息，也不等于国家机关就可以不告知个人。这是个人信息处理中公开透明原则的必然要求，对国家机关而言更应如此，否则势必导致以履行法定职责为由秘密处理个人信息，对人民进行监控，侵犯人民的基本权利。

二、国家机关免除告知义务的情形

《个人信息保护法》第35条在第18条第1款的基础上增加了一种免除告知义务的情形，即告知将妨碍国家机关履行法定职责。故此，国家机关免除告知义务的情形包括以下三类：

（一）法律、行政法规规定应当保密

国家机关为履行法定职责而处理个人信息的，如果依据法律、行政法规的规定，应当保密的，不适用告知同意规则，既不需要告知个人，更无须取得个人的同意。《个人信息保护法》第18条第1款中的“法律、行政法规规定应当保密”，并非指国家机关必须对其在履行法定职责中知悉的个人信息严格保密，不得泄露、出售或非法向他人提供，而是指依照法律、行政法规的规定，国家机关为履行法定职责处理个人信息这一活动本身就应当保密，不得泄露，至少不能被其个人信息被处理的个人所知悉。例如，依据《国家情报法》第11条，国家情报工作机构应当依法搜集和处理境外机构、组织、个人实施或者指使、资助他人实施的，或者境内外机构、组织、个人相勾结实施的危害中华人民共和国国家安全和利益行为的相关情报，为防范、制止和惩治上述行为提供情报依据或者参考。显然，在此种情形中，国家情报机构收集和处理个人信息的活动必须保密，不可告知个人，否则就没有办法维护国家安全和利益。

（二）不需要告知的情形

所谓不需要告知的情形是指，作为信息主体的个人已经知悉了告知的内容，此时无须处理者告知。此外，在处理已经合法公开的个人信息时，也不需要告知，因为这种个人信息的处理原则上不需要个人同意（除非对个人权益有重大影响），事实上，也没法逐一告知。

（三）告知将妨碍国家机关履行法定职责

所谓告知将妨碍国家机关履行法定职责，主要是指在特定的情形中，为避免给国家机关履行法定职责造成妨碍，不能告知个人。例如，依据《税收征收管理法》第54条，税务机关有权检查纳税人的账簿、记账凭证、报表和有关资料，检查扣缴义务人代扣代缴、代收代缴税款账簿、记账凭证和有关资料。这种情形下，税务机关处理个人信息之前如果向个人进行告知的话，就可能出现作为纳税人的个人突击转移、篡改甚至销毁账簿、记账凭证、报表和有关资料，导致税务机关无法履行税收征收管理的法定职责。

◆ 相关规定

《国家情报法》第11条；《税收征收管理法》第54条

第三十六条 【国家机关处理的个人信息应当在境内存储】

国家机关处理的个人信息应当在中华人民共和国境内存储；确需向境外提供的，应当进行安全评估。安全评估可以要求有关部门提供支持与协助。

◆ 条文要旨

本条规定的对国家机关应当在境内存储个人信息以及需要向境外提供时应当进行安全评估。

◆ 理解与适用

一、规范目的

国家处理个人信息的活动基本上是在履行法定职责过程中实施的，故此，收集的个人信息不仅种类繁多、数量庞大，而且信息的质量很高、价值很大，往往涉及国家政治、经济、文化等多个领域的安全利益。如果这些信息不存储在境内或者任意向境外提供，那么其被泄露、窃取或者遭受攻击的风险巨大，会被外国政府、组织或个人用来损害我国的国家主权和国家安全。故此，《个人信息保护法》第 36 条对国家机关应当在境内存储个人信息以及向境外提供个人信息作出了规定。此外，从数据安全管理的角度来说，国家机关履行法定职责处理的个人信息也属于政务数据的一类。《数据安全法》第 39 条规定：“国家机关应当依照法律、行政法规的规定，建立健全数据安全管理制度，落实数据安全保护责任，保障政务数据安全。”《个人信息保护法》第 36 条的规定本身也属于数据安全管理制度之一。

二、国家机关处理的个人信息应当在境内存储

依据《个人信息保护法》第 36 条前半句，国家机关处理的个人信息应当在中华人民共和国境内存储。所谓国家机关处理的个人信息，是指我国国家机关处理的个人信息，这些个人信息中的个人当然既包括本国公民，也包括非本国公民，如到访中国的外国游客被我国外交部门、边境检查部门所收集的个人信息。

至于国家机关究竟是在履行法定职责中所处理的个人信息，还是并非履行法定职责处理的个人信息，在所不问。例如，因疫情防控的需要，国家机关对到访的个人所实施的个人信息收集、存储等。**境内存储**是指，个人信息（个人数据）的物理储存设备，无论是用来存储个人信息的硬盘，还是云存储服务所对应的远端存储设备，均应当设置在中华人民共和国境内，而不得设置在境外。

三、确需向境外提供的应当进行安全评估

所谓国家机关处理的个人信息确需向境外提供个人信息的，主要是指我国的国家机关与境外国家机关或国际组织进行交流合作时，需要提供所处理的个人信息的情形。例如，我国的最高立法机关全国人民代表大会及其常务委员会与国外的议会、我国参加的国际组织进行交流时，相互希望了解对方的议会组成人员的性别、民族、职业的构成等个人信息的，此时，依据《个人信息保护法》第 36 条，应当进行安全评估。《个人信息保护法》第 36 条中的“安全评估”与该法第 38 条第 1 款第 1 项、第 40 条以及《网络安全法》第 37 条中规定的安全评估，是相同性质的评估。该评估的主要内容就是要评估向境外提供个人信息是否符合我国法律、法规和政策的规定；这些个人信息是否属于敏感个人信息或者属于重要数据，是否会被接收方用来侵害我国境内个人的合法权益，危害我国主权和国家安全；接收个人信息的一方是否有相应的措施保障个人信息的安全，以免个人信息被他人窃取、泄露以及非法利用等。

由于是国家机关向境外提供个人信息，故此，无须如同《个人信息保护法》第 40 条规定的那样，都应当通过国家网信部门组织的安全评估，可以自行进行安全评估。但是，由于安全评估需要专业的知识和技术，故此，可以要求有关部门提供支持与协助，这个“有关部门”主要是指国家网信部门等与个人信息跨境提供的安全评估工作密切相关的主管部门。

◆ 相关规定

《数据安全法》第 39 条；《网络安全法》第 37 条

第三十七条 【具有管理公共事务职能组织处理个人信息的参照适用】

法律、法规授权的具有管理公共事务职能的组织为履行法定职责处理个人信息，适用本法关于国家机关处理个人信息的规定。

◆ 条文要旨

本条是对具有管理公共事务职能的组织处理个人信息适用国家机关处理个人信息的规定。

◆ 理解与适用

一、规范目的

法律、法规授权的具有管理公共事务职能的组织在行使法律、法规授权的公共事务管理职能时，具有与行政机关基本相同的法律地位，可以依据授权发布行政命令，采取行政措施，实施行政行为，对违法不履行义务或者违反行政管理秩序的相对人采取行政强制或行政处罚。① 故此，这些组织为履行法定职责处理个人信息的，也与国家机关处理个人信息相同，自然应当适用《个人信息保护法》关于国家机关处理个人信息的规定。② 对此，《个人信息保护法》第 37 条作出了明确的规定。此外，《数据安全法》第 43 条也规定："法律、法规授权的具有管理公共事务职能的组织为履行法定职责开展数据处理活动，适用本章规定。"

二、法律、法规授权的具有管理公共事务职能的组织的含义与类型

所谓"法律、法规授权的具有管理公共事务职能的组织"，是指国家机关之外的组织，依据法律、法规的授权而具有公共管理的职能。这些组织基于法律、法规的授权而具有相应的行政管理职能，甚至在法定授权范围内可以实施行政处

① 姜明安主编：《行政法与行政诉讼法（第七版）》，北京大学出版社、高等教育出版社 2019 年版，第 112 页。

② 《个人信息保护法》颁布前，《民法典》第 1039 条就明确规定："国家机关、承担行政职能的法定机构及其工作人员对于履行职责过程中知悉的自然人的隐私和个人信息，应当予以保密，不得泄露或者向他人非法提供。"

罚、行政许可以及行政强制。例如，《行政处罚法》第19条规定：“法律、法规授权的具有管理公共事务职能的组织可以在法定授权范围内实施行政处罚。”《行政许可法》第23条规定：“法律、法规授权的具有管理公共事务职能的组织，在法定授权范围内，以自己的名义实施行政许可。被授权的组织适用本法有关行政机关的规定。”《行政强制法》第70条规定：“法律、行政法规授权的具有管理公共事务职能的组织在法定授权范围内，以自己的名义实施行政强制，适用本法有关行政机关的规定。”目前，我国法律、法规授权的具有管理公共事务职能的组织的具体类型包括以下三类：

（一）基层群众性自治组织

基层群众性自治组织即居民委员会、村民委员会。《村民委员会组织法》第2条规定，村民委员会办理本村的公共事务和公益事业，调解民间纠纷，协助维护社会治安，向人民政府反映村民的意见、要求和提出建议。《城市居民委员会组织法》第3条规定，居民委员会的任务包括办理本居住地区居民的公共事务和公益事业、调解民间纠纷、协助维护社会治安以及协助人民政府或者它的派出机关做好与居民利益有关的公共卫生、计划生育、优抚救济、青少年教育等项工作。前述规定就是法律对村委会和居委会履行管理公共事务职能的授权。

（二）行业组织

行业组织依据法律、法规的授权也具有管理公共事务的职能。例如，依据《律师法》的规定，律师协会是社会团体法人，是律师的自治性组织，其应当履行的职责包括：保障律师依法执业，维护律师的合法权益；总结、交流律师工作经验；制定行业规范和惩戒规则；组织律师业务培训和职业道德、执业纪律教育，对律师的执业活动进行考核；组织管理申请律师执业人员的实习活动，对实习人员进行考核；对律师、律师事务所实施奖励和惩戒；受理对律师的投诉或者举报，调解律师执业活动中发生的纠纷，受理律师的申诉；法律、行政法规、规章以及律师协会章程规定的其他职责。

（三）其他组织

例如，社会保险机构属于具有法定授权、实施社会保险服务管理的职能机构，是社会保险经办的主体。《社会保险法》第8条规定，“社会保险经办机构提供社会保险服务，负责社会保险登记、个人权益记录、社会保险待遇支付等工作”。再如，流浪乞讨人员救助站属于县级以上城市人民政府设立的专门对流浪乞讨人员实施救助的事业单位。依据国务院颁布的《城市生活无着的流浪乞讨人员救助管理办法》的规定，流浪乞讨人员救助站负责对城市生活无着的流浪乞讨人员的救助管理工作。

◆ 相关规定

《数据安全法》第 43 条；《行政处罚法》第 19 条；《行政许可法》第 23 条；《行政强制法》第 70 条；《村民委员会组织法》第 2 条；《城市居民委员会组织法》第 3 条；《社会保险法》第 8 条

第三章 个人信息跨境提供的规则

◆ 本章概述

本章规定的是个人信息跨境提供的规则。个人信息跨境提供，也称“个人数据跨境流动”（transborder flows of personal data），是指一国境内的个人信息或个人数据流出境内，为他国的公权力机关或民事主体所读取、收集、存储、加工、使用等。网络科技已经打破了物理上的国境限制，随着网络科技高速发展与经济的全球化，各国间无时无刻不在进行着人员往来、货物流动、服务提供，云计算、物联网和跨境电子商务的飞速发展，使得包括个人数据在内的数据流动越来越频繁，也越来越重要。数据的跨境流动在全球蓬勃发展的数字经济中发挥着越来越重要的作用。联合国贸易和发展委员会的研究显示：在2014年，全球货物、服务和金融的国际流动为全球GDP增加了大约7.8万亿美元，其中，数据国际流动的贡献大约为2.8万亿美元。① 然而，数据的跨境流动也带来了很多的问题：首先，不利于保护本国境内个人的权利。个人数据出境后，个人在境外很难主张数据保护和行使隐私权。同时，个人数据的处理者为了规避一国较高程度的数据和隐私保护的法律，会将数据转移至保护程度低的国家或地区。② 其次，关系国家安全、国民经济命脉、重要民生、重大公共利益的数据一旦出境而为他国所处理，势必给本国的主权和国家安全造成很大的风险。最后，不利于本国数字经济的发展，导致他国对本国数字产业的侵蚀。③ 因此，就个人数据等数据的跨境流动而言，如何协调数据的自由流动与数据的安全成为最关键的问题。④

---

① UNCTAD, Data protection regulations and international data flows: Implications for trade and development, New York and Geneva, 2016, P. 11.

② ［泰］克里安沙克·基蒂猜沙里：《网络空间国际公法》，程乐、裴佳敏、王敏译，中国民主法制出版社2020年版，第63页。

③ 参见方元欣：《数据本地化政策的全球博弈分析》，载《中国信息化》2019年第12期。

④ 参见许可：《自由与安全：数据跨境流动的中国方案》，载《环球法律评论》2021年第1期。

总的来说，各国对个人信息或个人数据的跨境流动都有相应的管制措施，无非管制的方式不同、强弱程度有异。有的学者认为，目前国际上的数据跨境流动的模式可以分为三类：一是刚性禁止流动模式，以俄罗斯、澳大利亚为代表。该模式注重禁止数据离境，强力保护数据安全，尤其是对核心、敏感数据的控制。二是柔性禁止流动模式，以欧盟、韩国为代表。该模式主张在特定情形下解除对数据流动的禁止，如以一系列指令和条例为规范主体的欧盟法强调数据目的国应当具备充分的数据保护水平，注重引入安全评估机制以在数据跨境传输之前开展一定意义上的事先审核。三是本地备份流动模式，以印度、印度尼西亚为代表。该模式在制度安排上更多地倚重国内数据中心建设机制，在原则上开放数据跨境流通的同时要求各当事主体必须事先在位于境内的特定数据中心完成数据备份等操作，最大限度地实现数据本地化处理。① 有的学者将个人数据跨境流动的规范模式分为两类：一是欧盟模式，采取的是严格限制个人数据跨境流动的规制体系，主要包括 1981 年欧洲理事会《与个人数据自动化处理有关的个人保护公约》、1995 年《个人数据保护指令》以及 2016 年欧盟《一般数据保护条例》等三个标志性法律文件。二是美国模式，即通过双边或多边协议强化数据跨境的规制体系，主要体现在美国商务部与欧盟委员会于 2000 年 11 月 1 日达成的《安全港协议》以及因 2015 年《安全港协议》被欧盟法院裁定无效后，双方于 2016 年 7 月 12 日达成的《隐私盾协议》（Privacy Shield Framework）。② 还有的学者依据管制力度的强弱将之分为三种模式：一是个人信息出境评估模式，以欧盟《一般数据保护条例》为代表，即并不一律要求数据本地化，而是规定一定的条件，满足后个人信息即可向境外传输；二是弱本地化模式，即在数据本土化的基础上对个人信息的跨境转移规定一般条件，或者只是将本地化范围限制在特定领域（如医疗、电信和金融），如印度、澳大利亚等国；三是强本土化模式，典型的代表是俄罗斯，其 2014 年修订的《个人信息保护法》要求数据控制者在处理俄罗斯公民的个人信息时必须使用境内的数据库。③

① 吴沈括：《数据跨境流动与数据主权研究》，载《新疆师范大学学报（哲学社会科学版）》2016 年第 5 期。

② 许多奇：《个人数据跨境流动规制的国际格局及中国应对》，载《法学论坛》2018 年第 3 期。

③ 吴玄：《数据主权视野下个人信息跨境规则的建构》，载《清华法学》2021 年第 3 期。

在数据跨境流动的问题上，我国既没有采取绝对禁止数据出境、数据完全本土化的模式，也不允许数据完全开放，任意跨境流动。我国法律坚持的是数据跨境安全、自由流动的原则。《数据安全法》第 11 条规定："国家积极开展数据安全治理、数据开发利用等领域的国际交流与合作，参与数据安全相关国际规则和标准的制定，促进数据跨境安全、自由流动。"为了保护数据安全尤其是重要数据的安全，《数据安全法》第 21 条规定，国家建立数据分类分级保护制度，根据数据在经济社会发展中的重要程度，以及一旦遭到篡改、破坏、泄露或者非法获取、非法利用，对国家安全、公共利益或者个人、组织合法权益造成的危害程度，对数据实行分类分级保护。国家数据安全工作协调机制统筹协调有关部门制定重要数据目录，加强对重要数据的保护。关系国家安全、国民经济命脉、重要民生、重大公共利益等数据属于国家核心数据，实行更加严格的管理制度。第 24 条规定，国家建立数据安全审查制度，对影响或者可能影响国家安全的数据处理活动进行国家安全审查。第 25 条规定，国家对与维护国家安全和利益、履行国际义务相关的属于管制物项的数据依法实施出口管制。第 31 条规定，关键信息基础设施的运营者在中华人民共和国境内运营中收集和产生的重要数据的出境安全管理，适用《网络安全法》的规定；其他数据处理者在中华人民共和国境内运营中收集和产生的重要数据的出境安全管理办法，由国家网信部门会同国务院有关部门制定。《网络安全法》第 37 条规定："关键信息基础设施的运营者在中华人民共和国境内运营中收集和产生的个人信息和重要数据应当在境内存储。因业务需要，确需向境外提供的，应当按照国家网信部门会同国务院有关部门制定的办法进行安全评估；法律、行政法规另有规定的，依照其规定。"该条明确了关键信息基础设施的运营者在我国境内收集和产生的个人信息和重要数据，原则上应当采取数据本地化的模式，即在我国境内存储，但是考虑到关键信息基础设施的运营者跨境业务的需要和网络服务的特点，也允许在因业务需要确需向境外提供时，进行安全评估后向境外提供这些数据，而安全评估就是为了监督并保证对这些数据的利用符合我国的安全要求和标准。此外，考虑到某些国际执法合作以及特定商业活动的需要，又授权法律、行政法规可以作出特别的规定。①

《个人信息保护法》第3章在《网络安全法》《数据安全法》等法律的基础上，对于个人信息跨境提供作出了具体的规定。首先，为了更好地保护个人信息安全，一方面，《个人信息保护法》第40条不仅要求关键信息基础设施运营者，而且要求处理个人信息达到国家网信部门规定数量的个人信息处理者，均应将在我国境内收集和产生的个人信息存储在境内。如果前述两类主体确需向境外提供个人信息的，应当通过国家网信部门组织的安全评估，除非法律、行政法规和国家网信部门规定可以不进行安全评估。至于关键信息基础设施运营者以及处理个人信息达到国家网信部门规定数量的个人信息处理者以外的其他的个人信息处理者，如因业务等需要，确需向我国境外提供个人信息的，依据《个人信息保护法》第38条，这些处理者在符合一定的条件时可以提供，从而保障数据跨境的自由流动。另一方面，针对国际执法合作中要求提供存储在我国境内的个人信息的情形，《个人信息保护法》第41条规定，我国主管机关根据有关法律和我国缔结或者参加的国际条约、协定，或者按照平等互惠原则，处理外国司法或者执法机构关于提供存储于境内个人信息的请求。非经我国主管机关批准，个人信息处理者不得向外国司法或者执法机构提供存储于中华人民共和国境内的个人信息。其次，为了将来我国和其他国家缔结的条约或者参加的国际条约、协定中对于跨境提供个人信息作出相应的安排，《个人信息保护法》第38条第2款规定，我国缔结或者参加的国际条约、协定对向我国境外提供个人信息的条件等有规定的，可以按照其规定执行。最后，为了保障个人权利，防止个人信息跨境提供损害个人权益，《个人信息保护法》第39条规定，个人信息处理者向我国境外提供个人信息的，应当向个人告知境外接收方的名称或者姓名、联系方式、处理目的、处理方式、个人信息的种类以及个人向境外接收方行使本法规定权利的方式等事项，并取得个人的单独同意。

---

① 杨合庆主编：《中华人民共和国网络安全法解读》，中国法制出版社2017年版，第82页。

第三十八条 【个人信息跨境转移的条件】

个人信息处理者因业务等需要，确需向中华人民共和国境外提供个人信息的，应当具备下列条件之一：

（一）依照本法第四十条的规定通过国家网信部门组织的安全评估；

（二）按照国家网信部门的规定经专业机构进行个人信息保护认证；

（三）按照国家网信部门制定的标准合同与境外接收方订立合同，约定双方的权利和义务；

（四）法律、行政法规或者国家网信部门规定的其他条件。

中华人民共和国缔结或者参加的国际条约、协定对向中华人民共和国境外提供个人信息的条件等有规定的，可以按照其规定执行。

个人信息处理者应当采取必要措施，保障境外接收方处理个人信息的活动达到本法规定的个人信息保护标准。

◆ 条文要旨

本条是对个人信息跨境转移应当符合的条件等内容的规定。

◆ 理解与适用

一、概述

《个人信息保护法》第38条是对个人信息处理者因业务等需要，确需向中华人民共和国境外提供个人信息时应当具备的条件的规定。如前所述，之所以要对个人信息的跨境流动设置一定的条件，主要的目的就是更好地保护个人的权利以及维护公共秩序和国家安全。然而，如何设置条件才能最好地协调数据的自由流动和数据的安全这两个价值的关系，需要认真琢磨。如果条件过于严苛，则个人信息难以跨境流动，无法实现个人信息的合理利用，不利于国际经贸文化交往和数字经济的发展；但是，条件太过宽松，势必损害我国公民的个人权利，危害国家安全。

从欧盟个人数据保护立法来看，在个人数据跨境流动的条件上采取的一个原则就是**同等水平的保护或对等保护**，即要求个人数据的接收国的个人数据保护水平应当达到欧盟的个人数据保护水平。早在 1980 年经济合作与发展组织（OECD）颁布的《隐私保护和个人数据跨境流通指南》第 17 条就规定："除非其他成员国没有实质性地遵守本指南或者再出口个人数据将违反国内隐私立法，成员国对于成员国与其他成员国之间的个人数据跨境流通的限制应当采取克制态度。成员国可以基于国内隐私立法（包括特殊条例）对某些个人数据的性质和其他国家没有提供对等保护的规定，对某些类型的个人数据的跨境流通施加限制。"① 1981 年的《关于个人数据自动化处理的个人保护公约》即 108 号公约第 14 条规定，如果接收方受到非本公约缔约方的国家或国际组织的管辖，只有在基于本公约规定确保适当水平的保护的情况下，才能进行个人数据的传输。适当水平的保护可通过以下方式确保：（1）该国家或国际组织的法律，包括适用的国际条约或者协定；（2）参与传输和后续处理的人员采用和实施的具有法律约束力且可执行的文书所规定的特设或经批准的标准化保障措施。1995 年欧盟《个人数据保护指令》第 4 章"向第三国转移个人数据"要求，"成员国应当规定，只有在不影响遵守依照本指令其他规定通过的国内规定、第三国确保提供适当保护水平时，正在接受处理或者将在转移后进行处理的个人数据才能向第三国转移。"（第 25 条第 1 款）"第三国提供的保护水平的适当性应当根据与一次性数据转移操作或者一系列数据传输操作相关的所有情况来评定；对数据的性质、将进行的数据处理操作的目的和持续时间、数据来源国和最终目的地国、有关第三国的现行一般性规定和单行法律规定以及该国实行的行业规则和安全措施应当给予特别的考虑。"（第 25 条第 2 款）这就是说，只有那些数据保护水平已经达到了欧盟数据保护水平数据的国家才能接收欧盟境内的个人数据，而是否达到这一水平要由欧盟委员会审查后决定。到 2021 年 8 月 1 日为止，除欧盟成员国外，欧盟委员会认

① 2013 年 OECD 修订后的《隐私保护和个人数据跨境流通指南》第 17 条依然规定："成员国应当在限制个人数据跨境流通方面保持克制态度，包括成员国之间、成员国与持续遵守该指南或提供充分的安全保障措施的其他国家之间的跨境数据流通。遵守该指南的措施包括有效的实施机制以及数据控制者实施的为确保个人数据保护持续符合指南要求的适当措施。"

定提供了充分的数据保护的国家包括：安道尔、阿根廷、加拿大（商业组织）、法罗群岛、根西岛、以色列、马恩岛、日本、泽西岛、新西兰、瑞士和乌拉圭、英国。① 由于美国没有被认定为提供了充分保护的国家，故此，美国需要通过与欧盟签订《安全港协议》以及在该协议被宣告无效后，签订《隐私盾协议》，以便合法接收来自欧盟的个人数据。依据 1995 年的《个人数据保护指令》第 26 条，少数的几种例外情形下，没有达到欧盟数据保护水平的国家可以接收欧盟的个人数据，如数据主体对将进行的数据转移明确表示同意；数据转移是为了履行数据主体和数据控制者之间的合同或者执行应数据主体要求而采取的先合同措施所必需；数据的转移是为了重大公共利益或保护数据主体的重大利益等。欧盟《一般数据保护条例》第 5 章“个人数据向第三国或国际组织的传输”在保留 1995 年指令的基本框架和大部分内容的基础上进行了一些完善，增加了合法的数据跨境流动的方式，具体包括：（1）欧盟委员会认定数据接收国已经达到了充分保护水平时的数据跨境流动（第 45 条）；（2）控制者或者处理者提供了适当的保障且已提供可执行的数据主体的权利和给予数据主体有效的法律救济时的数据跨境流动（第 46 条），这种适当的保障措施可以通过多种方式提供，如公共机构或团体之间有法律约束力和执行力的文件；依据该条例第 47 条的规定有约束力的公司规则；欧盟委员会根据该条例第 93 条第 2 款所述的检查程序通过的标准数据保护条款，或者依据第 93 条第 2 款所述的检查程序由监管机构通过由欧盟委员会批准的标准数据保护条款；依据该条例第 42 条批准的认证机制和第三国数据控制者或处理者所做的与适当保护措施相适应的有法律约束力和控制力的承诺，包括相应的数据主体权利等。

我国《个人信息保护法》第 38 条第 1 款规定个人信息跨境提供的条件时，主要采取的是**同等保护水平**的要求，即要求个人信息的境外接收方必须到达我国《个人信息保护法》所规定的个人信息的保护标准。至于如何确保境外个人信息接收方符合这一要求，《个人信息保护法》第 38 条第 1 款列出了两种主要方法：一是，按照国家网信部门的规定经专业机构进行个人信息保护认证；二是，按照国家

---

① https：//ec. europa. eu/info/law/law - topic/data - protection/international - dimension - data - protection/adequacy - decisions_ en.

网信部门制定的标准合同与境外接收方订立合同，约定双方的权利和义务。当然，如果是关键信息基础设施运营者和处理个人信息达到国家网信部门规定数量的个人信息处理者向境外提供个人信息的，那么还必须通过国家网信部门组织的安全评估，除非法律、行政法规和国家网信部门规定可以不进行安全评估。此外，为了避免挂一漏万，更好地实现个人信息的跨境自由流动与个人信息安全的协调，本条还规定了一个兜底条款，即法律、行政法规或者国家网信部门规定的其他条件。

二、个人信息处理者因业务等需要确需向我国境外提供个人信息

（一）因业务等需要确需提供

从《个人信息保护法》第38条的文字表述可以看出，立法机关在**“因业务等需要”**之后又使用了**“确需”**一词，凸显了向境外提供个人信息的必要性，也就是说，并非只要是与业务活动相关就可以向境外提供个人信息，而是说，必须是业务等所必需的，如果不向境外提供个人信息，个人信息处理者就无法正常开展业务等活动。例如，在跨境电子商务活动中，我国境内的消费者购买境外公司生产的产品或提供的服务时，必须由境内的个人信息处理者将该消费者的姓名、联系方式、寄送地址和支付账户等信息提供给境外的公司，否则就没有办法进行跨境电子商务；在跨境转账时，需要由境内的银行等金融机构将用户的身份信息等提供给境外的金融机构。再如，我国境内的电信公司为用户提供的移动电话国际漫游服务这一业务中，作为个人信息处理者的电信公司必须向境外的电信运营商提供漫游收集的手机号以及该收集的国际移动设备识别码（International Mobile Equipment Identity），否则无法提供该服务。

（二）向我国境外提供个人信息

所谓向我国境外提供个人信息，即境内的个人信息出境，是指将在中华人民共和国境内收集和产生的个人信息一次性或持续性提供给中华人民共和国境外的组织或个人的活动，例如，个人信息处理者在我国境内的收集和产生的个人信息被我国境外的任何组织（无论是民事主体还是公权力机关）或个人所访问、查看、收集、存储、加工、使用等，但不包括互联网的网页访问已经公开的我国境内的个人信息；再如，个人信息处理者将在我国境内收集和产生的个人信息转移至境外，如将存储在硬盘上的个人信息携带出境等。至于并非在我国境内收集和产生的个人信息经由我国出境且未经任何变动或加工处理的，以及并非在我国境

内收集和产生的个人信息在境内存储、加工处理后再出境的，都不属于向境外提供个人信息。

三、跨境提供个人信息应当具备的条件

依据《个人信息保护法》第 38 条第 1 款，个人信息处理者因业务等需要，确需向中华人民共和国境外提供个人信息的，应当具备该条列举的四项条件之一，也就是说，该条所列举的四项条件并非并列关系，不是要求必须全都具备的，可能只需要具备一项，也可能需要具备多项。例如，关键信息基础设施运营者因业务等需要向境外提供个人的信息，必须通过国家网信部门组织的安全评估，还需要进行个人信息保护认证，或者按照国家网信部门指定的标准合同与境外接收方订立合同，甚至还可能需要满足法律、行政法规或国家网信部门规定的其他条件。

（一）依照《个人信息保护法》第 40 条通过国家网信部门组织的安全评估

《个人信息保护法》第 40 条规定，关键信息基础设施运营者和处理个人信息达到国家网信部门规定数量的个人信息处理者，应当将在中华人民共和国境内收集和产生的个人信息存储在境内。确需向境外提供的，应当通过国家网信部门组织的安全评估；法律、行政法规和国家网信部门规定可以不进行安全评估的，从其规定。

（二）按照国家网信部门的规定经专业机构进行个人信息保护认证

认证，是指由认证机构证明产品、服务、管理体系符合相关技术规范、相关技术规范的强制性要求或者标准的合格评定活动（《认证认可条例》第 2 条第 1 款）。所谓**个人信息保护认证**，是指由专业的机构对于个人信息处理者的个人信息保护和安全管理体系是否符合相关规范和标准的评定活动。《网络安全法》第 17 条规定："国家推进网络安全社会化服务体系建设，鼓励有关企业、机构开展网络安全认证、检测和风险评估等安全服务。"① 2018 年国家市场监督管理总局下属事业单位"中国网络安全审查技术与认证中心"曾开展了所谓的"个人信息安全管理体系认证"（Personal Information Security Management Systems），并给支付宝、百度、腾讯等公司颁发了相关的认证证书。此外，中国网络安全审查技术与

---

① 2019 年 3 月 13 日，《市场监管总局、中央网信办关于开展 App 安全认证工作的公告》指出，为规范移动互联网应用程序（以下简称 App）收集、使用用户信息特别是个人信息的行为，加强个人信息安全保护，根据《网络安全法》《认证认可条例》，市场监管总局、中央网信办决定开展 App 安全认证工作。

认证中心还开展了“信息安全人员培训与资质认证”。总的来说，我国个人信息保护认证的规范体系、标准、认证的内容以及认证机构等还刚起步，《个人信息保护法》颁行后需要逐步加以建立和完善。

（三）按照国家网信部门制定的标准合同与境外接收方订立合同，约定双方的权利和义务

所谓**标准合同**（Standard Contract），民法上也称“格式条款”，依据《民法典》第496条第1款，格式条款是当事人为了重复使用而预先拟定的，并在订立合同时未与对方协商的条款。《个人信息保护法》第38条第1款第3项规定的标准合同不同于《民法典》中的格式条款之处在于：其并非从事个人信息跨境提供这一处理活动的当事人中的任何一方预先拟定，而是由国家网信部门制定的，但是经过当事人合意而被纳入到他们之间订立的合同当中的。由于标准合同是国家网信部门制定的，故此当事人只能合意决定是否纳入到他们之间订立的合同中，而不能协商改变。

在个人数据跨境流动中通过标准合同（也称标准合同条款）来实现对个人数据的充分保护的做法，始于欧盟1995年《个人数据保护指令》。依据该指令第26条第2款，在数据控制者提出能够对隐私和个人基本权利和自由给予充分保护的情况下，成员国可以授权将个人数据向未能提供充分保护的第三国进行数据传输，这些保护措施可以通过适当的合同文本产生。依据《个人数据保护指令》，有两种合同文本是允许的：一是标准合同，即一组由欧盟委员会批准的标准化的合同文本，可以作为从成员国向境外进行数据转移的基础；二是特别合同，通常必须通知数据输出国的数据保护机构或者得到该机构的特别批准。2001年欧盟委员会批准了两套标准合同文本，一套适用于欧盟的控制者与非欧盟的控制者，一套适用于欧盟的控制者与非欧盟的处理者。2004年，欧盟又批准了国际商会（ICC）提出的一套适用于欧盟的控制者与非欧盟的控制者。① 2018年施行的欧盟《一般数据保护条例》延续了这一做法，依据该条第46条第2款规定，如果接收个人数据的第三国没有达到《一般数据保护条例》所要求的数据保护的标准，但

---

① ［德］Christopher Kuner：《欧洲数据保护法：公司遵守与管制（第二版）》，旷野等译，法律出版社2008年版，第202－205页。

是，欧盟的实体仍然有兴趣向该国传输数据的，那么，为了弥补数据保护水平的不足，双方可以使用欧盟的**标准合同条款**（Standard Contractual Clauses，简称SCC）。2021年6月，欧盟委员会制定了两个标准合同条款：一个适用于控制者与处理者之间（between controllers and processors），一个适用于向欧盟以外的国家或地区转移个人数据（the transfer of personal data to third countries）。①

总的来说，通过标准合同条款的方式来实现个人信息跨境流动的保护，可以比较高效快捷地满足数据接收方所在国没有达到欧盟要求的保护水平，而欧盟的实体又有与该接收方进行数据转移时的客观需求，它是欧盟为了解决个人信息保护与数据跨境流动之间的矛盾而采取的一种有效方法。一方面，标准合同成为贯彻执行欧盟数据保护法律规定的一种工具，通过签订经欧盟批准的标准合同条款，将欧盟数据保护法的要求作为数据跨境流动的当事人之间的合同义务，双方都需要采取措施来履行这些义务。另一方面，标准合同条款使得欧盟数据保护法中规定的数据控制者、处理者对数据主体负有的义务和数据主体享有的针对控制者的权利，转换为民事合同权利和义务，可以由数据主体所在地的民事法院管辖并加以实现，有利于保护数据主体的权利。

不过，从欧盟的实践来看，标准合同条款也是有利有弊，优点在于：（1）与单个合同的谈判或使用具有约束力的公司规则相比，标准合同条款的使用更为快捷高效。（2）标准合同条款包含符合法律规定的数据保护规则，而且是必须完全采用，不得更改的。因此，在双方谈判过程中，合法的数据保护标准不会受到负面影响。（3）标准合同条款可以作为数据出口方的控制者与作为进口方的控制者或处理者之间传输数据的合同基础，无论双方间的关系如何，均没有限制。标准合同条款的主要缺点就是缺乏个性与灵活性，难以满足不同实体的具体需要，此外，也容易增加管理成本。②

鉴于标准合同的方式具有相当的优点，故此，我国《个人信息保护法》第38条第1款也对标准合同作出了规定，即在个人信息跨境提供时，如果按照国家网

---

① https：//ec. europa. eu/info/law/law – topic/data – protection/publications/standard – contractual – clauses – controllers – and – processors_ en.

② Paul Voigt & Axel von dem Bussche，The EU General Data Protection Regulation（GDPR）：A Practical Guide，Springer，2017，P. 122.

信部门制定的标准合同与境外接收方订立合同约定双方的权利和义务的，也允许个人信息跨境提供。在《个人信息保护法》实施之后，国家网信部门需要制定相应的标准合同（中文与英文）来供个人信息跨境提供的当事人使用。

（四）法律、行政法规或者国家网信部门规定的其他条件

这是兜底性规定，也就是说，一方面，法律、行政法规对个人信息跨境提供规定其他需要满足的条件时，应当满足该条件。例如，依据《个人信息保护法》第55条第4项，个人信息处理者在向境外提供个人信息前，应当进行个人信息保护影响评估，并对处理情况进行记录。另一方面，国家网信部门也可以根据实际情况规定需要满足的条件。这主要是考虑到，个人信息跨境提供的规定具有很强的公共政策的考量，因此需要授权国家网信部门针对不同的情形下个人信息跨境提供规定相应的条件。

四、我国缔结与参加的国际条约或协定的规定

个人信息的跨境提供原则上当然要遵守《个人信息保护法》第38条第1款规定的条件中的一项或多项。但是，为了将来我国和其他国家缔结的条约或者参加的国际条约，以及与其他国家缔结的投资协定或者区域贸易协定等，对于跨境提供个人信息作出相应的安排，故此，《个人信息保护法》第38条第2款规定，中华人民共和国缔结或者参加的国际条约、协定对向中华人民共和国境外提供个人信息的条件等有规定的，可以按照其规定执行。从目前的情况来看，我国缔结或者参加的国际条约和协定还没有对于个人信息跨境提供作出非常明确的规定。2020年11月15日，东盟十国与中国、日本、韩国、澳大利亚、新西兰共15个国家正式签署了《区域全面经济伙伴关系协定》（RCEP），该协定第12章“电子商务”中，要求缔约方为电子商务创造有利环境，保护电子商务用户的个人信息，为在线消费者提供保护，并针对非应邀商业电子信息加强监管和合作等。目前，我国还在积极考虑加入《全面与进步跨太平洋伙伴关系协定》（Comprehensive and Progressive Agreement for Trans-Pacific Partnership，简称CPTPP）。该协定第14章“电子商务”第14.11条“通过电子方式跨境传输信息”规定：“1. 缔约方认识到每一缔约方对通过电子方式传输信息可设有各自的监管要求。2. 每一缔约方应允许通过电子方式跨境传输信息，包括个人信息，如这一活动涵盖的人用于开展业务。3. 本条中任何内容不得阻止一缔约方为实现合法公共政策目标而

采取或维持与第2款不一致的措施，只要该措施：（a）不以构成任意或不合理歧视或对贸易构成变相限制的方式适用；及（b）不对信息传输施加超出实现目标所需限度的限制。”

五、个人信息处理者负有保障境外接收方达到我国个人信息保护标准的义务

《个人信息保护法》第38条第3款要求个人信息处理者采取必要措施，保障境外接收方处理个人信息的活动达到本法规定的个人信息保护标准。这一规定再次体现了我国法律对个人信息跨境提供采取的**同等保护水平**的要求，与该条第1款的要求是一致的。首先，个人信息处理者在确需向境外提供个人信息前，必须考虑接收方处理个人信息的活动能否达到我国《个人信息保护法》所规定的个人信息保护标准。对于不能达到标准的，则不应当向其提供个人信息。其次，即便符合了法律规定的可以提供的条件，也不能说个人信息提供者就万事大吉。作为提供方的处理者应当采取必要措施来保障接收方达到《个人信息保护法》规定的个人信息的保护标准。所谓“必要措施”包括各种内部和外部的措施，内部的措施，是指当接收方与提供方存在法律或经济上的关联时，如统一企业集团内部的公司，则可以通过类似欧盟《一般数据保护条例》规定的有约束力的公司规则来确保达到相应的保护水平，也可以通过派遣相应的专家进行指导等。外部的措施，则是通过相互之间签订的更细致、更有约束力的合同条款来实行。

◆ 相关规定

《民法典》第496条；《网络安全法》第17条；《数据安全法》第25条；《认证认可条例》第2条

第三十九条 【个人信息跨境提供时的告知同意】

个人信息处理者向中华人民共和国境外提供个人信息的，应当向个人告知境外接收方的名称或者姓名、联系方式、处理目的、处理方式、个人信息的种类以及个人向境外接收方行使本法规定权利的方式和程序等事项，并取得个人的单独同意。

◆ 条文要旨

本条规定的是个人信息跨境提供时个人信息处理者应当履行告知义务并取得个人的单独同意。

◆ 理解与适用

一、规范目的

本条是对个人信息处理者跨境提供个人信息时，应当履行告知义务并取得个人的单独同意。之所以作此规定，是因为个人信息的出境对于个人权益的影响较大。一方面，接收个人信息的处理者所在国法律对个人信息保护的水平可能低于我国，而且即便水平相同，对于个人行使其个人信息权益也会造成很大的不便；另一方面，个人信息出境增加了个人信息被泄露、窃取或非法使用的风险，可能给个人信息主体造成不测之损害。故此，依据《个人信息保护法》第 39 条，个人信息处理者必须告知并取得个人的单独同意。

二、需要告知的事项

依据《个人信息保护法》第 39 条，个人信息处理者向中华人民共和国境外提供个人信息的，应当向个人告知的事项包括：境外接收方的名称或者姓名、联系方式、处理目的、处理方式、个人信息的种类以及个人向境外接收方行使本法规定权利的方式等事项。实际上，这与本法第 23 条规定的个人信息处理者向其他处理者提供个人信息时需要告知的事项相同，只是多了一个事项，即**“个人向境外接收方行使本法规定的权利的方式和程序”**。这主要是为了更好地保障个人行使其在个人信息处理活动中的权利如查询复制权、更正补充权、删除权等而作出的规定。

三、取得单独同意

依据《个人信息保护法》第 39 条，向境外提供个人信息的，个人信息处理者要取得个人的单独同意。这就是说，个人信息处理者必须就向境外提供个人信息这一处理活动明确取得个人的同意，不能将其他需要取得个人同意的事项与本事项混在一起，概括地取得个人的同意。

第四十条 【关键信息基础设施运营者等的境内存储信息和安全评估义务】

关键信息基础设施运营者和处理个人信息达到国家网信部门规定数量的个人信息处理者，应当将在中华人民共和国境内收集和产生的个人信息存储在境内。确需向境外提供的，应当通过国家网信部门组织的安全评估；法律、行政法规和国家网信部门规定可以不进行安全评估的，从其规定。

◆ 条文要旨

本条规定的是关键信息基础设施运营者等主体应当将个人信息存储在境内并且在向境外提供时应当进行安全评估。

◆ 理解与适用

一、关键信息基础设施运营者

关键基础设施（critical infrastructure）就是指对国家而言至关重要的物理的或虚拟的系统、资产以及设施设备，它们一旦遭受破坏或丧失功能，将对国家安全与公共利益造成破坏性的影响。[①] 关键基础设施存在于通信、信息技术、化工、关键制造、水利、应急服务、核反应堆及材料和废弃物、商业设施、政府设施、运输系统、能源、金融服务、水与污水处理系统、医疗保健和公共卫生、国防工业、食品和农业等重要的行业和领域。《网络安全法》第31条第1款规定："国家对公共通信和信息服务、能源、交通、水利、金融、公共服务、电子政务等重要行业和领域，以及其他一旦遭到破坏、丧失功能或者数据泄露，可能严重危害

---

① 例如，2001年美国《爱国者法案》[42 USC 5195c（e）] 规定：关键基础设施包括任何"系统和资产，无论是物理的还是虚拟的，它们对于美国至关重要，以至于此类系统和资产功能的丧失或被破坏将导致对安全、国家经济安全、国家公共健康或安全或这些事情的任何组合造成破坏性影响"。（Any systems and assets，whether physical or virtual，so vital to the United States that the incapacity or destruction of such systems and assets would have a debilitating impact on security，national economic security，national public health or safety，or any combination of those matters.）

国家安全、国计民生、公共利益的关键信息基础设施，在网络安全等级保护制度的基础上，实行重点保护。关键信息基础设施的具体范围和安全保护办法由国务院制定。”依据《关键信息基础设施安全保护条例》第2条，关键信息基础设施是指公共通信和信息服务、能源、交通、水利、金融、公共服务、电子政务、国防科技工业等重要行业和领域的，以及其他一旦遭到破坏、丧失功能或者数据泄露，可能严重危害国家安全、国计民生、公共利益的重要网络设施、信息系统等。该条例第8条和第9条还规定，本条例第2条涉及的重要行业和领域的主管部门、监督管理部门是负责关键信息基础设施安全保护工作的部门（以下简称保护工作部门）。保护工作部门结合本行业、本领域实际，制定关键信息基础设施认定规则，并报国务院公安部门备案。制定认定规则应当主要考虑下列因素：（1）网络设施、信息系统等对于本行业、本领域关键核心业务的重要程度；（2）网络设施、信息系统等一旦遭到破坏、丧失功能或者数据泄露可能带来的危害程度；（3）对其他行业和领域的关联性影响。

关键信息基础设施运营者，是指经关键信息基础设施保护工作部门认定的运营者。依据《网络安全法》《数据安全法》等法律的规定，其负有按照网络安全等级保护制度的要求履行法律规定的安全保护义务。《关键信息基础设施安全保护条例》规定，关键信息基础设施的运营者应当建立健全网络安全保护制度和责任制，保障人力、财力、物力投入。运营者的主要负责人对关键信息基础设施安全保护负总责，领导关键信息基础设施安全保护和重大网络安全事件处置工作，组织研究解决重大网络安全问题（第13条）。运营者应当设置专门安全管理机构，并对专门安全管理机构负责人和关键岗位人员进行安全背景审查。审查时，公安机关、国家安全机关应当予以协助（第14条）。专门安全管理机构具体负责本单位的关键信息基础设施安全保护工作，履行下列职责：（1）建立健全网络安全管理、评价考核制度，拟订关键信息基础设施安全保护计划；（2）组织推动网络安全防护能力建设，开展网络安全监测、检测和风险评估；（3）按照国家及行业网络安全事件应急预案，制定本单位应急预案，定期开展应急演练，处置网络安全事件；（4）认定网络安全关键岗位，组织开展网络安全工作考核，提出奖励和惩处建议；（5）组织网络安全教育、培训；（6）履行个人信息和数据安全保护责任，建立健全个人信息和数据安全保护制度；（7）对关键信息基础设施设计、建设、运行、维护等服务实施安全管理；(8) 按照规定报告网络安全事件和重要事项（第15条）。

同时，关键信息基础设施运营者在我国境内运营中收集和产生的个人信息和重要数据应当在我国境内存储。这是因为，现代网络信息社会中无论是生产生活还是公共服务、行政管理都已经高度数字化、信息化，完全依赖于公共通信和信息服务、能源、交通、水利、金融、公共服务、电子政务等重要行业和领域的关键信息基础设施。这些设施的运营者也因此而收集和产生了大量的个人信息以及其他涉及国家安全的重要数据。如果这些个人信息和重要数据转移到境外，势必对我国的国家安全和个人权利产生极大的风险和难度，故此，“为了保护关键信息基础设施存储的个人信息和重要数据的安全”①，《网络安全法》第37条规定关键信息基础设施的运营者在我国境内运营中收集和产生的个人信息和重要数据应当在境内存储。《个人信息保护法》第40条在《网络安全法》第37条的基础上，再次明确了这一点。此外，一些行政法规对于境内存储也有相应的规定，例如，《征信业管理条例》第24条规定：“征信机构在中国境内采集的信息的整理、保存和加工，应当在中国境内进行。征信机构向境外组织或者个人提供信息，应当遵守法律、行政法规和国务院征信业监督管理部门的有关规定。”

二、处理个人信息达到国家网信部门规定数量的个人信息处理者

除关键信息基础设施的运营者外，《个人信息保护法》第40条还规定了处理个人信息达到国家网信部门规定数量的个人信息处理者，也必须将其在我国境内收集和产生的个人信息存储在境内。如果说关键信息基础设施的运营者必须将收集和产生的个人信息在境内存储，是因为这些个人信息很重要，会对国家安全造成风险，那么要求处理个人信息达到规定数量的个人信息处理者也必须境内存储，就是因为这些个人信息数量巨大，一旦出境，发生泄露或被外国政府、组织等非法利用，同样会给我国的国家安全和个人的合法权益造成损害。当然，处理者处理了多少数量的个人信息，是100万条自然人的个人信息还是1000万条个人信息，才需要境内存储，对此，《个人信息保护法》授权国家网信部门加以规定。②

---

① 杨合庆主编：《中华人民共和国网络安全法解读》，中国法制出版社2017年版，第82页。

② 2021年7月10日，国家互联网信息办公室公布了《关于〈网络安全审查办法（修订草案征求意见稿）〉公开征求意见的通知》，该征求意见稿第6条规定：“掌握超过100万用户个人信息的运营者赴国外上市，必须向网络安全审查办公室申报网络安全审查。”

三、境内存储的含义

《个人信息保护法》第40条规定，关键信息基础设施运营者和处理个人信息达到国家网信部门规定数量的个人信息处理者，应当将在中华人民共和国境内收集和产生的个人信息存储在境内。首先，被存储在境内的个人信息是在我国境内收集和产生的个人信息，不包括处理者虽然是境内的组织或个人，但是在我国境外收集的个人信息。其次，所谓**存储在境内**，简称境内存储，是指储存个人信息或个人数据的物理存储设备（无论是电脑的硬盘还是云服务对应的远端存储设备）都必须设置在我国境内，不得设置在境外。对此，我国一些行政法规和规章有明确的规定。《地图管理条例》第34条第1款规定："互联网地图服务单位应当将存放地图数据的服务器设在中华人民共和国境内，并制定互联网地图数据安全管理制度和保障措施。"2018年8月25日《国务院办公厅关于加强政府网站域名管理的通知》规定："自行建设运维的政府网站服务器不得放在境外；租用网络虚拟空间的，所租用的空间应当位于服务商的境内节点。使用内容分发网络（CDN）服务的，应当要求服务商将境内用户的域名解析地址指向其境内节点，不得指向境外节点。"《外商投资期货公司管理办法》第15条第1款规定："外商投资期货公司交易、结算、风险控制等信息系统的核心服务器以及记录、存储客户信息的数据设备，应当设置在中国境内。"

四、确需向境外提供的应当通过安全评估

如果关键信息基础设施运营者和处理个人信息达到国家网信部门规定数量的个人信息处理者，因业务等需要，确需向境外提供个人信息的，依据《个人信息保护法》第40条，应当通过国家网信部门组织的安全评估，除非法律、行政法规和国家网信部门规定可以不进行安全评估。个人信息出境的安全评估的主要目的就是，要评估个人信息出境是否会对我国的国家安全造成危害、是否会损害公共利益以及是否会损害个人信息安全。对于个人信息出境的安全评估应当通过具体的法规和规章加以明确。①

---

① 2019年6月13日，国家互联网信息办公室曾公布《个人信息出境安全评估办法（征求意见稿）》向社会征求意见。

◆ 疑点与难点

一、个人信息跨境提供的安全评估与个人信息保护影响评估

依据《个人信息保护法》第 40 条，关键信息基础设施运营者和处理个人信息达到国家网信部门规定数量的个人信息处理者确需向境外提供我国境内收集和产生的个人信息的，应当通过国家网信部门组织的安全评估。同时，依据该法第 55 条第 4 项，个人信息处理者在向境外提供个人信息前，应当进行个人信息保护影响评估，并对处理情况进行记录。显然，这两项都是个人信息出境时关键信息基础设施运营者和处理个人信息达到国家网信部门规定数量的个人信息处理者的义务，但是，这两种评估存在以下区别：

首先，适用的范围不同。个人信息保护影响评估适用于所有的向境外提供个人信息的情形，也就是说，只要个人信息处理者向境外提供个人信息，都必须事前进行个人信息保护影响评估。但是，个人信息出境时的安全评估，只适用于关键信息基础设施运营者和处理个人信息达到国家网信部门规定数量的个人信息处理者因业务等需要确需向境外提供个人信息的情形。

其次，评估的内容不同。依据《个人信息保护法》第 56 条，个人信息保护影响评估的内容包括个人信息处理的目的、处理方式等是否合法、正当、必要；对个人权益的影响及安全风险；所采取的安全保护措施是否合法、有效并与风险程度相适应。但是，个人信息出境的安全评估的主要内容是个人信息出境是否会影响国家安全、损害公共利益以及是否会影响个人信息的安全。

最后，评估的主体不同。个人信息保护影响评估是由个人信息处理者自行组织的，其可以自己进行评估，也可以委托专业的机构进行评估。但是，个人信息出境时的安全评估必须是通过国家网信部门组织的。

二、个人信息出境安全评估与网络安全审查、数据安全审查

网络安全审查是依据《国家安全法》《网络安全法》的规定建立的制度。《国家安全法》第 59 条规定，国家建立国家安全审查和监管的制度和机制，对影响或者可能影响国家安全的外商投资、特定物项和关键技术、网络信息技术产品和服务、涉及国家安全事项的建设项目，以及其他重大事项和活动，进行国家安全审查，有效预防和化解国家安全风险。《网络安全法》第 35 条规定，关键信息

基础设施的运营者采购网络产品和服务，可能影响国家安全的，应当通过国家网信部门会同国务院有关部门组织的国家安全审查。数据安全审查则是《数据安全法》明确规定的制度，该法第 24 条规定："国家建立数据安全审查制度，对影响或者可能影响国家安全的数据处理活动进行国家安全审查。依法作出的安全审查决定为最终决定。"

个人信息跨境提供中的安全评估与网络安全审查、数据安全审查既有联系也有区别。联系在于：个人信息跨境提供时，如果提供个人信息的是关键信息基础设施运营者和处理个人信息达到国家网信部门规定数量的个人信息处理者，该处理者不仅应当通过国家网信部门组织的安全评估，还必须进行网络安全审查和数据安全审查。而且，国家网信部门组织的安全评估本身也是网络安全审查的重要组成部分。但是，网络安全审查和数据安全审查的范围要大于个人信息跨境提供时的安全评估。依据《网络安全法》和《数据安全法》的规定，关键信息基础设施运营者采购网络产品和服务，数据处理者开展数据处理活动，只要影响或可能影响国家安全的，都必须要进行网络安全和数据安全审查。

◆ 相关规定

《网络安全法》第 31 条、第 37 条；《数据安全法》第 31 条；《关键信息基础设施安全保护条例》第 2 条、第 8—9 条、第 13—15 条；《征信业管理条例》第 24 条；《地图管理条例》第 34 条

第四十一条　【国际司法协助与行政执法协助中个人信息的提供】

中华人民共和国主管机关根据有关法律和中华人民共和国缔结或者参加的国际条约、协定，或者按照平等互惠原则，处理外国司法或者执法机构关于提供存储于境内个人信息的请求。非经中华人民共和国主管机关批准，个人信息处理者不得向外国司法或者执法机构提供存储于中华人民共和国境内的个人信息。

◆ 条文要旨

本条是对国际司法协助与行政执法协助中如何提供存储在境内的个人信息的规定。

◆ 理解与适用

一、规范目的

在国际司法协助和行政执法协助合作中，既有我国有关机关请求外国机关提供个人信息或数据的情况，也有外国司法机关和行政执法机关请求我国有关机关提供数据或个人信息的情况。例如，外国的警察部门因侦查违法犯罪行为的需要而请求我国有关机关协助提供我国公民个人的情况、电子数据、金融账户信息等。对此，《数据安全法》第 36 条规定："中华人民共和国主管机关根据有关法律和中华人民共和国缔结或者参加的国际条约、协定，或者按照平等互惠原则，处理外国司法或者执法机构关于提供数据的请求。非经中华人民共和国主管机关批准，境内的组织、个人不得向外国司法或者执法机构提供存储于中华人民共和国境内的数据。"《个人信息保护法》第 41 条作出了相同的规定。

二、国际司法协助和行政执法协助中境内存储的个人信息的提供

（一）有关法律和条约、协定与互惠平等原则

《个人信息保护法》第 41 条第 1 句规定，中华人民共和国主管机关根据有关法律和中华人民共和国缔结或者参加的国际条约、协定，或者按照平等互惠原则，处理外国司法或者执法机构关于提供存储于境内个人信息的请求。这就是说，在国际司法协助和行政执法协助中，应当是由我国的主管机关依据我国的有关法律、相关条约和协定或者平等互惠原则来处理外国司法机关或者执法机构关于提供存储于我国境内的个人信息的请求。**有关法律**，是指规范我国与外国的国际司法协助和行政执法协助的法律，目前规范我国和外国之间开展司法协助的法律就是 2018 年 10 月 26 日第十三届全国人民代表大会常务委员会第六次会议通过的《国际刑事司法协助法》。依据该法规定，国际刑事司法协助，是指中华人民共和国和外国在刑事案件调查、侦查、起诉、审判和执行等活动中相互提供协助，包括送达文书，调查取证，安排证人作证或者协助调查，查封、扣押、冻结

涉案财物，没收、返还违法所得及其他涉案财物，移管被判刑人以及其他协助。**我国缔结或者参加的国际条约、协定**，是指我国参加的或者我国与外国缔结的国际司法协助、执法合作方面的条约或者协定。据我国外交部的统计，截至 2018 年 9 月，我国已与 76 个国家缔结司法协助条约、资产返还和分享协定、引渡条约、打击“三股势力”协定及移管被判刑人条约共 159 项（128 项生效），其中引渡条约 54 项（37 项生效）、刑事司法协助条约 44 项（35 项生效）、民刑事司法协助条约 19 项（全部生效）、民商事司法协助条约 20 项（18 项生效）、资产返还和分享协定 1 项（尚未生效）、打击“三股势力”协定 7 项（全部生效）、移管被判刑人条约 14 项（12 项生效）。① 我国参加的这方面的国际公约包括《联合国关于调解所产生的国际和解协议公约》《关于向国外送达民事或商事司法文书和司法外文书公约》《关于从国外调查民事或商事证据的公约》《承认及执行外国仲裁裁决公约》等。如果请求我国主管机关提供个人信息的外国，与我国没有缔结或参加相关的国际条约、协定的，则基于平等互惠的原则予以处理。

（二）我国主管机关处理

《个人信息保护法》第 41 条第 1 句规定的**“中华人民共和国主管机关”**并非是指某个国家机关，而是指依据各自的职责分工开展国际司法协助和执法合作的相应主管机关。例如，依据《国际刑事司法协助法》第 6 条，国家监察委员会、最高人民法院、最高人民检察院、公安部、国家安全部等部门是开展国际刑事司法协助的主管机关，按照职责分工，审核向外国提出的刑事司法协助请求，审查处理对外联系机关转递的外国提出的刑事司法协助请求，承担其他与国际刑事司法协助相关的工作。在移管被判刑人案件中，司法部按照职责分工，承担相应的主管机关职责。办理刑事司法协助相关案件的机关是国际刑事司法协助的办案机关，负责向所属主管机关提交需要向外国提出的刑事司法协助请求、执行所属主管机关交办的外国提出的刑事司法协助请求。

我国主管机关在处理外国司法或者执法机构关于提供存储于境内个人信息的请求时，要严格依照有关法律和中华人民共和国缔结或者参加的国际条约、协

① 《司法协助类条约缔约情况一览表》，载中华人民共和国外交部网站，http：//new. fmprc. gov. cn/web/ziliao_ 674904/tytj_ 674911/tyfg_ 674913/t1215630. shtml。

定，或者按照平等互惠原则；对于损害我国主权、安全和社会公共利益，违反我国法律基本原则的请求，应当拒绝提供。

三、外国司法或执法机构要求个人信息处理者提供存储于我国境内的个人信息

外国司法机关或执法机构没有通过国际司法协助或执法合作程序，请求我国主管机关提供个人信息，而直接要求个人信息处理者提供存储于我国境内的个人信息。例如，A 国的某联邦地区法院直接给 B 公司下达命令，要求 B 公司提供存储在我国境内的个人信息。对此，《个人信息保护法》第 41 条第 2 句规定，非经中华人民共和国主管机关批准，个人信息处理者不得向外国司法或者执法机构提供存储于中华人民共和国境内的个人信息。这就是说，无论前面例子中的 B 公司是否是我国的法人。例如，B 公司就是 A 国注册的公司，但只要其提供的是存储在我国境内的个人信息（无论依法必须存储在境内还是仅客观上存储在境内），这种处理者将境内存储的个人信息提供给外国司法机关或执法机构的行为，属于个人信息的跨境提供。此时，为了我国自然人的合法权益，维护国家主权和安全，依据《个人信息保护法》第 41 条第 2 句，经过我国主管机关的批准，不得提供。

◆ 相关规定

《国际刑事司法协助法》第 2 条、第 6 条

第四十二条　【黑名单制度】

境外的组织、个人从事侵害中华人民共和国公民的个人信息权益，或者危害中华人民共和国国家安全、公共利益的个人信息处理活动的，国家网信部门可以将其列入限制或者禁止个人信息提供清单，予以公告，并采取限制或者禁止向其提供个人信息等措施。

◆ 条文要旨

本条是对黑名单即限制或禁止提供个人信息清单的规定。

◆ 理解与适用

一、规范目的

网络科技已经打破了国与国的物理疆界，全球网络信息的互联互通在便利了各国、各地的经济贸易文化交往外，也带来了一国境外组织、个人利用网络科技侵害该国公民个人信息权益和危害该国国家主权和安全的问题。为了更好地维护我国公民的个人信息权益，维护我国的国家安全、公共利益，一方面，《个人信息保护法》第 3 条第 2 款针对在境外处理我国境内自然人的个人信息的活动规定了三类必要的保护性管辖；另一方面，《个人信息保护法》通过建立黑名单制度来惩治与防范境外组织、个人实施的侵害我国公民个人信息权益或损害我国国家安全、公共利益的行为。

二、适用要件

（一）境外的组织、个人

所谓境外的组织、个人是指我国境外的法人或非法人组织以及个人，至于该组织是公务机关还是非公务机关，无关紧要。

（二）从事侵害我国公民的个人信息权益或者危害我国国家安全、公共利益的个人信息处理活动

1. 境外的组织、个人从事的侵害我国公民的个人信息权益的个人信息处理活动，如非法收集、窃取、买卖我国公民的个人信息；再如，未采取必要的措施保护我国公民的个人信息安全，以致出现个人信息泄露。境外的组织、个人从事的侵害我国公民的个人信息权益的行为，可能是发生在我国境内的，也可能是发生在我国境外的。如果是发生境外的个人信息处理行为，只要该处理行为侵害了我国公民的个人信息权益，即适用第 42 条的规定。

2. 境外的组织、个人从事了危害我国国家安全、公共利益的个人信息处理活动。我国坚持总体国家安全观，以人民安全为宗旨，以政治安全为根本，以经济安全为基础，以军事、文化、社会安全为保障，以促进国际安全为依托，维护各

领域国家安全，构建国家安全体系，走中国特色国家安全道路（《国家安全法》第 3 条）。《国家安全法》第 25 条规定："国家建设网络与信息安全保障体系，提升网络与信息安全保护能力，加强网络和信息技术的创新研究和开发应用，实现网络和信息核心技术、关键基础设施和重要领域信息系统及数据的安全可控；加强网络管理，防范、制止和依法惩治网络攻击、网络入侵、网络窃密、散布违法有害信息等网络违法犯罪行为，维护国家网络空间主权、安全和发展利益。"故此，任何境外的组织、个人不得实施危害我国国家安全、公共利益的个人信息处理活动，否则就可以适用本条规定。

三、限制或禁止个人信息提供清单

依据本条规定，如果境外的组织、个人从事了侵害中华人民共和国公民的个人信息权益，或者危害中华人民共和国国家安全、公共利益的个人信息处理活动的，则国家网信部门可以将其列入限制或者禁止个人信息提供清单，该清单就是所谓的黑名单，同时将该名单予以公告，并采取限制或者禁止向其提供个人信息等措施。

◆ 相关规定

《国家安全法》第 3 条、第 25 条

第四十三条 【对等原则】

任何国家或者地区在个人信息保护方面对中华人民共和国采取歧视性的禁止、限制或者其他类似措施的，中华人民共和国可以根据实际情况对该国家或者地区对等采取措施。

◆ 条文要旨

本条是对个人信息保护中的对等原则的规定。

◆ 理解与适用

一、规范目的

国际法以主权平等、禁止使用武力或武力威胁、不干涉内政等作为基本原则。我国对外交往历来秉承互相尊重主权和领土完整、互不侵犯、互不干涉内政、平等互利、和平共处五项基本原则。因此，在个人信息保护方面，如果任何国家和地区对我国（即我国的组织或个人）采取歧视性的禁止、限制或者其他类似措施的，那么依据《个人信息保护法》第 43 条规定，我国可以根据实际情况对该国家或者该地区对等采取措施。除《个人信息保护法》外，其他法律也有相同的规定。例如，《出口管制法》第 48 条规定："任何国家或者地区滥用出口管制措施危害中华人民共和国国家安全和利益的，中华人民共和国可以根据实际情况对该国家或者地区对等采取措施。"《数据安全法》第 26 条规定："任何国家或者地区在与数据和数据开发利用技术等有关的投资、贸易等方面对中华人民共和国采取歧视性的禁止、限制或者其他类似措施的，中华人民共和国可以根据实际情况对该国家或者地区对等采取措施。"

二、实施机关与措施

《个人信息保护法》第 43 条规定的是中华人民共和国可以根据实际情况对该国家或者该地区对等采取措施。具体的实施机关，需要根据各个国家机关的职责分工来加以确定，包括国家网信部门、国家市场监督管理部门、国家电信监管部门、公安部等。至于具体的措施，可以根据对方国家或地区对我国采取的歧视性的措施而定。

◆ 相关规定

《出口管制法》第 48 条；《数据安全法》第 26 条

第四章　个人在个人信息处理活动中的权利

◆ 本章概述

比较法上，不少数据保护法或个人信息保护法都专列一章集中规定信息主体的权利。例如，欧盟《一般数据保护条例》第 3 章“数据主体的权利（Rights of the data subject)”规定了数据主体享有获取信息的权利、访问权、更正权、删除权（被遗忘权)、限制处理权、数据可携带权、反对权等；德国《联邦数据保护法》第 3 部分第 3 章“数据主体的权利”规定了数据主体获取信息的权利、访问权、删除权、反对权等；韩国《个人信息保护法》第 5 章“信息主体的权利保障”规定了信息主体享有个人信息的查阅权、个人信息的更正权与删除权等权利。我国《个人信息保护法》也采取了这种立法模式，在本章系统规定了个人在个人信息处理活动中的权利。

所谓的**“个人在个人信息处理活动中的权利”**，是指在个人信息处理活动中，个人针对个人信息处理者享有的各种权利。之所以采取这一称谓，目的有二：首先，强调此等权利之主体是作为信息主体的个人，权利所指向的义务人为从事个人信息处理活动的处理者，并非指向其他主体。同时，也表明个人是在个人信息处理活动中才享有这些权利的。如果没有个人信息处理活动，则不存在此等权利。其次，个人在个人信息处理活动中的权利属于手段性权利或救济性权利，旨在保护包括个人信息权益在内的个人权益。也就是说，《个人信息保护法》通过规定个人在个人信息处理活动中享有知情权、决定权、查阅复制权、可携带权、删除权等针对个人信息处理者的权利，可以有效地实现对个人信息权益的保护。

《个人信息保护法》颁布前，《网络安全法》《民法典》等法律就已经规定了个人在个人信息处理活动中的一些权利。《网络安全法》第 43 条规定：“个人发现网络运营者违反法律、行政法规的规定或者双方的约定收集、使用其个人信息的，有权要求网络运营者删除其个人信息；发现网络运营者收集、存储的其个人信息有错误的，有权要求网络运营者予以更正。网络运营者应当采取措施予以删除或者更正。”该条规定了个人针对网络运营者享有的删除权和更正权。在《网络安全法》的基础上，《民法典》第1037条进一步规定：“自然人可以依法向信息处理者查阅或者复制其个人信息；发现信息有错误的，有权提出异议并请求及时采取更正等必要措施。自然人发现信息处理者违反法律、行政法规的规定或者双方的约定处理其个人信息的，有权请求信息处理者及时删除。”从这一条来看，《民法典》除保留自然人针对处理者的删除权和更正权外，还新增加了查阅权与复制权。《个人信息保护法》第4章在《网络安全法》《民法典》规定的基础上，立足于我国个人信息保护实践的要求，吸收借鉴比较法上的优秀成果，对个人在个人信息处理活动中的权利作出了系统全面的规定，规定了个人在个人信息处理活动中享有以下权利：知情权、决定权、查阅复制权、可携带权、更正补充权、删除权以及解释说明权。同时，还就自然人死亡后，其近亲属在符合条件时可以对死者的有关个人信息行使相应的权利作出了规定。

第四十四条　【知情权与决定权】

个人对其个人信息的处理享有知情权、决定权，有权限制或者拒绝他人对其个人信息进行处理；法律、行政法规另有规定的除外。

◆ 条文要旨

本条规定的是个人对个人信息处理的知情权与决定权。

◆ 理解与适用

一、知情权

（一）知情权的意义

《个人信息保护法》第44条明确规定了个人对其个人信息的处理享有知情权与决定权，这一规定具有重要的意义。个人信息处理应当遵循公开透明的原则，除非法律、行政法规另有规定，否则，其个人信息被处理的个人有权知道什么人基于什么目的以何种方式处理其哪些个人信息。无论个人信息处理者是国家机关、企事业单位抑或其他主体，只要进行个人信息的处理，处理者原则上都负有告知个人相关个人信息处理事项的义务。在没有法律、行政法规另外规定的前提下，决不能秘密处理任何个人的个人信息。否则，就是对人格尊严的践踏，损害了人格自由，侵害了宪法上规定的基本人权，为法治国家和民主社会所不允许。

在 1983 年的“人口普查案”（Volkszählungsurteil）中，德国联邦宪法法院认为：“个人的自我决定——在现代化的资讯处理科技的环境下亦然——是以给予个人关于作为或不作为的决定自由（包含可能性在内），并且个人实际上得以按照决定作为为前提的。如果个人不能充分肯定地掌握对于其在社会环境的特定领域内与其有关的资讯公开，并且不能在某种程度内预估可能的资讯往来对象时，个人基于自我决定而拥有的计划和决定之自由，将可能受到重大的妨害。在一个社会秩序以及可能产生此种秩序的法秩序中，当人民不再能够了解何人、何事、何时以及在何种场合对自己会有所知悉时，则此二种秩序将无法与资讯自决权相符合。若个人无法确定其不同于一般人的行为是否会随时被记录和被当作资讯而长期地存储、利用或传递时，那么就会试着不透过这些行为方式来引起注意。若个人考虑到一旦参与集会或国民自发活动即会被官方登记，并且由此产生风险时，则个人就可能会放弃行使他的相关基本权利（《基本法》第 8 条、第 9 条）。若如此，不仅将使得个人的独特发展机会受到妨碍，也将使得公共利益受到妨碍，因为自我决定乃是一个基于国民之行为能力和参与能力的自由民主整体的基本功能条件。”①

欧盟《一般数据保护条例》在导言部分也指出：“以下行为对自然人都应该是透明的，包括有关他们的个人数据被收集、使用、咨询或处理，以及个人数据被处理或将要被处理的程度。透明性原则要求任何有关这些个人数据处理的信息和通信都应可轻松获取且容易理解，并且使用通俗易懂的语言。这一原则特别涉及数据主体关于控制者身份的信息和处理目的以及进一步处理的信息，以确保对有关自然人的公正和透明的处理以及获得有关其正被在处理的数据的个人确认和

---

① 陈戈、柳建龙等：《德国联邦宪法法院典型判例研究》，法律出版社 2015 年版，第 77 页。

通信的权利。应该让自然人了解与处理个人数据有关的风险、规则、保障和权利，以及如何行使与处理有关的权利。”

为了充分尊重和保障人权，维护个人信息权益，我国《个人信息保护法》不仅将公开透明原则作为《个人信息保护法》的一项基本原则，而且在详细规定了处理者的告知义务的同时，更是明确规定了与处理者在个人信息处理中负有告知义务相对应的个人在个人信息处理中的知情权。

（二）知情权的性质与内容

所谓个人对其个人信息处理的知情权，是指个人在其个人信息处理中享有知悉相关情况的权利，包括有权知道其个人信息被何人所处理即处理者是谁，该处理者基于何种目的处理其个人信息，以何种处理方式处理个人信息，处理的是哪些个人信息等相关信息。从比较法上来说，虽然各国或各地区的数据保护法或个人信息保护法也都非常强调个人对其个人信息的知情，但是，一般不单独规定个人对其个人信息处理享有知情权，而只是从处理者的角度规定其负有向个人进行告知的义务。但是，我国《个人信息保护法》为了更好地保护个人权益，凸显个人在个人信息处理中的主体地位，除详细规定了个人信息处理者负有的告知义务外，还专门规定了个人对其个人信息处理享有知情权，从而使得个人信息处理活动中的权利与义务互相对应，更加合理。此外，我国《消费者权益保护法》第 8 条规定：“消费者享有知悉其购买、使用的商品或者接受的服务的真实情况的权利。消费者有权根据商品或者服务的不同情况，要求经营者提供商品的价格、产地、生产者、用途、性能、规格、等级、主要成份、生产日期、有效期限、检验合格证明、使用方法说明书、售后服务，或者服务的内容、规格、费用等有关情况。”《电子商务法》第 17 条第 1 句也规定：“电子商务经营者应当全面、真实、准确、及时地披露商品或者服务信息，保障消费者的知情权和选择权。”这就是关于消费者购买使用商品或接受服务知情权的规定，属于消费者的一项基本权利，旨在解决因信息不对称而给消费者造成损害的问题。实践中，大量的个人信息的处理发生在经营者向消费者推销商品或服务、消费者购买使用商品或服务的场景。故此，消费者的知情权自然也就包括消费者对于其个人信息处理享有的知情权。

个人对其个人信息处理享有的知情权体现在以下几个方面：首先，除非法律、行政法规规定应当保密或者不需要告知的情形或者告知将妨碍国家机关履行法定职责的，否则，任何个人信息处理者在处理个人信息前，都必须向其个人信息被处理的个人履行告知的义务。即便是在紧急情况下为保护自然人的生命健康和财产安全而无法及时向个人告知的，那么在紧急情况消除后，个人信息处理者也应当及时告知。

其次，个人信息处理者在处理个人信息前，应当以显著方式、清晰易懂的语言真实、准确、完整地向个人告知法律、行政法规规定的应当告知的事项。这些事项原则上包括：个人信息处理者的名称或姓名和联系方式；个人信息的处理目的、处理方式，处理的个人信息种类、保存期限；个人行使本法规定权利的方式和程序以及法律、行政法规规定应当告知的其他事项。如果已经告知的前述事项发生变更的，应当将变更的部分告知个人。

再次，就一些特殊的个人信息处理活动，处理者还应当依法告知相应的事项，包括：（1）个人信息处理者因合并等原因转移个人信息的，应当向个人告知接收方的名称或者姓名和联系方式；（2）个人信息处理者向其他处理者提供其处理的个人信息的，应当向个人告知接收方的名称或者姓名、联系方式、处理目的、处理方式和个人信息的种类；（3）为维护公共安全所必需而在公共场所安装图像采集、个人身份识别设备的，应当设置显著的提示标识；（4）个人信息处理者处理已公开的个人信息的，对个人权益有重大影响的，应当向个人告知并取得同意；（5）处理敏感个人信息的，个人信息处理者还应当向个人告知处理敏感个人信息的必要性以及对个人权益的影响；（6）个人信息处理者向中华人民共和国境外提供个人信息的，应当向个人告知境外接收方的名称或者姓名、联系方式、处理目的、处理方式、个人信息的种类以及个人向境外接收方行使本法规定权利的方式等事项。

复次，个人有权向个人信息处理者查阅、复制其个人信息，该权利也是知情权的体现。

最后，发生或者可能发生个人信息泄露、篡改、丢失的，个人信息处理者应当通知个人以下事项：发生或可能发生个人信息泄露、篡改、丢失的信息的种类、原因和可能造成的危害、已采取的补救措施和个人可以采取的减轻危害的措施以及个人信息处理者的联系方式。

（三）知情权的主体

《个人信息保护法》第44条规定的个人对其个人信息的处理享有的知情权与

决定权，权利主体显然就是其个人信息被处理的个人，如果某个自然人的个人信息并未被他人处理，则其不享有对其个人信息的处理的知情权或决定权。《个人信息保护法》第 4 章的章名“个人在个人信息处理活动中的权利”也清楚地揭示了这一点。至于义务主体，当然是从事个人信息处理活动的组织或个人，即个人信息处理者。

二、决定权

（一）决定权的意义

伟大的哲学家康德曾言：“人是目的本身，即在任何时候任何人（甚至上帝）都不能把他只是当作工具来加以利用。”科技的发展和运用都是为了造福于人，而非成为奴役人的工具。为了尊重人格尊严、保护人格自由，就必须确立个人在个人信息处理中的主体地位，尊重其自主价值，使个人对于其个人信息处理享有自主决定的权利。在现代网络信息社会，要真正做到尊重和保障人权，维护人格尊严和人格自由，就必须确保个人在个人信息处理中具有自由的自我决定的权利，申言之，个人有决定自己的个人信息是否被他人处理的自由、被他人以何种目的以何种方式处理的自由，哪些个人信息可以被他人处理的自由。例如，欧盟《一般数据保护条例》就明确规定了“限制处理权”（Right to restriction of processing），依据该条例的第 18 条第 1 款，符合下列情形之一的，数据主体应当有权限制控制者处理：（1）数据主体质疑个人数据的准确性，且允许控制者在一定期限内核实个人数据的准确性；（2）该处理是非法的，并且数据主体反对删除该个人数据，要求限制使用该个人数据；（3）控制者基于数据处理目的不再需要个人数据，但数据主体为法定请求权的确立、行使和抗辩而需要个人数据；（4）数据主体根据本条例第 21 条第 1 款的规定反对数据处理，希望确认控制者的法律依据是否优先于数据主体的法律依据。

我国《宪法》明确规定，国家尊重和保障人权，公民的人格尊严、人身自由不受侵犯。个人对个人信息处理享有的这种决定权来源于《宪法》，需要通过《个人信息保护法》给予规范性保障。故此，《个人信息保护法》第 44 条确立了个人对其个人信息处理享有决定权，此种权利所指向的对象是准备或者正在对个人的个人信息进行处理的任何组织或个人。通过确立个人对其个人信息的处理享有决定权，个人有权限制或者拒绝他人对其个人信息进行处理，该权利不仅说明了个人在个人信息处理活动中的撤回同意的权利、删除权等其他权利的正当性，也为将来新型权利的发展奠定了基础，也就是说，随着未来社会和科技的发展，如果需要确立新型的个人在个人信息处理活动中的权利，那么就完全可以以决定权作为依据加以发展。

（二）决定权的内容

个人对其个人信息处理享有的决定权，是指个人在其个人信息处理活动中处于权利主体的地位，个人有权自由决定其个人信息被何人所处理，以何种目的、何种方式、在何种范围内被处理，除非法律、行政法规另有规定。① 个人既可以同意他人对其个人信息进行相应的处理，也可以限制或者拒绝他人对其个人信息进行处理。个人对其个人信息的处理所享有的决定权具体体现在以下几个方面：

首先，个人信息处理者在处理个人信息前，必须告知个人并取得其同意，除非法律、行政法规另有规定，否则，在没有取得个人同意的情形下，任何个人信息处理者，无论是国家机关还是非国家机关，均不得处理个人信息。个人究竟同意还是拒绝处理者对其个人信息进行处理，完全是个人的自由，个人不需要说明理由，完全可以自由决定。处理者不得以个人不同意处理其个人信息或者撤回同意为由，拒绝提供产品或者服务，除非处理个人信息是提供产品或者服务所必需的。因为处理者的这种做法实际上就是对个人决定权的限制，强制或胁迫个人同意个人信息处理。

其次，在基于个人同意的个人信息处理活动中，个人的同意对个人信息的处理起到了限制的作用，一方面，处理者不得超越个人同意的处理目的、处理方式、处理的个人信息种类等从事处理活动。如果个人信息处理者要变更原先的处理目的、处理方式的，必须重新告知并取得个人的同意。另一方面，个人信息处理者将个人信息提供给其他处理者、向境外提供个人信息的或者公开其处理的个人信息的，都必须取得个人的单独同意，否则不得从事此等处理活动。即便并非基于个人同意的个人信息处理活动，个人也享有决定权。例如，为了维护公共安

① 在起草《个人信息保护法》时，有观点认为，应当将第44条中个人对其个人信息处理享有“决定权”修改为个人对其个人信息处理享有“选择权”。笔者认为，这种观点不妥。因为选择权的范围显然更小，只有“同意”或“不同意”两个选项，但是决定权既包括同意或不同意，也包括进行限制，更能与本条中“有权限制或者拒绝他人对其个人信息进行处理”相对应。

全面依据国家规定在公共场所安装图像采集设备的，个人虽然不能拒绝，但是，处理者不能将收集的个人图像信息用于维护公共安全之外的目的，如果要用于其他目的，也必须取得个人的单独同意。

再次，在基于个人同意的个人信息处理中，个人有权任意撤回其同意，其不需要对此作出任何解释或说明，也不需要任何理由。一旦个人撤回同意后，个人信息处理者就不得处理，同时还要删除个人信息。个人可以撤回对全部个人信息处理活动的同意，也可以撤回部分的同意，即只是不允许处理者实施某些处理方式或者处理某些种类的个人信息。

最后，特定的情形下个人有权限制个人信息处理者的处理活动。我国《个人信息保护法》未如欧盟《一般数据保护条例》第 18 条那样专门规定数据主体限制控制者处理个人数据的情形①，但是，《个人信息保护法》第 47 条第 2 款规定了在个人信息应当删除但由于法律、行政法规规定的保存期限未届满或者删除个人信息从技术上难以实现的，个人信息处理者应当停止除存储和采取必要的安全保护措施外的处理。也就是说，依据该款，个人信息处理者应当主动限制自己的处理活动，如果没有主动限制的，则个人有权请求处理者对其个人信息的处理活动进行限制。

三、知情权与决定权的排除

《个人信息保护法》第 44 条后半句规定了排除个人对其个人信息的处理享有的知情权、决定权的情形，即“法律、行政法规另有规定的除外”。这些情形主要包括：

1. 依据法律、行政法规的规定，不需要告知个人或者虽然需要告知但无须取得个人同意的情形。例如，《个人信息保护法》第 13 条第 1 款第 2—7 项规定的不需要取得同意的情形；第 18 条第 1 款以及第 35 条规定的法律、行政法规规定应当保密或者不需要告知的情形，以及告知将妨碍国家机关履行法定职责的情

① 欧盟《一般数据保护条例》第 18 条第 1 款规定了数据主体行使限制处理权的四种情形：(1) 数据主体质疑个人数据的准确性，且允许控制者在一定期限内核实个人数据的准确性；(2) 该处理是非法的，并且数据主体反对删除该个人数据，要求限制使用该个人数据；(3) 控制者基于数据处理目的不再需要个人数据，但数据主体为法定请求权的确立、行使和抗辩而需要个人数据；(4) 数据主体根据本条例第 21 条第 1 款的规定反对数据处理，希望确认控制者的法律依据是否优先于数据主体的法律依据。

形。再如，《个人信息保护法》第 27 条以及《民法典》第 1036 条第 2 项规定的在合理范围内处理已公开的个人信息的情形等。

2. 依据法律、行政法规的规定，个人不得限制或者拒绝他人对其个人信息进行处理的情形。例如，依据《刑事诉讼法》第 132 条第 1 款，为了确定被害人、犯罪嫌疑人的某些特征、伤害情况或者生理状态，侦查机关可以对人身进行检查，可以提取指纹信息，采集血液、尿液等生物样本。这一规定意味着，个人不得对于侦查机关处理其个人生物识别信息的活动加以拒绝或者限制，此种个人信息处理活动是强制性的，不存在个人的决定权。再如，依据《个人信息保护法》第 16 条的规定，如果处理个人信息属于提供产品或者服务所必需的，那么在个人不同意处理其个人信息或者撤回同意的情形下，个人信息处理者可以拒绝提供产品或者服务。这实际上就在客观上对于个人对其个人信息处理的决定权构成了限制。

◆ 疑点与难点

个人对其个人信息的处理享有决定权不等于个人对其个人信息的排他支配

我国《个人信息保护法》第 44 条规定的决定权，是个人对其个人信息的处理享有决定权，有权限制或者拒绝他人对其个人信息进行处理。因此，决定权是个人在个人信息处理活动中的权利，不能脱离个人信息处理活动来认识决定权，更不能简单地将该权利看作自然人对其个人信息享有绝对的、排他的支配权。一直以来，有种观点极力否认个人信息的民法保护，持该观点学者们的主要理由就是，民法对个人信息的保护就等于在民法上将自然人对个人信息的权利界定为绝对权和支配权，这会产生很大的弊端，将造成信息无法自由地流动，使每个人变成一座孤岛而无法进行正常的社会交往,[①] 无法实现个人信息上承载的不同价值和利益的平衡[②]。本书认为，这种观点是对个人信息民法保护的误读误解。承认个人信息的民法保护，就是承认对于自然人的个人信息权益，但个人信息权益并不等于自然人对个人信息的绝对的、排他的支配权。事实上，即便在个人信息权

---

① 参见丁晓东：《个人信息私法保护的困境与出路》，载《法学研究》2018 年第 6 期。

② 参见刘金瑞：《个人信息与权利配置——个人信息自决权的反思和出路》，法律出版社 2017 年版，第 2 页。

益产生之前，民法上早就承认的名誉权、姓名权、肖像权等人格权，也从来不意味着自然人对于名誉、姓名或者肖像就享有绝对的、排他的支配。我国《个人信息保护法》规定个人在个人信息处理活动中的权利不是目的，而是通过赋予个人以这些权利来保护包括个人信息权益在内的个人权益。换句话说，知情权、决定权等个人在个人信息处理活动中的权利，是《个人信息保护法》赋予个人用以对抗个人信息处理者的法律武器。因为现代计算机科技发展产生的个人信息的自动化处理对于个人权益造成了极大的威胁甚至损害，个人与个人信息处理者存在技术、信息、经济地位等方面的不对等，在这种情形下，只有通过个人信息保护法矫正这种不对等关系，具体手段就是：一方面，对于个人信息处理者施加大量的义务，加强对其个人信息处理活动的监管；另一方面，赋予个人在个人信息处理活动中相应的权利，用于对抗个人信息处理者。

◆ 相关规定

《消费者权益保护法》第 8 条；《电子商务法》第 17 条

第四十五条　【查阅复制权与可携带权】

个人有权向个人信息处理者查阅、复制其个人信息；有本法第十八条第一款、第三十五条规定情形的除外。

个人请求查阅、复制其个人信息的，个人信息处理者应当及时提供。

个人请求将个人信息转移至其指定的个人信息处理者，符合国家网信部门规定条件的，个人信息处理者应当提供转移的途径。

◆ 条文要旨

本条是对个人在个人信息处理中享有的查阅复制权与可携带权的规定。

◆ 理解与适用

一、查阅复制权

（一）规定查阅复制权的理由

《个人信息保护法》第45条第1款规定了个人享有查阅、复制其个人信息的权利，简称**“查阅复制权”**。对此种权利，比较法上皆有规定。欧盟《一般数据保护条例》第15条称之为“数据主体的访问权”（Right of access by the data subject），韩国《个人信息保护法》第35条规定的“个人信息的取得”，我国台湾地区“个人资料保护法”第3条第1项、第2项规定了当事人就其个人资料有权“查询或请求阅览”与“请求制给复制本”。在《个人信息保护法》颁布前，我国《民法典》第1037条第1款第1句规定了自然人针对信息处理者享有依法查阅或者复制其个人信息的权利。

个人查阅、复制其个人信息的权利是维护自然人的个人信息权益的重要手段。一方面，依据《个人信息保护法》第7条，处理个人信息应当遵循公开、透明的原则，公开个人信息处理规则，明示处理的目的、方式和范围。同时，依据《个人信息保护法》第44条，个人对其个人信息的处理享有知情权和决定权。如果个人不能向个人信息处理者查阅、复制其个人信息，那么个人信息处理就不可能公开透明，个人也无法针对其个人信息的处理享有知情权。因为个人根本就不知道其个人信息是否被处理，被何人处理以及处理方式、处理的个人信息种类究竟如何。在这种情况下，个人实质上就丧失了对其个人信息处理的决定权，个人信息权益就无法得到保障。另一方面，如果个人针对个人信息处理者不享有查阅、复制其个人信息的权利，个人也无法知悉其被处理的个人信息是否准确、完整，自然也无法依据《个人信息保护法》第46条以及《民法典》第1037条第1款的规定行使提出异议并请求处理者及时采取更正、补充等必要措施的权利。由此可见，法律上有必要赋予自然人以查阅和复制个人信息的权利，以确保自然人对其个人信息的知情权和保持应有的控制，避免因为非法收集、处理而致其人身财产权益遭受侵害。

（二）查阅复制权的主体

《个人信息保护法》第45条规定的查阅复制权的权利主体是个人，即**其个人**

信息被处理的自然人。查阅复制权并非具有人身专属性的权利，故此，个人有权自行行使查阅复制权，也有权委托他人代为行使该权利。如果自然人已经死亡的，其近亲属为了自身的合法、正当利益，可以对死者的个人信息行使查阅复制权，除非死者生前另有安排。

查阅复制权的义务主体是个人信息处理者，即**自主决定个人信息的处理目的和处理方式的组织**、个人。当然，个人只能针对处理了其个人信息的处理者行使查阅、复制其个人信息的权利，而不能针对没有处理其个人信息的处理者行使该权利。如果处理者是共同处理者，即两个以上的个人信息处理者共同决定个人信息处理目的与处理方式的，个人可以向任何一个个人信息处理者要求行使查阅复制其个人信息的权利，共同处理者内部的约定（如约定仅由某个个人信息处理者来接受个人查阅复制的要求）对于个人行使查阅复制权，不发生影响。如果个人信息处理者因为合并、分立、被宣告破产等原因导致个人信息转移的，则应当向个人告知接收方的名称或姓名、联系方式，以便个人向接收方行使查阅复制权；如果处理者向其他处理者提供其处理的个人信息或者向境外提供个人信息的，那么也应当告知个人接收方的名称或姓名、联系方式等，尤其是在向境外提供个人信息的情形中，必须将个人向境外接收方行使《个人信息保护法》规定的权利的方式加以告知。

（三）查阅复制权的客体

依据《个人信息保护法》第45条第1款，个人针对个人信息处理者请求查阅、复制的是其个人信息。所谓**“其个人信息”**，不能狭义地理解为就是个人被个人信息处理者所处理的个人信息本身，而应当广义地理解为**“个人信息处理事项”**，即个人信息处理的相关情况。例如，依据欧盟《一般数据保护条例》第15条第1款的规定，数据主体有权从控制者处确认其个人数据是否正在被处理，以及有权在该种情况下访问个人数据和以下信息：（1）处理的目的。（2）个人数据的种类。（3）个人数据已经或者将要向其披露的个人数据的接收者的种类，特别是在第三国或者国际组织的接收者。（4）若可能提供，预计的个人数据存储期限；若无法提供，用于确定该期限的标准。（5）向控制者要求修改、删除、限制处理或拒绝处理的权利。（6）向监管机构投诉的权利。（7）在个人数据并非从数据主体收集的情况下，可得到的关于其来源的任何信息。（8）本条例第22条第1

款以及第 4 款所述的自动决策机制，包括数据画像及有关的逻辑程序和有意义的信息，以及此类处理对数据主体的意义和预期影响。

我国的推荐性国家标准《信息安全技术 个人信息安全规范》（GB/T 35273—2020）第 8.1 条将查阅的内容规定为：个人信息控制所持有的个人信息或者个人信息的类型；上述个人信息的来源、所用于的目的；已经获得上述个人信息的第三人身份或类型。本书认为，这个范围显然过于狭窄。在我国法律中，个人向个人信息处理者查阅、复制的其个人信息大致应当包括：个人信息是否正在被处理；个人信息处理者的身份和联系方式；个人信息的处理目的、处理方式、处理的个人信息的种类；被处理的全部个人信息（无论是否属于已公开的）。处理已公开的个人信息的则包括个人信息的来源；个人信息的保存期限；个人行使《个人信息保护法》规定权利的方式和程序等。

（四）查阅复制权的内容

所谓**查阅**，就是指（把书刊、文件等）找出来阅读有关的部分。[①] 个人向个人信息处理者请求查阅其个人信息，就是指个人请求个人信息处理者将其个人信息找出来并加以阅读。既然要能够让个人阅读，显然个人信息处理者提供给个人的个人信息也必须是以自然人能够阅读的形式呈现，而不能以个人无法阅读的二进制代码的方式提供。《个人信息保护法》第 17 条要求个人信息处理者在处理个人信息前，应当以显著方式、清晰易懂的语言真实、准确、完整地向个人告知相关处理事项。同样，在个人向个人信息处理者要求查阅其个人信息时，个人信息处理者也应当以清晰易懂的语言真实、准确、完整地向个人提供相关个人信息，而不能隐瞒或者遗漏。

所谓**复制**，就是要求个人信息处理者为个人提供所要求的复制的其个人信息的副本，此种副本的形式应当是书面形式的，包括纸介质的或者电子介质的。至于传送方式，可以由个人信息处理者发送到个人的电子邮箱或者由个人信息处理者为个人提供相应的下载方式。

---

① 中国社会科学院语言研究所词典编辑室：《现代汉语词典（第七版）》，商务印书馆 2019 年版，第 437 页。

（五）查阅复制权的行使

《个人信息保护法》第 45 条并未就个人向个人信息处理者查阅或者复制其个人信息的具体程序问题作出规定，这主要是考虑到个人信息处理者的类型不同，既有国家机关，也有非国家机关，个人要求查阅复制的个人信息也不相同。法律无法作出更细致的规定，不如交给个人信息处理者自行决定或与个人进行约定更妥。从《个人信息保护法》第 17 条第 1 款第 3 项的规定来看，个人信息处理者可以就个人行使查阅复制权等权利的方式和程序作出规定，也可以与个人进行约定。当然，无论是个人信息处理者自行制定的权利行使方式和程序，还是与个人的约定，都不得违反法律、行政法规的强制性规定，也不得存在排除个人在个人信息处理活动中的权利的格式条款，否则此等约定或条款都是无效的。例如，个人信息处理者在处理规则中要求个人放弃查阅复制的权利，那么这种条款属于《民法典》第 497 条第 3 项规定的“提供格式条款一方排除对方主要权利”的情形，是无效的。①

（六）查阅复制权的排除

从比较法上来看，各个国家或地区的数据保护法或个人信息保护法都规定了个人不得行使查阅复制权的例外情形。例如，韩国《个人信息保护法》第 35 条第 4 款规定：“有下列情形之一时，可以将该事由告知信息主体并限制或拒绝其查阅：1. 法律规定禁止或限制查阅的；2. 可能侵害他人的生命和身体，或者不当侵犯他人财产或其他利益的；3. 公共机构在执行下列任务时，会给执行任务带来重大阻碍的：a. 税收或退税等相关业务；b.《小学、初中教育法》及《高等教育法》规定的各级学校，《终身教育法》规定的终身教育机构，以及除此之外其他法律规定的高等教育机构中有关成绩评价或入学选拔等业务；c. 学历、技能及聘用相关的考试，资格审查等业务；d. 正在进行的补偿金、抚恤金等计算评估或判断的业务；e. 依法进行的监察或调查业务。”再如，我国台湾地区“个人资料保护法”第 10 条规定：“公务机关或非公务机关应依当事人之请求，就其搜集之个人资料，答复查询、提供阅览或制给复制本。但有下列情形之一

---

① 我国台湾地区“个人资料保护法”第 3 条明确规定：“当事人就其个人资料依本法规定行使之下列权利，不得预先抛弃或以特约限制之：一、查询或请求阅览。二、请求制给复制本。三、请求补充或更正。四、请求停止搜集、处理或利用。五、请求删除。”

者，不在此限：一、妨害国家安全、外交及军事机密、整体经济利益或其他国家重大利益。二、妨害公务机关执行法定职务。三、妨害该搜集机关或第三人之重大利益。”

《个人信息保护法》第45条第1款规定了个人不得行使查阅复制权的两类情形：其一，《个人信息保护法》第18条第1款，即法律、行政法规规定应当保密或者不需要告知的情形。例如，国家安全机关在反间谍工作中采取技术侦查措施而获取的有关个人信息，依据《保守国家秘密法》应当保密的。如果法律、行政法规规定应当保密的，那么既不能告知个人，个人也不得行使查阅复制权。至于不需要告知的情形，即个人已经知道了个人信息处理的相关事项的，允许个人查阅复制也是毫无必要的，徒增处理者的负担。其二，《个人信息保护法》第35条规定的情形，即国家机关为履行法定职责处理个人信息，如果告知将妨碍国家机关履行法定职责的，不得告知。显然，这种情形下，不得告知，就不得查阅复制，否则同样会妨碍国家机关履行法定职责。

（七）侵害查阅复制权的救济

如果在个人向个人信息处理者请求查阅复制其个人信息时，个人信息处理者无正当理由拒绝该请求，此时，个人能否向法院提起诉讼，获得司法救济？[①] 对此，存在不同的看法。一些学者和实务界人士认为，如果仅仅是为了查询复制个人信息而被个人信息处理者所拒绝，个人就可以到法院起诉，那么会导致滥诉，造成诉讼爆炸，给法院增加很多工作量。况且，查询复制权无法行使也不会给信息主体造成什么损失，因此，不应赋予个人诉权。即便可以因此向法院起诉，也有必要对查阅复制权的司法救济设立前置程序。例如，个人可以先向履行个人信息保护职责的部门进行投诉，只有在投诉无果的情况下，才能向法院起诉。

本书不赞同上述观点。“没有救济就没有权利”，既然《个人信息保护法》《民法典》已经明确赋予了个人查阅复制其个人信息的权利，那么当该权利受到侵害时，权利人当然可以获得司法救济，请求法院保护权利。所谓诉讼爆炸等并

---

① 《信息安全技术 个人信息安全规范》（GB/T 35273—2020）第8.1条的注解指出：“个人信息主体提出查询非其主动提供的个人信息时，个人信息控制者可在综合考虑不响应请求可能对个人信息主体合法权益带来的风险和损害，以及技术可行性、实现请求的成本等因素后，作出是否响应的决定，并给出解释说明。”

无实证证据加以支持，况且即便偶尔出现，也可以依据禁止权利滥用的原则加以防止，不能据此就否定查阅复制权的可诉性。故此，个人的查阅复制权被个人信息处理者无理拒绝后，个人既有权向履行个人信息保护职责的部门进行投诉、举报，也有权寻求司法救济，通过向法院提起诉讼而请求排除妨碍，顺利实现权利。① 正因如此，《个人信息保护法》第 50 条第 2 款明文规定，个人信息处理者拒绝个人行使权利的请求的，个人可以依法向人民法院提起诉讼。

二、可携带权

（一）规定可携带权的理由

可携带权，也称“个人信息可携带权”或“数据可携带权”（Right to data portability），它是欧盟《一般数据保护条例》第 20 条首次规定的一种新型的数据主体权利，是指自然人对于其同意数据控制者所处理的数据化形式承载的个人信息即个人数据，有权要求该控制者提供结构化的、通用的、机器可读的、能共同操作的以格式形式加以提供的权利，自然人可以将此等个人数据转移给其他的控制者。例如，张三在 A 银行开立账户，把个人信息提供给作为数据控制者的 A 银行，此后当张三在 B 银行开设账户时，张三有权要求数据控制者 A 银行将其个人信息转移给新的数据控制者 B 银行。依据欧盟《一般数据保护条例》第 20 条，数据可携带权需要满足三个条件：其一，可携带权指向的数据是个人数据，如果是无法识别数据主体的数据，不适用可携带权。其二，个人数据必须是在取得数据主体同意的基础上由数据主体提供的或者因为处理个人数据是履行数据主体作为一方当事人的合同所必需的。如果处理不是基于合同或者个人的同意，而是从其他数据控制者处获取的，或者是数据控制者为了公共利益目的或行使公权力所必需而处理的数据，都不适用可携带权。其三，对个人数据采取的是自动化处理方式的。也就是说，是通过数据处理系统对个人数据进行处理的，如果是非自动化处理的，数据可携带权也不适用。欧盟《一般数据保护条例》确立数据可携带权的目的，在于强化数据主体对通过自动化手段进行数据处理的数据的控制，使

---

① 对此，欧盟《一般数据保护条例》第 12 条第 4 款也有明确的规定：“如果控制者未根据数据主体的请求采取行动，控制者应当自收到请求起至迟不超过一个月通知数据主体未采取行动的原因以及向监管机构投诉以及寻求司法救济的可能性。”

得数据主体可以便捷地将其个人数据从一个控制者传输给另一个控制者。[①] 该权利赋予了数据主体更大的经济上的灵活性，并因此赋权消费者（Consumer Empowerment），使之有能力轻松地从一个 IT 环境复制或传输个人数据到另一个 IT 环境。[②] 此外，数据可携带权也可以形成服务者之间为争取客户而展开的竞争，推动隐私友好型技术和互操作式数据格式（interoperable data formats）的发展。[③]

在我国《个人信息保护法》起草过程中，关于是否规定数据可携带权，存在两种观点。一种观点认为，我国法律上不应当赋予自然人数据可携带权。首先，规定数据携带权不仅会极大增加企业的经营成本，技术实现上存在很大的难度，而且也会导致企业的竞争优势丧失，毕竟个人信息是网络企业取得竞争优势的很重要的资产。而且，规定数据可携带权还将带来各个企业之间以此为工具抢夺数据，存在不正当竞争的风险。[④] 其次，数据携带权的确立，很可能导致数据企业拥有的个人数据被其他数据企业免费获得，这明显会抑制数据企业继续对收集、储存个人数据投入资金、技术的意愿，从而不利于我国大数据产业的发展。再次，数据可携带权使得更多数据控制者拥有获取数据主体个人数据的机会，这给许多黑客盗取个人数据大开方便之门。因此，数据携带权不是增强了个人对个人数据的控制，而是弱化了其对个人数据的控制，增加其个人数据和个人隐私暴露的风险。[⑤] 最后，个人信息并非单个个人的，而会涉及多人，如电子邮件等，承认数据可携带权可能会侵害他人的隐私、通信秘密和企业的商业秘密等。

另一种观点认为，应当承认个人数据的可携带权。首先，赋予个人自由获取和转移个人信息的权利，增强个人对其个人信息的控制权，体现了自然人对其个人信息或个人数据的支配性，是个人信息权益的重要组成部分。其次，规定数据可携带权，可以打破个人信息或个人数据领域的垄断，防止大型网络企业扼杀新

---

① 参见欧盟《一般数据保护条例》“序言”部分的第 68 条。

② Paul Voigt & Axel von dem Bussche, The EU General Data Protection Regulation（GDPR）：A Practical Guide，Springer，2017，P. 168.

③ Paal，in：Paal/Pauly，DSGVO，Art. 20（2017），rec. 5.

④ 京东法律研究院：《欧盟数据宪章：〈一般数据保护条例〉GDPR 述评及实务指引》，法律出版社 2018 年版，第 64 页。

⑤ 卓力雄：《数据携带权：基本概念、问题与中国应对》，载《行政法学研究》2019 年第 6 期。

型的网络企业的发展，为激励行业竞争和技术创新提供了良好的环境。① 目前，我国司法实践中已经出现了涉及该问题的案件。例如，在腾讯和抖音就用户头像和昵称的归属所发生的争议中，就涉及作为用户的个人是否享有个人数据可携带权的问题。② 因此，有必要在法律上规定数据可携带权。

在我国《个人信息保护法》的起草过程中，有的常委委员和社会公众、部门、专家提出，为方便个人获取并转移其个人信息，建议借鉴有关国家和地区的立法，增加个人信息可携带权的规定。全国人民代表大会宪法和法律委员会经研究，建议增加规定：个人请求将其个人信息转移至其指定的个人信息处理者，符合国家网信部门规定条件的，个人信息处理者应当提供转移的途径。③ 最终，《个人信息保护法》对个人信息的可携带权作出了规定，即该法第 45 条第 3 款规定："个人请求将个人信息转移至其指定的个人信息处理者，符合国家网信部门规定条件的，个人信息处理者应当提供转移的途径。"

本书认为，规定个人信息可携带权是非常有必要的。最根本的理由就在于，通过规定个人信息可携带权可以很好地预防和制止平台经济领域的垄断行为，保护市场公平竞争，促进平台经济规范有序创新健康发展，维护消费者利益和社会公共利益。我国数字经济发展至今，一些大型的网络企业利用其先发优势确立的市场地位，掌握着巨量的个人信息和数据，从而牢牢控制市场，实行垄断行为，同时，利用一切手段阻止与扼杀其他企业在该领域的创新和竞争。长此以往，对于我国数字经济的健康发展，广大人民群众的合法权益以及社会公共利益的维护都是不利的。正因如此，进入 2021 年以来，我国政府在平台反垄断领域采取了

① 刘云：《欧盟个人信息保护法的发展历程及其改革创新》，载《暨南学报（哲学社会科学版）》2017 年第 2 期；叶名怡：《论个人信息权的基本范畴》，载《清华法学》2018 年第 5 期。有观点认为，携号转网是数据可携带权的具体表现形式，这一举措强化了用户的信息控制权，打破现有电信运营商的优势地位，从而促进市场竞争，优化市场结构。汪庆华：《数据可携带权的权利结构、法律效果与中国化》，载《中国法律评论》2021 年第 3 期。本书认为，携号转网并非个人信息可携带权的具体表现，可携带权也不是为了解决携号转网的问题。后者就是一个电信资源管理问题，只要作为最高主管机关的工信部同意，携号转网不是问题。当然，转网中也会涉及用户的姓名、电话号码等个人信息的转移问题。

② 相关评论参见包晓丽、熊丙万：《通讯录数据中的社会关系资本——数据要素产权配置的研究范式》，载《中国法律评论》2020 年第 2 期；谌嘉妮：《我的数据谁做主？——基于"头腾之争"对个人数据可携带权与企业数据权边界的研究》，载《互联网天地》2019 年第 6 期。

③ 《全国人民代表大会宪法和法律委员会关于〈中华人民共和国个人信息保护法（草案）〉审议结果的报告》。

一系列的举措。2021年2月7日，国务院反垄断委员会制定发布了《关于平台经济领域的反垄断指南》，该指南强调《反垄断法》及配套法规规章适用于所有行业，对各类市场主体一视同仁、公平公正对待，旨在预防和制止平台经济领域垄断行为，促进平台经济规范有序创新健康发展。2021年4月10日，国家市场监督管理局总局发布对阿里巴巴的处罚决定认定，阿里禁止卖家在其他竞争性平台开店、促销的行为（“二选一”行为）违反《反垄断法》，并以阿里在2019年的销售收入的4%计算罚款金额，共计182.28亿元。2021年4月26日下午4点，国家市场监督管理总局表示，根据举报，近日依法对美团实施“二选一”等涉嫌垄断行为立案调查。在平台经济领域反垄断的大背景下，更有必要规定个人信息的可携带权，从而既能有效维护个人信息权益，又能打破大型网络企业的信息垄断，从而实行更加公平的竞争，也为网络企业更好地履行个人信息保护的义务与责任提供压力和动力。当然，个人信息可携带权也是存在适用条件和对象的，不是所有的情形下都可以适用，故此，为了对可携带权进行规范，《个人信息保护法》明确了必须“符合国家网信部门规定条件”，个人信息处理者才应当为个人提供个人信息转移的途径。

（二）可携带权的主体

依据《个人信息保护法》第45条第3款，个人请求将个人信息转移至其指定的个人信息处理者，符合国家网信部门规定的条件的，个人信息处理者应当提供转移的途径。由此可见，可携带权中涉及至少三方当事人，一是可携带权的权利主体即个人；二是可携带权指向的义务人，即个人请求其转移个人信息的个人信息处理者；三是个人指定的个人信息处理者，即接收个人信息的个人信息处理者。

（三）可携带权的要件

《个人信息保护法》第45条第3款没有对可携带权行使的要件作出具体的规定，从该款“符合国家网信部门规定的条件”的表述来看，显然是授权给了国家网信部门来作出规定。本书认为，可携带权的行使要件应当包括以下两项：首先，仅适用于个人信息且该个人信息是信息主体主动提供的，或者是为订立和履行个人作为一方当事人的合同所必需的个人信息。至于为履行法定职责或者法定义务、应对突发公共卫生事件等其他依据法律、行政法规规定的情形而处理个人信息的场合，不适用可携带权。例如，在国家机关为履行法定职责而处理个人信息的情形中，个人不能向国家机关行使可携带权，要求国家机关为个人将个人信息转移至其指定的个人信息处理者提供转移的途径。其次，对个人数据采取的是自动化处理的方式进行的。对于非自动化处理的个人信息，尤其是电子方式以外的其他方式记录的个人信息，不能适用可携带权。

（四）可携带权的行使方式

个人请求将个人信息转移至其指定的个人信息处理者，如果满足国家网信部门规定的条件的，则个人信息处理者应当提供转移的途径。可携带权的实现需要统一机器可读的数据格式，且数据提供方与接收方之间需建立转移数据的通道。故此，所谓**提供转移的途径**，主要是指个人信息处理者与个人所指定的个人信息处理者之间通过相关合同或协议来实现个人信息的转移，否则仅仅个人信息处理者的单方行动是无法将个人信息转移至个人指定的个人信息处理者的。例如，2018 年，谷歌公司发起的**“数据转移计划”**（DTP）项目，这是一个开源项目，该项目所开发的工具能够让用户将个人信息（照片、视频、邮件记录等）直接从一个服务器转移到另一个服务器，既不需要使用第三方工具，也不会存在数据泄露的安全风险。微软、推特、脸书以及苹果公司也都参加了该技术。目前，仅谷歌一家公司就有 70 多种产品和服务支持用户通过数据传输工具获取和转移照片、邮件记录等个人信息，月均文件传输量可达 200 万条，2019 年文件传输量达到了 2000 亿条。因此，个人信息处理者在个人具备了行使可携带权的条件下，应当为个人信息的转移提供途径，这种情形下，最好的办法是通过采取如同谷歌公司的 DTP 项目那样的开源项目来实现用户的个人信息的转移，而不是一对一地判断。

◆ 疑点与难点

一、个人信息保护法中的查阅复制权与民法上的其他查阅复制权的关系

《个人信息保护法》第 45 条规定的查阅复制权属于个人在个人信息处理活动中的权利，其指向的对象是个人信息处理者。除本条的规定外，我国其他法律中还规定了一些具体情形中个人查阅复制相关信息的权利。这些权利也可以称为查阅复制权，其与《个人信息保护法》第 45 条规定的查阅复制权，并不完全相同。以《民法典》为例，其第 1029 条第 1 句规定了“民事主体可以依法查询自己的

信用评价”。这是因为，信用评价对于民事主体的社会交往、生产生活具有重大的影响，因此即便是有权对他人进行信用评价的主体，其对他人进行信用评价的结果和依据也必须供被评价主体查询，被评价主体对此享有知情权，否则就会损害民事主体的合法权益。虽然自然人的信用信息也属于个人信息，关于自然人与征信机构等信用信息处理者之间的关系也适用《民法典》关于个人信息保护的规定（《民法典》第1030条）。但是，由于《民法典》将信用纳入名誉的范畴（第1024条第2款），通过名誉权加以保护。故此，《民法典》第1029条第1句中查询权是基于名誉权而产生的。此外，《民法典》第1029条第1句规定的有权查询的是民事主体，既包括自然人，也包括法人、非法人组织。但是，《个人信息保护法》第45条规定的查阅复制权的主体是其个人信息被处理的个人，即仅限于自然人，而不包括法人、非法人组织。再如，《民法典》第218条规定：“权利人、利害关系人可以申请查询、复制不动产登记资料，登记机构应当提供。”不动产登记资料主要就是指不动产登记簿以及登记原始资料，其上记载的信息不仅包括自然人的个人信息还包括其他信息。由于不动产登记资料包含的财产状况属于自然人的敏感信息，故此法律上对于查询、复制不动产登记资料有相应的限制，只有权利人、利害关系人可以查询复制包含个人信息的不动产登记资料。其他的民事主体所能够查询复制的信息只限于不包含个人信息的不动产登记资料。《不动产登记资料查询暂行办法》第21条规定：“有买卖、租赁、抵押不动产意向，或者拟就不动产提起诉讼或者仲裁等，但不能提供本办法第二十条规定的利害关系证明材料的，可以提交本办法第八条规定材料，查询相关不动产登记簿记载的下列信息：（一）不动产的自然状况；（二）不动产是否存在共有情形；（三）不动产是否存在抵押权登记、预告登记或者异议登记情形；（四）不动产是否存在查封登记或者其他限制处分的情形。”

至于有些法律和行政法规中规定的相关主体查阅复制的权利与《个人信息保护法》第45条规定的查阅复制权，无论是在规范目的还是主体和权利行使程序上，都存在根本的差异。例如，《刑事诉讼法》第40条规定：“辩护律师自人民检察院对案件审查起诉之日起，可以查阅、摘抄、复制本案的案卷材料。其他辩护人经人民法院、人民检察院许可，也可以查阅、摘抄、复制上述材料。”该条规定的是辩护律师享有的查阅、摘抄和复制案卷材料的权利，属于辩护人的法定权利之一。再如，我国很多行政管理性的法律如《海关法》《草原法》《食品安全法》《广告法》《未成年人保护法》《生物安全法》等均规定了行政机关查阅、复制相关资料的权力，这些属于有关执法机关的法定职权，与《个人信息保护法》第45条规定的查阅复制权完全不同。

二、个人信息的查阅复制权与政府信息公开的关系

由于个人信息处理者既包括国家机关，也包括非国家机关，而国家机关为履行法定职责而处理个人信息时，所收集的个人信息将构成政府信息的组成部分。所谓政府信息，是指行政机关在履行行政管理职能过程中制作或者获取的，以一定形式记录、保存的信息（《政府信息公开条例》第2条）。依据《政府信息公开条例》的规定，行政机关公开政府信息，应当坚持以公开为常态、不公开为例外，遵循公正、公平、合法、便民的原则。除了以下三类政府信息，其他的政府信息应当公开：（1）依法确定为国家秘密的政府信息，法律、行政法规禁止公开的政府信息，以及公开后可能危及国家安全、公共安全、经济安全、社会稳定的政府信息，不予公开。（2）涉及商业秘密、个人隐私等公开会对第三方合法权益造成损害的政府信息，行政机关不得公开。但是，第三方同意公开或者行政机关认为不公开会对公共利益造成重大影响的，予以公开。（3）行政机关的内部事务信息，包括人事管理、后勤管理、内部工作流程等方面的信息，可以不予公开。行政机关公开政府信息，采取主动公开和依申请公开的方式。

在当行政机关作为处理者处理个人信息的，只要不存在《个人信息保护法》第19条第1款规定的情形，其个人信息被处理的个人就可以依据《个人信息保护法》本条向作为个人信息处理者的行政机关要求查阅、复制其个人信息。但是，如果要求查阅复制的不是其个人信息，而是行政机关在履行行政管理职能过程中制作或者获取的，以一定形式记录、保存的其他信息，就应当依据《政府信息公开条例》的规定向行政机关申请公开。至于其个人信息未被行政机关处理的个人，要求查阅复制政府信息，如果该政府信息中涉及第三人的个人信息、个人隐私等，公开会对第三人的合法权益造成损害的，那么行政机关也不得公开，除非该第三人同意公开或者行政机关认为不公开会对公共利益造成损害。

由此可见，《个人信息保护法》中的查阅复制权不同于《政府信息公开条例》规定的个人申请政府信息公开的权利，前者属于民事权利，旨在保护个人对

其个人信息处理的知情权；后者属于公法上的权利，旨在保护人民依法获取政府信息的知情权，提高政府工作的透明度，加强人民对政府的监督。

三、查阅复制权行使中的具体问题

1. 个人向个人信息处理者行使查阅复制权是否需要符合一定条件？有的人认为，个人向个人信息处理者要求查阅复制其个人信息，给处理者造成了干扰，故此基于比例原则，应当要求个人在证明自己具有正当利益的前提下，才能行使查阅复制权。笔者认为，这种观点是错误的。查阅复制权是个人在个人信息处理活动中的权利，我国《个人信息保护法》并未对其行使设置要件，个人只需要能够证明自己属于信息主体，即其个人信息被查阅复制权所指向的组织或个人所处理即可。

2. 个人信息处理者如何确认申请查阅复制个人信息的主体就是信息主体即其个人信息被处理的个人？如果个人信息处理者不去进行这种验证，就很可能出现非信息主体的个人通过查阅复制非法获取他人的个人信息，以致个人信息泄露的问题。欧盟《一般数据保护条例》序言第 64 条指出："控制者应当使用所有合理的措施在数据主体要求访问数据时验证数据主体身份，尤其是使用线上服务和线上识别器。控制者不应仅以回应潜在数据主体的请求为目的保留个人数据。"我国《个人信息保护法》第 51 条要求个人信息处理者应当根据信息的处理目的、处理方式、个人信息的种类以及对个人的影响、可能存在的安全风险等，采取相应措施确保个人信息处理活动符合法律、行政法规的规定，并防止未经授权的访问以及个人信息泄露、篡改、丢失。《民法典》第 1038 条第 2 款前半句也规定："信息处理者应当采取技术措施和其他必要措施，确保其收集、存储的个人信息安全，防止信息泄露、篡改、丢失。"此外，《网络安全法》第 42 条第 2 款第 1 句也有相同的规定。故此，在个人向个人信息处理者要求查阅复制其个人信息时，个人信息处理者应当采取相应的技术措施和其他必要的措施来验证申请者是否属于适合的主体或者属于得到授权的人。

3. 个人要求查阅复制其个人信息时是否需要支付费用？对此，我国《个人信息保护法》的起草过程中就存在争论。有观点认为，个人信息处理者为了满足个人查阅复制其个人信息的要求必将支付相应的人力物力成本，因为"考虑到如今计算机网络的分布性特征，个人数据有可能被存储在不同地方的各种数据库中，因此，很难找出满足数据主体要求所需的全部数据。甚至，为了使特定主体知道与其有关的哪些数据已被保存，或者使他能够行使删除、封锁等权利，就需要找出所有与其相关的数据，为此数据控制者可能要对各种数据库中的大量数据进行搜索”,① 基于成本补偿原则，要求个人支付一定的费用。况且，为了避免恶意的查阅复制申请而给企业造成不合理的负担，也应当要求查阅复制个人信息的个人支付合理的费用。从比较法上来看，一些国家或地区的立法也有规定。例如，日本《个人信息保护法》第33条规定：“在被本人要求对其进行第二十七条第二款规定的有关利用目的的通知，或者接到第二十八条第一款规定的公开的请求后，个人信息处理业者可以就相关措施的实施而收取手续费。个人信息处理业者若依照前一款的规定收取手续费的，则应当在考虑实际费用并被认为是合理的范围内，确定该手续费的金额。”再如，我国台湾地区“个人资料保护法”第14条规定：“查询或请求阅览个人资料或制给复制本者，公务机关或非公务机关得酌收必要成本费用。”我国澳门特别行政区《个人资料保护法》第11条第1款规定，在不得拖延的合理期限内及无须支付过高费用的情况下，数据当事人享有自由地、不受限制地从负责处理个人资料的实体获知相应事项的权利。

应当说，个人信息处理者为满足个人查阅复制的权利确实需要花费一定的成本，此种情形由个人支付合理的费用以补偿处理者为此产生的成本也是合理的。但是，我国《个人信息保护法》对此没有作出规定，理由在于：首先，个人信息处理者的类型很多，既包括国家机关、事业单位等，也包括公司企业，且查阅复制的成本各不相同，不宜由《个人信息保护法》作出规定，可以由相应的法律、行政法规作出规定，或者由当事人加以约定。例如，《征信业管理条例》第17条规定：“信息主体可以向征信机构查询自身信息。个人信息主体有权每年两次免费获取本人的信用报告”。其次，对于符合条件的个人在行使查阅复制权等个人在个人信息处理活动中的权利收取费用，容易对个人行使权利造成妨碍，不符合便民利民的原则，更不利于保护个人信息权益。当然，对于不符合条件或者多次甚至是恶意行使查阅复制权的个人，可以考虑收取相应的费用，而这可以由个人信息处理者在其建立的个人行使权利的申请受理和处理机制中作出相应的规定，

① ［德］Christopher Kuner:《欧洲数据保护法：公司遵守与管制（第二版）》，旷野等译，法律出版社2008年版，第67-68页。

不应由法律直接规定。[①] 最后，随着科技的发展，未来查阅复制个人信息也会越来越方便，成本越来越低，甚至忽略不计。故此，《个人信息保护法》就收费问题作出规定并不妥当。

4. 个人向个人信息处理者申请查阅复制其个人信息的请求的提出方式如何。本书认为，个人信息处理者可以在个人信息处理规则作出约定，如要求个人向个人信息处理者指定的电子邮箱发送邮件提出申请，或者拨打某一专门处理个人信息查阅复制事宜的人员的电话口头提出申请等，都可以。需要注意的是，为了避免个人滥用查阅复制权，未来的行政法规或部门规章可以就个人向某一个人信息处理者行使查阅复制权的间隔时间作出规定。当然，个人信息处理者也可以在个人信息处理规则中作出规定。

5.《个人信息保护法》第 45 条第 2 款规定，个人请求查阅、复制其个人信息的，个人信息处理者应当及时提供。所谓“及时提供”究竟是多长时间内提供？欧盟《一般数据保护条例》第 12 条第 3 款规定：“控制者应当自收到请求起不得超过一个月内提供根据本条例第 15 条至第 22 条采取行动的信息。考虑到请求的复杂性和数量，在必要时，这一期限可以再延长两个月。对于延期提供信息的任何情况，控制者都应当自收到请求起一个月内通知数据主体相关情形和延迟原因。如果数据主体以电子形式发送请求，这些信息应以电子形式提供，除非数据主体对提供方式有其他特殊要求。”本书赞同这一规定，所谓及时并不等于立刻，但也不能拖延，具体判断应当考虑查阅复制的申请的提出时间、需要查阅或复制的个人信息的数量、个人信息处理者完成该请求的难易程度等因素综合判断。例如，张三在周五下午即将下班的时刻向个人信息处理者 A 公司提出查阅复制个人信息的申请，由于第二天就是周末，故此，不能认为 A 公司没有马上提供或者没有在周末提供，就是不及时的。

---

① 例如，欧盟《一般数据保护条例》第 12 条第 5 款规定：“根据本条例第 13 条和第 14 条所提供的信息以及根据本条例第 15 条至第 22 条和第 34 条提供的任何沟通行动都应当免费提供。在数据主体提出的请求无依据或超出提供范围，尤其是重复提起请求的情形下，控制者也可以：(a) 考虑到提供信息、交流或者采取行动的管理成本，可以收取合理的费用；(b) 拒绝受理数据主体的请求。控制者应当证明数据主体的请求在其提供范围之外。”第 15 条第 3 款规定：“控制者应提供正在处理的个人数据的副本。对于数据主体要求提供额外副本的，控制者可以根据管理成本收取合理的费用。如果数据主体通过电子形式提出请求，除非数据主体另有要求，信息应当以常用的电子形式提供。”

◆ 相关规定

《民法典》第1037条；《政府信息公开条例》第2条；《征信业管理条例》第17条

第四十六条 【更正补充权】

个人发现其个人信息不准确或者不完整的，有权请求个人信息处理者更正、补充。

个人请求更正、补充其个人信息的，个人信息处理者应当对其个人信息予以核实，并及时更正、补充。

◆ 条文要旨

本条规定的是个人请求个人信息处理者更正或补充其个人信息的权利。

◆ 理解与适用

一、规范目的

《个人信息保护法》第46条规定的是个人发现其个人信息不准确或不完整时，请求个人信息处理者进行更正补充的权利，简称**更正补充权**，欧盟《一般数据保护条例》称之为“更正权”（Right to Rectification）。在个人信息处理活动中，如果处理者处理的个人信息是不准确或不完整的，将对个人的权益造成不利影响甚至损害。例如，在征信活动中，如果征信机构所处理的作为信用评价对象的个人的信息是不完整或不准确的，那么就会导致个人被错误地进行信用评级，对其获得贷款、就业等生产生活造成不利影响。再如，网络购物平台收集的用户的通信地址和联系方式是错误的，那么当用户在该平台购物时，商家寄送给该用户的物品就可能无法或迟延收到。如果说前述个人信息的不准确或不完整只是导致个人的财产权益受到不利影响，那么处理的个人的医疗健康信息如果出现错误，很可能导致患者的生命健康权受到损害。

正是由于更正权有助于纠正和预防对信息主体权利和自由的不利影响，极为重要，故此，该权利也是在个人信息保护立法中被最早规定的一类权利。1995 年《个人数据保护指令》第 12 条（b）项规定，成员国应当保证，在数据处理不符合本指令的规定特别是数据不完整或不准确时，数据主体有权要求数据控制者相应的对数据予以更正、删除或冻结。欧盟《一般数据保护条例》序言部分第 36 条指出，“应采取每一个合理步骤，确保纠正或删除不准确的个人资料”。该条例第 16 条规定：“数据主体有权要求控制者及时更正与其相关的不准确的个人数据。考虑到处理的目的，数据主体应当有权将不完整的个人数据补充完整，包括通过提供补充声明的方式。”日本《个人信息保护法》第 29 条规定：“若能够识别本人的、持有的个人数据的内容并非事实的，则该本人可以请求个人信息处理业者对该持有的个人数据的内容进行订正、追加或删除（以下于本条称为‘订正等’）。个人信息处理业者在接到前一款规定的请求后，除其他法令对该内容的订正等规定有特别程序的情形外，应当立即在达到利用目的所必要的范围内展开必要的调查，并根据调查结果对该持有的个人数据的内容进行订正等。个人信息处理业者在对前一款规定的请求所涉及的持有的个人数据之全部或部分内容进行了订正等，或者决定不进行订正等时，应当立即将该情况（在进行了订正等时，包括订正等的内容）或该决定通知给本人。”韩国《个人信息保护法》第 36 条第 1 款、第 2 款规定：“根据第三十五条，查阅本人个人信息的信息主体，可以要求个人信息处理者对其个人信息进行更正或者删除。但是，其他法令明确规定该个人信息为收集对象的，不得要求删除。根据第一款的规定，个人信息处理者接到信息主体的要求后，若没有其他法令对个人信息的更正或者删除做出特别程序的规定，应当立即对个人信息进行调查，根据信息主体的要求对相关信息采取更正或删除，并将结果及时告知信息主体。”我国台湾地区“个人资料保护法”第 11 条第 1 款、第 2 款规定：“公务机关或非公务机关应维护个人资料之正确，并应主动或依当事人之请求更正或补充之。个人资料正确性有争议者，应主动或依当事人之请求停止处理或利用。但因执行职务或业务所必须，或经当事人书面同意，并经注明其争议者，不在此限。”

在《个人信息保护法》颁布前，我国《网络安全法》《民法典》等法律以及行政法规规定，个人发现个人信息错误时有权请求更正。《网络安全法》第 43 条规定："……发现网络运营者收集、存储的其个人信息有错误的，有权要求网络运营者予以更正。网络运营者应当采取措施予以删除或者更正。"《民法典》第1037条第1款后半句规定，自然人发现信息有错误的，有权提出异议并请求及时采取更正等必要措施。《征信业管理条例》第25条规定："信息主体认为征信机构采集、保存、提供的信息存在错误、遗漏的，有权向征信机构或者信息提供者提出异议，要求更正。征信机构或者信息提供者收到异议，应当按照国务院征信业监督管理部门的规定对相关信息作出存在异议的标注，自收到异议之日起20日内进行核查和处理，并将结果书面答复异议人。经核查，确认相关信息确有错误、遗漏的，信息提供者、征信机构应当予以更正；确认不存在错误、遗漏的，应当取消异议标注；经核查仍不能确认的，对核查情况和异议内容应当予以记载。"

我国《个人信息保护法》一方面在第1章"一般规定"中明确了质量原则为《个人信息保护法》的一项基本原则，即该法第8条规定："处理个人信息应当保证个人信息的质量，避免因个人信息不准确、不完整对个人权益造成不利影响。"依据这一原则，个人信息处理者负有采取合理的措施保证其处理的个人信息的准确性与完整性的义务，从而防止对个人权益造成不利的影响。另一方面《个人信息保护法》又在第46条赋予了个人在发现其个人信息不准确或不完整时请求个人信息处理者进行更正或补充的权利。如此一来，就可以有效保证个人信息的准确和完整，从而更好地维护个人信息权益。

二、更正补充权的主体

个人信息的更正补充权的主体是个人，即**其个人信息被处理的个人**。个人发现其个人信息不准确或者不完整时，就有权请求个人信息处理者进行更正、补充。个人信息的更正补充权可以由信息主体本人行使，也可以委托其他人代为行使。当信息主体是未成年人时，应当由其父母或者其他监护人行使更正补充权。对此，《未成年人保护法》第72条第2款规定："未成年人、父母或者其他监护人要求信息处理者更正、删除未成年人个人信息的，信息处理者应当及时采取措施予以更正、删除，但法律、行政法规另有规定的除外。"至于死者的个人信息更正补充权，依据《个人信息保护法》第49条，应当由其近亲属行使。

个人信息的更正补充权所指向的义务主体是**个人信息处理者**，即自主决定处理目的、处理方式的组织、个人。个人只能针对处理了其个人信息的处理者行使更正补充权，而不能针对没有处理其个人信息的处理者行使该权利。如果处理者是共同处理者，即两个以上的个人信息处理者共同决定个人信息处理目的与处理方式的，个人可以向任何一个个人信息处理者要求行使更正补充权。共同处理者内部的约定（如约定仅由某个个人信息处理者来接受个人更正补充的请求的），对于个人行使更正补充权，不发生影响，对此，《个人信息保护法》第 20 条第 1 款有明确的规定。如果个人信息处理者因为合并、分立等原因导致个人信息发生转移的，则应当向个人告知接收方的名称或者姓名和联系方式，以便个人向接收方行使更正补充权（《个人信息保护法》第 22 条）；如果处理者向其他处理者提供其处理的个人信息或者向境外提供个人信息的，那么也应当告知个人接收方的名称或者姓名和联系方式等，尤其是在向境外提供个人信息的情形中，必须将个人向境外接收方行使《个人信息保护法》规定的权利的方式加以告知（《个人信息保护法》第 23 条、第 39 条），以便个人便捷地行使更正补充权。

三、更正补充权的要件

1. 个人只能对其个人信息请求更正或补充

个人只能针对其个人信息请求更正或补充意味着：一方面，个人信息处理者所处理的个人信息必须是合法的，即要么取得个人的同意，要么存在其他合法根据。如果是非法处理的个人信息，则个人可以行使《个人信息保护法》第 47 条规定的删除权。另一方面，依据《个人信息保护法》第 46 条的规定，个人只能在发现**“其个人信息”**不准确或不完整时，请求个人信息处理者更正、补充。这就是说，当某个信息并非仅仅是某个特定个人的个人信息，而是涉及其他人时，该个人不能以该个人信息是不准确或不完整为由，请求更正或补充，因为这样会损害他人的合法权益。例如，张三与 A 公司的交易信息，就不仅仅是张三的个人信息，还涉及 A 公司。故此，除非 A 公司与张三一致认为这个交易信息是不准确或不完整的，应当予以更正或补充，否则不能因为张三的单方请求，处理者就对此进行更正或补充。

既然个人只能对其个人信息请求更正或补充，那么，当某个个人行使更正补充权时，个人信息处理者就负有采取合理措施，核验申请更正或补充的个人是否属于信息主体的义务，从而避免因冒名顶替行使更正补充权而损害真实信息主体的合法权益。例如，张三盗窃了李四的身份证等证明材料，向个人信息处理者 A

行使所谓的更正个人信息的权利，将原本正确的李四的个人信息改成错误的个人信息，从而给李四造成了损害。如果因为个人信息处理者没有尽到合理的核验义务，给个人造成损害的，应当承担赔偿责任。

2. 不准确或者不完整的个人信息

不准确的个人信息（Inaccurate personal information），简单地说，就是指处理者所处理的个人信息与真实的个人信息不一致，不能反映真实的情况。例如，个人的家庭住址、身份证号码、电话号码、生物识别信息、医疗健康信息等出现错误。存在疑问的是，个人信息处理者对个人作出的价值判断（value judgements），如对用户的个人偏好、行为或态度等作出分析或预测中包含或涉及不准确的个人信息的，是否属于不准确的个人信息？理论上认为，这种情况下需要进行各方利益的平衡，从而觉得更正是否属于必要与合理的。如果处理者的价值判断导致一个人被呈现出虚假的形象且该虚假的形象是能够被证实的，那么就应当更正。①

不完整的个人信息（Incomplete personal information），是指个人信息存在缺失或者遗漏。个人信息完整与否，是相对于个人信息处理目的而言的。个人信息处理应当遵循目的限制和最小必要原则，即处理个人信息应当限于实现处理目的所必要的最小范围。这样一来，个人在同意处理者处理的个人信息当然可以是部分的或不完全的。但是，随着处理活动的进行，如果个人认为处理者所处理的个人信息相对于实现处理目的而言是不全面的或不完整的，那么其有权要求个人信息处理者补充相应的个人信息。问题是，个人要求个人信息处理者补充个人信息，实际上增加了被处理的个人信息的数量，提高了个人信息处理者的成本与负担。此时，是否补充，应当考虑以下因素，即补充个人信息是否是实现特定的个人信息处理目的所必需的；补充个人信息是否有助于个人信息处理活动；如果不补充个人信息是否会使得个人因信息的不完整而面临风险等。②

个人信息不准确或是不完整，原因很多，有可能是个人提供时的错误所致，也有可能是因为客观情况发生变化，还有可能是个人信息处理者的原因所致。无

---

① Paul Voigt & Axel von dem Bussche, The EU General Data Protection Regulation (GDPR): A Practical Guide, Springer, 2017, P. 155.

② Paul Voigt & Axel von dem Bussche, The EU General Data Protection Regulation (GDPR): A Practical Guide, Springer, 2017, P. 156.

论是什么原因，都不影响个人向个人信息处理者行使更正补充权。

3. 个人信息处理者应当予以核实

个人在请求个人信息处理者更正、补充时，依据《个人信息保护法》第46条第2款的规定，个人信息处理者应当对其个人信息**予以核实**。核实意味着个人信息处理者不能只要收到个人更正补充的请求时，就直接予以更正或补充，而必须核实个人信息是否存在不准确或不完整的情形。个人对其个人信息的不准确或者不完整应当负有举证证明的责任，也就是说，其应当提出证据证明个人信息处理者所处理的其个人信息是不准确或者不完整的。从比较法上来看，各国也有相应的规定。例如，欧盟《一般数据保护条例》第16条要求数据主体在请求更正时，要附上证明文件。韩国《个人信息保护法》第36条第5款也规定，个人信息处理者根据本条第2款的规定进行调查时，在必要情形下，可以让该申请信息主体提供确认更正、删除要求所需的证据资料。

我国《个人信息保护法》第46条第2款要求个人信息处理者予以核实，就意味着：一方面，个人信息处理者要核实请求更正补充的人是否是信息主体；另一方面，要求更正或补充的个人信息是否不准确或不完整。故此，个人在行使更正补充权时需要向个人信息处理者提交证明材料，即举证证明个人信息不完整或不准确。但是，究竟要证明到何种程度，法律没有规定。《个人信息保护法》第17条允许个人信息处理者通过个人信息处理规则明确个人行使更正补充权等权利的方式和程序，故此，笔者认为，个人信息处理者可以对个人要求更正补充时应当提交的证明材料等作出规定，但是这种规定不能不合理。

4. 个人信息处理者应当核实并及时更正或补充

《个人信息保护法》第46条第2款要求，个人信息处理者在收到个人的更正补充请求后，应当对其个人信息予以核实，并及时更正或补充。所谓及时，就是个人信息处理者应当毫不迟延。欧盟《一般数据保护条例》第12条第3款规定："控制者应当自收到请求起不得超过一个月内提供根据本条例第15条至第22条采取行动的信息。考虑到请求的复杂性和数量，在必要时，这一期限可以再延长两个月。对于延期提供信息的任何情况，控制者都应当自收到请求起一个月内通知数据主体相关情形和延迟原因。"我国《个人信息保护法》没有规定具体时间，实践中，应当考虑更正补充的难易程度等因素确定处理者进行更正或补充所需要的时间。例如，国家网信办秘书局等单位印发的《App 违法违规收集使用个人信息行为认定方法》第 6 条规定，虽提供了更正、删除个人信息及注销用户账号功能，但未及时响应用户相应操作，需人工处理的，未在承诺时限内（承诺时限不得超过 15 个工作日，无承诺时限的，以 15 个工作日为限）完成核查和处理的行为，可以被认定为“未按法律规定提供删除或更正个人信息功能”。

◆ 相关规定

《网络安全法》第 43 条；《未成年人保护法》第 72 条；《民法典》第 1037 条；《征信业管理条例》第 25 条

第四十七条 【删除义务和删除权】

有下列情形之一的，个人信息处理者应当主动删除个人信息；个人信息处理者未删除的，个人有权请求删除：

（一）处理目的已实现、无法实现或者为实现处理目的不再必要；

（二）个人信息处理者停止提供产品或者服务，或者保存期限已届满；

（三）个人撤回同意；

（四）个人信息处理者违反法律、行政法规或者违反约定处理个人信息；

（五）法律、行政法规规定的其他情形。

法律、行政法规规定的保存期限未届满，或者删除个人信息从技术上难以实现的，个人信息处理者应当停止除存储和采取必要的安全保护措施之外的处理。

◆ 条文要旨

本条规定的是个人信息处理者主动删除个人信息的义务以及个人请求个人信

息处理者删除个人信息的权利。

◆ 理解与适用

一、规范目的

《个人信息保护法》第47条规定的是在一定情形下个人信息处理者有义务主动删除其处理的个人信息或者个人请求个人信息处理者删除其个人信息的权利。个人针对个人信息处理者的此种请求删除其个人信息的权利，就是**“删除权”**(Right to Erasure)。《个人信息保护法》规定处理者的删除义务以及个人的删除权的主要理由有以下几点：首先，依据目的限制原则与必要原则，个人信息的处理应当具有明确、合理的目的，个人信息的处理应当与处理目的直接相关，采取对个人权益影响最小的方式。在个人信息处理的目的已经实现或者无法实现的情形下，个人信息处理者就不能再处理个人信息，包括不应再存储个人信息，否则就有可能出现个人信息的泄露、非法买卖或者被用于不符合法律规定或未经个人同意的其他目的，这会对个人信息权益造成危险。因此，有必要强制个人信息处理者删除这些个人信息并赋予个人请求个人信息处理者删除该等个人信息的权利。其次，个人信息处理必须遵循合法的原则，任何组织、个人不得违反法律、行政法规的规定和当事人的约定处理个人信息（《个人信息保护法》第7条、第10条；《民法典》第1035条)，个人信息处理者违反法律、行政法规或者违反约定处理个人信息的行为，是非法行为，构成对个人信息权益的侵害。例如，没有取得个人同意且没有法律、行政法规规定的理由收集个人信息的，属于非法收集个人信息；超过了双方约定的个人信息保存期限仍然保存个人信息的，属于非法存储个人信息。针对这些非法的个人信息处理行为，个人当然有权要求作为侵权人的个人信息处理者停止侵害、消除危险。而删除就是停止侵害、消除危险的重要实现方式。最后，当个人信息处理活动是基于个人同意而进行的时候，个人有权随时撤回同意（《个人信息保护法》第16条)，一旦个人撤回同意，处理者就不得再处理个人信息，包括不得继续存储个人信息，故此，处理者负有及时删除个人信息的义务，当其不履行该义务时，个人有权请求其删除。

比较法上，各国或各地区的个人信息保护法或数据保护法都明确规定了个人享有删除权。如欧盟《一般数据保护条例》第17条第1款规定：“数据主体有权要求控制者及时删除其个人数据，并且在下列理由之一的情况下，控制者有义务及时删除数据主体的个人数据：（a）就收集或以其他方式处理个人数据的目的而言，该个人数据已非必要；（b）数据主体根据本条例第6条第1款（a）项或第9条第2款（a）项撤回同意，并且在没有其他有关数据处理的法律依据的情况下；（c）数据主体根据本条例第21条第1款反对处理，并且不存在关于数据处理更重要的合法依据，或者数据主体根据本条例第21条第2款反对处理；（d）个人数据被非法处理；（e）根据控制者所应遵守的欧盟或成员国法律规定的法定义务，个人数据必须被删除；（f）个人数据是根据本条例第8条第1款所述的社会信息服务而收集的。”美国加利福尼亚州《消费者隐私保护法》第1798.105节（a）与（c）规定，消费者有权要求企业删除从该消费者处收集的个人信息。在收到消费者要求删除其个人信息的可验证请求后，企业应当从其记录中删除消费者的个人信息，并指示所有服务提供者从其记录中删除该消费者的个人信息。韩国《个人信息保护法》第36条规定，根据该法第35条，查阅本人个人信息的信息主体，可以要求个人信息处理者对其个人信息进行更正或者删除。但是，其他法令明确规定该个人信息为收集对象的，不得要求删除。根据第36条第1款的规定，个人信息处理者接到信息主体的要求后，若没有其他法令对个人信息的更正或者删除作出特别程序的规定，应当立即对个人信息进行调查，根据信息主体的要求对相关信息采取更正或删除，并将结果及时告知信息主体。个人信息处理者根据第36条第2款进行删除个人信息时，应采取措施以防止该个人信息恢复或再生。

《个人信息保护法》颁布之前，我国《网络安全法》第43条第1句规定，“个人发现网络运营者违反法律、行政法规的规定或者双方的约定收集、使用其个人信息的，有权要求网络运营者删除其个人信息”。《民法典》第1037条第2款规定：“自然人发现信息处理者违反法律、行政法规的规定或者双方的约定处理其个人信息的，有权请求信息处理者及时删除。”《未成年人保护法》第72条第2款规定：“未成年人、父母或者其他监护人要求信息处理者更正、删除未成年人个人信息的，信息处理者应当及时采取措施予以更正、删除，但法律、行政法规另有规定的除外。”此外，一些行政法规和部门规章也对个人信息的删除作出了规定。例如，《征信业管理条例》对于超过保存期限的个人不良信息，征信机构应当予以删除作出了规定，该条例第16条第1款规定，征信机构对个人不良信息的保存期限，自不良行为或者事件终止之日起为5年；超过5年的，应当予以删除。《儿童个人信息网络保护规定》第20条规定："儿童或者其监护人要求网络运营者删除其收集、存储、使用、披露的儿童个人信息的，网络运营者应当及时采取措施予以删除，包括但不限于以下情形：（一）网络运营者违反法律、行政法规的规定或者双方的约定收集、存储、使用、转移、披露儿童个人信息的；（二）超出目的范围或者必要期限收集、存储、使用、转移、披露儿童个人信息的；（三）儿童监护人撤回同意的；（四）儿童或者其监护人通过注销等方式终止使用产品或者服务的。"

《个人信息保护法》在上述法律法规的基础上，于第47条对于个人信息处理者删除个人信息的义务以及个人请求删除个人信息的权利作出了详细的规定，包括适用删除权的具体情形（第1款）；依据法律、行政法规的规定不能删除或难以删除时个人信息处理者应当采取的措施等。

二、删除权的主体

依据《个人信息保护法》第47条，当存在需要删除个人信息的情形时，首先应当由个人信息处理者主动删除个人信息。所谓个人信息处理者，即自主决定处理目的、处理方式的组织、个人。如果处理者是共同处理者，即两个以上的个人信息处理者共同决定个人信息处理目的与处理方式的，那么任何一个共同处理者都负有主动删除个人信息的义务，至于它们内部的约定（如约定仅由某个处理者负责删除或收到个人提出的删除其个人信息的请求后予以删除的），对于个人行使删除权不发生影响（《个人信息保护法》第20条第1款）。如果个人信息处理者因为合并、分立等原则导致了个人信息发生转移的，则接收方负有主动删除的义务；如果处理者向他人提供其处理的个人信息或者向境外提供个人信息的，提供方和接收方都负有删除的义务，个人也可以请求其删除。

当负有主动删除个人信息义务的处理者没有删除的，个人作为删除权的主体有权请求其删除。个人信息的删除权可以由信息主体本人亲自行使，也可以委托其他人代为行使。当信息主体是未成年人时，应当由其父母或者其他监护人行使更正补充权。对此，《未成年人保护法》第72条第2款规定："未成年人、父母或者其他监护人要求信息处理者更正、删除未成年人个人信息的，信息处理者应当及时采取措施予以更正、删除，但法律、行政法规另有规定的除外。”此外，死者的近亲属也可以针对死者的相关个人信息行使删除权（《个人信息保护法》第49条）。

个人信息处理者在收到个人提出的删除个人信息的请求后，负有验证提出请求的个人是否属于适合主体的义务，否则就可能错误删除其他人的个人信息。《个人信息保护法》第51条已经明确要求个人信息处理者应当根据个人信息的处理目的、处理方式、个人信息的种类以及对个人的影响、可能存在的安全风险等，采取措施确保个人信息处理活动符合法律、行政法规的规定，并防止未经授权的访问以及个人信息泄露、篡改、丢失，这些措施包括制定内部管理制度和操作规程；对个人信息实行分类管理；采取相应的加密、去标识化等安全技术措施；合理确定个人信息处理的操作权限，并定期对从业人员进行安全教育和培训；制订并组织实施个人信息安全事件应急预案；法律、行政法规规定的其他措施等。

三、应当删除的情形

《个人信息保护法》第47条第1款规定了五种应当删除个人信息的情形，分别包括：

1. 处理目的已实现、无法实现或者为实现处理目的不再必要。这适用于那些被合法收集的个人信息。目的限制原则是《个人信息保护法》的基本原则，即处理个人信息应当具有明确、合理的目的，并且应当与处理目的直接相关，采取对个人权益影响最小的方式（《个人信息保护法》第6条）。当处理目的已经实现、无法实现或者为实现处理目的不再必要了，那么处理者就没有必要处理个人信息，此时应当删除个人信息。例如，A公司有三个空缺岗位对外进行招聘，收到了100名应聘者投递的简历，经过筛选，最终有10名应聘者进入面试环节。在这种情形下，没有进入面试环节的90名应聘者的个人信息对于处理者A公司实现其处理目的（招聘新员工）而言，就不再必要了，应当删除。一旦10名面试者中最终录取了3人，完成了此次招聘，则剩余7人的个人信息也应当删除，因为A公司的处理目的已经实现了。如果处理者有多个个人信息的处理目的，仅仅实现了其中部分处理目的，个人信息对于实现剩下的处理目的而言仍然是必要的，则处理者可以不删除个人信息。

2. 个人信息处理者停止提供产品或者服务。在很多情形中，处理者之所以处理个人信息，是为了履行其与个人之间成立的合同，向个人提供产品或者服务。甚至，某些个人信息的处理对于提供产品或者服务是必需的。故此，处理者可以基于个人的同意或者在为了履行个人作为一方当事人的合同所必需的情况下无须取得个人的同意，就处理个人信息。然而，一旦个人信息处理者停止提供产品或者服务，显然个人信息的处理目的就不存在，处理的正当性也消失了，处理者应当主动删除个人信息。所谓个人信息处理者停止提供产品或者服务，包括：个人信息处理者已经履行完毕与个人之间订立的合同或者双方的合同已因解除等其他原因而终止；个人信息处理者因为解散、破产等原因而终止，已经无法提供产品或者服务。

3. 个人信息的保存期限已届满。这个保存期限首先是指法律、行政法规规定的保存期限。因为，当法律、行政法规规定了保存期限时，处理者与个人约定的保存期限不得少于法律、行政法规规定的保存期限。只有在法律、行政法规没有规定保存期限时，处理者与个人才能进行约定，当然，该保存期限的约定也应当遵循目的限制原则，即保存期限应当为实现处理目的所必要的最短时间（《个人信息保护法》第 19 条）。无论是法定的保存期限还是约定的保存期限届满的，个人信息处理者均应主动删除个人信息。

4. 个人撤回同意。在基于个人同意而进行的个人信息处理中，个人同意是个人信息处理活动的合法性基础，而个人有权随时撤回同意，虽然撤回同意不影响撤回前基于个人同意已经进行的个人信息处理活动的效力（《个人信息保护法》第 15 条第 2 款），但是，在个人撤回同意后，个人信息处理活动除非具有其他合法根据，否则处理者再进行处理活动就是非法的。在这种情形下，个人信息处理者也没有必要继续储存个人信息了，应当主动删除。个人在撤回同意的同时可以要求处理者删除其个人信息。当然，个人也可以仅仅撤回同意，但不要求处理者删除其个人信息。此时，个人信息处理者只能存储个人信息和采取必要的安全保护措施，但必须停止其他的个人信息处理活动。

5. 个人信息处理者违反法律、行政法规或者违反约定处理个人信息。前面提到的删除的情形都是指个人信息处理者合法处理个人信息，而一旦处理者违反法律、行政法规或者违反约定处理个人信息的，那么这种处理活动就是非法的，个人信息处理者应当立即停止非法处理活动，即删除个人信息，而个人也有权请求其删除。个人信息处理者删除个人信息并不能免除其因非法处理活动而需要承担的法律责任。由于个人信息处理者违反法律、行政法规或者违反约定处理个人信息的情形各不相同，因此删除义务的主体或删除权所指向的对象也不同。如果处理者未取得个人同意而收集个人信息的，该处理者应当删除非法收集的个人信息；如果处理者未取得个人的单独同意而公开其处理的个人信息的，应当删除该个人信息，同时还应当通知其他处理该信息的处理者加以删除；如果处理者未取得个人的单独同意将个人信息提供给其他处理者的，接受者应当主动删除，而提供者也负有通知接收者删除该个人信息的义务。

6. 法律、行政法规规定的其他情形。这是兜底性规定，如《征信业管理条例》第 16 条第 1 款规定："征信机构对个人不良信息的保存期限，自不良行为或者事件终止之日起为 5 年；超过 5 年的，应当予以删除。"

依据《个人信息保护法》第 47 条第 1 款之规定，只要存在该条列举的五类情形之一的，个人信息处理者应当主动删除个人信息，而个人信息处理者未删除的，个人有权请求删除。在个人请求处理者删除时，个人负有举证责任，即证明存在应当删除的情形。

四、不得行使删除权的情形

从比较法上来看，有些国家或地区的个人信息保护法或数据保护法既规定了应当删除个人信息的情形，也规定了不得删除的情形。例如，欧盟《一般数据保护条例》第 17 条第 1 款规定了六种应当删除个人信息的情形，同时该条第 3 款又规定了五种不得删除的情形，即当个人数据的处理对于以下情形而言是必要时，不适用该条第 1 款和第 2 款规定的删除权与被遗忘权："（a）行使言论和信息自由的权利；（b）根据控制者所应遵守的欧盟或成员国法律规定的处理的法定义务，或为执行符合公共利益的任务，或在行使控制者被授予的官方任务时；（c）根据本条例第 9 条第 2 款（h）（i）项以及第 9 条第 3 款，为了公共卫生领域的公共利益；（d）如导致本条例第 89 条第 1 款所述的为了公共利益、科学、历史研究或数据统计目的不可能实现或严重损害该目标的实现；或者（e）为法定请求权的确立、行使和抗辩。"德国《联邦数据保护法》第 35 条第 1 款规定："如果在非自动化数据处理的情形中，删除是不可能的或者因特定的储存方式删除需要付出不合理的努力并且数据主体对删除只具有最低的利益，则数据主体无权要求删除并且控制者也没有义务依据欧盟第2016/679号条例第17条第1款删除个人数据，除非符合该条例第17条第3款规定的例外情形。前述情形中，应当适用欧盟第2016/679号条例第18条的限制处理来取代删除。如果个人数据的处理是非法的，第1句和第2句的规定不适用。”再如，我国台湾地区“个人资料保护法”第11条第3项规定：“个人资料搜集之特定目的消失或期限届满时，应主动或依当事人之请求，删除、停止处理或利用该个人资料。但因执行职务或业务所必须或经当事人书面同意者，不在此限。”我国台湾地区“个人资料保护法实施细则”第21条规定：“有下列各款情形之一者，属于本法第十一条第三项但书所定因执行职务或业务所必须：一、有法令规定或契约约定之保存期限。二、有理由足认删除将侵害当事人值得保护之利益。三、其他不能删除之正当事由。”

我国《个人信息保护法》第47条第2款规定了两种不能删除的情形。在这两种情形中，由于删除个人信息存在法律上的不能（法律、行政法规规定的保存期限未届满）和客观上的不能（删除个人信息从技术上难以实现）。所以，第47条第2款规定了个人信息处理者应当停止除存储和采取必要的安全保护措施外的处理。也就是说，个人信息处理者可以继续存储个人信息并采取必要的安全保护措施，至于其他的处理活动全部应当予以停止。

1. 法律、行政法规规定的保存期限未届满。这是指，虽然已经符合第47条第1款第1项、第2项、第3项的情形，个人信息处理者应当主动删除个人信息的，但是由于法律、行政法规规定了保存期限，而该期限并未届满，如果个人信息处理者主动删除个人信息或者个人有权请求删除个人信息，就势必违反法律、行政法规的规定。例如，《证券法》第137条规定：“证券公司应当建立客户信息查询制度，确保客户能够查询其账户信息、委托记录、交易记录以及其他与接受服务或者购买产品有关的重要信息。证券公司应当妥善保存客户开户资料、委托记录、交易记录和与内部管理、业务经营有关的各项信息，任何人不得隐匿、伪造、篡改或者毁损。上述信息的保存期限不得少于二十年。”《电子签名法》第24条规定：“电子认证服务提供者应当妥善保存与认证相关的信息，信息保存期限至少为电子签名认证证书失效后五年。”《精神卫生法》第47条规定：“医疗机构及其医务人员应当在病历资料中如实记录精神障碍患者的病情、治疗措施、用药情况、实施约束、隔离措施等内容，并如实告知患者或者其监护人。患者及其监护人可以查阅、复制病历资料；但是，患者查阅、复制病历资料可能对其治疗产生不利影响的除外。病历资料保存期限不得少于三十年。”在前述法律规定的保存期限内，无论是处理目的已经实现还是为实现处理目的不再必要，抑或个人信息处理者停止提供产品或者服务，个人撤回同意的，都不能删除个人信息。此时，个人信息处理者必须停止除了存储之外的处理活动。此外，由于处理者依然存储个人信息，故此，依据《个人信息保护法》第51条、《民法典》第1038条第2款以及《网络安全法》第42条第2款的规定，应当采取必要的安全保护措施。由于采取必要的安全保护措施也涉及对个人信息的一些处理，如加密、去标识化等，所以《个人信息保护法》第47条第2款统称为“个人信息处理者应当停止除存储和采取必要的安全保护措施之外的处理”。

2. 删除个人信息从技术上难以实现。在现代网络信息社会，收集个人信息越来越容易，成本也越来越低，但是删除个人信息的成本却比较高。“现实中，大多数数据库都随着时间的推移拼在一起，并未考虑今后要如何删除数据；如果一个数据库非常复杂，那么一个程序员要耗费几十个小时（或更多）从新数据中整理出旧数据并准确地删除不再需要的部分。雇用一个可以娴熟地处理如此复杂的数据库的程序员，一不小心就要花费100多美元（每小时），而且价格只会越来越高。”① 个人信息越是被安全地删除，所需要的成本就越高。然而，不能简单地将删除个人信息的成本高就看作技术上难以实现。《个人信息保护法》第47条第2款所称的“删除个人信息从技术上难以实现”，应当理解为：现有的技术根本无法删除个人信息或者在现有的技术条件下需要付出不合理成本才能删除。例如，当个人信息是采取云存储的方式时，“相同的数据库或数据库表会存储不同用户的数据，所以这并不是单纯的物理存储，而是能在不同用户间共享的逻辑存储，仍需要软件进行分离”“用户通过软件实现案件，以确保其他用户无法故意或意外地获取其数据。”② 在云存储的情形下，除非全部清空用户的数据，否则无法删除个人信息，故此，这种情形就属于删除个人信息从技术上难以实现。此

① ［美］迈克尔·费蒂克、戴维·C. 汤普森：《信誉经济》，王臻译，中信出版集团2016年版，第35页。
② ［英］克里斯托弗·米勒德：《云计算法律》，陈媛媛译，法律出版社2019年版，第12页。

时，可以采取停止除存储和采取必要的安全保护措施外的处理，以实现删除个人信息旨在达到的目标。

五、删除的方式

无论是个人信息处理者主动删除，还是个人行使删除权，最终目的是要做到删除个人信息。问题是何为“删除”，换言之，做到何种程度才被认为是《个人信息保护法》要求的“删除”？《个人信息保护法》并未对“删除”进行界定。《信息安全技术 个人信息安全规范》（GB/T 35273—2020）第3.10条将删除界定为“在实现日常业务功能所涉及的系统中去除个人信息的行为，使其保持不可被检索、访问的状态”。欧盟第29条工作组认为，个人数据的删除意味着：无论个人数据是存储在硬盘还是其他存储介质上都应当被删除，由于个人数据可以在不同位置的不同服务器上都有备份，故此必须确保所有数据实例被不可恢复地删除（之前版本、临时文档，甚至文档碎片也都要删除）。[①] 我国台湾地区“个人资料保护法施行细则”第6条第1款规定：“本法第二条第四款所称删除，指使已储存之个人资料自个人资料档案中消失。”本书认为，由于删除个人信息的根本目的就是要使得个人信息不可用，即处理者或者其他人不可能取得、读取与使用个人信息，故此只要通过某种措施使得个人信息无法或者除非花费巨额的成本否则不可能再被处理者或其他人取得、读取与使用即可。具体的方式可以是物理上毁掉存储个人信息的硬盘，也可以是其他的技术手段。如果仅仅是无法在线访问或者删掉回收站，显然不构成删除，因为处理者可以很轻易地再次取得和使用该个人信息。

六、处理者主动删除时的告知义务

当存在《个人信息保护法》第47条第1款规定的情形之一，处理者主动删除个人信息的，其应当将其删除个人信息这一情况告知个人。《儿童个人信息网络保护规定》第23条规定：“网络运营者停止运营产品或者服务的，应当立即停止收集儿童个人信息的活动，删除其持有的儿童个人信息，并将停止运营的通知及时告知儿童监护人。”从这一规定来看，似乎停止运营的通知就相当于删除个人信息的告知义务。

---

① Article 29 Data Protection Working Party，Opinion 05/2012 on Cloud Computing，WP 196，Adopted July 1st 2012，P. 12.

七、删除的时间

个人信息处理者应当主动删除个人信息的时间，就是指个人信息处理者发现存在法律规定应当主动删除的个人信息时起，毫不迟延地删除个人信息所需要的时间。如果个人请求处理者删除的，则应当自处理者接到删除的请求时起毫不迟延地删除个人信息。《个人信息保护法》没有规定具体的时间，有一些规章和文件做了一些规定。例如，《汽车数据安全管理若干规定（试行）》第9条第1款第5项规定，汽车数据处理者处理敏感个人信息，个人要求删除的，汽车数据处理者应当在10个工作日内删除。再如，《App违法违规收集使用个人信息行为认定方法》第6条规定，15个工作日是删除的最高时限，App运营者主动承诺的时限可以低于15个工作日，但不能超过。如果没有承诺时限的，不得长于15个工作日。

◆ 疑点与难点

一、删除权与被遗忘权

被遗忘权（right to be forgotten）的概念最早是由欧盟法院在2014年就西班牙发生的“冈萨雷斯诉谷歌案（Google – González）”中确立的。[①] 在该案判决中，欧盟法院认为，作为数据控制者的谷歌公司对于其处理的第三方发布的带有个人数据的网页信息负有责任，有义务将其删除。有关数据主体“不好的、不相关的、过分的”信息应当从搜索结果中删除。由此确立了欧盟法上的被遗忘权概念。此后，在2018年施行的欧盟《一般数据保护条例》也明确规定了被遗忘权。该条例第17条第1款对数据主体有权要求数据控制者删除其个人数据的权利即删除权作出了规定，第2款则对被遗忘权作出了规定。依据该款，如果控制者将符合第17条第1款条件的个人数据进行了公开传播，则其应采取所有合理的方式予以删除（包括采取可用的技术手段和投入合理成本），控制者有责任通知处理此数据的其他数据控制者，删除关于数据主体所主张的个人数据链接、复制件。这就是说，控制者并非仅仅删除自己所控制的数据，还要负责就其公开传播的数据负有通知其他第三方停止利用、删除的义务。

---

① 关于该案案情和判决的详细介绍，中文资料可参见周辉：《欧盟“被遗忘权”第一案概要》，载《网络法律评论》2015年第2期；于向花：《被遗忘权研究》，中国社会科学出版社2020年版，第23–30页。

在我国也曾发生被遗忘权纠纷案件，即“任某玉与北京百度网讯科技有限公司名誉权纠纷案”，该案原告曾经与无锡陶氏生物科技有限公司有过合作，网上存在不少关于该合作关系的信息。原告认为，其与陶氏公司的合作已经结束，且因该公司在业界口碑不好，经常有学生退钱，故如果有学生及合作伙伴搜索其名字，从百度页面看到搜索结果会误以为其与该公司还有合作，该不良搜索结果会影响其就业、工作交流及日常生活，这样的搜索信息应当“被遗忘”，故此其要求百度公司删除这些信息。法院认为，我国现行法中并无法定称谓为“被遗忘权”的权利类型，同时，由于“涉诉工作经历信息是任某玉最近发生的情况，其目前仍在企业管理教育行业工作，该信息正是其行业经历的组成部分，与其目前的个人行业资信具有直接的相关性及时效性；任某玉希望通过自己良好的业界声誉在今后吸引客户或招收学生，但是包括任某玉工作经历在内的个人资历信息正是客户或学生借以判断的重要信息依据，也是作为教师诚实信用的体现，这些信息的保留对于包括任某玉所谓潜在客户或学生在内的公众知悉任某玉的相关情况具有客观的必要性。任某玉在与陶氏相关企业从事教育业务合作时并非未成年人或限制行为能力人、无行为能力人，其并不存在法律上对特殊人群予以特殊保护的法理基础”。① 故此，任某玉在本案中主张的应“被遗忘”（删除）信息的利益也不具有正当性和受法律保护的必要性，不应成为侵权保护的正当法益，其主张该利益受到一般人格权中所谓“被遗忘权”保护的诉讼主张，法院不予支持。②

理论界就是否应当规定被遗忘权存在很大的争议，赞同被遗忘权学者的最主要理由就是，被遗忘权是现代信息社会中个人要求清除其负面历史信息并消除因此对自身声誉的不利影响的必然需求，有利于保障人格尊严。③ 这是因为，在数字化与信息化时代，合理的遗忘机制已经被打破，“记忆已经成了常态，而遗忘反而成了例外”④“完整的数字化记忆代表了一种更为严酷的数字圆形监狱。由

① 北京市第一中级人民法院（2015）一中民终字第09558号民事判决书。

② 参见丁宇翔：《被遗忘权的中国情境及司法展开——从国内首例“被遗忘权案”切入》，载《法治研究》2018年第4期。

③ 杨立新、韩煦：《被遗忘权的中国本土化及法律适用》，载《法律适用》2015年第2期。

④ ［英］维克托·迈尔-舍恩伯格：《删除：大数据取舍之道》，袁杰译，浙江人民出版社2013年版，第72页。

于我们所说与所做的许多事情都被储存在数字化记忆中，并且可以通过存储器进行访问，因此，我们的言行可能不仅会被我们同时代的人们所评判，而且还会受到所有未来人的评判。"① "上帝宽恕和忘记我们的错误，但互联网从来不会，这就是为什么被遗忘权对于我们如此重要。随着越来越多的私人数据在网络上浮动，尤其是在社交网络上，人们应当拥有将他们的数据完全加以删除的权利。"② 所以，应当通过确立被遗忘权而确立数字时代新的遗忘机制，使得个人免于受困于历史记忆，从而对抗信息与数字技术给个人打上的"永恒烙印"。③

反对被遗忘权的学者认为，被遗忘权希望实现的目标是删除个人遗留在信息网络当中的各种有关个人的数字痕迹，从而使其被其他人所"忘记"，但这些数字痕迹往往是个人在之前产生的不光彩或不愿意让别人"知晓"的信息。④ 如果承认被遗忘权，就意味着个人可以不断重写历史，改头换面，将虚假的个人历史信息呈现于世人面前，这种做法构成了对公众的欺骗，损害了公众的知情权与公共利益，不利于舆论监督。⑤ 此外，网络上涉及个人的信息并不一定都是个人信息，还会涉及其他人，因此承认被遗忘权会严重损害言论自由与信息的自由流动，同时也无端增加了企业的负担。至于网络与信息时代的数字化记忆可能会对个人产生的负面影响，应当通过社会规范与社会声誉机制来调整，而非简单地赋予个体以被遗忘权。⑥

我国《个人信息保护法》没有单独规定被遗忘权，笔者赞同这一做法。这是因为：在我国，《个人信息保护法》《网络安全法》《民法典》等法律已经足以保护个人在具有正当利益的前提下免受网络上负面或不良信息的不利影响，无须单独规定被遗忘权。首先，如果网络上发布的信息涉及侵害自然人的名誉权、隐私

---

① ［英］维克托·迈尔－舍恩伯格：《删除：大数据取舍之道》，袁杰译，浙江人民出版社 2013 年版，第 18 页。

② Viviane Reding Vice – President of the European Commission, responsible for Justice, Fundamental Rights and Citizenship Privacy matters – Why the EU needs new personal data protection rules The European Data Protection and Privacy Conference Brussels, 30 November 2010. https://ec.europa.eu/commission/presscorner/detail/en/SPEECH_10_700.

③ Daniel Solove, The Future of Reputation: Gossip, Rumor, and Privacy on the Internet, Yale University Press, P. 11.

④ 陈昶屹：《"被遗忘权"背后的法律博弈》，载《北京日报》2014 年 5 月 21 日，第 14 版。

⑤ 丁宇翔：《被遗忘权法定化不利于舆论监督》，载《光明日报》2020 年 1 月 11 日。

⑥ 丁晓东：《被遗忘权的基本原理与场景化界定》，载《清华法学》2018 年第 6 期。

权等人格权益时，自然人基于名誉权、隐私权当然有权针对侵权人行使停止侵害、排除妨碍等人格权请求权，要求发布相关信息的网络用户删除该等信息。此外，依据《民法典》第 1195 条的规定，被侵权人还有权要求网络服务提供者采取删除、屏蔽、断开链接等必要措施，这就足以保证构成侵权的信息被从网络上加以删除。其次，在个人同意处理者处理其个人信息的情形中，如果个人在同意处理者将其个人信息加以公开后，又后悔了，认为不妥，则其完全可以随时撤回同意。对此，《个人信息保护法》第 15 条第 1 款明确规定："基于个人同意处理个人信息的，个人有权撤回其同意。个人信息处理者应当提供便捷的撤回同意的方式。"最后，《个人信息保护法》第 47 条规定了在符合一定条件下，个人信息处理者主动删除个人信息的义务或者个人要求个人信息处理者删除个人信息的权利。从该条规定的删除权的适用情形来看，范围相当广泛，足以将被遗忘权需要保护的情形涵盖进去，故此无须单独规定被遗忘权。此外，我国《网络安全法》第 47 条还规定："网络运营者应当加强对其用户发布的信息的管理，发现法律、行政法规禁止发布或者传输的信息的，应当立即停止传输该信息，采取消除等处置措施，防止信息扩散，保存有关记录，并向有关主管部门报告。"应当说，除了上述情形之外，自然人已无正当的利益要求网络服务提供者或信息控制者删除相关个人信息。凡是不符合前述情形而需要被删除的个人信息，无论是以何种方式在网络上呈现或流动，都是合法的，个人无权要求删除。倘若自然人在没有任何正当性理由的情况下可以通过被遗忘权去删除个人信息，势必损害言论自由和公众的知情权，不利于维护公共利益。①

二、删除权与被侵权人通知网络服务提供者采取删除等措施的权利

作为个人在个人信息处理活动中的权利，删除权与网络侵权中的"通知删除

---

① 以我国发生的"任某玉案"为例可知，网络服务提供者通过搜索引擎所收录的是已经合法公开的、客观真实的个人信息，这些信息被通过网络服务提供者以搜索引擎的方式再次呈现，既没有侵害原告的隐私权、名誉权等人格权益，也没有对原告的其他民事权益造成侵害，更未损害其人格尊严或妨害人格自由，故此，原告无权请求被告删除相关链接。但是，西班牙的"冈萨雷斯诉谷歌案"的情形，有所不同。该案中通过谷歌搜索冈萨雷斯全名可与其财产被强制拍卖的信息相连，在冈萨雷斯生活的区域内对其个人的生活造成了一定的困扰，涉及对其人格尊严和职业发展这一重大利益的侵害，故此，法院认为冈萨雷斯要求谷歌断开相关个人信息的链接是妥当的。学者对"任某玉案"与"冈萨雷斯诉谷歌案"不同之处的详细的分析，参见万方：《终将被遗忘的权利——我国引入被遗忘权的思考》，载《法学评论》2016 年第 6 期。

规则”是不同的。早在2012年颁布《全国人民代表大会常务委员会关于加强网络信息保护的决定》中就明确规定：“公民发现泄露个人身份、散布个人隐私等侵害其合法权益的网络信息，或者受到商业性电子信息侵扰的，有权要求网络服务提供者删除有关信息或者采取其他必要措施予以制止。”《侵权责任法》第36条第2款规定：“网络用户利用网络服务实施侵权行为的，被侵权人有权通知网络服务提供者采取删除、屏蔽、断开链接等必要措施。网络服务提供者接到通知后未及时采取必要措施的，对损害的扩大部分与该网络用户承担连带责任。”《民法典》在《侵权责任法》第36条的基础上，于第1194—1197条对网络侵权责任作出了更详细的规定，其中确立的一项最基本的规则就是所谓“通知删除规则”。该规则来自美国法中的避风港规则，其有效地协调了民事权益保护与网络活动自由的保障二者之间的关系。申言之，一方面，在网络用户利用网络服务实施侵权行为时，无论是从最有效地预防制止侵权行为的角度，还是基于报偿原理等公平正义的考虑，网络服务提供者都应当尽到相应的注意义务，而不能无动于衷，任由网络用户利用网络服务实施侵权行为。另一方面，直接实施侵权行为的是网络用户而非网络服务提供者，不能对网络服务提供者提出过高的要求，让网络服务提供者对任何利用其网络服务实施的侵权行为都要负责显然是不公平的，违反了自己责任的精神，不利于保障合理的行为自由，促进网络产业的发展。故此，《民法典》第1195条与第1196条确立了通知删除规则，通过该规则，既可以使得网络服务提供者在接到权利人的有效通知后及时制止网络用户的侵权行为，从而无须向权利人承担侵权责任；同时，又可以避免网络服务提供者不合理地采取措施损害网络用户的合法权益，以至于向网络用户承担责任。因此，通知删除规则也被称为“避风港规则。”

虽然都使用了“删除”一词，但是《个人信息保护法》第47条以及《民法典》第1037条第2款、《网络安全法》第43条第1句规定的删除权，与《民法典》第1195条规定的网络用户利用网络服务实施侵权行为时权利人通知网络服务提供者删除，是不同的。二者的区别表现在以下几点：

1. 性质不同。《个人信息保护法》第47条以及《民法典》第1037条第2款、《网络安全法》第43条第1句的删除权，是个人在个人信息处理活动中的权利。该权利仅适用于《个人信息保护法》所规范的个人信息处理活动，指向的是个人信息处理者，无论该处理者是国家机关还是非国家机关，也无论处理者是否为网络服务提供者。如果不属于个人信息处理活动，则不能适用《个人信息保护法》第47条规定的删除权。但是，《民法典》第1195条规定的权利人通知网络服务提供者采取删除措施，是法律施加给网络服务提供者预防和制止网络侵权行为的一项义务，仅适用于网络服务提供者。至于该网络服务提供者是否属于个人信息处理者，在所不问。

2. 适用条件不同。依据《个人信息保护法》第47条，所谓删除，既包括个人信息处理者主动删除，也包括个人信息处理者未删除时，个人请求其删除。无论是何种删除，都必须符合《个人信息保护法》第47条第1款规定的五类情形之一。也就是说，只要符合前述情形之一，无论个人信息处理者是否构成侵权行为，其都应当主动删除或者个人有权请求其删除。但是，《民法典》第1195条规定权利人有权通知网络服务提供者删除的前提是，网络用户利用网络服务实施了侵权行为。并且，网络服务提供者没有主动删除的义务，并且网络服务提供者本身也未直接从事对权利人的侵权行为。

3. 法律后果不同。个人信息处理者违反《个人信息保护法》第47条，不主动删除，在个人请求删除时也不删除的，自然人有权提起诉讼，请求法院判决处理者履行删除义务（《个人信息保护法》第50条第2款）。因为没有及时删除而造成损害的，受害人有权要求信息处理者承担赔偿责任。然而，网络服务提供者在接到权利人的通知后没有及时采取删除等必要措施的，依据《民法典》第1195条第2款，网络服务提供者要就损害的扩大部分与实施侵权行为的网络用户承担连带责任。此外，自然人行使作为个人信息权益的权能的删除权，不存在因错误行使该权利而承担赔偿责任的问题。但是，依据《民法典》第1195条第3款，因错误通知给网络用户或者网络服务提供者造成损害的，发出通知的权利人应当承担侵权责任。

◆ 相关规定

《民法典》第1037条；《网络安全法》第43条；《未成年人保护法》第72条；《证券法》第137条；《电子签名法》第24条；《精神卫生法》第47条；《征信业管理条例》第16条；《儿童个人信息网络保护规定》第20条；《汽车数据安

全管理若干规定（试行）》第9条

第四十八条 【解释说明权】

个人有权要求个人信息处理者对其个人信息处理规则进行解释说明。

条文要旨

本条是对个人请求个人信息处理者解释说明处理规则的权利的规定。

理解与适用

一、规范目的

《个人信息保护法》第48条规定的是个人要求个人信息处理者对其个人信息处理规则进行解释说明的权利，简称**“解释说明权”**。个人信息的处理必须遵循公开透明的原则，个人信息处理者应当公开个人信息处理规则，明示处理的目的、方式和范围，以尊重个人对其个人信息处理享有的知情权。个人信息处理规则是个人信息处理者制定的，该规则的语言应当清晰易懂，而不能含混、复杂甚至令人费解。无论是因为文字表述过于专业，抑或规则之间可能存在的冲突矛盾等原因，只要个人对个人信息处理规则存在理解上的问题，个人都应当有权要求个人信息处理者加以解释说明，故此，《个人信息保护法》第48条对于解释说明权作出了专门的规定，这是维护公开透明原则以及保障个人对个人信息处理的知情权所必需的。

二、个人信息处理规则

所谓个人信息处理规则，简单地说，就是个人信息处理者单方面制定的关于处理个人信息的规则，这个规则并非《个人信息保护法》第2章的“个人信息处理规则”，前者是个人信息处理者单方面拟定的，后者则是法律规定；前者不得违反后者的规定。例如，个人信息处理者在其处理者规则中规定个人不得撤回同意的，那么这一内容因违法而无效。实践中，个人信息处理者规则往往被包含在处理者的所谓“隐私政策”或“合同条款”当中。从我国《个人信息保护法》第17条第1款的规定来看，个人信息处理规则的内容可以包括个人信息处理者依法应当向个人告知的事项，即个人信息处理者的名称或者姓名和联系方式；个人信息的处理目的、处理方式，处理的个人信息种类、保存期限；个人行使《个人信息保护法》规定权利的方式和程序；法律、行政法规规定应当告知的其他事项等。

如果个人信息处理者所制定的个人信息处理规则经过个人的同意而构成处理者与个人之间的合同条款，则属于**格式条款**。所谓格式条款是当事人为了重复使用而预先拟定，并在订立合同时未与对方协商的条款。此等格式条款的效力受到《民法典》第496条至第498条的规范。但是，个人信息处理规则与格式条款并非等同的关系。这是因为，一方面，很多时候个人信息处理者并未与个人之间形成民法上的合同关系，如国家机关为履行法定职责或法定义务而处理个人信息的，二者之间并无合同关系；另一方面，即便在有合同关系的情形下，也会出现个人信息处理规则与格式条款相分离的情形。

三、解释说明权的主体

依据《个人信息保护法》第48条的规定，个人有权要求个人信息处理者就个人信息处理规则进行解释说明，因此，解释说明权的权利人是其个人信息被处理的个人，该权利指向的对象是个人信息处理者。故此，个人信息处理者委托他人处理个人信息的，受托方不是自主决定个人信息处理目的和处理方式的组织或个人，不属于个人信息处理者，并且个人信息处理规则也不是其制定的，因此，个人只能请求委托方解释说明个人信息处理规则。

第四十九条 【死者的个人信息】

自然人死亡的，其近亲属为了自身的合法、正当利益，可以对死者的相关个人信息行使本章规定的查阅、复制、更正、删除等权利；死者生前另有安排的除外。

◆ 条文要旨

近亲属行使针对死者的个人信息的有关权利。

◆ 理解与适用

一、规范目的

自然人死亡（仅指生理死亡）后，就丧失了民事权利能力，不是民事主体，不享有民事权利，也不承担民事义务。以往，自然人死后，除按照风俗习惯埋葬或火化其遗体外，还需要处理的有死者留下来的个人合法财产，如汽车、房产、现金、债权、股权、知识产权中的财产性权利等。这些合法的财产依据我国《民法典》继承编的相关规定，由死者的继承人进行继承。死者生前所负担的债务，也仅以遗产为限由继承人承担。随着网络信息科技的高速发展，人类社会已进入信息时代。在现代信息社会，自然人的一生中可能每天都会接收发送电子邮件，在社交平台发布视频照片或留言评论，利用电脑和智能手机上网购物或接受服务、浏览搜索相关信息，以即时通讯工具与他人进行交流，被各种 App 收集行踪信息、运动信息和身体状况信息，利用软件撰写的只有自己可见的日记或笔记等。因此，“除非是几近灭绝的数字隐士之一，否则你一定会留下数字足迹。除非你付出相当大的努力去消除它，否则总有一天，无论好坏，这些足迹都会成为你的数字遗产”。① 自然人的数字资产（digital assets）的范围非常广泛，它包含了所有与在线或数字世界相关的一系列的无形信息产品，② 如社交网络上的个人信息；电子邮箱账号及其中的电子邮件、微博或推文、数据库；各种虚拟财产（如比特币、以太坊、网络游戏中的虚拟资产、网购的音乐、电子图书等）；视频、音频、图片等数字化的文本、图像、音乐或声音；各种购物、服务或社交网站上的网络账户及其密码；网络域名；与人格相关的二维或三维图像或图标以及无数其他类型的数字资产。这些数字资产往往具有极大的经济价值。2013 年普华永道一项类似的调查发现，用户数字资产的估价为 250 亿英镑。③ 信息安全公司迈克菲的调查显示，全球消费者平均每人拥有 37438 美元数字资产，包括互联

---

① ［英］伊莱恩·卡斯凯特：《网上遗产：被数字时代重新定义的死亡、记忆与爱》，张森译，海峡文艺出版社 2020 年版，第 53 页。

② Lilian Edwards&Charlotte Waelde ed. , Law and the Internet, 3rd. , Hart Publishing, 2009, P. 687 – 90.

③ PWC, ‘Digital lives: we value our digital assets at £ 25 billion’, (PWC, 2013) https: //www. pwc. co. uk/issues/cyber – security – data – privacy/insights/digital – lives – we – value – our – digital – assets – at – 25 – billion. html.

网、电脑和云存储中的各种数据。①

自然人死亡后，其留存的数据资产能否作为“个人合法财产”即遗产，为其继承人所继承，成为国内外理论界与实务界关注的问题。2018 年德国联邦最高法院对“Facebook 案”作出判决后②，更是进一步引发理论界对该问题的广泛讨论。在我国《民法典》编纂时，该问题也备受关注。正式颁行的我国《民法典》虽然未对此给出明确的回答，但从该法第 127 条的规定来看，也明确认可了数据、网络虚拟财产受到法律保护。只是立法机关考虑到“数据和网络虚拟财产的权利性质存在争议，需要对数据和网络虚拟财产的权利属性作进一步深入研究，进一步总结理论和司法实践的经验，为以后立法提供坚实基础”。③ 故此，《民法典》未就数据和网络虚拟财产的权利归属和继承等问题作出具体规定。

自然人的数字资产涉及的民事权益的范围与类型极为复杂，既有账户资金债权、数字作品著作权、商业秘密、虚拟财产等财产性权益，也有自然人针对其个人数据或个人信息而享有的姓名权、肖像权、隐私权、个人信息权益等人格权益。就财产性权益而言，只要属于自然人个人的合法财产，在自然人死后就可以被继承，对此，不存在争议。有疑问的是，死者的个人数据这一包含隐私等人格属性的数字资产能否被继承、是否受到法律保护以及怎样保护。对此，我国《民法典》《网络安全法》等法律均未规定。我国《个人信息保护法》本条则对自然人死后，死者的近亲属针对死者的个人信息行使相应的权利作出了规定。

二、比较法上对死者个人信息的不同规范模式

从比较法的情况来看，目前大多数国家或地区的个人信息保护法或数据保护法的规定并不适用于死者的个人信息，而仅适用于活着的自然人。以当今世界上最具代表性的个人数据保护立法——欧盟《一般数据保护条例》为例，该条例在导言部分的第 27 条明确规定：“本条例不适用于已故人士的个人数据。成员国可以对已故人士个人数据的处理进行规定。”这就是说，该条例中关于个人数据处理和个人数据权利等规定，不适用于死者的个人数据，欧盟各成员国可以自行作

---

① 张旸：《“数字遗产”成难题》，载《人民日报》2014 年 6 月 3 日。

② Giorgio Resta, Personal Data and Digital Assets after Death: a Comparative Law Perspective on the BGH Facebook Ruling, EuCML, 5/2018, P. 201.

③ 黄薇主编：《中华人民共和国民法典总则编解读》，中国法制出版社 2020 年版，第 408 页。

出相应的规定。其中，奥地利、比利时、荷兰、瑞典等国家的数据保护法没有对死者个人数据的保护问题作出任何规定，而捷克、芬兰、德国、爱尔兰、波兰、英国等国家的数据保护法明确规定不适用于死者的个人数据。例如，2018 年的英国《数据保护法》第 1 章第 3 条第 2 款明确将“个人数据”界定为“与已识别或可识别的活着的个人有关的任何信息”。

目前，在欧盟的 27 个成员国中，只有丹麦、法国、意大利、西班牙、匈牙利和斯洛文尼亚等 6 个国家的数据保护法对于死者个人数据的保护问题作出了规定。例如，2018 年的丹麦《数据保护法》第 2 条第 5 款规定，该法与欧盟《一般数据保护条例》适用于死者死后十年内的个人数据的保护。法国于 2016 年 10 月通过了关于“数字死亡”的法律，该法律是法国《数字共和国》立法包的组成部分，其旨在通过新增加的第 40 - 1 条，填补 1978 年 1 月 6 日第 78 - 17 法案即法国《数据保护法》的一个空白。新增加的法国《数据保护法》第 40 - 1 条规定，原则上数据主体死亡后，其数据权利随之消失，但是符合一定的条件下权利可以暂时保留，包括：其一，数据主体对其死后的个人数据的保存、清除和传递作出了一般性或特殊性的指示；其二，虽然没有指示或者在不违反指示的情况下，数据主体死亡后，其继承人基于以下必要，如死者遗产继承的安排、获得属于家庭的会议、可以传给继承人的数字或数据财产等情形，行使相应的数据权利。[①] 虽然有此规定，不过在司法实践中，法国的法院往往倾向于驳回继承人和近亲针对死者个人数据提出的任何诉讼。[②] 2019 年匈牙利修改了其《信息法》，增加了对处理死者的个人数据的规定。该法规定，数据主体在其生前可以选任一人或一位近亲属在自己死后行使其个人数据权利。西班牙《数据保护法》不适用于已故者的个人数据，但该法第 3 条规定，继承人有权从数据控制者和处理者处访问死者的个人数据，并有权请求删除和更正相关数据，除非死者生前予以禁止或者法律禁止删除或更正。遗嘱执行人也可以如同继承人那样采取相同的措施。如果继承人是未成年人或残障人士，那么检察官可以代表他们。最值得注意的是意大利，该国依据欧盟《一般数据保护条例》于 2018 年通过了第 101 号法令，修订了其

① 该条的中文译本参见李爱君、苏桂梅主编：《国际数据保护规则要览》，法律出版社 2018 年版，第 102 - 103 页。

② Resta, Personal Data and Digital Assets after Death, EuCML, Issue 5/2018, P. 202.

《数据保护法》。修改后的意大利《数据保护法》规定，欧盟《一般数据保护条例》第15条至第22条中规定的数据主体的权利，可以在自然人死后由对该数据之保护享有利益的数据主体、死者的代理人或者基于值得保护的理由的家庭成员作为代表来行使。但是，在法律有规定的情况下，或者在数据主体以书面形式明确予以禁止或者向数据控制者发出了明确禁止表示的除外，此时，不允许前述主体代表死者行使权利。①

在欧盟之外的其他国家或地区的个人数据保护或个人信息保护立法中，多数没有规定死者个人数据的保护及其权利行使问题，或者明确地排除对死者个人数据的适用，即个人数据或个人信息仅指活着的自然人而不保护死者即已故人士（a deceased person）的数据或信息。例如，日本《个人信息保护法》第2条第1款、韩国《个人信息保护法》第2条、泰国《个人数据保护法》第6条、我国台湾地区“个人资料保护法施行细则”第2条等，都明确将个人信息限定于活着的自然人的信息，不包括死者的信息。2020年1月1日起生效的美国加利福尼亚州的《消费者隐私法案》（California Consumer Privacy Act）也没有对死者个人数据的保护问题作出任何规定。不过，在联邦层面的立法上，美国《健康保险携带与责任法》《经济与临床健康信息技术法》对死者健康信息的管理作了规定，即自然人死后的50年内，死者的代理人或遗嘱执行人有权查询、授权使用或披露姓名、地址、生物信息、医疗记录、保险信息等在内的死者健康信息。如死者生前没有指定代理人或遗嘱执行人，则根据各州法律规定的遗产继承顺序，由相关继承人行使查询权。此外，医疗机构还可以向死者生前已经知悉相关信息的死者亲属、朋友和照看人员提供死者的健康信息。在自然人死亡超过50年后，医疗机构有权决定死者健康信息的处理方式。此外，亚洲的一些国家允许数据主体的权利被继承。例如，菲律宾《个人信息保护法》第17条规定：“数据主体的权利可转让。数据主体的合法继承人和受让人可以在数据主体死亡后或数据主体丧失行为能力或无法行使时随时行使数据主体的权利，即作为继承人或受让人行使前一条中列举的权利。”新加坡《个人数据保护法》第4条规定，该法不适用于已故

① Francesco Paolo Patti& Francesca Bartolini，Digital Inheritance and Post Mortem Data Protection：The Italian Reform，European Review of Private Law，5 –2019，P. 1182.

的个人的数据，但是死亡时间在10年以内的个人的数据适用有关个人数据披露的规定以及该法第24条关于个人数据保护的规定。新加坡个人数据保护委员会对这一规定作了细化，即死者生前指定的代理人或遗嘱执行人作为死者个人信息处理活动的联络人，有权作出或撤销处理死者个人信息的同意，并对泄露或侵犯死者个人信息的处理者提起投诉或诉讼。死者生前未指定代理人及遗嘱执行人，或代理人及遗嘱执行人无法行使权利的，由死者的近亲属行使。

三、我国《民法典》对死者人格利益的保护

我国法律一直以来对于死者的名誉、姓名、肖像、隐私等给予保护。早在2001年最高人民法院颁布的《关于确定民事侵权精神损害赔偿责任若干问题的解释》第3条第1项、第2项就明确规定，自然人死亡后，其近亲属因下列侵权行为遭受精神痛苦，向人民法院起诉请求赔偿精神损害的，人民法院应当依法予以受理：（1）以侮辱、诽谤、贬损、丑化或者违反社会公共利益、社会公德的其他方式，侵害死者姓名、肖像、名誉、荣誉；（2）非法披露、利用死者隐私，或者以违反社会公共利益、社会公德的其他方式侵害死者隐私。这一规定被《民法典》所采纳并予以完善，《民法典》第994条规定："死者的姓名、肖像、名誉、荣誉、隐私、遗体等受到侵害的，其配偶、子女、父母有权依法请求行为人承担民事责任；死者没有配偶、子女且父母已经死亡的，其他近亲属有权依法请求行为人承担民事责任。"此外，《民法典》第185条还就英雄烈士的姓名、肖像等的保护作出了特别规定："侵害英雄烈士等的姓名、肖像、名誉、荣誉，损害社会公共利益的，应当承担民事责任。"

依据《民法典》上述规定，死者的个人信息保护中属于姓名、肖像和隐私的部分，当然可以受到侵权法的保护。我国《民法典》第1032条第2款将作为隐私权保护客体的隐私分为两大类：一是自然人的私人生活安宁；二是自然人的私生活秘密，即不愿为他人知晓的私密空间、私密活动、私密信息。《民法典》第1033条还列举了六大类侵害他人隐私的行为。就死者而言，显然不存在侵扰私人生活安宁、侵害私密空间、私密活动或私密部位的问题。因此，保护死者的隐私主要就是保护死者个人信息中的私密信息。由于《民法典》第1034条第3款规定："个人信息中的私密信息，适用有关隐私权的规定；没有规定的，适用有关个人信息保护的规定。"据此，对于死者的私密信息，当然可以适用《民法典》

第 994 条的规定，死者的配偶、子女和父母等近亲属可以依据《民法典》第 994 条请求行为人承担民事责任。

问题是，死者的个人信息中那些并非死者的姓名、肖像或隐私的个人信息，是否受到侵权法的保护呢？本书认为，对于这些个人信息也可以适用《民法典》第 994 条的规定。因为，《民法典》第 990 条第 2 款规定："除前款规定的人格权外，自然人享有基于人身自由、人格尊严产生的其他人格权益。"当死者的个人信息被侵害进而侵害死者近亲属的人身自由或人格尊严时，死者的近亲属可以依据《民法典》第 990 条第 2 款规定的一般人格权请求保护。同时，由于《民法典》第 994 条在列举死者的人格要素时并未穷尽，而使用了"等"字兜底，故此，可将死者的个人信息中并非姓名、肖像、隐私的个人信息包括进去，即在这些个人信息遭受侵害时，死者的配偶、子女、父母等近亲属，也可以依据该条请求行为人承担民事责任。《最高人民法院关于审理使用人脸识别技术处理个人信息相关民事案件适用法律若干问题的规定》采取了这一观点，该解释第 15 条规定："自然人死亡后，信息处理者违反法律、行政法规的规定或者双方的约定处理人脸信息，死者的近亲属依据民法典第九百九十四条请求信息处理者承担民事责任的，适用本规定。"

四、我国《个人信息保护法》的规定

（一）草案的相关规定

在我国《个人信息保护法》的起草过程中，《草案一审稿》并未就死者的个人信息的保护作出任何规定。在审议该草案时，有常委委员和专家、社会公众提出："民法典中规定，死者的姓名、肖像、名誉等受到侵害的，其近亲属有权依法请求行为人承担民事责任。建议参照上述内容对死者的个人信息保护问题作出规定。"故此，全国人民代表大会宪法和法律委员会经研究，建议增加一条规定，即《草案二审稿》第 49 条规定："自然人死亡的，本章规定的个人在个人信息处理活动中的权利，由其近亲属行使。"① 所谓"个人在个人信息处理活动中的权利"，指的是该草案第 4 章"个人在个人信息处理活动中的权利"，包括知情权、

① 《关于〈中华人民共和国个人信息保护法（草案）〉修改情况的汇报》，2021 年 4 月 29 日第十三届全国人民代表大会常务委员会第二十八次会议。

决定权、查阅复制权、可携带权、更正补充权、删除权等。这就意味着，我国法律除通过《民法典》第 994 条对死者的个人信息给予侵权法的保护外，还通过《个人信息保护法》赋予了死者的近亲属针对死者的个人信息可以行使相应的权利。应当说，这样的做法，对于保护死者的个人信息，维护死者的尊严以及死者近亲属的人格利益具有重要的作用，它解决了前述关于死者个人数据尤其是死者的隐私数据无法继承进而受到保护的问题，同时，相比于《民法典》第 994 条关于死者隐私等被侵害后，近亲属才有权请求侵权人承担侵权责任的规定，《个人信息保护法》显然提供了更为积极的、主动的保护方法。一方面，死者的近亲属无须在死者的隐私被侵害后才能提起侵权诉讼，而是可以直接行使自然人在个人信息处理中的权利。另一方面，在侵害死者的个人信息但并未对死者的隐私、肖像、姓名构成侵害，而是对死者的近亲属的人格尊严、人身自由等基本权利乃至人身财产权益造成危险的时候，死者的近亲属通过针对死者的个人信息行使删除权，也能很好保护自身的权益。因此，《草案二审稿》第 49 条的规定总体上是值得肯定的。

但是，《草案二审稿》第 49 条存在以下问题：其一，不作任何限制地规定由死者的近亲属行使死者生前所享有的在个人信息处理中的权利，是非常不妥当的。这可能会明显违背死者生前的意愿和侵害第三人的隐私权。死者的个人数据尤其是隐私数据，是不愿意为他人所知悉的，即便是自己的近亲属也不例外。例如，死者生前与第三人有婚外情或非法同居关系，虽然这种行为是不道德的，但是毕竟属于死者的隐私，不愿意为任何其他人所知悉。在网络信息时代之前，死者这种生前的隐私可能记载在日记中，那么他（她）可以在死前通过销毁日记或者通过遗嘱作出相应的安排，以防隐私被公开或被他人知晓。但是，在网络信息时代，这些隐私数据存储在网络上（社交账户、电子邮箱或网络日记），死者生前通过设置密码或将状态设置为仅自己可见，其实就明确地表达了不愿公开的意愿。如果法律完全不顾及死者生前的意愿，直接规定死者的近亲属可以行使死者生前在个人信息处理中的权利，就意味着近亲属可以取得账户而知晓这些隐私。这种规定不仅明显违背了死者的意愿，实际上对于死者的近亲属以及家庭的和谐也并非有利的。此外，如前所述，不做任何限制地由死者的近亲属行使个人信息处理中的权利，可能不利于保护第三人的隐私权。因为死者以及第三人都不愿意他们之外的任何人知晓某些信息，如果允许近亲属不受任何限制地请求查阅、复制死者的个人数据，就完全可能在违背死者意愿的同时，侵害第三人的隐私权。

就该问题，立法上可以有两种选择：一是原则允许而例外禁止，即原则上规定，死者的近亲属可以行使死者在个人信息处理中的权利，除非死者生前明确表示反对或者法律另有规定；二是原则禁止而例外允许，即法律规定，原则上死者的近亲属不得行使死者在个人信息处理中的权利，除非法律另有规定，如基于近亲属对死者的个人信息享有需要保护的利益而作出特别的规定，或者自然人生前有明确的意思表示授权近亲属这样做。相比较而言，第一种路径更关注死者近亲属的感情需求和利益的维护，而第二种路径似乎倾向于假定死者原则上不愿意近亲属知悉其个人信息，并且更倾向于维护那些与死者进行交往的第三人的隐私。基于我国的传统风俗和国民心理而言，本书认为，第一种路径更为妥当。因此，就需要在《个人信息保护法》中增加例外规定，即如果死者生前明确表示反对或者法律另有规定的除外。

另外，对于近亲属在自然人死亡后行使个人信息处理中的权利应当规定一个行使的顺位。近亲属的范围很广，依据《民法典》第1045条第2款，近亲属包括配偶、父母、子女、兄弟姐妹、祖父母、外祖父母、孙子女、外孙子女。在自然人生前没有指定的情形下，这些近亲属不可能都有权行使自然人在个人信息处理中的权利。考虑到近亲属与死者关系远近的不同，对于行使死者生前在个人信息处理中的权利的必要性也存在差别，故此，可以参照《民法典》第994条的规定，确立一个权利行使的顺位。具体而言，首先，此种个人信息处理中的权利应当由死者的配偶、子女、父母来行使。其次，当死者没有配偶、子女且父母已经死亡的情形下，其他近亲属才有权行使上述权利。

（二）《个人信息保护法》第49条的规定

立法机关接受了对《草案二审稿》第49条的一些批评意见，正式颁布的《个人信息保护法》第49条规定："自然人死亡的，其近亲属为了自身的合法、正当利益，可以对死者的相关个人信息行使本章规定的查阅、复制、更正、删除等权利；死者生前另有安排的除外。"从这一规定可以看出：首先，《个人信息保护法》并不保护死者的个人信息，也就是说，我国《个人信息保护法》中的个人信息仅仅是活着的自然人的个人信息，不包括死者的个人信息。其次，之所以赋予死者的近亲属可以针对死者的相关个人信息行使《个人信息保护法》第4章规定的查阅、复制、更正、删除等权利，目的是保护死者的近亲属自身的合法、正当利益，而不是保护其他人的利益。最后，如果死者生前另有安排的，则近亲属也不得针对死者的个人信息行使相应的权利。

五、近亲属对死者个人信息行使相应权利的要件

（一）针对死者的相关个人信息

首先，近亲属只有在针对死者的个人信息要求行使查询复制权、删除权等权利时，才需要适用《个人信息保护法》第49条的规定。如果近亲属是针对自己的个人信息，自然不存在使用该条之必要。因此，必须区分死者的个人信息与死者的近亲属的个人信息。其次，近亲属针对的是死者的相关个人信息而非全部的个人信息，这主要是考虑到死者生前与他人交往中形成的个人信息既可以说是死者的个人信息，也可以说是他人的个人信息，其中还会涉及死者及其与之交往的人的隐私以及宪法上的通信秘密。故此，立法机关通过“相关”一词加以限制。所谓相关个人信息是指与维护死者近亲属自身的合法、正当的利益具有直接的、密切关系的个人信息，如果不是具有密切关系的，则不能行使。

（二）死者近亲属自身的合法、正当利益

所谓近亲属**自身的合法、正当利益**意味着，一方面，该利益是属于死者近亲属的，而非死者的或者其他人的。因为《个人信息保护法》第49条是赋予死者近亲属相应的权利。另一方面，死者近亲属要维护的是符合法律规定的且不违反公序良俗、诚信原则的利益，即合法、正当的利益。合法、正当的利益范围比合法权益要广泛，包括但不限于死者的合法权益。之所以有这一要件的要求，理由在于：死者已经去世，不属于民事主体，失去民事权利能力，其既不能享有民事权利，也无须履行民事义务。因此，不存在死者自身行使针对个人信息的权利的问题。但是，死者虽然已经去世了，其近亲属仍在，所谓近亲属就是指与死者存在非常密切的自然或法律意义上关系的人，如父母、子女、配偶、兄弟姐妹、祖父母、外祖父母、孙子女和外孙子女。此时，近亲属为了维护其自身的合法、正当利益，有必要行使针对死者的个人信息的权利。例如，近亲属为了解死者生前是否对死后的财产分配作出相应的安排，或者为了知道死者生前的所思所想，了解死因等，需要登录死者的电子邮箱来查阅复制死者的个人信息；再如，当死者的个人信息存在不准确或者不完整的地方，而这导致了死者的名誉存在受损的危险，进而损害死者的近亲属对死者的敬慕追思之情这一合法、正当的利益时，近亲属当然有权要求个人信息处理者对死者的个人信息进行更正。

（三）死者生前未另有安排

所谓死者生前未另有安排，是指死者生前没有对其死后如何行使对其个人信息的权利作出相应的安排。这种安排包括：其一，死者生前通过遗嘱等方式明确表示自己死后，任何人包括近亲属在内都不得查阅、复制其个人信息，而是要求个人信息处理者在自己死后将个人信息全部予以删除。在此种情形下，因为个人信息处理者已经删除了死者的全部个人信息，那么显然死者的近亲属就不可能再去要求行使查阅、复制的权利。其二，死者生前通过遗嘱等方式指定了特定的人来行使对其个人信息的权利。例如，死者生前明确指定其配偶或者子女来行使查阅、复制、更正、删除等权利。在这种情形下，其他的近亲属即便为了自身正当、合法的利益，也不得行使对死者的个人信息的权利。

六、近亲属能够对死者个人信息行使的权利的类型

近亲属在符合相应的条件时，能够对死者的个人信息行使的权利，仅限于《个人信息保护法》第 4 章规定的“个人在个人信息处理活动中的权利”，但是，这一章规定的权利包括：知情权、决定权、查阅权、复制权、可携带权、更正权、补充权、删除权、解释说明权。《个人信息保护法》第 49 条明确列举的死者的近亲属可行使的权利类型为查阅权、复制权、更正权、删除权等权利。虽然使用了“等权利”兜底，但是，这一条的列举应当是完全列举而非不完全列举。死者的近亲属对于死者的个人信息的处理显然不能享有知情权和决定权，也不能享有可携带权、补充权以及解释说明权。一则这些权利从其性质和目的来看只能由个人信息主体享有，近亲属不能享有。二则死者的近亲属只要对于死者的个人信息享有查阅权、复制权、更正权和删除权就可以有效地维护自身正当、合法的利益了。

◆ 相关规定

《民法典》第 994 条、第 1045 条；《最高人民法院关于审理使用人脸识别技术处理个人信息相关民事案件适用法律若干问题的规定》第 15 条

第五十条 【个人信息处理者保障权利行使和说明的义务】

个人信息处理者应当建立便捷的个人行使权利的申请受理和处理机制。拒绝个人行使权利的请求的，应当说明理由。

个人信息处理者拒绝个人行使权利的请求的，个人可以依法向人民法院提起诉讼。

◆ 条文要旨

本条是对个人信息处理者建立相应机制保障个人行使权利以及在拒绝个人行使权利时个人可以向法院起诉的规定。

◆ 理解与适用

一、规范目的

依据《个人信息保护法》第50条第1款，个人信息处理者应当建立便捷的个人行使权利的申请受理和处理机制。① 所谓个人行使权利中的**“权利”**，主要是指《个人信息保护法》第4章规定的“个人在个人信息处理活动中的权利”，如知情权、决定权、查阅复制权、可携带权、更正补充权、删除权、解释说明权等。个人在个人信息处理活动中的权利指向的义务主体是个人信息处理者，需要个人信息处理者履行相应的义务，才能实现个人的此等权利。尤其是现代社会中的个人信息处理活动极为普遍，且处理者所处理的个人信息也涉及数量极为众多的个人，倘若没有一套科学的程序机制作为保障，个人很难行使权利。即便对于个人信息处理者而言，也会因为缺失相应的机制保障而侵害个人的权利，承担相应的法律责任。事实上，一套科学合理且合法的个人行使权利的申请受理和处理机制，对于个人信息处理者自身而言也是非常有利的，它能确保个人信息处理者在符合法律规定的前提下，既充分保护个人的权利，又降低成本，提高效率。②

---

① 《网络安全法》第49条第1款规定：“网络运营者应当建立网络信息安全投诉、举报制度，公布投诉、举报方式等信息，及时受理并处理有关网络信息安全的投诉和举报。”

② 我国《网络安全法》第49条第1款就已经明确要求网络运营者应当建立网络信息安全投诉、举报制度，公布投诉、举报方式等信息，及时受理并处理有关网络信息安全的投诉和举报。

故此，《个人信息保护法》第50条第1款要求个人信息处理者应当建立便捷的个人行使权利的申请受理和处理机制。

二、便捷的个人行使权利的申请受理和处理机制

个人信息处理者需要建立的便捷的个人行使权利的申请受理和处理机制可以分为两大部分：

1. 申请受理机制。具体包括：个人在向个人信息处理者行使权利时，如要求查阅复制或者要求删除时，应当通过何种方式（如发送电子邮件或电话等）向个人信息处理者中的何人提出申请；个人提出申请时应当提供何种证明材料以证明其属于个人信息被处理的个人并享有其主张的权利；个人信息处理者在符合何种条件时于多长时间内受理个人的申请并向个人进行反馈等。现代网络信息社会，个人信息基本上是以电子形式被处理的。故此，个人信息处理者应当跟随科技的发展采取符合信息时代要求的便捷的申请受理机制，如网上申请并受理。这不仅能够使个人便捷高效地行使权利，保护个人的隐私，及时维护个人信息权益，也能够使得个人信息处理者的处理活动更好地符合法律的规定。

2. 处理机制，就是指个人信息处理者应当如何回应个人符合条件的行使权利的请求。例如，在个人行使查阅复制权时，处理者应如何及时提供该个人请求查阅、复制的个人信息；当个人行使删除权时，处理者怎样对需要删除的个人信息进行删除并将结果反馈给个人等。便捷的处理机制显然不是仅仅立足于个人信息处理者的立场，而是要在严格遵守个人信息保护法的要求下，以保障个人信息权益为中心，兼顾个人、处理者以及第三人等各方利益的前提下建立起来的。

三、拒绝个人行使权利的请求的应说明理由

《个人信息保护法》第50条第1款第2句要求，个人信息处理者拒绝个人行使权利的请求的，应当说明理由。无论个人信息处理者是国家机关还是非国家机关，当其拒绝个人行使权利的请求时，都应当说明理由。例如，个人以个人信息的保存期限已经届满为由而要求处理者删除其个人信息的，处理者经核实后发现保存期限尚未届满，故此拒绝个人的删除请求，同时告知其拒绝的理由在于保存期限尚未届满。通过要求个人信息处理者在拒绝个人行使权利的请求时说明理由：一方面，可以保证个人信息处理活动的公开透明，保障个人对其个人信息处理的知情权；另一方面，也可以防止个人信息处理者任意拒绝个人行使权利的请

求，并且在个人因未能行使权利而提起诉讼时，便于法院判断个人信息处理者拒绝个人信息行使权利的行为是否合法。

四、个人有权提起诉讼

在个人向个人信息处理者行使查阅复制权、补充更正权、可携带权、删除权等权利，而个人信息处理者无正当理由予以拒绝时，个人是否可以向法院提起诉讼？在《个人信息保护法》的起草过程中，曾有观点认为，不应当允许个人提起诉讼，理由是：首先，如果允许起诉，就会被人恶意利用增加个人信息处理者的负担；其次，会给法院造成很大的麻烦，导致诉讼爆炸，案件量激增。

在审议《个人信息保护法》时，有的全国人大常委会常委委员提出，应当要求个人信息处理者提供便捷的途径，并明确个人向人民法院起诉寻求救济的权利，以更好保障个人行使个人信息查询、复制等权利，宪法和法律委员会经研究后接受了该意见①，《个人信息保护法》第 50 条第 2 款明确规定："个人信息处理者拒绝个人行使权利的请求的，个人可以依法向人民法院提起诉讼。"本书认为，这一规定是正确的。首先，如果规定了个人在个人信息处理活动中的权利，却不允许其在权利无法得到实现时，寻求法院的救济，那么该权利就没有意义了。没有救济，就没有权利。其次，任何权利都可能被滥用，对此自有法律加以规范，《民法典》第 132 条已经明确规定："民事主体不得滥用民事权利损害国家利益、社会公共利益或者他人合法权益。"故此，以权利可能被滥用来否定权利的可诉性，属于本末倒置。最后，至于所谓的诉讼爆炸，也没有证据加以支持。况且，通过合理的程序设计也可以防止这种可能性。

◆ 疑点与难点

《网络安全法》第 49 条的规定

《网络安全法》第 49 条第 1 款规定，网络运营者应当建立网络信息安全投诉、举报制度，公布投诉、举报方式等信息，及时受理并处理有关网络信息安全的投诉和举报。"网络信息安全"与"网络运行安全"共同构成《网络安全法》

---

① 《全国人民代表大会宪法和法律委员会关于〈中华人民共和国个人信息保护法（草案三次审议稿）〉修改意见的报告》。

规定的网络安全。所谓网络安全，是指通过采取必要措施，防范对网络的攻击、侵入、干扰、破坏和非法使用以及意外事故，使网络处于稳定可靠运行的状态，以及保障网络数据的完整性、保密性、可用性的能力。

因此，网络信息安全既包括网络个人信息的安全，也包括其他数据和信息的安全。但是，《网络安全法》第49条只是针对网络运营者作出的规定，《个人信息保护法》第50条是对个人信息处理者的要求。此外，就如何认定网络运营者存在“未公布投诉、举报方式等信息”的行为，国家网信办秘书局等印发的《App违法违规收集使用个人信息行为认定方法》第6条规定，App运营者未建立并公布个人信息安全投诉、举报渠道，或未在承诺时限内（承诺时限不得超过15个工作日，无承诺时限的，以15个工作日为限）受理并处理的，可被认定为“未公布投诉、举报方式等信息”。

◆ 相关规定

《网络安全法》第49条；《App违法违规收集使用个人信息行为认定方法》第6条

第五章 个人信息处理者的义务

◆ 本章概述

本章对个人信息处理者的义务作出了集中规定，但规定的不是与个人信息的主体所享有的权利相互对应的义务，如个人有权请求查阅、复制其个人信息，而个人信息处理者负有及时提供的义务；个人有权在符合法律规定时行使删除权，个人信息处理者负有删除个人信息的义务。基于权利与义务相对应的考虑，《个人信息保护法》第4章在规定“个人在个人信息处理活动中的权利”的同时，就已经明确了个人信息处理者的相应义务。例如，第45条第2款规定：“个人请求查阅、复制其个人信息的，个人信息处理者应当及时提供。”第46条第2款规定：“个人请求更正、补充其个人信息的，个人信息处理者应当对其个人信息予以核实，并及时更正、补充。”再如，第47条规定，当存在法律规定的应当删除个人信息的情形时，个人信息处理者应当主动删除个人信息；个人信息处理者未删除的，个人有权请求删除。

本章所规定的个人信息处理者的义务是为了贯彻落实《个人信息保护法》中两项基本原则——合法原则与责任原则。依据**合法原则**，处理个人信息必须采取合法的方式，不得违反法律、行政法规的规定，不得侵害自然人的个人信息权益，不得危害国家安全、公共利益（《个人信息保护法》第2条、第5条、第10条）。依据**责任原则**，个人信息处理者应当对其个人信息处理活动负责，确保个人信息处理活动的合法性，并且应当采取必要措施保障所处理的个人信息的安全（《个人信息保护法》第9条）。为实现这两项原则的要求，本章对个人信息处理者的义务作出了详细的规定，并构建了一个完整的义务体系。

第一，第51条明确了个人信息处理者的基本义务，即个人信息处理者应当根据个人信息的处理目的、处理方式、个人信息的种类以及对个人的影响、可能存在的安全风险等，采取相应的措施确保个人信息处理活动符合法律、行政法规的规定，并防止未经授权的访问以及个人信息泄露、篡改、丢失。该条列举了个人信息处理者应当采取的五种具体的措施。

第二，第 52 条要求处理个人信息达到国家网信部门规定数量的个人信息处理者必须指定个人信息保护负责人，监督个人信息处理活动以及采取的保护措施，进一步确保个人信息处理活动的合法性与个人信息的安全性。第 53 条要求适用本法的境外的个人信息处理者应当在我国境内设立专门机构或者指定代表，负责处理个人信息保护相关事务。

第三，第 54 条规定了个人信息处理者的定期合规审计义务，要求个人信息处理者能够持续保证个人信息处理活动符合法律、行政法规，并且有能力向监管部门举证证明。

第四，第 55 条、第 56 条和第 57 条分别从事前、事中和事后规定了保护个人信息安全的义务。一方面，针对高风险的个人信息处理活动，要求个人信息处理者在事前进行个人信息保护影响评估，并对处理情况进行记录（第 55 条、第 56 条）；另一方面，一旦发生个人信息泄露，要求个人信息处理者立即采取补救措施并通知监管机构和个人（第 57 条）。

第五，第 58 条对于特定的个人信息处理者确立了所谓的“守门人义务”，进一步加强对个人信息处理活动的监督，防止非法的个人信息处理活动，保护个人信息的安全。

第五十一条　【采取措施确保个人信息处理活动合法并保护安全】

个人信息处理者应当根据个人信息的处理目的、处理方式、个人信息的种类以及对个人权益的影响、可能存在的安全风险等，采取下列措施确保个人信息处理活动符合法律、行政法规的规定，并防止未经授权的访问以及个人信息泄露、篡改、丢失：

（一）制定内部管理制度和操作规程；

（二）对个人信息实行分类管理；

（三）采取相应的加密、去标识化等安全技术措施；

（四）合理确定个人信息处理的操作权限，并定期对从业人员进行安全教育和培训；

（五）制定并组织实施个人信息安全事件应急预案；

（六）法律、行政法规规定的其他措施。

◆ 条文要旨

本条规定了个人信息处理者应当采取相应的措施确保个人信息处理活动合法并保护个人信息的安全。

◆ 理解与适用

一、规范目的

《个人信息保护法》第 51 条是对个人信息处理者负有采取相应的措施确保个人信息处理活动符合法律、行政法规的要求并保护个人信息安全的义务的规定。作此规定的理由在于：首先，合法原则是个人信息处理的基本原则之一。《个人信息保护法》颁布前，《网络安全法》《民法典》等法律已有明确的规定。《网络安全法》第 41 条第 1 款规定，网络运营者收集、使用个人信息，应当遵循合法、正当、必要的原则。《民法典》第 1035 条第 1 款也规定“处理个人信息的，应当遵循合法、正当、必要原则”。《个人信息保护法》第 1 章“总则”对合法原则作出了更为具体的规定，该法第 5 条规定，处理个人信息应当遵循合法、正当、必要和诚信原则，不得通过误导、欺诈、胁迫等方式处理个人信息。第 10 条规定，任何组织、个人不得非法收集、使用、加工、传输他人个人信息，不得非法买卖、提供或者公开他人个人信息，不得从事危害国家安全、公共利益的个人信息处理活动。因此，任何组织或个人只要进行个人信息的处理，就当然负有遵守法律、行政法规相关规定的义务，这也是个人信息处理者的基本义务。[①] 故此，《个

① 例如，欧盟《一般数据保护条例》第 4 章“控制者与处理者”的第 1 节“基本义务”首先就对控制者实施适当的技术性和组织性措施，以确保并能够证明处理活动是根据该条例规定进行的义务作出了规定（第 24 条），这些措施应在必要时进行审查和更新。

人信息保护法》第 51 条对处理者作出了更为具体的细化规定。

其次，保护个人信息的安全非常重要。个人信息处理者处理的个人信息是涉及不特定多数人的海量信息，其中，还包括大量敏感甚至私密的个人信息，因此，保护这些个人信息的安全对于维护自然人的人格尊严、人格自由以及生命健康、财产安全的权益至关重要。此外，个人信息还涉及公共利益、国家安全。故此，基于责任原则，个人信息处理者负有严格保护个人信息的安全，以防个人信息的泄露、非法买卖、非法窃取或被篡改、删除的主体责任或者说基本义务。也就是说，法律将保护个人信息安全的责任加诸个人信息的处理者。《全国人民代表大会常务委员会关于加强网络信息保护的决定》第 4 条规定：“网络服务提供者和其他企业事业单位应当采取技术措施和其他必要措施，确保信息安全，防止在业务活动中收集的公民个人电子信息泄露、毁损、丢失。在发生或者可能发生信息泄露、毁损、丢失的情况时，应当立即采取补救措施。”《网络安全法》第 42 条第 2 款第 1 句规定：“网络运营者应当采取技术措施和其他必要措施，确保其收集的个人信息安全，防止信息泄露、毁损、丢失。”《民法典》第 1038 条第 2 款第 1 句也规定，“信息处理者应当采取技术措施和其他必要措施，确保其收集、存储的个人信息安全，防止信息泄露、篡改、丢失”。《个人信息保护法》第 9 条规定：“个人信息处理者应当对其个人信息处理活动负责，并采取必要措施保障所处理的个人信息的安全。”该条明确了《个人信息保护法》的责任原则，即个人信息处理者对其处理活动负责，负有采取必要措施保障个人信息安全的义务。而《个人信息保护法》第 51 条对个人信息处理者应当如何采取以及采取哪些“措施”作出了细化的规定。

二、个人信息处理者采取必要措施时的考量因素

欧盟《一般数据保护条例》第 24 条第 1 款规定：“考虑到处理的性质、范围、内容和目的以及处理给自然人的权利和自由带来不同程度的风险，控制者应当实施适当的技术性和组织性措施，以确保并能够证明处理活动是根据本条例规定进行的，这些措施应在必要时进行审查和更新。”第 32 条第 1 款、第 2 款规定：“考虑行业现状、实施成本、处理性质、范围、目的，以及处理活动可能的风险和处理可能给自然人权利自由造成影响的程度，控制者、处理者应当实施适当的技术性和组织性措施，以确保与风险相适应的安全等级，视情况而定包括：（a）个人数据的假名化和加密；（b）确保处理系统和服务的保密性、完整性、可用性以及系统可恢复性的能力；（c）在发生物理或者技术故障的情况下，个人信息的恢复可用性及可访问性；（d）对技术性及组织性措施的有效性定期进行测试、访问、评估，以确保处理过程的安全性。”“安全账户等级评估应当特别考虑处理过程中的风险，特别是在个人数据的传输、存储以及其他方式的处理过程中意外或非法销毁、灭失、变更、未经授权披露或者访问。”这两条将“处理的性质、范围、内容和目的”以及“处理活动可能的风险”“处理给自然人的权利和自由带来不同程度的风险”作为控制者实施技术性和组织性措施的考量因素。

我国《个人信息保护法》第51条借鉴欧盟《一般数据保护条例》上述规定，既明确了个人信息处理者应当考虑“个人信息的处理目的、处理方式、个人信息的种类以及对个人权益的影响、可能存在的安全风险等”因素，据以采取必要措施确保处理活动合法与保护个人信息的安全；同时，还详细列举了个人信息处理者应当采取的具体措施。毕竟法律、行政法规规定的必要措施不可能是面面俱到、细致入微的，还需要个人信息处理者基于本条所列因素而作出更加具体细致、有针对性的举措。就《个人信息保护法》第51条列举的个人信息处理者采取措施时的考量因素，具体阐述如下：

（一）个人信息的处理目的

现代社会中个人信息的处理无处不在、无时不在，处理者的类型也纷繁复杂，基于不同的目的而对个人信息进行处理。有些处理的目的就是营利，如电子商务平台的经营者、社交软件的开发者等各类网络企业，其处理个人信息的目的就是营利，如进行精准的广告投放，更好地推销产品或服务等；有些处理目的是维护公共安全，如公安机关在公共道路上设置各种监控探头以采集个人信息；有些处理目的是应对突发公共卫生事件，如新冠肺炎疫情期间，政府开发的健康码、健康宝等App对个人的行踪信息进行收集就是为了防控疫情的需要。总之，处理目的不同决定了处理方式、处理的个人信息的种类、范围等方面的不同，由此也导致确保个人信息处理活动符合法律、行政法规的规定以及保护个人信息安全的必要措施是不同的。

（二）个人信息的处理方式

个人信息的处理方式种类繁多，我国《个人信息保护法》《民法典》只是列举了最典型的类型，包括收集、存储、使用、加工、传输、提供、公开、删除等。不同的处理方式，法律、行政法规的要求不同，个人信息泄露、被窃取、篡改、丢失的风险也是不同的。例如，A公司作为处理者仅仅是收集和使用个人信息，但是不存储个人信息，与B公司对个人信息进行收集、存储和使用相比，显然B公司更可能出现个人信息的泄露或被非法窃取的风险。再如，个人信息处理者将个人信息提供给其他处理者的，这种提供行为意味着个人信息要被转移。此时，依据《个人信息保护法》第23条，将个人信息提供给其他处理者的处理者就必须履行法定的告知义务即告知个人接收方的名称或者姓名、联系方式、处理目的、处理方式和个人信息的种类，并取得个人的单独同意。如果不履行这一法定义务，此种将个人信息提供给他人的行为就是非法处理行为。在这种情况下，个人信息处理者就必须采取必要的措施，来确保在这种处理活动中严格遵守法律、行政法规的规定，防止个人信息被泄露或非法买卖。与在我国境内提供个人信息相比，向境外提供个人信息的处理活动受到法律、行政法规的规范更加严格，而个人信息被泄露或窃取等风险也更高。

（三）个人信息的种类

个人信息的种类不同，法律、行政法规对处理行为的要求也不同，而个人信息被泄露或者被窃取等风险也不同。首先，法律对敏感个人信息的处理要求严于非敏感的个人信息，如要求取得单独同意，有具体特定的目的和充分的必要，并且要求进行个人信息保护影响评估等。但是，非敏感的个人信息的处理要求相对宽松一些。其次，即便同为敏感的个人信息，有些不仅仅是敏感的个人信息还是私密的个人信息，有些则并非私密的个人信息，显然对于作为私密信息的敏感的个人信息的处理，要比非私密的敏感的个人信息的处理严格很多。

（四）对个人权益的影响、可能存在的安全风险等

个人信息的处理可能给个人权益产生不同的影响，既可能产生积极的影响，如提高生活的便捷程度与舒适性，也可能产生消极的负面的影响，如产生歧视，侵害隐私权、侵犯人格尊严等。可能存在的安全风险是指个人信息处理活动可能存在的个人信息泄露或被他人非法窃取、篡改或丢失的风险，这些风险往往尚未现实化，但只要具有可能性，个人信息处理者就必须予以考虑。网络信息科技的发展一日千里，个人信息的处理对个人权益产生的影响可能是短期的、现实的，

也可能是长期的、未来的，这就要求个人信息处理者在采取必要措施确保个人信息处理的合法性以及保护个人信息安全时，必须进行长远且全面的考虑。要考虑对个人的权益的各种影响，尤其是考虑到各种可能存在的安全风险。例如，欧盟《一般数据保护条例》序言部分的第75条列举出了个人数据处理可能给自然人权利和自由带来的不同程度的风险，“这些处理可能带来客观的、物质的或者非物质的损害，尤其是：当处理可能导致歧视、身份盗窃或者欺诈、财产损失、名誉损害、个人数据丧失专业保密性、匿名化的未授权的撤销，或者其他显著的经济或者社会危害；当数据主体可能被剥夺权利和自由或者丧失对其个人数据的控制权；当个人数据的处理反映了种族、政治观点、哲学或宗教信仰、工会会员，以及基因数据的处理，与健康、性生活、刑事定罪或者抗辩等相关安全措施的数据处理；当对个人进行精准评价，特别是对自然人的工作表现、经济状况、健康状况、个人偏好、兴趣、信誉、行为习惯、位置或行踪相关的分析和预测，而使用数据画像的；弱小的自然人的个人数据，尤其是儿童个人数据处理；处理活动涉及大范围的个人数据，并且影响大量的数据主体”。我国《个人信息保护法》将对个人权益的影响作为个人信息处理者在采取相应措施时应当考虑的重要因素，这就意味着个人信息处理者对可能侵害个人信息权益的处理活动采取更严谨的态度，即便法律没有禁止，也应当考虑科技伦理的要求。而将来可能存在的安全风险越大，采取的措施就应当越严格充分。

三、措施的类型

欧盟《一般数据保护条例》将数据控制者采取的措施分为两类，“技术性和组织性措施”（Technical and Organisational Measures）。我国法律则将个人信息处理者保护个人信息安全的必要措施区分为两类，即技术措施和其他必要措施。《网络安全法》第42条第2款第1句规定：“网络运营者应当采取技术措施和其他必要措施，确保其收集的个人信息安全，防止信息泄露、毁损、丢失。”《民法典》第1038条第2款第1句也规定，“信息处理者应当采取技术措施和其他必要措施，确保其收集、存储的个人信息安全，防止信息泄露、篡改、丢失”。从这一规定可以看出，我国法律也分为技术措施和其他必要措施两类。

所谓**技术措施**，就是指个人信息处理者所采取的确保处理活动合法并保护个人信息安全的技术方法或技术手段。诚如美国学者莱斯格所言，互联网的性质并非由上帝的旨意来决定，而仅仅是由它的架构设计来决定。“网络可以被设计成这样：我们能够知悉用户是谁，他在哪里以及他在做什么。一旦网络被设计成这样，它就将成为有史以来最具有规制能力的空间。”① 技术措施的先进程度和类型各不同，个人信息处理者应当根据个人信息处理目的、处理方式、个人信息的种类以及对个人的影响、可能存在的安全风险等来确定应当采取何种技术措施。依据《数据安全法》第 27 条第 1 款的规定：“开展数据处理活动应当依照法律、法规的规定，建立健全全流程数据安全管理制度，组织开展数据安全教育培训，采取相应的技术措施和其他必要措施，保障数据安全。利用互联网等信息网络开展数据处理活动，应当在网络安全等级保护制度的基础上，履行上述数据安全保护义务。”因此，就作为个人信息处理者的网络运营者而言，采取技术措施是指网络运营者应当按照我国法律法规建立的网络安全等级保护制度的要求，履行安全保护义务，保障网络免受干扰、破坏或者未经授权的访问，防止个人信息泄露或者被窃取、篡改。我国的网络安全等级保护制度最早是由 1994 年国务院颁布的《计算机信息系统安全保护条例》所规定的，该条例第 9 条规定：“计算机信息系统实行安全等级保护。安全等级的划分标准和安全等级保护的具体办法，由公安部会同有关部门制定。”2007 年公安部、国家保密局、国家密码管理局、国务院信息工作办公室联合印发了《信息安全等级保护管理办法》。该办法依据信息系统受到破坏后对公民、法人和其他组织的合法权益造成的损害的程度，是否损害国家安全、社会秩序和公共利益以及损害的程度，将信息系统的安全保护等级分为五级，从第一级到第五级依次规定了每个等级的范围、信息系统运营者的义务及对应的措施。显然，信息安全等级保护制度的分类中也必须考虑处理者所处理的个人信息的类别。《网络安全法》在前述规定的基础上，于第 21 条明确规定：“国家实行网络安全等级保护制度。网络运营者应当按照网络安全等级保护制度的要求，履行下列安全保护义务，保障网络免受干扰、破坏或者未经授权的访问，防止网络数据泄露或者被窃取、篡改：（一）制定内部安全管理制度和操作规程，确定网络安全负责人，落实网络安全保护责任；（二）采取防范计算机

---

① ［美］劳伦斯·莱斯格：《代码 2.0：网络空间中的法律（修订版）》，李旭、沈伟伟译，清华大学出版社 2018 年版，第 43 页。

病毒和网络攻击、网络侵入等危害网络安全行为的技术措施；（三）采取监测、记录网络运行状态、网络安全事件的技术措施，并按照规定留存相关的网络日志不少于六个月；（四）采取数据分类、重要数据备份和加密等措施；（五）法律、行政法规规定的其他义务。”

所谓**其他必要措施**，主要就是指组织措施，即个人信息处理者为确保个人信息处理的合法以及保护个人信息安全，而建立适当的内部组织架构与管理规章制度、对个人信息处理的内部程序分工与工作流程进行合理的设计。绝大多数个人信息处理者都是组织，可能是法人组织也可能是非法人组织。无论是法人还是非法人组织，本质上都是法律拟制的主体，它们都是由一个个具体的自然人组成的，依赖自然人才能开展各种活动。“堡垒最容易从内部被攻破。”无论采取多强的技术措施，都必须依赖处理者的工作人员加以实施，如果缺乏科学、合理、严格，并得到有效执行的内部管理制度，则个人信息处理的合法性与个人信息的安全性将成为奢望。

我国《个人信息保护法》第51条没有将个人信息处理者应当采取的措施分为技术措施与其他必要措施，而是统一使用“措施”的表述。但是，该条对于具体的措施作出了详细的规定。

四、具体的措施

（一）制定内部管理制度和操作规程

个人信息处理者应当建立严格的内部管理制度和科学合理的操作规程，以确保个人信息处理活动符合法律、行政法规的规定，并防止未经授权的访问以及个人信息泄露、篡改、丢失。内部管理制度是个人信息处理者制定的关于确保个人信息处理符合法律、行政法规的规定以及保护个人信息安全的组织结构、人员配备、行为规范、管理职责等方面的规则。操作规程是个人信息处理者制定的有关人员在处理个人信息活动中应当遵守的具体程序和步骤。在《个人信息保护法》颁布前，为了有效地维护网络安全以及个人信息信息安全，一些法律法规对于网络运营者和有关主体制定内部管理制度和操作规程已有明确的规定。例如，《网络安全法》第21条规定，国家实行网络安全等级保护制度。网络运营者应当按照网络安全等级保护制度的要求，履行下列安全保护义务，保障网络免受干扰、破坏或者未经授权的访问，防止网络数据泄露或者被窃取、篡改。该安全保护义务的第一项就是“制定内部安全管理制度和操作规程，确定网络安全负责人，落实网络安全保护责任”。《征信业管理条例》第22条第1款规定：“征信机构应当按照国务院征信业监督管理部门的规定，建立健全和严格执行保障信息安全的规章制度，并采取有效技术措施保障信息安全。”《电信和互联网用户个人信息保护规定》第13条第1项与第2项规定，电信业务经营者、互联网信息服务提供者应当确定各部门、岗位和分支机构的用户个人信息安全管理责任，建立用户个人信息收集、使用及其相关活动的工作流程和安全管理制度，从而防止用户个人信息泄露、毁损、篡改或者丢失。《个人信用信息基础数据库管理暂行办法》第26条规定，商业银行应当根据中国人民银行的有关规定，制定相关信用信息报送、查询、使用、异议处理、安全管理等方面的内部管理制度和操作规程，并报中国人民银行备案。第27条规定：“商业银行应当建立用户管理制度，明确管理员用户、数据上报用户和信息查询用户的职责及操作规程。商业银行管理员用户、数据上报用户和查询用户不得互相兼职。”此外，《互联网个人信息安全保护指南》《信息安全技术 个人信息安全规范》等标准也就内部的管理制度和操作规程作出了细化的规定。例如，制定本单位的个人信息保护总体方针和安全策略等相关规章制度和文件，包括个人信息保护工作的目标、范围、原则和安全框架等相关说明；建立个人信息管理制度体系，包括安全策略、管理制度、操作规程和记录表单；明确本单位的法定代表人或负责人对个人信息处理合法与个人信息安全负有全面领导责任，包括为个人信息安全工作提供足够的人力、物力和资金的保障；制定本单位的工作人员对个人信息日常管理的操作规程；设立本单位内部的专门工作部门，以指导和管理个人信息保护工作，同时明确该机构的职责范围等。

当然，个人信息处理者的类型千差万别，既有大企业甚至跨国公司，也有中小企业，既有政府机关，也有事业单位、社会团体等。故此，所谓内部管理制度和操作规程需要根据个人信息处理的目的、处理方式、个人信息的种类以及对个人的影响和可能存在的安全风险等因素加以确定。但无论如何，总的目的就是要确保个人信息处理活动符合法律、行政法规的规定并保护个人信息的安全。

（二）对个人信息实行分类管理

所谓对个人信息实行分类管理，就是指依据个人信息的类别的不同而采取相应的管理方法与管理制度。个人信息的类型很多，大的分类可以分为敏感个人信息与非敏感个人信息、私密信息与非私密信息。依据个人信息的内容的不同，则可以细分为：(1) 个人的基本信息，如姓名、出生日期、出生地、性别、民族、种族、国籍、宗教信仰、身份证件号码、家庭住址、电话号码、电子邮箱等；(2) 生物识别信息，如个人的基因、人脸信息、指纹、声纹、虹膜、步态等；(3) 个人的网络信息，如个人的网络账号、IP 地址、个人数字证书、网络浏览记录、网页收藏信息、点击信息等；(4) 健康与生理信息，如身高、体重、心率、血压、既往病史、病症、检验单、化验单、治疗记录、手术记录、过敏史等；(5) 个人的财产与信用信息，包括银行账户、证券账户、不动产信息、交易信息、消费信息、信贷信息等；(6) 个人的通信信息，包括信件、通信记录、电子邮件、短信、其他即时通信信息、通讯录、好友列表等；(7) 个人的教育与工作信息，如教育背景、工作经历、培训记录、成绩单等；(8) 个人的违法犯罪信息，如受到行政处罚或被判处刑罚的信息；(9) 行踪信息，包括个人的位置、住宿信息、出行信息、行动轨迹等；(10) 其他个人信息，如婚姻史等。① 显然，处理不同类型的个人信息以及不同类型个人信息的泄露、被窃取或篡改等，对于个人权益的影响是不同的，产生的安全风险也有差别。例如，个人行踪信息的泄露很容易导致对个人隐私权甚至生命健康权的侵害。在我国就曾发生被告人利用其在宁波市公安局鄞州分局邱隘派出所大厅值班之机，泄露他人的行踪信息，导致受害人被犯罪分子杀害的案件。② 再如，个人财产信息的泄露或被非法入侵很容易导致他人的财产被侵害，从而使他人遭受重大的财产损失。故此，应当对不同类别的个人信息进行分类管理，敏感的个人信息的管理的严格程度要高于非敏感的个人信息，在敏感的个人信息中，私密信息的严格程度又要高于非私密的个人信息。例如，《个人信用信息基础数据库管理暂行办法》第 8 条规定："征信服务中心应当建立完善的规章制度和采取先进的技术手段确保个人信用信息安全。"之所以要求采取先进的技术手段，也是因为个人信用信息包括个人基本信息、个人信贷交易信息以及反映个人信用状况的其他信息。其中，个人信贷交易信息涉

---

① 《信息安全技术 个人信息安全规范》(GB/T 35273—2020) 对个人信息有一个详细的分类和列举。

② 浙江省宁波市镇海区人民法院 (2017) 浙 0211 刑初 482 号刑事判决书。

及自然人的金融账户及其交易状况，属于敏感的个人信息，应当采取最严密的安全保护措施。①

我国《网络安全法》第 21 条在规定网络运营者的安全保护义务时，也明确要求其采取数据分类等措施。所谓数据分类，就是指按照某种标准如重要程度对数据进行区分、归类，并加以相应的保护。②《数据安全法》第 21 条更是明确规定："国家建立数据分类分级保护制度，根据数据在经济社会发展中的重要程度，以及一旦遭到篡改、破坏、泄露或者非法获取、非法利用，对国家安全、公共利益或者个人、组织合法权益造成的危害程度，对数据实行分类分级保护。国家数据安全工作协调机制统筹协调有关部门制定重要数据目录，加强对重要数据的保护。关系国家安全、国民经济命脉、重要民生、重大公共利益等数据属于国家核心数据，实行更加严格的管理制度。各地区、各部门应当按照数据分类分级保护制度，确定本地区、本部门以及相关行业、领域的重要数据具体目录，对列入目录的数据进行重点保护。"例如，工信部发布的《工业数据分类分级指南（试行）》第 5—7 条规定，工业企业结合生产制造模式、平台企业结合服务运营模式，分析梳理业务流程和系统设备，考虑行业要求、业务规模、数据复杂程度等实际情况，对工业数据进行分类梳理和标识，形成企业工业数据分类清单。其中，工业企业工业数据分类维度包括但不限于研发数据域（研发设计数据、开发测试数据等）、生产数据域（控制信息、工况状态、工艺参数、系统日志等）、运维数据域（物流数据、产品售后服务数据等）、管理数据域（系统设备资产信息、客户与产品信息、产品供应链数据、业务统计数据等）、外部数据域（与其他主体共享的数据等）。平台企业工业数据分类维度包括但不限于平台运营数据域（物联采集数据、知识库模型库数据、研发数据等）和企业管理数据域（客户数据、业务合作数据、人事财务数据等）。该指南第 8 条规定，根据不同类别工业数据遭篡改、破坏、泄露或非法利用后，可能对工业生产、经济效益等带来的潜在影响，将工业数据分为一级、二级、三级等 3 个级别。

---

① 例如，中国人民银行发布的金融行业标准《个人金融信息保护技术规范》（JR/T 0171—2020）对个人信息金融信息保护中的安全技术要求作出了详细的规定。

② 杨合庆主编：《中华人民共和国网络安全法解读》，中国法制出版社 2017 年版，第 50 页。

（三）采取相应的加密、去标识化等安全技术措施

加密、去标识化等安全技术措施可以有效地确保个人信息处理活动符合法律、行政法规的规定，并有效防止未经授权的访问以及个人信息泄露或者被窃取、篡改或删除。通过加密技术，“为每一个数据包配上一把密钥，他人不可以篡改或伪造这把密钥，因此，用户对于数据包的安全性大可放心。同时，这项验证功能也可以在整个互联网上识别信息的发送方和接收方，因此，几乎完全抹杀了用户匿名的可能性”。① 所谓加密，就是指通过加密算法将明文的个人信息变为不可读的一段代码，只有获得密钥的人才能读取原文。经过加密后的个人信息可以很好地防止被他人未经授权访问或被非法窃取或篡改。加密算法主要有三类，即对称加密算法、非对称加密算法以及哈希算法。

去标识化，是指个人信息经过处理，使其在不借助额外信息的情况下无法识别特定自然人的过程（《个人信息保护法》第 73 条第 3 项）。2020 年颁布的《信息安全技术 个人信息去标识化指南》（GB/T 37964—2019）指出，去标识化的目标包括：（1）对直接标识符和准标识符进行删除或变换，避免攻击者根据这些属性直接识别或结合其他信息识别出原始个人信息主体；（2）控制重标识的风险，根据可获得的数据情况和应用场景选择合适的模型和技术，将重标识的风险控制在可接受范围内，确保重标识风险不会随着新数据发布而增加，确保数据接收方之间的潜在串通不会增加重标识风险；（3）在控制重标识风险的前提下，结合业务目标和数据特性，选择合适的去标识化模型和技术，确保去标识化的数据集尽量满足其预期目的（有用）。

（四）合理确定个人信息处理的操作权限并定期对从业人员进行安全教育和培训

处理个人信息时，处理者的不同工作人员参与其中、分工负责实施相应的操作。此时，为了确保个人信息处理的合法，尤其是防止个人信息被非法窃取或泄露，就非常有必要合理确定个人信息处理的操作权限，实现科学分工、互相协调与相互制约，以免出现个人信息处理者的内部工作人员因操作权限不合理尤其是

① ［美］劳伦斯·莱斯格：《代码 2.0：网络空间中的法律（修订版）》，李旭、沈伟伟译，清华大学出版社 2018 年版，第 61 页。

缺乏监督制约机制，而使得个人信息处理活动违反法律、行政法规的规定，以及发生工作人员利用职务之便单独或与他人相互勾结而从事窃取、篡改、披露或删除个人信息的违法犯罪行为。故此，《个人信息保护法》第51条要求个人信息处理者合理确定个人信息处理的操作权限，具体而言，就是通过权限的分类与审批，明确本单位不同的部门、不同岗位的工作人员实施个人信息处理活动的操作权限。针对特别容易出现个人信息处理活动违法以及个人信息泄露、篡改、丢失的危险的操作活动，必须要有相应的制约机制，如批量导出、复制或销毁信息的，必须经过审查批准后才能实施。对此，我国一些行政法规和部门规章已有相应的规定。《征信业管理条例》第22条第2款规定："经营个人征信业务的征信机构应当对其工作人员查询个人信息的权限和程序作出明确规定，对工作人员查询个人信息的情况进行登记，如实记载查询工作人员的姓名，查询的时间、内容及用途。工作人员不得违反规定的权限和程序查询信息，不得泄露工作中获取的信息。"《电信和互联网用户个人信息保护规定》第13条要求电信业务经营者、互联网信息服务提供者对工作人员及代理人实行权限管理，对批量导出、复制、销毁信息实行审查，并采取防泄密措施。《儿童个人信息网络保护规定》第15条规定："网络运营者对其工作人员应当以最小授权为原则，严格设定信息访问权限，控制儿童个人信息知悉范围。工作人员访问儿童个人信息的，应当经过儿童个人信息保护负责人或者其授权的管理人员审批，记录访问情况，并采取技术措施，避免违法复制、下载儿童个人信息。"《中国人民银行金融消费者权益保护实施办法》第33条规定："银行、支付机构应当建立以分级授权为核心的消费者金融信息使用管理制度，根据消费者金融信息的重要性、敏感度及业务开展需要，在不影响本机构履行反洗钱等法定义务的前提下，合理确定本机构工作人员调取信息的范围、权限，严格落实信息使用授权审批程序。"《个人信用信息基础数据库管理暂行办法》第27条规定："商业银行应当建立用户管理制度，明确管理员用户、数据上报用户和信息查询用户的职责及操作规程。商业银行管理员用户、数据上报用户和查询用户不得互相兼职。"

依据《个人信息保护法》第51条，个人信息处理者还必须定期对从业人员进行安全教育和培训。一方面，安全教育和培训有助于个人信息处理活动的从业人员提升专业知识水平，了解掌握个人信息相关法律法规规定；另一方面，由于网络信息技术不断发展，个人信息保护的法律法规的要求也会相应发生变化，故此，个人信息处理者应当定期组织安全教育培训。《互联网个人信息安全保护指南》要求个人信息处理者应制订培训计划并按计划对各岗位员工进行基本的安全意识教育培训和岗位技能培训；应制订安全教育和培训计划文档，明确培训方式、培训对象、培训内容、培训时间和地点等，培训内容包含信息安全基础知识、岗位操作规程等；应形成安全教育和培训记录，记录包含培训人员、培训内容、培训结果等。

（五）制定并组织实施个人信息安全事件应急预案

所谓个人信息安全事件应急预案，是指规定应对个人信息安全事件的基本原则、组织体系、运行机制、事件处置流程与事件上报程序等内容的工作方案。应急预案是应对个人信息安全事件的主要依据和行动规范。个人信息安全事件，是指由于人为原因（如工作人员的疏忽或者黑客攻击）、软硬件缺陷或故障、自然灾害等，导致大量的个人信息泄露、被非法窃取等对社会造成负面影响的事件。个人信息安全事件与网络安全事件既有联系也有区别。《网络安全法》第25条规定："网络运营者应当制定网络安全事件应急预案，及时处置系统漏洞、计算机病毒、网络攻击、网络侵入等安全风险；在发生危害网络安全的事件时，立即启动应急预案，采取相应的补救措施，并按照规定向有关主管部门报告。"第53条规定："国家网信部门协调有关部门建立健全网络安全风险评估和应急工作机制，制定网络安全事件应急预案，并定期组织演练。负责关键信息基础设施安全保护工作的部门应当制定本行业、本领域的网络安全事件应急预案，并定期组织演练。网络安全事件应急预案应当按照事件发生后的危害程度、影响范围等因素对网络安全事件进行分级，并规定相应的应急处置措施。"所谓网络安全事件，是指由于人为原因、软硬件缺陷或故障、自然灾害等，对网络和信息系统或者其中的数据造成危害，对社会造成负面影响的事件，可分为有害程序事件、网络攻击事件、信息破坏事件、信息内容安全事件、设备设施故障、灾害性事件和其他事件。[1] 个人信息安全事件可能构成网络安全事件中的信息破坏事件，如作为个人信息处理者的网络运营者因遭受网络攻击以致所处理的大量个人信息被窃取、泄

---

① 参见《国家网络安全事件应急预案》第1.3条。

露或遭受破坏。[①] 但是，如果个人信息处理者不属于网络运营者，而是采取非自动化处理方式处理个人信息的，这种情况下的个人信息安全事件就不属于网络安全事件。

需要注意的是，《数据安全法》第 23 条规定："国家建立数据安全应急处置机制。发生数据安全事件，有关主管部门应当依法启动应急预案，采取相应的应急处置措施，防止危害扩大，消除安全隐患，并及时向社会发布与公众有关的警示信息。"本条规定的数据安全事件应急预案的启动者是国家有关主管部门，如对本行业、本领域数据安全承担监管职责的工业、电信、交通、金融、自然资源、卫生健康、教育、科技等主管部门；依照本法和有关法律、行政法规的规定，在各自职责范围内承担数据安全监管职责的公安机关、国家安全机关等。

（六）法律、行政法规规定的其他措施

本项属于兜底性规定，主要是《网络安全法》《数据安全法》等法律、行政法规中对个人信息处理者应当采取的必要措施的特别规定。例如，《网络安全法》第 21 条规定："国家实行网络安全等级保护制度。网络运营者应当按照网络安全等级保护制度的要求，履行下列安全保护义务，保障网络免受干扰、破坏或者未经授权的访问，防止网络数据泄露或者被窃取、篡改：（一）制定内部安全管理制度和操作规程，确定网络安全负责人，落实网络安全保护责任；（二）采取防范计算机病毒和网络攻击、网络侵入等危害网络安全行为的技术措施；（三）采取监测、记录网络运行状态、网络安全事件的技术措施，并按照规定留存相关的网络日志不少于六个月；（四）采取数据分类、重要数据备份和加密等措施；（五）法律、行政法规规定的其他义务。"再如，《数据安全法》第 27 条第 1 款规定："开展数据处理活动应当依照法律、法规的规定，建立健全全流程数据安全管理制度，组织开展数据安全教育培训，采取相应的技术措施和其他必要措施，保障数据安全。利用互联网等信息网络开展数据处理活动，应当在网络安全等级保护制度的基础上，履行上述数据安全保护义务。"

---

① 《国家网络安全事件应急预案》将信息破坏事件分为：信息篡改事件、信息假冒事件、信息泄露事件、信息窃取事件、信息丢失事件和其他信息破坏事件。

◆ 相关规定

《网络安全法》第 21 条、第 25 条、第 53 条；《数据安全法》第 21 条、第 23 条、第 27 条；《征信业管理条例》第 22 条；《儿童个人信息网络保护规定》第 15 条；《电信和互联网用户个人信息保护规定》第 13 条；《个人信用信息基础数据库管理暂行办法》第 8 条、第 26 条、第 27 条；《中国人民银行金融消费者权益保护实施办法》第 33 条

第五十二条 【个人信息保护负责人】

处理个人信息达到国家网信部门规定数量的个人信息处理者应当指定个人信息保护负责人，负责对个人信息处理活动以及采取的保护措施等进行监督。

个人信息处理者应当公开个人信息保护负责人的联系方式，并将个人信息保护负责人的姓名、联系方式等报送履行个人信息保护职责的部门。

◆ 条文要旨

本条是对个人信息保护负责人的规定。

◆ 理解与适用

一、规范目的

《个人信息保护法》第 52 条规定的个人信息保护负责人制度借鉴了国外的“**数据保护官**”（Data Protection Officer，DPO）制度。德国是最早引入数据保护官（Datenschutzbeauftragter）概念的国家，1977 年的德国《联邦数据保护法》第 38 条就规定，企业负有法定义务任命数据保护官，作为政府数据保护机关监管职能的补充，从而实现企业的自我监督。① 此后，法国（1978 年）、比利时（1992

① Lothar Determann，Determann's Field Guide to Data Privacy Law，International Corporate Compliance，3rd. ed.，Edward Elgar，2017，P. 5.

年)、波兰（1997年)、瑞典（1998年)、英国（1998年）等国家相继规定了数据保护官。① 1995年欧盟《个人数据保护指令》第18条第2款规定，如果数据控制者根据相关国家的法律任命了个人数据保护官负责确保在内部以独立的方式执行根据本指令所制定的国家规定以及保留控制者进行的处理操作的登记，则可以简化或免除向监督机关通知的义务。这是欧盟法律中首次出现个人数据保护官的概念。2000年12月18日欧洲议会与理事会颁布了《针对欧共体机构和组织所处理的个人数据的保护及此类数据的自由流动条例》（EC 45/2001)，该条例的第8节（第24—26条）对数据保护官的任命与任务、对数据保护官的通知与通知的内容、数据保护官对通知的记录等内容作出了规定。不过，该条例只是要求欧共体机构和组织设立数据保护官，并不适用于私营企业。2018年的欧盟《一般数据保护条例》对数据保护官作出了更加全面的规定，依据该条例第37条，只要符合规定情形的数据的控制者与处理者，无论是公权力部门或机构还是企业或企业集团，都必须设立数据保护官。此外，条例第38条与第39条就数据保护官的地位和任务作出了详细的规定。第29条工作组认为，“数据保护官将成为促进诸多组织遵守欧盟《一般数据保护条例》条款的新的法律框架的核心”“数据保护官是问责制的基石，任命数据保护官可以促进合规，成为企业的竞争优势”“数据保护官还充当了各个利益相关方（如监管机构、数据主体以及组织内部的业务部门）的中间人”。②

归纳起来，个人信息处理者设立数据保护官具有以下两个方面的作用：一方面，贯彻了个人信息保护中的责任原则，即通过设立数据保护官，使之持续地对处理者的个人信息处理活动进行监督和管理，如审查和实施个人信息保护的政策和规则，组织对员工的培训，提供预防个人信息泄露等个人信息保护方面的专业③，可以使处理者更好地履行个人信息保护的义务，确保个人信息处理活动遵守个人信息保护法律法规的要求，实现个人信息处理活动的合法合规，而这也是

---

① Miguel Recio, Data Protection Officer: The Key Figure to Ensure Data Protectionand Accountability, EDPL, 2017 (1), P. 114 - 115.

② Article 29 Data Protection Working Party, Guidelines on Data Protection Officers ("DPOs"), Adopted on 13 December 2016, WP 243 rev. 01, P. 4.

③ Paul Lambert, The Data Protection Officer - Profession, Rules and Role, Taylor and Francis, 2017, P. 209 - 210.

对履行个人信息保护职责部门的监管活动的必要与有益的补充；另一方面，设立数据保护官并公开其联系方式，可以为个人行使其在个人信息处理活动中的权利提供便利，有助于及时预防和制止违法的个人信息处理活动，充分地维护个人信息权益。

《个人信息保护法》颁布前，我国的法律法规没有规定数据保护官。国家推荐标准《信息安全技术 个人信息安全规范》（GB/T 35273—2020）规定了个人信息保护负责人制度，依据该规范的第 11.1 条，个人信息控制者应任命个人信息保护负责人，个人信息保护负责人应当由具有相关管理工作经历和个人信息保护专业知识的人担任，参与有关个人信息处理活动的重要决策直接向组织主要负责人报告工作。依据该规范第 11.1 条（c）项的规定，满足下列条件之一的组织，应当设立专职的个人信息保护负责人：（1）主要业务涉及个人信息处理，且从业人员规模大于 200 人；（2）处理超过 100 万人的个人信息，或预计在 12 个月内处理超过 100 万人的个人信息；（3）处理超过 10 万人的个人敏感信息。

在借鉴比较法的先进经验的基础上，我国《个人信息保护法》第 52 条正式在法律层面确立了“个人信息保护负责人”制度。

二、个人信息保护负责人的指定

依据《个人信息保护法》第 52 条第 1 款规定，只有“处理个人信息达到国家网信部门规定数量的个人信息处理者”应当指定个人信息保护负责人，也就是说，就这些个人信息处理者而言，法律强制其必须指定个人信息保护负责人。至于那些处理个人信息没有达到国家网信部门规定数量的个人信息处理者，是否指定个人信息保护负责人由其自行决定。之所以没有强制所有的个人信息处理者都必须指定个人信息保护负责人，主要是考虑到有无必要性的问题。个人信息处理者的类型众多，既有组织，也有个人，组织中既有国家机关，也有企事业单位等非国家机关的组织体；同为公司企业的个人信息处理者，其实施的处理活动也各不相同，有些大体量的网络企业不仅处理活动类型众多，而且所处理的个人信息数量也是极为巨大的，但是，广大中小企业的个人信息处理活动的类型可能很少，且处理的个人信息数量也小。对于不同的个人信息处理者而言，在确保个人信息处理行为合法合规的难易程度、便利个人行使其在个人信息处理活动中的权利的迫切性等方面，都是不同的。如果不作区分，强制所有的个人信息处理者都必须指定个人信息保护负责人，既没有必要，也无端增加了个人信息处理者的负担与成本。从比较法来看，欧盟《一般数据保护条例》第 37 条也仅仅规定了三种情形下，数据的控制者和处理者应当设立数据保护官，即（1）数据处理是由公权力部门或机构进行的，但法院在行使司法职能时进行的数据处理除外；（2）数据控制者或者处理者的数据处理核心活动包括基于处理性质、范围和/或目的，需要对数据主体进行定期的、系统化的大规模监控；（3）数据控制者或者处理者的数据处理核心活动包括根据《一般数据保护条例》第 9 条处理大规模特殊类别的数据或者根据第 10 条处理与犯罪行为和违法记录有关的数据。除此之外，是否设立数据保护官，由控制者或处理者自行决定。

我国《个人信息保护法》第 52 条第 1 款对于应当指定个人信息保护负责人的情形只有一类，即“处理个人信息达到国家网信部门规定数量的个人信息处理者”。也就是说，国家网信部门可以确定一个处理个人信息的数量标准，如按照《信息安全技术 个人信息安全规范》（GB/T 35273—2020）的规定，处理超过 100 万人的个人信息或者处理超过 10 万人的个人敏感信息的处理者。之所以将处理的个人信息的数量作为标准，主要是考虑到：一方面，如果个人信息处理者处理的个人信息数量比较多，那么该处理者确保其个人信息处理活动符合法律、行政法规的难度就越大，越有必要设立个人信息保护负责人来负责对个人信息处理活动以及采取的保护措施等进行监督。另一方面，处理的个人信息数量比较大的个人信息处理者，一旦实施违法处理个人信息的行为或者出现个人信息泄露、被非法窃取的，造成的损害后果就越大，甚至对于社会公共利益、国家安全都会造成损害，故此，极有必要指定个人信息保护负责人。需要注意的是，我国《个人信息保护法》并未如欧盟《一般数据保护条例》第 37 条第 1 款那样，要求所有的公权力机关处理个人信息都必须设立数据保护官。这是因为，作为个人信息处理者的国家机关以及法律、法规授权的具有管理公共事务职能的组织是否应当指定个人信息保护负责人，也应当取决于处理个人信息的数量，而不能仅仅因为是国家机关就强制要求必须指定个人信息保护负责人。

三、个人信息保护负责人的任职资格

（一）个人信息保护负责人是自然人

个人信息保护负责人只能是自然人，而不能是法人或非法人组织。因为《个

人信息保护法》第52条第2款要求个人信息处理者将个人信息保护负责人的姓名报送履行个人信息保护职责的部门。[①] 作为个人信息保护负责人的自然人往往是个人信息处理者的工作人员，但可以是其他单位的工作人员，即在个人信息处理者本身没有合适的人选来担任个人信息保护负责人时，也可以通过与其他专业服务组织订立协议，由该组织为其提供合适的人来担任个人信息保护负责人，如通过劳务派遣的方式向个人信息处理者派遣人员担任个人信息保护负责人。[②] 换言之，个人信息保护负责人可以是个人信息处理者的内部工作人员，即**内部数据保护官**（Internal Data Protection Officer），也可以是个人信息处理者的外部人员即**外部数据保护官**（External Data Protection Officer），他们各有利弊。内部工作人员对于个人信息处理者的处理活动的实际操作、流程和存在的问题更加熟悉，也更容易了解到员工的顾虑和安全弱点方面的信息；外部人员可能对于行业标准的掌握更为扎实，比非全职负责个人信息保护的内部个人信息负责人更有经验、更加专业。[③] 但是，外部人员担任个人信息保护负责人，处理者可能担心其内部信息、商业秘密、知识产权的安全问题。

（二）个人信息保护负责人应具有相应的资格

显然，担任个人信息保护负责人应当具有相应的任职资格，这不仅包括职业道德与操守，也包括专业知识水平和充分的职业技能。我国《个人信息保护法》对此未作具体规定，今后应由国家网信部门等依法履行个人信息保护职责的部门作出具体的规定。欧盟《一般数据保护条例》第37条第5款规定："数据保护官的任命应当基于职业能力，特别是基于数据保护法的专业知识以及本条例第39条所述的完成任务的经验和能力。"第29条工作组认为，数据保护官应当具备相应的专业水平和专业能力，具体而言，专业水平应当与该组织所处理的数据的敏感性、复杂性和数量相适应。例如，担任处理个人数据的税务机关的数据保护官

---

① 欧盟第29条工作组认为，数据保护官的职能也可以依据与数据控制者或数据处理者之间签订的服务合同的个人或组织加以实现，故此，数据保护官可以是个人，也可以是组织。Article 29 Data Protection Working Party, Guidelines on Data Protection Officers（"DPOs"）, Adopted on 13 December 2016, WP 243 rev. 01, P. 12.

② 欧盟《一般数据保护条例》第37条第6款规定："数据保护官可以是控制者或者处理者的员工，或者基于服务协议完成任务。"

③ Lothar Determann, Determann's Field Guide to Data Privacy Law, International Corporate Compliance, 3rd. ed., Edward Elgar, 2017, P. 6.

的要求就不同于担任教育机关的数据保护官的要求。所谓专业能力，则要求担任数据保护官的个人应当具备该国与欧洲数据保护法律和实践方面的专业知识以及对《一般数据保护条例》的深入了解，同时，数据保护官还应当充分了解所执行的处理操作、信息系统以及数据安全和数据保护需求。如果处理者是公共机关或团体，数据保护官还应充分了解该组织的行政规则和程序。① 德国《联邦数据保护法》对数据保护官的资质要求为：首先，必须具备数据保护法规、信息技术和公司运营方面的经验、知识或训练。其次，必须可靠且不得与数据保护工作存在利益冲突（该要求排除了企业主管、高管以及对数据的收集和使用具有强烈倾向的人员如营销经理、人力资源经理等）。最后，企业必须为数据保护官能够履行法定义务提供保障，包括为数据保护官提供信息和培训，减少数据保护官的其他工作职责以保障其在数据保护方面的工作时间。故此，德国很多企业任命法务部、信息技术部和人力资源部的非管理人员担任数据保护官。②

四、个人信息保护负责人的地位

关于个人信息保护负责人在个人信息处理者中的地位，如究竟是兼职还是专职、个人信息处理者应当为其提供何种资源和职业保障、个人信息保护负责人应当如何开展工作等，《个人信息保护法》没有规定。欧盟《一般数据保护条例》第 37 条作出了较为详细的规定：首先，数据保护官在执行其任务时，控制者和处理者应当通过提供执行任务与访问个人数据和处理操作的必要资源以及专业知识培训对数据保护官加以支持（第 2 款）。其次，控制者和处理者应当确保数据保护官不会收到关于执行任务的任何指令，不得因为数据保护官执行任务而对之予以解雇或者处罚。数据保护官应当直接向控制者或处理者最高管理者报告工作（第 3 款）。最后，数据保护官可以不是专职的，即控制者或处理者也可以让数据保护官履行其他任务和职责，但是要确保这些任务和职责不会导致利益冲突。

---

① Article 29 Data Protection Working Party, Guidelines on Data Protection Officers (“DPOs”), Adopted on 13 December 2016, WP 243 rev. 01, P. 11.

② Lothar Determann, Determann’s Field Guide to Data Privacy Law, International Corporate Compliance, 3rd. ed., Edward Elgar, 2017, P. 6.

五、个人信息保护负责人的任务

《个人信息保护法》第52条第1款规定，个人信息保护负责人负责对个人信息处理活动以及采取的保护措施等进行监督。作为一种组织方式上的措施，设立个人信息保护负责人的主要目的就是，确保个人信息处理活动符合法律、行政法规的规定，并防止未经授权的访问以及个人信息泄露或者被窃取、篡改、删除（《个人信息保护法》第51条）。《个人信息保护法》只是对个人信息保护负责人的任务作出了原则性的规定，具体的内容可以交由相关法规规章或者国家标准加以细化。例如，国家标准《信息安全技术 个人信息安全规范》（GB/T 35273—2020）第11.1条（d）项列举的个人信息保护负责人的职责包括：（1）全面统筹实施组织内部的个人信息安全工作，对个人信息安全负直接责任；（2）组织制定个人信息保护工作计划并督促落实；（3）制定、签发、实施、定期更新个人信息保护政策和相关规程；（4）建立、维护和更新组织所持有的个人信息清单（包括个人信息的类型、数量、来源、接收方等）和授权访问策略；（5）开展个人信息安全影响评估，提出个人信息保护的对策建议，督促整改安全隐患；（6）组织开展个人信息安全培训；（7）在产品或服务上线发布前进行检测，避免未知的个人信息收集、使用、共享等处理行为；（8）公布投诉、举报方式等信息并及时受理投诉举报；（9）进行安全审计；（10）与监督、管理部门保持沟通，通报或报告个人信息保护和事件处置等情况。

六、公布并报送个人信息保护负责人的联系方式

《个人信息保护法》第52条第2款规定，个人信息处理者应当公开个人信息保护负责人的联系方式，并将个人信息保护负责人的姓名、联系方式等报送履行个人信息保护职责的部门。这一要求的目的是使得个人（无论其是否是个人信息处理者的工作人员）以及监管机构能够方便、直接联系个人信息保护负责人，而不必联系个人信息处理者的其他部门。个人信息保护负责人对于履行职责中知悉的个人信息、商业秘密或者隐私等负有保密的义务。需要注意的是，个人信息处理者向外界公开的只是个人信息保护负责人的联系方式，不包括姓名，而向履行个人信息保护职责的部门报送的，包括姓名、联系方式以及其他信息。《草案一审稿》第51条第2款曾规定："个人信息处理者应当公开个人信息保护负责人的姓名、联系方式等，并报送履行个人信息保护职责的部门。"在讨论的时候，有

观点认为，将个人信息保护负责人的姓名加以公布，不利于保护个人的隐私，况且，个人信息保护负责人只是一个职位，可能出现人员的更迭，这样还需要每次将新的个人信息保护负责人的姓名加以公开。故此，《个人信息保护法》删除了强制要求个人信息处理者公开个人信息保护负责人的姓名的规定，是否公开可以交由个人信息处理者自行决定。但是，为了便于履行个人信息保护职责的部门联系个人信息处理者，必须将个人信息保护负责人的姓名、联系方式等报送给履行个人信息保护职责的部门。

所谓个人信息保护负责人的联系方式应当是便于个人和监管机构便捷地与其联系的方式，如专用电话号码或专用电子邮箱。由于个人信息保护负责人会被更换，所以个人信息处理者可以采取通用名称作为联系方式如“dataprotectionofficer@company. com”，这样就可以避免因个人信息保护负责人的更换而需要公开新的联系方式。

◆ 疑点与难点

网络安全负责人与个人信息保护负责人

《网络安全法》第 21 条第 1 项要求网络运营者应当按照网络安全等级保护制度的要求，制定内部安全管理制度和操作规程，确定网络安全负责人，落实网络安全保护责任。个人信息保护负责人与《网络安全法》该项中的“网络安全负责人”不同。个人信息保护负责人是符合法定条件的个人信息处理者所必须指定的，而网络安全负责人则仅仅是网络运营者必须确定的。个人信息处理者不是网络运营者时，显然没有必要确定网络安全负责人；同理，网络运营者并不处理个人信息的或者处理个人信息没有达到国家网信部门规定的数量的，也无须确定个人信息保护负责人。当然，如果某个网络运营者同时也是个人信息处理者且处理的个人信息达到了国家网信部门规定的数量的，那么其就必须既要确定网络安全负责人，也要指定个人信息保护负责人。当然，网络安全负责人与个人信息保护负责人可以由同一个人担任。

第五十三条 【境外个人信息处理者设立专门机构或指定代表】

本法第三条第二款规定的中华人民共和国境外的个人信息处理者，应当在中华人民共和国境内设立专门机构或者指定代表，负责处理个人信息保护相关事务，并将有关机构的名称或者代表的姓名、联系方式等报送履行个人信息保护职责的部门。

◆ 条文要旨

本条是对境外的个人信息处理者在我国境内设立专门机构或指定代表负责个人信息保护相关事务的规定。

◆ 理解与适用

一、规范目的

依据《个人信息保护法》第 3 条第 2 款的规定，在中华人民共和国境外处理中华人民共和国境内自然人个人信息的活动，有下列情形之一的，也适用本法：（1）以向境内自然人提供产品或者服务为目的；（2）分析、评估境内自然人的行为；（3）法律、行政法规规定的其他情形。对于这些在我国境外实施的适用《个人信息保护法》的个人信息处理活动，为了落实责任原则，确保这些发生在境外的个人信息处理活动也符合我国法律、行政法规的要求，同时也为了便于个人向这些境外的个人信息处理者行使权利，《个人信息保护法》第 53 条要求这些个人信息处理者应当在我国境内设立专门机构或者指定代表，负责处理个人信息保护相关事务，并将有关机构的名称或者代表的姓名、联系方式等报送履行个人信息保护职责的部门。之所以只是要求这些境外的处理者在我国设立专门机构或者指定代表即可，而没有要求其设立个人信息保护负责人，主要是考虑到减少境外个人信息处理者的经营成本。

二、设立专门机构或指定代表并报送相关信息

依据《个人信息保护法》第 53 条，境外的个人信息处理者应当在中华人民共和国境内设立专门机构或者指定代表，负责处理个人信息保护相关事务。这给

予了境外的个人信息处理者以选择权，其既可以设立专门机构，也可以指定代表。首先，所谓专门机构既可以是境外个人信息处理者在我国设立的只是负责个人信息保护相关事务的机构，如专门的代表处或办事处，也可以是境外个人信息处理者，如果在我国已经设立了分公司、办事处、代表处的，在这些已经设立的机构内部确定或指定一个部门来负责个人信息保护相关事务。

其次，所谓指定代表，是指境外的个人信息处理者指定我国境内的自然人作为其代表来负责个人信息保护相关事务。比如，境外的个人信息处理者可以指定国内的某家律师事务所的律师作为其代表来负责个人信息保护相关事务。作为境外个人信息处理者的代表的自然人，必须是在我国境内居住的自然人，否则就无法起到应有的作用。至于该代表是否属于我国的公民，无关紧要。同一个我国境内的自然人可以作为多个境外个人信息处理者的代表，分别代表他们来负责各自的个人信息保护相关事务。个人信息处理者应当通过书面形式指定代表，并明确其相应的权限。

最后，设立专门机构或者指定代表后，应当将该等机构之名称、联系方式或者代表的姓名、联系方式报送给履行个人信息保护职责的部门。

◆ 疑点与难点

《个人信息保护法》第 53 条与第 52 条的区别

《个人信息保护法》第 53 条与第 52 条有所不同，二者的区别在于：首先，适用范围不同。《个人信息保护法》第 52 条适用于在我国境内处理个人信息的处理者，并且只有处理个人信息达到国家网信部门规定数量的个人信息处理者才负有指定个人信息保护负责人等义务。但是，第 53 条仅适用于在我国境外处理我国境内自然人个人信息且应当适用《个人信息保护法》的个人信息处理者，对于处理者无论其处理的个人信息的数量如何，都必须适用本条。其次，具体要求不同。依据第 52 条，符合条件的个人信息处理者必须指定个人信息保护负责人，负责对个人信息处理活动以及采取的保护措施等进行监督。同时，个人信息处理者应当公开个人信息保护负责人的联系方式，并将个人信息保护负责人的姓名、联系方式等报送履行个人信息保护职责的部门。依据本条的规定，境外的个人信息处理者有两种选择：一是在我国境内设立专门机构，如设立办事处；二是在我国境内指定代表，如指定某位境内的自然人作为代表。无论是专门机构还是指定代表，其负责的都是个人信息保护相关事务，而非个人信息保护负责人那样负责对个人信息处理活动以及采取的保护措施等进行监督。所谓个人信息保护相关事务，是指对境外处理者所处理我国境内的自然人的个人信息进行保护，以确保该处理活动符合我国法律、行政法规的要求并且防止未经授权的访问以及个人信息泄露或被窃取、篡改、删除。同时，第 53 条也并未要求境外的个人信息处理者将在我国境内设立的专门机构或指定的代表的联系方式加以公开。

第五十四条　【定期合规审计义务】

个人信息处理者应当定期对其处理个人信息遵守法律、行政法规的情况进行合规审计。

◆ 条文要旨

本条是对个人信息处理者定期进行合规审计的规定。

◆ 理解与适用

一、规范目的

合法原则是《个人信息保护法》的一项基本原则，即个人信息处理应当合法，处理者应当采取合法的方式处理个人信息，任何组织、个人不得违反法律、行政法规的规定处理个人信息，不得从事危害国家安全、公共利益的个人信息处理活动。对此，我国《个人信息保护法》《网络安全法》《民法典》都有明确的规定。要确保个人信息处理活动符合法律、行政法规的规定，既需要他律，即通过法律明确个人信息的处理规则，并由履行个人信息保护职责的部门严格执行法律规定，对于违法的个人信息处理活动予以惩治，也需要自律，即个人信息处理者自身采取技术措施、组织措施以及其他必要措施来确保个人信息处理活动符合法律、行政法规的规定。《个人信息保护法》第 54 条对个人信息处理者定期进行合规审计的规定，既可以说是法律的他律，也可以说是个人信息处理者的自律，具有重要的意义。

一方面，个人信息处理活动的合法性应当是一个动态的持续的合法过程，而非一时一刻的合法。个人信息处理者的处理活动是持续的，某一阶段的个人信息处理活动的合法并不意味着之后就是合法的，因为随着网络信息科技的发展、法律法规的变化以及各种新情况新问题的出现，原先合法的处理活动之后可能就不合法了。故此，定期合规审计可以使个人信息处理者对其处理活动的合法性予以持续的关注，并采取必要的措施加以确保。

另一方面，个人信息处理活动的合法与否也是个人信息处理者是否需要就侵害个人信息权益的行为承担行政责任、民事责任甚至是刑事责任的核心要件。通过对其个人信息处理活动的定期合规审计义务的履行，个人信息处理者可以避免出现违法处理活动，从而在发生个人信息权益纠纷时，可以据此在一定程度上证明自己尽到了注意义务，从而免除法律责任。例如，《个人信息保护法》第 69 条第 1 款就规定了侵害个人信息权益造成损害应当承担过错推定责任，个人信息处理者只有证明自己没有过错的，才可以免予承担赔偿损失的侵权责任。是否依据法律规定进行定期合规审计，是处理者用于证明自己没有过错的重要证据。在个人信息处理者围绕个人信息处理而开展的商业交易中，定期合规审计义务的履行与否也往往被约定在合同当中，从而成为一项合同义务，是否尽到该义务也决定了个人信息处理者是否要向合同相对人承担违约责任。

二、定期合规审计义务

（一）合规审计的内容

“审计”（audit）一词原本是指一种经济监督活动，1972 年美国会计学会颁布的《基本审计概念公告》中将审计界定为：“审计是指为了查明有关经济活动和经济现象的认定与所制定标准之间的一致程度，而客观地收集和评估证据，并将结果传递给有利害关系的使用者的系统过程。”汉语中的审计是指：“由专设机关依照法律对国家各级政府及金融机构、企业事业组织的重大项目和财务收支进行事前和事后的监督、检查。”① 我国《审计法》第 2 条规定：“国家实行审计监

① 中国社会科学院语言研究所词典编辑室：《现代汉语词典（第七版）》，商务印书馆 2019 年版，第 1164 页。

督制度。国务院和县级以上地方人民政府设立审计机关。国务院各部门和地方各级人民政府及其各部门的财政收支，国有的金融机构和企业事业组织的财务收支，以及其他依照本法规定应当接受审计的财政收支、财务收支，依照本法规定接受审计监督。审计机关对前款所列财政收支或者财务收支的真实、合法和效益，依法进行审计监督。”《审计法实施条例》第 2 条规定：“审计法所称审计，是指审计机关依法独立检查被审计单位的会计凭证、会计账簿、财务会计报告以及其他与财政收支、财务收支有关的资料和资产，监督财政收支、财务收支真实、合法和效益的行为。”

国家推荐标准《信息安全技术 个人信息安全规范》（GB/T 35273—2020）第 11.7 条规定了个人信息的“安全审计”，该条规定：“对个人信息控制者的要求包括：a）应对个人信息保护政策、相关规程和安全措施的有效性进行审计；b）应建立自动化审计系统，监测记录个人信息处理活动；c）审计过程形成的记录应能对安全事件的处置、应急响应和事后调查提供支撑；d）应防止非授权访问、篡改或删除审计记录；e）应及时处理审计过程中发现的个人信息违规使用、滥用等情况；f）审计记录和留存时间应符合法律法规的要求。”《个人信息保护法》第 54 条没有采取“安全审计”的表述，而是使用了“**合规审计**”一词，即对个人信息处理者“处理个人信息遵守法律、行政法规的情况”所进行的审计①，其范围大于安全审计，因为确保个人信息的安全，防止未经授权的访问或者个人信息的泄露、篡改、丢失，也是法律、行政法规的要求。此种审计的目的在于检查个人信息处理者的个人信息。

（二）合规审计义务的时间

个人信息处理者应当定期对个人信息处理活动进行合规审计，所谓定期，首先就意味着，个人信息处理者应当持续地进行此种合规审计，而不能仅仅一次或两次合规审计后，就再也不履行该义务。《个人信息保护法》起草过程中，有观点主张，本法应当明确规定合规审计的周期不得多于一年，即每年至少要进行一次合规审计。但是，考虑到个人信息处理者的类型各不相同，处理目的与处理方

---

① 《个人信息保护法》起草过程中，不少人认为，将经济学上的“审计”用在此处不妥，应当修改为“审查”。

式也千差万别，《个人信息保护法》强制性规定所有的个人信息处理者都要一年至少进行一次合规审计，并不妥当，因此没有作出此规定。定期究竟是多长时间一次，可以由相应的法规规章或标准针对不同类型的个人信息处理者予以相应的明确。从目前的实践来看，往往是当事人在合同中约定作为一方当事人的个人信息处理者半年或者三个月进行一次合规审计。

（三）合规审计义务的履行

《个人信息保护法》第 54 条只是要求个人信息处理者定期进行合规审计，但并未规定究竟是由谁来进行合规审计。因此，个人信息处理者可以由本单位的内设部门如法律部来进行合规审计，也可以委托专业的机构或组织进行合规审计。此外，依据《个人信息保护法》第 64 条的规定，履行个人信息保护职责的部门在履行职责中，发现个人信息处理活动存在较大风险或者发生个人信息安全事件的，可以按照规定的权限和程序对该个人信息处理者的法定代表人或者主要负责人进行约谈，或者要求个人信息处理者委托专业机构对其个人信息处理活动进行合规审计。

第五十五条 【个人信息保护影响评估与记录义务】

有下列情形之一的，个人信息处理者应当事前进行个人信息保护影响评估，并对处理情况进行记录：

（一）处理敏感个人信息；

（二）利用个人信息进行自动化决策；

（三）委托处理个人信息、向其他个人信息处理者提供个人信息、公开个人信息；

（四）向境外提供个人信息；

（五）其他对个人权益有重大影响的个人信息处理活动。

◆ 条文要旨

本条规定的是个人信息处理者的个人信息保护影响评估义务与记录义务。

◆ 理解与适用

一、规范目的

《个人信息保护法》第55条要求个人信息处理者对于特定的个人信息处理活动在事前进行个人信息保护影响评估，并对处理情况进行记录。**“个人信息保护影响评估”**属于预防性的个人信息保护手段，主要是针对那些对于个人权益可能造成较高风险的个人信息处理活动展开的。个人信息处理者在实施此类高风险的个人信息处理活动之前，开展评估，确定处理目的、处理方式等是否合法、正当、必要，该处理活动对个人权益产生何种影响及风险程度如何，个人信息处理者所采取的安全保护措施是否合法、有效并与风险程度相适应，并在评估结论的基础上决定是否实施该处理活动以及如何在符合法律、行政法规的情形下安全地实行该处理活动。因此，个人信息保护影响评估在个人信息保护方面具有防患于未然的作用。欧盟《一般数据保护条例》将之称为**“数据保护影响评估”**（Data Protection Impact Assessment），简称“DPIA”。依据该条例第37条第1款的规定，如果某类处理活动，尤其是那些利用新技术从事的处理活动，且在考虑到处理的性质、范围、内容和目的的情况下，可能对自然人的权利和自由产生高风险，则在开展该处理活动之前，控制者应当对拟从事的处理活动对个人数据保护的影响加以评估，单个的评估可以针对产生高风险的一系列类似处理活动进行。该条对于特别需要进行数据保护影响评估的情形以及评估的程序和具体内容作出了详细的规定。欧盟第29条工作组在其发布的DPIA指南中认为，DPIA旨在描述处理的过程，评估其必要性和比例性，并通过评估因处理个人数据而对自然人的权利和自由所造成的风险以及提出解决的措施，从而有助于对此等风险加以管理。DPIA是问责制的重要工具，其不仅有助于控制者遵守《一般数据保护条例》的要求，也有助于其证明已经采取了适当的措施来确保遵守该条例。一言以蔽之，DPIA就是一个建立并证明合规性的程序（DPIA is a process for building and demonstrating compliance）。①

① Article 29 Data Protection Working Party, Guidelines on Data Protection Impact Assessment (DPIA) and determining whether processing is “likely to result in a high risk” for the purposes of Regulation 2016/679, WP 248 rev. 01, As last Revised and Adopted on 4 October 2017, P. 4.

在我国《个人信息保护法》颁布之前，国家标准《信息安全技术 个人信息安全规范》（GB/T 35273—2020）借鉴欧盟《一般数据保护条例》规定了**个人信息安全影响评估**，该规范第 11.4 条要求个人信息控制者应当建立个人信息安全影响评估制度，评估并处置个人信息处理活动存在的安全风险，个人信息安全影响评估主要评估处理活动遵循个人信息安全基本原则的情况，以及个人信息处理活动对个人信息主体合法权益的影响。

我国《个人信息保护法》第 55 条确立了个人信息处理者针对某些个人信息处理活动应当事前进行个人信息保护影响评估并加以记录的义务。这主要是考虑到：个人信息处理活动的目的各不相同，处理方式和处理者所利用的科技手段种类繁多，由此会对自然人的个人信息权益造成各种不同的甚至是难以想象的影响与风险。依据《个人信息保护法》第 51 条的规定，个人信息处理者应当根据个人信息的处理目的、处理方式，个人信息的种类以及对个人权益的影响、可能存在的安全风险等，采取措施确保个人信息处理活动符合法律、行政法规的规定，并防止未经授权的访问以及个人信息泄露、篡改或丢失。法律上强制个人信息处理者对一些高风险的个人信息处理活动进行事前的个人信息保护影响评估并加以记录也正是确保个人信息处理活动符合法律法规的要求的必要措施。首先，对高风险的个人信息处理活动进行事前的评估，可以很好地发挥预防功能，提前发现风险并加以解决，从而有利于全面实现对个人信息权益的保护。其次，个人信息保护影响评估也可以科学地协调个人信息权益保护与个人信息合理利用的关系。高风险意味着更重的义务与责任，基于责任原则，个人信息处理者应当对其个人信息处理活动负责，并采取必要措施保障所处理的个人信息的安全（《个人信息保护法》第 9 条）。个人信息处理者不是不可以从事高风险的处理活动，但需要为此负责，要承担更高的注意义务，采取更严格的安全保护措施，事前的个人信息保护影响评估与记录义务正是责任原则的体现。然而，也不应当要求个人信息处理者对于所有的个人信息处理活动都展开此种评估与记录，否则就会极大增加个人信息处理者的成本，不利于个人信息的合理利用。最后，对于高风险的个人信息处理活动进行事前的个人信息保护影响评估并加以记录，本身也可以在发生争议时用来判断个人信息处理者是否已经按照《个人信息保护法》的规定采取了相应的措施来确保个人信息处理活动符合法律、行政法规的规定，并防止未经授权的访问以及个人信息泄露、篡改、丢失。

二、个人信息保护影响评估义务

（一）适用的情形

个人信息处理者在开展个人信息处理活动前进行个人信息保护影响评估，必然需要花费一定的时间和人力、物力及财力。故此，不应强制要求对所有的个人信息处理活动都事先进行评估。从欧盟《一般数据保护条例》第 35 条第 1 款的规定来看，只有“可能给自然人的权利和自由造成高风险”（likely to result in a high risk to the rights and freedoms of natural persons）的个人数据处理活动，才强制进行数据保护影响评估即 DPIA。该条第 3 款列举了三种典型的高风险个人数据处理活动，分别是：其一，基于包括画像在内的自动化处理而对自然人的个人特征进行的系统且广泛的评估，以及在此评估的基础上作出了对自然人产生法律效果或类似的显著影响的决定；其二，对《一般数据保护条例》第 9 条第 1 款规定的特殊类型数据的大规模处理或者对第 10 条所规定与刑事犯罪和违法行为的数据进行的大规模处理；其三，对公共区域的大规模的系统监控。

我国《个人信息保护法》第 55 条也采取了**“对个人权益有重大影响”**作为确定应当事前进行个人信息保护影响评估的认定标准。该条列举了四种被认为属于对个人权益有重大影响的个人信息处理活动的类型，然后以“其他对个人权益有重大影响的个人信息处理活动”作为兜底性规定。由此可见，个人信息处理活动对个人权益有重大影响的，才需要进行个人信息保护影响评估。

1. 处理敏感个人信息。敏感个人信息是一旦泄露或者非法使用，容易导致自然人的人格尊严受到侵害或者人身、财产安全受到危害的个人信息，包括生物识别、宗教信仰、特定身份、医疗健康、金融账户、行踪轨迹等信息，以及不满十四周岁未成年人的个人信息（《个人信息保护法》第 28 条第 1 款）。由于处理敏感的个人信息对于个人的权利和自由造成损害或危险的程度很高，故此，为了有效地保护个人信息权益，严格规范处理敏感个人信息的行为，法律要求处理者对此类处理活动进行风险评估。例如，通过智能手表、手环或者其他移动设备持续收集或监控自然人的活动、运动类型、行动轨迹以及血压、心率等健康信息。欧盟《一般数据保护条例》第 35 条第 3 款也将对敏感个人数据的处理作为必须进行 DPIA 的情形之一，不过增加了一个限定，即必须是**“大规模的处理”**（process

on a large scale）。欧盟第 29 条工作组认为，应当考虑以下因素来确定是否属于大规模的处理：相关数据主体的数量，包括具体的人数或占相关人口的比例；在处理的数据量和/或不同类型的数据的范围；数据处理活动的持续时间或永久性；处理活动的地域范围。① 我国《个人信息保护法》第 55 条并未对此作出限制，即只要进行敏感个人信息的处理，就必须要在事前进行风险评估。

2. 利用个人信息进行自动化决策。自动化决策，是指通过计算机程序自动分析、评估个人的行为习惯、兴趣爱好或者经济、健康、信用状况等，并进行决策的活动（《个人信息保护法》第 73 条第 2 项）。例如，保险公司通过算法分析个人的生活习惯，如是否喝酒、吸烟，是否从事危险的极限运动以及驾车习惯等，评估个人的生活方式并据此作出是否接受投保以及保费数额的决定。利用个人信息进行自动化决策，一方面，很容易威胁个人隐私和自由，损害公民个体的自主性，操控人们生活，使人们受困于“信息茧房”（information cocoons）；另一方面，也常常出现设计者、开发者将各种偏见嵌入算法，从而制造偏见、歧视并将之固化并加以放大，甚至形成一个“自我实现的歧视性反馈循环”，产生持续的、严重的歧视与偏见等不公正的结果。故此，《个人信息保护法》第 24 条规定，个人信息处理者利用个人信息进行自动化决策，应当保证决策的透明度和结果的公平、公正，不得对个人在交易价格等交易条件上实行不合理的差别待遇。通过自动化决策方式向个人进行信息推送、商业营销，应当同时提供不针对其个人特征的选项，或者向个人提供便捷的拒绝方式。通过自动化决策方式作出对个人权益有重大影响的决定，个人有权要求个人信息处理者予以说明，并有权拒绝个人信息处理者仅通过自动化决策的方式作出决定。在利用个人信息进行自动化决策时，如何保证决策的透明度和结果的公平与公正，除履行个人信息保护职责的部门的监管以及赋予个人拒绝权外，还应当要求个人信息处理者采取相应的预防措施，包括对利用个人信息进行自动化决策前进行个人信息保护影响评估。

3. 委托处理个人信息、向其他个人信息处理者提供个人信息、公开个人信息。对于这三类个人信息处理活动，《个人信息保护法》在第 2 章“个人信息处

---

① Article 29 Data Protection Working Party, Guidelines on Data Protection Impact Assessment (DPIA) and determining whether processing is “likely to result in a high risk” for the purposes of Regulation 2016/679, WP 248 rev. 01, As last Revised and Adopted on 4 October 2017, P. 10.

理规则”中都有相应的规定。例如，依据第 23 条，个人信息处理者向其他个人信息处理者提供其处理的个人信息的，应当向个人告知接收方的名称或者姓名、联系方式、处理目的、处理方式和个人信息的种类，并取得个人的单独同意。接收方应当在上述处理目的、处理方式和个人信息的种类等范围内处理个人信息。接收方变更原先的处理目的、处理方式的，应当依照本法规定重新取得个人同意。之所以对于这三类个人信息处理活动要事前进行个人信息保护影响评估，是因为，首先，委托他人处理个人信息时，由于个人信息处理者不是自行处理个人信息，而是委托他人处理个人信息，故此受托人本身的资质、能力水平如何以及是否会按照约定处理目的和处理方式来处理个人信息，都是需要委托人事前进行判断的。故此，需要进行个人信息保护影响评估以确定受托人处理个人信息是否会对个人权益造成不利影响，受托人采取的安全保护措施是否有效、合法等。其次，个人信息处理者向其他个人信息处理者提供其处理的个人信息时，出现了提供方与接收方等多个处理者，它们各自的处理目的和处理方式不同，由此就极大地增加了个人信息被非法处理尤其是被泄露或非法使用的风险，故此，个人信息处理者在提供个人信息前就必须进行个人信息保护影响评估，以便确定接收方的处理目的和处理方式是否合法、正当且必要，同时其能否采取足够的安全保护措施来防范风险。最后，公开个人信息必须取得个人的单独同意，但是即便取得个人的单独同意，由于公开个人信息对个人权益的影响很大，而且有些人的个人信息一旦被公开还会涉及公共安全的问题，故此，需要进行个人信息保护影响评估。

4. 向境外提供个人信息。《个人信息保护法》第 3 章对个人信息的跨境提供作出了详细的规定。个人信息离开我国国境，不仅涉及我国的国家安全，需要进行安全评估，而且也增加了个人信息被泄露、非法使用的可能性，对个人的权利和自由有可能产生不利影响。《个人信息保护法》第 38 条第 3 款规定，个人信息处理者应当采取必要措施，保障境外接收方处理个人信息的活动达到本法规定的个人信息保护标准。事实上，在个人信息跨境提供前，个人信息处理者就应当通过个人信息保护影响评估来确定境外接收方处理个人信息的活动是否可以达到《个人信息保护法》规定的个人信息保护标准。

5. 其他对个人权益有重大影响的个人信息处理活动。这一规定属于兜底性规定，以涵盖其他应当进行个人信息保护影响评估的个人信息处理活动。例如，对于老年人、残疾人等特殊群体，其个人权益更容易因个人信息泄露、非法使用而遭受侵害，故此，对他们的个人信息进行的处理活动可能需要进行个人信息保护影响评估。再如，应用那些新发展出来的网络信息科技来进行的个人信息处理活动，也需要进行个人信息保护影响评估。①

（二）评估义务的履行

个人信息保护影响评估的义务人是**个人信息处理者**，其可以自行评估，也可以聘请专业机构评估。当然，评估后实施的个人信息处理活动而产生的责任，均应由个人信息处理者来承担。欧盟《一般数据保护条例》第 35 条第 2 款还要求在进行数据安全影响评估时，如数据控制者指定了数据保护官的，应当征求数据保护官的意见。我国《个人信息保护法》没有规定，但是，既然《个人信息保护法》第 52 条已经规定了个人信息保护负责人负责对个人信息处理活动以及采取的保护措施等进行监督，故此，个人信息保护影响评估活动也属于个人信息保护负责人监督的范围。

作为预防性的措施，个人信息保护影响评估应当**事前**进行，即在个人信息处理者开展需要进行风险评估的个人信息处理活动之前就进行，否则就没有意义。考虑到个人信息处理活动往往是一个持续的、动态的过程，因此只要出现了依法必须评估的情形的，就要进行评估。故此，个人信息保护影响评估并非一次性就能完成，而是一个持续的过程。

三、记录义务

（一）规定记录义务的理由

依据《个人信息保护法》第 55 条，个人信息处理者应当对特定的个人信息处理活动在事前进行个人信息保护影响评估，并对处理情况进行记录。规定记录义务的理由在于：首先，基于责任原则，个人信息处理者应当对其个人信息处理活动负责。负责的具体表现之一就是个人信息处理者应当对个人信息处理活动进行记录。其次，对处理活动的记录有助于证明个人信息处理活动符合法律、行政法规的要求，也就是说，处理者可以通过向监管机关提供该记录来证明处理行为

① Article 29 Data Protection Working Party，Guidelines on Data Protection Impact Assessment（DPIA）and determining whether processing is “likely to result in a high risk” for the purposes of Regulation 2016/679，WP 248 rev. 01，As last Revised and Adopted on 4 October 2017，P. 10.

的合法性。最后，在发生个人信息泄露等安全事件时，此种记录也有助于发现原因，查找责任人并且为今后避免类似的情形提供借鉴。

（二）记录义务的适用情形

考虑到处理者对个人信息处理活动进行记录需要支付相应的成本，故此，不应强制处理者对所有的处理活动进行记录。例如，欧盟《一般数据保护条例》第30条是关于数据控制者和处理者的记录义务（Records of Processing Activities）的规定，基于财力和人力上的原因，该条第5款作出了豁免性规定，即该条第1款和第2款的记录义务不适用于员工规模在250人以下的企业或组织，除非处理行为可能导致对数据主体的权利和自由造成威胁，或者处理并非偶然发生的，或者处理活动包括《一般数据保护条例》第9条第1款规定的特殊类型的数据或者包括第10条规定的刑事犯罪和违法行为的个人数据。依据我国《个人信息保护法》第55条的规定，只有在个人信息处理者应当事前进行个人信息保护影响评估时，才负有对处理情况进行记录的义务。也就是说，如果个人信息处理者不负有个人信息保护影响评估义务的，法律也就不强制其对个人信息处理活动进行记录。

（三）记录的形式与内容

个人信息处理者依据《个人信息保护法》第55条之规定对个人信息处理情况进行的记录可以采取纸质形式，也可以采取电子形式，但必须是书面形式，否则无法依据法律规定加以保存并在监管机关要求查阅复制时提供。但是，《个人信息保护法》没有规定个人信息处理者对于个人信息处理情况的记录应当包括哪些信息。从比较法上来看，欧盟《一般数据保护条例》第30条对数据控制者和数据处理者的记录内容作出了规定。例如，对于控制者，该条例要求记录的内容包括以下信息：（a）控制者的姓名和联系方式，如果适用的话还应包括共同控制者、控制者代表和数据保护官的姓名和联系方式；（b）处理目的；（c）关于数据主体的类别和个人数据分类的描述；（d）已经或者将要向其披露的个人数据接收者的类别，包括在第三国或国际组织的接收者；（e）如果适用的话，向第三国或国际组织进行的个人数据传输，包括该第三国或国际组织的身份认定，以及在本条例第49条第1款第2段所述的传输情形下对适当保障的记录；（f）如可能，删除不同种类数据的预计时限；（g）如可能，对本条例第32条第1款所述的技术性和组织性安全措施进行的总体描述。

本书认为，就个人信息处理者对处理情况的记录应当包括哪些内容可以由国家网信部门颁布的规章或者相应的国家标准加以具体化。例如，在《个人信息保护法》颁布之前，国家标准《信息安全技术 个人信息安全规范》（GB/T 35273—2020）第11.3条就规定了记录的内容，即“个人信息控制者宜建立、维护和更新所收集、使用的个人信息处理活动记录，记录的内容可包括：a）所涉个人信息的类型、数量、来源（如从个人信息主体直接收集或通过间接获取方式取得）；b）根据业务功能和授权情况区分个人信息处理目的、使用场景，以及委托处理、共享、转让、公开披露、是否涉及出境等情况；c）与个人信息处理活动各环节相关的信息系统、组织或人员”。当然，《个人信息保护法》出台后，这些标准中不符合法律规定的地方应当予以修改。

◆ 疑点与难点

一、个人信息保护影响评估与安全评估的关系

我国《个人信息保护法》规定了两类评估，一是第55条和第56条规定的**个人信息保护影响评估**，二是第36条、第38条以及第40条规定的**安全评估**。这两类评估是不同的。首先，目的和功能不同。个人信息保护影响评估的目的是确定相应的个人信息处理活动对个人信息保护会产生何种影响，从而确保个人信息的处理目的和处理方式是合法、正当且必要的，减少对个人权益的不利影响，防止发生个人信息泄露、篡改、丢失等安全风险。但是，安全评估的目的是要确定特定的个人信息处理活动是否会损害国家安全、公共利益和国家利益，如是否会导致大量个人信息被国外政府影响、控制、恶意利用，进而威胁或损害我国的国家政权、主权、统一和领土完整、人民福祉、经济社会可持续发展和国家其他重大利益。其次，适用范围不同。安全评估仅适用于向境外提供个人信息的情形，具体包括：国家机关确需向境外提供个人信息的情形，以及关键信息基础设施运营者和处理个人信息达到国家网信部门规定数量的个人信息处理者确需向境外提供个人信息的情形。但是，个人信息保护影响评估不仅适用于向境外提供个人信息，也适用于处理敏感个人信息、利用个人信息进行自动化决策，委托处理个人信息，向其他个人信息处理者提供个人信息、公开个人信息以及其他对个人权益有重大影响的个人信息处理活动。最后，评估的主体不同。个人信息保护影响评

估是由个人信息处理者自行组织的，其可以自己进行评估，也可以委托专业的机构进行评估。但是，个人信息出境时的安全评估是国家网信部门组织的。

二、个人信息保护影响评估与重要数据处理中的风险评估

《数据安全法》第30条规定："重要数据的处理者应当按照规定对其数据处理活动定期开展风险评估，并向有关主管部门报送风险评估报告。风险评估报告应当包括处理的重要数据的种类、数量，开展数据处理活动的情况，面临的数据安全风险及其应对措施等。"该条对重要数据处理活动的风险评估作出了规定。依据《数据安全法》第21条的规定，国家建立数据分类分级保护制度，根据数据在经济社会发展中的重要程度，以及一旦遭到篡改、破坏、泄露或者非法获取、非法利用，对国家安全、公共利益或者个人、组织合法权益造成的危害程度，对数据实行分类分级保护。国家数据安全工作协调机制统筹协调有关部门制定重要数据目录，加强对重要数据的保护。关系国家安全、国民经济命脉、重要民生、重大公共利益等数据属于国家核心数据，实行更加严格的管理制度。各地区、各部门应当按照数据分类分级保护制度，确定本地区、本部门以及相关行业、领域的重要数据具体目录，对列入目录的数据进行重点保护。

《数据安全法》第30条规定的重要数据处理活动中的风险评估不同于《个人信息保护法》第55条规定的个人信息保护影响评估。首先，目的不同。个人信息保护影响评估的目的是通过评估特定个人信息处理活动是否符合合法、正当、必要的原则以及对个人权益的影响和安全风险等，从而更好地保护个人信息权益。但是，重要数据处理活动中的风险评估是通过发现并消除数据安全缺陷、漏洞等风险，防止重要数据遭到篡改、破坏、泄露或者非法获取、非法利用，从而保护国家安全、公共利益或者个人、组织的合法权益。其次，适用的对象不同。个人信息保护影响评估适用于法律规定的特定情形的个人信息处理活动，如处理敏感个人信息、利用个人信息进行自动化决策、委托处理个人信息、向境外提供个人信息等。但是，《数据安全法》第30条规定的数据处理活动中的风险评估，则适用于重要数据的处理活动。重要数据可能包括个人信息，也可能不包括个人信息。再次，评估的时间要求不同。个人信息保护影响评估是在个人信息处理者开展特定的个人信息处理活动之前就要进行的，也就是说，个人信息处理者每次实施特定的处理活动前都要进行个人信息保护影响评估。但是，重要数据处理活动中的风险评估则要求是定期进行的。最后，评估报告的内容不同。依据《数据安全法》第 30 条的规定，重要数据处理活动中的风险评估报告应当包括处理的重要数据的种类、数量，开展数据处理活动的情况，面临的数据安全风险及其应对措施等。依据《个人信息保护法》第 56 条的规定，风险评估的内容包括：个人信息的处理目的、处理方式等是否合法、正当、必要；对个人权益的影响及安全风险；所采取的安全保护措施是否合法、有效并与风险程度相适应。

◆ 相关规定

《数据安全法》第 30 条

第五十六条 【个人信息保护影响评估的内容】

个人信息保护影响评估应当包括下列内容：

（一）个人信息的处理目的、处理方式等是否合法、正当、必要；

（二）对个人权益的影响及安全风险；

（三）所采取的保护措施是否合法、有效并与风险程度相适应。

个人信息保护影响评估报告和处理情况记录应当至少保存三年。

◆ 条文要旨

本条是对个人信息保护影响评估的内容以及保存期限的规定。

◆ 理解与适用

一、个人信息保护影响评估的内容

由于个人信息保护影响评估针对的是那些对于个人权益存在较高风险的处理

活动，故此，评估的内容至少应当包括处理行为的合法性、正当性的评估，处理行为可能产生的对个人权益的影响尤其是不利益影响的评估以及处理者应当采取的安全保护措施等内容。例如，欧盟《一般数据保护条例》第35条第7款规定，数据安全影响评估至少要包括以下内容：（1）对预计的处理活动及处理目的的系统说明，如果适用的话，还包括对控制者所追求的合法利益的系统说明；（2）对与处理目的相关的处理活动的必要性和比例性的评估；（3）对本条第1款所述的数据主体的权利和自由的风险的评估；（4）预期的风险防范措施，包括考虑到数据主体和其他相关人的权利和合法利益，从而确保对个人数据的保护以及证明符合本条例的保障措施、安全措施和机制。

我国《个人信息保护法》第56条第1款对于个人信息保护影响评估的内容作出了规定，具体如下：

1. 个人信息的处理目的、处理方式等是否合法、正当、必要。这里所谓的个人信息的处理目的、处理方式，是指《个人信息保护法》第55条所列举的应当进行个人信息保护影响评估的个人信息处理活动，即处理敏感个人信息；利用个人信息进行自动化决策；委托处理个人信息、向其他个人信息处理者提供个人信息、公开个人信息；向境外提供个人信息；其他对个人权益有重大影响的个人信息处理活动的处理目的、处理方式。合法、正当、必要是《个人信息保护法》《网络安全法》《民法典》等法律所明文规定的个人信息处理活动应当遵循的基本原则。个人信息处理者在进行个人信息保护影响评估时，首先要对个人信息的处理目的、处理方式等是否合法、正当、必要作出评估。如果不合法或者不正当、不必要，则个人信息处理者不应当进行个人信息处理活动，否则个人信息处理者就属于故意实施违法处理活动，需要承担相应的法律责任。

2. 对个人权益的影响及安全风险。个人权益包括《民法典》等法律赋予和保护的个人的所有的权益，如人身权益、财产权益等。对个人权益的影响就是指对其个人信息被处理的个人的权益可能造成的不利影响。国家推荐标准《信息安全技术 个人信息安全影响评估指南》（GB/T 39335—2020）第5.5.1条将个人权益影响概括分为“限制个人自主决定权”“引发差别性待遇”“个人名誉受损或遭受精神压力”“人身财产受损”四个维度。其中，限制个人自主决定权如被强迫执行不愿执行的操作、缺乏相关知识或缺少相关渠道更正个人信息，无法选择拒绝个性化广告的推送等；引发差别性待遇如因疾病、婚姻史、学籍等信息被泄露造成的对个人权利的歧视，因个人消费习惯等信息的滥用而对个人的公平交易权造成损害；个人名誉受损或遭受精神压力如被他人冒用身份和公开不为人知的习惯、经历等；而人身财产受损是指引发人身伤害、资金账户被盗或遭受诈骗、勒索等。所谓安全风险，是指个人信息处理活动会带来的个人信息安全方面的风险，如个人信息是否会出现未经授权的访问或者泄露、篡改、丢失等。

3. 所采取的安全保护措施是否合法、有效并与风险程度相适应。个人信息处理者应当评估其采取的各种安全保护措施合法性、有效性与适应性。这些安全保护措施既包括技术措施，也包括组织措施，前者如采取加密、去标识化等安全技术措施，后者包括内部的管理制度和操作规程、个人信息处理权限的划分等。

4. 风险评估报告的保存

风险评估很可能涉及个人信息处理者的商业秘密等重要信息，故此，我国《个人信息保护法》只是要求其必须保存至少三年，并不要求个人信息处理者公开该报告，也不要求将该报告提交给监管机关。

二、个人信息保护影响评估保护和处理情况记录的保存期限

依据《个人信息保护法》第 56 条第 2 款的规定，个人信息保护影响评估报告和处理情况记录应当至少保存三年。个人信息保护影响评估报告和个人信息处理情况的记录往往涉及依法需要保密的内容或者商业秘密，故此，个人信息处理者不需要公开个人信息保护影响评估报告和个人信息处理情况的记录，也不需要提交给监管机关，除非履行个人信息保护职责的部门为履行个人信息保护职责而要求查阅、复制该记录（《个人信息保护法》第 63 条）。但是，为了使得出现个人信息安全事件时，能够准确查明事件发生的原因和责任人，需要个人信息处理者保存个人信息保护影响评估报告和处理情况记录并且至少保存三年。这对于个人信息处理者用来证明自己的处理行为的合法性等也是非常必要的。

第五十七条 【个人信息泄露时的补救措施与通知义务】

发生或者可能发生个人信息泄露、篡改、丢失的，个人信息处理者应当立即采取补救措施，并通知履行个人信息保护职责的部门和个人。通知应当包括下列事项：

（一）发生或者可能发生个人信息泄露、篡改、丢失的信息种类、原因和可能造成的危害；

（二）个人信息处理者采取的补救措施和个人可以采取的减轻危害的措施；

（三）个人信息处理者的联系方式。

个人信息处理者采取措施能够有效避免信息泄露、篡改、丢失造成危害的，个人信息处理者可以不通知个人；履行个人信息保护职责的部门认为可能造成危害的，有权要求个人信息处理者通知个人。

◆ 条文要旨

本条规定的是发生或者可能发生个人信息泄露、篡改、丢失时个人信息处理者负有的采取补救措施并通知的义务。

◆ 理解与适用

一、规范目的

无论是因为个人信息处理者的原因，还是因为外界的原因，如人为原因或自然原因（黑客攻击、地震等自然灾害），将要导致或者已经导致了个人信息泄露、篡改、丢失，都会使得个人权益处于危险境地或者直接遭受损害。因为那些在个人信息泄露时非法取得个人信息的人或者非法篡改个人信息的人，目的就是从事各种侵害他人合法权益的违法犯罪活动。例如，披露他人的隐私、窃取金融资产甚至侵害生命健康权。基于个人信息保护中的责任原则，个人信息处理者应当对其个人信息处理活动负责，并采取必要措施保障所处理的个人信息的安全。因此，不论出于何种原因，只要发生或者可能发生个人信息的泄露、篡改、丢失的，个人信息处理者都应当对此负责，立即采取补救措施，同时通知个人和履行个人信息保护职责的部门，使个人和监管机构可以据此采取防范措施和加以应对。此外，基于公开透明原则，个人信息处理中发生的个人信息泄露也应当向个人和监管机构公开，个人对于其个人信息被泄露、篡改、丢失的情况享有知情权，监管机构对于个人信息泄露、篡改、丢失这一个人信息安全事件也有权知悉并加以调查，惩前毖后，以防止类似事件的再次发生。故此，比较法上不少国家个人信息和数据保护方面的法律都明确规定，出现或可能出现个人信息或数据泄露时，处理者负有通知的义务。例如，欧盟《一般数据保护条例》第 33 条和第 34 条分别就个人数据泄露时，数据控制者向监管机构报告和通知数据主体的义务作出了详细的规定。

《个人信息保护法》颁布前，我国《网络安全法》《民法典》等法律以及有关的法规和规章就已经对个人信息泄露后处理者负有采取补救措施的义务作出了规定。《全国人民代表大会常务委员会关于加强网络信息保护的决定》第 4 条规定："网络服务提供者和其他企业事业单位应当采取技术措施和其他必要措施，确保信息安全，防止在业务活动中收集的公民个人电子信息泄露、毁损、丢失。在发生或者可能发生信息泄露、毁损、丢失的情况时，应当立即采取补救措施。"《网络安全法》第 42 条第 2 款规定："网络运营者应当采取技术措施和其他必要措施，确保其收集的个人信息安全，防止信息泄露、毁损、丢失。在发生或者可能发生个人信息泄露、毁损、丢失的情况时，应当立即采取补救措施，按照规定及时告知用户并向有关主管部门报告。"《民法典》第 1038 条第 2 款规定："信息处理者应当采取技术措施和其他必要措施，确保其收集、存储的个人信息安全，防止信息泄露、篡改、丢失；发生或者可能发生个人信息泄露、篡改、丢失的，应当及时采取补救措施，按照规定告知自然人并向有关主管部门报告。"再如，《中国人民银行金融消费者权益保护实施办法》第 34 条第 2 款规定："银行、支付机构及其工作人员应当对消费者金融信息严格保密，不得泄露或者非法向他人提供。在确认信息发生泄露、毁损、丢失时，银行、支付机构应当立即采取补救措施；信息泄露、毁损、丢失可能危及金融消费者人身、财产安全的，应当立即向银行、支付机构住所地的中国人民银行分支机构报告并告知金融消费者；信息泄露、毁损、丢失可能对金融消费者产生其他不利影响的，应当及时告知金融消费者，并在72小时以内报告银行、支付机构住所地的中国人民银行分支机构。中国人民银行分支机构接到报告后，视情况按照本办法第五十五条规定处理。”

《个人信息保护法》第57条在前述法律规定的基础上，对发生或者可能发生个人信息泄露、篡改、丢失的情况时，个人信息处理者的补救措施和通知的义务作出了细化规定，明确了通知的内容以及可以不通知的情形，还赋予了履行个人信息保护职责的部门强制处理者通知个人的权力。

二、个人信息泄露、篡改、丢失

（一）个人信息泄露

个人信息泄露，也称“个人数据泄露”（Personal Data Breaches）。无论在国外还是我国，个人信息泄露事件经常发生，有些事件还造成了严重的损害后果。例如，2016年我国山东省发生的“徐某玉因信息泄露而被骗学费引发急病发作死亡案”以及北京市发生的“清华大学教师因个人信息泄露被电信诈骗1700多万元案”，引起了社会普遍关注，直接推动了我国《民法总则》第111条关于个人信息保护规定的出台。① 2021年上半年全世界就发生了多起重大的个人数据泄露事件，如2021年1月5日，国外安全研究团队Cyble发现多个帖子正在出售与中国公民有关的个人数据，经分析可能来自微博、QQ等多个社交媒体，本次发现的几个帖子中与中国公民有关的记录总数超过2亿。同月，巴西的一个数据库发生了一起重大泄密事件，数百万人的CPF号码及其他机密信息可能遭到了泄露。泄露的数据包含有1.04亿辆汽车和约4000万家公司的详细信息，受影响的人员数量可能有2.2亿。② 2021年5月，在一家黑客论坛上有人免费发布了5.33亿脸书（Facebook）用户的个人隐私信息，包括用户的电话号码、脸书登录ID、姓名全称、家庭住址、出生日期、个人简历，以及电子邮件地址等。被泄露的这些个人隐私信息数据涉及来自106个国家的5.33亿脸书用户，其中包括3200万美国用户、1100万英国用户和600万印度用户。③ 根据IBM发布的《2021年数据泄露

---

① 参见杨立新：《个人信息：法益抑或民事权利——对〈民法总则〉第111条规定的“个人信息”之解读》，载《法学论坛》2018年第1期。

② https://new.qq.com/omn/20210604/20210604A03UIZ00.html.

③ https://finance.sina.com.cn/tech/2021-04-08/doc-ikmyaawa8547490.shtml.

成本报告》的分析，调查中近一半（44%）的泄露事件都分析了暴露在外的客户个人数据，如姓名、电子邮箱、密码，甚至是医疗数据，这些都是报告中最常见的泄露记录类型。与其他类型的数据相比，客户个人身份信息泄露造成的损失最大——每条个人身份信息丢失或被盗造成的损失高达180美元，相较于总体每条信息被盗造成的平均损失为161美元。①

个人信息泄露的原因很多，可能是个人信息处理者的原因，如工作人员非法向他人提供或出售个人信息；也可能是单纯的外部原因，如黑客攻击；还有可能是多种原因结合，如个人信息处理者存在安全漏洞而被违法窃取个人信息者所利用等。IBM公司的《2020年度数据泄露报告》将数据泄露的原因分为三大类：其一，系统故障（IT和业务流程故障），占25%；其二，人为失误（玩忽职守的员工或承包商无意中引起数据泄露），占23%；其三，恶意攻击（由黑客或犯罪的内部人士引起），占52%。② 就个人数据泄露而言，IBM公司《2021年度数据泄露报告》的研究认为，用户凭证被盗是最常见的数据泄露的根本原因，利用泄露的用户凭证是攻击者最常用的切入点，该研究涉及的所有漏洞事件中有20%的攻击者都是用这种方法来发动攻击的。③ 从客观上来说，导致个人信息或个人数据泄露危险增加的因素包括：个人信息的保存时间；个人信息的扩散，即现有的个人信息的副本数量；访问，即有权限访问个人信息的人数、个人信息能够访问的方式以及获取访问权限的难易程度；流动性，即访问、传输及其处理个人信息的方式所需要的时间；价值，即个人信息的价值。④

我国《个人信息保护法》未界定**“个人信息泄露”**的概念。欧盟《一般数据保护条例》第4条第12款将个人数据泄露界定为：“违反安全所导致的意外的或非法的销毁、丢失、篡改、未经授权的披露或取得被传输、存储或以其他方式处理的个人数据。”从这一规定可以看出，欧盟的个人信息数据泄露必须符合三

① 《IBM报告：数据泄露成本在新冠病毒疫情期间创历史新高》，载IBM中国官网https://www.ibm.com/news/cn/zh/2021/07/29/20210729.html.

② https://www.ibm.com/downloads/cas/BK0BB0V1.

③ 《IBM报告：数据泄露成本在新冠病毒疫情期间创历史新高》，载IBM中国官网https://www.ibm.com/news/cn/zh/2021/07/29/20210729.html.

④ [美] 雪莉·大卫杜夫：《数据大泄露：隐私保护危机与数据安全机遇》，马多贺、陈凯、周川译，机械工业出版社2021年版，第36页。

个要件：其一，违反了安全措施。正因如此，欧盟的《一般数据保护条例》才将数据控制者在数据泄露时的通知义务规定在第4章“控制者与处理者”的第2节“个人数据安全”当中。其二，导致了个人数据被意外或非法销毁、丢失、篡改、未经授权的披露或未经授权而取得，这就是说，无论个人数据是意外泄露的，控制者对此完全没有过错，还是由于控制者的违法行为所造成的，都属于个人数据泄露。其三，必须是个人数据，不包括非个人数据。① 显然，欧盟《一般数据保护条例》中个人数据泄露的含义非常广泛，可以涵盖绝大多数个人数据遭受侵害的情形。第29条工作组依据三条著名的信息安全原则，将个人数据泄露分为以下三类：（1）破坏保密性（Confidentiality breach），即未经授权的或意外的公开、访问个人数据；（2）破坏完整性（Integrity breach），即未经授权或意外的更改个人数据；（3）破坏可用性（Availability breach），即意外的或未经授权的无法访问或销毁个人数据。②

在我国，由于《个人信息保护法》《民法典》将个人信息的“泄露”与“篡改”“丢失”相并列，故此，个人信息的泄露不包括个人信息被篡改和丢失，而仅指个人信息处理者因违反安全措施而导致他人未经授权取得或知悉个人信息的各种情形，如个人信息被他人采取违法手段窃取、有权访问个人信息的工作人员非法出售个人信息等。依据《个人信息保护法》第57条的规定，只要发生或者可能发生个人信息泄露的，个人信息处理者就应当立即采取补救措施，并通知履行个人信息保护职责的部门和个人。

（二）个人信息的篡改

篡改个人信息就是指没有经过个人信息主体的同意而改动个人信息。《民法典》第1038条第1款1句规定“信息处理者不得泄露或者篡改其收集、存储的个人信息”。《网络安全法》第42条第1款第1句规定“网络运营者不得泄露、篡改、毁损其收集的个人信息”。这些都是对个人信息处理者不得篡改个人信息的义务的规定。然而，个人信息被篡改既可能是个人信息处理者或者其工作人员

---

① Christopher Kuner, Lee A. Bygrave&Christopher Docksey ed., The EU General Data Protection Regulation (GDPR): A Commentary, Oxford University Press, 2020, PP. 191 - 192.

② Article 29 Data Protection Working Party, Guidelines on Personal data breach notification under Regulation 2016/679, Adopted on 3 October 2017, As last Revised and Adopted on 6 February 2018, P. 7.

所为，也可能是来自第三人，如黑客通过植入病毒而对个人信息进行篡改。故此，《个人信息保护法》第 51 条还明确要求个人信息处理者要采取措施防止出现个人信息被篡改。因此，在发生或者可能发生个人信息篡改时，个人信息处理者就应当立即采取补救措施，并通知履行个人信息保护职责的部门和个人。

（三）个人信息的丢失

个人信息的丢失就是指因为人为原因或者非人为原因（如洪水、地震等）导致个人信息的遗失。例如，个人信息处理者用于记录用户的个人信息的纸介质的载体因失火或进水而毁损或灭失；再如，存放个人信息的电脑硬盘因为房屋倒塌而毁坏或者被他人窃取。在司法实践中，因个人信息丢失而引发的诉讼案件主要表现为医疗机构因保管不当导致病人的病历资料丢失、单位人事部门或人力资源部门丢失了工作人员的人事档案或者电子设备维修不当而致错误删除记录等。① 依据《个人信息保护法》的规定，个人信息处理者应当采取措施防止出现个人信息丢失。同时，一旦发生或者可能发生个人信息丢失的，应当立即采取补救措施并通知履行个人信息保护职责的部门和个人。

三、个人信息处理者应当采取的补救措施

一旦发生或者可能发生个人信息泄露、篡改、丢失的，如果没有及时采取补救措施，就会使个人权益处于危险的境地，甚至直接给个人造成损害，如因为个人信息的泄露而致个人被歧视、被欺诈，名誉权或隐私权被侵害，甚至因此被犯罪分子杀害等。个人信息被篡改后，错误的个人信息也会使得个人遭受严重的影响，如无法出行或者无法缴纳社保等。故此，一旦个人信息处理者发现其处理的个人信息已经或者有可能泄露、篡改或丢失的，应当立即采取补救措施，《个人信息保护法》第 57 条第 1 款以及《民法典》《网络安全法》对此都有明确的规定。

立即，是指即刻的、毫不迟延的。《个人信息保护法》第 51 条要求个人信息处理者制订并组织实施个人信息安全事件应急预案，而出现个人信息泄露就属于个人信息安全事件，此时个人信息处理者应当立即启动应急预案，即刻查明发生

① 实践中此类案件的诉由主要是合同纠纷，参见北京市朝阳区人民法院编：《个人信息保护类民事案件研讨会参考资料》，2018 年 8 月印刷，第 29 页。

个人信息泄露的原因并有针对性地采取措施。例如，当处理者发现个人信息的泄露是享有访问权限的内部工作人员所为，则应当立即取消该工作人员的访问权限；如果发现是因为外部的黑客攻击所致，那么处理者应当立即修复安全系统，清除病毒与恶意软件，更改密码等；对于被他人以发帖的方式在网络上公开的个人信息，则处理者应当立即采取要求网络服务提供者删除、屏蔽、断开链接等措施。再如，当泄露的个人信息是自然人的金融账户信息时，为了避免违法犯罪分子利用被窃取的个人信息访问自然人的账户窃取其金融资产，损害受害人的信用，此时个人信息处理者应当严密监控相应的账户及受害人的信用报告，并在发生任何可疑的变化时发出预警，以检测和应对欺诈使用。①

总之，个人信息处理者采取的补救措施类型应当与个人信息泄露可能给个人造成损害的危险程度相适应，危险程度越高的，采取的补救措施应当越充分。对危险程度的判断需要根据个人信息泄露以及所采取的措施等具体情况加以综合分析后确定，具体而言，需要考虑以下因素：

1. 泄露、篡改或丢失的个人信息的数量、性质和敏感性。已经或可能泄露、篡改或丢失的个人信息的数量越大、涉及的个人的数量越大，造成损害的可能越大，损害后果越严重；如果是敏感个人信息，如生物识别信息、医疗健康信息、金融账户信息等，那么造成损害的可能性就要大于非敏感个人信息，如电话号码、电子邮箱，因为前者很可能对个人的隐私权、名誉权和生命财产安全造成损害，而后者只可能使个人遭受各种广告推销的骚扰而已。因此，信息越敏感，对受影响的人造成伤害的风险就越高。当然，诚如欧盟第 29 条工作组所言，个人信息的敏感程度也是因人而异的。例如，通常情况下披露个人的姓名和地址不太可能造成实质性损害，但是，如果向亲生父母透露养父母的姓名和地址，则对养父母和子女都可能造成非常严重的后果。②

2. 泄露、篡改或丢失的个人信息所涉及的个人类型。对于那些越难以防范个人信息泄露给自己造成损害的人，或者说越容易因个人信息泄露而被他人伤害的

① ［美］雪莉·大卫杜夫：《数据大泄露：隐私保护危机与数据安全机遇》，马多贺、陈凯、周川译，机械工业出版社 2021 年版，第 107－108 页。

② Article 29 Data Protection Working Party, Guidelines on Personal data breach notification under Regulation 2016/679, Adopted on 3 October 2017, As last Revised and Adopted on 6 February 2018, P. 24.

人，如儿童、精神病患者、老年人、残疾人等，采取的补救措施应当越充分。

3. 识别个人的难易程度。个人信息中有些是可以直接识别特定自然人的，有些则必须与其他信息结合后才能识别特定的自然人，故此，越是能够直接识别特定自然人的个人信息被泄露、篡改或丢失，给个人造成损害的风险就越大。

4. 对个人可能造成的损害的类型，那些能够直接导致个人的名誉权、隐私权、生命权、健康权受损的个人信息如果泄露、篡改或丢失，就意味着后果可能越严重，反之，如果只是使得个人遭受生活上的轻微不便或影响的，则后果较为轻微。

四、个人信息处理者的通知义务

（一）强制通知、自愿通知与责令通知

个人信息泄露、篡改或丢失的情形各有不同。例如，有些个人信息的泄露是小规模的，且泄露的个人信息不属于敏感的个人信息，个人信息处理者只要及时采取措施就能有效地避免对个人权益的危害；有些个人信息的泄露是大规模的，且被泄露的个人信息的类型众多，极易对个人权益等造成损害，即便个人信息处理者及时采取补救措施，也难以避免此种损害。由于个人信息处理者通知监管机构和个人需要花费相应的人力、物力和财力，要求所有的个人信息无论是已经发生还是可能发生泄露、篡改或丢失的，个人信息处理者都必须通知个人，显然也不太妥当。从比较法来看，欧盟《一般数据保护条例》第 33 条和第 34 条就分别规定了个人数据泄露时，数据控制者无须向监管机构报告和无须通知数据主体的情形。首先，如果个人数据泄露不可能给自然人的权利和自由造成风险的，那么控制者无须向监管机构报告（第 33 条第 1 款）。其次，发生了个人数据泄露，但是存在以下情形之一的，控制者无须通知数据主体：（a）控制者已经采取适当的技术性和组织性保护措施，且该等措施已被用于受个人数据泄露影响的个人数据之中，特别是那些使得未获访问授权的人无法理解个人数据的措施如加密技术；（b）控制者已采取后续措施确保第 34 条第 1 款所述的自然人权利和自由受到高风险侵犯的情形不会出现；（c）进行第 34 条第 1 款所述的告知需要不适当的努力。在此情况下，应该有能够使得数据主体在同样有效的方式下获得公开告知或者相类似的举措。但是，依据《一般数据保护条例》第 34 条第 4 款的规定，如果控制者并未就个人数据泄露向数据主体进行告知，而监管机构考虑到个人数据泄露导致高度风险的可能性后，监管机构可以要求控制者进行告知或者确定是否存在无须告知的情形。

我国《个人信息保护法》也区分了不同的情形，允许个人信息处理者在有的情况下可以不通知个人，即第57条第2款第1句规定的“个人信息处理者采取措施能够有效避免信息泄露、篡改、丢失造成危害的”情形。与欧盟《一般数据保护条例》不同的是，我国《个人信息保护法》只是免除了此时处理者通知个人的义务，并没有免除其通知履行个人信息保护职责的部门的义务。换言之，无论发生或者可能发生个人信息泄露、篡改、丢失时，个人信息处理者所采取的措施能否有效避免个人信息泄露、篡改、丢失造成的危害，处理者都必须通知履行个人信息保护职责的部门。只是在个人信息处理者采取措施能够有效避免信息泄露造成损害的情形中，处理者可以免除通知个人的义务。此外，我国《个人信息保护法》第57条第2款还规定，如果履行个人信息保护职责的部门认为可能对个人造成危害的，有权要求个人信息处理者通知个人。之所以作此规定，就是考虑到，有些个人信息处理者自以为是，误判形势，以为自己采取措施能够有效避免信息泄露、篡改、丢失造成的危害，或者出于节省成本的考虑而将本不能通过所谓的措施避免信息泄露、篡改、丢失造成损害的情形作为可以避免的情形。在这种情形下，不应将能否有效避免个人信息泄露、篡改、丢失造成损害的最终判断权交给处理者，否则不利于对个人权益的保护。需要注意的是，《个人信息保护法》第57条第2款使用的**“危害”**一词①，包括危险和损害，也就是说，只要发生或者可能发生个人信息泄露、篡改、丢失对个人权益存在危险或者造成损害的可能，履行个人信息保护职责的部门就有权要求个人信息处理者通知个人。

综上可知，我国法律中个人信息处理者对个人的通知分为三种：一是**强制通知**，即个人信息处理者必须通知个人；二是**自愿通知**，即个人信息处理者在采取措施能够有效避免危害的情形下，其可以自行决定通知个人（或不通知）；三是**责令通知**，即虽然个人信息处理者认为采取措施能够有效避免造成危害，但是履行个人信息保护职责的部门认为可能造成危害的，有权责令处理者通知个人。

（二）通知义务的主体

在我国法律中，出现个人信息泄露时，通知监管机构和个人的义务的主体是

---

① 《草案二审稿》第56条第2款使用的是“损害”一词。

个人信息处理者。我国法律并未如同欧盟那样区分数据控制者与数据处理者，在欧盟的《一般数据保护条例》中，如果出现个人信息泄露的，那么报告监管机构和通知个人的义务主体都是数据控制者。至于数据的处理者，只是有义务在知道个人信息泄露发生后立即通知控制者，其并不负有报告监管机构和通知个人的义务。如果处理者没有通知控制者的，那么依据《一般数据保护条例》第 84 条第 4 款的规定，监管部门将对之作出最高可达 1000 万欧元或者上一财务年度全球总营业额 2% 的罚款。

如果是共同处理个人信息的，那么它们应当约定各自的权利和义务，包括约定在出现个人信息泄露的情况下，究竟由哪一个处理者通知履行个人信息保护职责的部门和个人的义务；如果是处理者向其他处理者提供个人信息的，通知义务的主体取决于究竟是提供方出现个人信息泄露还是接收方出现个人信息泄露，当然，也可能暂时无法查明究竟是哪一方出现个人信息泄露，那么任何一方在知道个人信息泄露后都负有通知的义务。如果是委托处理个人信息的情形，无论双方在委托合同中对各自的权利义务是如何约定的，都是委托人来履行通知义务，因为委托人才是个人信息处理者，受托人不是个人信息处理者。依据《个人信息保护法》第 59 条，接受委托处理个人信息的受托人，应当依照本法和有关法律、行政法规的规定，采取必要措施保障所处理的个人信息的安全，并协助个人信息处理者履行本法规定的义务。故此，发生或者可能发生个人信息泄露、篡改、丢失时，受托人应当协助委托人通知履行个人信息保护职责的部门和个人。

（三）通知义务的产生时间

《个人信息保护法》第 57 条第 1 款规定，发生或者可能发生个人信息泄露、篡改、丢失的，个人信息处理者就应当立即采取补救措施，并履行通知义务。问题是，在很多情况下，个人信息的泄露、篡改或丢失并没有被个人信息处理者所检测到或发现。根据美国国防信息系统局的分析，绝大多数的安全泄露（96%）没有被告，因为它们根本没有被检测到，而缺乏检测方法正是难以发现个人信息或数据泄露的关键问题。① 虽然现代网络安全技术已经发展到可以自动检测并加

---

① ［美］雪莉 · 大卫杜夫：《数据大泄露：隐私保护危机与数据安全机遇》，马多贺、陈凯、周川译，机械工业出版社 2021 年版，第 11 页。

以防御，但是，“道高一尺，魔高一丈”，用于窃取个人信息的恶意软件也在不断发展以逃避检测，从而导致个人信息已经被泄露、篡改了，而个人信息处理者仍毫不知情。故此，如何界定发生或者可能发生个人信息泄露、篡改、丢失的时间很重要。欧盟第 29 条工作组认为，如果数据控制者对于导致个人信息泄露的安全事件已经发生存在一个合理程度的确定（a reasonable degree of certainty that a security incident has occurred that has led to personal data being compromised），那么就应当认为控制者已经知道了（become aware of）个人信息泄露。①

本书认为，鉴于我国《个人信息保护法》第 51 条已经明确要求个人信息处理者应当根据个人信息的处理目的、处理方式、个人信息的种类以及对个人的影响、可能存在的安全风险等，采取措施确保个人信息处理活动符合法律、行政法规的规定，并防止未经授权的访问以及个人信息泄露、篡改、丢失。因此，采取合理的措施及时发现个人信息安全上的漏洞，即发生或者可能发生个人信息泄露、篡改、丢失，也属于个人信息处理者的义务。此时，应当结合具体的情形来判断个人信息处理者是否发现个人信息的泄露、篡改、丢失。一旦发现，则处理者就产生了通知的义务。

（四）通知义务的履行时间

在处理者发现了个人信息已经发生或可能发生泄露、篡改、丢失后，应当在多长时间内通知履行个人信息保护职责的部门和个人，《个人信息保护法》未作规定。欧盟《一般数据保护条例》第 33 条对于数据控制者在数据泄露后向监管机构报告的时间作出了规定，即在个人数据泄露的情况下，控制者应自知道之时起 72 小时以内向监管机构进行报告。如果控制者没有在 72 小时之内报告的，那么在报告时需要对迟延的原因进行说明。但是，对于通知数据主体的时间，该条例第 34 条没有作出明确，只是规定了“及时”（without undue delay）。之所以存在这一差别，主要是因为，监管机构是特定的机构，非常明确，控制者向监管机构报告相对容易。但是，在大规模个人信息泄露的情况下，由于欧盟《一般数据保护条例》要求的是直接通知泄露所影响的每一个个人（除非存在条例第 34 条

① Article 29 Data Protection Working Party, Guidelines on Personal data breach notification under Regulation 2016/679, Adopted on 3 October 2017, As last Revised and Adopted on 6 February 2018, PP. 10 – 11.

第 2 款规定的需要付出不适当的努力的情形，才能采取公告的方式)，故此，难以就通知个人的时间作出一个明确的规定。

（五）通知的内容

无论是向履行个人信息保护职责部门还是向个人发出的通知，个人信息处理者都应当采取清晰易懂的文字表述，而不能含糊其词，模棱两可。至于通知的具体内容，依据《个人信息保护法》第 57 条第 1 款的规定，应当包括下列事项：(1) 发生或者可能发生个人信息泄露、篡改、丢失的信息种类、原因和可能造成的危害。这就是说，要告知哪些个人信息已经被泄露、篡改或丢失以及可能对自然人的合法权益等造成哪些危害（包括现实的和潜在的危害）；发生或者可能发生个人信息泄露、篡改、丢失的原因是什么，是个人信息处理者的内部原因，还是黑客攻击等外部原因。(2) 个人信息处理者采取的补救措施和个人可以采取的减轻危害的措施。具体而言就是，处理者已经采取了哪些用于防止个人信息泄露、篡改或丢失给个人造成损害的补救措施，如更改访问权限，设置新的密码，对个人信息泄露、篡改或丢失所波及的个人账户进行监控性保护等；个人信息处理者从专业的角度为个人提出的可由个人自行实施的保护措施，如更改账号登录密码、将账户内的资金转移等。(3) 个人信息处理者的联系方式。告知联系方式可以使得个人有疑问或困难时及时从处理者处寻求帮助。

（六）通知的方式

虽然《个人信息保护法》第 57 条对通知的方式没有作出规定，但是，个人信息处理者向履行个人信息保护职责的部门进行的通知必须采取书面形式（纸质形式或电子形式)，如果履行个人信息保护职责的部门有专门规定的形式，则应当采取此种形式。个人信息处理者对个人的通知原则上应当是逐一进行的，而不能简单地采取网站公告或报纸公告的方式，但是可以采取二者结合的方式。除非法律、行政法规有特别的规定，否则个人信息处理者可以采取电话的方式口头通知，也可以通过发送信件、电子邮件、短信等书面方式对个人进行通知。不过，就个人信息泄露的通知不能被混杂在其他的信息中，而必须是单独的。如果个人信息泄露中包含了国外的个人，那么还应当采取该个人所在国家的语言进行通知。

（七）不履行通知义务的法律责任

个人信息处理者违反通知义务，应当承担法律责任。《个人信息保护法》第

66 条规定，违反本法规定处理个人信息，或者处理个人信息未履行本法规定的个人信息保护义务的，由履行个人信息保护职责的部门责令改正，给予警告，没收违法所得……拒不改正的，并处一百万元以下罚款；对直接负责的主管人员和其他直接责任人员处一万元以上十万元以下罚款。有前款规定的违法行为，情节严重的，由省级以上履行个人信息保护职责的部门责令改正，没收违法所得，并处五千万元以下或者上一年度营业额百分之五以下罚款，并可以责令暂停相关业务或者停业整顿、通报有关主管部门吊销相关业务许可或者吊销营业执照；对直接负责的主管人员和其他直接责任人员处十万元以上一百万元以下罚款。

◆ 疑点与难点

个人信息安全事件与网络安全事件

个人信息泄露、篡改、丢失属于个人信息安全事件，个人信息安全事件的上位概念是信息安全事件。所谓信息安全事件，是指由于人为原因、软硬件缺陷或故障、自然灾害等情况对网络和信息系统或者其中的数据造成危害，对社会造成负面影响的网络安全事件。国家标准化指导性技术文件《信息安全技术 信息安全事件分类分级指南》（GB/Z 20986—2007）根据信息安全事件发生的原因、表现形式等，将信息安全事件分为网络攻击事件、有害程序事件、信息泄密事件和信息内容安全事件四大类。

所谓网络安全事件，是指由于人为原因、软硬件缺陷或故障、自然灾害等，对网络和信息系统或者其中的数据造成危害，对社会造成负面影响的事件，可分为有害程序事件、网络攻击事件、信息破坏事件、信息内容安全事件、设备设施故障、灾害性事件和其他事件。[①]《网络安全法》第 25 条规定：“网络运营者应当制定网络安全事件应急预案，及时处置系统漏洞、计算机病毒、网络攻击、网络侵入等安全风险；在发生危害网络安全的事件时，立即启动应急预案，采取相应的补救措施，并按照规定向有关主管部门报告。”第 53 条规定：“国家网信部门协调有关部门建立健全网络安全风险评估和应急工作机制，制定网络安全事件应急预案，并定期组织演练。负责关键信息基础设施安全保护工作的部门应当制

① 参见《国家网络安全事件应急预案》第 1.3 条。

定本行业、本领域的网络安全事件应急预案，并定期组织演练。网络安全事件应急预案应当按照事件发生后的危害程度、影响范围等因素对网络安全事件进行分级，并规定相应的应急处置措施。"

个人信息安全事件与网络安全事件存在交叉的关系。例如，作为个人信息处理者的网络运营者因遭受网络攻击以致所处理的大量个人信息被窃取、篡改或因被非法删除而丢失。① 《关键信息基础设施安全保护条例》第 18 条第 2 款规定："发生关键信息基础设施整体中断运行或者主要功能故障、国家基础信息以及其他重要数据泄露、较大规模个人信息泄露、造成较大经济损失、违法信息较大范围传播等特别重大网络安全事件或者发现特别重大网络安全威胁时，保护工作部门应当在收到报告后，及时向国家网信部门、国务院公安部门报告。"但是，如果泄露的个人信息的规模没有那么大或者个人信息处理者不属于网络运营者和关键信息基础设施运营者，那么个人信息泄露、篡改、丢失也属于个人信息安全事件，却不属于网络安全事件。

◆ 相关规定

《全国人民代表大会常务委员会关于加强网络信息保护的决定》第 4 条；《网络安全法》第 42 条；《民法典》第 1038 条；《中国人民银行金融消费者权益保护实施办法》第 34 条；《关键信息基础设施安全保护条例》第 18 条

第五十八条 【特殊的个人信息处理者的义务】

提供重要互联网平台服务、用户数量巨大、业务类型复杂的个人信息处理者，应当履行下列义务：

（一）按照国家规定建立健全个人信息保护合规制度体系，成立主要由外部成员组成的独立机构对个人信息保护情况进行监督；

① 《国家网络安全事件应急预案》将信息破坏事件分为：信息篡改事件、信息假冒事件、信息泄露事件、信息窃取事件、信息丢失事件和其他信息破坏事件。

（二）遵循公开、公平、公正的原则，制定平台规则，明确平台内产品或者服务提供者处理个人信息的规范和保护个人信息的义务；

（三）对严重违反法律、行政法规处理个人信息的平台内的产品或者服务提供者，停止提供服务；

（四）定期发布个人信息保护社会责任报告，接受社会监督。

条文要旨

本条是对特殊的个人信息处理者负有的义务的规定。

理解与适用

一、规范目的

《个人信息保护法》第 58 条规定的是特殊的个人信息处理者在个人信息保护方面负有的特别义务。所谓特殊的个人信息处理者，即提供重要互联网平台服务、用户数量巨大、业务类型复杂的个人信息处理者。对于这类特殊的个人信息处理者除负有《个人信息保护法》第 5 章规定的其他的义务外，还负有本条特别规定的四项义务。在我国《个人信息保护法》的起草过程中，有的部门、专家建议，强化超大型互联网平台的个人信息保护义务，并加强监督。该意见被立法机关所接受①，故此，就产生了本条的规定。

《个人信息保护法》第 58 条规定的特殊的个人信息处理者的义务，有学者称为**互联网生态“守门人”个人信息保护特别义务**。就为何规定这种义务，理论界认为，根本原因在于“守门人”控制了移动互联网生态的关键环节，即一个移动 App 无法独立于技术环境和运营环境而单独存在，故此，这两个环境决定或制约了移动 App 接入互联网和处理个人信息的能力。而控制了技术环境与运营环境的“守门人”扼守了 App 运行的关键环节，其对 App 个人信息保护的技术设置和具

① 《个人信息保护法草案进入二审，强化互联网平台个人信息保护义务》，载《人民日报》2021 年 4 月 27 日。

体行为具有决定性作用。因此，基于控制理论、经济上的合理性以及现实中的必要性，同时借鉴欧盟《数字市场法（草案）》《数字服务法（草案）》关于大型在线平台和数字中介服务提供者的规定，我国《个人信息保护法》应当规定守门人的个人信息保护的特别义务。①

上述观点具有相当的道理。具体而言，《个人信息保护法》第58条作出规定的理由在于以下几个方面：首先，依据本条规定，特殊的个人信息处理者是指提供重要互联网平台服务、用户数量巨大、业务类型复杂的个人信息处理者。从这一界定可以看出，这些个人信息处理者处理的个人信息的数量极为巨大，种类繁多。因此，它们的个人信息处理活动对于个人权益产生的各种威胁和损害也是非常巨大且难以预测的。为了更好地保护个人信息权益，对于这些特殊的个人信息处理者，除要其履行一般的个人信息处理者的义务外，还必须有特别的义务，如通过公开原则和引入社会力量，履行社会责任，如设立独立机构加以监督、公布个人信息保护责任报告等，以加强对于这些特殊的个人信息处理者的监管。

其次，特殊的个人信息处理者对于利用其网络服务的用户具有很强的技术以及信息等方面的控制力，这种控制力不应当仅服务于它们自身的商业利益，还应当用来更好地保护个人信息权益，共同营造良好的网络生态环境。这就是所谓的权力与责任相匹配。一方面，特殊的个人信息处理者不能滥用权力，而应当遵循公开、公平、公正的原则，按照国家规定建立健全个人信息保护合规制度体系，遵循公平、公开、公正的原则制定平台规则，明确平台内产品或者服务提供者处理个人信息的规范和保护个人信息的义务；另一方面，对严重违反法律、行政法规处理个人信息的平台内的产品或者服务提供者，特殊的个人信息处理者也不能熟视无睹，而应当停止提供服务。

最后，无论多么特殊的个人信息处理者也都不是履行个人信息保护职责的部门，这些个人信息处理者对于其平台的产品或服务的提供者并不享有作为公权力的行政处罚权，而履行个人信息保护职责的部门也就不能据此将个人信息保护的义务都推给所谓的“守门人”。

---

① 详见张新宝：《互联网生态“守门人”个人信息保护特别义务设置研究》，载《比较法研究》2021年第3期。

二、特殊的个人信息处理者

《个人信息保护法》第58条适用于特殊的个人信息处理者，即提供重要互联网平台服务、用户数量巨大、业务类型复杂的个人信息处理者，简单地说就是作为**大型互联网平台经营者**的个人信息处理者。互联网平台，也称网络平台，是指通过网络信息技术，使相互依赖的双边或者多边主体在特定载体提供的规则下交互，以此共同创造价值的商业组织形态。① 互联网平台的经营者就是指向自然人、法人及其他市场主体提供经营场所、交易撮合、信息交流等互联网平台服务的经营者。具体来说，作为《个人信息保护法》本条适用对象的主体必须同时满足以下三项条件：

第一，提供重要互联网平台服务。所谓重要互联网平台服务是指个人信息处理所提供的互联网平台服务对于社会生产生活而言非常重要，平台的提供者对于平台上的用户具有很强的控制力。例如，重要的社交网络平台、大型的电子商务平台、重要的应用软件分发服务平台等。《草案二审稿》第57条曾表述为“提供基础性互联网平台服务”，考虑到基础性互联网平台服务这一表述很容易与关键信息基础设施相混淆，故此《个人信息保护法》修改为“重要互联网平台服务”。

第二，用户数量巨大。所谓用户数量巨大，包括两层含义，既包括使用个人信息处理者提供的重要互联网平台服务的用户的数量非常大，也包括该网络平台服务中处理的个人信息涉及的个人的数量巨大。这两个数量巨大的标准同时满足才能构成《个人信息保护法》第58条规定的个人信息处理者。当然，至于具体多少数量才属于巨大，还需要由国家网信部门予以明确。

第三，业务类型复杂。业务类型复杂是指个人信息处理者提供的重要互联网平台服务中的交易业务的架构多样且复杂。例如，大型的电子商务平台的业务就很多，既包括网络服务合同关系、买卖合同关系，也包括资金担保、货物运输等多种交易环节等。而在这些业务类型中都可能涉及个人信息的处理。

三、个人信息保护的特殊义务

（一）按照国家规定建立健全个人信息保护合规制度体系

该义务是在《草案三审稿》的审议过程中增加的。“有的常委委员提出，应

---

① 参见《国务院反垄断委员会关于平台经济领域的反垄断指南》（2021年2月7日国务院反垄断委员会印发国反垄发〔2021〕1号）第2条第1项。

当要求大型互联网平台建立个人信息保护合规体系，加强内部合规管理。宪法和法律委员会经研究，建议在草案三次审议稿第五十八条中增加规定，大型互联网平台应当‘按照国家规定建立健全个人信息保护合规制度体系’。”① 所谓按照国家规定建立健全个人信息保护合规制度体系，是指《个人信息保护法》第58条规定的大型互联网平台应当依据《个人信息保护法》等法律、法规、规章等的要求，建立旨在确保个人信息处理活动符合法律、行政法规的要求，保证个人信息安全的内部规章制度体系，据此开展对个人信息保护的合规管理活动，包括风险识别、合规审查、风险应对、责任追究、考核评价、合规培训等。特别要求大型互联网平台建立健全个人信息保护合规制度体系，就是因为它们处理的个人信息的数量巨大，在平台经济活动中占据重要地位，故此更应当建立此等个人信息保护合规制度体系，确保个人信息处理活动符合法律法规、监管规定、行业准则和企业章程、规章制度以及国际条约、规则等的要求。

（二）成立主要由外部成员组成的独立机构，对个人信息保护情况进行监督

之所以要设立这样的一个外部成员组成的独立机构，就是要通过这样的机构来对个人信息保护情况进行监督，更确切地说，通过这样的外部独立机构就网络信息科技发展中的科技伦理等问题进行审查监督。有鉴于2018年发生的南方科技大学副教授贺某某违反科学伦理而进行的“基因编辑婴儿”事件②，我国《民法典》第1009条规定：“从事与人体基因、人体胚胎等有关的医学和科研活动，应当遵守法律、行政法规和国家有关规定，不得危害人体健康，不得违背伦理道德，不得损害公共利益。”《个人信息保护法》本条要求个人信息处理者成立这样

① 参见《全国人民代表大会宪法和法律委员会关于〈中华人民共和国个人信息保护法（草案三次审议稿）〉修改意见的报告》。

② 2018年11月26日，南方科技大学副教授贺某某宣布一对基因编辑婴儿于11月在中国健康诞生，由于这对双胞胎的一个基因（CCR5）经过修改，她们出生后即能天然抵抗艾滋病病毒HIV。这一消息迅速激起轩然大波，震动了中国和世界。2019年12月30日，深圳市南山区人民法院一审判决宣判。法院认为，贺某某等3名被告人未取得医生执业资格，追名逐利，故意违反国家有关科研和医疗管理规定，逾越科研和医学伦理道德底线，贸然将基因编辑技术应用于人类辅助生殖医疗，扰乱医疗管理秩序，情节严重，其行为已构成非法行医罪。判处被告人贺某某有期徒刑三年，并处罚金人民币三百万元；判处张某某有期徒刑二年，并处罚金人民币一百万元；判处覃某某有期徒刑一年六个月，缓刑二年，并处罚金人民币五十万元。参见《基因编辑婴儿事件》，载百度百科 https：//baike. baidu. com/item/%E5%9F%BA%E5%9B%A0%E7%BC%96%E8%BE%91%E5%A9%B4%E5%84%BF%E4%BA%8B%E4%BB%B6/23176263？fr = aladdin.

的独立机构也是要确保个人信息处理活动不仅遵守法律、行政法规的规定，而且不得违背伦理道德，损害公共利益。个人信息处理者尤其是网络科技公司，在网络科技的发展和运用过程中，往往一味追求所谓的科技创新与经济效益，而不重视甚至完全忽视科技伦理的问题。他们忘记了科技发展无论如何都不能损害人类的生存条件和生命健康等基本权利，科技的发展是要保障人类的切身利益，实现人类社会的可持续发展。因此，需要一个专门的机构来审查网络科技公司等个人信息处理者在研发和应用人脸识别、人工智能等新技术和新应用方面的科技伦理问题，防止因为应用这些技术而侵害个人的权利和自由。故此，该机构应当主要由外部成员组成，三分之二以上的成员不能是该处理者（及其关联单位）的员工，也与该处理者不存在法律或经济上的利害关系（如不是该处理者的股东或者与其存在财务咨询、法律服务等关系）。

所谓外部成员仅限于**自然人**，不应当包括法人或者非法人组织。这些成员的专业背景应当包括网络科技、法律、哲学、社会学、伦理学等。他们应当是独立工作的，任务是对**个人信息保护情况**进行监督。所谓对个人信息保护情况进行监督，意味着该独立机构并非对个人信息处理活动进行监督，因为个人信息处理活动的范围非常广泛，里面涉及商业秘密、知识产权保护等。在《个人信息保护法》的起草过程中，有观点认为，《草案二审稿》第56条规定的是对个人信息处理情况进行监督，这样容易泄露商业秘密，损害企业的合法权益。应当说，这一观点是有道理的，毕竟成立独立的机构的目的就是更好地保护个人信息，所以只需要对个人信息保护情况进行监督即可。故此，本条进行了修改。

（三）遵循公开、公平、公正的原则，制定平台规则，明确平台内产品或者服务提供者处理个人信息的规范和保护个人信息的义务

作为提供重要互联网平台服务、用户数量巨大、业务类型复杂的个人信息处理者，其在提供平台服务时，就必须通过服务协议、平台规则等来明确不同主体之间的权利义务关系。尤其是平台规则，其是用来明确平台内产品或者服务提供者与购买产品或者接受服务的消费者如何在平台内开展活动的规则。例如，在电子商务平台中所谓的平台规则，也被称为交易规则，主要涉及合同如何订立、合同主要权利义务的分配、保障合同履行的机制与方法、纠纷解决程序与途径等。平台规则相当于网络平台内的法律规则，具有民间软法的特征。诚如学者所言，

虽然平台规则还没有达到多元权益保护和平衡的应有程度，但是它们毕竟不是旨在追求既定的、严格的规制秩序，而是意在寻求交易中各自的自由空间、权利边界以及多方利益的和谐共享，因此，这种平台规则也就具有了国家“硬法”所难以达到的秩序构建的效果，并为社会治理法治化奠定了基础和提供了新的动力。①

《电子商务法》第 32 条规定：“电子商务平台经营者应当遵循公开、公平、公正的原则，制定平台服务协议和交易规则，明确进入和退出平台、商品和服务质量保障、消费者权益保护、个人信息保护等方面的权利和义务。”本条则进一步明确，提供重要互联网平台服务、用户数量巨大、业务类型复杂的个人信息处理者应当遵循公开、公平、公正的原则制定平台规则，明确平台内产品或者服务提供者处理个人信息的规范和保护个人信息的义务。这就意味着，一方面，互联网平台的提供者必须遵循公开、公平、公正的原则，来制定平台规则，用来具体落实法律法规关于平台提供者、平台内的经营者和消费者的相关权利和义务的规定。当然，不同平台的市场生态也是不同的，故此，平台规则也会包含不少平台的提供者基于平台市场生态的独特性而制定符合自身发展需要的法律法规以外的规则。但无论如何，这些规则都必须符合公开、公平、公正的原则。另一方面，在平台规则中必须明确平台内产品或者服务提供者处理个人信息的规范和保护个人信息的义务，通过这种规范既可以为平台内产品或者服务提供者合法处理个人信息提供遵循或指南，也可以形成对这些产品或服务提供者的具体约束机制。

(四) 对严重违反法律、行政法规处理个人信息的平台内的产品或者服务提供者，停止提供服务

关于本项规定，曾经存在争论。有观点认为，对于严重违反法律、行政法规处理个人信息的平台内的产品或者服务提供者，平台是否有权自行决定停止提供服务，还是必须根据履行个人信息保护职责的部门或者人民法院的要求停止服务，需要研究。从本条规定来看，显然并没有将履行个人信息保护职责的部门的要求或者人民法院发布的命令作为停止提供服务的前提，这是因为：停止提供服务是以平台内的产品或者服务提供者“严重违反法律、行政法规处理个人信息”为要件的，而我国一些法律、行政法规已经明确规定了网络运营者等主体在发现

① 马长山：《互联网+时代“软法之治”的问题与对策》，载《现代法学》2016 年第 5 期。

严重违法行为时，应当停止提供服务，无须主管部门的命令。例如，《全国人民代表大会常务委员会关于加强网络信息保护的决定》第 5 条规定："网络服务提供者应当加强对其用户发布的信息的管理，发现法律、法规禁止发布或者传输的信息的，应当立即停止传输该信息，采取消除等处置措施，保存有关记录，并向有关主管部门报告。"《网络安全法》第 47 条规定："网络运营者应当加强对其用户发布的信息的管理，发现法律、行政法规禁止发布或者传输的信息的，应当立即停止传输该信息，采取消除等处置措施，防止信息扩散，保存有关记录，并向有关主管部门报告。"第 48 条规定："任何个人和组织发送的电子信息、提供的应用软件，不得设置恶意程序，不得含有法律、行政法规禁止发布或者传输的信息。电子信息发送服务提供者和应用软件下载服务提供者，应当履行安全管理义务，知道其用户有前款规定行为的，应当停止提供服务，采取消除等处置措施，保存有关记录，并向有关主管部门报告。"再如，《民法典》第 1197 条规定，网络服务提供者知道或者应当知道网络用户利用其网络服务侵害他人民事权益，未采取必要措施的，与该网络用户承担连带责任。这就是说，网络服务提供者只要知道或者应当知道网络用户利用其网络服务侵害他人民事权益如个人信息权益的，就应当立即采取删除、屏蔽、断开链接等必要措施。此外，行政法规中也有相应的规定。例如，国务院颁布的《互联网信息服务管理办法》第 16 条规定："互联网信息服务提供者发现其网站传输的信息明显属于本办法第十五条所列内容之一的，应当立即停止传输，保存有关记录，并向国家有关机关报告。"

需要注意的是，本项义务并不是要求特殊的个人信息处理者对于其提供的互联网平台服务中的产品或者服务的提供者的个人信息合规情况展开审核，① 这显然是难以做到的，也是不现实的。本项规定只是要求特殊的个人信息处理者对严重违反法律、行政法规处理个人信息的平台内的产品或者服务提供者立即采取停止提供服务的措施。所谓停止提供服务的含义非常广泛，既包括删除、屏蔽、断开链接等有针对性的措施，也包括禁止下载、将 App 从应用商店下架等。当然，具体采取何种措施需要依据法律、行政法规的规定，采取符合比例原则的方式实施。

---

① 有学者曾存在这一疑虑。参见刘晓春：《个人信息保护"守门人"制度可能被滥用，如何防止?》，载《财经杂志 - 财经 E 法》https://baijiahao.baidu.com/s?id=1705612883176705592&wfr=spider&for=pc.

（五）定期发布个人信息保护社会责任报告，接受社会监督

本项要求特殊的个人信息处理者定期发布个人信息保护社会责任报告。所谓个人信息保护社会责任是指，提供重要互联网平台服务、用户数量巨大、业务类型复杂的个人信息处理者在个人信息处理活动中，对于个人信息被其处理的个人、平台内产品或者服务的提供者、政府、社会等利益相关者所承担的责任和义务，包括法律的、经济的和道德的社会责任。个人信息保护社会责任报告的内容包括：特殊的个人信息处理者自身在个人信息处理活动中如何依据法律法规的规定保护个人信息安全，维护个人信息权益的所作所为，是否明确了在其提供的网络平台内提供产品或服务的经营者的个人信息处理的规范和个人信息保护的义务，以及在发现严重违反法律、行政法规处理个人信息的平台内的产品或者服务提供者时是否履行法律规定的义务，个人信息处理者在新技术和新应用方面是否符合科技伦理的要求等情况。所谓定期发布的期间以及发布的方式，可以由国家网信部门作出具体的规定。当然，此种报告应当公开，否则谈不上接受社会监督。

◆ 相关规定

《电子商务法》第 32 条；《网络安全法》第 47 条、第 48 条；《民法典》第 1197 条；《全国人民代表大会常务委员会关于加强网络信息保护的决定》第 5 条；《互联网信息服务管理办法》第 16 条

第五十九条 【委托处理中受托人的义务】

接受委托处理个人信息的受托人，应当依照本法和有关法律、行政法规的规定，采取必要措施保障所处理的个人信息的安全，并协助个人信息处理者履行本法规定的义务。

◆ 条文要旨

本条是对委托处理中受托人的义务的规定。

◆ 理解与适用

一、规范目的

《个人信息保护法》没有如同欧盟《一般数据保护条例》那样区分控制者与处理者，而是统一使用了**“个人信息处理者”**的概念。所谓个人信息处理者，就是指在个人信息处理活动中自主决定处理目的、处理方式的组织、个人（《个人信息保护法》第73条第1项）。在委托处理的情形中，依据《个人信息保护法》第21条第1款，如果个人信息处理者委托处理个人信息，那么作为委托人的个人信息处理者应当与受托人约定委托处理的目的、期限、处理方式、个人信息的种类、保护措施以及双方的权利和义务等，并对受托人的个人信息处理活动进行监督。就个人信息处理者负有的义务，《个人信息保护法》第5章作出了详细的规定。但是，在个人信息的委托处理中，受托人不是个人信息的处理者，因为受托人不是自主决定处理目的和处理方式的组织或个人，而是按照委托人所委托的处理目的和处理方式，进行处理。因此，受托人不可能如同个人信息处理者那样负有义务。为了明确个人信息委托处理中受托人所负有的义务，本条作出了相应的规定。

依据《个人信息保护法》第59条，接受委托处理个人信息的受托人所负有的义务分为两大类：一是个人信息安全义务，即依据《个人信息保护法》和有关法律、行政法规的规定，采取必要措施保障所处理的个人信息的安全；二是协助个人信息处理者的义务，即协助个人信息处理者履行《个人信息保护法》所规定的义务。

二、保障所处理的个人信息安全的义务

依据《个人信息保护法》本条之规定，接受委托处理个人信息的受托人应当依照《个人信息保护法》和有关法律、行政法规的规定，采取必要措施保障所处理的个人信息的安全。

（一）《个人信息保护法》的规定

1.《个人信息保护法》第51条规定的义务，即个人信息委托处理中的受托人应当根据个人信息的处理目的、处理方式、个人信息的种类以及对个人权益的影响、可能存在的安全风险等，采取措施防止未经授权的访问以及个人信息泄露、篡改、丢失，具体的措施包括：（1）制定内部管理制度和操作规程；

（2）对个人信息实行分类管理；（3）采取相应的加密、去标识化等安全技术措施；（4）合理确定个人信息处理的操作权限，并定期对从业人员进行安全教育和培训；（5）制订并组织实施个人信息安全事件应急预案；（6）法律、行政法规规定的其他措施。

2.《个人信息保护法》第52条和第53条规定的义务。这两条所规定的义务也是以保护个人信息的安全作为主要目的的。故此，受托人所处理的个人信息达到国家网信部门规定数量的，受托人也应当指定个人信息保护负责人；如果是在我国境外受委托处理我国境内自然人的个人信息的组织或个人，因为其处理行为应当适用《个人信息保护法》的规定，故此，受托人应当在我国境内设立专门机构或指定代表。在这一点上，欧盟《一般数据保护条例》也有明确的规定。依据该条例第37条，无论是数据的控制者还是处理者，在法定的情形下都负有任命数据保护官的义务。

（二）有关法律、行政法规的规定

所谓有关法律、行政法规的规定，是指《网络安全法》《数据安全法》《电子商务法》等法律以及行政法规中关于采取必要措施保障个人信息的安全的规定。例如，《数据安全法》第27条规定："开展数据处理活动应当依照法律、法规的规定，建立健全全流程数据安全管理制度，组织开展数据安全教育培训，采取相应的技术措施和其他必要措施，保障数据安全。利用互联网等信息网络开展数据处理活动，应当在网络安全等级保护制度的基础上，履行上述数据安全保护义务。重要数据的处理者应当明确数据安全负责人和管理机构，落实数据安全保护责任。"《网络安全法》第21条规定："国家实行网络安全等级保护制度。网络运营者应当按照网络安全等级保护制度的要求，履行下列安全保护义务，保障网络免受干扰、破坏或者未经授权的访问，防止网络数据泄露或者被窃取、篡改：（一）制定内部安全管理制度和操作规程，确定网络安全负责人，落实网络安全保护责任；（二）采取防范计算机病毒和网络攻击、网络侵入等危害网络安全行为的技术措施；（三）采取监测、记录网络运行状态、网络安全事件的技术措施，并按照规定留存相关的网络日志不少于六个月；（四）采取数据分类、重要数据备份和加密等措施；（五）法律、行政法规规定的其他义务。"《计算机信息系统安全保护条例》第9条规定："计算机信息系统实行安全等级保护。安全等级的划分标准和安全等级保护的具体办法，由公安部会同有关部门制定。"

三、协助个人信息处理者的义务

委托处理中，受托人的另一项义务就是协助个人信息处理者，但是，受托人并非协助个人信息处理者履行所有的法律、行政法规规定的义务，而只是协助其履行“本法”即《个人信息保护法》规定的义务。具体而言，受托人需要协助个人信息处理者协助履行的《个人信息保护法》的义务包括以下几项：

（一）协助个人信息处理者履行合规审计义务

委托处理中的受托人不负担《个人信息保护法》第 54 条的合规审计义务，该义务只由个人信息处理者负担，因为委托处理个人信息本身就是个人信息处理活动的一种，个人信息处理者依据《个人信息保护法》第 54 条定期对其个人信息处理活动进行合规审计，当然就包括对委托处理个人信息进行合规审计。受托人是依据其与委托人之间的委托合同而进行的个人信息处理，故此，只需要由委托人进行合规审计，而受托人协助即可。

（二）协助个人信息处理者进行个人信息保护影响评估和个人信息处理情况的记录

委托处理中的受托人不负担《个人信息保护法》第 55 条和第 56 条规定的个人信息保护影响评估和个人处理记录的义务。这是因为，依据《个人信息保护法》第 55 条第 3 项之规定，委托处理个人信息本身就属于个人信息处理者在委托处理之前就要进行个人信息保护影响评估的情形，并要求个人信息处理者对处理情况进行记录。因此，在委托处理中，只有委托人负有个人信息保护影响评估以及处理记录的义务，受托人并无该义务，其只需要协助委托人履行这两项义务即可。

（三）个人信息泄露、篡改、丢失时的协助义务

当受托人处理的个人信息发生或可能发生泄露、篡改、丢失时，受托人应当立即通知委托人，并按照与委托人的约定或者受委托人的指示而采取补救措施，至于依据《个人信息保护法》第 57 条通知履行个人信息保护职责的部门和个人的义务，应当由委托人履行，而受托人协助。因为在委托处理个人信息的情形下，只有委托人才是个人信息处理者，受托人并非个人信息处理者，故此不负有通知的义务。

◆ 相关规定

《网络安全法》第 21 条；《数据安全法》第 27 条；《计算机信息系统安全保护条例》第 9 条

第六章　履行个人信息保护职责的部门

◆ 本章概述

本章规定的是履行个人信息保护职责的部门以及各自的职责分工、有权采取的执法措施。在《个人信息保护法》起草过程中，就如何确定履行个人信息保护职责部门的问题，有不同的观点。一种观点认为，我国目前缺乏专门的、独立的个人信息保护机关，对于个人信息保护的监管职责基本上是按照个人信息所涉及的领域来划分的，即线下相关活动的监管部门是哪个机关，线上的监管部门也是哪个机关。这种九龙治水的局面，不利于强化对个人信息的保护，因此，设立专门的个人信息保护机构是很有必要的。如此方能使得个人信息保护机构的立法权、执法权、具体的处罚措施等加以统一，更好地维护个人信息权益，规范个人信息处理活动。① 另一种观点认为，考虑到个人信息的应用场景非常广泛，社会生产生活的方方面面都涉及个人信息的保护问题，因此，不同的行政机关在依法履行监管职责时势必要涉及各自领域中的个人信息保护和监管问题，显然不可能将所有领域的个人信息监管职责都统一到一个专门的机关或部门。况且，即便将所有的个人信息监管职责都统一到一个部门，其也缺乏足够的人力物力来履行这一职责。

考虑到我国现行法律所确立的监管体制与各部门的职责分工，《个人信息保护法》并未将所有领域的个人信息保护和监管职责统一到一个部门，而是规定国家网信部门负责统筹协调个人信息保护工作和相关监督管理工作。国务院有关部门依照本法和有关法律、行政法规的规定，在各自职责范围内负责个人信息保护

① 李慧琪：《民法典编纂专家程啸接受南都专访谈个人信息保护：保护个人信息的目的绝非单纯地管理，而是落实〈宪法〉，维护自然人人格尊严》，载《南方都市报》2020 年 5 月 20 日 GA07 版；周汉华：《未来个人信息保护机构设置要明确独立性》，2020 年 7 月 30 日，载 http：//fzzfyjy. cupl. edu. cn/info/1022/12106. htm。

和监督管理工作。同时，还明确了县级以上地方人民政府有关部门的个人信息保护和监督管理职责按照国家有关规定确定。上述所有负责个人信息保护和监督管理工作的部门被《个人信息保护法》统称为“履行个人信息保护职责的部门”。

第六十条 【履行个人信息保护职责的部门的界定与职责分工】

国家网信部门负责统筹协调个人信息保护工作和相关监督管理工作。国务院有关部门依照本法和有关法律、行政法规的规定，在各自职责范围内负责个人信息保护和监督管理工作。

县级以上地方人民政府有关部门的个人信息保护和监督管理职责，按照国家有关规定确定。

前两款规定的部门统称为履行个人信息保护职责的部门。

条文要旨

本条规定了履行个人信息保护职责的部门有哪些以及它们的职责分工。

理解与适用

一、履行个人信息保护职责的部门的含义

所谓“履行个人信息保护职责的部门”，[①] 是对那些依据法律、行政法规以及国家有关规定而负有个人信息保护和监督管理职责的国家机关的统称，既包括《个人信息保护法》第 60 条第 1 款规定的国家网信部门以及依照本法和有关法律、行政法规的规定，在各自职责范围内负责个人信息保护和监督管理工作的国务院有关部门，如国务院电信主管部门、公安部门等，也包括按照国家有关规定确定的县级以上地方人民政府中负责个人信息保护和监督管理职责的有关部门。由此可见，我国履行个人信息保护职责的部门呈现条块分割的特点，包括很多部门，这样就不可避免地会出现职责的交叉重叠，从而在个人信息保护中产生推诿扯皮的

① 在《个人信息保护法》的起草过程中，有观点认为，应当将“履行个人信息保护职责的部门”改为“个人信息处理监管机构”。

现象。有鉴于此，国家网信部门虽然并非我国唯一的个人信息保护机构，但兼具协调与监管的职能，一方面，其负责统筹协调个人信息保护工作（具体内容由《个人信息保护法》第62条作出了明确）；另一方面，又要负责相关的个人信息保护和监督管理工作（由《个人信息保护法》和其他法律以及行政法规加以规定）。

二、国家网信部门负责统筹协调个人信息保护工作和相关监督管理工作

国家网信部门就是指**国家互联网信息办公室**。2011年5月4日，经中华人民共和国国务院批准，决定设立国家互联网信息办公室（简称国家网信办），将原由中华人民共和国工业和信息化部承担的信息化推进和网络信息安全协调职责划入该办。① 国家互联网信息办公室不另设新的机构，在国务院新闻办公室加挂国家互联网信息办公室牌子。2013年11月12日，中国共产党第十八届中央委员会第三次全体会议通过《中共中央关于全面深化改革若干重大问题的决定》，该决定指出："坚持积极利用、科学发展、依法管理、确保安全的方针，加大依法管理网络力度，加快完善互联网管理领导体制，确保国家网络和信息安全。"2014年2月，中央网络安全和信息化领导小组成立，领导小组将着眼于国家安全和长远发展，统筹协调涉及经济、政治、文化、社会及军事等各个领域的网络安全和信息化重大问题，研究制定网络安全和信息化发展战略、宏观规划和重大政策，推动国家安全和信息化法治建设，不断增强安全保障能力。同时，成立了领导小组办事机构即中央网络安全和信息化领导小组办公室，由国家互联网信息办公室承担具体职责。2014年8月26日《国务院关于授权国家互联网信息办公室负责互联网信息内容管理工作的通知》（国发〔2014〕33号）规定："为促进互联网信息服务健康有序发展，保护公民、法人和其他组织的合法权益，维护国家安全和公共利益，授权重新组建的国家互联网信息办公室负责全国互联网信息内容管理工作，并负责监督管理执法。"2018年3月，中共中央印发了《深化党和国家机构改革方案》，该方案将中央网络安全和信息化领导小组改为中央网络安全和信息化委员会，负责相关领域重大工作的顶层设计、总体布局、统筹协调、整体推进、督促落实。同月，国务院下发的《国务院关于机构设置的通知》（国发〔2018〕6号）规定：**国家互联网信息办公室与中央网络安全和信息化委员会办**

---

① 《国家互联网信息办公室设立》，载《光明日报》2011年12月22日。

公室，一个机构两块牌子，列入中共中央直属机构序列。

依据《个人信息保护法》第60条第1款第1句的规定，国家网信部门负责统筹协调个人信息保护工作和相关监督管理工作。此外，《网络安全法》第8条第1款第1句规定，国家网信部门负责统筹协调网络安全工作和相关监督管理工作。《数据安全法》第6条第4款规定："国家网信部门依照本法和有关法律、行政法规的规定，负责统筹协调网络数据安全和相关监管工作。"大致来说，国家互联网信息办公室的职责范围包括以下两个领域：

1. 国家互联网信息办公室负责统筹协调网络安全工作和相关监督管理工作，其中最具特殊性的是国家互联网信息办公室负责网络安全的监测预警与应急处置以及制定和公布网络关键设备和网络安全专用产品目录。

2. 国家互联网信息办公室负责全国互联网信息内容管理工作，具体而言：首先，国家互联网信息办公室负责网络信息服务的"监督管理执法工作"。所谓网络信息服务包括区块链信息服务、新闻信息服务、公众账号信息服务、互联网群组信息服务、互联网论坛社区服务、互联网直播服务、移动互联网应用程序信息服务、互联网信息搜索服务、互联网用户账号名称的注册与使用等。其次，国家互联网信息办公室承担"统筹协调指导"工作领域：即时通信工具公众信息服务发展管理工作。最后，国家互联网信息办公室与其他主管部门共同负责的互联网信息监管包括：互联网危险物品信息发布；制定与公布网络关键设备和网络安全专用产品目录，并推动安全认证和安全检测结果互认，避免重复认证、检测。

三、国务院有关部门依法履行个人信息保护和监管工作

《个人信息保护法》第60条第1款第2句规定，国务院有关部门依照本法和有关法律、行政法规的规定，在各自职责范围内负责个人信息保护和监督管理工作。目前，依据我国法律、行政法规的规定，在各自职责范围内负责个人信息保护和监督管理工作的国务院有关部门包括以下部门：

1. 国务院电信主管部门。《网络安全法》第8条第1款第2句规定，国务院电信主管部门、公安部门和其他有关机关依照本法和有关法律、行政法规的规定，在各自职责范围内负责网络安全保护和监督管理工作。《数据安全法》第6条第2款规定，工业、电信、交通、金融、自然资源、卫生健康、教育、科技等主管部门承担本行业、本领域数据安全监管职责。《电信条例》第3条第1款规定，国务院信息产业主管部门依照本条例的规定对全国电信业实施监督管理。目前国务院电信主管部门就是指工业和信息化部。2008 年 6 月 29 日，信息产业部更名为工业和信息化部。在原有信息产业部相关职能的基础上，新成立的工业和信息化部整合了原属于国家发改委的工业行业管理和信息化有关职责，具体包括工业发展战略，工业行业规划和产业政策，工业行业技术法规和行业标准，工业、通信业和信息化固定资产投资项目，工业日常运行监测，中小企业指导和扶持，国家烟草专卖局等；整合了原国防科学技术工业委员会除核电管理外的职责，其中组织协调武器装备科研生产的重大事项，保障军工核心能力建设等职责划给国家国防科学技术工业局；整合了原“信息产业部”的职责，其中军工电子管理职能划给国家国防科技工业局，邮政管理职能划给国家邮政局，国家邮政局改由交通运输部管理；此外，新成立的工业和信息化部还整合了原国务院信息化工作办公室的职责。

在 2015 年新一轮的职责和机构调整中，依据《中央编办关于工业和信息化部有关职责和机构调整的通知》（中央编办发〔2015〕17 号）的规定：将信息化推进、网络信息安全协调等职责划给中央网络安全和信息化领导小组办公室（简称国家互联网信息办公室）。调整后，工业和信息化部负责网络强国建设相关工作，推动实施宽带发展；负责互联网行业管理（含移动互联网）；协调电信网、互联网、专用通信网的建设，促进网络资源共建共享；组织开展新技术、新业务安全评估，加强信息通信业准入管理，拟订相关政策并组织实施；指导电信和互联网相关行业自律和相关行业组织发展。负责电信网、互联网网络与信息安全技术平台的建设和使用管理；负责信息通信领域网络与信息安全保障体系建设；拟订电信网、互联网及工业控制系统网络与信息安全规划、政策、标准并组织实施，加强电信网、互联网及工业控制系统网络安全审查；拟订电信网、互联网数据安全管理政策、规范、标准并组织实施；负责网络安全防护、应急管理和处置。加强和改善工业和通信业行业管理，充分发挥市场机制配置资源的决定性作用，强化工业和通信业发展战略规划、政策标准的引导和约束作用。根据职责分工拟订推动传统产业技术改造相关政策并组织实施。加强对促进中小企业发展的宏观指导和综合协调。加快推进信息化和工业化融合发展，大力促进电信、广播电视和计算机网络融合，着力推动军民融合深度发展，寓军于民，促进工业由大变强。

2. 国务院公安部门，即公安部。《网络安全法》第 8 条第 1 款第 2 句规定，国务院电信主管部门、公安部门和其他有关机关依照本法和有关法律、行政法规的规定，在各自职责范围内负责网络安全保护和监督管理工作。《数据安全法》第 6 条第 3 款规定，公安机关、国家安全机关等依照本法和有关法律、行政法规的规定，在各自职责范围内承担数据安全监管职责。《计算机信息系统安全保护条例》第 6 条第 1 款规定，公安部主管全国计算机信息系统安全保护工作。依据该条例第 2 条的规定，所谓计算机信息系统是指由计算机及其相关的和配套的设备、设施（含网络）构成的，按照一定的应用目标和规则对信息进行采集、加工、存储、传输、检索等处理的人机系统，计算机信息系统的范围较为宽泛，既包括了硬件、软件设施，也包括由计算机组成的网络。

3. 国务院其他有关部门，包括市场、交通、金融、自然资源、卫生健康、教育、科技等领域的国务院主管部门，如国家市场监督管理总局、交通运输部、中国银行保险监督管理委员会、中国证券监督管理委员会、中国人民银行、自然资源部、国家卫生健康委员会、教育部、科技部、自然资源部、住房和城乡建设部等部委。这些国务院其他有关部门依照法律、行政法规的规定以及国家有关规定履行个人信息保护和监督管理的职责。例如，《网络安全法》第 8 条第 1 款第 2 句规定，国务院电信主管部门、公安部门和其他有关机关依照本法和有关法律、行政法规的规定，在各自职责范围内负责网络安全保护和监督管理工作。《数据安全法》第 6 条第 2 款规定，工业、电信、交通、金融、自然资源、卫生健康、教育、科技等主管部门承担本行业、本领域数据安全监管职责。《电子商务法》第 6 条第 1 句规定，国务院有关部门按照职责分工负责电子商务发展促进、监督管理等工作。

四、县级以上地方人民政府有关部门按照国家规定确定个人信息保护和监督管理职责

依据《个人信息保护法》第 60 条第 2 款的规定，县级以上地方人民政府有关部门的个人信息保护和监督管理职责，按照国家有关规定确定。在起草《个人信息保护法》时，对于这一规定存在争议。一种观点认为，现代信息网络社会已经打破了传统的地域以及国家之间的疆界，在一国内对个人信息的保护尤其是对网络个人信息的保护应当是统一的，而不是分地域、分级别的，如果规定县级地

方人民政府有关部门就可以进行个人信息保护和监督管理，很容易出现地方保护主义以及执法的不统一，不利于促进网络科技与数字经济的发展。因此，只需要设置国家和省两个个人信息保护机构的层级即可。故此，应当规定省级以上地方人民政府有关部门的个人信息保护和监督管理职责按照国家有关规定确定。

另一种观点认为，由于个人信息处理者数量庞大，因此个人信息保护和监督管理的任务非常繁重，如果仅仅设置国家和省两级监管体制，难以应付大量的管理任务，但是，如果设置过多的层级，又难以解决地方政府对于行政执法的影响。故此，应当设立国家、省、地市级三级纵向管理架构。①

最后，《个人信息保护法》本条第 2 款没有直接规定究竟是采取三级还是两级监管体制，而是规定，县级以上地方人民政府有关部门的个人信息保护和监督管理职责，按照国家有关规定确定。这主要是考虑到地方各级人民政府的机构设置与中央人民政府有所不同，因此各地存在差异，此外，个人信息保护和监督管理的工作涉及的领域极为广泛且相当复杂，故此，既不适合由《个人信息保护法》直接规定，也不能任意由地方政府确定，而应当由国家有关规定加以确定。② 所谓国家有关规定，既包括法律、行政法规、部委规章，也包括国家有关主管部门的规范性文件。例如，国务院颁布的《电信条例》第 3 条第 2 款规定："省、自治区、直辖市电信管理机构在国务院信息产业主管部门的领导下，依照本条例的规定对本行政区域内的电信业实施监督管理。"《征信业管理条例》第 4 条规定："中国人民银行（以下称国务院征信业监督管理部门）及其派出机构依法对征信业进行监督管理。县级以上地方人民政府和国务院有关部门依法推进本地区、本行业的社会信用体系建设，培育征信市场，推动征信业发展。"再如，工业和信息化部发布的《电信和互联网用户个人信息保护规定》第 3 条规定："工业和信息化部和各省、自治区、直辖市通信管理局（以下统称电信管理机构）依法对电信和互联网用户个人信息保护工作实施监督管理。"《中国人民银行金融

---

① 周汉华：《未来个人信息保护机构设置要明确独立性》，2020 年 7 月 30 日，载 http://fzzfyjy.cupl.edu.cn/info/1022/12106.htm。

② 《个人信息保护法》这一规定的考虑与《网络安全法》第 8 条第 2 款规定的考虑相同。《网络安全法》第 8 条第 2 款规定："县级以上地方人民政府有关部门的网络安全保护和监督管理职责，按照国家有关规定确定。"对该款的立法本意的解读，参见杨合庆主编：《中华人民共和国网络安全法解读》，中国法制出版社 2017 年版，第 23 页。

消费者权益保护实施办法》第 5 条第 1 款规定："中国人民银行及其分支机构坚持公平、公正原则，依法开展职责范围内的金融消费者权益保护工作，依法保护金融消费者合法权益。"

◆ 相关规定

《网络安全法》第 8 条；《数据安全法》第 6 条；《电子商务法》第 6 条；《电信条例》第 3 条；《计算机信息系统安全保护条例》第 6 条；《征信业管理条例》第 4 条；《电信和互联网用户个人信息保护规定》第 3 条；《中国人民银行金融消费者权益保护实施办法》第 5 条

第六十一条　【履行个人信息保护职责的部门应当履行的职责】

履行个人信息保护职责的部门履行下列个人信息保护职责：

（一）开展个人信息保护宣传教育，指导、监督个人信息处理者开展个人信息保护工作；

（二）接受、处理与个人信息保护有关的投诉、举报；

（三）组织对应用程序等个人信息保护情况进行测评，并公布测评结果；

（四）调查、处理违法个人信息处理活动；

（五）法律、行政法规规定的其他职责。

◆ 条文要旨

本条是对履行个人信息保护职责的部门应当履行的职责的规定。

◆ 理解与适用

一、规范目的

《个人信息保护法》第 61 条是对所有的履行个人信息保护职责的部门应当履

行的个人信息保护职责的**概括性规定**，换言之，无论是中央层面的还是地方层面的履行个人信息保护职责的部门，无论是国家网信部门还是国务院电信主管部门、公安部门等其他部门，都应当履行本条所规定的个人信息保护职责，至于这些个人信息保护职责的具体内容和适用的领域，当然交由法律、行政法规以及国家有关规定加以具体的明确。

二、个人信息保护职责的具体内容

（一）开展个人信息保护宣传教育，指导、监督个人信息处理者开展个人信息保护工作

履行个人信息保护职责的部门依据各自的职责分工，应当开展个人信息保护的宣传教育，指导、监督个人信息处理者开展个人信息保护工作。例如，依据《征信业管理条例》，中国人民银行及其派出机构应当开展征信领域的个人信息保护的宣传教育，指导和监督征信机构开展对个人信用信息的保护工作。依据《未成年人保护法》的规定，网信部门及其他有关部门应当开展对未成年人个人信息保护的宣传教育，网信部门应当指导、监督网络游戏、网络直播、网络音视频、网络社交等网络服务提供者开展未成年人个人信息保护工作。《网络安全法》第19条第1款规定："各级人民政府及其有关部门应当组织开展经常性的网络安全宣传教育，并指导、督促有关单位做好网络安全宣传教育工作。"

（二）接受、处理与个人信息保护有关的投诉、举报

履行个人信息保护职责的部门应当依法接受、处理与个人信息保护有关的投诉、举报。所谓与个人信息保护有关的投诉、举报，包括：（1）个人在向个人信息处理者行使个人在个人信息处理活动中的权利如查阅复制权、可携带权、更正补充权、删除权、解释说明权等时，个人信息处理者无正当理由而不予受理或无正当理由拒绝个人行使权利，个人向履行个人信息保护职责的部门进行投诉。（2）个人发现个人信息处理者处理其个人信息时存在违反法律、行政法规的行为，如未经告知同意而收集个人信息、违反约定的处理目的或处理方式处理个人信息、非法买卖个人信息、存在个人信息泄露未立即采取补救措施或者未通知个人等，从而向履行个人信息保护职责的部门进行举报。（3）其他个人或者任何组织发现的非法个人信息处理活动，无论处理的个人信息是否是举报人的个人信息。

《个人信息保护法》第65条规定，任何组织、个人有权对违法个人信息处理

活动向履行个人信息保护职责的部门进行投诉、举报。收到投诉、举报的部门应当依法及时处理，并将处理结果告知投诉、举报人。履行个人信息保护职责的部门应当公布接受投诉、举报的联系方式。此外，不少法律、行政法规等都明确规定了履行个人信息保护职责的部门应当在其职责范围内接受、处理与个人信息保护有关的投诉、举报。例如，《网络安全法》第14条第1款规定："任何个人和组织有权对危害网络安全的行为向网信、电信、公安等部门举报。收到举报的部门应当及时依法作出处理；不属于本部门职责的，应当及时移送有权处理的部门。"《数据安全法》第12条规定："任何个人、组织都有权对违反本法规定的行为向有关主管部门投诉、举报。收到投诉、举报的部门应当及时依法处理。有关主管部门应当对投诉、举报人的相关信息予以保密，保护投诉、举报人的合法权益。"《未成年人保护法》第79条规定："任何组织或者个人发现网络产品、服务含有危害未成年人身心健康的信息，有权向网络产品和服务提供者或者网信、公安等部门投诉、举报。"再如，《征信业管理条例》第26条第1款、第2款规定："信息主体认为征信机构或者信息提供者、信息使用者侵害其合法权益的，可以向所在地的国务院征信业监督管理部门派出机构投诉。受理投诉的机构应当及时进行核查和处理，自受理之日起30日内书面答复投诉人。"

（三）组织对应用程序等个人信息保护情况进行测评并公布测评结果

所谓组织对应用程序等个人信息保护情况进行测评，就是组织对App在处理个人信息时的个人信息保护情形进行检测与评估。实践中，广大人民群众反映最为强烈的是互联网应用程序即App侵害个人信息的现象，如非法获取、超范围收集、过度索权等，2019年1月23日中央网信办等四部门联合发布《中央网信办、工业和信息化部、公安部、市场监管总局关于开展App违法违规收集使用个人信息专项治理的公告》，该公告第2条规定，全国信息安全标准化技术委员会、中国消费者协会、中国互联网协会、中国网络空间安全协会，依据法律法规和国家相关标准，编制大众化应用基本业务功能及必要信息规范、App违法违规收集使用个人信息治理评估要点，组织相关专业机构，对用户数量大、与民众生活密切相关的App隐私政策和个人信息收集使用情况进行评估。近两年来，国家互联网信息办公室依据《网络安全法》《App违法违规收集使用个人信息行为认定方法》《常见类型移动互联网应用程序必要个人信息范围规定》等法律和有关规定，多次组织对各类常见的App的个人信息收集使用情况进行了检测，并将测评结果向社会加以公布，取得了良好的效果。但是，考虑到App的数量众多，仅仅是国家网信办显然无法对数量如此巨大的App都进行检测，故此，本项明确将“组织对应用程序等个人信息保护情况进行测评，并公布测评结果”作为履行个人信息保护职责的部门的一项个人信息保护职责加以规定。

（四）调查、处理违法个人信息处理活动

履行个人信息保护职责的部门在其职责范围内应当调查、处理违法个人信息处理活动，否则就属于行政不作为，应当承担相应的责任。例如，《电子商务法》第79条规定：“电子商务经营者违反法律、行政法规有关个人信息保护的规定，或者不履行本法第三十条和有关法律、行政法规规定的网络安全保障义务的，依照《中华人民共和国网络安全法》等法律、行政法规的规定处罚。”《网络安全法》第64条规定：“网络运营者、网络产品或者服务的提供者违反本法第二十二条第三款、第四十一条至第四十三条规定，侵害个人信息依法得到保护的权利的，由有关主管部门责令改正，可以根据情节单处或者并处警告、没收违法所得、处违法所得一倍以上十倍以下罚款，没有违法所得的，处一百万元以下罚款，对直接负责的主管人员和其他直接责任人员处一万元以上十万元以下罚款；情节严重的，并可以责令暂停相关业务、停业整顿、关闭网站、吊销相关业务许可证或者吊销营业执照。违反本法第四十四条规定，窃取或者以其他非法方式获取、非法出售或者非法向他人提供个人信息，尚不构成犯罪的，由公安机关没收违法所得，并处违法所得一倍以上十倍以下罚款，没有违法所得的，处一百万元以下罚款。”再如，《征信业管理条例》第42条规定：“信息使用者违反本条例规定，未按照与个人信息主体约定的用途使用个人信息或者未经个人信息主体同意向第三方提供个人信息，情节严重或者造成严重后果的，由国务院征信业监督管理部门或者其派出机构对单位处2万元以上20万元以下的罚款；对个人处1万元以上5万元以下的罚款；有违法所得的，没收违法所得。给信息主体造成损失的，依法承担民事责任；构成犯罪的，依法追究刑事责任。”

（五）法律、行政法规规定的其他职责

本项属于兜底性规定。对于不同的履行个人信息保护职责的部门，法律、行政法规规定了不同的职责，除了前述四项共通性的职责以外，还有其他关于职责的特别规定。

◆ 相关规定

《网络安全法》第 14 条、第 64 条；《数据安全法》第 12 条；《电子商务法》第 79 条；《未成年人保护法》第 79 条；《征信业管理条例》第 26 条、第 42 条

第六十二条 【国家网信部门统筹协调的个人信息保护工作】

国家网信部门统筹协调有关部门依据本法推进下列个人信息保护工作：

（一）制定个人信息保护具体规则、标准；

（二）针对小型个人信息处理者、处理敏感个人信息以及人脸识别、人工智能等新技术、新应用，制定专门的个人信息保护规则、标准；

（三）支持研究开发和推广应用安全、方便的电子身份认证技术，推进网络身份认证公共服务建设；

（四）推进个人信息保护社会化服务体系建设，支持有关机构开展个人信息保护评估、认证服务；

（五）完善个人信息保护投诉、举报工作机制。

◆ 条文要旨

本条规定的是国家网信部门统筹协调有关部门开展的个人信息保护工作的具体内容。

◆ 理解与适用

一、规范目的

依据我国《个人信息保护法》第 60 条第 1 款的规定，国家网信部门既负责相关的个人信息保护的监督管理工作，也负责统筹协调个人信息保护工作。本条

就是对国家网信部门承担的统筹协调工作的具体规定。

国家网信部门依据《个人信息保护法》负责统筹协调的是个人信息保护工作，具体包括以下工作内容：(1) 制定个人信息保护具体规则、标准；(2) 针对小型个人信息处理者、处理敏感个人信息以及人脸识别、人工智能等新技术、新应用，制定专门的个人信息保护规则、标准；(3) 支持研究开发和推广应用安全、方便的电子身份认证技术，推进网络身份认证公共服务建设；(4) 推进个人信息保护社会化服务体系建设，支持有关机构开展个人信息保护评估、认证服务；(5) 完善个人信息保护投诉、举报工作机制。

二、统筹协调个人信息保护工作的具体内容

(一) 制定个人信息保护具体规则、标准

个人信息保护的规范体系由宪法、法律、法规、规章以及具体规则、标准构成。我国已经有《宪法》《民法典》《个人信息保护法》《数据安全法》《电子商务法》《消费者权益保护法》《未成年人保护法》等法律，也有《征信业管理条例》《电信条例》《计算机信息系统安全保护条例》等行政法规，还有《电信和互联网用户个人信息保护规定》《儿童个人信息网络保护规定》《中国人民银行金融消费者权益保护实施办法》等部门规章，此外一些地方也制定了相应的地方性法规如《深圳经济特区数据条例》等。但是，个人信息保护还需要更多具体规则和标准，从而更好地规范个人信息处理活动，保护个人信息权益。故此，本法授权国家网信部门制定个人信息保护具体规则、标准，即国家网信部门可以依据法律、行政法规的规定作出更细致明确的规定。目前，国家网信部门指定的具体规则主要体现为规范性文件，如2021年3月12日国家互联网信息办公室秘书局、工业和信息化部办公厅、公安部办公厅、国家市场监督管理总局办公厅联合印发的《常见类型移动互联网应用程序必要个人信息范围规定》（国信办秘字〔2021〕14号）就对移动互联网应用程序（App）收集个人信息的行为进行了规范，明确了三十九类App的基本功能以及为实现这些基本功能而收集的必要个人信息的范围。此外，全国信息安全标准化技术委员会还发布了大量的个人信息保护方面的国家标准，如《信息安全技术 公共及商用服务信息系统个人信息保护指南》《信息安全技术 个人信息安全规范》《信息安全技术 移动智能终端个人信息保护技术要求》《信息安全技术 个人信息去标识化指南》《网络安全标准实践

指南—移动互联网应用程序（App）收集使用个人信息自评估指南》《网络安全实践指南—移动互联网应用基本业务功能必要信息规范》《网络安全标准实践指南—移动互联网应用程序（App）个人信息保护常见问题及处置指南》《网络安全标准实践指南—移动互联网应用程序（App）系统权限申请使用指南》《网络安全标准实践指南—移动互联网应用程序（App）使用软件开发工具包（SDK）安全指引》《移动终端权限申请目的说明实施指南》《个人金融信息保护技术规范》《电信和互联网服务 用户个人信息保护 定义及分类》等。

（二）针对小型个人信息处理者、处理敏感个人信息以及人脸识别、人工智能等新技术、新应用，制定专门的个人信息保护规则、标准

理论上，《个人信息保护法》第62条第1项规定的国家网信部门制定个人信息保护具体规则、标准就包括本项，但是，鉴于敏感个人信息的保护程度更高，保护力度更大，以及人脸识别、人工智能等新技术和新应用会给个人信息保护带来更多的风险与挑战，因此本条特别规定了国家网信部门要针对敏感个人信息以及人脸识别、人工智能等新技术、新应用，制定专门的个人信息保护规则、标准。例如，国家网信办会同发改委、工信部、公安部、交通部联合发布的《汽车数据安全管理若干规定（试行）》中，就对汽车数据处理者处理包括个人信息在内的汽车数据作出了专门的规定。再如，隶属于国家网信办的全国信息安全标准化技术委员会已经起草了《信息安全技术 基因识别数据安全要求》《信息安全技术 人脸识别数据安全要求》《信息安全技术 声纹识别数据安全要求》等多项针对敏感个人信息的保护标准，并面向公众征求意见。

需要注意的是，《个人信息保护法》在《草案二审稿》该条的基础上新增加了一个针对“小型个人信息处理者”制定专门的个人信息保护规则、标准的规定。所谓小型个人信息处理者主要是处理的个人信息数量较少且自身规模也很小的个人信息处理者，典型的就是小微企业，即小型企业和微型企业①，它们处理

① 《中小企业促进法》第2条规定：“本法所称中小企业，是指在中华人民共和国境内依法设立的，人员规模、经营规模相对较小的企业，包括中型企业、小型企业和微型企业。中型企业、小型企业和微型企业划分标准由国务院负责中小企业促进工作综合管理的部门会同国务院有关部门，根据企业从业人员、营业收入、资产总额等指标，结合行业特点制定，报国务院批准。”目前，认定中型、小型和微型企业的标准主要就是2011年6月18日《工业和信息化部、国家统计局、国家发展和改革委员会、财政部关于印发中小企业划型标准规定的通知》（工信部联企业〔2011〕300号）。

个人信息的活动不属于自然人因个人或家庭事务处理个人信息的活动，需要适用《个人信息保护法》。但是，它们处理的个人信息数量很小，处理活动也不频繁，如果一律适用《个人信息保护法》的规定，负担那么多的义务，则增加了小微企业的负担，不利于其发展。故此，《个人信息保护法》授权国家网信部门针对小型个人信息处理者制定专门的个人信息保护规则和标准，以做到既保护个人信息权益，又减轻小微企业的负担。

（三）支持研究开发和推广应用安全、方便的电子身份认证技术，推进网络身份认证公共服务建设

网络空间中用户的身份认证极为重要，无论是自然人行使其在个人信息处理活动中的权利，维护个人信息权益以及其他人身财产权益，抑或个人信息处理者确保其个人信息处理活动符合法律、行政法规的要求，还是国家有关主管部门查处个人信息违法犯罪活动，都涉及对于权利人或行为人的身份予以认证的问题，即确定某个自然人是否为信息主体、某个组织或个人是否为个人信息违法犯罪活动的行为人。要解决这一问题，首先就是要加强对网络用户身份的管理，我国自2012年《全国人大常委会关于加强网络信息保护的决定》实施以来，就开始加强网络身份的管理，该决定第6条明确规定："网络服务提供者为用户办理网站接入服务，办理固定电话、移动电话等入网手续，或者为用户提供信息发布服务，应当在与用户签订协议或者确认提供服务时，要求用户提供真实身份信息。"《反恐怖主义法》第21条规定："电信、互联网、金融、住宿、长途客运、机动车租赁等业务经营者、服务提供者，应当对客户身份进行查验。对身份不明或者拒绝身份查验的，不得提供服务。"《反洗钱法》第16条规定："金融机构应当按照规定建立客户身份识别制度。金融机构在与客户建立业务关系或者为客户提供规定金额以上的现金汇款、现钞兑换、票据兑付等一次性金融服务时，应当要求客户出示真实有效的身份证件或者其他身份证明文件，进行核对并登记。客户由他人代理办理业务的，金融机构应当同时对代理人和被代理人的身份证件或者其他身份证明文件进行核对并登记。与客户建立人身保险、信托等业务关系，合同的受益人不是客户本人的，金融机构还应当对受益人的身份证件或者其他身份证明文件进行核对并登记。金融机构不得为身份不明的客户提供服务或者与其进行交易，不得为客户开立匿名账户或者假名账户。金融机构对先前获得的客户身份

资料的真实性、有效性或者完整性有疑问的，应当重新识别客户身份。任何单位和个人在与金融机构建立业务关系或者要求金融机构为其提供一次性金融服务时，都应当提供真实有效的身份证件或者其他身份证明文件。”《网络安全法》第24条第1款规定：“网络运营者为用户办理网络接入、域名注册服务，办理固定电话、移动电话等入网手续，或者为用户提供信息发布、即时通讯等服务，在与用户签订协议或者确认提供服务时，应当要求用户提供真实身份信息。用户不提供真实身份信息的，网络运营者不得为其提供相关服务。”此外，工业和信息化部还制定了《电话用户真实身份信息登记规定》、国家网信办制定了《互联网用户账户名称管理规定》，规定在电信用户入网环节和互联网应用环节实行用户实名登记管理。

计算机网络以及计算机系统是虚拟的数字世界，包括用户身份信息在内的一切信息都由一组特定的数据来表示，计算机只能识别用户的电子身份，信息系统和网络中对使用者的所有授权也只能是针对使用者电子身份的授权。故此，电子身份认证技术至关重要。所谓电子身份认证技术，简单地说，就是指计算机及网络系统确认操作者的身份并实施访问控制所采用的技术手段。目前，主要有三种电子身份认证技术：其一，**基于口令的电子身份认证技术**，即利用“用户所知道”的某种东西来进行验证的方式，主要有传统的用户名/口令认证技术和动态口令身份认证技术。其二，**基于物理证件的电子身份认证技术**，即利用“用户所拥有”的某种东西进行认证的方式，主要有IC卡认证技术和目前流行的USBKey认证技术等。其三，**基于生物特征的电子身份认证技术**，就是通过自然人的人体生物特征来验证使用者身份的技术，如虹膜识别、指纹识别以及人脸识别等。[①] 当今世界各国都高度重视身份管理体系和更安全可靠的电子身份认证技术的发展，我国也不例外。《网络安全法》第24条第2款就明确规定：“国家实施网络可信身份战略，支持研究开发安全、方便的电子身份认证技术，推动不同电子身份认证之间的互认。”鉴于电子身份认证技术在个人信息保护中具有重要的功能，故此，本条将支持研究开发和推广与应用安全、方便的电子身份认证技术也作为国家网信部门统筹推进个人信息保护工作的一项重要内容加以规定。

所谓网络身份认证公共服务，是指国家机关或者法律、法规授权的具有管理

---

① 郭晓彪、曾志、顾力平：《电子身份认证技术应用研究》，载《信息网络安全》2011年第3期。

公共事务职能的组织将网络身份认证作为一项公共服务向个人加以提供。推进网络身份认证公共服务建设是在《草案三审稿》的审议时增加的，这是因为“有关部门提出，为减少网络身份认证中对个人信息的过度采集，有关方面遵循自愿原则正在试点应用网络身份认证公共服务，建议在草案中增加相应规定”。①

（四）推进个人信息保护社会化服务体系建设，支持有关机构开展个人信息保护评估、认证服务

所谓个人信息保护社会化服务体系，是指由履行个人信息保护职责的部门、相关行业协会、专业机构和其他提供个人信息保护服务的实体所组成的，集政府公共服务体系和群众自我服务体系于一体的综合性服务体系。现代社会是信息社会，个人信息保护成为生产生活、各行各业中普遍存在的问题，仅仅依靠个人主张权利、政府加以监管难以实现维护个人信息权益，规范个人信息处理活动以及促进个人信息合理利用的目的，故此，需要“通过个人信息保护社会化服务体系的建设，来鼓励公共服务机构和其他社会力量共同参与个人信息保护，建立起覆盖个人信息处理全过程的综合配套服务标准、运行机制和监管制度。社会化也意味着服务主体从传统的政府单一主体向多元主体转变，将原来由政府或单位承担的事务部分分离出来，交由社会共同参与、承担”，从而实现个人信息保护治理体系的多元化参与。② 故此，本条将推进个人信息保护社会化服务体系建设作为国家网信部门的一项统筹协调工作，同时明确规定，国家网信部门应当支持有关机构开展个人信息保护评估和认证服务。

所谓支持有关机构开展**个人信息保护评估服务**，是指国家网信部门通过政策支持专业性机构为个人信息保护中的评估提供专业的服务。依据我国《个人信息保护法》的规定，关键信息基础设施运营者和处理个人信息达到国家网信部门规定数量的个人信息处理者向境外提供个人信息的，应当通过国家网信部门组织的安全评估；国家机关确需向境外提供个人信息的应当进行风险评估，该评估可以要求有关部门（主要就是指国家网信部门）提供支持与协助；特定的个人信息处

① 《全国人民代表大会宪法和法律委员会关于〈中华人民共和国个人信息保护法（草案三次审议稿）〉修改意见的报告》。

② 张新宝、葛鑫：《个人信息保护法（专家建议稿）及立法理由书》，中国人民大学出版社 2021 年版，第 22 页。

理活动在开展前应当进行个人信息保护影响评估。这些评估可以由个人信息处理者自行进行，也可以由专业机构提供此服务。

所谓**个人信息保护认证**，也称“个人数据保护认证”（personal data protection certification）。个人信息保护认证，是基于责任原则的一种机制，旨在帮助个人信息处理者实现并证明其个人信息处理活动符合法律、行政法规的规定。也就是说，一方面，个人信息保护认证，使得个人信息处理者能够实现个人信息处理活动的合规性并向监管机构加以证明；另一方面，个人信息保护的认证也为市场提供了透明度，因为通过认证结果，信息主体能够快速评估相关产品和服务的个人信息保护水平。① 正是基于上述两项理由，欧盟《一般数据保护条例》引入了数据保护认证制度并作出了详细的规定。依据该条例第 42 条和第 43 条，数据保护认证应当基于自愿的原则进行，并通过透明的程序获得；数据保护认证不能减少数据控制者或处理者遵守条例的责任，并且不得影响条例第 55 条或第 56 条规定的有权监管机构的任务和职权；数据保护认证的有效期最长为三年，可以续期；如果认证符合被欧洲数据保护委员会批准的条件的，则可以成为一般认证即欧洲数据保护印章；只有满足特定条件如已证明其独立性和有关认证的主要问题的专业知识满足有权监管机构的要求、已建立签发、定期检查和撤回数据保护认证以及印章和标志的程序等的机构，才能成为条例所认可的认证机构等。我国目前已经开展了一些个人信息保护认证工作。2019 年 3 月 13 日，市场监管总局与中央网信办发布了《关于开展 App 安全认证工作的公告》，该公告指出：为规范移动互联网应用程序（以下简称 App）收集、使用用户信息特别是个人信息的行为，加强个人信息安全保护，根据《网络安全法》《认证认可条例》，市场监管总局、中央网信办决定开展 App 安全认证工作，具体包括：1. App 安全认证活动依据《移动互联网应用程序（App）安全认证实施规则》开展。2. 从事 App 安全认证的认证机构为中国网络安全审查技术与认证中心，检测机构由认证机构根据认证业务需要和技术能力确定。3. 认证机构和检测机构应按有关规定，客观、公正地开展认证和检测活动，并对认证和检测结果负责。4. 国家鼓励 App 运营者自愿通

① Christopher Kuner, Lee A. Bygrave&Christopher Docksey ed., The EU General Data Protection Regulation (GDPR): A Commentary, Oxford University Press, 2020, P. 733.

过 App 安全认证，鼓励搜索引擎、应用商店等明确标识并优先推荐通过认证的 App。为了更好地构建个人信息保护社会化服务体系，满足个人信息保护的客观要求，本条规定国家网信部门应当支持有关机构开展个人信息保护认证服务。未来国家网信部门应当就个人信息保护认证机构、认证的程序、认证的效力、法律责任等作出细致的规定。

（五）完善个人信息保护投诉、举报工作机制

由于我国履行个人信息保护职责的部门很多，因此在个人信息保护的投诉和举报工作机制方面，需要由国家网信部门予以统筹协调，以免出现由于投诉、举报机制之间没有科学合理的配合，导致互相推诿、踢皮球以致个人投诉、举报无门的局面。故此，《个人信息保护法》将完善个人信息保护投诉、举报工作机制作为国家网信部门统筹协调有关部门依据《个人信息保护法》推进的一项重要的个人信息保护工作加以规定。

◆ 相关规定

《网络安全法》第 24 条；《全国人大常委会关于加强网络信息保护的决定》第 6 条；《反恐怖主义法》第 21 条；《反洗钱法》第 16 条

第六十三条 【履行个人信息保护职责的部门的执法措施】

履行个人信息保护职责的部门履行个人信息保护职责，可以采取下列措施：

（一）询问有关当事人，调查与个人信息处理活动有关的情况；

（二）查阅、复制当事人与个人信息处理活动有关的合同、记录、账簿以及其他有关资料；

（三）实施现场检查，对涉嫌违法的个人信息处理活动进行调查；

（四）检查与个人信息处理活动有关的设备、物品；对有证据证明是用于违法个人信息处理活动的设备、物品，向本部门主要负责人书面报告并经批准，可以查封或者扣押。

履行个人信息保护职责的部门依法履行职责，当事人应当予以协助、配合，不得拒绝、阻挠。

◆ 条文要旨

本条是对履行个人信息保护职责的部门在履行个人信息保护职责时可以采取的措施的规定。

◆ 理解与适用

一、规范目的

个人信息保护或数据保护监管机关为了履行其保护个人信息或个人数据的职责，必须有相应的执法权即可以采取相应的行政措施，否则就难以履行职责。故此，不少国家或地区的个人信息保护或数据保护的立法都对监管机构的执法权作出了规定，如欧盟《一般数据保护条例》第 58 条、韩国《个人信息保护法》第 8 - 1 条等。我国《个人信息保护法》本条也对履行个人信息保护职责的部门在履行个人信息保护职责时有权采取的措施作出了规定。

需要注意的是，由于履行个人信息保护职责的部门并非只负有该职责，还有其他的职责，故此，《个人信息保护法》第 63 条规定的只是这些部门在**履行个人信息保护职责**时的执法措施，至于它们履行其他职责的执法措施应依相应法律、行政法规的规定。例如，中国人民银行及其派出机构在履行保护个人信用信息的职责时，可以采取《个人信息保护法》第 63 条规定的措施，但是，如果是在履行反洗钱的职责，则应当依据《反洗钱法》第 4 章“反洗钱调查”的规定采取相应的措施，如向金融机构进行调查、询问金融机构有关工作人员，查阅、复制被调查对象的账户信息、交易记录和其他有关资料；对可能被转移、隐藏、篡改或者毁损的文件、资料，可以予以封存，以及必要时对账户资金采取临时冻结措施等。

二、履行个人信息保护职责的部门可以采取的措施

（一）询问有关当事人，调查与个人信息处理活动有关的情况

履行个人信息保护职责的部门可以询问有关当事人，如个人信息处理者的个人信息保护负责人、相关工作人员、个人信息权益遭受侵害的个人等，可以对与个人信息处理活动有关的情况，如被举报存在违法收集个人信息的App进行调查。履行个人信息保护职责的部门的这种行为属于行政调查的方法，旨在获取有关证据和相关信息，为下一步的行政行为做好准备。

（二）查阅、复制当事人与个人信息处理活动有关的合同、记录、账簿以及其他有关资料

履行个人信息保护职责的部门可以查阅、复制当事人与个人信息处理活动有关的合同、记录、账簿以及其他有关资料，如委托他人处理个人信息而订立的合同、个人信息处理活动的记录、公司的往来资金账目、内部相关管理制度和操作规程等资料。查阅复制资料也属于行政机关进行行政调查的一种方法，通过这种方法可以使履行个人信息保护职责的部门发现是否存在违法的个人信息处理活动。

（三）实施现场检查，对涉嫌违法的个人信息处理活动进行调查

实施现场检查，是指行政机关为调查违法行为，获取相关信息，强制要求当事人配合，进入其经营场所、办公场所进行检查的行政行为。现场检查属于行政检查行为，是一种行政行为。[①] 不过，我国《行政强制法》并未将之作为行政强制措施加以规定。我国不少法律规定了行政机关可以对涉嫌违法行为的场所进行现场检查，如《食品安全法》第110条、《广告法》第49条、《著作权法》第55条等。《个人信息保护法》本条对履行个人信息保护职责的部门实施现场检查，对涉嫌违法个人信息处理活动进行调查，作出了规定。

（四）检查与个人信息处理活动有关的设备、物品；对有证据证明是用于违法个人信息处理活动的设备、物品，向本部门主要负责人书面报告并经批准，可以查封或者扣押

履行个人信息保护职责的部门在履行个人信息保护职责时，有权检查与个人

---

① 关于行政检查和行政调查之间的关系，学界存在不同的看法。参见杨建明：《论行政检查》，载《江西行政学院学报》2005年第2期。

信息处理活动有关的设备、物品，如计算机、存储设备、服务器等，但是，对于与个人信息处理活动无关的设备、物品，则不得检查。如果有证据证明该等设备、物品是从事违法处理个人信息活动之用的，如电脑或硬盘中存储的是非法窃取或非法买卖的个人信息的，则在向本部门主要负责人书面报告并经过批准后，对之可以进行查封或扣押。

查封是行政机关在行政管理过程中采取的将自然人、法人或非法人组织的场所、设施或财物就地封存，不允许任何组织或个人进行使用和处分，以防止转移隐匿或毁损灭失的一种行政强制措施（《行政强制法》第9条第2项）。扣押是行政机关在行政管理过程中采取的强制扣留自然人、法人或非法人组织的财物，限制其占有和处分的一种行政强制措施（《行政强制法》第9条第3项）。我国《行政强制法》对于扣押、查封等行政强制措施的执行程序有严格的规定，依据该法第18条的规定，行政机关实施行政强制措施应当遵守下列规定：（1）实施前须向行政机关负责人报告并经批准；（2）由两名以上行政执法人员实施；（3）出示执法身份证件；（4）通知当事人到场；（5）当场告知当事人采取行政强制措施的理由、依据以及当事人依法享有的权利、救济途径；（6）听取当事人的陈述和申辩；（7）制作现场笔录；（8）现场笔录由当事人和行政执法人员签名或者盖章，当事人拒绝的，在笔录中予以注明；（9）当事人不到场的，邀请见证人到场，由见证人和行政执法人员在现场笔录上签名或者盖章；（10）法律、法规规定的其他程序。如果情况紧急，需要当场实施行政强制措施的，那么依据《行政强制法》第19条的规定，行政执法人员应当在二十四小时内向行政机关负责人报告，并补办批准手续。行政机关负责人认为不应当采取行政强制措施的，应当立即解除。

◆ 疑点与难点

有权实施现场检查不等于可以搜查公民住宅

需要特别注意的是，履行个人信息保护职责的部门依据《个人信息保护法》第63条的规定，可以实施现场检查，这是指对个人信息处理者的**经营场所、办公场所或工作场所**的检查，而不是指可以对个人信息处理者的住宅进行检查。这是因为，《宪法》第39条明确规定：“中华人民共和国公民的住宅不受侵犯。禁止非法搜查或者非法侵入公民的住宅。”《刑法》第 245 条规定：“非法搜查他人身体、住宅，或者非法侵入他人住宅的，处三年以下有期徒刑或者拘役。司法工作人员滥用职权，犯前款罪的，从重处罚。”由此可见，**公民的住宅不受侵犯属于宪法上的基本权利**，对于公民的住宅应当给予最高程度的保护，即便是法律也不能任意规定搜查或检查住宅。

目前，我国只有两部法律规定了搜查或检查住宅：其一，《刑事诉讼法》第 136 条规定：“为了收集犯罪证据、查获犯罪人，侦查人员可以对犯罪嫌疑人以及可能隐藏罪犯或者犯罪证据的人的身体、物品、住处和其他有关的地方进行搜查。”其二，《治安管理处罚法》第 87 条第 1 款规定：“公安机关对与违反治安管理行为有关的场所、物品、人身可以进行检查。检查时，人民警察不得少于二人，并应当出示工作证件和县级以上人民政府公安机关开具的检查证明文件。对确有必要立即进行检查的，人民警察经出示工作证件，可以当场检查，但检查公民住所应当出示县级以上人民政府公安机关开具的检查证明文件。”

◆ 相关规定

《宪法》第 39 条；《行政强制法》第 9 条、第 18 条；《刑事诉讼法》第 136 条；《治安管理处罚法》第 87 条

第六十四条 【行政约谈与强制合规审计】

履行个人信息保护职责的部门在履行职责中，发现个人信息处理活动存在较大风险或者发生个人信息安全事件的，可以按照规定的权限和程序对该个人信息处理者的法定代表人或者主要负责人进行约谈，或者要求个人信息处理者委托专业机构对其个人信息处理活动进行合规审计。个人信息处理者应当按照要求采取措施，进行整改，消除隐患。

履行个人信息保护职责的部门在履行职责中，发现违法处理个人信息涉嫌犯罪的，应当及时移送公安机关依法处理。

◆ 条文要旨

本条是对履行个人信息保护职责的部门进行行政约谈或要求个人信息处理者进行合规审计，以及发现涉嫌犯罪移送公安机关的规定。

◆ 理解与适用

一、行政约谈

所谓约谈，也称**行政约谈**，是指行政主体在行政相对人有违法之虞或者轻微违法时，通过约请谈话、说明教导、提出警示的方式建议相对人纠正违法行为，以避免违法之风险的行为。① 作为一种带有柔性色彩的规制工具，行政约谈日渐为各领域所推崇，不仅价格管理、安全生产、质量监督、食品药品安全、环境保护等传统的行政规制领域中纷纷引入约谈的方式，面对网络平台经济、个人信息保护、数据安全等新兴的规制领域，行政机关也偏好于通过约谈方式实现规制目标。② 2015 年 4 月 28 日国家互联网信息办公室颁布的《互联网新闻信息服务单位约谈工作规定》初步确立了网络监管领域的约谈制度。该规定第 4 条明确了互联网新闻信息服务单位有九类情形的，国家互联网信息办公室、地方互联网信息办公室可对其主要负责人、总编辑等进行约谈。依据该规定第 3 条第 1 款，负责约谈的行政主体包括国家互联网信息办公室和地方互联网信息办公室，各自的职责分工是：地方互联网信息办公室负责对本行政区域内的互联网新闻信息服务单位实施约谈，约谈情况应当及时向国家互联网信息办公室报告。对存在重大违法情形的互联网新闻信息服务单位，由国家互联网信息办公室单独或联合属地互联网信息办公室实施约谈。2019 年国家互联网信息办公室颁布的《儿童个人信息网络保护规定》第 25 条规定："网络运营者落实儿童个人信息安全管理责任不到位，存在较大安全风险或者发生安全事件的，由网信部门依据职责进行约谈，网络运营者应当及时采取措施进行整改，消除隐患。"据统计，2020 年全国网信系

---

① 孟强龙：《行政约谈法治化研究》，载《行政法学研究》2015 年第 6 期。

② 朱新力、李芹：《行政约谈的功能定位与制度建构》，载《国家行政学院学报》2018 年第 4 期。

统全年依法约谈网站4282家。①

我国《网络安全法》正式在法律层面规定了**网络安全监管约谈制度**，该法第56条规定："省级以上人民政府有关部门在履行网络安全监督管理职责中，发现网络存在较大安全风险或者发生安全事件的，可以按照规定的权限和程序对该网络的运营者的法定代表人或者主要负责人进行约谈。网络运营者应当按照要求采取措施，进行整改，消除隐患。"2021年颁布的《数据安全法》也规定了**数据安全监管约谈制度**，该法第44条规定："有关主管部门在履行数据安全监管职责中，发现数据处理活动存在较大安全风险的，可以按照规定的权限和程序对有关组织、个人进行约谈，并要求有关组织、个人采取措施进行整改，消除隐患。"

《个人信息保护法》第64条第1款对行政约谈作出了规定。依据该规定，履行个人信息保护职责的部门在履行职责中，发现个人信息处理活动存在较大风险或者发生个人信息安全事件的，可以按照规定的权限和程序对该个人信息处理者的法定代表人或者主要负责人进行约谈。所谓发现个人信息处理活动存在较大风险，是指履行个人信息保护职责的部门在履行职责中发现个人信息处理者从事的处理活动因未采取必要措施而使得个人信息处理活动存在违反法律、行政法规的规定的较大可能性，或者存在个人信息被泄露、窃取、篡改、丢失或者其他未经授权的访问的明显危险。发生个人信息安全事件则是指，由于人为原因（如工作人员的疏忽或者黑客攻击）、软硬件缺陷或故障、自然灾害等，导致大量的个人信息泄露、被非法窃取等对社会造成负面影响的事件。在这两种情形下，履行个人信息保护职责的部门可以按照规定的权限和程序对个人信息处理者的法定代表人或者主要负责人进行约谈。通过行政约谈，既能够向社会公示个人信息处理者没有积极履行法定义务的信息，影响其社会形象，引起社会关注，同时也能督促个人信息处理者及时履行义务。通过约谈，履行个人信息保护职责的部门要向约谈对象说明情况，分析原因，提出整改措施，消除隐患，从而使个人信息处理者确保其处理活动符合法律、行政法规的要求。

---

① 《2020年全国网信行政执法持续深入推进》，载腾讯网，https://new.qq.com/omn/20210130/20210130A05BWS00.html。

二、强制进行合规审计

依据《个人信息保护法》第 64 条第 1 款，履行个人信息保护职责的部门在履行职责中，发现个人信息处理活动存在较大风险或者发生个人信息安全事件的，既可以采取行政约谈的方法，也可以要求个人信息处理者委托专业机构对其个人信息处理活动进行合规审计。依据《个人信息保护法》第 54 条的规定，个人信息处理者应当定期对其处理个人信息遵守法律、行政法规的情况进行合规审计。这种合规审计义务是由个人信息处理者依法主动履行的，其可以自行进行合规审计，也可以委托专业机构进行。但是，在个人信息处理者的处理活动存在较大风险或者个人信息处理者已经发生个人信息安全事件的情况下，则履行个人信息保护职责的部门可以强制要求个人信息处理者委托专业机构对其个人信息处理活动进行合规审计。这也是确保处理者的处理活动符合法律、行政法规的要求以及保护个人信息安全所必需的。

三、发现违法处理个人信息涉嫌犯罪的应当移送公安机关

《个人信息保护法》第 64 条第 2 款规定，履行个人信息保护职责的部门在履行职责中，发现违法处理个人信息涉嫌犯罪的，应当及时移送公安机关依法处理。所谓涉嫌犯罪的，主要是指涉嫌构成《刑法》第 253 条之一规定的侵犯公民个人信息罪的情形。此时，履行个人信息保护职责的部门应当妥善保存所收集的与违法行为有关的证据，在向公安机关移送涉嫌犯罪案件时，应当附有涉嫌犯罪案件移送书、涉嫌犯罪案件情况的调查报告、涉案物品清单、有关检验报告或者鉴定结论以及其他有关涉嫌犯罪的材料（《行政执法机关移送涉嫌犯罪案件的规定》第 6 条）。应当向公安机关移送的涉嫌犯罪案件，履行个人信息保护职责的部门不得以行政处罚代替移送。在向公安机关移送前已经作出的警告，责令停产停业，暂扣或者吊销许可证、暂扣或者吊销执照的行政处罚决定，不停止执行（《行政执法机关移送涉嫌犯罪案件的规定》第 11 条）。

◆ 相关规定

《刑法》第 253 条之一；《行政执法机关移送涉嫌犯罪案件的规定》第 6—12 条

第六十五条 【对违法个人信息处理行为的投诉和举报】

任何组织、个人有权对违法个人信息处理活动向履行个人信息保护职责的部门进行投诉、举报。收到投诉、举报的部门应当依法及时处理，并将处理结果告知投诉、举报人。

履行个人信息保护职责的部门应当公布接受投诉、举报的联系方式。

条文要旨

本条是对违法个人信息处理活动的投诉举报和处理的规定。

理解与适用

一、投诉和举报违法个人信息处理活动是个人和组织的权利

依据《个人信息保护法》第 65 条第 1 款第 1 句的规定，任何组织、个人有权对违法个人信息处理活动向履行个人信息保护职责的部门进行投诉、举报。这是法律赋予组织、个人的一项权利。**投诉**是指合法权益因违法个人信息处理活动而遭受侵害的受害人向有关部门反映情况，要求处理，从而维护自身合法权益的行为。**举报**是指组织或个人以口头或书面方式向有关部门检举、揭发其发现或了解的违法个人信息处理活动的行为。通过赋予任何组织或个人投诉和举报权利，可以有效地发动人民群众，高效快捷地发现各种违法个人信息处理活动，协助履行个人信息保护职责的部门更好地履行职责，最终维护个人信息权益，规范个人信息处理活动。据统计，2020 年，全国各级网络举报部门受理举报 1.63 亿件，同比增长 17.4%；2020 年全年，中央网信办（国家互联网信息办公室）违法和不良信息举报中心受理举报 228.8 万件，同比下降 5.2%；各地网信办举报部门受理举报 1596.2 万件，同比下降 27.1%；全国主要网站受理举报 1.45 亿件，同比增长 26.1%。①

① 《2020 年全国受理网络违法和不良信息举报 1.63 亿件》，载新华网，http://www.xinhuanet.com/2021-01/19/c_1126996991.htm。

二、有关部门应当依法及时处理

《个人信息保护法》第 65 条第 1 款第 2 句规定，对于个人、组织关于违法个人信息处理活动的投诉、举报，有关部门在收到投诉和举报后，应当依法及时处理并将处理结果告知投诉、举报人。换言之，收到投诉、举报的履行个人信息保护职责的部门应当受理并且依据投诉、举报的内容、性质等依法及时作出处理，同时还要将处理结果告知投诉、举报人。对于不属于本部门职责范围内的投诉或举报，收到投诉或举报的部门应当及时移送给有关部门，接收移送的部门也应当依法及时处理。《电信和互联网用户个人信息保护规定》第 12 条规定，电信业务经营者、互联网信息服务提供者应当建立用户投诉处理机制，公布有效的联系方式，接受与用户个人信息保护有关的投诉，并自接到投诉之日起十五日内答复投诉人。《儿童个人信息网络保护规定》第 24 条规定："任何组织和个人发现有违反本规定行为的，可以向网信部门和其他有关部门举报。网信部门和其他有关部门收到相关举报的，应当依据职责及时进行处理。"

三、有关部门公布接受投诉、举报的联系方式

依据《个人信息保护法》第 65 条第 2 款规定，履行个人信息保护职责的部门应当公布接受投诉、举报的联系方式。这样便于人民群众更方便地投诉、举报非法个人信息处理活动。目前，国家网信办公布了六种接受互联网违法和不良信息举报的方式，包括：（1）登录举报中心官网 https：//www. 12377. cn 举报；（2）下载安装"网络举报"客户端举报；（3）关注举报中心官方微博"国家网信办举报中心"，点击"私信举报"；（4）关注举报中心官方微信公众账号"国家网信办举报中心"，点击"一键举报"；（5）拨打 12377 举报热线举报；（6）发送邮件至邮箱 jubao@ 12377. cn 举报。

第七章 法律责任

◆ 本章概述

本章是对个人信息处理者违法处理个人信息的法律责任的规定，主要规定了行政处罚、失信公示、国家机关不履行个人信息保护义务的法律责任、侵害个人信息权益的侵权责任、个人信息的民事公益诉讼以及与《治安管理处罚法》《刑法》中的法律责任的衔接。

第六十六条 【违法处理个人信息的行政处罚】

违反本法规定处理个人信息，或者处理个人信息未履行本法规定的个人信息保护义务的，由履行个人信息保护职责的部门责令改正，给予警告，没收违法所得，对违法处理个人信息的应用程序，责令暂停或者终止提供服务；拒不改正的，并处一百万元以下罚款；对直接负责的主管人员和其他直接责任人员处一万元以上十万元以下罚款。

有前款规定的违法行为，情节严重的，由省级以上履行个人信息保护职责的部门责令改正，没收违法所得，并处五千万元以下或者上一年度营业额百分之五以下罚款，并可以责令暂停相关业务或者停业整顿、通报有关主管部门吊销相关业务许可或者吊销营业执照；对直接负责的主管人员和其他直接责任人员处十万元以上一百万元以下罚款，并可以决定禁止其在一定期限内担任相关企业的董事、监事、高级管理人员和个人信息保护负责人。

◆ 条文要旨

本条对于违反本法规定处理个人信息以及没有采取必要的安全保护措施的行政处罚作出了规定。

◆ 理解与适用

一、规范目的

在《个人信息保护法》颁布之前，法律对于违法处理个人信息的行政处罚规定主要就是《网络安全法》第 64 条，该条共分两款，第 1 款规定："网络运营者、网络产品或者服务的提供者违反本法第二十二条第三款、第四十一条至第四十三条规定，侵害个人信息依法得到保护的权利的，由有关主管部门责令改正，可以根据情节单处或者并处警告、没收违法所得、处违法所得一倍以上十倍以下罚款，没有违法所得的，处一百万元以下罚款，对直接负责的主管人员和其他直接责任人员处一万元以上十万元以下罚款；情节严重的，并可以责令暂停相关业务、停业整顿、关闭网站、吊销相关业务许可证或者吊销营业执照。"第 2 款规定："违反本法第四十四条规定，窃取或者以其他非法方式获取、非法出售或者非法向他人提供个人信息，尚不构成犯罪的，由公安机关没收违法所得，并处违法所得一倍以上十倍以下罚款，没有违法所得的，处一百万元以下罚款。"

《个人信息保护法》第 66 条是对违反本法规定处理个人信息以及处理个人信息没有履行本法规定的个人信息保护义务的行为的行政处罚的规定。本条分别规定了两大类违法行为并依据情节严重与否，规定了不同的行政处罚责任。在起草《个人信息保护法》时，对于本条的意见主要有以下一些：首先，规定得过于粗略，不够细致。不少人认为，《个人信息保护法》本条对于违反本法规定处理个人信息，或者处理个人信息未按照规定采取必要的安全保护措施的处罚规定过于粗略了，应当根据每一种具体的违法行为的性质、严重性和危害性对处罚作出细化性规定。尤其考虑到在情节严重时，可以并处五千万元以下或者上一年度营业额百分之五以下罚款，因此，更有必要细化何为情节严重。其次，个人信息处理中的违法行为具有附随性，违法收入和违法行为并不完全对应，以营业额作为处罚的基准并不合适。况且，如果仅仅是没有按照规定采取必要的安全保护措施，也不存在违法所有，为何要没收违法所得。最后，由于履行个人信息保护职责的部门众多，且涵盖国家、省、市、县等多级多部门，倘若如此众多的部门针对情节严重的个人信息违法行为动辄处以五千万元以下或上一年度营业额百分之五以下的罚款，对于企业将造成灭顶之灾。而且，这样的规定也可能导致一些地方部门为了增加财政收入而任意处罚的情形发生，因此，需要对处罚权进行规范限制。

应当说，上述观点有一定的合理性，部分意见被采纳，如将针对情节严重的违法行为的处罚权限定在省级以上履行个人信息保护职责的部门。但是，就规定过于粗略的问题，考虑到《个人信息保护法》是个人信息保护领域的基本法律，不可能就每一种个人信息违法行为类型加以描述并规定对应的处罚措施如罚款额度等，故此，《个人信息保护法》本条的规定只能是原则性的规定。至于如何确定有无违法所得、哪些履行个人信息保护职责的部门有权进行处罚，进行何种处罚，需要相应的行政法规、地方性法规和国务院部门规章进行细化。依据我国新修正的《行政处罚法》第 11 条第 2 款、第 12 条第 2 款以及第 13 条第 2 款的规定，法律对违法行为已经作出行政处罚规定，行政法规需要作出具体规定的，必须在法律规定的给予行政处罚的行为、种类和幅度的范围内规定；法律、行政法规对违法行为已经作出行政处罚规定，地方性法规需要作出具体规定的，必须在法律、行政法规规定的给予行政处罚的行为、种类和幅度的范围内规定；尚未制定法律、行政法规的，国务院部门规章对违反行政管理秩序的行为，可以设定警告、通报批评或者一定数额罚款的行政处罚。罚款的限额由国务院规定。

二、违法行为的类型及其责任

《个人信息保护法》第 66 条将需要遭受行政处罚的违法行为分为两类：一是，违反《个人信息保护法》规定处理个人信息的行为，这主要是指违反《个人信息保护法》第 2 章“个人信息处理规则”的个人信息处理活动，即违法的个人信息处理活动，最典型的如非法收集、买卖、提供个人信息的。例如，未履行告知并取得个人同意又不具备第 13 条的规定情形就收集个人信息的；因为个人撤回同意而拒绝提供产品或者服务且处理个人信息并非提供产品或服务所必需的；处理信息时没有按照要求真实、准确、完整告知相关事项的等。二是，处理个人信息没有履行《个人信息保护法》规定的个人信息保护义务的行为，这主要是指违反《个人信息保护法》第5章“个人信息处理者的义务”的行为，即处理活动本身是合法的，但是处理过程中没有履行个人信息保护义务的，如因为没有采取安全技术措施而导致个人信息泄露、篡改、丢失的；没有按照规定进行个人信息保护影响评估和对处理情况进行记录的。

无论上述哪一类违法行为，依据《个人信息保护法》第66条，都被分为情节一般和情节严重两类，分别规定了不同的行政处罚。首先，依据该条第1款，如果是情节一般的，由履行个人信息保护职责的部门责令改正，给予警告，没收违法所得，对违法处理个人信息的应用程序，责令暂停或者终止提供服务；拒不改正的，并处一百万元以下罚款；对直接负责的主管人员和其他直接责任人员处一万元以上十万元以下罚款。该款规范的是一般的个人信息违法行为，即违反本法规定处理个人信息以及处理个人信息未按照规定采取必要的安全保护措施，但情节轻微或情节一般的。例如，未告知并取得个人同意而收集少量的个人信息的；再如，虽然没有采取必要的安全保护措施，但尚未发生个人信息泄露或被窃取等后果的。此时，可以由履行个人信息保护职责的部门责令改正，给予警告。如果有违法所得的，则没收违法所得。只有拒不改正的，才进行罚款，如果处理者是个人的，则处一百万元以下罚款；如果处理者是组织（法人或非法人组织的），则实行双罚制，即对组织处一百万元以下罚款，同时对直接负责的主管人员和其他直接责任人员处一万元以上十万元以下的罚款。

如果个人信息违法行为情节严重的，那么依据《个人信息保护法》第66条第2款，只能由省级以上履行个人信息保护职责的部门责令改正，没收违法所得，并处五千万元以下或者上一年度营业额百分之五以下罚款，并可以责令暂停相关业务或者停业整顿、通报有关主管部门吊销相关业务许可或者吊销营业执照；对直接负责的主管人员和其他直接责任人员处十万元以上一百万元以下罚款，并可以决定禁止其在一定期限内担任相关企业的董事、监事、高级管理人员和个人信息保护负责人。

应当说，在情节严重的时候，监管机关给予的处罚是严厉的，如暂停相关业务、停业整顿、吊销相关业务许可或吊销营业执照，这些处罚措施可能导致实施了个人信息违法行为的企业就此破产倒闭。即便不是如此严厉，仅仅是五千万元以下的罚款，也会使得中小企业因此而关门。故此，何为**“情节严重”**，需要将来颁布相应的法规规章予以细化。情节严重主要是从违法行为造成的后果的严重程度（如侵害的对象、涉及自然人的人数、损害的利益等）、违法行为的发生次数（如屡教不改）、违法者的主观心理状态（故意、重大过失或一般过失）等综合加以判断。这样既可以降低企业的合规成本，也能规范个人信息行政执法中的自由裁量权，维护当事人合法权益。

◆ 疑点与难点

针对违法处理个人信息的应用程序责令暂停或终止提供服务

实践中，最常见的违法处理个人信息的情形就是移动互联网应用程序即所谓的 App 的各种非法收集个人信息。移动互联网应用程序，是指通过预装、下载等方式获取并运行在移动智能终端上、向用户提供信息服务的应用软件。App 的开发、运营、提供等环节涉及多个主体，包括 App 开发运营者、App 分发平台、App 第三方服务提供者、移动智能终端生产企业、网络接入服务提供者五类主体，这些主体都负有保护个人信息的义务。一旦出现 App 非法收集个人信息，侵害个人信息权益的行为，履行个人信息保护职责的部门可以采取的最直接有效的处理方式就是暂停或者终止该应用程序的服务，即所谓的“下架”。在《个人信息保护法》颁布之前，法律层面上并未专门针对应用程序的行政处罚措施作出明确规定，都只是笼统地规定为责令“暂停相关业务”，如，《网络安全法》第 64 条第 1 款、《未成年人保护法》第 127 条等。只有 2016 年 6 月 28 日国家互联网信息办公室颁布的《移动互联网应用程序信息服务管理规定》对移动互联网应用程序的暂停发布或下架有规定，该规定第 8 条第 2 款规定：“对违反前款规定的应用程序提供者，视情采取警示、暂停发布、下架应用程序等措施，保存记录并向有关主管部门报告。”

此次，《个人信息保护法》第 66 条第 1 款专门规定了履行个人信息保护职责的部门对违法处理个人信息的应用程序，有权采取责令暂停或者终止提供服务的处罚措施。这一规定符合行政处罚法定原则，也有利于依法行政，保障相对人的合法权益。

◆ 相关规定

《网络安全法》第 64 条；《未成年人保护法》第 127 条；《移动互联网应用程

序信息服务管理规定》第 8 条

第六十七条 【记入信用档案并公示】

有本法规定的违法行为的，依照有关法律、行政法规的规定记入信用档案，并予以公示。

◆ 条文要旨

本条是对个人信息违法行为记入信用档案并公示的规定。

◆ 理解与适用

一、规范目的

本条是对个人信息违法行为记入信用档案并公示的规定，这属于失信惩戒措施的一种。所谓**失信惩戒**，是指通过行政、经济、行业管理、社会舆论等手段，对于列入失信名单的行为人给予一定的警示、限制和约束的制度。① 2003 年，《中共中央关于完善社会主义市场经济体制若干问题的决定》明确提出，建立健全社会信用体系，建立信用监督和失信惩戒制度。该决定首次在国家层面明确提出社会信用体系和失信惩戒的概念。2014 年，国务院发布的《社会信用体系建设规划纲要（2014—2020 年）》明确了我国社会信用体系建设的总体思路，并确定了“到 2020 年社会信用基础性法律法规和标准体系基本建立，守信激励和失信惩戒机制全面发挥作用”的总目标。在我国社会信用体系建设过程中，信用档案在惩戒各种失信行为人方面发挥着越来越重要的作用。所谓**信用档案**，是指政府部门或者征信机构对于个人、组织的信用信息进行采集、保存、加工而提供的信用记录，体现了个人、组织在市场活动中的可信度、公信力，是证实其是否诚实守信、遵纪守法或有无违法违约、欺诈等行为的重要凭证和依据，是出具信用报告和进行信用惩戒的基础。② 通过将违法行为人、违法信息以及处罚情况记入信

---

① 张晓莹：《行政处罚视域下的失信惩戒规制》，载《行政法研究》2019 年第 5 期。

② 杨合庆主编：《中华人民共和国网络安全法解读》，中国法制出版社 2017 年版，第 147 页。

用档案，并依法加以公示，既可以使得社会公众及时有效地知悉相关违法信息，也为进一步对失信人采取相应的惩戒措施，如加大执法检查频次、暂停审批或许可、任职和准入资格限制、荣誉和授信限制、特定市场交易限制等奠定了基础。目前，我国法律和行政法规规定的信用档案包括：食品生产经营者食品安全信用档案、药品安全信用档案、民办学校信用档案、粮食经营者信用档案、化妆品生产经营者信用档案、商标代理机构信用档案、网络信用档案等。

对于网络违法以及个人信息违法行为记入信用档案并加以公示的规定，最早出现在2012年颁布的《全国人民代表大会常务委员会关于加强网络信息保护的决定》当中。该决定第11条规定："对有违反本决定行为的，依法给予警告、罚款、没收违法所得、吊销许可证或者取消备案、关闭网站、禁止有关责任人员从事网络服务业务等处罚，记入社会信用档案并予以公布……"2013年修订的《消费者权益保护法》第56条第2款规定："经营者有前款规定情形的，除依照法律、法规规定予以处罚外，处罚机关应当记入信用档案，向社会公布。"2014年国务院发布的《社会信用体系建设规划纲要（2014—2020年）》进一步要求"大力推进网络诚信建设，培育依法办网、诚信用网理念，逐步落实网络实名制，完善网络信用建设的法律保障，大力推进网络信用监管机制建设。建立网络信用评价体系，对互联网企业的服务经营行为、上网人员的网上行为进行信用评估，记录信用等级。建立涵盖互联网企业、上网个人的网络信用档案，积极推进建立网络信用信息与社会其他领域相关信用信息的交换共享机制，大力推动网络信用信息在社会各领域推广应用。建立网络信用黑名单制度，将实施网络欺诈、造谣传谣、侵害他人合法权益等严重网络失信行为的企业、个人列入黑名单，对列入黑名单的主体采取网上行为限制、行业禁入等措施，通报相关部门并进行公开曝光"。2017年6月1日起施行的《网络安全法》第71条规定："有本法规定的违法行为的，依照有关法律、行政法规的规定记入信用档案，并予以公示。"2018年颁布的《电子商务法》第86条规定："电子商务经营者有本法规定的违法行为的，依照有关法律、行政法规的规定记入信用档案，并予以公示。"

二、具体适用

依据《个人信息保护法》第67条，有本法规定的违法行为的，依照有关法律、行政法规的规定记入信用档案，并予以公示。这就是说，首先，必须存在本法规定的违法行为，即违反本法规定处理个人信息或者处理个人信息没有按照规定采取必要的安全保护措施。

其次，依照有关法律、行政法规的规定记入信用档案并予以公示意味着并非所有本法规定的违法行为都要记入信用档案并予以公示。一方面，哪些本法规定的违法行为应当记入信用档案以及记录哪些内容，应当依照有关法律、行政法规的规定。我国目前已有 36 部法律、48 部行政法规对信用档案和信用条款作出了规定，只有少数法律、行政法规对于哪些违法行为应当记入信用档案以及记录哪些信息作出了较为具体的规定。例如，《反不正当竞争法》第 26 条规定："经营者违反本法规定从事不正当竞争，受到行政处罚的，由监督检查部门记入信用记录，并依照有关法律、行政法规的规定予以公示。"《电影产业促进法》第 46 条规定："县级以上人民政府电影主管部门应当加强对电影活动的日常监督管理，受理对违反本法规定的行为的投诉、举报，并及时核实、处理、答复；将从事电影活动的单位和个人因违反本法规定受到行政处罚的情形记入信用档案，并向社会公布。"再如，《食品安全法》第 113 条规定："县级以上人民政府食品安全监督管理部门应当建立食品生产经营者食品安全信用档案，记录许可颁发、日常监督检查结果、违法行为查处等情况，依法向社会公布并实时更新；对有不良信用记录的食品生产经营者增加监督检查频次，对违法行为情节严重的食品生产经营者，可以通报投资主管部门、证券监督管理机构和有关的金融机构。"第 114 条规定："食品生产经营过程中存在食品安全隐患，未及时采取措施消除的，县级以上人民政府食品安全监督管理部门可以对食品生产经营者的法定代表人或者主要负责人进行责任约谈。食品生产经营者应当立即采取措施，进行整改，消除隐患。责任约谈情况和整改情况应当纳入食品生产经营者食品安全信用档案。"目前，尚无法律、行政法规对于违反《个人信息保护法》的违法行为应当记入信用档案以及记录哪些信息作出具体的规定。2021 年 7 月 30 日国家市场监督管理总局颁布的《市场监督管理严重违法失信名单管理办法》第 8 条第 1 项规定，侵害消费者人格尊严、个人信息依法得到保护等权利，且属于本办法第 2 条规定情形的，列入严重违法失信名单。该办法第 2 条规定："当事人违反法律、行政法规，性质恶劣、情节严重、社会危害较大，受到市场监督管理部门较重行政处罚的，由市场监督管理部门依照本办法规定列入严重违法失信名单，通过国家企业信用信息公示系统公示，并实施相应管理措施。前款所称较重行政处罚包括：（一）依照行政处罚裁量基准，按照从重处罚原则处以罚款；（二）降低资质等级，吊销许可证件、营业执照；（三）限制开展生产经营活动、责令停产停业、责令关闭、限制从业；（四）法律、行政法规和部门规章规定的其他较重行政处罚。”

另一方面，依据《个人信息保护法》本条的规定，被记入信用档案的违法行为如何公示，也应当依照有关法律、行政法规的规定。例如，依据国务院颁布的《企业信息公示暂行条例》第 6 条和第 7 条的规定，工商行政管理部门应当通过企业信用信息公示系统，公示其在履行职责过程中产生的对企业的行政处罚信息，工商行政管理部门以外的其他政府部门也应当公示其在履行职责过程中产生的对企业的行政处罚信息。由此可见，对因违反《个人信息保护法》而遭受行政处罚的网络公司等企业的行政处罚信息应当加以公示。再如，依据《政府信息公开条例》第 20 条的规定，行政机关应当依照该条例第 19 条的规定，主动公开本行政机关的相关政府信息就包括“实施行政处罚、行政强制的依据、条件、程序以及本行政机关认为具有一定社会影响的行政处罚决定”“突发公共事件的应急预案、预警信息及应对情况”“环境保护、公共卫生、安全生产、食品药品、产品质量的监督检查情况”。①

◆ 相关规定

《全国人民代表大会常务委员会关于加强网络信息保护的决定》第 11 条；《消费者权益保护法》第 56 条；《网络安全法》第 71 条；《电子商务法》第 86 条；《反不正当竞争法》第 26 条；《电影产业促进法》第 46 条；《食品安全法》第 113 条；《市场监督管理严重违法失信名单管理办法》第 8 条

---

① 《市场监督管理严重违法失信名单管理办法》对于何种情形列入严重违法失信名单、决定列入的部门、相关信息通过国家企业信用信息公示系统进行公示、撤销列入的决定以及从名单中移除等具体程序作出了规定。

第六十八条 【国家机关不履行个人信息保护义务的责任】

国家机关不履行本法规定的个人信息保护义务的，由其上级机关或者履行个人信息保护职责的部门责令改正；对直接负责的主管人员和其他直接责任人员依法给予处分。

履行个人信息保护职责的部门的工作人员玩忽职守、滥用职权、徇私舞弊，尚不构成犯罪的，依法给予处分。

◆ 条文要旨

本条是对国家机关不履行个人信息保护义务的责任以及对履行个人信息保护职责的部门的工作人员的违法行为的处分的规定。

◆ 理解与适用

一、规范目的

《个人信息保护法》第 68 条是对国家机关不履行本法规定的**个人信息保护义务**的责任以及履行个人信息保护职责的部门的工作人员的法律责任的规定。之所以本条第 1 款只是规定不履行《个人信息保护法》规定的个人信息保护义务的责任，是因为：国家机关在履行法定职责的过程中，掌握了大量个人的隐私和个人信息，并且多数为敏感重要的个人信息，一旦国家机关不履行个人信息保护义务，导致这些信息被泄露、窃取、篡改、丢失或未经授权被访问，不仅对个人的人身财产权益等造成严重的损害和威胁，对公共利益、国家安全也可能造成极为严重的后果。正因如此，即便是作为调整平等主体的自然人、法人、非法人组织之间人身关系和财产关系的《民法典》也专门在第 1039 条明确规定：“国家机关、承担行政职能的法定机构及其工作人员对于履行职责过程中知悉的自然人的隐私和个人信息，应当予以保密，不得泄露或者向他人非法提供。”我国《刑法》第 253 条之一第 2 款也规定：“违反国家有关规定，将在履行职责或者提供服务过程中获得的公民个人信息，出售或者提供给他人的，依照前款的规定从重处罚。”有鉴于此，《个人信息保护法》第 68 条第 1 款也专门对国家机关不履行本法规定的个人信息保护义务的责任作出了规定。

至于国家机关违反《个人信息保护法》的规定处理个人信息的活动，无须专门加以规定。因为，《个人信息保护法》第 2 章第 3 节已经对国家机关处理个人信息作出了专门的规定。其中第 34 条明确规定，国家机关为履行法定职责处理个人信息，应当依照法律、行政法规规定的权限、程序进行，不得超出履行法定职责所必需的范围和程度。如果国家机关违反本法关于个人信息处理规则的规定，不按照法律、行政法规规定的权限和程序处理个人信息的，则其处理个人信息的行为当然也属于违法行为，如没有依照《个人信息保护法》的规定向个人告知并取得其同意就收集个人信息，或者超越法定职责范围过度收集个人信息等。从事这些行为的国家机关的工作人员属于玩忽职守、滥用职权或徇私舞弊，应由其任免机关或监察机关按照管理权限，根据违法行为的性质、情节及严重程度给予相应的处分，如果构成犯罪的，则应当依照刑法追究刑事责任。故此，没有必要在《个人信息保护法》中作出规定。

二、国家机关不履行《个人信息保护法》规定的个人信息保护义务

我国很多法律都明确规定了国家机关及其工作人员对于履行职责中知悉的个人信息负有保密的义务。例如，《全国人民代表大会常务委员会关于加强网络信息保护的决定》第 10 条第 2 款规定：“国家机关及其工作人员对在履行职责中知悉的公民个人电子信息应当予以保密，不得泄露、篡改、毁损，不得出售或者非法向他人提供。”《网络安全法》第 45 条规定：“依法负有网络安全监督管理职责的部门及其工作人员，必须对在履行职责中知悉的个人信息、隐私和商业秘密严格保密，不得泄露、出售或者非法向他人提供。”《电子商务法》第 25 条规定：“有关主管部门依照法律、行政法规的规定要求电子商务经营者提供有关电子商务数据信息的，电子商务经营者应当提供。有关主管部门应当采取必要措施保护电子商务经营者提供的数据信息的安全，并对其中的个人信息、隐私和商业秘密严格保密，不得泄露、出售或者非法向他人提供。”《社会保险法》第 92 条规定：“社会保险行政部门和其他有关行政部门、社会保险经办机构、社会保险费征收机构及其工作人员泄露用人单位和个人信息的，对直接负责的主管人员和其他直接责任人员依法给予处分；给用人单位或者个人造成损失的，应当承担赔偿责任。”《国家情报法》第 19 条规定：“国家情报工作机构及其工作人员应当严格依法办事，不得超越职权、滥用职权，不得侵犯公民和组织的合法权益，不得利用职务便利为自己或者他人谋取私利，不得泄露国家秘密、商业秘密和个人信息。”《居民身份证法》第6条第3款规定：“公安机关及其人民警察对因制作、发放、查验、扣押居民身份证而知悉的公民的个人信息，应当予以保密。”《统计法》第9条规定：“统计机构和统计人员对在统计工作中知悉的国家秘密、商业秘密和个人信息，应当予以保密。”《护照法》第12条第3款规定：“护照签发机关及其工作人员对因制作、签发护照而知悉的公民个人信息，应当予以保密。”

上述法律只是原则上规定了国家机关及其工作人员对于履行职责中知悉的个人信息负有保密的义务，但没有规定它们应当采取何种方式来保护个人信息。《个人信息保护法》在第5章“个人信息处理者的义务”中确立了个人信息处理者的两大类基本义务，一是确保个人信息处理活动符合法律、行政法规的规定的义务；二是保护个人信息安全的义务。《个人信息保护法》第68条第1款所规定的**“国家机关不履行本法规定的个人信息保护义务”**，就是指国家机关没有履行《个人信息保护法》所规定的保护个人信息安全的义务，如未采取必要的措施防止未经授权的访问以及个人信息泄露、篡改、丢失，在个人信息泄露后没有立即采取补救措施并履行通知履行个人信息保护职责的部门和个人的义务等。

三、责令改正与依法给予处分

依据《个人信息保护法》第68条规定，国家机关不履行本法规定的个人信息保护义务的，由其上级机关或者履行个人信息保护职责的部门责令改正。由于国家机关的经费本身就来自财政经费，故此，本条没有规定对国家机关的罚款。至于对直接负责的主管人员和其他直接责任人员，应当依法给予处分，即由该人员的任免机关或监察机关按照管理权限，根据违法行为的性质、情节以及危害程度，决定给予警告、记过、记大过、降级、撤职或开除处分。《公务员法》第61条规定：“公务员因违纪违法应当承担纪律责任的，依照本法给予处分或者由监察机关依法给予政务处分；违纪违法行为情节轻微，经批评教育后改正的，可以免予处分。对同一违纪违法行为，监察机关已经作出政务处分决定的，公务员所在机关不再给予处分。”《监察法》第45条第1款规定：“监察机关根据监督、调查结果，依法作出如下处置：（一）对有职务违法行为但情节较轻的公职人员，按照管理权限，直接或者委托有关机关、人员，进行谈话提醒、批评教育、责令检查，或者予以诫勉；（二）对违法的公职人员依照法定程序作出警告、记过、记大过、降级、撤职、开除等政务处分决定；（三）对不履行或者不正确履行职责负有责任的领导人员，按照管理权限对其直接作出问责决定，或者向有权作出问责决定的机关提出问责建议；（四）对涉嫌职务犯罪的，监察机关经调查认为犯罪事实清楚，证据确实、充分的，制作起诉意见书，连同案卷材料、证据一并移送人民检察院依法审查、提起公诉；（五）对监察对象所在单位廉政建设和履行职责存在的问题等提出监察建议。”

四、履行个人信息保护职责部门的工作人员的法律责任

《个人信息保护法》第 68 条第 2 款规定，履行个人信息保护职责的部门的工作人员玩忽职守、滥用职权、徇私舞弊，尚不构成犯罪的，依法给予处分。玩忽职守就是指履行个人信息保护职责的部门的工作人员严重不负责任，不履行或不认真履行个人信息保护职责。例如，明知道正在发生非法的个人信息处理活动，却不依法予以查处。滥用职权，就是指履行个人信息保护职责的部门的工作人员超越职权，违法决定、处理其无权决定或无权处理的事项。例如，违反不同部门的分工，某一履行个人信息保护职责的部门的工作人员去处理本该由其他履行个人信息保护职责的部门处理的非法的个人信息处理活动。徇私舞弊则是指工作人员为了私情或者私利而包庇违法行为人，应当处理的不处理或者应当从重处理的却从轻处理甚至不处理。履行个人信息保护职责的部门的工作人员玩忽职守、滥用职权、徇私舞弊，尚不构成犯罪的，依法给予处分，包括警告、记过、记大过、降级、撤职和开除处分。

◆ 相关规定

《全国人民代表大会常务委员会关于加强网络信息保护的决定》第 10 条；《网络安全法》第 45 条；《电子商务法》第 25 条；《社会保险法》第 92 条；《国家情报法》第 19 条；《居民身份证法》第 6 条；《统计法》第 9 条；《护照法》第 12 条；《公务员法》第 61 条；《监察法》第 45 条

第六十九条 【侵害个人信息权益的侵权责任】

处理个人信息侵害个人信息权益造成损害，个人信息处理者不能证明自己没有过错的，应当承担损害赔偿等侵权责任。

前款规定的损害赔偿责任按照个人因此受到的损失或者个人信息处理者因此获得的利益确定；个人因此受到的损失和个人信息处理者因此获得的利益难以确定的，根据实际情况确定赔偿数额。

条文要旨

本条是对侵害个人信息权益的侵权责任以及损害赔偿数额确定方法的规定。

理解与适用

一、侵害个人信息权益的侵权责任的含义

围绕着个人信息处理而产生的民事纠纷，既包括合同纠纷，也包括侵权纠纷。个人信息处理的合同纠纷如个人信息处理者通过用户协议约定个人信息被处理的个人授予其无期限限制、不可撤销、可任意转授权等处理个人信息的权利，个人主张上述约定构成《民法典》第497条规定的无效的格式条款，由此请求法院确认该格式条款无效的纠纷。① 再如，个人信息处理者违反合同约定的个人信息处理的目的、方式和范围处理个人信息，其行为构成违约行为，个人可以要求处理者承担相应的违约责任。但是，实践中因个人信息处理产生的纠纷更多的是侵权纠纷，即因处理者违法处理个人信息，侵害自然人的个人信息权益而产生的侵权纠纷。受害人要求处理者承担的是侵害个人信息权益的侵权责任。

所谓侵害个人信息权益的侵权责任，是指处理个人信息侵害自然人的个人信

---

① 《最高人民法院关于审理使用人脸识别技术处理个人信息相关民事案件适用法律若干问题的规定》第11条规定："信息处理者采用格式条款与自然人订立合同，要求自然人授予其无期限限制、不可撤销、可任意转授权等处理自然人人脸信息的权利，该自然人依据民法典第四百九十七条请求确认格式条款无效的，人民法院依法予以支持。"

息权益，个人信息处理者应当承担的损害赔偿等侵权责任。《个人信息保护法》第69条规定的就是侵害个人信息权益的侵权责任。

二、侵害个人信息权益的侵权责任的归责原则

（一）归责原则是侵权损害赔偿责任的归责原则

侵权法上，归责就是归咎或追究侵权损害赔偿责任，即依法律上的价值判断决定由谁来承担损害。归责事由，就是追究侵权损害赔偿责任的理由，或者说就是决定将已发生的损害施加给某人承担的法律上的原因。由此可见，归责事由与损害密切相连，没有损害，就没有归责，归责事由决定了损害的承担主体。① 归责的核心意义在于“在法律规范原理上，使遭受损害之权益与促使损害发生之原因相结合，将损害因而转嫁由原因者承担之法律价值判断因素”“即行为人因其行为或容态，侵害他人权益，在法律价值判断上，因而应负赔偿责任之成立要素”。② 在侵权赔偿责任的构成要件如损害、因果关系、违法性等中，归责事由至关重要。由于以往理论界对于归责存在一种错误的理解③，将归责中的“责”等同于所有的侵权责任承担方式，既包括损害赔偿责任，也包括性质上属于绝对权请求权的侵权责任承担方式（如停止侵害、排除妨碍、消除危险），故此，《侵权责任法》没有区分侵害与损害，在规定归责原则时亦未规定“损害”这一核心要件。《侵权责任法》第6条规定：“行为人因过错侵害他人民事权益，应当承担侵权责任。根据法律规定推定行为人有过错，行为人不能证明自己没有过错的，应当承担侵权责任。”第7条规定：“行为人损害他人民事权益，不论行为人有无过错，法律规定应当承担侵权责任的，依照其规定。”

在我国《民法典》编纂时，为了明确归责原则是损害赔偿责任的归责原则，正确区分侵害与损害、绝对权请求权与侵权赔偿请求权，在规定过错责任原则和无过错责任原则时，《民法典》第1165条第1款将《侵权责任法》第6条第1款的“行为人因过错侵害他人民事权益”修改为“行为人因过错侵害他人民事权益造成损害”；《民法典》第1166条将《侵权责任法》第7条的“行为人损害他人

---

① Deutsch/Ahrens, Deliktsrecht, 5. Aufl. 2009, Rn 2.

② 邱聪智：《民法研究（一）》，中国人民大学出版社2002年版，第84-85页。

③ 对该误解会产生的危害的论述，参见程啸：《侵权责任法（第三版）》，法律出版社2021年版，第108-109页。

民事权益”修改为“行为人造成他人民事权益损害”。如此，则明确区分了“侵害”与“损害”，以损害作为过错责任和无过错责任的必备要件之一，即过错责任原则是侵权赔偿责任的基本归责原则，而法律规定无过错也要承担赔偿责任属于例外的情形；同时，通过“造成”损害的表述，也强调了无论是过错责任原则还是无过错责任原则，都必须具备因果关系这一构成要件。通过这样一番改造，《民法典》第1165条第1款就成为完全条款，既有构成要件，也有法律效果，真正具备了作为侵权法一般条款的地位。①

我国《个人信息保护法》对于侵害个人信息权益的侵权责任的规定，也经历了一个由不区分侵害与损害，将归责原则等同于所有侵权责任承担方式的归责原则，到严格区分侵害与损害，明确了归责原则仅仅是损害赔偿责任的归责原则的过程。《草案一审稿》第65条规定：“因个人信息处理活动侵害个人信息权益的，按照个人因此受到的损失或者个人信息处理者因此获得的利益承担赔偿责任；个人因此受到的损失和个人信息处理者因此获得的利益难以确定的，由人民法院根据实际情况确定赔偿数额。个人信息处理者能够证明自己没有过错的，可以减轻或者免除责任。”《草案二审稿》第68条第1款规定：“个人信息权益因个人信息处理活动受到侵害，个人信息处理者不能证明自己没有过错的，应当承担损害赔偿等侵权责任。”显然，相比于第一次审议稿，第二次审议稿的规定逻辑条理更加清晰，明确了根据过错推定责任所确定的侵害个人信息权益的损害赔偿责任。②但是，《草案二审稿》第68条第1款中依然未区分“侵害”与“损害”，没有将“造成损害”作为承担侵害个人信息权益的损害赔偿责任的必备要件。这样就等于将过错推定责任作为所有侵权责任的归责原则，混淆了损害赔偿责任与其他侵权责任承担方式。在《草案二审稿》公开征求意见以及专题研讨会征求意见的过程中，包括笔者在内的不少专家学者建议应当增加“造成损害”这一要件，从而既明确过错推定责任属于侵权损害赔偿责任的归责原则，也与我国《民法典》第1165条的规定保持一致。立法机关最终接受了这一意见，在《个人信息保护法》本条第1款明确“造成损害”这一要件。

---

① 参见张新宝：《侵权责任编起草的主要问题探讨》，载《中国法律评论》2019年第1期。

② 参见全国人民代表大会宪法和法律委员会：《关于〈中华人民共和国个人信息保护法（草案）〉修改情况的汇报》，2021年4月26日。

（二）比较法上的立法例

从比较法来看，各个国家或地区的个人信息保护法或数据保护法对侵害个人信息或个人数据的侵权责任所规定的归责原则存在较大的差别。主要有以下几种立法模式：

第一种立法模式采取的是**无过错责任或严格责任**，此种立法例的最典型代表就是欧盟。早在1995年10月24日欧洲议会和欧盟理事会《关于涉及个人数据处理的个人保护以及此类数据自由流动的指令（95/46/EC）》中就明确规定了数据控制者的严格责任，该指令第23条第1款规定："任何人因非法数据处理行为或者违反依照本指令通过的国内有关规定的任何行为而遭受损害的，则成员国应当规定他们有权就该损害请求数据控制者赔偿。"该指令的"序言"部分第55条指出："鉴于个人因为非法数据处理而遭受的任何损害必须由数据控制者予以赔偿，但如果他能够证明他对损害不负责任，特别是如果他能够证明数据主体有过错或者发生不可抗力，则可以免责。"因此，数据控制者依据1995年数据保护指令承担的责任为无过错责任，免责事由为数据主体的过错以及不可抗力。不过，1995年的数据保护指令并未对处理者的责任问题作出规定。2018年施行的欧盟《一般数据保护条例》则既规定了控制者的责任也规定了处理者的责任，二者都需要直接向数据主体承担责任。该条例第82条第1款规定："任何因违反本条例之行为而遭受财产损失或非财产损失的人，有权就其所受之损害请求控制者或处理者予以赔偿。"同条第2款规定："参与处理的任何控制者应当为违反本条例的处理行为所致之损害负责。只有当处理者没有遵守本条例对处理者特别规定的义务或者超出了控制者的合法指示或违背该等指示时，方就处理行为所致之损害负责。"第3款规定："如果控制者或处理者证明其无论如何都不应对造成损害的事件负责的，应当免除本条第2款所规定的责任。"由此可见，欧盟《一般数据保护条例》第82条为数据的控制者和处理者确立了无过错责任①，即受害人在要求控制者或处理者承担责任时无须证明其存在过错。② 但是，从免责事由来看，控制者

---

① Paul Voigt& Axel von dem Bussche，The EU General Data Protection Regulation（GDPR），Springer，2017，at 208.

② Christopher Kuner，Lee A. Bygrave&Christopher Docksey ed.，The EU General Data Protection Regulation（GDPR）：A Commentary，Oxford University Press，2020，P. 1176.

的责任明显比处理者更加严厉。对于控制者而言，由于损害必须是“因违反本条例所致”（as a result of an infringement of this Regulation），故此，控制者只有证明他们并非因从事违反《一般数据保护条例》的非法处理行为而造成损害的行为主体，或者证明损害是由于处理者在控制者的授权之外或者超越从控制者处所取得的授权所致，方能免责。[①] 另外，对于处理者而言，由于其只是为控制者处理个人数据，故此，处理者只要是按照控制者的合法指示并且没有违反《一般数据保护条例》所施加给其的义务的，就不需要对损害负责，而应由数据控制者负责。但是，如果处理者违反了《一般数据保护条例》施加给处理者的义务，或者超越或违背了控制者的合法指示的，就需要承担责任。由于《一般数据保护条例》第82条第2款强调了处理者超越或违背的是“控制者的合法指示”（lawful instructions of the controller），所以，只要控制者的指示是不合法的，即违反了《一般数据保护条例》，那么即便处理者完全是按照控制者的指示去处理的，也要承担责任。

第二种立法模式是对个人信息处理活动究竟是**自动化处理还是非自动化处理**规定不同的归责原则，最典型的代表就是德国。德国《联邦数据保护法》（BDSG）对于侵害个人数据的侵权责任的规定经历了一个变化过程。在为执行欧盟1995年《欧盟个人数据保护指令》而于2002年制定的德国《联邦数据保护法》中，德国立法者区分了一般的数据控制者侵权赔偿责任和公共机关自动处理数据的侵权赔偿责任。对于前者，依据该法第7条，适用的是过错推定责任，即只要控制者采取违法的或不正当的方式收集、处理或使用个人数据而给数据主体造成了损害，控制者或其责任机构就应当赔偿由此造成的损失，除非能够证明尽到了具体情形中应尽的必要注意义务。对于后者，依据该法第8条，只要公共机关采取了违法或不正当的自动方式收集、处理或使用个人数据而给数据主体造成了损害，就应当承担赔偿责任，无论有无过错。但是，在2016年欧盟颁布《一般数据保护条

① 就数据控制者能否如同1995年数据保护指令的序言部分第55条规定的那样，以数据主体的过错或不可抗力作为免责事由，《一般数据保护条例》没有规定。但是，理论界有观点认为，由于《一般数据保护条例》第82条关于数据控制者的规定与1995年数据保护指令相同，故此应作相同的理解，即控制者可以以数据主体的过错或不可抗力作为免责事由。参见，Brendan Van Alsenoy，Liability under EU Data Protection Law：From Directive 95/46 to the General Data Protection Regulation，JIPITEC 7（3）2016，P.283.

例》之后，德国于2017年6月30日颁布了新的《联邦数据保护法》，新法的第83条第1款规定："控制者违反本法或者其他关于数据处理的规定而处理个人数据，致使数据主体遭受损害的，控制者或者其权利主体应向数据主体负赔偿义务。在非自动化处理的情况下，倘若损害非因控制者过错所致，则不承担赔偿责任。"由此可见，德国新的《联邦数据保护法》在区分自动化数据处理与非自动化数据处理的基础上分别规定了无过错责任与过错推定责任。具体来说，对于自动化的数据处理所产生的损害适用无过错责任，即只要数据控制者处理他人数据的行为违反了《联邦数据保护法》或其他法律并导致他人损害的，控制人或者其法人就负有损害赔偿义务。但是，在非自动化数据处理的情形下，如果损害并非由控制人的过错所致，则其不负有赔偿义务。①

第三种立法模式是区分处理者究竟是**公务机关还是非公务机关**规定不同的归责原则。我国台湾地区是这种立法的典型代表。依据我国台湾地区的"个人资料保护法"第28条，公务机关违反本法规定致个人资料遭不法收集、处理、利用或者其他侵害当事人权利的情形的，但是损害因为天灾、事变或者其他不可抗力所致者除外。同法第29条规定，非公务机关违反本法规定致个人资料遭不法收集、处理、利用或者其他侵害当事人权利的情形的，负损害赔偿责任，但是可以证明没有故意或者过失的除外。由此可见，在我国台湾地区的个人信息侵权责任中，对于公务机关适用无过错责任，对于非公务机关则采过错推定责任。② 公务机关的免责事由只有不可抗力即天灾、事变或者其他不可抗力，但是非公务机关可以通过证明没有故意或过失免责。此外，我国台湾地区"个人资料保护法"还规定了最高赔偿额，该法第28条第4项与第5项规定："对于同一原因事实造成多数当事人权利受侵害之事件，经当事人请求损害赔偿者，其合计最高总额以新台币二亿元为限。但因该原因事实所涉利益超过新台币二亿元者，以该所涉利益为限。同一原因事实造成之损害总额逾前项金额时，被害人所受赔偿金额，不受第三项所定每人每一事件最低赔偿金额新台币五百元之限制。"

---

① Vgl. Paal&Pauly, DS-GVO BDSG, 2. Aufl., 2018, Rn. 4-9.

② 王泽鉴：《人格权法：法释义学、比较法、案例研究》，台湾作者印行2012年版，第284页。在我国台湾地区，针对公务机关违反"个人资料保护法"而不法收集、处理、利用个人信息或其他侵害当事人权利的行为，受害人请求公务机关承担赔偿责任时，程序上应当先适用"国家赔偿法"的规定。参见林洲富：《个人资料保护法之理论与实务》，台湾元照出版公司2019年版，第99页。

（三）我国理论界的争议

在我国《个人信息保护法》的起草过程中，围绕个人信息侵权责任究竟采取何种归责原则存在很大的争议，甚至学者之间对于比较法上关于个人信息侵权责任的归责原则也有不同的认识。归纳起来，主要的观点如下：

1. 过错责任说。此说认为，侵害个人信息的侵权责任应当适用过错责任原则，因为此种侵权行为的基本性质是侵害隐私权，与侵害名誉权、肖像权等侵权行为一样，属于一般侵权行为，应当适用过错推定责任。①

2. 无过错责任说。此说认为，对于侵害个人信息的侵权责任不应当适用过错责任，而应当统一适用无过错责任，即受害人在针对信息控制者提起侵害个人信息的侵权之诉时，无须证明信息控制者存在过错，信息控制者只有在符合法定的免责事由时，才能免除责任。理由在于：首先，统一适用无过错责任能够更好地保护自然人的合法权益，使得自然人无须证明加害人的过错，同时也避免了实践中自动化数据处理与非自动化数据处理而适用不同的归责原则造成的麻烦。其次，虽然适用无过错责任，但是，可以在适用范围和免责事由上针对各种主体从事的活动的差异性而作出不同的规定，以便协调个人信息保护与合理自由（言论自由、信息自由等）的维护之间的关系。②

3. 区分说。此说认为，应当区分不同类型的个人信息处理行为，分别确定相应的归责原则。但是，究竟如何区分规定不同的归责原则，持这种观点的学者之间的认识也不一致。主要有以下四种观点：

第一种观点认为，应当区分个人信息处理者是国家机关还是非国家机关分别规定不同的归责原则，如果是国家机关违反《个人信息保护法》给信息主体造成人身或财产上的损失的，应当适用无过错责任原则；如果是非国家机关违反该法规定给信息主体造成人身或财产上的损失应当承担赔偿责任，应当适用过错推定责任。③ 这是因为，国家机关在收集个人信息的时候更多是为了履行管理职责，信息主体往往不得拒绝国家机关对自己的信息的收集与合理使用。因此，为了保

① 杨立新：《侵害公民个人电子信息的侵权行为及其责任》，载《法律科学》2013 年第 3 期。

② 笔者曾经采取该观点，参见程啸：《论侵害个人信息的民事责任》，载《暨南学报（哲学社会科学版）》2020 年第 1 期。

③ 齐爱民教授在草拟的个人信息保护法的学者建议稿中最早提出此种观点，参见齐爱民：《中华人民共和国个人信息保护法示范法草案学者建议稿》，载《河北法学》2005 年第 6 期。

护个人信息主体的利益，对国家机关应当适用无过错归责原则。但是，非国家机关向个人收集和使用公民个人信息时，往往征得了个人信息主体的书面同意，双方建立了平等的合同关系。在这种平行的法律关系下，个人数据主体有权决定自己的信息是否被收集以及在何种范围内进行使用。因此，针对非国家机关侵害公民个人信息的行为宜采取过错推定，一方面能够避免受害人因为举证困难而无法得到救济，另一方面也能够避免因为非国家机关承担过重的责任而阻碍信息沟通的自由和互联网产业的发展。①

第二种观点认为，我国《个人信息保护法》应当对利用自动化处理和非自动化处理而实施的个人信息侵权构建不同的归责原则，分别适用过错推定责任与过错责任②，这是因为：首先，自动化处理与非自动化处理在个人信息侵权责任归责原则的体系构建中具有决定意义，个人信息侵权归责的困难源于自动化技术的广泛采用，信息处理的过程难以预料，从而导致当事人之间的举证和诉讼能力存在差别，通过对于自动化处理实施的个人信息侵权可以很好地减轻个人的举证责任，保护其合法权益。至于非自动化处理实施的个人信息侵权，由于消除了大数据技术对受害人举证能力的障碍，故此，此类归责原则应当与侵害隐私权的侵权责任保持一致，即采取过错责任原则。此外，个人信息处理者不仅包括企业，也包括公务机关，公务机关即便采取自动化技术处理个人信息，其所拥有的数据资源和技术力量也并非强于非公务机关的企业公司，故此，对公务机关处理个人信息，也应当依据是否是自动化处理，而分别适用过错推定责任与过错责任，不能对于公务机关自动化处理个人信息采取无过错责任，否则过于苛刻，不利于依法履行职责。③

第三种观点是在上述第一种观点和第二种观点基础上融合而成的，认为我国对于个人信息侵权责任应当采取三元归责体系，即公务机关以数据自动处理技术实施的信息侵权适用无过错责任，采取自动化处理系统的非公务机关的信息侵权则适用过错推定责任；至于那些没有采取自动数据处理系统的数据处理者，其信

① 尹志强：《网络环境下侵害个人信息的民法救济》，载《法律适用》2013 年第 8 期。

② 参见陈吉栋：《个人信息的侵权救济》，载《交大法学》2019 年第 4 期；张建文：《个人信息的新型侵权形态及其救济》，载《法学杂志》2021 年第 4 期。

③ 陈吉栋：《个人信息的侵权救济》，载《交大法学》2019 年第 4 期。

息侵权应当适用一般的过错责任。①

第四种观点认为，应当按照敏感的个人信息与非敏感的个人信息规定不同的归责原则。因处理敏感信息而产生的侵权赔偿责任，应当适用危险责任即无过错责任；处理非敏感的个人信息产生的侵权赔偿责任，适用过错推定责任。② 理由在于：首先，敏感信息的处理行为本身就属于法律上的高度危险行为，因为敏感的个人信息与自然人的人格尊严和人格自由及人身财产安全等重大法益息息相关，处理此等信息的行为具有显著的危险，正因如此，该处理行为原则上应当是被禁止的，但是，基于各种更高的利益需求（如科学研究等公共利益、国家利益）而例外允许处理。既然如此，处理者应当承担更严格的责任。其次，对敏感信息的处理行为客观上开启了危险源，且处理者对处理行为具有控制力，故此，基于危险开启理论与危险控制理论的要求③，敏感信息的处理者也应当承担危险责任。再次，对侵害敏感信息的侵权赔偿责任适用危险责任也会显著提高处理敏感个人信息的成本，形成经济上的壁垒，使得一般的没有足够能力的处理者不敢轻易去处理此等信息，从而可以更好地保护个人信息权益。最后，对于符合法律规定的例外情形、可以处理敏感的个人信息的处理者而言，其可以通过购买责任保险等分散损失，并且通过适用无过错责任，也避免了处理者与自然人之间就是否有过错进行无谓的争执。

（四）《个人信息保护法》采取了过错推定责任

1. 个人信息保护法历次草案规定的变化

我国《民法典》人格权编只是对个人信息保护的基本原则和规则作出了规定，至于侵害个人信息的侵权责任的问题，没有作出具体的规定。故此，在《个人信息保护法》颁布之前，侵害个人信息的侵权责任，统一适用的是《民法典》第 1165 条第 1 款规定的过错责任原则。然而，就侵害个人信息的侵权责任而言，如果适用过错责任，就势必要求受害人证明加害人的过错，而这显然是很困难的。如前所述，在我国《个人信息保护法》的起草过程中，就侵害个人信息权益

---

① 叶名怡：《个人信息的侵权法保护》，载《法学研究》2018 年第 4 期。

② 在《草案二审稿》采取过错推定责任，笔者修正了以往的无过错责任说，认为可以仅对非敏感信息适用过错推定责任，但是对于敏感的个人信息仍然应当适用无过错责任。持此种观点，参见程啸：《论我国个人信息保护法中的个人信息处理规则》，载《清华法学》2021 年第 3 期。

③ 程啸：《侵权责任法（第三版）》，法律出版社 2021 年版，第 126 页。

的侵权赔偿责任究竟采取何种归责原则，存在很大的争议。最终立法机关采取了过错推定责任。

《草案一审稿》第65条规定："因个人信息处理活动侵害个人信息权益的，按照个人因此受到的损失或者个人信息处理者因此获得的利益承担赔偿责任；个人因此受到的损失和个人信息处理者因此获得的利益难以确定的，由人民法院根据实际情况确定赔偿数额。个人信息处理者能够证明自己没有过错的，可以减轻或者免除责任。"在征求意见过程中，多数观点认为，该规定存在的问题是：首先，先规定损害赔偿的计算，再规定侵权赔偿责任的归责原则，不符合逻辑。因为，就侵权赔偿责任而言，应当先规定责任的成立即归责原则，再规定如何确定损害赔偿即侵权赔偿责任的承担。其次，过错推定责任意味着法律先推定侵权人存在过错，侵权人"不能够证明自己没有过错"的，就要承担责任。例如，《民法典》第1165条第2款规定："依照法律规定推定行为人有过错，其不能证明自己没有过错的，应当承担侵权责任。"但是，《草案一审稿》第65条第3句却规定"个人信息处理者能够证明自己没有过错的，可以减轻或者免除责任"。既然能够证明自己没有过错，那么就应当免除责任，而不是减轻责任。如果在个人信息处理者能够证明自己没有过错的情况下，仍然只是减轻或免除责任，就意味着侵害个人信息权益的民事责任可能是无过错责任，也可能是过错推定责任。

有鉴于此，《草案二审稿》第68条进行了修改，首先，该条分为两款，依次对侵权责任的成立与侵权赔偿责任的承担作出了规定，逻辑上更加科学。其次，第68条第1款规定："个人信息权益因个人信息处理活动受到侵害，个人信息处理者不能证明自己没有过错的，应当承担损害赔偿等侵权责任。"从这一规定可以看出，立法机关进一步明确了过错推定责任，即只要个人信息权益因个人信息处理活动受到侵害，那么就推定个人信息处理者具有过错，如果个人信息处理者反证推翻，即不能证明自己没有过错的，就应当承担损害赔偿等侵权责任。应当说，《草案二审稿》第68条的规定较之于《草案一审稿》第65条的规定更加科学合理。

正式颁布的《个人信息保护法》第69条第1款规定："处理个人信息侵害个人信息权益造成损害，个人信息处理者不能证明自己没有过错的，应当承担损害赔偿等侵权责任。"从这一规定可以看出，立法机关仍然维持了过错推定责任，但是区分了侵害和损害，明确了过错推定责任是侵害个人信息权益的损害赔偿责任的归责原则。

2.《个人信息保护法》采取过错推定责任的理由

本书认为，我国《个人信息保护法》对于侵害个人信息权益的侵权赔偿责任采取了过错推定责任是妥当的。首先，就侵害个人信息权益的侵权赔偿责任而言，如果要求被侵权人即个人证明个人信息处理者存在过错，非常困难，因为个人信息处理活动具有很强的专业性和技术性，个人难以了解个人信息处理者的过错何在，更无法提出证据加以证明。故此，不应当采取过错责任，要求个人来证明个人信息处理者的过错。但是，如果对于侵害个人信息权益的侵权赔偿责任一律采取无过错责任，过于严厉。过错推定责任既有利于保护个人信息权益，减轻受害人的举证责任，同时对于个人信息处理者而言，也不是过于苛刻，其仍有机会通过证明自己没有过错而免除责任，显然更为合适。不仅如此，过错推定责任也更加符合个人信息处理中的责任原则的要求。

其次，现代社会中的个人信息处理活动基本上都是利用计算机技术进行的自动化处理，《个人信息保护法》也是为了应对利用现代网络信息科技处理个人信息带来的对个人权利和自由的风险所生，因此，区分自动化处理和非自动化处理而区分不同的归责原则，缺乏实际意义，不符合信息社会的发展趋势。

最后，区分国家机关与非国家机关处理个人信息而在个人信息保护中规定不同的归责原则，也不妥当。因为，国家机关履行法定职责而处理个人信息属于行使职权的行为，如果该行为侵犯公民的个人信息权益等合法权益的，应当适用《国家赔偿法》的规定。《国家赔偿法》第 2 条第 1 款规定："国家机关和国家机关工作人员行使职权，有本法规定的侵犯公民、法人和其他组织合法权益的情形，造成损害的，受害人有依照本法取得国家赔偿的权利。"该法第 3 条和第 4 条对行政赔偿的具体情形，第 17 条和第 18 条对刑事赔偿的具体情形分别作出了规定。从上述规定可知，国家赔偿责任主要适用的是违法归责原则，个别情形（刑事赔偿中的错误羁押和错误裁判）适用结果归责原则。所谓违法归责原则是指，国家机关承担国家赔偿责任以行使职权的行为违反法律、法规、规章和其他规范性文件等实定法的规定为要件。故此，在侵害个人信息权益的侵权责任中区分公务机关和非公务机关，并对公务机关适用无过错责任的观点不符合我国《国家赔偿法》的违法归责原则。

三、侵害个人信息权益的侵权责任的构成要件

（一）侵害个人信息权益

1. 侵害个人信息权益的行为是个人信息处理行为

首先，侵害个人信息权益的加害行为必须是个人信息处理行为，即个人信息的收集、存储、使用、加工、传输、提供、公开等行为。这些行为既包括作为，也包括不作为。所谓作为，如未取得个人同意而收集个人信息的行为。不作为，如处理者没有依法采取必要措施保护个人信息的安全，导致个人信息被他人窃取、篡改或丢失；再如，个人信息泄露后，个人处理者没有立即采取补救措施等。

其次，我国《个人信息保护法》第72条第1款已经明确排除了“自然人因个人或者家庭事务处理个人信息的”对《个人信息保护法》的适用，故此，自然人因个人或者家庭事务处理个人信息的行为侵害个人信息权益的，不适用《个人信息保护法》第68条的规定，而是适用《民法典》第1165条第1款的过错责任原则。

2. 侵害个人信息权益的个人信息处理行为的类型

作为侵权责任事实构成的基本表现形式的行为，即受侵权法评价的行为应当是侵害他人民事权益（Rechtsgutsverletzung）的行为，也称**“加害行为”**。如果某一行为，并未侵害他人的任何民事权益，不应当被评价为加害行为，更无从产生侵权责任。因此，只有当个人信息处理行为侵害了个人信息权益，才构成加害行为，才可能由此产生相应的侵权责任。《个人信息保护法》第2条明确规定：“自然人的个人信息受法律保护，任何组织、个人不得侵害自然人的个人信息权益。”故此，侵害个人信息权益的个人信息处理行为属于加害行为。一方面，侵害个人信息的个人信息处理行为往往违反了《个人信息保护法》《民法典》《电子商务法》《网络安全法》等法律关于个人信息保护的法律规定，属于违法行为；另一方面，非法的个人信息处理行为并非都侵害个人信息权益。例如，违反《个人信息保护法》第54条的规定，没有对应当事前进行风险评估的个人信息处理活动进行风险评估；再如，在不符合《个人信息保护法》第38条规定的条件时，就向境外提供个人信息。这些个人信息处理活动都是违法的，但是，它们可能并没

有直接侵害任何个人的个人信息权益。但是，一旦某个处理行为侵害了个人信息权益，则该处理行为是非法行为。具体而言，侵害个人信息权益的行为包括以下类型：

（1）非法收集个人信息的行为。所谓非法收集个人信息的行为，是指既没有遵循告知同意的规则又缺乏法律、行政法规规定的可以不告知或者无须取得个人同意的情形收集个人信息的行为。具体来说，此类行为包括以下类型：其一，基于个人同意处理个人信息的，没有告知并取得自然人或者其监护人的同意或者虽然告知但未取得自然人或其监护人的同意就收集个人信息的行为。其二，基于个人同意处理个人信息的，处理者虽然告知并取得了个人同意而收集个人信息，但是不符合法律规定的告知要求或者没有依法取得自然人或者其监护人的单独同意或书面同意。例如，个人信息处理者没有公开个人信息处理的规则或者未明示处理的目的、方式、范围，而收集个人信息的；再如，收集自然人的敏感个人信息时并未取得自然人或者其监护人的单独同意，而是通过概括授权的方式取得同意的。其三，基于个人同意处理个人信息的，处理者虽告知并取得了个人同意而收集个人信息，但未遵循诚信原则，而采取了误导、欺诈、胁迫等方式收集个人信息的。例如，个人信息处理者要求自然人同意处理其信息才提供产品或者服务且处理个人信息并非提供产品或者服务所必需的；再如，个人信息处理者以与其他授权捆绑等方式要求自然人同意处理其个人信息的。其四，国家机关依据法律、法规授权的具有管理公共事务职能的组织，违反法律、行政法规规定的权限、程序，超出履行法定职责所必需的范围和限度而收集个人信息的。其五，不是为了维护公共安全所必需、没有遵守国家有关规定或者没有设置显著的提示标识，而在公共场所安装图像采集、个人身份识别设备收集个人图像、个人身份特征信息的。

（2）非法使用个人信息的行为。所谓非法使用个人信息的行为是指违反法律、行政法规的规定或者双方的约定而使用、加工个人信息的行为，具体包括：其一，基于个人同意而处理个人信息的，处理者违反经个人同意的个人信息的处理目的、处理方式而使用、加工个人信息的。例如，个人同意处理者将收集的个人信息用于医疗健康目的，而处理者却将该信息用于商业广告推销；再如，房产中介公司员工将客户的个人信息用来为朋友办理居住证。① 其二，非基于个人同意而处理个人信息的，处理者超越实现处理目的所必需的最小范围使用个人信息，或者对个人信息进行了与处理目的无关的使用行为的。其三，个人信息处理者使用已公开的个人信息，违反该个人信息被公开时的用途而使用，或者在个人信息被公开时的用途不明确时未合理、谨慎地使用该已公开的个人信息的。其四，利用个人信息进行自动化决策作出对个人权益造成重大不利影响的决定，且拒不采取其他非自动化决策方式作出决定的。

（3）非法提供个人信息的，即违反法律、行政法规的规定，将个人信息提供给其他处理者、跨境提供个人信息或者非法买卖个人信息。例如，个人信息处理者在没有向个人告知接收方的身份、联系方式、处理目的、处理方式和个人信息的种类并取得个人的单独同意的情况下，就将个人信息提供给其他的处理者。再如，个人信息处理者的员工为牟取非法利益而窃取并出售处理者所存储的个人信息。

（4）个人信息泄露的，即收集个人信息者违反法律规定和当事人的约定，未采取应有的技术措施和其他必要措施，确保其收集的个人信息安全，导致个人信息被泄露、毁损、丢失；或者在个人信息泄露后，个人信息处理者没有立即采取补救措施，实践中这一类案件主要表现为医疗机构保管病历信息不当导致信息丢失、单位的人事部门或人力资源部门保管人事档案不当导致的信息缺损、电子设备维修不当错误删除记录等。②

（5）处理者从事的其他违反诚信原则、合法原则、目的限制原则、必要原则、质量原则以及公序良俗原则处理个人信息的行为。

3. 个人信息处理行为与个人信息权益被侵害存在因果关系

个人针对个人信息处理者提起侵害个人信息权益的侵权责任之诉时，应当证明个人信息处理者实施的处理行为与其个人信息权益被侵害之间存在因果关系，即具有“责任成立的因果关系”（haftungsbegründende Kausalität）。责任成立的因果关系是加害行为与权益遭受侵害（ Rechtsgutsverletzung ）之间的关联。③ 也就

① 参见“赵某与被告北京链家房地产经纪有限公司、宋某华、杨某东，第三人宋某友一般人格权纠纷案”，北京市朝阳区人民法院（2018）京0105民初9840号民事判决书。

② 北京市朝阳区人民法院编：《个人信息保护类民事案件研讨会参考资料》，第29页。

③ Brox/Walker，Allgemeines Schuldrecht，31. Aufl. 2006，§30 Rn 5.

是说，只有当加害行为与权益被侵害的结果存在关联时，侵权责任方可能成立。因此，责任成立的因果关系属于事实构成要件，解决的是侵权责任成立与否的问题。具体而言，个人应当举证证明：其一，其个人信息被处理者所处理，即个人信息处理者针对其个人信息进行了收集、存储、使用、加工、传输、提供、公开等行为。其二，其个人信息权益遭受了侵害。

由于个人信息具有很强的流动性，而信息的收集、存储、使用、提供等行为类型众多，涉及的相关主体也较为复杂。故此，一旦发生侵害个人信息权益的行为，受害人往往很难证明究竟是其中的哪个主体实施了侵害自己的个人信息权益的加害行为。例如，在我国司法实践中常见的因为个人信息被泄露而被诈骗的场合，原告往往难以查明实施电信诈骗的直接加害行为人，而只能以个人信息处理中涉及的某个或某几个信息处理者为被告提起诉讼。可是，这些被告则以个人信息并非自己所泄露为由进行抗辩。此时原告要提出证据证明就是这些被告实施了泄露其个人信息的行为（作为或不作为），往往十分困难。司法实践中，有些法院就以原告未能证明被告实施了加害行为为由驳回其诉讼请求。① 而有些法院为了更好地保护个人信息，减轻原告在此类案件中的举证负担，则采取了一些减轻原告举证困难的做法。例如，在“庞某某与北京趣拿信息技术有限公司等隐私权纠纷案”中，二审法院的法官就提出了证明加害人的高度可能性的判断标准，即只要原告提供的证据能够表明被告存在泄露原告个人隐私信息的高度可能，而被告又不能反证推翻这种高度可能，就可以认为被告实施了泄露个人信息的加害行为。② 该标准一经提出，即在司法实践中产生了很大的影响，一些法院在处理个人信息侵权案件时采取了该标准。③

我国《个人信息保护法》并未就侵害个人信息权益的侵权责任实行因果关系的推定，故此，以高度可能性的判断标准来确认被告是否实施了加害行为，比较合理，值得赞同。一方面，该标准并未改变《民事诉讼法》对证明责任分配的规

① 参见“孙某某与平安银行股份有限公司、深圳市鑫富源投资咨询有限公司隐私权纠纷案”，广东省深圳市中级人民法院（2017）粤03民终7378号民事判决书；“季某某与被告江苏苏宁易购电子商务有限公司隐私权纠纷案”，江苏省南京市玄武区人民法院（2016）苏0102民初1120号民事判决书。

② 参见北京市第一中级人民法院（2017）京01民终509号民事判决书。

③ “申某与上海携程商务有限公司，支付宝（中国）网络技术有限公司侵权责任纠纷案”，北京市朝阳区人民法院（2018）京0105民初36658号民事判决书。

定，原告依然需要提出相应的证据来证明被告存在泄露个人信息的行为的高度可能性；另一方面，考虑到现代信息社会中个人信息可能被很多主体所收集、存储和利用，信息的传递本身也具有极大的隐蔽性，要求原告确切无疑地证明究竟泄露个人信息的主体是谁，显然强人所难。故此，只需要证明被告存在泄露个人信息的高度可能性就行。原告的举证是否达到了证明被告存在泄露个人信息的高度可能，应由法官结合案件的具体事实综合判断。一旦认可了原告的证明达到了这种高度的可能，就应当由被告提供各种证据来推翻这种高度可能。

不过在适用高度可能性的证明标准时，法院无论是在认定原告对被告加害行为的举证是否达到了高度的可能，还是在认定被告的举证是否足以推翻这种高度可能时，需要综合考虑以下几个因素：（1）被告掌握原告的被泄露的个人信息的范围与程度。个人信息的类型众多，被告掌握原告的被泄露的个人信息的范围越大，程度越深，则其泄露原告个人信息的可能性越大。（2）其他单位或个人掌握被泄露的个人信息的可能性。尽管现代社会中任何自然人的个人信息可能都被很多单位或个人所掌握，但每个单位或个人所掌握的个人信息是不同的。例如，航班信息往往被航空公司以及票务公司所掌握，如果被泄露了，航空公司、票务公司泄露的可能性肯定要大于那些掌握自然人财务信息的银行等金融机构。（3）被告是否曾经存在泄露自然人个人信息的情形。如果被告曾经存在泄露自然人个人信息的情形，如被媒体披露过或者被相关政府主管部门进行过批评、警告甚至处罚的，其泄露个人信息的可能性就更大。（4）被告已经采取的个人信息的保护机制和具体措施。被告如果能够举证证明自己已经采取了非常充分的个人信息的保护机制和具体措施，履行了法律法规等规定的各种个人信息保护的义务，就可以在很大程度上推翻其泄露原告个人信息的高度可能性，至少将这种可能性降得比较低了。（5）信息收集者、信息存储者、信息使用者对接入其平台的第三方应用是否建立准入等相应的管理机制和履行管理义务的情形。这主要涉及泄露个人信息究竟是平台的提供者还是接入平台的第三方应用的问题。

（二）造成了损害

1. 损害的含义

损害是所有损害赔偿责任的必备要件，没有损害就没有赔偿。“损害”（Schaden）是所有民事赔偿责任的必备构成要件。虽然有损害未必有赔偿，但是没有损害肯定没有赔偿。唯有被侵权人因民事权益被侵害而遭受了损害，方能要求侵权人负损害赔偿责任。究竟何为损害，我国民法并未作出界定。“客观上的损害”（natuerlich Schadensbegriff）①，就是指任何物质的或精神的利益的非自愿的丧失②，但并非所有客观上的损害都能获得法律上的救济。“任何人身或财产上的不利益，只有在法律上被认为具有补救的可能性和必要性时，才产生民事责任。”③ 换言之，只有那些具有可赔偿性（ersatzfaehiger）的损害，才属于损害赔偿法上的损害或“规范上的损害”（normativ Schadensbegriff）。因为，法律必须在考虑（自由、安全、公平等）各种价值的关系并作出权衡后，才能决定哪些损害是可以补救的。故此，《欧洲侵权法原则》第2:101条将“可赔偿的损害”（recoverable damage）界定为“损害必须是对法律保护的利益造成的物质损失或非物质损失”。冯·巴尔教授主持起草的《欧洲示范民法典草案》（DCFR）更是对于如何确定“具有法律相关性的损害”（legally relevant damage）作出了详细的规定，该草案第六卷“造成他人损害的非合同责任”的第2:101条规定：“（1）损失（不论是经济损失还是非经济损失）或者伤害（injury）是具有法律相关性的损害，如果：(a）本章下面的任一规则如是规定的；(b）损失或伤害是因为侵犯法律在前项之外所赋予的权利而产生的；(c）损失或者伤害是因为侵犯值得法律保护的利益而产生的。(2）仅在第（1）款（b）项或（c）项规定范围内的损失或者伤害，只有在根据具体情况依据本卷第1:101条（基本规则）或者第1:102条（预防）的规定赋予请求赔偿的权利或者请求防止损害的权利是公平合理的情况下，方构成具有法律相关性的损害。(3）在判断赋予请求赔偿的权利或者请求防止损害的潜力是否公平合理时，必须权衡的因素包括归责基础或者迫近的损害的性质与实质性原因、遭受或将会遭受损害的人的合理期待以及对公共政策的考量。(4）在本卷中：(a）经济损失包括收入或利润损失、发生的负担以及财产价值的减少；(b）非经济损失包括痛苦与创伤以及生活品质的降低。”④

---

① Looschelders, Schuldrecht Allgemeiner Teil, 6. Aufl. 2008, S. 282.

② Schwarz/Wandt, Gesetzliche Schuldverhaeltnisse, 3. Aufl. 2009, S. 434; Brox/Walker, Allgemeines Schuldrecht, 31. Aufl. 2006, S. 326.

③ 王利明：《侵权责任法研究（上卷）》，中国人民大学出版社2010年版，第354页。

④ ［德］克里斯蒂安·冯·巴尔、［英］埃里克·克莱夫主编：《欧洲私法的原则、定义与示范规则：欧洲示范民法典草案（全译本）》（第5-7卷），王文胜等译，法律出版社2014年版，第225页。

法律上的损害或者具有可赔偿性的损害的判断要在协调各种价值目标的基础上进行①，具体而言，应当考虑以下因素：

第一，该损害是由于侵权人侵害了他人的民事权益所致，这是因为侵权法保护的是法益的归属，从而也保护享有该法益的主体。“如果法律对法益作出归属划分，则表明，依据价值判断所享有的利益具有正当性，法律应当保护此种利益。很显然，侵权责任法并不保护非法利益。”②

第二，损害并非过于遥远以至于不应由侵权人加以赔偿。法律在划定保护范围时必须考虑各种对立的利益，因为“要保护一个人的利益和权利，法律就要规定权利人以外的人都应当尊重这一领域：法律如果确认某个人的受保护地位，它就会要求其他所有人合理地尊重这些权利和利益。受保护的权利或利益的权利人不必容忍没有正当理由的侵害；他有权请求禁令和自卫。结果是：承认任何受保护的权利和利益都会限制其他所有人的自由”。③ 故此，为了维护人们的合理行为自由，因果关系上过于遥远的损害，也会被排除在可赔偿的损害之外。

第三，不同的民事权益的位阶不同，保护的利益范围和保护强度也不同，故此，侵害不同民事权益所造成的损害中，可补偿的损害范围也有区别。对此，《欧洲侵权法原则》作出了详细的规定，其第2:102条规定：“（1）受保护的利益的范围取决于利益的性质；价值越高，界定越精确、越明显，其所受保护就越全面；（2）生命、身体和精神的完整性，人的尊严和自由受最全面的保护；（3）财产权包括无形财产权受广泛保护；（4）纯经济利益和契约关系的保护可受更多限制，此时，尤其是要充分注意行为人与遭受危险者之间的紧密性，或者行为人知道其利益肯定不如受害人的利益价值大，而其行为将造成损害的事实；（5）保护范围也受责任性质的影响，在故意侵害利益时，对利益的保护程度更高；（6）在确定保护范围时，应考虑行为人的利益尤其是其行动自由与行使权利的利益，以及公共利益。”这种区分民事权益位阶给予不同程度保护进而影响可赔偿的损害范围的观念在我国民法上也有体现。我国《民法典》第998条规定：“认定行为

---

① 朱晓峰：《侵权可赔损害类型论》，法律出版社2017年版，第45页以下。

② ［奥］赫尔穆特·考茨欧：《侵权责任法的基本问题（第一卷）》，朱岩译，北京大学出版社2017年版，第110页。

③ 欧洲侵权法小组：《欧洲侵权法原则：文本与评注》，于敏、谢鸿飞译，法律出版社2009年版，第63页。

人承担侵害除生命权、身体权和健康权外的人格权的民事责任，应当考虑行为人和受害人的职业、影响范围、过错程度，以及行为的目的、方式、后果等因素。”这一规定实际上就表明了生命权、身体权和健康权受到最严格的保护，侵害这三类人格权的损害赔偿的范围最广，既包括所受损害、所失利益等财产损害，也包括精神损害。

2. 损害的类型

依据损害能否通过金钱加以计算，可以将之分为财产性与非财产性损害。财产性损害（vermögensschaden/pecuniary loss），也称“有形损害”（materieller schaden）、“物质性损害”或者“经济损失”，是指具有财产价值，能够以金钱加以计算的损害。例如，A 将 B 的一只贵重的花瓶摔坏；甲将乙的房屋烧毁；张三盗窃了李四的股票并出售等。财产性损害不仅包括对有体物（动产、不动产）的损害，也包括对无形财产（如著作权、商标权、网络虚拟财产、数据）的损害，以及收入的丧失（误工损失）、利润的减少和支出的费用（医疗费）等。

非财产性损害（nichtvermögensschaden），也称“无形损害”（immaterieller Schaden）、“非物质性损害”或者“精神损害”，是指没有财产价值，无法以金钱加以计算，也无法基于真实的市场交易将其物化为具体财产类型的损害。例如，甲因其近亲属乙被丙开车撞死而遭受的失去亲人的痛苦；A 因被 B 打伤致残而遭受的身体伤残的痛苦。严格来说，非财产性损失的含义要广于精神损害。因为，除了精神损害是无法参考市场通过客观的经济方法以金钱加以计算的损失，还有其他的一些损害，如自由的丧失、休假目的落空、时间的无端浪费、失去物的使用等，都存在无法以金钱计算的问题，故此也可归为非财产性损害。①

一般来说，侵害物权、债权、知识产权、股权及其他投资性权利以及数据、网络虚拟财产等财产权益时，只产生财产性损害。因为在这些财产权益被侵害时，完全可以依据公众评价而非仅仅依据权利人的个体主观感受来确定其在市场中的价值是否被降低了，且此种价值都可以通过货币的方式予以转让。② 唯一特

① 与德国法不同，我国法将物的抽象使用的丧失作为财产损害赔偿。《最高人民法院关于审理道路交通事故损害赔偿案件适用法律若干问题的解释》第 15 条第 4 项将“非经营性车辆因无法继续使用，所产生的通常替代性交通工具的合理费用”作为因道路交通事故造成的财产损失。

② ［奥］赫尔穆特·考茨欧：《侵权责任法的基本问题（第一卷）》，朱岩译，北京大学出版社 2017 年版，第 112 页。

殊的是，侵害具有人身意义的特定物，可能给受害人造成严重的精神损害，从而需要承担精神损害赔偿责任（《民法典》第1183条第2款）。在侵害人身权益（包括人格权、身份权以及人身利益）时，既会造成财产损害，也会造成非财产损害。例如，侵害他人健康权，一方面要赔偿因此给受害人造成的各种财产损害，如医疗费、护理费、交通费、营养费、住院伙食补助费等为治疗和康复支出的合理费用，以及因误工减少的收入、残疾赔偿金、死亡赔偿金、丧葬费等（《民法典》第1179条）；另一方面还要赔偿给受害人造成的严重精神损害（《民法典》第1183条第1款）。

3. 侵害个人信息权益造成的损害

在侵害个人信息权益的侵权赔偿纠纷中，原告要求被告承担侵权赔偿责任，就必须证明自己因此遭受的损害。侵害个人信息权益可能给受害人造成财产损害。例如，因为个人信息被泄露导致受害人被诈骗而损失金钱；或者个人信息被泄露后生命权、身体权或健康权被侵害而遭受财产损失。对于财产损害，受害人往往比较容易证明。例如，在"申某与上海携程商务有限公司、支付宝（中国）网络技术有限公司侵权责任纠纷案"中，原告因个人的手机号和航班信息被他人泄露而被犯罪分子实施电信诈骗，损失了118900元。① 这一财产损失就是因为侵害个人信息权益所致。当然，由于该案中，被告并非直接实施电子诈骗的加害行为人，其没有妥善保管个人信息的行为与原告的损害之间只具有部分原因力，故此，法院认为："因携程公司违反了网络运营主体的安全保障义务，存在个人信息保护上的安全维护漏洞，导致申某遭遇诈骗形成财产损失。本院综合案情及携程公司的过错责任程度，酌情确定携程公司在5万元赔偿数额的范围内对申某承担补充责任。"同样，侵害个人信息权益也会给受害人造成精神损害。例如，受害人的私密信息被泄露以致隐私权、名誉权被侵害，而遭受严重的精神痛苦。就精神损害赔偿而言，《民法典》第1183条第1款规定，"侵害自然人人身权益造成严重精神损害的，被侵权人有权请求精神损害赔偿"。个人信息权益当然属于自然人的人身权益，因此，在被侵害个人信息权益造成严重精神损害的时候，受害人有权要求侵权人承担精神损害赔偿责任。

---

① 北京市朝阳区人民法院（2018）京0105民初36658号民事判决书。

（三）个人信息处理者具有过错

侵害个人信息权益的侵权责任适用的是过错推定责任，即由个人信息处理行为侵害个人信息权益造成的，《个人信息保护法》推定个人信息处理者具有过错，其应当举证证明自己没有过错，方能免除责任，否则就要承担责任。之所以可以进行这种推定，是因为如果个人信息处理者严格依据《个人信息保护法》《民法典》等法律的规定处理个人信息，不存在非法处理个人信息的行为，就不会侵害个人信息权益，也就无所谓过错。只要其存在非法处理个人信息的行为，基于此种处理行为的违法性就可以推定个人信息处理者具有过错，除非其能够证明自己的处理行为不属于违法处理行为，从而推翻对其过错的推定。例如，在个人信息被黑客攻击而导致泄露，侵害个人信息权益的纠纷中，个人信息处理者证明自己已经按照法律的规定采取了必要措施防止个人信息泄露或被窃取，同时在个人信息泄露后立即采取了补救措施并且通知了履行个人信息保护职责的部门和个人。在这种情况下，应当认为个人信息处理者并不存在过错，其不应承担侵权责任。

四、侵害个人信息权益的侵权责任承担方式

（一）侵权损害赔偿责任

侵权责任成立后需要解决的问题就是，侵权人如何承担侵权责任。法律上对侵权责任承担方式的规定，应以最有效地消除侵权行为对被侵权人造成的不利影响为宗旨。如果侵权行为造成了被侵权人财产损失或精神损害，最有效的侵权责任方式就是损害赔偿。通过恢复原状或金钱赔偿的方式，损害赔偿责任可以使得受害人回复到倘若侵权行为没有发生其应处的状态。然而，在不少情形下，个人信息处理者的处理活动虽然侵害了个人信息权益，但是，受害人很难证明自己遭受了财产损失，更无法证明存在严重的精神损害。例如，A公司在没有告知并取得张三的同意的情况下，非法收集了张三的个人信息。这种处理行为当然是违法的，侵害了张三的个人信息权益，并且A公司主观上也是故意的。但是，张三很难证明自己遭受了财产损失，虽然张三可能因为个人信息被非法收集而心存忧虑或感到不安，但远远谈不上有精神损害。例如，在一个案件中，被告未经原告的同意，用原告的房产信息和身份证信息为另一个被告办理了居住证，导致原告在为其亲戚办理居住证时无法办理，该案原告虽然要求被告承担10万元的经济损

失，但其并未能提出相关的证据加以证明。① 再如，一个网络公司侵害自然人的个人信息权益的案件中，原告主张精神损害抚慰金 2 万元，但是，法院认为，“虽然原告陈述被告的侵权行为给其带来困扰，但并未提供证据证明造成严重后果，故对原告的该项诉讼请求不予支持”。②

在我国《个人信息保护法》颁布之前，为了解决侵害个人信息权益造成的财产损害难以确定的问题，可以适用《民法典》第 1182 条，即“侵害他人人身权益造成财产损失的，按照被侵权人因此受到的损失或者侵权人因此获得的利益赔偿；被侵权人因此受到的损失以及侵权人因此获得的利益难以确定，被侵权人和侵权人就赔偿数额协商不一致，向人民法院提起诉讼的，由人民法院根据实际情况确定赔偿数额”。此外，《最高人民法院关于审理利用信息网络侵害人身权益民事纠纷案件适用法律若干问题的规定》第 12 条规定：“被侵权人为制止侵权行为所支付的合理开支，可以认定为民法典第一千一百八十二条规定的财产损失。合理开支包括被侵权人或者委托代理人对侵权行为进行调查、取证的合理费用。人民法院根据当事人的请求和具体案情，可以将符合国家有关部门规定的律师费用计算在赔偿范围内。被侵权人因人身权益受侵害造成的财产损失以及侵权人因此获得的利益难以确定的，人民法院可以根据具体案情在 50 万元以下的范围内确定赔偿数额。”《最高人民法院关于审理使用人脸识别技术处理个人信息相关民事案件适用法律若干问题的规定》第 8 条规定：“信息处理者处理人脸信息侵害自然人人格权益造成财产损失，该自然人依据民法典第一千一百八十二条主张财产损害赔偿的，人民法院依法予以支持。自然人为制止侵权行为所支付的合理开支，可以认定为民法典第一千一百八十二条规定的财产损失。合理开支包括该自然人或者委托代理人对侵权行为进行调查、取证的合理费用。人民法院根据当事人的请求和具体案情，可以将合理的律师费用计算在赔偿范围内。”例如，在上述“赵某与被告北京链家房地产经纪有限公司、宋某华、杨某东，第三人宋某友一般人格权纠纷案”中，虽然原告没有能够证明其因个人信息被侵害而遭受的财

① “赵某与被告北京链家房地产经纪有限公司、宋某华、杨某东，第三人宋某友一般人格权纠纷案”，北京市朝阳区人民法院（2018）京 0105 民初 9840 号民事判决书。

② “凌某某诉北京微播视界科技有限公司隐私权、个人信息权益网络侵权责任纠纷案”，北京互联网法院（2019）京 0491 民初 6694 号民事判决书。

产损失的数额，但是，法院认为："针对赵某主张的经济损失，随着社会的进步和信息经济的发展，个人信息作为一种愈益重要的资源，其财产价值日益凸显，个人信息处理业已形成产业链。个人信息同时体现着人格利益和财产价值，对个人信息的侵害必然带来承担相应经济赔偿责任。对于判定的经济损失数额，本院针对案件情况和侵权情节，确定经济损失赔偿金额为 10 万元。"① 再如，在"凌某某诉北京微播视界科技有限公司隐私权、个人信息权益网络侵权责任纠纷案"中，法院认为："对个人信息的消极利用会给信息主体带来人身和财产受到侵害的风险，对个人信息的积极利用会给使用者带来利益。个人信息是数据的重要来源之一，而数据作为新型生产要素又是数字经济发展的基础，对于个人信息的采集和利用必然会带来商业价值和经济利益。本案中，虽然双方均未提供原告因个人信息权益受到侵害所遭受的财产损失或被告因此获得利益的相关证据，但被告对个人信息的采集和利用必然会为其商业运营带来利益。被告在未征得原告同意的情况下采集原告的个人信息并加以利用，应当进行一定的经济赔偿。同时考虑需对互联网企业依法处理个人信息的行为进行引导，根据本案具体情况，酌定赔偿数额为 1000 元。"

我国《个人信息保护法》依据《民法典》第 1182 条对侵害个人信息权益的损害赔偿责任的确定方法作出了规定，但又有所变化。《个人信息保护法》第 69 条第 2 款规定："前款规定的损害赔偿责任按照个人因此受到的损失或者个人信息处理者因此获得的利益确定；个人因此受到的损失和个人信息处理者因此获得的利益难以确定的，根据实际情况确定赔偿数额。"需要注意的是，《个人信息保护法》这一规定中使用的是**"损失"**一词，而未如《民法典》第 1182 条那样使用**"财产损失"**的表述。也就是说，依据《个人信息保护法》第 69 条第 2 款，只要侵害个人信息权益造成损失的，无论该损失是财产损失还是精神损失，都可以按照个人因此受到的损失或者个人信息处理者因此获得的利益确定，如果个人因此受到的损失和个人信息处理者因此获得的利益难以确定的，根据实际情况确定赔偿数额。作此规定的理由在于：个人信息处理者的处理活动侵害个人信息权

① "赵某与被告北京链家房地产经纪有限公司、宋某华、杨某东，第三人宋某友一般人格权纠纷案"，北京市朝阳区人民法院（2018）京 0105 民初 9840 号民事判决书。

益的，如果侵害只是单纯的个人信息，而同时构成对隐私权、名誉权、财产权等具体权利的侵害时，受害人往往没有财产损失，因为单个的个人信息的价值并不高。有研究显示，单个普通人贡献的数据价值为0.007美元，经常出差的富人也只有1.78美元。① 实际上，侵害个人信息权益多是给受害人造成精神损害，如心理上的焦虑、不安、恐惧、忧愁或其他不适，但是这种精神损害的程度远远没有达到《民法典》第1183条第1款要求的“严重精神损害”的程度。如果按照《民法典》的规定，受害人显然是无法要求侵权人承担精神损害赔偿责任的。为了解决这一问题，同时又与《民法典》的规定不冲突，《个人信息保护法》第68条第2款扩张了《民法典》第1182条的适用范围，将“按照被侵权人因此受到的损失或者侵权人因此获得的利益赔偿”的规则适用于所有的损害，包括精神损害。也就是说，即便是精神损害，个人也有权按照个人因此受到的损失或者个人信息处理者因此获得的利益确定，如果个人因此受到的损失和个人信息处理者因此获得的利益难以确定的，则可以根据实际情况确定赔偿数额。

依据《个人信息保护法》第69条第2款第2句，要根据实际情况确定赔偿数额。所谓根据实际情况，主要是指要综合考虑以下因素：行为人和受害人的职业与身份，侵权行为的影响范围，侵权人的过错程度，加害行为的目的、方式、后果等。《最高人民法院关于审理利用信息网络侵害人身权益民事纠纷案件适用法律若干问题的规定》第12条第2款规定，被侵权人因人身权益受侵害造成的财产损失以及侵权人因此获得的利益难以确定的，人民法院可以根据具体案情在50万元以下的范围内确定赔偿数额。显然，这个幅度是非常大的，故此，在我国《个人信息保护法》的起草过程中，曾有观点主张采取一个相对幅度更小的范围来确定赔偿数额。例如，按照每个受害人在每一起侵害个人信息权益事件赔偿500元至1000元。我国台湾地区“个人资料保护法”采取了这种方法，该法第28条第3项规定：“依前二项情形，如被害人不易或不能证明其实际损害额时，得请求法院依侵害情节，以每人每一事件新台币五百元以上二万元以下计算。”不过考虑到侵害个人信息案件往往涉及人数极为众多，如果作此规定，可能给个人信息处理者造成极大的赔偿责任。例如，泄露100万人的个人信息，即便按照

① 转引自申卫星：《论数据用益权》，载《中国社会科学》2020年第11期。

每人 500 元，也意味着要赔偿 5 亿元。故此，立法机关没有采取这一观点。

（二）其他侵权责任承担方式

在侵害个人信息权益但并未造成损害的案件中，个人信息处理者即便没有过错也要承担性质上属于绝对权保护请求权的侵权责任。换句话说，虽然侵害了民事权益，构成了侵权行为，但尚未给被侵权人造成损害而只是构成了妨害或有妨害的危险，被侵权人还存在制止或防御即将发生的侵害或损害的机会。此时，立法者就应当赋予“法院在损害尚未发生的期间基于当事人的申请提供法律保护措施的职权”，否则就没有尽到法律保护的义务。[①]《民法典》第 179 条第 1 款规定了十一种民事责任的承担方式，其中，有八种属于侵权责任的承担方式，即停止侵害，排除妨碍，消除危险，返还财产，恢复原状，赔偿损失，赔礼道歉，消除影响、恢复名誉。这些承担侵权责任的方式，既能够单独适用，也可以合并适用（《民法典》第 179 条第 1 款）。此外，《民法典》还明确规定：“法律规定惩罚性赔偿的，依照其规定。”惩罚性赔偿既可以适用于侵权责任，也可以适用于合同责任。目前，我国尚无法律规定侵害个人信息权益可以适用惩罚性赔偿。

五、免责与减责事由

（一）免责事由

《民法典》中规定的适用于所有民事责任的免责事由包括：不可抗力、正当防卫、紧急避险（第 180—182 条）。这三类免责事由适用于所有的民事责任，故此规定在《民法典》的总则编。同时，《民法典》的侵权责任编还对侵权责任的免责事由作出了规定，具体包括：受害人故意（第 1174 条）、自甘冒险（第 1176 条）以及自助行为（第 1177 条）。上述免责事由也可以适用于侵害个人信息的民事责任。不过，因为正当防卫、紧急避险而侵害个人信息的情形较为少见，比较有可能的是因为不可抗力而导致处理者所储存的个人信息丢失的情形。例如，因为地震而导致存储个人信息的设备损坏，从而使其中存储的个人信息灭失，此时处理者可以以不可抗力作为免责事由。依据《民法典》第 1036 条的规定，在侵害个人信息权益的侵权诉讼中，个人信息处理者可以通过举证证明存在以下免责

① ［德］克里斯蒂安·冯·巴尔：《欧洲比较侵权行为法》（下），焦美华译，法律出版社 2004 年版，第 159 页。

事由，而主张不承担侵权责任：

1. 在自然人或者其监护人同意的范围内合理处理人脸信息的

告知并取得个人信息被处理的自然人或者其监护人的同意是个人信息处理的合法性基础，除非法律、行政法规规定了可以不告知或者无须取得同意。在基于个人同意的个人信息处理中，个人信息处理者能够证明已经依法告知并取得自然人或者其监护人的同意，并且并未超出同意的范围内实施的个人信息处理行为，处理者自然无须承担侵权责任。

2. 合理处理该自然人自行公开的或者其他已经合法公开的信息，但是该自然人明确拒绝或者处理该信息侵害其重大利益的除外

无论是自然人自行公开的还是其他已经合法公开的个人信息，原则上是可以无须告知并取得自然人的同意即能够自由进行处理的，因为这有利于促进信息的流动与利用，对于网络信息社会和数字经济的发展是有利的。例如，欧盟《一般数据保护条例》第 9 条第 2 款规定，在处理被数据主体明显公开的个人数据时，不适用本条第 1 款禁止处理的规定。但是，如果该自然人明确拒绝对已合法公开的个人信息的处理或者处理该信息侵害其重大利益的除外。我国《个人信息保护法》第 27 条也对个人信息处理者处理已公开的个人信息作出了明确的规定。虽然是已经公开的个人信息，处理者在处理时不需要告知并取得个人的同意，但是，其处理也应当是合理的、谨慎的，而非任意的。如果处理该信息将侵害自然人的重大利益，也要承担民事责任。所谓“侵害自然人重大利益”的情形，此种处理将有害于自然人的生命、身体、自由、财产或其他重大利益。例如，通过对各种合法公开的信息的处理而对自然人进行人格画像，从而将导致其在接受商品或服务的过程中遭遇种族、性别的歧视等侵害人格尊严的行为，则该处理行为侵害了自然人的重大利益，是非法的。

3. 为维护公共利益或者该自然人合法权益，合理实施的其他行为

所谓维护公共利益的情形，例如，当大规模疫情或灾难发生时，为了应对该疫情或灾难而需要对个人信息进行收集、使用等处理行为；再如，为了舆论监督而对自然人的个人信息进行披露的行为。《个人信息保护法》第 13 条明确将为应对突发公共卫生事件所必需，作为无须取得个人同意即可处理个人信息的情形。所谓维护该自然人的合法权益，是指为了维护个人信息被处理者的合法权益而在

不经过其本人或监护人同意的情形下处理个人信息。例如，甲突发疾病生命垂危，急需在掌握其既往病史等个人信息的基础上进行治疗，而又无法取得其本人或近亲属的同意。此时，为了挽救甲的生命，可以实施个人信息处理行为。《个人信息保护法》第13条扩张了《民法典》的规定，将所有“紧急情况下为保护自然人的生命健康和财产安全所必需”作为无须取得同意即可处理个人信息的情形。

（二）减责事由

《民法典》第1173条规定：“被侵权人对同一损害的发生或者扩大有过错的，可以减轻侵权人的责任。”在侵害个人信息权益的侵权责任纠纷中，如果被侵权人对于同一损害的发生或扩大具有过错的，可以减轻处理者的责任。例如，在信息处理者因为第三人非法侵入其计算机信息系统窃取个人信息后，已经及时采取补救措施，并依法告知了被收集者并向有关主管部门报告。但是，被收集者没有及时采取措施如更改密码、转移资金等，而导致了同一损失的发生或扩大的，则处理者可以减轻赔偿责任。对此，比较法上也有类似的规定，例如，德国《联邦数据保护法》第83条第4款就明确规定：“民法典第254条的规定适用于数据主体存在与有过失的情形。”德国《民法典》第254条规定：“损害之发生被害人与有过失者，赔偿义务及赔偿之范围，应按具体情事而定，即如斟酌损害在何种程度系主要由一方或他方所引起者。被害人之过失纵仅为怠于预促债务人注意其所不知或不可得而知之非通常高度损害之危险，或怠于避免或减轻损害者，亦同。”

◆ 疑点与难点

一、关于隐私权与个人信息权益保护程度差异的争论

在《个人信息保护法》的起草过程中，有观点认为，《民法典》第1034条第3款规定：“个人信息中的私密信息，适用有关隐私权的规定；没有规定的，适用有关个人信息保护的规定。”由此可见，《民法典》对于隐私权保护的程度要高于对于（非私密的）个人信息的保护程度。既然《民法典》对侵害隐私权的侵权责任仍然适用过错责任原则，那么，对于受保护的程度低于隐私权的个人信息，《个人信息保护法》却适用过错推定责任，显然是不合理的，也有违《民法典》的规定。

笔者不赞同上述观点。首先，《民法典》第1034条第3款规定在人格权编中，而人格权编的规范重点在于确认和明确各项具体人格权益的内容、边界和特殊的保护规则，至于侵害个人权益的侵权责任，应当适用《民法典》侵权责任编和其他法律的规定。《民法典》第995条第1句规定："人格权受到侵害的，受害人有权依照本法和其他法律的规定请求行为人承担民事责任。"这就是说，无论是侵害隐私权等具体人格权抑或侵害个人信息的侵权责任，都应当依据侵权责任编和其他法律的规定。正因如此，在我国《民法典》编纂过程中，立法机关没有接受在人格权编第6章"隐私权和个人信息保护"中规定侵害个人信息的民事责任的观点。[①] 显然，并非仅仅《民法典》侵权责任编可以对侵权责任作出规定，《个人信息保护法》也完全可以对侵害个人信息权益的侵权责任作出相应的规定。

其次，《民法典》人格权编对于隐私权保护的强度确实高于非私密信息，主要体现在：（1）《民法典》第1033条规定，除非"法律另有规定或者权利人明确同意外"，任何组织和个人不得侵害他人的隐私权，包括处理他人的私密信息。但是，对于个人信息，第1035条第1款则规定，只要有法律、行政法规的规定，就可以无须征得自然人或其监护人的同意而处理个人信息。（2）依据《民法典》第999条，为公共利益实施新闻报道、舆论监督等行为的，可以合理使用民事主体的姓名、名称、肖像、个人信息等。但是，《民法典》不允许对隐私进行所谓的合理使用。这些差异确实体现了《民法典》更注重保护隐私权的立法宗旨。因为，隐私权与人格尊严息息相关，维护的是人格利益，不存在足以与隐私权的保护相抗衡的其他利益。然而，在个人信息的保护中，则始终需要注意协调保护与利用的关系，过度保护个人信息不利于信息的自由流动，会妨害数字经济与网络科技的发展。也正是在这一认识的基础上，《民法典》第1034条第3款才规定："个人信息中的私密信息，适用有关隐私权的规定；没有规定的，适用有关个人信息保护的规定。"然而，《民法典》对隐私权和个人信息保护程度的差异并不意味着，侵害个人信息权益就不能适用过错推定责任而必须如同侵害隐私权那样适用过错责任，《个人信息保护法》第69条规定的过错推定责任就违反了《民法典》。因为两部法律的调整范围是存在差异的。《个人信息保护法》规范的是个人

---

① 黄薇主编：《中华人民共和国民法典人格权编解读》，中国法制出版社2020年版，第212页。

信息处理活动，确切地说是发生在信息能力、技术能力不对等的处理者与个人之间的大规模的自动化的个人信息处理活动。《民法典》调整的是法律地位平等的民事主体之间的人身关系和财产关系。隐私权抑或个人信息如果是在个人之间或因家庭事务而发生的处理活动中的，那么依据《个人信息保护法》第 72 条第 1 款，不适用《个人信息保护法》，而应当适用《民法典》，此时侵权责任也都是过错责任。但是，只要是在《个人信息保护法》所调整规范的个人信息处理活动中，如大规模的自动化处理过程中侵害隐私权或个人信息的，则都适用《个人信息保护法》的规定，即过错推定责任。故此，不能简单地认为任何情形下侵害隐私权都是过错责任。事实上，个人信息权益不等于个人信息权，广义上的个人信息权益是指个人信息上所承载的各种人身财产权益，包括姓名权、肖像权、隐私权等具体人格权，而狭义的个人信息权益仅仅是指无法为这些具体人格权所涵盖的个人信息利益。因此，在侵害的个人信息属于私密信息时，处理者实际上侵害的是隐私权，为广义的个人信息权益所涵盖。此时，也可以适用《个人信息保护法》第 69 条的规定。所以，不能认为对个人信息利益的保护就高于对隐私权的保护。

二、关于违法性要件的争论

侵害个人信息权益的侵权责任必须具备侵害个人信息权益的行为、造成损害、因果关系、（推定的）过错等构成要件，对此，不存在争议。但是，是否需要违法性的要件，存在争议。在《个人信息保护法》的起草过程中，曾有一种观点认为，《个人信息保护法》第 68 条第 1 款应当以“违反本法规定处理个人信息”作为侵害个人信息权益的侵权责任的一项构成要件。该观点的主要理由就是欧盟《一般数据保护条例》就有此规定。依据欧盟《一般数据保护条例》第 82 条第 1 款的规定，只有当损害（财产损失或非财产损失）是“因违反本条例所致”时，受害人才有权就其损害要求个人数据的控制者或者处理者予以赔偿，同条第 2 款第 1 句更是明确要求“参与处理的任何控制者应当为违反本条例的处理行为所致之损害负责”。本书认为，侵害个人信息权益的侵权责任不应当以“违反本法规定处理个人信息”作为构成要件，具体理由阐述如下：

1. 欧盟《一般数据保护条例》之所以要求损害必须是“因违反本条例所致”（as a result of an infringement of this Regulation），根本原因在于：虽然《一般数据保护条例》第82条明确了控制者承担的是无过错责任，但由于欧盟各国的国内法对于处理个人数据产生的民事侵权责任的规定存在差异，故此，“在特定法律体系中基于与非合同责任相关的实践，各国民事法院会试图确定控制者或处理者的‘过错’（fault）或‘可责性’（responsibility），从而给他们施加责任”。① 为了能够实现条例与各国国内法的协调，《一般数据保护条例》本条才特别规定只有就那些“因违反本条例所致”之损害，受害人才能请求控制者或处理者予以赔偿。而所谓“违反本条例”的含义非常广泛，包括违反根据《一般数据保护条例》通过的授权和实施法案的数据处理活动，以及那些明确规定了《一般数据保护条例》的规则的欧盟成员国的法律。② 然而，我国《个人信息保护法》并不存在欧盟内部法律不统一的问题，故此，没有必要照搬欧盟《一般数据保护条例》的规定，也将“违反本法规定处理个人信息”作为侵害个人信息权益的侵权责任的一项构成要件。

2. 我国《个人信息保护法》第69条第1款明确规定了过错推定责任，也就是说，侵害个人信息权益的侵权责任仍然以过错作为成立要件之一，无非是推定个人信息处理者具有过错，其必须举证推翻此种对其过错的推定。而个人信息处理者的过错实际上就是非法处理个人信息的行为，即个人信息处理者实施了非法处理个人信息的行为，此种行为的违法性或非法性就可以视为处理者的过错或者推定为处理者的过错。在司法实践中，法院审理个人信息侵权纠纷时，对于侵权人过错的认定早就采取了客观化的判断标准，即依据法律关于个人信息保护的义务性规范直接将侵权人违反此等法定义务之行为视作有过错的行为，即违法视为过失。例如，在“庞某某与北京趣拿信息技术有限公司等隐私权纠纷案”中，法院认为，《消费者权益保护法》第29条第2款“在立法层面上对消费者个人隐私和信息的保护，也是对经营者保护消费者个人信息的强制性规定。经营者违反了该条规定，即视为其存在过错”。“从本院现有证据看，东航和趣拿公司在被媒体多次报道涉嫌泄露乘客隐私后，即应知晓其在信息安全管理方面存在漏洞，但

① Christopher Kuner, Lee A. Bygrave&Christopher Docksey ed., The EU General Data Protection Regulation (GDPR): A Commentary, Oxford University Press, 2020, P. 1176.

② Paul Voigt & Axel von dem Bussche, The EU General Data Protection Regulation (GDPR): A Practical Guide, Springer, 2017, P. 205.

是，该两家公司却并未举证证明其在媒体报道后迅速采取了专门的、有针对性的有效措施，以加强其信息安全保护。而本案泄露事件的发生，正是其疏于防范导致的结果，因而可以认定趣拿公司和东航具有过错，理应承担侵权责任。”① 如果一方面为了保护受害人，减轻其举证责任而实行过错推定，另一方面又将违反本法规定处理个人信息作为构成要件，就会导致个人信息权益被侵害的个人虽然不需要证明处理者的过错，却仍然需要证明个人信息处理者违反本法规定处理个人信息。而实际上证明了个人信息处理者违反本法规定处理个人信息，就等于证明了个人信息处理者的过错。这样就明显违反了过错推定责任的立法本意。

3. 从逻辑上来说，如果个人信息处理者违反《个人信息保护法》处理个人信息，那么，其几乎不大可能证明自己是没有过错的，过错推定责任就没有什么意义。正因如此，欧盟《一般数据保护条例》第 82 条才被认为是无过错责任，即只要控制者因违反该条例的规定给个人造成了损害，就要承担赔偿责任。但是，我国《个人信息保护法》一方面采取过错推定，另一方面又以违反《个人信息保护法》处理个人信息作为侵权责任的构成要件，显然是自相矛盾的。

4. 侵害个人信息权益的行为本身就是违法行为，“侵害”一词已经凸显了该行为的不法性或违法性，也就是说，虽然不是所有的违法处理个人信息的行为都会侵害个人信息权益，但是，侵害个人信息权益的处理行为必定是违法处理个人信息的行为。故此，《个人信息保护法》本条没有必要在规定了侵害个人信息权益这一要件的同时，再叠床架屋地规定“违反本法规定处理个人信息”这一要件。

5. 我国侵权责任法的通说以及《民法典》都没有将违法性作为侵权责任的构成要件之一，违法和过错的区分也存在很大的争议。《个人信息保护法》本条将违法性作为侵害个人信息权益的构成要件之一，势必人为地制造争议，殊为不妥。

6. 以违反本规定处理个人信息作为侵害个人信息权益的要件，也会导致《个人信息保护法》与《民法典》《电子商务法》《网络安全法》等法律中关于个人信息保护的法律规范的不协调，使人误以为只有违反《个人信息保护法》的规

① 北京市第一中级人民法院（2017）京 01 民终 509 号民事判决书。类似的判决还可参见“王某春与王某香、李某香等隐私权纠纷案”，北京市门头沟区人民法院（2017）京 0109 民初 4611 号民事判决书。

定，才会发生侵害个人信息权益的侵权责任。

令人高兴的是，立法机关经过深入研究后，没有将“违反本法规定处理个人信息”作为侵害个人信息权益的侵权责任的构成要件。因此，依据《个人信息保护法》第69条第1款的规定，侵害个人信息权益的侵权责任的构成要件包括：其一，加害行为，即侵害个人信息权益的个人信息处理行为；其二，造成损害，即个人因为个人信息权益被侵害而遭受了财产损失或精神损害；其三，因果关系，包括加害行为与个人信息权益被侵害的因果关系（责任成立的因果关系）以及因个人信息权益被侵害而遭受损害的因果关系（责任范围的因果关系）；其四，过错，即法律上推定个人信息处理者具有过错，其可以举证推翻此种过错推定而免责。

◆ 相关规定

《民法典》第179条、第1165条、第1166条、第1182条；《最高人民法院关于审理利用信息网络侵害人身权益民事纠纷案件适用法律若干问题的规定》第12条；《最高人民法院关于审理使用人脸识别技术处理个人信息相关民事案件适用法律若干问题的规定》第8条

第七十条 【个人信息保护的民事公益诉讼】

个人信息处理者违反本法规定处理个人信息，侵害众多个人的权益的，人民检察院、法律规定的消费者组织和由国家网信部门确定的组织可以依法向人民法院提起诉讼。

◆ 条文要旨

本条规定的是对违法处理个人信息侵害众多个人权益的民事公益诉讼。

◆ 理解与适用

一、规范目的

《个人信息保护法》第70条是对违法处理个人信息侵害众多个人权益的民事

公益诉讼的规定。现代信息网络时代，个人信息处理者处理的个人信息数量极大，涉及众多个人，一旦出现违法处理个人信息的行为，如个人信息的泄露、非法收集个人信息等，将侵害众多个人的合法权益。然而，由于此种侵害众多个人的权益的非法处理行为并不直接造成特定个人的民事权益的损害，而是涉及不特定主体的社会公共利益，个人在缺乏直接的利害关系的情形下不会起诉，即便起诉也仅仅是维护个人合法权益。故此，需要在个人信息保护领域建立公益诉讼制度，从而更好地维护社会公共利益。

所谓**公益诉讼**，是指由特定的机关、社会团体或个人提起的旨在维护社会公共利益的诉讼活动。[①] 依据被诉对象的不同，可以将公益诉讼分为两类，一是**民事公益诉讼**；二是**行政公益诉讼**。前者起诉的对象是侵害社会公共利益的民事主体提起的民事诉讼，适用的是《民事诉讼法》；后者诉讼的对象是未履行法定职责或者作出损害社会公共利益的行政行为的行政机关，适用的是《行政诉讼法》。[②]

近年来我国不少法律对公益诉讼作出了规定。其中，民事公益诉讼的法律规定如《民事诉讼法》第 55 条规定："对污染环境、侵害众多消费者合法权益等损害社会公共利益的行为，法律规定的机关和有关组织可以向人民法院提起诉讼。人民检察院在履行职责中发现破坏生态环境和资源保护、食品药品安全领域侵害众多消费者合法权益等损害社会公共利益的行为，在没有前款规定的机关和组织或者前款规定的机关和组织不提起诉讼的情况下，可以向人民法院提起诉讼。前款规定的机关或者组织提起诉讼的，人民检察院可以支持起诉。"《消费者权益保护法》第 47 条规定："对侵害众多消费者合法权益的行为，中国消费者协会以及在省、自治区、直辖市设立的消费者协会，可以向人民法院提起诉讼。"《环境保护法》第 58 条规定："对污染环境、破坏生态，损害社会公共利益的行为，符合下列条件的社会组织可以向人民法院提起诉讼：（一）依法在设区的市级以上人民政府民政部门登记；（二）专门从事环境保护公益活动连续五年以上且无违法记录。符合前款规定的社会组织向人民法院提起诉讼，人民法院应当依法受理。

---

① 张卫平：《民事诉讼法（第五版）》，法律出版社 2019 年版，第 358 页。

② 王太高：《论行政公益诉讼》，载《法学研究》2002 年第 5 期。

提起诉讼的社会组织不得通过诉讼牟取经济利益。”《英雄烈士保护法》第 25 条第 2 款规定：“英雄烈士没有近亲属或者近亲属不提起诉讼的，检察机关依法对侵害英雄烈士的姓名、肖像、名誉、荣誉，损害社会公共利益的行为向人民法院提起诉讼。”

对行政公益诉讼的规定在《行政诉讼法》中，该法第 25 条第 4 款规定：“人民检察院在履行职责中发现生态环境和资源保护、食品药品安全、国有财产保护、国有土地使用权出让等领域负有监督管理职责的行政机关违法行使职权或者不作为，致使国家利益或者社会公共利益受到侵害的，应当向行政机关提出检察建议，督促其依法履行职责。行政机关不依法履行职责的，人民检察院依法向人民法院提起诉讼。”此外，《军人地位和权益保障法》第 62 条规定：“侵害军人荣誉、名誉和其他相关合法权益，严重影响军人有效履行职责使命，致使社会公共利益受到损害的，人民检察院可以根据民事诉讼法、行政诉讼法的相关规定提起公益诉讼。”

《个人信息保护法》第 70 条规定的是民事公益诉讼，而非行政公益诉讼。也就是说，本条公益诉讼的被告是违反本法规定处理个人信息，侵害众多个人的权益的个人信息处理者，而不是未履行保护个人信息职责的部门或者作出损害众多个人的个人信息权益的行政行为的行政机关。之所以如此，主要是考虑到：其一，行政公益诉讼应当依据《行政诉讼法》提起，而《行政诉讼法》第 25 条对于可以提起行政公益诉讼的情形作出了较为严格的限制。其二，个人信息保护领域中，履行个人信息保护职责的部门非常多，几乎所有的行政管理机关在各自职责范围内都负有保护个人信息的职责。因此，规定个人信息保护的行政公益诉讼显然是不合适的。

二、个人信息保护的民事公益诉讼的原告

依据《个人信息保护法》第 70 条，能够提起个人信息保护的民事公益诉讼的原告是以下三类主体。

1. 人民检察院。我国《民事诉讼法》第 55 条第 2 款明确规定，人民检察院在履行职责中发现破坏生态环境和资源保护、食品药品安全领域侵害众多消费者合法权益等损害社会公共利益的行为，在没有法律规定的机关和有关组织或者该机关和组织不提起诉讼的情况下，可以向人民法院提起诉讼。这一规定明确了人民检察院可以作为民事公益诉讼的原告，即民事检察公益诉讼制度。鉴于人民检察院本身就是国家法律监督机关，而公益诉讼具有法律监督的功能，因此，由人民检察院提起个人信息保护的民事公益诉讼是合适的。

2. 法律规定的消费者组织。《消费者权益保护法》第47条规定："对侵害众多消费者合法权益的行为，中国消费者协会以及在省、自治区、直辖市设立的消费者协会，可以向人民法院提起诉讼。"故此，如果个人信息处理者违反本法规定处理个人信息，侵害众多消费者的权益的，中国消费者协会以及在省、自治区、直辖市设立的消费者协会，完全可以依据《消费者权益保护法》的上述规定提起民事公益诉讼。此外，《最高人民法院关于审理使用人脸识别技术处理个人信息相关民事案件适用法律若干问题的规定》第14条也明文规定："信息处理者处理人脸信息的行为符合民事诉讼法第五十五条、消费者权益保护法第四十七条或者其他法律关于民事公益诉讼的相关规定，法律规定的机关和有关组织提起民事公益诉讼的，人民法院应予受理。"

3. 由国家网信部门确定的组织。考虑到公益诉讼并非常态的救济方式，且各种组织的类型众多，也不是所有的都能提起个人信息保护的公益诉讼，如果不作限制就会产生滥诉等问题，故此，本条规定只有所谓国家网信部门确定的组织，即国家网信部门依据有关法律、法规和规章所规定的条件确定的组织才能提起个人信息保护的公益诉讼。

◆ 疑点与难点

一、履行个人信息保护职责的部门能否提起民事公益诉讼

《草案一审稿》和《草案二审稿》都曾规定履行个人信息保护职责的部门可以作为原告，提起个人信息保护的民事公益诉讼。例如，《草案二审稿》第69条规定："个人信息处理者违反本法规定处理个人信息，侵害众多个人的权益的，人民检察院、履行个人信息保护职责的部门和国家网信部门确定的组织可以依法向人民法院提起诉讼。"本书认为，将履行个人信息保护职责的部门都规定为可以提起民事公益诉讼的原告，并不妥当。这是因为，履行个人信息保护职责的部门极为众多，既包括国家网信部门以及依照本法和有关法律、行政法规的规定，在各自职责范围内负责个人信息保护和监督管理工作的国务院有关部门，也包括县级以上地方人民政府负有个人信息保护和监督管理职责的有关部门。如果这么

多部门都可以提起个人信息保护的公益诉讼，就会出现同一个人信息处理者因为实施了一个侵害众多个人权益的处理行为，而被多个履行个人信息保护职责的部门在不同的地方提起民事公益诉讼的情形。这会给个人信息处理者造成极大的负担，导致多重惩罚、惩罚过重的情形出现，显然不妥。此外，履行个人信息保护职责的部门本来就要依法履行职责，所谓民事公益诉讼不是用来解决履行法定职责的问题的，而是用来解决个人因缺乏直接的利害关系而不起诉，但如果没有人起诉又不利于维护公共利益的问题，故此，在规定了人民检察院、法律规定的消费者组织和国家网信部门确定的组织可以提起民事公益诉讼之后，无论是国家网信部门、依法负责个人信息保护和监督管理工作的国务院有关部门，还是县级以上地方人民政府负有个人信息保护和监督管理职责的有关部门，应当做的是严格履行法定的保护个人信息的职责，没有必要去提起民事公益诉讼。

二、检察机关针对个人信息保护提起的行政公益诉讼

依据《民事诉讼法》《行政诉讼法》的规定，人民检察院可以提起的公益诉讼分为两类，一是民事公益诉讼，二是行政公益诉讼。人民检察院提起的行政公益诉讼是指，人民检察院在履行职责中发现生态环境和资源保护、食品药品安全、国有财产保护、国有土地使用权出让等领域负有监督管理职责的行政机关违法行使职权或者不作为，致使国家利益或者社会公共利益受到侵害的，向行政机关提出检察建议，督促其依法履行职责。如果行政机关不依法履行职责的，人民检察院则以该行政机关为被告依法向人民法院提起诉讼。从《行政诉讼法》第25条第4款的规定来看，人民检察院提起的行政公益诉讼的主要适用范围是“人民检察院在履行职责中发现生态环境和资源保护、食品药品安全、国有财产保护、国有土地使用权出让等领域负有监督管理职责的行政机关违法行使职权或者不作为”。2020年9月最高人民检察院发布了《关于积极稳妥拓展公益诉讼案件范围的指导意见》，明确将个人信息保护作为网络侵害领域的办案重点。截至目前，全国已有25个省级人大常委会作出关于加强检察公益诉讼工作的决定，其中有19个省份明确要求检察机关积极稳妥开展个人信息保护领域公益诉讼。① 2021年

① 《最高检发布检察机关个人信息保护公益诉讼典型案例 斩断个人信息侵权与电信网络诈骗之间的利益链条》，载最高人民检察院网站，https：//www. spp. gov. cn/spp/xwfbh/wsfbt/202104/t20210422_516357. shtml#1。

4 月 22 日，最高人民检察院发布了 11 件检察机关个人信息保护公益诉讼的典型案例，其中，个人信息保护行政公益诉讼案件 6 件，民事公益诉讼案件 2 件，侵犯公民个人信息刑事附带民事公益诉讼案件 3 件，引起了很大的社会反响。例如，在该批发布的“余杭区人民检察院诉某网络科技有限公司侵害公民个人信息民事公益诉讼案”中，余杭区人民检察院发现该公司开发的音乐视频教学类 App 存在违法违规收集、储存、使用个人信息等情形，依法向法院提起民事公益诉讼。经调解，该公司自愿对 App 进行全面整改，删除违法违规收集、储存的全部用户个人信息，公开赔礼道歉，并承诺不再侵害用户个人信息。对该 App 后续整改情况，检察机关引入第三方代表评估，通过合规检测后才允许其重新上架。

◆ 相关规定

《民事诉讼法》第 55 条；《消费者权益保护法》第 47 条；《环境保护法》第 58 条；《英雄烈士保护法》第 25 条；《行政诉讼法》第 25 条；《军人地位和权益保障法》第 62 条；《最高人民法院关于审理使用人脸识别技术处理个人信息相关民事案件适用法律若干问题的规定》第 14 条

第七十一条　【治安管理处罚与刑事责任】

违反本法规定，构成违反治安管理行为的，依法给予治安管理处罚；构成犯罪的，依法追究刑事责任。

◆ 条文要旨

本条是对违反本法规定的治安管理处罚和刑事责任的规定。

◆ 理解与适用

一、违反本法规定的治安管理处罚

我国《治安管理处罚法》最新一次修订是在 2012 年，彼时侵害个人信息的违法情形还不是非常普遍，个人信息保护尚未引起社会关注，故此，该法基本上没有规定与违反个人信息保护法律相关的违反治安管理的行为及处罚。勉强有一些关系的条文就是《治安管理处理法》第29条。该条规定，违反国家规定，侵入计算机信息系统，造成危害的；违反国家规定，对计算机信息系统功能进行删除、修改、增加、干扰，造成计算机信息系统不能正常运行的；违反国家规定，对计算机信息系统中存储、处理、传输的数据和应用程序进行删除、修改、增加的；故意制作、传播计算机病毒等破坏性程序，影响计算机信息系统正常运行的行为，处五日以下拘留；情节较重的，处五日以上十日以下拘留。

随着个人信息违法行为的增多，特别是在《个人信息保护法》颁布之后，《治安管理处罚法》应当及时加以修订，对于侵害个人信息的违反治安管理行为予以相应的治安管理处罚。例如，对于不构成犯罪的非法收集、窃取、使用、加工、传输他人个人信息的行为，以及非法买卖、提供或者公开他人个人信息的行为，应当规定相应的治安管理处罚。

二、违反本法规定依据刑法追究刑事责任

我国《刑法》较早规定了侵害公民个人信息的犯罪与刑罚。《刑法》第253条之一规定："违反国家有关规定，向他人出售或者提供公民个人信息，情节严重的，处三年以下有期徒刑或者拘役，并处或者单处罚金；情节特别严重的，处三年以上七年以下有期徒刑，并处罚金。违反国家有关规定，将在履行职责或者提供服务过程中获得的公民个人信息，出售或者提供给他人的，依照前款的规定从重处罚。窃取或者以其他方法非法获取公民个人信息的，依照第一款的规定处罚。单位犯前三款罪的，对单位判处罚金，并对其直接负责的主管人员和其他直接责任人员，依照各该款的规定处罚。"《最高人民法院、最高人民检察院关于办理侵犯公民个人信息刑事案件适用法律若干问题的解释》对于《刑法》第253条之一的具体适用作出了详细的规定。

◆ 相关规定

《治安管理处理法》第29条；《刑法》第253条之一；《最高人民法院、最高人民检察院关于办理侵犯公民个人信息刑事案件适用法律若干问题的解释》

第八章　附　　则

◆ 本章概述

本章是《个人信息保护法》的最后一章，主要规定了不适用本法的情形以及优先适用特别法的情形（第72条）、本法中几个重要概念的定义（第73条）以及本法的实施时间（第74条）。

第七十二条　【不适用本法及优先适用特别法的情形】

自然人因个人或者家庭事务处理个人信息的，不适用本法。

法律对各级人民政府及其有关部门组织实施的统计、档案管理活动中的个人信息处理有规定的，适用其规定。

◆ 条文要旨

本条对不适用《个人信息保护法》的情形以及优先适用特别法的情形作出了规定。

◆ 理解与适用

一、自然人因个人或者家庭事务处理个人信息的不适用《个人信息保护法》

自然人之间因个人、家庭事务处理个人信息的不属于《个人信息保护法》调整的范围。《民法典》并未对个人信息处理的范围进行任何限定，依据《民法典》第1035条第2款，无论是通过自动方式还是非自动方式处理个人信息，无论是公司企业、国家机关等个人信息使用者处理个人信息，还是纯粹的私人或家庭活动中的个人信息处理（如家人朋友之间进行的通信联络、保存联系方式或者社交活动中的个人信息的提供等），都属于个人信息的处理。本条第 1 款规定，自然人因个人或者家庭事务而处理个人信息的，不适用本法。该规定借鉴了欧盟《一般数据保护条例》，其导言部分第 18 条指出，该条例“不适用于自然人在不涉及任何职业或商业的纯个人或家庭活动中对个人数据的处理活动。个人或家庭活动可以包括通信、保存地址，或者社交活动以及在类似活动背景下进行的线上活动。但本条例适用于为上述个人日常活动提供个人数据处理方法的控制者或处理者”。该条例第 2 条“适用范围”的第 2 款（C）项规定，本条例不适用于“自然人在纯粹的个人或家庭生活中进行的处理活动”。所谓**“纯粹的个人或家庭生活中”**（in the course of a purely personal or household activity）的个人信息处理行为，是指出于休闲活动、爱好、度假或娱乐目的而处理的个人数据，或者用于社交网络，或者数据只是作为个人收集的地址、生日或其他重要日期（如周年纪念）的一部分。然而，一旦所处理的个人信息涉及私人的同时也是商业的信息，则该例外就不适用。所谓“商业”是指任何经济活动，无论是否支付报酬。而“纯粹”一词则表明应当对该例外作限缩解释。①

我国《个人信息保护法》将自然人因个人或家庭事务处理个人信息的活动排除在该法所调整的个人信息处理的范围之外，是非常必要的。因为，自然人之间因为个人或家庭事务而处理个人信息的行为，属于平等主体之间的个人信息利用或由此发生的侵害行为，如果是利用，则是为了维持正常的社会交往所必需的，如果是侵害也只是经济技术地位对等的民事主体的侵害民事权益的行为，与现代信息网络科技中个人信息处理尤其是大规模自动化处理对个人信息权益造成的巨大的危害完全不可同日而语。故此，根本没有将自然人因个人或家庭事务处理个人信息的活动也纳入《个人信息保护法》的调整范围，给处理者施加各种法定义务的必要，更无须履行个人信息保护职责的部门的监督管理。即便在此等情形中的个人信息处理行为侵害了其他自然人的合法权益，也完全可以由《民法典》的人格权与侵权制度加以解决。简言之，只有涉及利用信息能力不平等主体之间发生的收集、处理个人信息的行为，才是信息时代保护个人信息的法律真正要调整

① Paul Voigt & Axel von dem Bussche, The EU General Data Protection Regulation（GDPR）: A Practical Guide, Springer, 2017, P. 16.

的对象。①

二、统计、档案管理活动中的个人信息处理的规定优先适用

依据《个人信息保护法》第72条第2款，法律对各级人民政府及其有关部门组织实施的统计、档案管理活动中的个人信息处理有规定的，适用其规定。我国颁布了《档案法》《档案法实施办法》等法律、行政法规来调整档案收集、整理、保护、利用及其监督管理活动；颁布了《统计法》《经济普查条例》《人口普查条例》等法律、行政法规据以调整各级人民政府、县级以上人民政府统计机构和有关部门组织实施的统计活动。统计、档案管理活动具有特殊性，涉及收集、存储、加工、使用、公开、提供个人信息等处理活动有特殊的规定，因此，依据特别法优于一般法的原则，应当先适用《档案法》《统计法》等法律的规定，没有规定的，才适用《个人信息保护法》。具体而言，统计和档案管理活动中个人信息的处理的特殊规定在于处理目的与处理方式的法定性。

一方面，处理目的的法定性，即在统计和档案管理活动中处理个人信息的目的被法律、行政法规严格限定。《统计法》第25条规定："统计调查中获得的能够识别或者推断单个统计调查对象身份的资料，任何单位和个人不得对外提供、泄露，不得用于统计以外的目的。"《全国经济普查条例》第33条规定："经济普查取得的单位和个人资料，严格限定用于经济普查的目的，不作为任何单位对经济普查对象实施处罚的依据。"《全国人口普查条例》第33条规定："人口普查中获得的能够识别或者推断单个普查对象身份的资料，任何单位和个人不得对外提供、泄露，不得作为对人口普查对象作出具体行政行为的依据，不得用于人口普查以外的目的。人口普查数据不得作为对地方人民政府进行政绩考核和责任追究的依据。"

另一方面，处理方式的法定性。《档案法》第27条规定："县级以上各级档案馆的档案，应当自形成之日起满二十五年向社会开放。经济、教育、科技、文化等类档案，可以少于二十五年向社会开放；涉及国家安全或者重大利益以及其他到期不宜开放的档案，可以多于二十五年向社会开放。国家鼓励和支持其他档

---

① 王苑：《个人信息保护在民法中的表达——兼论民法与个人信息保护法之关系》，载《华东政法大学学报》2021年第2期。

案馆向社会开放档案。档案开放的具体办法由国家档案主管部门制定，报国务院批准。”第 32 条规定：“属于国家所有的档案，由国家授权的档案馆或者有关机关公布；未经档案馆或者有关机关同意，任何单位和个人无权公布。非国有企业、社会服务机构等单位和个人形成的档案，档案所有者有权公布。公布档案应当遵守有关法律、行政法规的规定，不得损害国家安全和利益，不得侵犯他人的合法权益。”《统计法》第 26 条规定：“县级以上人民政府统计机构和有关部门统计调查取得的统计资料，除依法应当保密的外，应当及时公开，供社会公众查询。”

◆ 相关规定

《民法典》第 1035 条；《统计法》第 25 条、第 26 条；《档案法》第 27 条、第 32 条；《全国经济普查条例》第 33 条；《全国人口普查条例》第 33 条

第七十三条 【重要概念定义】

本法下列用语的含义：

（一）个人信息处理者，是指在个人信息处理活动中自主决定处理目的、处理方式的组织、个人。

（二）自动化决策，是指通过计算机程序自动分析、评估个人的行为习惯、兴趣爱好或者经济、健康、信用状况等，并进行决策的活动。

（三）去标识化，是指个人信息经过处理，使其在不借助额外信息的情况下无法识别特定自然人的过程。

（四）匿名化，是指个人信息经过处理无法识别特定自然人且不能复原的过程。

◆ 条文要旨

本条是对几个重要概念的定义。

◆ 理解与适用

一、个人信息处理者

（一）控制者与处理者的区分

1. 欧盟立法对控制者与处理者的区分

1995 年 10 月 24 日《欧洲议会以及欧盟理事会关于对于个人数据处理有关的个人进行保护以及数据自由流动的指令（95/46 号指令）》（DPD）第 2 条第 4 款、第 5 款分别规定：控制者（controller）是指单独或与他人联合决定个人数据处理的目的与方式的自然人、法人、公共机构、代理机构或者其他任何实体；如果数据处理的目的和方式由成员国或共同体的法律或法规决定，则控制者或其资格的具体标准由成员国或共同体的法律决定。处理者（processor）是代表控制者对个人数据进行处理的自然人、法人、公共机构、代理机构或者其他任何实体。上述区分的法律意义被认为包括以下三方面：首先，控制者必须承担 95/46 号指令所规定的大部分的数据保护义务；其次，在大多数情况下，是数据的控制者而非处理者承担违反数据保护的责任；最后，数据处理者的工作非常有限，实际上只能按照控制者的指示来处理个人数据。①

2018 年 5 月 25 日生效的欧盟《一般数据保护条例》延续了这一控制者与处理者的区分，该条例第 4 条“定义”第 7 款、第 8 款分别将“控制者”界定为“能单独或联合决定个人数据的处理目的和方式的自然人、法人、公共机构、代理机构或其他组织。其中个人数据处理的目的和方式由欧盟或其成员国的法律予以规定，控制者或控制者资格的具体标准可以由欧盟或其成员国的法律予以规定”。将“处理者”界定为“为控制者处理个人数据的自然人、法人、公共机构、代理机构或其他组织”。

欧盟个人数据保护立法要区分控制者与处理者的理由在于：欧盟的立法者认为，控制者是个人数据保护法实施中的关键行为者，它们是个人数据保护法所设定的向数据主体负担的义务的首要承担者。因此，确定控制者的标准对于理解欧

---

① ［德］Christopher Kuner：《欧洲数据保护法：公司遵守与管制（第二版）》，旷野等译，法律出版社 2008 年版，第 74 页。

盟个人数据保护法的适用至关重要，并且欧盟数据保护法总体上是以广泛而灵活的方式来应用这些标准，从而使获得控制者认定的门槛相当低。唯有如此，方能确保个人数据保护的措施得以实施，切实尊重数据主体的基本权利。① 简言之，确定控制者的概念的首要作用就是明确：谁应当遵守个人数据保护规则，谁应当就数据主体如何在实践中行使其权利来负责。因此，理解“控制者”的概念，必须根据立法者将保护个人数据的主要责任放在哪些实际控制数据处理的实体的身上这一立法目的的角度出发。② 正是因为控制者决定了个人数据处理的目的和方式，所以个人数据保护的义务和责任就应当由控制者承担。

控制者可以自行处理个人数据，也可以委派他人代表其处理个人数据。而所谓代表控制者处理个人数据的主体就是处理者。因此，处理者也是个人数据保护法实施过程中的主要参与者之一（one of the principal actors）。处理者与控制者是两个独立的法律实体，但需要注意的是：首先，处理者与控制者之间并非雇员和雇主的关系（an employer - employee relationship）。因为，如果是雇员为履行向雇主所负担的义务而进行的数据处理活动，那么该活动就是雇主本身的活动，雇主而非雇员是处理者。其次，处理者与控制者的关系也不是代理与被代理的关系（principal - agent relationship）。这是因为，在商法上，代理人可以在授权范围内代理被代理人实施民事法律行为如订立合同，从而使得被代理人成为合同的当事人。但是，处理者显然是没有这种代理权的。最后，处理者也不是第三方（third party），依据欧盟《一般数据保护条例》第4条第10款，第三方是指数据主体、控制者、处理者以及由控制者或处理者直接授权处理个人数据的人以外的自然人、法人、公权力机构、代表机构或其他组织。与第三方相比，处理者拥有某种特权地位，即当其代表控制者进行个人数据的处理时，不需要法律规定的正当理由或者取得数据主体的同意，因为控制者已经符合这一要求了。③ 但是，第三方处理个人数据时需要具有法律规定的正当理由或者事先取得数据主体的同意。

---

① Christopher Kuner, Lee A. Bygrave&Christopher Docksey ed., The EU General Data Protection Regulation (GDPR): A Commentary, Oxford University Press, 2020, P. 146.

② Christopher Kuner, Lee A. Bygrave&Christopher Docksey ed., The EU General Data Protection Regulation (GDPR): A Commentary, Oxford University Press, 2020, P. 148.

③ Paul Voigt & Axel von dem Bussche, The EU General Data Protection Regulation (GDPR): A Practical Guide, Springer, 2017, P. 80.

总的来说，在欧盟个人数据保护立法中，处理者与控制者的关系大体上被认为是一种从属或服从的关系（subservience），即处理者必须遵循控制者发布的关于个人数据处理的目的和处理方式的指令。[①] 这一点在欧盟《一般数据保护条例》的第28条与第29条中有鲜明的体现。依据该条例第28条，如果没有经过控制者特别的或一般的事先书面授权，处理者不能雇用另一个处理者；处理者的处理活动应受到根据欧盟或成员国法律项下签订的合同或其他法律文件管辖，对控制者而言，该合同或法律文件对处理者具有约束力，并阐述了处理的主旨和期限、处理性质和目的、个人数据的类别、数据主体的类型，以及控制者的权利和义务。而依据第29条，除非得到控制者的指示，处理者以及在控制者或处理者授权下访问个人数据的任何人不得处理该数据，除非欧盟或成员国法律要求处理。

2. 我国《民法典》仅采取了“处理者”的概念

在《民法典》颁布之前，我国法律中对于与个人信息相关的行为，基本上采取的都是“收集、使用个人信息”的表述。2012年颁布的《全国人民代表大会常务委员会关于加强网络信息保护的决定》中使用的就是“收集、使用公民个人电子信息”。此后，《网络安全法》与《电子商务法》也都延续了“收集、使用个人信息”这样的表述。

《民法典》编纂过程中的多数观点认为，无须根据不同的加害环节来对侵害个人信息的责任主体使用不同的称谓，而应采取统一的概念。但是，对于究竟使用何种概念，又有不同的看法。第一种观点主张采取“信息控制者”或者“数据控制者”的表述，如全国信息安全标准化技术委员会起草的《信息安全技术 个人信息安全规范》（GB/T 35273—2017）使用了“个人信息控制者”的概念，并将之界定为“有权决定个人信息处理目的、方式等的组织或个人”（第3.4条）。[②] 该观点被《民法典人格权编草案（第三次审议稿）》以及2019年12月审议的

① Christopher Kuner, Lee A. Bygrave&Christopher Docksey ed., The EU General Data Protection Regulation (GDPR): A Commentary, Oxford University Press, 2020, P. 160.

② 2020年3月6日发布的《信息安全技术 个人信息安全规范》（GB/T 35273—2020）依然采取了“个人信息控制者”的概念，该标准第3.4条将其界定为“有能力决定个人信息处理目的、方式等的组织或个人”。

《民法典草案》所接受（第1036条、第1038条）。① 第二种观点主张采取“个人信息持有者”的表述②，公安部网络安全保卫局、北京网络行业协会、公安部第三研究所制定的《互联网个人信息安全保护指南》第3.3条将“个人信息持有”界定为“对个人信息及相关资源、环境、管理体系等进行计划、组织、协调、控制的相关活动或行为”。第3.4条将“个人信息持有者”界定为：“对个人信息进行控制和处理的组织或个人。”该观点曾被《民法典人格权编草案（第二次审议稿）》所接受（第815条、第817条）。第三种观点主张借鉴欧盟《一般数据保护条例》的做法，即区分个人信息的控制者与处理者，理由在于，如果不作此种区分，那么在个人信息权利受到侵害的情况下，控制者将是唯一的法定责任主体，而处理者仅仅向控制者而非用户承担违约责任。在某些场景下，处理者可以凭借合同漏洞约定置身事外，这显然不公平。故此，有必要区分控制者和处理者，从而使得义务责任在两者之间进行公平、有效的划分。③

最终，我国《民法典》既没有采取“个人信息控制者”的概念，也没有采取“个人信息持有者”的概念，而是统一采取了“信息处理者”的概念，如《民法典》第1030条、第1037条以及第1038条。对于何为个人信息的处理，《民法典》第1035条第2款进行了界定，即“个人信息的处理包括个人信息的收集、存储、使用、加工、传输、提供、公开等”。由此可知，我国《民法典》上的信息处理者就是个人信息处理者，即实施个人信息的收集、存储、使用、加工、传输、提供、公开等处理活动的组织或个人。此外，从《民法典》第1039条来看，信息处理者既包括企事业单位、国家机关，也包括个人、个体工商户等所有的主体。对于《民法典》为何采取“信息处理者”的概念，而没有区分处理者与控制者，立法机关未作说明，全国人大常委会法制工作委员民法室撰写的

---

① 赞同采取信息控制者的观点可参见谢远扬：《民法典人格权编草案中“个人信息自决”的规范建构及其反思》，载《现代法学》2019年第6期。

② 该观点可能是借鉴2006年俄罗斯联邦的《信息、信息技术和信息保护法》，该法采取了“信息持有人”的概念，其第2条第5款规定：“信息持有人是指依照法律及合同的规定，由自己创造或取得信息，有权允许或者限制对具有特定特征的信息的访问。”参见张继红、姚约茜主编：《“一带一路”沿线国家数据保护与网络安全法律指南》，知识产权出版社2021年版，第3-4页。

③ 京东法律研究院：《欧盟数据宪章：〈一般数据保护条例〉GDPR评述及实务指引》，法律出版社2018年版，第93页。

释义书中亦无论述。① 本书认为，之所以最终立法机关决定在《民法典》中采取“信息处理者”这一表述，主要原因可能还是与第1035条第2款对个人信息处理行为的界定有关，也就是说，我国《民法典》借鉴了欧盟《一般数据保护条例》中的“处理”（processing）一词来统称围绕着个人信息展开的各种各样的活动，与之对应的，实施个人信息的处理活动的主体自然就是处理者，即“信息处理者”。

3. 我国《个人信息保护法》也不区分控制者与处理者

《民法典》虽然在人格权编第6章规定了个人信息保护，但是，《民法典》毕竟不是《个人信息保护法》，其并未对个人信息的处理规则尤其是处理者在个人信息处理中的义务等作出详细的规定。故此，《民法典》颁布后，依然有观点主张区分控制者与处理者。例如，全国信息安全标准化技术委员会起草的《信息安全技术 个人信息安全规范》（GB/T 35273—2020）中依然使用了“个人信息控制者”（Personal Information Controller）的表述，并将之界定为“能决定个人信息处理目的、方式等的组织或个人”。

《个人信息保护法》与《民法典》完全一致，依然只是使用个人信息处理者的概念，而没有新增个人信息控制者的概念。同时，《个人信息保护法》对何为个人信息处理者作出了界定，即第73条第1项规定：“个人信息处理者，是指在个人信息处理活动中自主决定处理目的、处理方式的组织、个人。”处理目的和处理方式在个人信息处理中至关重要，处理目的说明了个人信息处理为何发生，即为什么处理者要处理个人信息；处理方式则说明了个人信息处理如何发生，即处理者将如何处理个人信息。决定了这两点的组织或个人，就是我国法律中的个人信息处理者。至于其他的个人信息处理事项是否由某个组织或个人自主决定，不是判断个人信息处理者的标准。

本书认为，在我国《个人信息保护法》中只要采取个人信息处理者的概念即可，无须区分个人信息的控制者与处理者。从欧盟数据保护立法来看，区分控制者与处理者的关键理由就在于，其认为控制者决定数据的处理目的和处理方式，处于核心地位，是个人数据保护法实施中的关键行为者，也是与作为信息主体即

① 学者认为，最终《民法典》中采取“信息处理者”的表述给人以突袭之感，给如何解释信息处理者的地位和作用带来了一定的困难。参见姚佳：《论个人信息处理者的民事责任》，载《清华法学》2021年第3期。

个人直接相对的义务主体，是个人信息保护法所设定的各种法律义务的首要承担者。处理者虽然也实施了处理个人数据的行为，但其既不决定处理的目的和方式，也并非完全附庸或从属于控制者的主体，具有相对的独立性。所以，欧盟数据保护法希望通过区分这两类主体来更有效地实现法律规范尤其是处理规则调整上的针对性。尽管从理论上说，这样做似乎很有道理，但实际上的意义很小。理由在于：

首先，在将个人信息处理界定得十分广泛，统摄了围绕着个人信息开展的收集、存储、使用、加工、传输、提供、公开等一系列行为的前提下，个人信息处理者的概念事实上就完全涵盖了实施这些个人信息处理行为的全部主体。个人信息处理活动的实施者中，固然存在有些处理者是自行决定处理的目的和处理的方式，而有些处理者并不自行决定处理的目的和方式，只是听命于那些决定处理目的或方式的主体的情形，但究竟是由谁来决定个人信息处理的目的和方式，对于作为信息主体的个人而言，其实并不重要。因为，无论从事处理个人信息活动的主体是否自行决定处理的目的和方式，它们都必须严格履行《民法典》《网络安全法》以及《个人信息保护法》等法律法规规定的个人信息保护的法定义务，并在违反该等义务时承担相应的法律责任。例如，所有的个人信息处理者都负有不得非法收集、使用、加工、传输个人信息，不得非法买卖、提供或者公开他人个人信息的法定义务，同时负有保护个人信息安全的义务。在这一点上，即便欧盟《一般数据保护条例》区分了个人数据的控制者与处理者，并将控制者作为履行个人数据保护义务的首要义务主体，但其对数据控制者的规范在很大程度上也都同样适用于数据处理者。例如，依据《一般数据保护条例》第 28 条第 3 款的规定，数据处理者必须采取根据本条例第 32 条规定所需的所有措施；考虑到处理的性质和处理者可获得的信息，协助控制者以确保其遵守本条例第 32 条至第 36 条规定的义务。此外，一旦处理者违反约定而自行决定处理的目的和方式，那么依据《一般数据保护条例》第 28 条第 10 款的规定，处理者的该等处理行为就被视为控制者。因此，处理者可能会转化为控制者，二者并不是截然对立的。

其次，个人信息处理的目的和处理的方式是由哪一个主体来决定，哪一方应当听命于另一方的指令而处理个人信息，只是控制者与处理者的内部法律关系而已。控制者与处理者之间的界限完全可以通过各类合同的约定加以明确。即便个人信息处理的目的和方式是由多个处理者共同决定的，也只是他们之间通过合同等方式约定的内部权利义务关系。合同具有相对性，对此，《民法典》第465条第2款有明文规定：“依法成立的合同，仅对当事人具有法律约束力，但是法律另有规定的除外。”控制者与处理者的内部关系如何，不会也不应对自然人的个人信息权益发生不利影响，自然人有权依法向任何一个处理者行使其个人信息权益。换句话说，在个人信息处理的过程中，无论是有权决定处理目的和方式的控制者，还是无权决定而仅仅听命于他人的处理者，只要违反了法律规定的义务，都应当承担相应的法律责任。他们不能以相互之间的约定来推脱法律责任，故此借助合同的约定来逃避向信息主体承担责任的可能性并不存在。

再次，在控制者与处理者通过合同来对于他们在个人信息处理中各自的权利义务关系等事项进行安排时，这些约定属于民法上的合同关系，可以通过《民法典》合同编予以调整。至于个人信息保护法中，无论是基于处理者共同决定个人信息处理目的和方式，还是基于一方决定信息处理目的和方式而另一方听命行事的事实，而对双方关于个人信息处理的约定作出更多更细致的强制性要求，并施加给共同决定者更重的法律责任或者决定的一方监督另一方的义务，这些都需要在区分控制者与处理者的基础上才能实现。至少立法技术上有两种选择，一种就是如欧盟《一般数据保护条例》第28条与第29条那样在区分控制者与处理者的基础上，通过对控制者与处理者签订的合同或其他法律文件中提出强制性要求来实现；另一种就是不区分控制者与处理者，而就多个处理者处理个人信息的情形分别作出相应的规定。我国《个人信息保护法》第20条对共同处理中各方应当约定的权利义务作出了规定，第21条对委托处理个人信息、第23条对个人信息处理者向其他个人信息处理者提供个人信息等情形分别作出了规定。事实上，在个人信息处理中，真正与处理者不同而又实际从事了处理活动的主体就是委托处理个人信息中的受托人。为此，《个人信息保护法》第59条专门规定了受托人的义务，即“接受委托处理个人信息的受托人，应当依照本法和有关法律、行政法规的规定，采取必要措施保障所处理的个人信息的安全，并协助个人信息处理者履行本法规定的义务”。

最后，立法不能不考虑民众的心理认知和接受程度。从我国社会大众的认知来看，并不认为区分控制者和处理者是必要的，只要是处理了其个人信息的主体就被看作是处理者，被认为负有相应的义务，至于其是否决定处理的目的和处理的方式，作为信息主体的个人而言，并不知道也不应当知道。此外，如果在立法上区分控制者和处理者，还将导致在未来的个人信息保护执法和司法中，官员和法官必须时刻注意二者的区分，这显然也是人为地制造了各种成本，不利于个人信息保护执法和司法。

（二）自主决定个人信息处理目的和处理方式的才是处理者

依据《个人信息保护法》第73条第1项，所谓个人信息处理者，是指在个人信息处理活动中自主决定处理目的、处理方式的组织、个人。在个人信息处理活动中，需要决定的事项很多，至少从我国《个人信息保护法》的规定来看，除了个人信息的处理目的、处理方式之外，还包括处理的个人信息的种类、保存的期限等。《个人信息保护法》之所以规定，只有自主决定处理目的、处理方式的组织或个人，才被认定为个人信息处理者，理由就在于处理目的和处理方式在个人信息的处理中具有重要的地位和法律意义。

所谓个人信息的处理目的是指处理者究竟是为了实现何种目的而处理个人信息的，处理方式是指处理者对个人信息采取何种处理方法，如收集、存储、使用、加工、传输、提供、公开等。个人信息保护法的根本目的就在于通过对个人信息处理活动的规范，从而预防因非法的个人信息处理行为而给信息主体即个人的人格尊严、人身自由等宪法上的基本权利以及人身、财产权益造成危险。大数据时代，个人信息被收集、储存、转让和使用已经成为每个自然人被嵌入其中的社会生活常态，无法改变。然而，无论是数据企业、政府部门还是其他主体，它们出于不同的目的而实施个人信息处理行为，极有可能会给个人带来各种前所未有的危险。例如，基于收集的个人信息而形成的大数据，通过算法等技术进行社会分选、歧视性对待，进而损害人格尊严；再如，通过大数据和人工智能技术进行人格画像，将作为民事主体的自然人降格为客体并加以操控，进而损害人格自由等。[①] 为了消除上述各种新的危险，法律必须承认自然人对个人信息具有一种防御性的利益，并给予保护。如此才可能为信息社会的每个自然人筑起一道坚实

① Veil & Winfried, The GDPR: The Emperor's New Clothes – On the Structural Shortcomings of Both the Old and the New Data Protection Law (December 21, 2018). Vgl. Neue Zeitschrift für Verwaltungsrecht 10/2018: 686 – 696, at SSRN: https://ssrn.com/abstract=3305056 (Last visited on July 6, 2019).

的法律保护屏障，使之免予遭受上述危险现实化后所带来的损害。故此，《个人信息保护法》的基本精神是要防止个人信息被泄露、买卖或被滥用而使个人信息权益遭受侵害，因此，需要基于预防的原则对个人信息处理行为加以规范。在预防原则下就产生了《个人信息保护法》中的一项基本原则即“目的限制原则”（Zweckbindungsgrundsatz）（也称“目的拘束原则”）。该原则被认为是《个人信息保护法》的“帝王条款”。[①] 目的限制原则主要体现在两个阶段，一是收集阶段的目的明确，即处理者应当有明确特定的收集、使用个人信息的目的；二是使用阶段，即处理者在实际使用个人信息时的目的不得与约定的目的相悖。[②] 我国《个人信息保护法》从这两个阶段对目的限制原则作出了规定，其第 6 条第 1 款规定：“处理个人信息应当具有明确、合理的目的，并应当与处理目的直接相关，采取对个人权益影响最小的方式。”第 2 款规定：“收集个人信息，应当限于实现处理目的的最小范围，不得过度收集个人信息。”

根据目的限制原则，处理目的在个人信息处理中具有重要的地位。首先，任何个人信息的处理目的都必须是明确的、合理的以及合法的。目的不明确、不合法或不合理的处理行为，就是违法处理行为，处理者就必须承担法律责任。同时，处理方式也必须是与处理目的直接相关的方式，并且应当是对个人权益影响最小的方式。只有明确了处理目的和处理方式，个人才能有针对性地决定是否就特定的处理目的的处理行为给予同意。正因如此，在基于个人同意处理个人信息的情形中，处理者必须向个人告知其个人信息的处理目的和处理方式（《个人信息保护法》第 17 条第 1 款第 2 项），当处理者有多个处理目的时，为了确保个人作出的同意是明确的，不能将这些处理目的进行合并而一次性取得授权，必须分别就具体的处理目的取得个人的同意。

其次，即便是《个人信息保护法》第 13 条第 1 款第 2—7 项所规定的不需要取得个人同意的个人信息处理活动，也必须有明确、合理的目的，并且除非是法律、行政法规规定应当保密、无须告知或者告知将妨碍国家机关履行法定职责的情形，处理者在处理前也必须向个人告知处理的目的和方式。

---

① 李惠宗：《个人资料保护法上的帝王条款——目的拘束原则》，载《法令月刊》第 64 卷第 1 期。

② 梁泽宇：《个人信息保护中目的限制原则的解释与适用》，载《比较法研究》2018 年第 5 期。

再次，就敏感个人信息的处理而言，处理目的更加重要。一方面，《个人信息保护法》第26条规定，在公共场所安装图像采集、个人身份识别设备，应当为维护公共安全所必需，遵守国家有关规定，并设置显著的提示标识。所收集的个人图像、身份识别信息只能用于维护公共安全的目的，不得用于其他目的；取得个人单独同意的除外。另一方面，依据《个人信息保护法》第28条第2款，只有在具有特定的目的和充分的必要性，并采取严格保护措施的情形下，个人信息处理者方可处理敏感个人信息。

最后，不同类型的个人信息处理方式对于个人信息权益会产生不同的影响，例如，收集个人信息在大多数时候是其他个人信息处理行为得以实施的前提，因此对于个人信息权益影响甚大；再如，公开个人信息对于个人的影响非常大，很可能会对个人的隐私权等人格权或者财产权益造成损害。故此，一方面，在基于同意而处理个人信息时，法律要求处理者必须将处理方式告知个人；另一方面，针对不同处理方式，《个人信息保护法》给处理者施加了不同的义务。例如，处理者要公开其处理的个人信息，就必须取得个人的单独表示同意（第25条）；再如，将个人信息提供给其他处理者的或者要跨境提供个人信息的，必须取得个人的单独同意（第23条、第39条）。

综上所述，只有能够自主决定个人信息处理目的和处理方式的组织或个人才是个人信息处理者，如果是按照他人决定的个人信息处理目的和处理方式从事处理活动的组织或个人，不是个人信息处理者，而是受委托处理个人信息的受托人。同样，区别向其他个人信息处理者提供个人信息与委托处理个人信息的核心标准就在于：前者存在至少两个处理者，一个是个人信息的提供方，另一个是个人信息的接受方，他们各自决定个人信息的处理目的和处理方式；但是，在委托处理中，只有委托人是处理者，而受托人不是处理者。

二、自动化决策

所谓自动化决策（Automated Decision - Making），就是在没有任何人工参与的情况下，通过计算机系统来作出相应的决策。《个人信息保护法》本条将自动化决策界定为"通过计算机程序自动分析、评估个人的行为习惯、兴趣爱好或者经济、健康、信用状况等，并进行决策的活动"。自动化决策是建立在大数据、机器学习、人工智能和算法等基础之上的，其通过大数据技术对海量的用户进行持续追踪和信息采集，然后遵循特定的规则处理所收集的个人信息，对用户进行数字画像和相应的决策。①《个人信息保护法》第24条对利用个人信息进行自动化决策作出了详细的规定。

三、去标识化

所谓去标识化（de - identification），是指个人信息经过处理，使其在不借助额外信息的情况下无法识别特定自然人的过程（《个人信息保护法》第72条第3项）。② 个人信息的去标识化不同于信息的匿名化，去标识化只是使得被采取该等方法处理后的信息本身无法直接识别特定的自然人，但是与其他信息结合后仍然可以识别。2020年颁布的《信息安全技术 个人信息去标识化指南》（GBT 37964—2019）指出，去标识化的目标包括：（1）对直接标识符和准标识符进行删除或变换，避免攻击者根据这些属性直接识别或结合其他信息识别出原始个人信息主体；（2）控制重标识的风险，根据可获得的数据情况和应用场景选择合适的模型和技术，将重标识的风险控制在可接受范围内，确保重标识风险不会随着新数据发布而增加，确保数据接收方之间的潜在串通不会增加重标识风险；（3）在控制重标识风险的前提下，结合业务目标和数据特性，选择合适的去标识化模型和技术，确保去标识化的数据集尽量满足其预期目的（有用）。我国《个人信息保护法》只是将去标识化与加密等作为信息处理者对个人信息采取的安全保护措施而已，该法第51条第3项要求，个人信息处理者应当采取相应的加密、去标识化等安全技术措施，从而确保个人信息处理活动符合法律、行政法规的规定，并防止未经授权的访问以及个人信息泄露、篡改、删除。

我国法律没有使用**假名化**（Pseudonymisation）的概念，但是，欧盟《一般数据保护条例》采取了这一概念，其第4条第5款将假名化界定为“一种使个人数据在不使用额外信息的情况下不指向特定数据主体的个人数据处理方式，若该处理方式将个人数据与其他额外信息分别存储，凭技术性和组织性措施无法指向一个可识别或被识别的自然人”。美国统一州法委员会制定的《美国统一个人数据

① “数据画像”（profiling），是指利用个人信息来评估与自然人有关的特定方面，特别是针对与自然人的工作表现、经济状况、健康状况、个人偏好、兴趣、信誉、行为习惯、位置或行踪相关的分析和预测。

② 《信息安全技术 个人信息安全规范》（GB/T 3527—2020）第3.5条将“去标识化”界定为“通过对个人信息的技术处理，使其在不借助额外信息的情况下，无法识别或关联个人信息主体的过程”。

保护法》规定，“假名数据”（Pseudonymized Data）是指没有直接标识符的个人数据，该标识符可以合理地连接到数据主体的身份，或者维护该标识符便于和数据主体进行个性化通信，或便于对数据主体个性化对待。该术语还包括没有直接标识符的记录，包含了互联网协议地址、浏览器、软件或硬件标识码、持久唯一码，或特定设备有关的其他数据。该术语不包括去识别数据。美国《加利福尼亚州消费者隐私法案》同时规定了去标识化与假名。依据该法第1798.140条（h）与（r）的规定，“去标识”是指不能合理识别、涉及、描述、能够直接或间接与某一特定消费者相关联的信息，但前提是使用了已识别信息的企业：（1）已实施了技术保障措施，禁止重新识别信息所属的消费者。（2）已实施了明确禁止重新识别信息的业务流程。（3）已实施业务流程以防止无意中发布已识别的信息。（4）不尝试重新识别信息。“假名”是指处理个人信息的一种方式，在这种方式中如果不使用附加信息则不能把个人信息归于特定消费者，前提是附加信息单独保存并受技术和组织措施保护，以确保个人信息不归于已识别或可识别的消费者。

关于去标识化与假名化的关系，有的人认为，去标识化只是假名化的一种方法，假名化的方法还包括加密（encryption）等；有的人认为，假名化属于去标识化所使用的一种技术手段；还有的人则认为，去标识化和假名化基本是一回事。不过，从我国《个人信息保护法》第51条第3项来看，其明确区分了加密与去标识化，将二者都列为个人信息处理者应当采取的安全技术措施。

四、匿名化

匿名化，是指个人信息经过处理无法识别特定自然人且不能复原的过程。匿名化不同于去标识化。一方面，匿名化处理后信息已经无法识别特定的自然人并且不能复原。故此，对于匿名化处理的信息，不再适用《个人信息保护法》的规定。例如，处理此类信息无须告知并取得信息主体的同意。去标识化后的信息虽然在某种程度上也实现了“无法识别特定自然人”的效果，但是，该效果只是在不借助额外信息的情况下才实现的，故此，仍然存在复原的可能性，因此属于个人信息，原则上还是应当适用《个人信息保护法》的规定。《一般数据保护条例》导言部分的第28条也明确指出：“对个人数据采用假名化的措施可以减少数据主体面临的风险并有助于控制者和处理者履行数据保护义务。本条例中明确提出

'假名化'不是为了排除任何其他的数据保护方法。"① 另一方面，匿名化的价值取向完全在于"安全与保护"，而几乎无视数据本身的利用价值，不符合处理者利用数据的要求，所以匿名化后的数据或信息主要是用在统计或研究领域，可用性较小。但是，去标识化更符合企业对于信息数据开发的综合需求，其以"开发利用"为根本价值取向，同时兼顾信息安全保护，使信息处理主体得以更具灵活性地发掘信息生产要素的潜能。② 美国《统一个人数据保护法》提出了"去识别数据"（Deidentified Data）的概念，即已删除所有直接标识符的个人数据，并能合理确保未经允许或对信息无特殊访问权限的人无法通过该记录连接到特定的数据主体。依据该法第9条，通过再识别（reidentifying）或者导致假名数据或去识别数据（pseudonymized or deidentified data）重新可识别（reidentification）的方式，收集或者创造个人数据的，构成禁止的数据实践。但是，以下情形属于例外：（1）再识别是由以前实施了假名化或者去识别化的控制者或处理者实施的；（2）数据主体希望通过控制者实施再识别技术使其个人数据处于可识别状态加以保存的；（3）再识别的目的是评估去识别化数据的隐私风险，而且除了向去识别化数据的控制者或处理者展示隐私的脆弱性以外，实施再识别技术的主体没有以其他方式使用或者公开再识别的个人数据的。

第七十四条　【施行时间】

本法自2021年11月1日起施行。

◆ 条文要旨

本条是对《个人信息保护法》施行时间的规定。

---

① 在假名化或去标识化的信息是否排除个人信息保护法的适用问题上，美国的做法有所不同。例如，依据2018年《美国加州消费者隐私权保护法》第1798.145（a）条第5项的规定，本标题下对企业施加的义务不应限制企业的如下能力："收集、使用、保留、出售或披露已去标识化的或综合消费者信息中的消费者信息。"

② 对这一问题的深入分析可参见熊定中、张宇涵：《个人信息去标识化的法律效果——基于〈个人信息去标识化效果分级评估规范（征求意见稿）〉的技术趋势》，载中国法律评论微信公众号，https://mp.weixin.qq.com/s/lKLUad2GjWSl73HEXMqnkQ。

◆ 理解与适用

法律的施行时间，就是法律的生效时间，是指法律何时开始生效，以及法律对于其生效前的事件或行为是否具有溯及力的问题，是一部法律的重要组成部分。[①] 我国《立法法》第 57 条规定："法律应当明确规定施行日期。"我国法律通常都是将法律生效的时间单独作为一条，放在附则中作为最后一条。

《个人信息保护法》由第十三届全国人大常委会第三十次会议于 2021 年 8 月 20 日通过，自 2021 年 11 月 1 日起施行。从本法的颁布到实施，留出了两个月的时间，虽然比较短，但也可以做好本法的实施准备工作，如相关的宣传培训和制定、修订配套的法规、规章和标准等。

---

① 全国人大常委会法制工作委员国家法室：《中华人民共和国立法法释义》，法律出版社 2015 年版，第 178 页。

参考文献

一、中文著作

1. 王利明：《人格权法研究（第三版）》，中国人民大学出版社 2018 年版。

2. 王利明：《民法总则研究（第三版）》，中国人民大学出版社 2018 年版。

3. 王利明、程啸、朱虎：《中华人民共和国民法典人格权编释义》，中国法制出版社 2020 年版。

4. 王利明、程啸：《中国民法典释评・人格权编》，中国人民大学出版社 2020 年版。

5. 王利明、杨立新、王轶、程啸：《民法学（第六版）》（上、下），法律出版社 2020 年版。

6. 杨合庆主编：《中华人民共和国网络安全法解读》，中国法制出版社 2017 年版。

7. 黄薇主编：《中华人民共和国民法典人格权编解读》，中国法制出版社 2020 年版。

8. 黄薇主编：《中华人民共和国民法典总则编解读》，中国法制出版社 2020 年版。

9. 郭林茂主编：《中华人民共和国未成年人保护法释义》，法律出版社 2021 年版。

10. 全国人大常委会法制工作委员会国家法室：《中华人民共和国立法法释义》，法律出版社 2015 年版。

11. 电子商务法起草组：《中华人民共和国电子商务法解读》，中国法制出版社 2019 年版。

12. 王泽鉴：《人格权法：法释义学、比较法、案例研究》，台湾作者印行 2012 年版。

13. 陈甦、谢鸿飞主编：《民法典评注・人格权编》，中国法制出版社 2020 年版。

14. 张新宝、葛鑫：《个人信息保护法（专家建议稿）及立法理由书》，中国人民大学出版社 2021 年版。

15. 程啸：《侵权责任法（第三版）》，法律出版社 2021 年版。

16. 高富平主编：《个人数据保护和利用国际规则：源流与趋势》，法律出版社 2016 年版。

17. 丁晓东：《个人信息保护原理与实践》，法律出版社 2021 年版。

18. 谢远扬：《个人信息的私法保护》，中国法制出版社 2016 年版。

19. 刘金瑞：《个人信息与权利配置——个人信息自决权的反思和出路》，法律出版社 2017 年版。

20. 张继红：《大数据时代金融信息的法律保护》，法律出版社 2019 年版。

21. 林洲富：《个人资料保护法之理论与实务》，台湾元照出版公司 2019 年版。

22. 石冠彬主编：《中华人民共和国民法典立法演进与新旧法对照》，法律出版社 2020 年版。

23. 涂子沛：《数文明》，中信出版集团 2018 年版。

24. 施天涛：《公司法论（第四版）》，法律出版社 2018 年版。

25. 张卫平：《民事诉讼法（第五版）》，法律出版社 2019 年版。

26. 姜明安主编：《行政法与行政诉讼法（第七版）》，北京大学出版社、高等教育出版社 2019 年版。

27. 张继红、姚约茜主编：《“一带一路”沿线国家数据保护与网络安全法律指南》，知识产权出版社 2021 年版。

28. 京东法律研究院：《欧盟数据宪章：〈一般数据保护条例〉GDPR 述评及实务指引》，法律出版社 2018 年版。

29. 个人信息保护课题组：《个人信息保护国际比较研究（第二版）》，中国金融出版社 2021 年版。

二、中文译著

1. ［美］路易斯·D. 布兰代斯等：《隐私权》，宦盛奎译，北京大学出版社 2014 年版。

2. ［美］阿丽塔·L. 艾伦、理查德·C. 托克音顿：《美国隐私法：学说、判例与立法》，冯建姝、石宏等译，中国民主法制出版社2004年版。

3. ［德］埃尔温·多伊奇、汉斯－于尔根·阿伦斯：《德国侵权法——侵权行为、损害赔偿及痛苦抚慰金（第五版）》，叶名怡、温大军译，中国人民大学出版社2016年版。

4. ［英］克里斯托弗·米勒德：《云计算法律》，陈媛媛译，法律出版社2019年版。

5. ［英］凯伦·杨、马丁·洛奇编：《驯服算法：数字歧视与算法规制》，林少伟、唐林垚译，上海人民出版社2020年版。

6. ［德］Maria Christia Caldarola & Joachim Schrey：《大数据与法律实务指南》，赵彦清、黄俊凯译，元照出版公司2020年版。

7. ［德］Christopher Kuner：《欧洲数据保护法：公司遵守与管制（第二版）》，旷野等译，法律出版社2008年版。

8. ［英］维克托·迈尔－舍恩伯格：《删除：大数据取舍之道》，袁杰译，浙江人民出版社2013年版。

9. ［美］劳伦斯·莱斯格：《代码2.0：网络空间中的法律（修订版）》，李旭、沈伟伟译，清华大学出版社2018年版。

10. ［美］雪莉·大卫杜夫：《数据大泄露：隐私保护危机与数据安全机遇》，马多贺、陈凯、周川译，机械工业出版社2021年版。

11. ［英］凯伦·杨、马丁·洛奇编：《驯服算法：数字歧视与算法规制》，林少伟、唐林垚译，上海人民出版社2020年版。

12. ［美］迈克尔·舒德森：《知情权的兴起：美国政治与透明文化（1945－1975）》，郑一卉译，北京大学出版社2018年版。

13. ［美］约翰·J. 麦休尼斯：《社会学经典入门》，风笑天等译，中国人民大学出版社2019年版。

14. ［日］中西又三：《日本行政法》，江利红译，北京大学出版社2020年版。

15. ［奥］赫尔穆特·考茨欧：《侵权责任法的基本问题（第一卷）》，朱岩译，北京大学出版社2017年版。

三、英文著作

1. Christopher Kuner, Lee A. Bygrave & Christopher Docksey ed., The EU General Data Protection Regulation (GDPR): A Commentary, Oxford University Press, 2020.

2. Paul Voigt & Axel von dem Bussche, The EU General Data Protection Regulation (GDPR): A Practical Guide, Springer, 2017.

3. Maximilian von Grafenstein, The Principle of Purpose Limitation in Data Protection Laws, Nomos, 2018.

4. Sanjay Sharma, Data Privacy and GDPR Handbook, John Wiley & Sons, Inc, 2020.

四、德文著作

1. Gola/Heckmann, Bundesdatenschutzgesetz, 13. Auflage, Beck, 2019.

2. Nico B. Schur, Die Lizenzierung von Daten: Einordnung, Grenzen und Möglichkeiten von vertraglichen Zugangs - und Datennutzungsrechten in der digitalen Ökonomie, Mohr Siebeck, 2020.

3. Michael Funke, Dogmatik und Voraussetzungen der datenschutzrechtlichen Einwilligung im Zivilrecht: Unter besonderer Berücksichtigung der Datenschutz - Grundverordnung, Nomos, 2017.

附　录

中华人民共和国个人信息保护法

（2021 年 8 月 20 日第十三届全国人民代表大会常务委员会第三十次会议通过　2021 年 8 月 20 日中华人民共和国主席令第 91 号公布　自 2021 年 11 月 1 日起施行）

目　录

第一章　总　　则

第一条　为了保护个人信息权益，规范个人信息处理活动，促进个人信息合理利用，根据宪法，制定本法。

第二条　自然人的个人信息受法律保护，任何组织、个人不得侵害自然人的个人信息权益。

第三条　在中华人民共和国境内处理自然人个人信息的活动，适用本法。

在中华人民共和国境外处理中华人民共和国境内自然人个人信息的活动，有下列情形之一的，也适用本法：

（一）以向境内自然人提供产品或者服务为目的；

（二）分析、评估境内自然人的行为；

（三）法律、行政法规规定的其他情形。

第四条　个人信息是以电子或者其他方式记录的与已识别或者可识别的自然人有关的各种信息，不包括匿名化处理后的信息。

个人信息的处理包括个人信息的收集、存储、使用、加工、传输、提供、公开、删除等。

第五条　处理个人信息应当遵循合法、正当、必要和诚信原则，不得通过误导、欺诈、胁迫等方式处理个人信息。

第六条　处理个人信息应当具有明确、合理的目的，并应当与处理目的直接相关，采取对个人权益影响最小的方式。

收集个人信息，应当限于实现处理目的的最小范围，不得过度收集个人信息。

第七条　处理个人信息应当遵循公开、透明原则，公开个人信息处理规则，明示处理的目的、方式和范围。

第八条　处理个人信息应当保证个人信息的质量，避免因个人信息不准确、不完整对个人权益造成不利影响。

第九条　个人信息处理者应当对其个人信息处理活动负责，并采取必要措施保障所处理的个人信息的安全。

第十条　任何组织、个人不得非法收集、使用、加工、传输他人个人信息，不得非法买卖、提供或者公开他人个人信息；不得从事危害国家安全、公共利益的个人信息处理活动。

第十一条　国家建立健全个人信息保护制度，预防和惩治侵害个人信息权益的行为，加强个人信息保护宣传教育，推动形成政府、企业、相关社会组织、公众共同参与个人信息保护的良好环境。

第十二条　国家积极参与个人信息保护国际规则的制定，促进个人信息保护方面的国际交流与合作，推动与其他国家、地区、国际组织之间的个人信息保护规则、标准等互认。

第二章　个人信息处理规则

第一节　一般规定

第十三条　符合下列情形之一的，个人信息处理者方可处理个人信息：

（一）取得个人的同意；

（二）为订立、履行个人作为一方当事人的合同所必需，或者按照依法制定的劳动规章制度和依法签订的集体合同实施人力资源管理所必需；

（三）为履行法定职责或者法定义务所必需；

（四）为应对突发公共卫生事件，或者紧急情况下为保护自然人的生命健康和财产安全所必需；

（五）为公共利益实施新闻报道、舆论监督等行为，在合理的范围内处理个人信息；

（六）依照本法规定在合理的范围内处理个人自行公开或者其他已经合法公开的个人信息；

（七）法律、行政法规规定的其他情形。

依照本法其他有关规定，处理个人信息应当取得个人同意，但是有前款第二项至第七项规定情形的，不需取得个人同意。

第十四条　基于个人同意处理个人信息的，该同意应当由个人在充分知情的前提下自愿、明确作出。法律、行政法规规定处理个人信息应当取得个人单独同意或者书面同意的，从其规定。

个人信息的处理目的、处理方式和处理的个人信息种类发生变更的，应当重新取得个人同意。

第十五条　基于个人同意处理个人信息的，个人有权撤回其同意。个人信息处理者应当提供便捷的撤回同意的方式。

个人撤回同意，不影响撤回前基于个人同意已进行的个人信息处理活动的效力。

第十六条 个人信息处理者不得以个人不同意处理其个人信息或者撤回同意为由，拒绝提供产品或者服务；处理个人信息属于提供产品或者服务所必需的除外。

第十七条 个人信息处理者在处理个人信息前，应当以显著方式、清晰易懂的语言真实、准确、完整地向个人告知下列事项：

（一）个人信息处理者的名称或者姓名和联系方式；

（二）个人信息的处理目的、处理方式，处理的个人信息种类、保存期限；

（三）个人行使本法规定权利的方式和程序；

（四）法律、行政法规规定应当告知的其他事项。

前款规定事项发生变更的，应当将变更部分告知个人。

个人信息处理者通过制定个人信息处理规则的方式告知第一款规定事项的，处理规则应当公开，并且便于查阅和保存。

第十八条 个人信息处理者处理个人信息，有法律、行政法规规定应当保密或者不需要告知的情形的，可以不向个人告知前条第一款规定的事项。

紧急情况下为保护自然人的生命健康和财产安全无法及时向个人告知的，个人信息处理者应当在紧急情况消除后及时告知。

第十九条 除法律、行政法规另有规定外，个人信息的保存期限应当为实现处理目的所必要的最短时间。

第二十条 两个以上的个人信息处理者共同决定个人信息的处理目的和处理方式的，应当约定各自的权利和义务。但是，该约定不影响个人向其中任何一个个人信息处理者要求行使本法规定的权利。

个人信息处理者共同处理个人信息，侵害个人信息权益造成损害的，应当依法承担连带责任。

第二十一条 个人信息处理者委托处理个人信息的，应当与受托人约定委托处理的目的、期限、处理方式、个人信息的种类、保护措施以及双方的权利和义务等，并对受托人的个人信息处理活动进行监督。

受托人应当按照约定处理个人信息，不得超出约定的处理目的、处理方式等处理个人信息；委托合同不生效、无效、被撤销或者终止的，受托人应当将个人信息返还个人信息处理者或者予以删除，不得保留。

未经个人信息处理者同意，受托人不得转委托他人处理个人信息。

第二十二条 个人信息处理者因合并、分立、解散、被宣告破产等原因需要转移个人信息的，应当向个人告知接收方的名称或者姓名和联系方式。接收方应当继续履行个人信息处理者的义务。接收方变更原先的处理目的、处理方式的，应当依照本法规定重新取得个人同意。

第二十三条 个人信息处理者向其他个人信息处理者提供其处理的个人信息的，应当向个人告知接收方的名称或者姓名、联系方式、处理目的、处理方式和个人信息的种类，并取得个人的单独同意。接收方应当在上述处理目的、处理方式和个人信息的种类等范围内处理个人信息。接收方变更原先的处理目的、处理方式的，应当依照本法规定重新取得个人同意。

第二十四条 个人信息处理者利用个人信息进行自动化决策，应当保证决策的透明度和结果公平、公正，不得对个人在交易价格等交易条件上实行不合理的差别待遇。

通过自动化决策方式向个人进行信息推送、商业营销，应当同时提供不针对其个人特征的选项，或者向个人提供便捷的拒绝方式。

通过自动化决策方式作出对个人权益有重大影响的决定，个人有权要求个人信息处理者予以说明，并有权拒绝个人信息处理者仅通过自动化决策的方式作出决定。

第二十五条 个人信息处理者不得公开其处理的个人信息，取得个人单独同意的除外。

第二十六条 在公共场所安装图像采集、个人身份识别设备，应当为维护公共安全所必需，遵守国家有关规定，并设置显著的提示标识。所收集的个人图像、身份识别信息只能用于维护公共安全的目的，不得用于其他目的；取得个人单独同意的除外。

第二十七条 个人信息处理者可以在合理的范围内处理个人自行公开或者其他已经合法公开的个人信息；个人明确拒绝的除外。个人信息处理者处理已公开的个人信息，对个人权益有重大影响的，应当依照本法规定取得个人同意。

第二节　敏感个人信息的处理规则

第二十八条 敏感个人信息是一旦泄露或者非法使用，容易导致自然人的人格尊严受到侵害或者人身、财产安全受到危害的个人信息，包括生物识别、宗教信仰、特定身份、医疗健康、金融账户、行踪轨迹等信息，以及不满十四周岁未成年人的个人信息。

只有在具有特定的目的和充分的必要性，并采取严格保护措施的情形下，个人信息处理者方可处理敏感个人信息。

第二十九条　处理敏感个人信息应当取得个人的单独同意；法律、行政法规规定处理敏感个人信息应当取得书面同意的，从其规定。

第三十条　个人信息处理者处理敏感个人信息的，除本法第十七条第一款规定的事项外，还应当向个人告知处理敏感个人信息的必要性以及对个人权益的影响；依照本法规定可以不向个人告知的除外。

第三十一条　个人信息处理者处理不满十四周岁未成年人个人信息的，应当取得未成年人的父母或者其他监护人的同意。

个人信息处理者处理不满十四周岁未成年人个人信息的，应当制定专门的个人信息处理规则。

第三十二条　法律、行政法规对处理敏感个人信息规定应当取得相关行政许可或者作出其他限制的，从其规定。

第三节　国家机关处理个人信息的特别规定

第三十三条　国家机关处理个人信息的活动，适用本法；本节有特别规定的，适用本节规定。

第三十四条　国家机关为履行法定职责处理个人信息，应当依照法律、行政法规规定的权限、程序进行，不得超出履行法定职责所必需的范围和限度。

第三十五条　国家机关为履行法定职责处理个人信息，应当依照本法规定履行告知义务；有本法第十八条第一款规定的情形，或者告知将妨碍国家机关履行法定职责的除外。

第三十六条　国家机关处理的个人信息应当在中华人民共和国境内存储；确需向境外提供的，应当进行安全评估。安全评估可以要求有关部门提供支持与协助。

第三十七条　法律、法规授权的具有管理公共事务职能的组织为履行法定职责处理个人信息，适用本法关于国家机关处理个人信息的规定。

第三章　个人信息跨境提供的规则

第三十八条　个人信息处理者因业务等需要，确需向中华人民共和国境外提供个人信息的，应当具备下列条件之一：

（一）依照本法第四十条的规定通过国家网信部门组织的安全评估；

（二）按照国家网信部门的规定经专业机构进行个人信息保护认证；

（三）按照国家网信部门制定的标准合同与境外接收方订立合同，约定双方的权利和义务；

（四）法律、行政法规或者国家网信部门规定的其他条件。

中华人民共和国缔结或者参加的国际条约、协定对向中华人民共和国境外提供个人信息的条件等有规定的，可以按照其规定执行。

个人信息处理者应当采取必要措施，保障境外接收方处理个人信息的活动达到本法规定的个人信息保护标准。

第三十九条　个人信息处理者向中华人民共和国境外提供个人信息的，应当向个人告知境外接收方的名称或者姓名、联系方式、处理目的、处理方式、个人信息的种类以及个人向境外接收方行使本法规定权利的方式和程序等事项，并取得个人的单独同意。

第四十条　关键信息基础设施运营者和处理个人信息达到国家网信部门规定数量的个人信息处理者，应当将在中华人民共和国境内收集和产生的个人信息存储在境内。确需向境外提供的，应当通过国家网信部门组织的安全评估；法律、行政法规和国家网信部门规定可以不进行安全评估的，从其规定。

第四十一条　中华人民共和国主管机关根据有关法律和中华人民共和国缔结或者参加的国际条约、协定，或者按照平等互惠原则，处理外国司法或者执法机构关于提供存储于境内个人信息的请求。非经中华人民共和国主管机关批准，个人信息处理者不得向外国司法或者执法机构提供存储于中华人民共和国境内的个人信息。

第四十二条　境外的组织、个人从事侵害中华人民共和国公民的个人信息权益，或者危害中华人民共和国国家安全、公共利益的个人信息处理活动的，国家网信部门可以将其列入限制或者禁止个人信息提供清单，予以公告，并采取限制或者禁止向其提供个人信息等措施。

第四十三条　任何国家或者地区在个人信息保护方面对中华人民共和国采取歧视性的禁止、限制或者其他类似措施的，中华人民共和国可以根据实际情况对该国家或者地区对等采取措施。

第四章　个人在个人信息处理活动中的权利

第四十四条　个人对其个人信息的处理享有知情权、决定权，有权限制或者拒绝他人对其个人信息进行处理；法律、行政法规另有规定的除外。

第四十五条　个人有权向个人信息处理者查阅、复制其个人信息；有本法第十八条第一款、第三十五条规定情形的除外。

个人请求查阅、复制其个人信息的，个人信息处理者应当及时提供。

个人请求将个人信息转移至其指定的个人信息处理者，符合国家网信部门规定条件的，个人信息处理者应当提供转移的途径。

第四十六条　个人发现其个人信息不准确或者不完整的，有权请求个人信息处理者更正、补充。

个人请求更正、补充其个人信息的，个人信息处理者应当对其个人信息予以核实，并及时更正、补充。

第四十七条　有下列情形之一的，个人信息处理者应当主动删除个人信息；个人信息处理者未删除的，个人有权请求删除：

（一）处理目的已实现、无法实现或者为实现处理目的不再必要；

（二）个人信息处理者停止提供产品或者服务，或者保存期限已届满；

（三）个人撤回同意；

（四）个人信息处理者违反法律、行政法规或者违反约定处理个人信息；

（五）法律、行政法规规定的其他情形。

法律、行政法规规定的保存期限未届满，或者删除个人信息从技术上难以实现的，个人信息处理者应当停止除存储和采取必要的安全保护措施之外的处理。

第四十八条　个人有权要求个人信息处理者对其个人信息处理规则进行解释说明。

第四十九条 自然人死亡的，其近亲属为了自身的合法、正当利益，可以对死者的相关个人信息行使本章规定的查阅、复制、更正、删除等权利；死者生前另有安排的除外。

第五十条 个人信息处理者应当建立便捷的个人行使权利的申请受理和处理机制。拒绝个人行使权利的请求的，应当说明理由。

个人信息处理者拒绝个人行使权利的请求的，个人可以依法向人民法院提起诉讼。

第五章 个人信息处理者的义务

第五十一条 个人信息处理者应当根据个人信息的处理目的、处理方式、个人信息的种类以及对个人权益的影响、可能存在的安全风险等，采取下列措施确保个人信息处理活动符合法律、行政法规的规定，并防止未经授权的访问以及个人信息泄露、篡改、丢失：

（一）制定内部管理制度和操作规程；

（二）对个人信息实行分类管理；

（三）采取相应的加密、去标识化等安全技术措施；

（四）合理确定个人信息处理的操作权限，并定期对从业人员进行安全教育和培训；

（五）制定并组织实施个人信息安全事件应急预案；

（六）法律、行政法规规定的其他措施。

第五十二条 处理个人信息达到国家网信部门规定数量的个人信息处理者应当指定个人信息保护负责人，负责对个人信息处理活动以及采取的保护措施等进行监督。

个人信息处理者应当公开个人信息保护负责人的联系方式，并将个人信息保护负责人的姓名、联系方式等报送履行个人信息保护职责的部门。

第五十三条 本法第三条第二款规定的中华人民共和国境外的个人信息处理者，应当在中华人民共和国境内设立专门机构或者指定代表，负责处理个人信息保护相关事务，并将有关机构的名称或者代表的姓名、联系方式等报送履行个人信息保护职责的部门。

第五十四条 个人信息处理者应当定期对其处理个人信息遵守法律、行政法规的情况进行合规审计。

第五十五条 有下列情形之一的，个人信息处理者应当事前进行个人信息保护影响评估，并对处理情况进行记录：

（一）处理敏感个人信息；

（二）利用个人信息进行自动化决策；

（三）委托处理个人信息、向其他个人信息处理者提供个人信息、公开个人信息；

（四）向境外提供个人信息；

（五）其他对个人权益有重大影响的个人信息处理活动。

第五十六条 个人信息保护影响评估应当包括下列内容：

（一）个人信息的处理目的、处理方式等是否合法、正当、必要；

（二）对个人权益的影响及安全风险；

（三）所采取的保护措施是否合法、有效并与风险程度相适应。

个人信息保护影响评估报告和处理情况记录应当至少保存三年。

第五十七条 发生或者可能发生个人信息泄露、篡改、丢失的，个人信息处理者应当立即采取补救措施，并通知履行个人信息保护职责的部门和个人。通知应当包括下列事项：

（一）发生或者可能发生个人信息泄露、篡改、丢失的信息种类、原因和可能造成的危害；

（二）个人信息处理者采取的补救措施和个人可以采取的减轻危害的措施；

（三）个人信息处理者的联系方式。

个人信息处理者采取措施能够有效避免信息泄露、篡改、丢失造成危害的，个人信息处理者可以不通知个人；履行个人信息保护职责的部门认为可能造成危害的，有权要求个人信息处理者通知个人。

第五十八条 提供重要互联网平台服务、用户数量巨大、业务类型复杂的个人信息处理者，应当履行下列义务：

（一）按照国家规定建立健全个人信息保护合规制度体系，成立主要由外部成员组成的独立机构对个人信息保护情况进行监督；

（二）遵循公开、公平、公正的原则，制定平台规则，明确平台内产品或者服务提供者处理个人信息的规范和保护个人信息的义务；

（三）对严重违反法律、行政法规处理个人信息的平台内的产品或者服务提供者，停止提供服务；

（四）定期发布个人信息保护社会责任报告，接受社会监督。

第五十九条 接受委托处理个人信息的受托人，应当依照本法和有关法律、行政法规的规定，采取必要措施保障所处理的个人信息的安全，并协助个人信息处理者履行本法规定的义务。

第六章 履行个人信息保护职责的部门

第六十条 国家网信部门负责统筹协调个人信息保护工作和相关监督管理工作。国务院有关部门依照本法和有关法律、行政法规的规定，在各自职责范围内负责个人信息保护和监督管理工作。

县级以上地方人民政府有关部门的个人信息保护和监督管理职责，按照国家有关规定确定。

前两款规定的部门统称为履行个人信息保护职责的部门。

第六十一条 履行个人信息保护职责的部门履行下列个人信息保护职责：

（一）开展个人信息保护宣传教育，指导、监督个人信息处理者开展个人信息保护工作；

（二）接受、处理与个人信息保护有关的投诉、举报；

（三）组织对应用程序等个人信息保护情况进行测评，并公布测评结果；

（四）调查、处理违法个人信息处理活动；

（五）法律、行政法规规定的其他职责。

第六十二条 国家网信部门统筹协调有关部门依据本法推进下列个人信息保护工作：

（一）制定个人信息保护具体规则、标准；

（二）针对小型个人信息处理者、处理敏感个人信息以及人脸识别、人工智能等新技术、新应用，制定专门的个人信息保护规则、标准；

（三）支持研究开发和推广应用安全、方便的电子身份认证技术，推进网络身份认证公共服务建设；

（四）推进个人信息保护社会化服务体系建设，支持有关机构开展个人信息保护评估、认证服务；

（五）完善个人信息保护投诉、举报工作机制。

第六十三条 履行个人信息保护职责的部门履行个人信息保护职责，可以采取下列措施：

（一）询问有关当事人，调查与个人信息处理活动有关的情况；

（二）查阅、复制当事人与个人信息处理活动有关的合同、记录、账簿以及其他有关资料；

（三）实施现场检查，对涉嫌违法的个人信息处理活动进行调查；

（四）检查与个人信息处理活动有关的设备、物品；对有证据证明是用于违法个人信息处理活动的设备、物品，向本部门主要负责人书面报告并经批准，可以查封或者扣押。

履行个人信息保护职责的部门依法履行职责，当事人应当予以协助、配合，不得拒绝、阻挠。

第六十四条 履行个人信息保护职责的部门在履行职责中，发现个人信息处理活动存在较大风险或者发生个人信息安全事件的，可以按照规定的权限和程序对该个人信息处理者的法定代表人或者主要负责人进行约谈，或者要求个人信息处理者委托专业机构对其个人信息处理活动进行合规审计。个人信息处理者应当按照要求采取措施，进行整改，消除隐患。

履行个人信息保护职责的部门在履行职责中，发现违法处理个人信息涉嫌犯罪的，应当及时移送公安机关依法处理。

第六十五条 任何组织、个人有权对违法个人信息处理活动向履行个人信息保护职责的部门进行投诉、举报。收到投诉、举报的部门应当依法及时处理，并将处理结果告知投诉、举报人。

履行个人信息保护职责的部门应当公布接受投诉、举报的联系方式。

第七章 法律责任

第六十六条 违反本法规定处理个人信息，或者处理个人信息未履行本法规定的个人信息保护义务的，由履行个人信息保护职责的部门责令改正，给予警告，没收违法所得，对违法处理个人信息的应用程序，责令暂停或者终止提供服务；拒不改正的，并处一百万元以下罚款；对直接负责的主管人员和其他直接责任人员处一万元以上十万元以下罚款。

有前款规定的违法行为，情节严重的，由省级以上履行个人信息保护职责的部门责令改正，没收违法所得，并处五千万元以下或者上一年度营业额百分之五以下罚款，并可以责令暂停相关业务或者停业整顿、通报有关主管部门吊销相关业务许可或者吊销营业执照；对直接负责的主管人员和其他直接责任人员处十万元以上一百万元以下罚款，并可以决定禁止其在一定期限内担任相关企业的董事、监事、高级管理人员和个人信息保护负责人。

第六十七条 有本法规定的违法行为的，依照有关法律、行政法规的规定记入信用档案，并予以公示。

第六十八条 国家机关不履行本法规定的个人信息保护义务的，由其上级机关或者履行个人信息保护职责的部门责令改正；对直接负责的主管人员和其他直接责任人员依法给予处分。

履行个人信息保护职责的部门的工作人员玩忽职守、滥用职权、徇私舞弊，尚不构成犯罪的，依法给予处分。

第六十九条 处理个人信息侵害个人信息权益造成损害，个人信息处理者不能证明自己没有过错的，应当承担损害赔偿等侵权责任。

前款规定的损害赔偿责任按照个人因此受到的损失或者个人信息处理者因此获得的利益确定；个人因此受到的损失和个人信息处理者因此获得的利益难以确定的，根据实际情况确定赔偿数额。

第七十条 个人信息处理者违反本法规定处理个人信息，侵害众多个人的权益的，人民检察院、法律规定的消费者组织和由国家网信部门确定的组织可以依法向人民法院提起诉讼。

第七十一条 违反本法规定，构成违反治安管理行为的，依法给予治安管理处罚；构成犯罪的，依法追究刑事责任。

第八章 附 则

第七十二条 自然人因个人或者家庭事务处理个人信息的，不适用本法。

法律对各级人民政府及其有关部门组织实施的统计、档案管理活动中的个人信息处理有规定的，适用其规定。

第七十三条　本法下列用语的含义：

（一）个人信息处理者，是指在个人信息处理活动中自主决定处理目的、处理方式的组织、个人。

（二）自动化决策，是指通过计算机程序自动分析、评估个人的行为习惯、兴趣爱好或者经济、健康、信用状况等，并进行决策的活动。

（三）去标识化，是指个人信息经过处理，使其在不借助额外信息的情况下无法识别特定自然人的过程。

（四）匿名化，是指个人信息经过处理无法识别特定自然人且不能复原的过程。

第七十四条　本法自 2021 年 11 月 1 日起施行。

全国人民代表大会宪法和法律委员会关于《中华人民共和国个人信息保护法（草案三次审议稿）》修改意见的报告

全国人民代表大会常务委员会：

本次常委会会议于8月17日下午对个人信息保护法草案三次审议稿进行了分组审议。普遍认为，草案已经比较成熟，建议进一步修改后，提请本次常委会会议表决通过。同时，有些常委会组成人员和列席人员还提出了一些修改意见和建议。宪法和法律委员会于8月17日晚召开会议，逐条研究了常委会组成人员的审议意见，对草案进行了审议。宪法和法律委员会认为，草案是可行的，同时，提出以下修改意见：

一、一些常委委员建议，根据最小必要原则，在草案已有规定的基础上，进一步强调不得过度收集个人信息。宪法和法律委员会经研究，建议采纳上述意见，在草案三次审议稿第六条中增加相应规定。

二、有的常委委员建议，对草案三次审议稿中关于为人力资源管理所必需处理个人信息的规定作出必要限制。宪法和法律委员会经研究，建议将草案有关规定修改为：按照依法制定的劳动规章制度和依法签订的集体合同实施人力资源管理所必需。

三、有的常委委员提出，应当要求个人信息处理者提供便捷的途径，并明确个人向人民法院起诉寻求救济的权利，以更好保障个人行使个人信息查询、复制等权利。宪法和法律委员会经研究，建议在草案三次审议稿第五十条中增加以下规定：一是个人信息处理者应当建立“便捷的”个人行使权利的申请受理和处理机制；二是个人信息处理者拒绝个人行使权利的请求的，个人可以依法向人民法院提起诉讼。

四、有的常委委员提出，应当要求大型互联网平台建立个人信息保护合规体系，加强内部合规管理。宪法和法律委员会经研究，建议在草案三次审议稿第五十八条中增加规定，大型互联网平台应当“按照国家规定建立健全个人信息保护合规制度体系”。

五、有关部门提出，为减少网络身份认证中对个人信息的过度采集，有关方面遵循自愿原则正在试点应用网络身份认证公共服务，建议在草案中增加相应规定。宪法和法律委员会经研究，建议在草案三次审议稿第六十二条中增加规定，国家网信部门统筹协调有关部门“推进网络身份认证公共服务建设”。

六、中国消费者协会建议，与消费者权益保护法有关规定相衔接，在本法中明确法律规定的消费者组织可以对违法处理个人信息侵害众多个人权益的行为提起诉讼。宪法和法律委员会经研究，建议采纳上述意见，在草案三次审议稿第七十条中增加相应规定。

经与有关部门研究，建议将本法的施行时间确定为 2021 年 11 月 1 日。

此外，根据常委会组成人员的审议意见，还对草案三次审议稿作了一些文字修改。

草案修改稿已按上述意见作了修改，宪法和法律委员会建议本次常委会会议审议通过。

草案修改稿和以上报告是否妥当，请审议。

全国人民代表大会宪法和法律委员会
2021 年 8 月 19 日

全国人民代表大会宪法和法律委员会关于《中华人民共和国个人信息保护法（草案）》审议结果的报告

全国人民代表大会常务委员会：

常委会第二十八次会议对个人信息保护法草案进行了二次审议。会后，法制工作委员会在中国人大网全文公布草案征求社会公众意见。宪法和法律委员会、法制工作委员会召开座谈会，分别听取有关专家、企业和法院系统的意见；就草案的有关问题与有关方面交换意见，共同研究。宪法和法律委员会于7月14日召开会议，根据7月9日委员长会议精神、常委会组成人员审议意见和各方面的意见，对草案进行了逐条审议。中央网络安全和信息化委员会办公室有关负责同志列席了会议。7月28日，宪法和法律委员会召开会议，再次进行了审议。宪法和法律委员会认为，为加强个人信息保护，维护人民群众在网络空间的合法权益，并促进信息合理利用，制定本法是必要的，草案经过两次审议修改，已经比较成熟。同时，提出以下主要修改意见：

一、有的常委委员和社会公众、专家提出，我国宪法规定，国家尊重和保障人权；公民的人格尊严不受侵犯；公民的通信自由和通信秘密受法律保护。制定实施本法对于保障公民的人格尊严和其他权益具有重要意义，建议在草案二次审议稿第一条中增加规定“根据宪法”制定本法。宪法和法律委员会经研究，赞同上述意见，建议予以采纳。

二、一些常委会组成人员和地方、部门、社会公众建议，进一步完善个人信息处理规则，特别是对应用程序（APP）过度收集个人信息、大数据杀熟以及非法买卖、泄露个人信息等作出有针对性规范。宪法和法律委员会经研究，建议对草案二次审议稿作以下修改：一是进一步明确处理个人信息应当遵循合法、正当、必要原则。二是将第六条修改为：处理个人信息应当具有明确、合理的目的，并应当与处理目的直接相关，采取对个人权益影响最小的方式。收集个人信息，应当限于实现处理目的的最小范围。三是增加规定，任何组织、个人不得非法收集、使用、加工、传输他人个人信息，不得非法买卖、提供或者公开他人个人信息。四是增加规定，利用个人信息进行自动化决策，不得对个人在交易价格等交易条件上实行不合理的差别待遇。五是增加规定，履行个人信息保护职责的部门应当组织对应用程序等个人信息保护情况进行测评、公布测评结果，对违法处理个人信息的应用程序，责令暂停或者终止提供服务。

三、有的常委委员和企业、专家提出，现实中有关企业、单位在人力资源管理工作中需要处理个人信息，建议在草案中将此类情况作为允许收集和处理个人信息的情形。宪法和法律委员会经研究，建议采纳上述意见，在草案二次审议稿第十三条中增加相应规定。

四、一些常委会组成人员和地方、部门、企业、专家建议，进一步做好草案有关条款与民法典有关规定的衔接。宪法和法律委员会经研究，建议对草案二次审议稿作以下修改：一是将第二十八条修改为，个人信息处理者可以在合理的范围内处理已合法公开的个人信息，个人明确拒绝的除外；对个人权益有重大影响的，应当取得个人同意。二是将第五十六条中的“个人信息泄露”修改为“个人信息泄露、篡改、丢失”。

五、有些常委会组成人员建议，将未成年人个人信息作为敏感个人信息予以严格保护。宪法和法律委员会经研究，建议明确将不满十四周岁未成年人的个人信息作为敏感个人信息，并要求个人信息处理者对此制定专门的个人信息处理规则。

六、有的常委委员和部门、专家提出，按照我国缔结或者参加的经贸合作等国际条约，可以向境外提供个人信息，草案中应当考虑规定这种情形，同时，也需要规定，对转移到境外的个人信息的保护，不应低于我国的保护标准。宪法和法律委员会经研究，建议增加规定：中华人民共和国缔结或者参加的国际条约、协定对向境外提供个人信息的条件等有规定的，可以按照其规定执行；个人信息处理者应当采取必要措施，保障境外接收方处理个人信息的活动达到本法规定的个人信息保护标准。

七、有的常委委员和社会公众、部门、专家提出，为方便个人获取并转移其个人信息，建议借鉴有关国家和地区的立法，增加个人信息可携带权的规定。宪法和法律委员会经研究，建议增加规定：个人请求将其个人信息转移至其指定的个人信息处理者，符合国家网信部门规定条件的，个人信息处理者应当提供转移的途径。

八、草案二次审议稿第四十九条对死者个人信息的保护作了规定。有的常委委员和专家提出，死者的近亲属行使相关权利应当有合理的理由，并尊重死者生前的安排，建议对上述规定再作研究。宪法和法律委员会经研究，建议将这一条修改为：自然人死亡的，其近亲属为了自身的合法、正当利益，可以对死者的个人信息行使本章规定的查阅、复制、更正、删除等权利；死者生前另有安排的除外。

九、有的部门、专家提出，大型互联网企业制定有关个人信息保护的平台规则时，应当公平合理地对待平台内经营者。有的常委委员和企业、专家提出，对处理信息数量少、处理活动简单的小型个人信息处理者，应适当减轻其合规成本。宪法和法律委员会经研究，建议对草案二次审议稿作以下修改：一是增加规定，大型互联网企业应当遵循公开、公平、公正的原则，制定有关个人信息保护的平台规则；二是授权国家网信部门针对小型个人信息处理者制定相关规则。

十、有的常委委员和部门、社会公众提出，有关部门应完善个人信息保护投诉、举报机制，并在案件查处方面加强协同配合。宪法和法律委员会经研究，建议在草案二次审议稿中增加以下规定：一是国家网信部门统筹协调有关部门完善个人信息保护投诉、举报工作机制。二是履行个人信息保护职责的部门发现违法处理个人信息涉嫌犯罪的，应当及时移送公安机关依法处理；对有关责任人员可以决定禁止其在一定期限内担任相关企业的董事、监事、高级管理人员和个人信息保护负责人等职务。

此外，还对草案二次审议稿作了一些文字修改。

7 月 28 日，法制工作委员会召开会议，邀请部分全国人大代表、专家学者以及基层立法联系点、地方有关部门、企业等方面的代表，就草案中主要制度规范的可行性、法律出台时机、法律实施的社会效果和可能出现的问题等进行评估。普遍认为，草案适应我国信息化发展需要，聚集人民群众重大关切，深入总结现行法律实施经验，健全完善个人信息保护制度规则，对于维护广大人民群众网络空间合法权益具有重要意义。草案内容全面、系统，针对性和可操作性较强，并具有一定的包容性、前瞻性，建议尽快通过实施。与会人员还对草案提出了一些具体修改意见，有的意见已经采纳。

草案三次审议稿已按上述意见作了修改，宪法和法律委员会建议提请本次常委会会议审议通过。

草案三次审议稿和以上报告是否妥当，请审议。

全国人民代表大会宪法和法律委员会

2021 年 8 月 17 日

全国人民代表大会宪法和法律委员会关于《中华人民共和国个人信息保护法（草案）》修改情况的汇报

全国人民代表大会常务委员会：

常委会第二十二次会议对个人信息保护法草案进行了初次审议。会后，法制工作委员会将草案印发各省（区、市）、中央有关部门和部分基层立法联系点、人大代表、企业、研究机构等征求意见，在中国人大网全文公布草案征求社会公众意见。宪法和法律委员会、法制工作委员会联合召开座谈会，听取中央有关部门和部分人大代表、专家、企业的意见，到北京、深圳、湖南调研，听取地方意见，并就草案的有关问题与有关方面交换意见，共同研究。宪法和法律委员会于4月1日召开会议，根据常委会组成人员的审议意见和各方面意见，对草案进行了逐条审议。中央网络安全和信息化委员会办公室有关负责同志列席了会议。4月20日，宪法和法律委员会召开会议，再次进行了审议。现将个人信息保护法草案主要问题修改情况汇报如下：

一、草案第五条至第八条规定了个人信息处理应遵循的原则。一些常委会组成人员和地方、部门、专家、社会公众提出，当前，个人信息收集、使用规则不透明及过度收集、使用等问题仍很突出，建议有针对性地完善上述内容。宪法和法律委员会经研究，建议对上述规定予以修改完善，进一步明确：不得通过“胁迫”方式处理个人信息；处理个人信息应当限于实现处理目的所必要的最小范围、采取对个人权益影响最小的方式；处理个人信息应当公开个人信息处理规则，明示处理目的、方式和范围，并应当保证个人信息的质量，避免因个人信息不准确、不完整对个人权益造成不利影响。

二、根据一些常委会组成人员和地方、部门、专家、企业、社会公众的意见，宪法和法律委员会经研究，建议进一步完善个人信息处理规则，对草案作以下修改：一是增加规定：个人信息处理者应当为个人提供便捷的撤回同意的方式；个人撤回同意，不影响撤回同意前已进行的个人信息处理活动的效力。二是规定：通过自动化决策方式进行商业营销、信息推送，应当同时提供不针对其个人特征的选项，或者向个人提供拒绝的方式。三是明确：个人信息跨境提供的合同应“按照国家网信部门制定的标准合同”订立。

三、有的常委委员和专家、社会公众提出，民法典中规定，死者的姓名、肖像、名誉等受到侵害的，其近亲属有权依法请求行为人承担民事责任。建议参照上述内容对死者的个人信息保护问题作出规定。宪法和法律委员会经研究，建议增加一条规定：自然人死亡的，个人在个人信息处理活动中的权利由其近亲属行使。

四、有的部门、专家建议，强化超大型互联网平台的个人信息保护义务，并加强监督。宪法和法律委员会经研究，建议增加一条规定：提供基础性互联网平台服务、用户数量巨大、业务类型复杂的个人信息处理者，应当履行下列义务：（一）成立主要由外部成员组成的独立机构，对个人信息处理活动进行监督；（二）对严重违反法律、行政法规处理个人信息的平台内的产品或者服务提供者，停止提供服务；（三）定期发布个人信息保护社会责任报告，接受社会监督。

五、有的常委委员和部门、专家提出，接受委托处理个人信息的受托方，不属于本法规定的个人信息处理者，但仍应履行相应的个人信息安全保护义务，建议增加这方面的内容。宪法和法律委员会经研究，建议增加一条规定：接受委托处理个人信息的受托方，应当履行第五章规定的相关义务，采取必要措施保障所处理的个人信息的安全。

六、有的部门、专家提出，应当充分发挥国家网信部门的统筹协调作用，推进配套规定制定等工作，保证本法有效贯彻实施。宪法和法律委员会经研究，建议在有关条款中明确由国家网信部门统筹推进个人信息保护有关工作，包括：制定个人信息保护具体规则、标准；针对敏感个人信息以及人脸识别、人工智能等新技术、新应用制定专门的个人信息保护规则、标准；支持研究开发安全、方便的电子身份认证技术等。

七、草案第六十五条规定，因个人信息处理活动侵害个人信息权益，个人信息处理者能够证明自己没有过错的，可以减轻或者免除责任。一些常委委员和地方、部门、专家、企业建议，根据过错推定责任原则确定侵害个人信息权益的损害赔偿责任。宪法和法律委员会经研究，建议根据民法典有关规定，将上述规定修改为：个人信息权益因个人信息处理活动受到侵害，个人信息处理者不能证明自己没有过错的，应当承担损害赔偿等侵权责任。

此外，还对草案作了一些文字修改。

草案二次审议稿已按上述意见作了修改，宪法和法律委员会建议提请本次常委会会议继续审议。

草案二次审议稿和以上汇报是否妥当，请审议。

全国人民代表大会宪法和法律委员会

2021 年 4 月 26 日

关于《中华人民共和国个人信息保护法（草案）》的说明

——2020 年 10 月 13 日在第十三届全国人民代表大会常务委员会第二十二次会议上

全国人大常委会法制工作委员会副主任　刘俊臣

委员长、各位副委员长、秘书长、各位委员：

我受委员长会议的委托，作关于《中华人民共和国个人信息保护法（草案）》的说明。

一、关于制定本法的必要性

随着信息化与经济社会持续深度融合，网络已成为生产生活的新空间、经济发展的新引擎、交流合作的新纽带。截至 2020 年 3 月，我国互联网用户已达 9 亿，互联网网站超过 400 万个、应用程序数量超过 300 万个，个人信息的收集、使用更为广泛。虽然近年来我国个人信息保护力度不断加大，但在现实生活中，一些企业、机构甚至个人，从商业利益等出发，随意收集、违法获取、过度使用、非法买卖个人信息，利用个人信息侵扰人民群众生活安宁、危害人民群众生命健康和财产安全等问题仍十分突出。在信息化时代，个人信息保护已成为广大人民群众最关心最直接最现实的利益问题之一。社会各方面广泛呼吁出台专门的个人信息保护法，本届以来，全国人大代表共有 340 人次提出 39 件相关议案、建议，全国政协委员共提出相关提案 32 件。党中央高度重视网络空间法治建设，对个人信息保护立法工作作出部署。习近平总书记多次强调，要坚持网络安全为人民、网络安全靠人民，保障个人信息安全，维护公民在网络空间的合法权益，对加强个人信息保护工作提出明确要求。为及时回应广大人民群众的呼声和期待，落实党中央部署要求，制定一部个人信息保护方面的专门法律，将广大人民群众的个人信息权益实现好、维护好、发展好，具有重要意义。

第一，制定个人信息保护法是进一步加强个人信息保护法制保障的客观要求。党的十八大以来，全国人大及其常委会在制定关于加强网络信息保护的决定、网络安全法、电子商务法、修改消费者权益保护法等立法工作中，确立了个人信息保护的主要规则；在修改刑法中，完善了惩治侵害个人信息犯罪的法律制度；在编纂民法典中，将个人信息受法律保护作为一项重要民事权利作出规定。我国个人信息保护法律制度逐步建立，但仍难以适应信息化快速发展的现实情况和人民日益增长的美好生活需要。因此，应当在现行法律基础上制定出台专门法律，增强法律规范的系统性、针对性和可操作性，在个人信息保护方面形成更加完备的制度、提供更加有力的法律保障。

第二，制定个人信息保护法是维护网络空间良好生态的现实需要。网络空间是亿万民众共同的家园，必须在法治轨道上运行。违法收集、使用个人信息等行为不仅损害人民群众的切身利益，而且危害交易安全，扰乱市场竞争，破坏网络空间秩序。因此，应当制定出台专门法律，以严密的制度、严格的标准、严厉的责任，规范个人信息处理活动，落实企业、机构等个人信息处理者的法律义务和责任，维护网络空间良好生态。

第三，制定个人信息保护法是促进数字经济健康发展的重要举措。当前，以数据为新生产要素的数字经济蓬勃发展，数据的竞争已成为国际竞争的重要领域，而个人信息数据是大数据的核心和基础。党的十九大报告提出了建设网络强国、数字中国、智慧社会的任务要求。按照这一要求，应当统筹个人信息保护与利用，通过立法建立权责明确、保护有效、利用规范的制度规则，在保障个人信息权益的基础上，促进信息数据依法合理有效利用，推动数字经济持续健康发展。

二、关于起草工作和把握的几点

制定个人信息保护法列入了十三届全国人大常委会立法规划和年度立法工作计划。栗战书委员长和王晨副委员长等常委会领导同志高度重视这项立法工作，多次作出指示批示。2018 年全国人大常委会法制工作委员会会同中央网络安全和信息化委员会办公室，着手研究起草个人信息保护法草案。在起草过程中，认真梳理研究近年来全国人大代表、政协委员提出的建议，召开座谈会听取部分全国人大代表的意见；委托专家组开展专题研究，搜集整理国内外立法资料，形成研究报告；通过多种方式深入调研，广泛征求有关部门、企业和专家等各方面意见。在上述工作的基础上，经反复研究修改，形成了《中华人民共和国个人信息保护法（草案）》。

起草工作注意把握以下几点：**一是，**坚持立足国情与借鉴国际经验相结合。从我国实际出发，深入总结网络安全法等法律、法规、标准的实施经验，将行之有效的做法和措施上升为法律规范。从上世纪 70 年代开始，经济合作与发展组织、亚太经济合作组织和欧盟等先后出台了个人信息保护相关准则、指导原则和法规，有 140 多个国家和地区制定了个人信息保护方面的法律。草案充分借鉴有关国际组织和国家、地区的有益做法，建立健全适应我国个人信息保护和数字经济发展需要的法律制度。**二是，**坚持问题导向和立法前瞻性相结合。既立足于个人信息保护领域存在的突出问题和人民群众的重大关切，建立完善可行的制度规范。同时，对一些尚存争议的理论问题，在本法中留下必要空间，对新技术新应用带来的新问题，在充分研究论证的基础上作出必要规定，体现法律的包容性、前瞻性。**三是，**处理好与有关法律的关系。把握权益保护的立法定位，与民法典等有关法律规定相衔接，细化、充实个人信息保护制度规则。同时，与网络安全法和已提请全国人大常委会审议的数据安全法草案相衔接，对于网络安全法、数据安全法草案确立的网络和数据安全监管相关制度措施，本法不再作规定。

三、关于草案的主要内容

草案共八章七十条，主要内容包括：

（一）明确本法适用范围

一是，对本法相关用语作出界定，规定：个人信息是以电子或者其他方式记录的与已识别或者可识别的自然人有关的各种信息；个人信息的处理包括个人信息的收集、存储、使用、加工、传输、提供、公开等活动。

二是，明确在我国境内处理个人信息的活动适用本法的同时，借鉴有关国家和地区的做法，赋予本法必要的域外适用效力，以充分保护我国境内个人的权益，规定：以向境内自然人提供产品或者服务为目的，或者为分析、评估境内自然人的行为等发生在我国境外的个人信息处理活动，也适用本法；并要求境外的个人信息处理者在境内设立专门机构或者指定代表，负责个人信息保护相关事务。

（二）健全个人信息处理规则

一是，确立个人信息处理应遵循的原则，强调处理个人信息应当采用合法、正当的方式，具有明确、合理的目的，限于实现处理目的的最小范围，公开处理规则，保证信息准确，采取安全保护措施等，并将上述原则贯穿于个人信息处理的全过程、各环节。

二是，确立以“告知—同意”为核心的个人信息处理一系列规则，要求处理个人信息应当在事先充分告知的前提下取得个人同意，并且个人有权撤回同意；重要事项发生变更的应当重新取得个人同意；不得以个人不同意为由拒绝提供产品或者服务。考虑到经济社会生活的复杂性和个人信息处理的不同情况，草案还对基于个人同意以外合法处理个人信息的情形作了规定。

三是，根据个人信息处理的不同环节、不同个人信息种类，对个人信息的共同处理、委托处理、向第三方提供、公开、用于自动化决策、处理已公开的个人信息等提出有针对性的要求。

四是，设专节对处理敏感个人信息作出更严格的限制，只有在具有特定的目的和充分的必要性的情形下，方可处理敏感个人信息，并且应当取得个人的单独同意或者书面同意。

五是，设专节规定国家机关处理个人信息的规则，在保障国家机关依法履行职责的同时，要求国家机关处理个人信息应当依照法律、行政法规规定的权限和程序进行。

在应对新冠肺炎疫情中，大数据应用为联防联控和复工复产提供了有力支持。为此，草案将应对突发公共卫生事件，或者紧急情况下保护自然人的生命健康，作为处理个人信息的合法情形之一。需要强调的是，在上述情形下处理个人信息，也必须严格遵守本法规定的处理规则，履行个人信息保护义务。

（三）完善个人信息跨境提供规则

一是，明确关键信息基础设施运营者和处理个人信息达到国家网信部门规定数量的处理者，确需向境外提供个人信息的，应当通过国家网信部门组织的安全评估；对于其他需要跨境提供个人信息的，规定了经专业机构认证等途径。

二是，对跨境提供个人信息的“告知—同意”作出更严格的要求。

三是，对因国际司法协助或者行政执法协助，需要向境外提供个人信息的，要求依法申请有关主管部门批准。

四是，对从事损害我国公民个人信息权益等活动的境外组织、个人，以及在个人信息保护方面对我国采取不合理措施的国家和地区，规定了可以采取的相应措施。

（四）明确个人信息处理活动中个人的权利和处理者义务

一是，与民法典的有关规定相衔接，明确在个人信息处理活动中个人的各项权利，包括知情权、决定权、查询权、更正权、删除权等，并要求个人信息处理者建立个人行使权利的申请受理和处理机制。

二是，明确个人信息处理者的合规管理和保障个人信息安全等义务，要求其按照规定制定内部管理制度和操作规程，采取相应的安全技术措施，并指定负责人对其个人信息处理活动进行监督；定期对其个人信息活动进行合规审计；对处理敏感个人信息、向境外提供个人信息等高风险处理活动，事前进行风险评估；履行个人信息泄露通知和补救义务等。

（五）关于履行个人信息保护职责的部门

个人信息保护涉及各个领域和多个部门的职责。草案根据个人信息保护工作实际，明确国家网信部门负责个人信息保护工作的统筹协调，发挥其统筹协调作用；同时规定：国家网信部门和国务院有关部门在各自职责范围内负责个人信息保护和监督管理工作。

此外，草案还对违反本法规定行为的处罚及侵害个人信息权益的民事赔偿等作了规定。

个人信息保护法（草案）和以上说明是否妥当，请审议。

图书在版编目（CIP）数据

个人信息保护法理解与适用 / 程啸著．—北京：中国法制出版社，2021.9

ISBN 978－7－5216－2129－7

Ⅰ.①个… Ⅱ.①程… Ⅲ.①个人信息－法律保护－法律解释－中国②个人信息－法律保护－法律适用－中国 Ⅳ.①D923.75

中国版本图书馆 CIP 数据核字（2021）第 176760 号

策划编辑：程　思　　责任编辑：熊林林、秦智贤　　封面设计：蒋　怡

个人信息保护法理解与适用

GEREN XINXI BAOHUFA LIJIE YU SHIYONG

著者/程啸

经销/新华书店

印刷/三河市紫恒印装有限公司

开本/710 毫米×1000 毫米　16 开　　印张/38.5　字数/572 千

版次/2021 年 9 月第 1 版　　2021 年 9 月第 2 次印刷

中国法制出版社出版

书号 ISBN 978－7－5216－2129－7　　定价：128.00 元

北京市西城区西便门西里甲 16 号西便门办公区

邮政编码 100053　　传真：010－63141852

网址：http：//www.zgfzs.com　　**编辑部电话：010－63141806**

市场营销部电话：010－63141612　　**印务部电话：010－63141606**

（如有印装质量问题，请与本社印务部联系。）